Doljevac

Pukovac

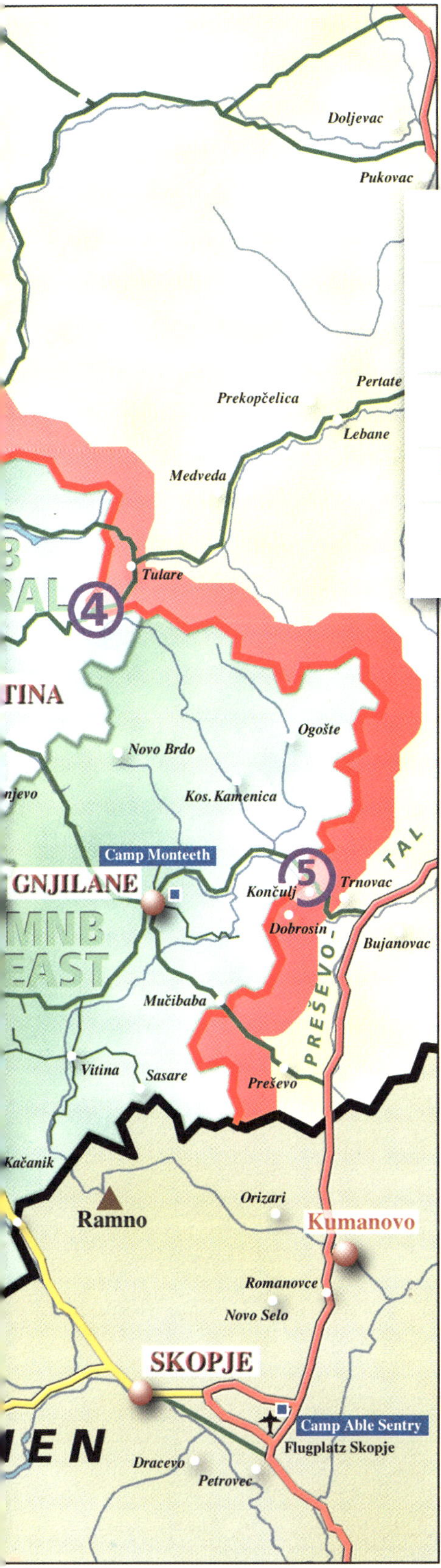

Legende:

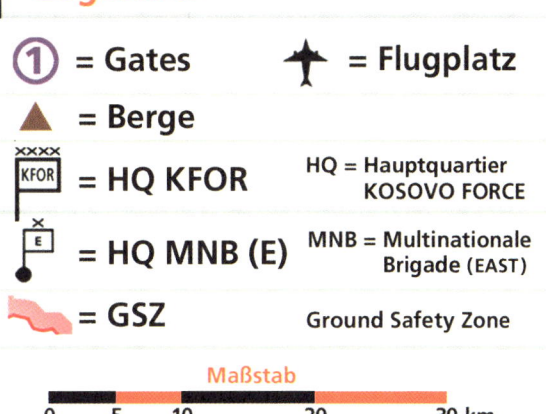

① = Gates ✈ = Flugplatz

▲ = Berge

KFOR = HQ KFOR   HQ = Hauptquartier KOSOVO FORCE

E = HQ MNB (E)   MNB = Multinationale Brigade (EAST)

= GSZ   Ground Safety Zone

Maßstab

0 5 10 20 30 km

Prekopčelica

Pertate

Lebane

Medveda

Tulare

④

TINA

Ogošte

Novo Brdo

njevo

Kos. Kamenica

Camp Monteeth

GNJILANE

⑤ Trnovac

Končulj

Dobrosin

MNB EAST

Bujanovac

Mučibaba

P R E Š E V O   T A L

Vitina Sasare

Preševo

Kačanik

Orizari

▲ Ramno

Kumanovo

Romanovce

Novo Selo

SKOPJE

Camp Able Sentry

✈ Flugplatz Skopje

E N

Dracevo

Petrovec

General Dr. Klaus Reinhardt

KFOR – Streitkräfte für den Frieden

General Dr. Klaus Reinhardt

KFOR
Streitkräfte für den Frieden

Tagebuchaufzeichnungen
als deutscher Kommandeur
im Kosovo

VERLAG DER UNIVERSITÄTSBUCHHANDLUNG
BLAZEK UND BERGMANN SEIT 1891

Gesamtherstellung, Verlag und Vertrieb:
Verlag der Universitätsbuchhandlung Blazek & Bergmann seit 1891 GmbH –
Editionshaus der Hunzinger Information AG
60322 Frankfurt am Main, Holzhausenstraße 21
Telefon (069) 15 20 03-0, Telefax (069) 15 20 03-33
E-Mail: blazek@hunzinger.de, www.hunzinger.de
Satz: Fotosatz Bernhard GmbH, Dießen am Ammersee
Druck: Jos. C. Huber KG, Dießen am Ammersee
Binden: R. Oldenbourg, Heimstetten
Oktober 2001
ISBN 3-9806536-9-2, 49,90 DM / 25,50 Euro
Printed in Germany

Inhalt

Kosovo – einsam nie

Allein – einsam nie.
Menschen begleiten Dich,
Sie sorgen und weben
Eine Hülle um Dich.
Trennung, ein hartes Sein.
Getrennt worden zu sein –
Getrennt leben zu müssen
Lastet auf der Seele
Wie ein schwerer Stein.
Des Nachts, wenn Du wachst,
Spürst Du den Segen,
Den Liebe kann geben.
Wenn Du wachst des Nachts –
Spürst aus den Sternen die Kraft.

© 1999 by Heide Reinhardt
verheiratet mit Klaus Reinhardt seit 1966

Vorwort
von General a. D. Klaus Naumann

Der Vier-Sterne-General Klaus Naumann war von 1991 bis 1996 Generalinspekteur der Bundeswehr und bis zu seinem Ausscheiden aus dem aktiven Dienst im Jahr 2000 Vorsitzender des Militärausschusses der NATO.

Das Buch des Generals Dr. Reinhardt beschreibt seine 195 Tage als zweiter Commander der Kosovo Implementation Force (KFOR), der im Herbst 1999 eine Aufgabe voller Komplexität und ungelöster Probleme in einer Situation der Ungewißheit und Unsicherheit übernahm.

Er war der erste deutsche Offizier, der die Aufgabe eines Force Commanders einer NATO-geführten Truppe übernahm, die auf der Grundlage eines UN-Mandates in dem für Deutschland so heiklen Gebiet Balkan eingesetzt war. Als Deutscher, der während des ersten bewaffneten Eingreifens der NATO als Ganzes die Verantwortung zu tragen hatte, als ranghöchster Offizier der NATO an der Spitze der militärischen Organisation der NATO zu stehen, kann ich mit Freude, Dankbarkeit und Stolz feststellen, daß General Dr. Reinhardt seine Aufgabe nach dem Urteil aller in der NATO wie in den Vereinten Nationen zur höchsten Zufriedenheit der internationalen Gemeinschaft ausführte. Dafür gebührt ihm Dank und Respekt.

Sein Einsatz und seine Leistung unterstreichen aber auch die unglaublich schnelle Entwicklung, die Deutschland seit 1990 durchlief. Seine Benennung als Commander KFOR belegt das Vertrauen, das unsere Verbündeten, aber auch Partner wie Rußland, Deutschland und sei-

9

ner Bundeswehr entgegenbringen. Ich habe in den Jahren seit 1991 niemanden in der NATO erlebt, der nicht bereit gewesen wäre, eine führende internationale Rolle Deutscher oder Deutschlands zu akzeptieren. Viele europäische Nationen erwarten und erhoffen dies sogar. General Dr. Reinhardt hat mit seiner Leistung im Kosovo dieses ohne Zweifel bereits offene Tor noch weiter geöffnet.

Für mich als ehemaligen Soldaten ist es eine zusätzliche und besondere Freude, beim Lesen zu spüren, daß General Dr. Reinhardt unseren deutschen Führungsstil des Führens durch Auftrag von vorne, durch Vorbild und mit Herz für die Truppe in einer ungewöhnlichen Aufgabe und in einer multinationalen Truppe erfolgreich angewandt hat. Das trug ihm die Zuneigung seiner Soldaten aus 39 Nationen ein. Ich habe General Dr. Reinhardt in seinem Wirken in der Bundeswehr erlebt und wußte daher, daß er so handeln würde. Dennoch ist es gut, zu lesen, wie ein deutscher Kommandeur unseren Führungsstil in einer Situation anwendet, auf die ihn seine Ausbildung nicht vorbereitet hat. Um so betrüblicher ist es, in seinem Buch zu lesen, daß Politiker noch immer glauben, Soldaten, die von eben diesen Politikern an der Schnittstelle zwischen politischer und militärischer Führung eingesetzt werden, auffordern zu müssen, sie sollten sich ausschließlich auf ihre militärische Aufgabe beschränken und sich aus der Politik heraushalten, obwohl sie eben diesen Soldaten Aufgaben übertragen, die zum Teil über das rein Militärische eindeutig hinausgehen. Ich habe ähnlichen Unsinn in meiner Zeit als Generalinspekteur auch erleben müssen, nicht direkt, aber indirekt über Medienäußerungen. Solche Vorfälle zeigen zumindest, daß die Bedingungen militärischer Führung im Informationszeitalter noch nicht überall verstanden worden sind. Äußerungen von Kommandeuren über die Medien sind in unseren Tagen eben auch ein Mittel, Führungswillen auszudrücken. Politiker sollten den Generalen, an deren Loyalität und Integrität kein Zweifel besteht, nicht verwehren, diese Mittel zu nutzen.

Dr. Reinhardts Buch ist aus zwei Gründen für Politiker wie auch für Angehörige von Bundeswehr und verbündeten Streitkräften eine wertvolle Lektüre:

1. Dr. Reinhardt beschreibt in seinen Tagebuchaufzeichnungen die frühe Phase eines Einsatzes von Friedenstruppen in einem Gebiet, in

10

dem nach einer bewaffneten Intervention keinerlei politische Autorität und keine Verwaltung vorhanden ist. Dies ist eine Form von Friedensoperationen, die immer häufiger werden dürfte, die vielfach komplexer ist als die militärischen Operationen, für die Soldaten ausgebildet sind. Insofern ist dieses Buch das Dokument von etwas Neuem und daher in der Tat besonders lesenswert.

2. In seinen besonders zur gründlichen Lektüre zu empfehlenden Nachbetrachtungen zeigt Dr. Reinhardt auf, welche Erfordernisse in Friedensoperationen bestehen, und er schildert die Defizite. Dieser Teil sollte vor allem von denen gelesen werden, die national wie im Bündnis oder in Organisationen wie den Vereinten Nationen oder der EU politisch über Zusammensetzung, Führung und Einsatzregeln zu entscheiden haben oder militärisch dafür zu planen haben. Wer diesen Teil aufmerksam liest, erkennt zwei Defizite, auf die Dr. Reinhardt aufmerksam macht; die Politik darf sie nicht mehr allzu lange übersehen.

1. Das noch immer fehlende politische Konzept für diese von Krieg und Haß zerrissene Region Europas;
2. die zwingende Notwendigkeit, die Truppe, die dort eingesetzt wird, modern auszustatten und gut auszubilden.

Obwohl General Dr. Reinhardt seine Präferenzen erkennen läßt, vermeidet er richtigerweise, eine politische Lösung vorzuschlagen, die einen Ausgleich zwischen Selbstbestimmung, Schutz von Minderheiten und territorialer Integrität finden muß – und eben deshalb so schwer zu finden ist. Zum zweiten Defizit kann man aus deutscher Sicht sagen, daß die eingesetzten Truppenteile der Bundeswehr den Vergleich mit keinem der Bündnispartner zu scheuen haben. Das darf aber nicht dazu führen, die Augen vor dem erheblichen Modernisierungsbedarf der Bundeswehr und vor der Tatsache zu verschließen, daß die von der Bundesregierung beschlossene Reform der Bundeswehr mit den vorgesehenen finanziellen Mitteln nicht zu verwirklichen ist. Wird dieser Mangel nicht beseitigt, dann wird die Bundeswehr künftig eben nicht mehr in der Lage sein, einen so vorzüglichen Beitrag zu leisten. Damit wird Deutschlands internationaler Einfluß sinken – und das Risiko für die deutschen Soldaten wird steigen.

Aber auch Soldaten aller Dienstgrade sollten insbesondere die Nachbetrachtungen lesen, um die Komplexität der einer Intervention folgenden Friedensoperation zu erfassen, denn für diese Form militärischer Operation werden sie noch nicht umfassend vorbereitet.

Reinhardts Aussagen in seinem Tagebuch wie in seinen Nachbetrachtungen unterstreichen auch manche Forderung, die die von Generalsekretär Annan eingesetzte Arbeitsgruppe zur Reform der UN-Friedensoperationen erhoben hatte. Vielleicht, so möchte man hoffen, könnte dies die Bundesregierung veranlassen, von den Vereinten Nationen zu fordern, der Verwirklichung der Vorschläge dieses Berichtes mehr Aufmerksamkeit zu widmen, und selbst mit gutem Beispiel voranzugehen.

Aber auch die Politiker in den Ministerien und im Parlament sollten sich nach der Lektüre von Reinhardts Nachbetrachtungen selbstkritisch fragen, ob die zahlreichen nationalen Einschränkungen für den Einsatz der nationalen Kontingente fortbestehen müssen und wie man sie gegebenenfalls durch Gesetzesänderungen überwinden kann. Ihr Fortbestehen wirkt lähmend, schränkt die Handlungsfähigkeit der Kommandeure ein, bläht oftmals die Truppenstärke auf und ist, im Allianzrahmen gesehen, kostensteigernd, weil zu oft Truppenteile im Einsatzgebiet hin- und herverschoben werden müssen.

Auch den Planern in den NATO-Stäben gibt das Buch den Hinweis, daß es mit dem Abwickeln einer Truppensteller-Konferenz und der Erarbeitung von Einsatzregeln nicht getan ist. Es muß versucht werden, redundante Strukturen abzubauen und eindeutige Unterstellungsverhältnisse herzustellen.

Betroffen macht das harte Urteil zur Zielplanung gegenüber Zielen im Kosovo während der Luftoperation Allied Force. Es wäre bei voller Kenntnis aller politischen Zwänge, die diese Operation bestimmten, vermutlich etwas freundlicher ausgefallen. Dennoch sind Reinhardts Anregungen prüfenswert, weil sie in die Mechanismen der Zielplanungen die Perspektive des nach der Intervention verantwortlichen Kommandeurs einbringen.

Diese wenigen Anmerkungen zeigen, daß die „Post-Conflict-Phase" ebenso besonderer Aufmerksamkeit und ständiger Auswertung bedarf, wie auch die Phase präventiven Handelns, das darauf zielt, einen be-

12

waffneten Konflikt zu verhindern, noch auf Ausgestaltung wartet. Diese Elemente des Krisenmanagements sind bislang kaum beschrieben, und daher sind Reinhardts aus Erfahrung gewonnene Anregungen besonders wertvoll.

Aufmerksamkeit gebührt auch seinen Hinweisen zu den Führungsstrukturen, die offensichtlich zu einem Nebeneinander und zu Überschneidungen geführt haben. General Dr. Reinhardt gebührt das Verdienst, seine Beobachtungen in einer Post-Intervention-Situation, in der UN, OSZE, NATO, EU, das Rote Kreuz, UNHCR, NGOs und andere eingesetzt sind, niedergeschrieben und damit auswertbar gemacht zu haben. Ich hoffe, daß die öffentliche Feststellung der Mängel zu gründlicher Analyse und zu Verbesserungen führt. Vor allem aber hoffe ich, daß man aus diesen Beobachtungen eines Generals, der immerhin seit 1994 Friedensoperationen in nationaler wie in NATO-Verwendung begleitete und zuletzt führte, Folgerungen zieht, damit die Mängel beseitigt werden.

Die Situation in einem Konfliktgebiet nach Kampfhandlungen verlangt zunächst, das sichere Umfeld zu schaffen, das es erlaubt, eine Übergangsverwaltung mit allen notwendigen Teilorganen einzusetzen und dieser die nötigen Instrumente wie beispielsweise Strafgesetze, Prozeßordnungen, Übergangsgesetze usw. bis hin zu Übergangssendeanstalten und einem Übergangszahlungsmittel an die Hand zu geben. Dies bedeutet, entsprechende zivile Organe unmittelbar nach den ersten Friedenstruppen ins Land zu bringen. Mit Blick auf das von General Dr. Reinhardt geschilderte Nebeneinander der Institutionen und Organisationen und den daraus resultierenden Koordinationsaufwand drängt sich mir die Frage auf, ob man nicht doch einmal über einheitliche und einfache Führungsregelungen nachdenken sollte. Ist es wirklich undenkbar, für die relativ kurze Phase, in der die Konfliktparteien getrennt und gegebenenfalls entwaffnet werden, die Gesamtverantwortung in die Hand dessen zu geben, dessen Aufgabe es ist, das sichere Umfeld zu schaffen, also in die Hand der Force Commanders, der damit für eine sehr kurze Spanne das würde, was man im Jargon einen Viceroy, einen „Vizekönig", nennt?

Im Gegenzug müßte in der dann folgenden Phase, in der im Mittelpunkt der Wiederaufbau und die allmähliche Übergabe der militärischen Verantwortung für die innere Sicherheit an die Polizei steht, die militärische Komponente dem UN-Administrator unterstellt werden. Ich meine, man sollte bereit sein, auch darüber nachzudenken.

Ein weiterer Schritt sollte die Ausstattung des für die Interim-Verwaltung Zuständigen mit den für seine Aufgabe notwendigen Ressourcen sein und die Befugnis, sie seinem Auftrag entsprechend zu verwenden. Das ständige Betteln um Freigabe bewilligter Gelder lähmt die Handlungsfähigkeit im Einsatzgebiet und vermindert die Glaubwürdigkeit der Internationalen Gemeinschaft.

Würde man diese und weitere, zum Teil seit Jahren von den UN Force Commanders und den Beauftragten des Generalsekretärs (SRSG) geforderten Entscheidungen treffen, dann wäre manche Hürde abgebaut, die zu überwinden General Dr. Reinhardt so viel Mühe und Zeit gekostet hat.

Was dann noch fehlt, das ist der politische Wille, die Zusammenarbeit der verschiedenen internationalen Organisationen so zu verbessern, daß ein geordnetes Miteinander aus dem oftmals noch vorherrschenden „mal Miteinander, mal Gegeneinander" würde. Wären zusätzlich die Nationen bereit, ihre Vorbehalte gegenüber internationalen Gremien wie den Vereinten Nationen oder der NATO, ausgedrückt durch nationale Einschränkungen bei der Übertragung der Befehlsbefugnisse (TOA) und bei der Ausführung der Einsatzregeln (ROE) weitgehend aufzugeben, dann könnten die Nachfolger des Generals Dr. Reinhardt in der komplexen Aufgabe eines solchen Einsatzes nach einem bewaffneten Konflikt ihre ganze Kraft ihrer Truppe widmen, statt sich in aufreibender Koordination vor Ort zu verzehren.

Für sie wäre dann die Lektüre von Dr. Reinhardts Buch eine zum Schmunzeln anregende Erinnerung an die Zeiten, in denen moderne Friedensoperationen noch in den Kinderschuhen steckten. Ich hoffe, daß es bald dazu kommt.

Für General Dr. Reinhardt, die von ihm geführten Soldatinnen und Soldaten und für alle, die im Kosovo mit ihm zusammenzuarbeiten hatten, wäre solche gestaltende Einsicht der Politik der schönste Lohn für schwierige Monate im Kosovo unter zum Teil erbärmlichen Lebensbedingungen.

Doch selbst wenn diese Hoffnung unerfüllt bliebe, können General

Dr. Reinhardt und sein Team mit Stolz und Zufriedenheit auf ihre Leistung im Kosovo zurückblicken. Sie haben diesem von Leid und Haß zerfurchten Flecken in Europa Hoffnung auf eine bessere Zukunft gebracht.

Das Ziel, dem Kosovo eine friedliche Zukunft in einem ganzen und freien Europa zu bringen, liegt noch in weiter Ferne. Es zu erreichen setzt voraus eine nicht nachlassende Unterstützung dieser Friedensoperation durch unsere Bürger.

Ich wünsche dem Buch von General Dr. Reinhardt vor allem deswegen die breite Leserschaft, die es verdient. Ich wünsche den Politikern, die es lesen, daß sie daraus Folgerungen ziehen und handeln, und ich wünsche mir, daß viele meiner deutschen Mitbürger nach Lektüre dieses Buches sagen: Wie gut, daß es unsere Bundeswehr und die NATO gibt. Würden sie dann die Soldaten ab und zu auch mal spüren lassen, daß sie stolz auf sie und ihre Leistung sind, dann hätten wir gemeinsam einen guten Schritt in die richtige Richtung getan.

Vorbemerkungen

Der 28. Juni hat als „St.-Veits-Tag" auf dem Balkan hohe symbolische Bedeutung. Es war am 28. Juni des Jahres 1389, als die serbische Armee unter Prinz Lazar von den Türken auf dem Amselfeld vernichtend geschlagen wurde. Es war am 28. Juni 1989, als Slobodan Milošević anläßlich der 600-Jahr-Feier dieser Schlacht auf dem gleichen Amselfeld die kollektive Führung Jugoslawiens aufgekündigt und damit letztlich vier Kriege auf dem Balkan losgetreten hat. Und es war am 28. Juni 2001, als Slobodan Milošević als ehemaliger Präsident der Republik Jugoslawien an das Internationale Kriegsverbrechertribunal in Den Haag überstellt wurde, um sich dort für seine Kriegsverbrechen zu verantworten. Er wird künftig keines der Völker des Balkan mehr mit Krieg überziehen.

Die Internationale Gemeinschaft suchte und sucht nach dem richtigen Weg, um nach Beendigung der Kriege die Region des Südost-Balkan wieder zu stabilisieren. Die Maßnahmen reichen vom „Stabilitätspakt für Südosteuropa" über die Bereitstellung erheblicher Finanzmittel für den wirtschaftlichen Wiederaufbau Serbiens und des Kosovo bis hin zu den Operationen der NATO-Truppen, die neben den weiter laufenden Einsätzen in Bosnien-Herzegowina und im Kosovo nun auch in Mazedonien benötigt werden, um die dortigen albanischen Extremisten zu entwaffnen und damit die innere Lage des Landes wieder zu beruhigen.

Ich war als Befehlshaber des Heeresführungskommandos in Koblenz für den ersten großen Friedenseinsatz der Bundeswehr in Somalia ebenso verantwortlich wie für alle weiteren Friedenseinsätze im Rahmen von UNPROFOR in Kroatien, von IFOR und von SFOR in Bosnien-Herzegowina. Es war damals meine Aufgabe, unsere Männer und Frauen für diese Einsätze vorzubereiten, sie auszubilden und sie national zu führen. Höhepunkt der Auslandseinsätze war für mich schließlich das Kommando über die multinationalen Streitkräfte aus neununddreißig Nationen im Kosovo.

Seit meiner Rückkehr aus dem Kosovo bin ich immer wieder aufgefordert worden, meine Erfahrungen niederzuschreiben, um die Komplexität derartiger Einsätze an der Schnittstelle von militärischer und politischer Führung darzustellen und offensichtliche Schwachstellen zu analysieren – zumal über die Schwierigkeiten der sogenannten „Post-Conflict"-Situation bisher wenig geschrieben wurde.

Mir geht es in diesem Buch daher nicht darum, die gesamte Bandbreite des Balkankonflikts historisch „aufzudröseln" oder die politischen Schritte der Internationalen Gemeinschaft kritisch zu bewerten. Ich will mich auch sehr bewußt nicht zur völkerrechtlichen Grundlage und Sinnfälligkeit der NATO-Luftoperationen im Frühjahr 1999 äußern, da ich keinerlei Einfluß auf deren Planung hatte – und noch viel weniger auf deren Durchführung.

Meine Arbeit konzentriert sich vielmehr auf die praktischen Erfahrungen als Kommandeur des zweiten KFOR-Kontingents vom Oktober 1999 bis Mitte April 2000. Sie soll die großartige Arbeit der Frauen und Männer darstellen, die mich in diesem Einsatz begleitet haben und die mit ihrem enormen persönlichen Engagement sowie mit hohem professionellen Können unseren Auftrag zum Erfolg führten. Ihre Bereitschaft, täglich weit mehr als die sonst übliche Routine zu leisten, ihr Mut, ihre Tapferkeit und ihr Wille, der geschundenen Bevölkerung zu helfen, haben mich jeden Tag tief beeindruckt. Es war für mich eine große persönliche Genugtuung und eine besondere Freude, Soldatinnen und Soldaten dieses Kalibers im Rahmen von KFOR führen zu dürfen. Ihnen allen gilt mein Dank, ihnen widme ich dieses Buch.

In den Grundzügen habe ich dieses Buch bereits in Priština geschrieben. Ich habe mich dort jede Nacht vor dem Schlafengehen hingesetzt, um die wichtigsten Ereignisse des abgelaufenen Tages in einem Tagebuch zu skizzieren. Darin habe ich auch alle Gesprächsnotizen eingearbeitet, die ich während der vielen Verhandlungen und Unterredungen festgehalten habe. Ich schloß diese Tagebuchaufzeichnungen mit einer englischen Kurzfassung ab. Auf maximal einer Schreibmaschinenseite wurden die wichtigsten Ereignisse, Gedanken und Planungen für die nächsten Tage zusammenfaßt. Bevor diese dann per E-Mail an meinen militärischen Vorgesetzten, den Oberbefehlshaber der NATO in Europa (SACEUR), General Wesley K. Clark, geschickt wurde, ging mein britischer Military Assistant, Major Sean Lang, nochmals über diesen Text, redigierte ihn in verständliches Englisch und verschickte ihn auf dem gesicherten NATO-Weg nach Mons. Ich bin ihm großen Dank schuldig, denn er war stets der letzte in meinem Vorzimmer, der, der immer erst spät nach Mitternacht ins Bett gehen konnte.

Da diese E-Mails in der Regel zu Beginn des neuen Tages abgeschickt wurden, hatte der SACEUR sie spätestens zu Dienstbeginn auf seinem Schreibtisch und wußte genau, was ich vorhatte und wo ich Schwierigkeiten voraussah. Er war dadurch schneller und gezielter informiert als sein Stab, der die üblichen umfangreichen Routinemeldungen zu diesem Zeitpunkt erst noch auszuwerten hatte. Häufig rief mich der SACEUR daher schon ganz früh am Morgen an und kommentierte meine Zeilen, oder er schrieb seine Kommentare auf meinen Text, den er mir dann am gleichen Tag per E-Mail zurückschickte. Durch diesen engen Kontakt, diesen kontinuierlichen Informationsaustausch war auch für mich sichergestellt, daß ich meine Vorhaben sehr umfassend und unmittelbar mit dem SACEUR abstimmen konnte und nicht „im Kaffeesatz" lesen mußte.

Dieses Buch faßt meine persönlichen Tagebuchnotizen, die E-Mails an den SACEUR, die Sammlung wichtiger Presseartikel und entscheidender Weisungen von KFOR zusammen, um zu verdeutlichen, wie ungemein vielschichtig das Tagesgeschehen ablief und wie eng die Zusammenarbeit mit den zivilen Behörden bzw. Organisationen koordiniert werden mußte, wenn man die Situation vor Ort wirklich aktiv gestalten wollte. Durch dieses Vorgehen lassen sich Entwicklungen wie die der albanischen Rebellenbewegung im Preševo-Tal in Südserbien, negative Trends wie in Mitrovica sowie die enormen Schwierigkeiten bei der Demilitarisierung und Transformation der UÇK herausarbeiten und über die Zeitachse verfolgen. Das Tagebuch zeigt, wo ich mich zum Zeitpunkt des Niederschreibens der Gedanken getäuscht habe, vielleicht manchmal auch naiv war oder Entscheidungen getroffen habe, die sich im Laufe der realen Entwicklung der Lage dann nicht immer als zweckmäßig erwiesen haben. Vor allem aber wird deutlich, wie sehr der Erfolg oder Mißerfolg einer Operation wie der im Kosovo von Menschen, von ihren persönlichen Stärken und Schwächen abhängig ist. Es werden auch die politischen Begrenzungen beim Einsatz der unterschiedlichen nationalen Kontingente sichtbar, die multinationale Friedenseinsätze in ihrer Effektivität stark begrenzen; sie würden bei einem ähnlichen multinationalen Einsatz im Rahmen der Landes- oder Bündnisverteidigung schlimme Konsequenzen nach sich ziehen. Multinationalität in der derzeitigen Form ist mit Sicherheit nicht das Allheilmittel für militärische Auseinandersetzungen der Zukunft.

Solange die Politik der jeweiligen Staaten „ihre" Truppe durch eine Vielzahl nationaler Restriktionen wie bisher einhegt, wird der Synergieeffekt aus der Zusammenfassung der Kontingente verschiedener Nationen zurückbleiben hinter den Vorteilen, die eine zahlenmäßig gleich starke einheitliche Truppe bieten würde.

Ich möchte denen danken, die mich bei der Erstellung dieses Buches tatkräftig unterstützt und beraten haben. Dieser Dank gilt General Dieter Stöckmann, Chef des Stabes im NATO-Hauptquartier Europa SHAPE, der das Buch in seinem Werden ebenso kritisch begleitet und den Text fachlich ergänzt hat wie meine beiden ehemaligen militärischen Assistenten, Oberst i. G. Karl Ernst Graf Strachwitz, Oberstleutnant i. G. Jürgen Steinberger. Ohne ihre Hilfe hätte ich manches nicht mehr rekonstruieren können, für ihren fachlichen Rat bin ich besonders dankbar. Ich danke Fregattenkapitän a. D. Jürgen Heibei M. A. und meinem Sohn Sascha Reinhardt für all die Zeit, die sie sich genommen haben, mir beim Redigieren des Textes behilflich zu sein, Fehler ausfindig zu machen und nach den richtigen Begriffen zu suchen. Mein Dank geht an Dr. Jochen Thies für seinen Rat, an Chantal Schmit und meinen letzten britischen Assistenten, Major David Eastman, sowie an Hauptmann Marc Abendroth für ihre unermüdliche geduldige Unterstützung beim Suchen nach Namen und Ereignissen.

Mein ganz besonderer Dank gilt meiner Frau. Sie hat neben meinen zahlreichen Auslandsaufenthalten seit 1993 auch die Abwesenheit un-seres Sohnes Sascha, der als Presseoffizier in Bosnien-Herzegowina eingesetzt war, klaglos hingenommen als ein mit vielen Tausenden von Soldatenfrauen und Soldatenmüttern geteiltes Los. Ich bin ihr überdies herzlich dankbar dafür, daß sie meine Ungeduld beim Schreiben dieses Buches, meine vielen hundert Stunden über den Akten und am Laptop nicht nur ertragen, sondern mich dabei unterstützt und mich immer wie-der aufgemuntert hat, dranzubleiben und die Arbeit zu Ende zu füh-ren.

Die Vorbereitung

Langsam erhöht der Pilot den Schub. Zunächst träge, dann immer rascher gewinnt die Bell UH-1D an Höhe. Wir lassen das große Fußballstadion in der Stadtmitte Priština unter uns zurück. Die Häuser werden kleiner, die architektonisch sehr elegante Basketballhalle, die nach dem Brand noch immer angekohlt riecht, grüßt von links, rechts oben der gelbe Bau und die weißen Container unseres Hauptquartiers „Film-City": Alles wird plötzlich Vergangenheit, die Anspannung weicht spontan den Gefühlen der Dankbarkeit und Erleichterung.

Vor einer Stunde hat mich General Wesley K. Clark, der Oberbefehlshaber der NATO-Streitkräfte in Europa (SACEUR), von meinem Auftrag als COMKFOR (Commander Kosovo Forces KFOR) entbunden und den Auftrag an Generalleutnant Juan Ortuño Such, den Kommandierenden General des EUROKORPS, weitergegeben. Der junge Pianist Misbah Kacamuku, der im Rahmen der Übergabefeier zu meinem Abschied den ersten Satz aus Beethovens Klaviersonate Op. 81 a „Les Adieux" spielen sollte, kam nach dem Übergang vom Adagio in das Allegro zweimal ins Stocken und gab schließlich entnervt auf. Ibrahim Rugova, der ehemalige Präsident des albanischen Kosovo, meinte dazu trocken, dies sei das Zeichen dafür, daß mich die Kosovaren nicht gehen lassen wollten und ich besser hier bliebe.

All die vielen Sorgen um meine Soldaten, um die geschundene Bevölkerung, die so Schreckliches erlebt hat, die täglichen Bemühungen um die Verbesserung der Lage, all die vielen Menschen, zu denen ich

Vertrauen gefaßt habe und die letztendlich auf mich gesetzt haben, die nie enden wollende Saga um das Kosovo und dessen Weiterentwicklung, all das, was mich wenig schlafen ließ, all diese Lasten bleiben zunächst dort unten zurück. Ich konnte jetzt erst einmal tief und erleichtert durchatmen. Aber wird mich das alles hier je loslassen, werde ich mich von all den Bindungen und Eindrücken freimachen können?

Die Erfahrungen von fast sieben Monaten in diesem Land, von Menschen in ihrer Not, aber auch in ihrer Dankbarkeit für das, was KFOR für sie getan hat; die Erinnerung an unzählige Gespräche und Verhandlungen in den Städten und Dörfern des Kosovo, die zahllosen Besuche bei meinen Truppen aus 39 verschiedenen Nationen, die sich selbstlos für unseren Auftrag engagierten; die Dankbarkeit gegenüber dem Stab meines Hautquartiers KFOR, dessen so solide wie exzellente Leistungen mich immer wieder stolz machten – viele derartige Gedanken und Sorgen folgen aufeinander wie die Bilder eines Kaleidoskops, wühlen meine Gefühle auf und konzentrieren sich in zwei bohrenden Fragen: War es genug, was wir getan haben? Hat sich dieser enorme Einsatz, den ich meinen Soldaten und ihren Familien abverlangt habe, letztendlich gelohnt?

Die Antwort ist eindeutig ja, und die Bilanz ist positiv: Ich bin froh, daß wir im Kosovo die Trendwende zum Besseren geschafft haben, daß wir weder politisch noch militärisch größere Einbrüche erleben mußten, daß es nicht zu militärischen Auseinandersetzungen mit den jugoslawischen Streitkräften oder zu Schießereien mit Illegalen und Unzufriedenen aus den Reihen der Kosovo-Albaner gekommen ist: Wir haben den Auftrag, den uns der Sicherheitsrat der Vereinten Nationen mit der Resolution 1244 als Grundlage unserer Arbeit vorgegeben hat, mit Verlusten, die wir in engsten Grenzen halten konnten, umsetzen und die Lebensverhältnisse der Masse der Bevölkerung deutlich verbessern können. Wir haben das Kommando an das EUROKORPS als den neuen KFOR-Stab in dem guten Wissen übergeben können, alles in unserer Macht Stehende getan zu haben, um der Bevölkerung des Kosovo eine sichere, eine bessere Zukunft zu geben.

Blenden wir zurück: Das NATO-Hauptquartier LANDCENT (Land Forces Central Europe), das ich in Heidelberg befehligte, war schon einmal auf dem Balkan eingesetzt. Es hatte als Kommando IFOR (Implementation Force), dann SFOR (Stabilization Force) in Sarajevo unter meinen beiden amerikanischen Vorgängern bereits breite praktische Erfahrungen bei friedenserhaltenden Einsätzen in Bosnien-Herzegowina sammeln können.

Seit Beginn der Lufteinsätze gegen das ehemalige Jugoslawien verfolgten wir in den täglichen Video-Konferenzen mehr als kritisch die sehr begrenzten Auswirkungen der Luftschläge. Die schlimme Entwicklung im Kosovo wurde durch die Lufteinsätze jedenfalls kaum beeinflußt. Sehr schnell wurde uns in Heidelberg daher klar, daß nach dem Einstellen dieser Luftoperationen ein Einsatz von Bodentruppen – etwa im Sinn von SFOR – wahrscheinlich werden würde und die NATO dann rasch erneut auf unser Kommando zurückgreifen könnte.

Wir begannen daher bereits damals, uns alles Wissenswerte über das Kosovo, über die historischen, ethnischen, religiösen und politischen Hintergründe, aus dem Internet und aus den Buchhandlungen zu besorgen, um vorbereitet zu sein, sollte der Auftrag an uns ergehen.

Das Kosovo (albanisch: Kosova) ist die kleinste Einheit in der früheren jugoslawischen Föderation. Es ist ein in sich abgeschlossener, von bis zu knapp 3.000 Meter hohen Bergen umgebener Raum mit einer Nord-Süd- wie einer Ost-West-Erstreckung von rund 150 Kilometern. Das Kosovo hat die Form eines auf die südliche Ecke gestellten Quadrates. Es hatte nach 1945 zunächst den Status eines „Autonomen Gebiets", dann ab 1963 den einer „Autonomen Provinz" innerhalb der Teilrepublik Serbien.

Die Provinz besteht aus zwei fruchtbaren und landwirtschaftlich stark genutzten Hochebenen, die durch einen Mittelgebirgszug voneinander getrennt sind. Der östliche Teil ist mit den Städten Uroševac, Gnjilane, Priština, Podujevo und Mitrovica der Bereich, der traditionell als „Kosovo" bezeichnet wird, während der Westen mit den Städten Prizren, Djakovica, Orahovac, Klina und Peć, „Metohija" genannt und so von den Serben noch heute bezeichnet wird. Die Region ist stark ländlich geprägt, wenn auch nach den Luftoperationen der NATO-Streitkräfte und der enormen Zerstörung vieler Dörfer sowie unzähliger Höfe eine starke Landflucht eingesetzt hat. So leben derzeit in der

Hauptstadt Priština mit über 500.000 Einwohnern etwa doppelt so viele Menschen wie in der Zeit davor. Die Bevölkerung ist mit einem Durchschnittsalter von unter 24 Jahren die jüngste in ganz Europa.

In das Kosovo führen drei noch relativ leicht zugängliche Eingangspforten: Im Norden kommt man aus dem serbischen Raum um Raška über Leposavić durch das teilweise enge und tief in das Gebirge eingeschnittene Flußtal des Ibar-Flusses nach Mitrovica, wo sich das Land in die Ebene des Kosovo öffnet. Der beste Zugang aus Serbien ist aus dem Raum um Niš im Osten durch weitgehend offenes Gelände nach Podujevo, während der wichtigste Zugang aus Mazedonien durch die lange Kačanik-Enge führt. Da die traditionellen Versorgungsstraßen des Kosovo nach Serbien derzeit nur für den Verkehr von Einzelpersonen, nicht aber für die Versorgung der Bevölkerung des Landes genutzt werden kann, hängt fast die gesamte zivile wie militärische Logistik an der Verbindungsstraße nach Skopje durch die Enge von Kačanik, durch die auch die Zugverbindung nach Mazedonien läuft. Das Gelände ist tief eingeschnitten, daher ist der Zugang sowohl vom Norden nach Mitrovica wie aus dem Süden von Skopje nach Uroševac leicht mit wenigen Kräften zu sperren.

Der Zugang über die hohen Berge Montenegros auf der sehr engen Paßstraße von Kulina nach Peć sowie der Zugang im Süden über die Bergstraßen Albaniens von Kukës über Morina nach Prizren bieten sich wegen der enorm schwierigen Geländestruktur als Versorgungsstraßen zur warmen Jahreszeit nur sehr begrenzt an. Im Winter sind sie wegen der Lawinengefahr die meiste Zeit unpassierbar.

Die Ausgangslage für eine friedliche Lösung des Kosovokonflikts ist historisch sehr belastet. Hier treffen zwei extrem nationalistisch eingestellte Volksgruppen – die Albaner und die Serben – aufeinander, die beide zu Recht für sich beanspruchen, daß ihre kulturellen Wurzeln im Kosovo liegen. Beide Seiten haben über die Jahrhunderte im Kosovo in einer Art Koexistenz mit- und gegeneinander gelebt; sie haben sich in dieser Zeit gegenseitig geduldet, aber auch Gefühle des Hasses und des Mißtrauens aufgebaut, die sich im Lauf der Geschichte wieder und wieder in gewaltsamen Ausbrüchen entluden.

Einen historischen Einschnitt bildet das Jahr 1691. Der damalige serbische Patriarch, Bischof Cernojevic Arsenije III., führte 400.000 bis

500.000 Serben in der „Großen Migration" aus dem Kosovo nach Belgrad und zum Teil nach Ungarn, nachdem die Invasion der Truppen Habsburgs zur weitgehenden Zerstörung aller serbischen Ansiedlungen und zur Verelendung der serbischen Bevölkerung geführt hatte. Seit diesem Massenexodus der Serben wuchs die ethnische Mehrheit im Kosovo den Albanern zu, die bis dahin die Minderheit gewesen waren. Die Albaner stießen – aus dem gesamten albanischen Siedlungsraum nachrückend – sofort in das Vakuum nach, das die Serben zurückgelassen hatten.

Trotz allem war es beiden Seiten bisher immer wieder gelungen, einen Weg zu finden, um miteinander auszukommen. Mit knapp zwei Millionen Einwohnern, von denen mehr als die Hälfte jünger als 19 Jahre ist, hat die albanische Bevölkerung heute klar die ethnische Mehrheit gewonnen. Bei einer Geburtenrate von 2,3 Prozent haben viele Familien zehn und mehr Kinder. Die Serben, in den letzten elf Jahren die herrschende Oberschicht, hatten vor Ausbruch der Feindseligkeiten noch ca. 250.000 ihrer Landsleute – viele davon Flüchtlinge aus den vorhergegangenen Kriegen – im Kosovo; mehr als 100.000 von ihnen wurden nach Beendigung des Luftkrieges vertrieben oder flohen vor dem Rachedurst der Albaner.

Daneben gibt es im Kosovo etwa 30.000 Türken, 30.000 Sinti und Roma sowie rund 50.000 Bosniaken. Durch sie wird die Lage der Minderheiten eher noch komplizierter, da auch diese Ethnien ihre sprachlichen, historischen und kulturellen Unterschiede rechtlich wie politisch verankert und z. B. im Schulsystem verwirklicht wissen wollen.

Die wirtschaftliche Lage ist katastrophal schlecht. So war schon vor dem Krieg das Durchschnittseinkommen in der ehemaligen jugoslawischen Teilrepublik Slowenien rund zehnmal höher als im Kosovo. Die albanische Seite sieht die Schuld für ihre wirtschaftliche Misere eindeutig in der Ausbeutung durch die Serben. Die Arbeitslosigkeit im Kosovo beträgt derzeit etwa 64 Prozent, in manchen Städten, wie z. B. in Mitrovica, sogar über 80 Prozent.

Die Schattenregierung der albanischen Mehrheit unter dem Präsidenten Ibrahim Rugova hatte seit 1989 gegen die serbische Unterdrückung und Ausbeutung gekämpft, sich dabei jedoch auf die Mittel des friedlichen Widerstandes beschränkt. Die zunehmende Brutalisierung der

Auseinandersetzung hatte Ende 1998 aber dazu geführt, daß die junge Generation der Kosovo-Albaner die Geduld verlor und sich entschied, mit militärischer Gewalt gegen die serbische Herrschaft anzugehen. Dies war praktisch die Geburtsstunde der UÇK (Ustria Çlirimtare e Kosovës) bzw. der Kosovo Liberation Army (KLA), die sich die Befreiung des Kosovo auf die Fahnen geschrieben hat. Sehr schnell gewann die UÇK einen hohen Zulauf junger Albaner aus dem Kosovo, aber auch aus der albanischen Bevölkerung der angrenzenden Nachbarländer sowie aus der „Diaspora", d. h. von jungen Albanern, die vor allem in Deutschland und in der Schweiz lebten.

Während wir uns in Heidelberg also sehr intensiv über die Probleme des Kosovo informierten, blieben wir in den militärischen Planungen zunächst noch völlig außen vor. Erstmalig erfuhren wir am 12. Mai 1999 von der geplanten Aufstellung der Kosovo Force „KFOR", die unter der Führung eines gemeinsamen KFOR-Kommandos in fünf multinationalen Brigaden unter einem amerikanischen, einem britischen, einem deutschen, einem italienischen und einem französischen Brigadekommandeur zusammengefaßt werden sollten. Es dauerte dann noch bis zum 13. Juni 1999, bis ich informiert wurde, daß Teile von LANDCENT als Kern eines „KFOR 2"-Hauptquartiers, d. h. also als zweites Kontingent von KFOR, in das Kosovo verlegt werden könnten. Am gleichen Tag teilte mir der Bundesminister der Verteidigung, Rudolf Scharping, durch seinen Adjutanten mit, er gehe davon aus, daß der Stab LANDCENT unter meiner Führung das ARRC (Allied Rapid Reaction Corps) ablösen werde, das damals gerade als KFOR 1 von Mazedonien in das Kosovo verlegt wurde.

Damit war eine wichtige Vorentscheidung gefallen, die sofort Konsequenzen für die praktische Umsetzung nach sich zog. Ende Oktober/ Anfang November – so die damalige Planung – sollten wir das Kommando in Priština übernehmen und uns auf eine Stehzeit von mindestens sechs, maximal neun Monaten einstellen. Mir war daher wichtig, daß alle Angehörigen meines Stabes, die mit in den Einsatz gingen, noch ihren Jahresurlaub nehmen und damit ihre „inneren Batterien" aufladen könnten. Entsprechend mußten unsere bisherigen Schubladenpläne für die Ausbildung aktualisiert und in ein rigides Zeitfenster eingepaßt werden. Am 25. Juni 1999 besuchte mich mein Vorgesetzter,

General Jochen Spiering, Commander in Chief Allied Forces Central Europe, um mit mir die Einzelheiten der Vorausbildung abzusprechen. Sehr überraschend kam dabei auf, daß General Mike Jackson, der Kommandierende General des ARRC, darauf bestand, die Männer seines Stabes bereits am 15. September 1999 abzulösen, da sie müde seien und entlastet werden müßten.

Obwohl ich zu diesem Zeitpunkt noch nicht offiziell mit der Führung von KFOR 2 beauftragt worden war, flog ich sofort mit einer Handvoll meiner Fachleute ins Einsatzgebiet, um mir ein persönliches Bild davon zu machen, was auf uns zukäme.

Am 6. Juli 1999 meldete ich mich zunächst bei Admiral Jim Ellis. Er befehligt als CINCSOUTH (Commander in Chief Allied Forces Southern Europe) das Alliierte NATO-Hauptquartier des Kommando-Bereichs Europa Süd (AFSOUTH) in Neapel. Dieses Kommando ist für die Operationsführung auf dem Balkan verantwortlich und damit im Verteidigungsfall für die Unterstützung unserer Operationsführung im Kosovo zuständig. Admiral Ellis ist ein langjähriger Freund. Er nahm sich viel Zeit, um mich in die Gesamtlage auf dem Balkan einzuweisen. Wir sprachen die erforderlichen Ausbildungsschwerpunkte und die mögliche Hilfe ab, die ich aus Neapel erwarten könnte. Ich war dankbar, mich auf die breite Erfahrung von Jim Ellis und seine sehr praxisbezogenen Ratschläge stützen zu können. Unmittelbar vor dem Weiterflug nach Skopje las ich in der französischen Zeitung „Le Monde", daß ich der künftige Commander KFOR sei. Dies, so „Le Monde", sei ein klares Zeichen für die neue und gestärkte Rolle Deutschlands in der NATO.

Am 7. Juli 1999 landete ich in Skopje und wurde dort in der sogenannten „Shoe-Factory", dem Rückwärtigen Gefechtsstand von KFOR in Mazedonien, durch den italienischen General Piero Giuseppe Giovanetti eingehend über die Probleme, die mit der dortigen Stationierung verbunden waren, unterrichtet. Die „Shoe-Factory" ist eine recht heruntergekommene Fabrik; in ihr hatte sich General Mike Jackson mit seinem Stab während seines Einsatzes in Mazedonien zunächst einquartiert, während in einem Teil der Fabrikanlagen weiterhin Schuhe aller Art produziert wurden. Mike Jackson machte sich den Spaß, seine Beiträge für die täglichen Video-Konferenzen während der Luftoperationen dadurch zu variieren, daß er im Bildhintergrund laufend neue Schuhkollektionen aufbauen ließ.

Abends ging es mit dem Hubschrauber dann über die hohen Grenzgebirge der Črna Gora weiter in das Kosovo. In Priština war es sehr heiß, und es gab kein fließendes Wasser. Der gesamte Stab KFOR 1 lebte in einem Zeltlager auf einer bewaldeten Anhöhe oberhalb von Priština direkt am Amselfeld, wo am 16. Juni 1389 die große Entscheidungsschlacht zwischen den Serben und den Türken stattgefunden hatte.

Prinz Lazar, der Führer des serbischen Heeres, soll sich seine Krieger vor der Schlacht mit folgenden Worten verpflichtet haben: „Es ist besser, in der Schlacht zu fallen, als in Schande zu leben … Wir haben in dieser Welt eine lange Zeit gelebt. Jetzt sind wir bereit, als Märtyrer den Kampf auf uns zu nehmen und für immer im Himmel zu leben!" Dieser Treueschwur der Soldaten Lazars wurde später zum „Gelübde von Kosovo" stilisiert, der in der Schlacht gefallene Lazar wurde zum heilig gesprochen und die Schlacht wurde zur Auseinandersetzung zwischen David und Goliath erhoben. In unzähligen Epen, Gedichten und Liedern erhielt die Schlacht auf dem Amselfeld für die Serben eine Bedeutung, die – zum Vergleich – weit über die unserer Nibelungensage hinausgeht. So schrieb der serbische Historiker D. Batakovic in seinem Buch „Kosovo Chronicles" 1992: „Das Gelübde von Kosovo war die Wahl zwischen Freiheit im himmlischen Reich und Unterdrückung sowie Sklaverei in unserer vergänglichen Welt … es ist heute immer noch das Netz, das alle Serben verbindet und ihnen das Gefühl der nationalen Einheit einimpft."

Die Serben hatten in der Schlacht auf dem Amselfeld fast ihren gesamten Adel verloren. In ihrem Geschichtsverständnis verklärten sie dieses Ereignis zu einem mystisch überhöhten Opfergang Serbiens für Europa, aus dem sie noch heute ihr nationales Selbstverständnis als besonders herausgehobene Nation auf dem Balkan ziehen.

Dieser nationale Anspruch auf eine besondere Rolle Serbiens war auch der Grund dafür, daß genau sechshundert Jahre später auf eben diesem Amselfeld der serbische Kommunistenführer Slobodan Milošević in einer nationalistisch und ausschließlich pro-serbisch ausgerichteten Rede den fünf anderen jugoslawischen Republiken Slowenien,

30

Kroatien, Montenegro, Mazedonien und Bosnien-Herzegowina de facto den Krieg erklärte dadurch, daß er das in der Verfassung festgelegte Prinzip der kollektiven und unter den Republiken Jugoslawiens rotierenden Führung des Landes einseitig zugunsten Serbiens aufkündigte.

Zurück zur aktuellen Lage. Der Stab KFOR selbst arbeitete in einem halbfertigen Gebäude. Es handelte sich um den Bau einer jugoslawischen Firma, die dort Filme produzieren wollte, die Bauarbeiten aber nicht zu Ende geführt hatte. Die Briten nannten den gesamten Komplex daher „Film-City", ein Lager, das den Geist des rasch hingeworfenen Provisoriums widerspiegelte. Ich machte mir große Sorgen, wie dies bei nasser und kalter Witterung im Herbst und im Winter werden sollte, und stellte daher im Gespräch mit General Jackson sofort die Weichen, um das bestehende Zeltlager in feste Container-Unterkünfte umzuwandeln. Ich bat ihn, sobald als möglich den Wald zu roden und mit dem Bau von sechs größeren Containerkomplexen und einer zentralen Kücheneinrichtung, die ebenfalls aus Containern zusammengestellt werden soll, zu beginnen. General Jackson zeigte vollstes Verständnis für meine Sorgen und sagte mir seine uneingeschränkte Hilfe zu.

Die Einweisung durch den Stab KFOR 1 war umfassend und offen. Wir bekamen alle Informationen, die wir für unsere weitere Arbeit in Heidelberg brauchten, und einigten uns vorläufig auf Mitte September als Datum für die Kommandoübergabe.

Neben dem Problem der Winterunterbringung und dem Erfordernis einer sofortigen Stationierung eines Verbindungskommandos meines Stabes zu KFOR 1 nach Priština war die wichtigste und besonders zeitkritische Erkenntnis, die gesamten Führungs- und Fernmeldemittel neu organisieren zu müssen. Bisher war dieser gesamte Komplex Aufgabe einer britischen Fernmeldebrigade gewesen, die jedoch mit der Rückverlegung des ARRC ihrerseits auch abziehen und dabei ihr gesamtes Personal und Fernmeldegerät mit nach Deutschland zurücknehmen würde. Wir sahen die beste Chance für eine neu aufzubauende Führungs- und Fernmeldeorganisation darin, all die dafür erforderlichen Systeme und Geräte „zu kommerzialisieren". Uns ging es darum, das gesamte dafür erforderliche Material direkt auf dem zivilen Markt zu kaufen und es dann nicht – wie sonst bei militärischen Beschaffungsvorhaben üblich – in der Arktis oder in der Wüste zu testen, es auch nicht olivgrün anzumalen, sondern allenfalls die Software auf unsere Bedürfnisse hin anzupassen.

Mein Freund Dieter Stöckmann, General und Chef des Stabes beim Supreme Headquarters Allied Powers Europe (SHAPE), sagte mir nach meiner Rückkehr aus Priština für dieses recht unkonventionelle und finanziell zunächst auch teure Vorhaben die volle Unterstützung der NATO zu; mir fiel ein großer Stein vom Herzen, denn dies war ein ganz entscheidender Durchbruch: Er erlaubte uns nicht nur eine technisch höchst moderne Führungsausstattung, sondern auch eine enorme Personaleinsparung. Bestand die britische Fernmeldebrigade noch aus 1.500 Mann, so konnten wir unser Fernmeldepersonal bis zum Ende unserer Kontingentzeit auf knapp einhundert Mann zurückfahren. Damit war ein Großteil der anfallenden Investitionskosten für das Material langfristig durch Einsparungen auf dem Personalsektor wieder aufzufangen.

Am 12. Juli 1999 besprach ich mich mit dem Generalinspekteur der Bundeswehr, General Hans-Peter von Kirchbach, über den zu erwartenden deutschen Beitrag zum Stab KFOR 2. Es ging darum, welche personellen und materiellen Forderungen auf die deutsche Seite zukämen, wenn ich Commander KFOR und Deutschland damit sogenannte „lead nation" würde, d. h. die Nation, die für die Bereitstellung der personellen wie technischen Unterstützung des NATO-Stabes primär verantwortlich zeichnet. Hier handelte es sich vor allem um Köche, Ärzte, Sanitäter, Kraftfahrer, Fernmelder, Aufklärungskräfte, Pioniere und Feldjäger, insgesamt ca. 800 Mann, welche die tägliche Lebens- und Funktionsfähigkeit des Stabes KFOR sicherzustellen hatten. Es ging aber auch um meinen luftbeweglichen Transport im Kosovo in Form von Hubschraubern und einem Flugzeug für kurzfristige Dienstreisen nach Deutschland oder zur NATO.

General von Kirchbach sagte mir im Grundsatz alle Hilfe zu, aber die Bonner Bürokratie reagierte zunächst überhaupt nicht; ich mußte x-mal mit Bonn telefonieren, mehrmals selbst nach Bonn fahren und letztendlich den Verteidigungsminister am 20. August 1999 persönlich einschalten, um zu bekommen, was vereinbart worden war. Das so dringend erforderliche Flugzeug wurde jedoch nie bereitgestellt. Dadurch

32

war meine Beweglichkeit erheblich eingeschränkt, was von unseren NATO-Freunden mit Kopfschütteln und Unverständnis zur Kenntnis genommen wurde, zumal mein Vorgänger und alle meine Nachfolger mit großer Selbstverständlichkeit entsprechende Unterstützung durch „ihre" Nation erhielten. Mit einem Flugzeug der Streitkräfte hätte ich von Priština aus eine Reise nach Berlin oder Brüssel und zurück an einem Tag absolvieren können. Ein Flug mit den zivilen Luftlinien von Skopje dauerte dagegen mindestens drei Tage. Diese lange Zeit der Abwesenheit war angesichts der kritischen Lage vor Ort nicht zu verantworten und wurde daher durch den SACEUR meist nicht genehmigt.

Bis Ende Juli hatten wir unsere Personalforderungen im einzelnen erarbeitet und mit SHAPE abgestimmt. Der Stab in Priština sollte aus Angehörigen von 23 Nationen bestehen. Insgesamt sollte er 545 Mann stark sein, davon sollten etwa 250 aus unserem Heidelberger Kommando kommen, der Rest waren sogenannte „Augmentees", d. h. Verstärkungskräfte aus den beteiligten Nationen bzw. aus anderen NATO-Stäben. Für den Stab im rückwärtigen Gebiet in Skopje waren 140, in Albanien weitere 104 Mann – hier vorwiegend Italiener – vorgesehen. Zeitgleich lief die interne und sehr intensive Ausbildung in allen Abteilungen meines Stabes an. Hier galt es, jeden einzelnen Soldaten völlig unabhängig von seiner Position und seinem Dienstgrad auf das Land, die dort anzutreffenden Probleme, auf die Sicherheitslage und die zu erwartenden persönlichen Belastungen individuell vorzubereiten.

Am 29. Juli 1999 spekulierte die „Bild-Zeitung": „Wird ein Deutscher Kosovo-Kommandeur?" Und weiter hieß es: „Nicht zuletzt, weil die Bundeswehr einen entscheidenden Pfeiler der NATO darstellt, wäre es logisch, einen deutschen General mit dem Kommando über die NATO-Truppen im Kosovo zu betrauen. General Reinhardt (58), aufgewachsen in Bayern, Vater von zwei Söhnen, Doktor der Philosophie (!), erhielt seine Generalstabsausbildung in Hamburg und Fort Leavenworth … Ein Soldat mit Erfahrung und Qualität."

Zu dieser Zeit machte ich selbst mit meiner Frau in einem sehr behaglichen Ferienhaus direkt in den Dünen an der dänischen Nordseeküste für ein paar Tage Urlaub. Wir waren gerade dabei, bei leichtem Nieselregen am Meer entlang zu joggen, als mein Handy klingelte. General Stöckmann war am Apparat und sagte: „Klaus, der NATO-Rat hat dich gerade als künftigen COMKFOR bestätigt. Ich gratuliere dir und freue mich mit dir." Damit war die Phase der Unsicherheit nun endlich vorbei. In die spontane Freude über die endlich getroffene Entscheidung mischten sich Gefühle des Zweifels und der Unsicherheit. Ich freute mich, war gleichzeitig aber auch innerlich beunruhigt. Würde ich den in mich gesetzten Erwartungen entsprechen können? Würden mich unsere alliierten Freunde und die anderen Partner als ihren Befehlshaber akzeptieren? Würden uns die politischen Rahmenbedingungen vor Ort erlauben, erfolgreich zu sein? Wie würde mich die Bundesrepublik Deutschland unterstützen? Mich hielt nun nichts mehr im Urlaub, ich mußte zurück nach Heidelberg, um nun die Steuerung aller Maßnahmen selbst in die Hand zu nehmen.

Am 9. August 1999 stand im britischen „Sunday Telegraph": „Ein deutscher General wird die britischen Truppen im Kosovo führen … Seit 1813 haben britische Truppen nicht mehr unter ihrem ehemaligen Gegner gekämpft." Einen Tag später machte die „Süddeutsche Zeitung" auf der Seite eins mit der Überschrift auf: „Historische Berufung. Der Deutsche Klaus Reinhardt soll die KFOR-Truppe im Kosovo befehligen." Christoph Schwennicke schrieb: „Der deutsche General, der sich nun anschickt, Geschichte zu schreiben, … gilt in der Generalität der Bundeswehr als einer der brillantesten Köpfe … Schon seit zwei Monaten läuft die Vorbereitung für die Umstrukturierung. Weil aber offiziell der NATO-Rat noch über die Strukturänderungen entscheiden muß, geben sich vor allem in Deutschland alle bedeckt … Im Bundesverteidigungsministerium werden jedenfalls die Pressemappen mit Informationen über den Mann mit dem wachen Blick und dem silbergrauen Kurzhaar schon vorbereitet."

Meine Freude über diese Entwicklung wurde jedoch dadurch getrübt, daß mir das Pentagon völlig unerwartet und ohne Rücksprache meinen amerikanischen Stellvertreter in Heidelberg, Generalleutnant Ronald „Ron" Adams, den ich für den wichtigen Posten des Stellvertreters in Skopje eingeplant hatte, abzog und für den Posten des Commander SFOR in Sarajevo einplante. Zu dieser Zeit las ich in der Zeitung, daß der Grünen-Politiker und frühere Stadtkämmerer von Frankfurt, Tom Koenigs, zum Leiter der UN-Behörde, die für den Wiederaufbau der Verwaltung im Kosovo zuständig ist, ernannt worden war. Ich rief ihn

34

sofort an, gratulierte ihm zu seiner Ernennung und bot ihm meine
uneingeschränkte Unterstützung an. In seiner künftigen Funktion war
Tom Koenigs für die Polizei und damit für die Innere Sicherheit im
Kosovo verantwortlich, eine Aufgabe, die nur in enger Abstimmung
mit den KFOR-Truppen sichergestellt werden konnte. Tom Koenigs
war über meinen Anruf sichtlich überrascht und sagte mir seinerseits
seine Hilfe zu. Er sollte während meiner Zeit im Kosovo einer meiner
besten und zuverlässigsten Mitspieler im Bereich der UN-Administration werden.

Am 20. August meldete ich mich beim Bundesminister der Verteidigung, Rudolf Scharping, um von ihm zu erfahren, welche Vorstellungen die Bundesregierung zum künftigen politischen Status des Kosovo
hätte. Nachdem ich zwei Stunden im Vorzimmer gewartet hatte, teilte
mir der Minister mit, bei der weiteren Beurteilung des Kosovo müsse
zunächst die künftige Entwicklung in Bezug auf Milošević abgewartet
werden. Die Bundesregierung unterstütze im Rahmen der Resolution
des UN-Sicherheitsrates 1244 selbstverständlich ein Höchstmaß an politischer Autonomie einer künftigen Regierung des Kosovo innerhalb
der ehemaligen Republik Jugoslawien; alles Weitere müsse sich aber
erst noch ergeben. Er wies darauf hin, daß jede politische Entwicklung
im und für das Kosovo unmittelbare Auswirkungen auf die Nachbarstaaten des Balkan hätte und daher sehr sorgfältig bedacht werden
müsse. Er riet mir, mich auf die Führung meiner Truppen zu konzentrieren und mich aus dem politischen Bereich weitestgehend herauszuhalten. Er bot mir jedoch an, ihn jederzeit anzurufen, wenn ich
Fragen oder Probleme haben sollte. Wie abzusehen war und sich vor
Ort bestätigen sollte, ließ sich eine solche „politische Enthaltsamkeit"
mitnichten realisieren, wenn die Truppenführung angemessen wahrgenommen werden sollte.

Mir half diese Form der sehr begrenzten politischen Perspektive
nicht weiter. Mir fehlte das politische Langzeitkonzept für den gesamten Raum des Südost-Balkans, aber das war auch bei den anderen
auf dem Kosovo engagierten Nationen nicht zu erkennen. „Muddling
through" war die Devise, mit der man sich alle Optionen offen hielt.

Ich nahm die Gelegenheit wahr, den Minister auf die völlig verfahrene Situation hinzuweisen, die sich bisher bei der Bereitstellung

deutschen Personals und Materials im Rahmen unseres nationalen Anteils für die Unterstützung meines Stabes ergeben hätten. Der Führungsstab der Streitkräfte, der Führungsstab des Heeres, das Heeresführungskommando, das Führungszentrum der Bundeswehr, der Planungsstab: Alle mischten mit und keiner traf eine Entscheidung. Die Verantwortung wurde hin- und hergeschoben, und uns lief die Zeit für die Vorbereitung der Männer davon. Ich wies darauf hin, daß die Bundesrepublik Deutschland als „lead nation" für KFOR 2 bindende Verpflichtungen eingegangen sei, die sie nun auch einlösen müsse. Generalleutnant Harald Kujat, der Leiter des Planungsstabes, sagte mir unmittelbare und sofortige Hilfe zu, die er dann auch sehr rasch realisierte. Er nahm mir damit eine große Last von den Schultern.

Nun wurde es höchste Zeit, letzte Einzelheiten mit meinem Vorgänger vor Ort abzusprechen und unsere Planungen im Detail abzustimmen. Am 29. August flog ich daher mit meinem polnischen Operationschef, Generalmajor Andrzej Ekiert, und dem Kommandeur meiner Versorgungsgruppe, dem amerikanischen Oberst David Shannahan, zur abschließenden Erkundung nach Priština. Die US-Army hatte uns freundlicherweise einen kleinen Lear-Jet zur Verfügung gestellt, der uns von Ramstein in den Kosovo fliegen sollte. Wir waren kaum gestartet und befanden uns noch im Steigflug, als es einen lauten Schlag tat und das Flugzeug zu schütteln begann, als würde es beschossen. Ein Triebwerk war explodiert. Der Pilot schaffte es glücklicherweise, mit dem anderen Triebwerk, sicher zu landen. Als er die Maschine auf der Landebahn aufgesetzt hatte, drehte er sich kurz zu mir um und meinte lakonisch: „Happy Birthday, Sir!"

Der zweite Versuch brachte uns dann doch noch unversehrt ins Einsatzgebiet, wo mich General Jackson eingehend in das laufende Problem der Demilitarisierung der ehemaligen Befreiungsfront UÇK, in den Fortlauf der Bauplanung für unsere Container, aber auch in die Schwierigkeiten der Grenzsicherung und der vielen Blockaden, insbesondere rund um die Stadt Orahovac, einwies. Besonders kritisch sah er die verfahrene Lage in der Stadt Mitrovica, die sich infolge des sehr verhaltenen Vorgehens der französischen Truppen entlang des Flusses Ibar in einen weitgehend serbisch bewohnten Teil im Norden und einen albanischen Teil im Süden de facto geteilt hatte. Große Sorge machte ihm auch die zunehmende Kriminalität, die durch die viel zu geringen Polizeikräfte kaum in den Griff zu bekommen war. Anstelle der geforderten 4.800 Polizisten gäbe es für den ganzen Kosovo derzeit erst 830 UNO-Polizisten, deren personelle Verstärkung zudem viel zu langsam voranginge.

Drei Tage später meldete ich mich im NATO-Hauptquartier SHAPE bei General Clark, um von ihm zu erfahren, was er von mir als Kommandeur vor Ort tatsächlich erwartete. Ich bat ihn um seine Analyse der Gesamtsituation auf dem Balkan und hatte in drei Bereichen zusätzlichen Klärungsbedarf: Was war das Ziel der Internationalen Gemeinschaft hinsichtlich des weiteren politischen Status des Kosovo? Zweitens wollte ich die genaue Zielrichtung der Demilitarisierung der UÇK wissen, und drittens ging es mir um die praktische Unterstützung mit eigenen Aufklärungskräften, um die Lage innerhalb, aber auch rund um das Kosovo unmittelbar und ohne große Hilfe von außen analysieren zu können.

General Clark gratulierte mir zunächst zu meiner Ernennung als COMKFOR durch den NATO-Rat und versicherte mir, daß alle Nationen und auch er selbst volles Vertrauen in mich setzten. Als Richtschnur für meine Aufgabe im Kosovo hielt er fest: „Sie führen die KFOR-Truppen und kümmern sich um Ihre Männer, alles andere ist unsere Aufgabe hier bei SHAPE!" Er hob hervor, daß alle Weisungen und Anordnungen an mich ausschließlich durch ihn persönlich ergingen. Er empfahl mir, alle Wünsche oder Forderungen politischer Besucher oder nationaler Regierungen direkt an ihn zu verweisen, damit er sich darum kümmern könne. Ich sollte mich ausschließlich auf meinen Aufgabenbereich vor Ort konzentrieren können und die „große Politik" ihm und seinem Stab überlassen. Im Nachhinein kann ich nur sagen, daß dies eine der wichtigsten und wertvollsten Entscheidungen für unseren Einsatz war. Sie hat mir im Lauf der Monate mehrmals geholfen, politisch schwierige Situationen zu lösen.

Die Hauptsorge von General Clark war, daß Slobodan Milošević die unsichere Phase des Kontingentwechsels von Jackson auf mich dazu nutzen könne, erneut zuzuschlagen, sei es, um die Entschlossenheit der Internationalen Gemeinschaft und des neuen Kommandos zu testen, möglicherweise aber auch, um durch verstärkten Einsatz paramilitärischer Kräfte im Kosovo wie in Montenegro für Unruhe zu sorgen. Er könnte dabei schlimmstenfalls sogar so weit gehen, daß er versuchen würde, die serbisch bewohnten Enklaven mit Gewalt zu „befreien". Die schlechten Wetterbedingungen im Oktober/November, die den Einsatz unserer Luftwaffen behindern würden, kämen dabei der serbischen Seite zugute. Der SACEUR riet mir daher dringend, engen Schulterschluß mit Admiral Ellis in Neapel zu halten, der mir mit der strategischen Reserve, noch schneller aber mit den Luftstreitkräften zur Hilfe kommen könnte. Der Einsatz der strategischen Reserve setzt die Entscheidung des SACEUR sowie die Zustimmung des NATO-Rates voraus.

Bei der UÇK käme es darauf an, sie rasch zu demilitarisieren und in eine neue, zivile Formation umzustrukturieren; Einzelheiten dazu würden bis zu meiner Kommandoübernahme von meinem Vorgänger, General Jackson, mit der Führung der ehemaligen UÇK noch ausgehandelt.

General Clark forderte mich auf, eine sehr aktive Pressepolitik, insbesondere gegenüber den deutschen Medien, zu betreiben, um die Operation im Kosovo mit ihm gemeinsam zum Erfolg zu führen. Eine aktive Medienpolitik sei auch eine wichtige Voraussetzung, um die Gefahr zu bannen, daß einzelne Nationen, die für KFOR Kontingente gestellt hatten, vorzeitig ihre Truppen ausdünnen oder gar abziehen würden, eine Gefahr, die er mit Blick auf manche Nationen als sehr konkret einschätzte.

Zur Frage des politischen Status des Kosovo hielt sich der SACEUR zurück und verwies auf die Resolution des UN-Sicherheitsrates 1244 vom 10. Juni 1999, in der die Internationale Gemeinschaft zu diesem Komplex klare Aussagen gemacht habe; jede mögliche Änderung auf diesem sehr sensiblen Gebiet sei Aufgabe der Politik. Wichtig seien die kommunalen Wahlen im kommenden Jahr, damit das bis dahin Erreichte erst einmal politisch abgesichert werden könne.

Er versprach, sich wegen möglicher Aufklärungskräfte unmittelbar an die Nationen zu wenden, machte mir aber keine zu große Hoffnung, da diese Art der Kräfte ausgesprochen rar sei. Er empfahl mir, andere, unkonventionelle Wege zu suchen, um an die erforderlichen Informationen heranzukommen.

Anschließend wiesen mich die Fachleute aller Abteilungen des Stabes von SHAPE in die Lage und in meine Aufgaben ein, ein ungemein komprimiertes Programm. Ich war sehr angetan von der hohen Qualität der Analysen und Empfehlungen; am meisten aber beruhigte mich, daß mir diese Fachleute nichts grundsätzlich Neues vortragen konnten, sondern ich mich in vielen Bereichen weitgehend sattelfest fühlte. Dies war für mich eine wichtige Bestätigung dafür, daß unsere interne Vorbereitung bisher richtig und umfassend gewesen war.

Ein langes Gespräch mit dem politischen Berater des SACEUR, Mike Durkee, machte mir nochmals die politischen Implikationen unseres Kosovo-Einsatzes deutlich. Mr. Durkee legte dar, daß der NATO-Rat zu den Fragen des politischen Status des Kosovo, aber auch zur Demilitarisierung der UÇK noch keine abgeschlossene Meinung gefaßt habe, sondern eher noch gespalten sei. Er bot mir an, daß ich ihn, wann immer ich seinen Rat brauchte, zu jeder Tages- und Nachtstunde anrufen könne. Unabhängig davon unterstrich er aber nachdrücklich, daß er als POLAD (Political Adviser) allenfalls Ratgeber sein könne. Der politische Entscheidungsprozeß laufe nicht über ihn, er sei durch seinen Rat allerdings intensiv an der Entscheidungsgestaltung beteiligt.

Am Abend meldete ich mich beim Chef des Stabes SHAPE, General Stöckmann, in dessen Residenz ich wieder einmal übernachten durfte, ab und dankte ihm für die hervorragende Einweisung durch seinen Stab. Am 6. September 1999 rief mich der britische General Sir Rupert Smith an, der als Stellvertreter des SACEUR (DSACEUR) im Stab SHAPE für die personelle Zusammenstellung meines Kommandos zuständig war, um mir mitzuteilen, daß das Pentagon soeben die beiden US-Generale Bob Ruth als Stellvertreter in Skopje und Jack Schmitt als Operationschef benannt hatte. Einen Tag zuvor war bereits der italienische Alpini-General Silvio Mazzaroli als einer meiner beiden Stellvertreter in Priština bekannt gegeben worden. Damit war meine Führungsmannschaft nun fast komplett.

Mein wichtigster Mitarbeiter und künftiger Chef des Stabes für KFOR 2, der britische Generalmajor John Milne, kam aus meinem eigenen Stab in Heidelberg. Er hatte sich als logistischer Stellvertreter SFOR in Zagreb bereits besonders ausgezeichnet und sich bei uns als hervorragender Organisator erwiesen. Mein zweiter Stellvertreter in

Priština wurde der französische Generalmajor Claude Thomann, den ich von KFOR 1 übernahm. Mein alter Freund Generalmajor Dr. Klaus Olshausen, mit dem ich bereits 1970 in Freiburg bei Professor Andreas Hillgruber gemeinsam das Doktorandenseminar besucht hatte, wurde Commander der Joint Implementation Commission (JIC). Er war damit für einen besonders sensiblen Bereich zuständig, da er die Demilitarisierung der UÇK voranzutreiben und die Zusammenarbeit mit den jugoslawischen Streitkräften zu koordinieren hatte.

Zwei Tage später unterschrieb ich unseren Einsatzplan, der für den Fall einer gewaltsamen Rückkehr jugoslawischer Streitkräfte auch unsere militärische Verteidigung mit all den sich daraus ergebenden Konsequenzen vorsah. Ich fühlte mich in die Zeit des Kalten Krieges zurückversetzt, als es darum ging, innerhalb von 48 Stunden an der innerdeutschen Grenze verteidigungsbereit zu sein. Wegen der Enge des Raumes und der damit verbundenen geringen Entfernungen würde uns diese Zeit im Kosovo allerdings nicht zur Verfügung stehen; umso intensiver waren unsere internen Vorbereitungen ausgearbeitet worden, um schnellstmöglich reaktionsbereit zu sein.

Am 8. September 1999 teilte die Presseabteilung der NATO in einem offiziellen Kommuniqué mit, daß ich als neuer Commander KFOR am 8. Oktober General Jackson ablösen würde. Die Telefone hörten nun nicht mehr auf zu klingeln, die Zahl der Bitten um Interviews und Hintergrundgespräche stieg sprunghaft an. Ich nahm daher noch am gleichen Nachmittag alle Angehörigen meines Stabes, vom General bis zum Gefreiten, zusammen, um sie nochmals persönlich auf unseren Auftrag im Kosovo und auf die in Heidelberg weiterlaufenden Aufgaben einzuschwören. Es war eine Freude, in die offenen, erwartungsvollen und aufgeschlossenen Gesichter der Männer und Frauen zu blicken, von deren Einsatz und Können so viel abhängen würde. Ich wußte, daß ich mich auf jeden von ihnen in allen denkbaren Lagen uneingeschränkt verlassen könnte, daß sie ihr Bestes geben würden und daß es keinen anderen Stab gab, der auf diese schwierige Aufgabe im Kosovo professionell besser vorbereitet wäre. Ich ging mit ihnen ein letztes Mal unseren Auftrag durch, wie er in der UN-Resolution 1244 und in der Weisung des SACEUR festgelegt worden war. Danach hatte KFOR

1. die innere Sicherheit für die Bevölkerung des Kosovo und für die Arbeit der Internationalen Gemeinschaft zu gewährleisten;
2. dafür zu sorgen, daß die jugoslawischen Streitkräfte und die jugoslawische Sonderpolizei nicht gewaltsam in das Kosovo zurückkämen;
3. die ehemalige UÇK zu demilitarisieren und sie in eine unpolitische, nicht militärische und multiethnische Struktur zu überführen;
4. eng mit den zivilen Organisationen der United Nations im Kosovo (UNMIK) zusammenzuarbeiten und
5. im Rahmen ihrer Möglichkeiten humanitäre Hilfe zu leisten.

Ich machte keinen Hehl aus den Gefahren bei diesem Einsatz, sprach sehr deutlich die völlig unzureichende und daher problematische Unterbringungssituation vor Ort an; ich erwähnte die ungemein hohe Arbeitsbelastung, die auf uns zukäme, sowie die Erwartungen, die die Internationale Gemeinschaft in uns setzte. Ich sagte den Frauen und Männern aber auch, daß ich in ihren Leistungswillen und ihre Fähigkeiten vollstes Vertrauen hätte und stolz darauf sei, die vor uns liegende Aufgabe mit ihnen gemeinsam anzugehen. Abschließend versicherte ich ihnen, daß die Masse des Stabes etwa bis Ostern 2000 wieder in Heidelberg sei, wies aber auch darauf hin, daß es bei einigen von ihnen durchaus länger, auch bis in den Sommer hinein, dauern könnte. Am Tag darauf wurden erste Kontingente meines Stabes in das Einsatzland verlegt. Die Woche vom 13. bis zum 19. September 1999 war dem sogenannten „Key Leader Training" gewidmet. Hier ging es darum, das gesamte Führungspersonal meines Stabes LANDCENT sowie die Offiziere aus anderen Stäben und von anderen Nationen, die uns für den KFOR-Einsatz als Verstärkungspersonal unterstützen sollten, zu einem Team zusammenzuschweißen und sie in politischen wie militärischen Lagen auf alle möglichen Entwicklungen vorzubereiten.

Dies war der abschließende Höhepunkt unserer vorbereitenden Ausbildung in Deutschland, zu der fast alle Abteilungsleiter von KFOR 1 sowie die Kommandeure der multinationalen Brigaden extra aus Priština eingeflogen wurden, um uns ihre letzten Erkenntnisse weiterzugeben.

Ich war besonders dankbar, daß auch Dr. Bernard Kouchner, der

Special Representative of the Secretary General of the United Nations (SRSG), mein künftig wichtigster Mitspieler auf dem Feld der Politik im Kosovo, mit einer Reihe seiner Fachleute angereist war. Dr. Kouchner war im Kosovo die höchste politische Repräsentanz, eingesetzt vom Sicherheitsrat der Vereinten Nationen, um die Provinz in stabile politische und wirtschaftliche Verhältnisse zu überführen. Er war vorher französischer Gesundheitsminister gewesen, ein Mann voller Tatendrang, überquellend von Ideen und mit großer persönlicher Hingabe für seine schwere Aufgabe. Bernard Kouchner sollte im Kosovo einer meiner engsten Freunde werden, nichts lief ohne ihn.

Seine wichtigste Forderung bei unserem ersten Zusammentreffen war die Bitte um engste Kooperation: „Wir müssen zusammenarbeiten, wenn wir erfolgreich sein wollen!" Diese These zog sich wie ein roter Faden durch seine Ausführungen. Mit großer Sorge sah er die immer noch anhaltende Bereitschaft zur Gewalt, die einerseits durch Belgrad gesteuert würde, andererseits aber auch Teil eines Rachefeldzuges der Albaner gegen ihre früheren Unterdrücker sei. „Jeder Mord an einem Serben ist ein Sieg für Milošević!", so sein Slogan. Daher müsse diesem Unheil ein rasches Ende gemacht werden. Er forderte uns auf, UNHCR und die zivilen Hilfsorganisationen bei der humanitären Hilfe für noch etwa 400.000 Flüchtlinge, die bis zum Winter ein Dach über dem Kopf bräuchten und die zu versorgen wären, aktiv zu unterstützen. Ich sagte ihm unsere volle Unterstützung zu.

Die wichtigste Frage der Zukunft war die künftige politische Rolle des Kosovo. Der Sicherheitsrat der Vereinten Nationen hatte in seiner Resolution 1244 von einer „substantiellen Autonomie innerhalb des ehemaligen Jugoslawien" gesprochen. Dem stand die Auffassung der Mehrheit der Bevölkerung des Kosovo, also der Albaner, gegenüber, die davon überzeugt waren, daß nur der Opfergang der Kosovo Liberation Army (KLA), also der UÇK, das Kosovo von der serbischen Herrschaft befreit habe. Die Kosovo-Albaner, egal welcher politischen Couleur, waren daher einheitlich der Auffassung, daß sie nach den Entsetzlichkeiten des Krieges mit Morden, Vergewaltigungen, Vertreibungen und der Zerstörung Tausender von Häusern ein Recht auf politische Unabhängigkeit hätten und demzufolge nie wieder unter serbische Oberhoheit zurückkehren würden. Diese diametral entgegengesetzten politischen Zielrichtungen müsse man, so Kouchner, berücksichtigen, wenn im Jahr 2000 in einem ersten Wahlgang lokale Wahlen abgehalten werden würden. Dieser Punkt würde aber noch viel stärker zur Geltung kommen, wenn es um die politischen Wahlen in der gesamten Provinz Kosovo ginge, die automatisch mit einem Referendum für die Unabhängigkeit gleichgesetzt werden würden.

Bernard Kouchner machte auch deutlich, daß die drei nebeneinander agierenden Regierungen, nämlich die sogenannte „Schattenregierung" unter dem Präsidenten Ibrahim Rugova mit Dr. Bujar Bukoshi als Ministerpräsidenten, daneben die selbsternannte Zwischenregierung von Hashim Thaci und schließlich die von ihm selbst geführte UN-Administration zu einer Gesamtregierung zusammengefaßt werden müßten, um die wichtigsten Kräfte zu vereinen und die Provinz damit überhaupt erst regierbar zu machen.

Svend Frederiksen, der dänische Police-Commissioner der UNMIK-Polizei, machte sehr drastisch auf die völlig unzureichende Lage hinsichtlich der inneren Sicherheit aufmerksam. Obwohl UNMIK von der Internationalen Gemeinschaft als unterstes Minimum 4.800 Polizisten gefordert hätte, seien Anfang September erst 1.200 Polizisten aus 31 Nationen vor Ort gewesen, um die 30 Polizeistationen und diversen Unterstationen zu besetzen. Jede Woche kämen jedoch etwa 250 Polizisten dazu; darüber hinaus baue man in Vučitrn eine eigene Polizeiakademie auf, um Kosovaren zu Polizisten auszubilden. Derzeit sei die erste Klasse mit 200 Polizei-Kadetten mit bisher gutem Erfolg angelaufen.

Der Niederländer Daan Everts, ehemaliger Botschafter seines Landes und jetzt Leiter der „Organisation für Sicherheit und Zusammenarbeit in Europa" (OSZE) im Kosovo, trug seine Aufgabenbereiche vor, nämlich den Aufbau demokratischer Strukturen, den Aufbau eines funktionierenden Rechtssystems und die Durchführung von Wahlen (mit allen damit verbundenen Unzulänglichkeiten). Er betonte den Langzeitcharakter dieser Maßnahmen und machte deutlich, daß sich die OSZE in die Problematiken des Tagesgeschehens in der Regel nicht einmischen würde.

Daneben trugen uns Angehörige internationaler Institute, die auf den Balkan spezialisiert sind, ihre Lagebeurteilung vor; Rechtsspezialisten von SHAPE und des Internationalen Gerichtshofes, Vertreter der zivilen Hilfsorganisationen, des UNHCR, des Flüchtlingshilfswerks der Vereinten Nationen, und der Europäischen Gemeinschaft halfen uns, das Bild von den zahlreichen Problemen, die wir zu bewältigen hätten, zu vervollständigen.

Aus Neapel war vom NATO-Kommando AFSOUTH Brigadegeneral James „Jim" Thurman, der dort für Planung und Operationsführung zuständige Abteilungsleiter, eingeflogen. Wir wollten wissen, inwieweit uns AFSOUTH bei einer möglichen Rückkehr der jugoslawischen Streitkräfte unterstützen könnte. Die lakonische Antwort lautete: „Wenn es auf dem Boden losgeht, dann können wir für euch nicht viel tun." Mein Fazit daraus war, alles daranzusetzen, die in einem solchen Fall erforderlichen Operationen weitgehend mit den eigenen, d. h. mit den uns vor Ort unterstellten Truppen sicherzustellen und uns nicht auf Hilfe von außen zu verlassen.

Hier lernten wir auch Wendy Gilmore kennen, eine junge kanadische Diplomatin, die uns in den kommenden Monaten als POLAD (Political Adviser) des Kommandeurs KFOR eine besonders wichtige Beraterin werden sollte. Sie war bereits seit Juni im Kosovo und hatte zu den wichtigsten Personen auf der politischen Bühne persönliche Verbindung aufgenommen. Sie sollte mich auf allen meinen Reisen und bei allen meinen Verhandlungen begleiten, mich vorher auf die Thematik vorbereiten und anschließend mit mir die erforderlichen politischen Schlußfolgerungen ziehen.

Wendy Gilmores Rat wurde ein wichtiger Schlüssel zu unserem Erfolg. Ohne ihre Hilfe und ihre kluge Unterstützung hätten wir es nicht geschafft. Unprätentiös, nüchtern und klar analysierend, mit ungewöhnlich hohem Arbeitstempo und einem Leistungseinsatz, der nie zu bremsen war, wurde sie in der Führungsgruppe von KFOR zu einer der tragenden Säulen, was für eine junge Dame im Kreis erfahrener Generale alles andere als leicht war. Dabei wollte es Wendy uns ihrerseits auch gar nicht leicht machen: Sehr gern spielte sie den Advocatus Diaboli. Sie stimmte keiner Sache zu, von deren Richtigkeit sie nicht voll überzeugt war. Sie wies uns immer wieder auf die historischen Bezüge aus der Zeit „vor uns" hin und strapazierte unsere Geduld mit ihren bohrenden Nachfragen, wenn wir wieder einmal der Meinung waren, eine gute Regelung auch ohne sie gefunden zu haben. Ihr ging es grundsätzlich um die Sache, und wir waren gut beraten, ihrem Rat zu folgen.

Wendy Gilmore stellte uns die handelnden Personen auf der politischen Bühne vor: Sie modellierte aus den Namen der Männer, die im Kosovo zu unseren wichtigsten Ansprechpartnern werden sollten, lebendige, politisch handelnde Persönlichkeiten mit ihren unterschiedlichen Zielsetzungen; sie machte uns mit deren Parteien bzw. Aufgaben und Ambitionen vertraut und führte uns vor Augen, in welches politische Minenfeld wir uns begeben würden.

So zeichnete sie Ibrahim Rugova, den Führer der LDK (Lidhja Demokratike e Kosovës – Demokratische Liga des Kosovo) und zweimal gewählten Präsidenten der Kosovo-Albaner, als den wohl immer noch wichtigsten und Einflußreichsten – auf alle Fälle aber als den am meisten respektierten Politiker im Land, während Hashim Thaci zwar noch keine politische Partei hinter sich habe, aber ihrer Erwartung nach alles daransetzen werde, mit nachhaltiger Unterstützung der amerikanischen Außenministerin Madeleine Albright die politische Nummer eins im Kosovo zu werden. Ich wurde immer gespannter, diese Politiker bald selbst kennen zu lernen und mir von ihnen einen eigenen Eindruck zu verschaffen. Die politische Tour d'Horizon, die Mrs. Gilmore vor uns ausbreitete, wurde für mich in ihrer analytischen Klarheit und Folgerichtigkeit eine der wichtigsten Leitlinien für meine spätere politische Lageeinschätzung vor Ort.

Den letzten Vortrag des Key Leader Training in Heidelberg hielt General Clark, der uns unmißverständlich deutlich machte, was er von uns erwartete und wie sehr die weitere Entwicklung des Balkans von unserer Leistung abhing. Er warnte uns nachhaltig vor den serbischen paramilitärischen Kräften, die zum Teil bereits im Kosovo seien oder jederzeit einsickern könnten, um zusammen mit „schlafenden Agenten" im Kosovo Unruhe zu stiften.

Die größte Aufmerksamkeit erzielte SACEUR jedoch mit einem beiläufigen Nebensatz: als er darauf hinwies, sich jetzt schon darauf zu freuen, uns im September 2000 alle wieder sicher zu Hause empfangen zu können. Es wurde mucksmäuschenstill im Raum, die Männer meines Stabes starrten mich an; bisher waren wir ja nach den Vorgaben von

SHAPE von etwa sechs Monaten Einsatzdauer ausgegangen, hatten darauf auch unsere Familien eingestellt. Sollte diese Einsatzzeit nun völlig unerwartet verdoppelt werden?

Ich nutzte die nächste Pause, um SACEUR auf diese psychologisch äußerst heikle Frage anzusprechen und Klarheit über die endgültige Einsatzdauer zu bekommen. Nach mehreren Telefonaten mit SHAPE kam dann die Entscheidung: sechs Monate. Das Aufatmen der Frauen und Männer war unüberhörbar, zumal fast alle von ihnen bereits mindestens eine ganze Tour im Rahmen von SFOR hinter sich hatten. Zwei Tage später rief mich General Stockmann an und teilte mir mit, daß der SACEUR unabhängig von dieser Entscheidung für sechs Monate daran festhalte, mich selbst und eine kleine Führungsmannschaft meines Stabes für ein ganzes Jahr in der Führungsverantwortung für KFOR zu halten. Ich akzeptierte diesen Ansatz. Wenige Tage später wurde dann der Rest meines Stabes ins Einsatzland verlegte.

Am Abend des 17. September 1999 luden der SACEUR und Mrs. Clark meine Frau und mich in ihre Residenz „Château Géndebien" nach Mons zu einem festlichen Abschieds-Abendessen im Beisein aller seiner Abteilungsleiter und engsten Mitarbeiter ein. In seiner Tischrede hob General Clark die Bedeutung der Tatsache hervor, daß ein deutscher General Truppen anderer NATO-Nationen im Einsatz führe. Der beste Beweis des Vertrauens der Nationen in mich sei, daß sowohl die US-Regierung als auch die britische Regierung seit 1813 erstmalig nach Blücher einem deutschem General ihre Truppen für den Einsatz unterstellten. Am Ende dieses sehr bewegenden Abends wünschten mir alle Anwesenden Glück und Erfolg für den bevorstehenden Einsatz.

Meine Frau und ich setzten uns dann nachts noch ins Auto, um die fünf Stunden nach Heidelberg zurückzufahren, da für mich am 18. September um 07.30 Uhr das Key Leader Training weiterging. Trotz aller Müdigkeit waren wir voller Fragen, was auf uns zukommen würde, Fragen, die trotz all der intensiven Vorbereitung offen blieben und nur durch die Praxis beantwortet werden könnten. Wie würde die Familie die Trennung durchstehen, wie können wir die Verbindung halten? Wir waren froh, daß unser jüngster Sohn Florian seinen Wehrdienst in Koblenz ableistete, so war meine Frau nicht ganz allein.

Parallel zu unserem Key Leader Training verfolgten wir mit hoher Spannung die Verhandlungen, die Generalleutnant Jackson in Priština mit den Führern der UÇK zu deren Demilitarisierung führte. Sie gestalteten sich sehr schwierig. Wir waren natürlich brennend an dem Ergebnis interessiert, denn dessen praktische Umsetzung würde ja in „unsere Zeit" fallen. Am 20. September war es geschafft: Bernard Kouchner setzte seine Unterschrift unter die UNMIK-Regulation 1999/8 über die „Aufstellung eines Kosovo Protection Corps", das ihm, Kouchner, unterstellt und das von Generalleutnant Agim Çeku geführt werden sollte. Beim ersten Durchlesen der Unterlagen fiel mir auf, wie problematisch für uns die Umsetzung in eine „zivile" Organisation werden würde, da die genehmigte Struktur des Kosovo Protection Corps doch sehr stark militärischen Organisationsformen entsprach. Ich war von den damit geschaffenen Vorbedingungen alles andere als angetan. Hier würden wir noch manche harte Nuß zu knacken haben, um das neue Kosovo Protection Corps zu einer wirklichen zivilen und unpolitischen Einrichtung umzuformen.

Wenige Tage später wurde es dann auch für mich ernst. Die meisten Angehörigen meines Stabes waren bereits im Einsatzland, um schrittweise am Arbeitsplatz die Aufgaben von ihren Vorgängern zu übernehmen. Auch meine Kommandeursgruppe war vorausgeflogen, um die erforderlichen administrativen Vorbereitungen zu treffen. Ich selbst wollte im gleichen Zeitraum meine künftigen Truppenteile und die wichtigsten Akteure noch vor der Kommandoübergabe kennenlernen und flog daher am Sonntag, dem 26. September 1999, mit einer der drei Transalls, die unser Personal nach Skopje transportierten, nach Mazedonien.

Dort bekam ich eine sehr detaillierte und aktuelle Einweisung durch Generalmajor Piero Giuseppe Giovanetti und den amerikanischen Generalmajor Robert „Bob" Ruth, der dort nach der Kommandoübernahme als mein Stellvertreter gegenüber der mazedonischen, der griechischen und der albanischen Regierung in Tirana agieren sollte.

General Giovanetti war wegen der unzureichenden rechtlichen Absicherung der Stationierung der KFOR-Soldaten auf dem Territorium Mazedoniens besorgt. Es gäbe nur das sogenannte „Framework Agreement", das aus zwei Briefen des ehemaligen NATO-Generalsekretärs Javier Solana vom 20. April 1999 bestünde und damals ausschließlich den Aufenthalt des ARRC geregelt habe. Dieses Abkommen müßte nun auf die anderen Nationen von KFOR erweitert werden, die damit verbundenen Fragen müßten völkerrechtlich verbindlich geregelt werden. Der von der NATO eingesetzte deutsche Sonderbotschafter Hansjörg Eiff sei bereits dabei, sich mit diesem Themenkomplex zu befassen, dessen Lösung – vor allem in Bezug auf die finanziellen Modalitäten des Aufenthaltes unserer Soldaten – bald ausgehandelt werden müsse. Ansonsten liefen wir Gefahr, das noch sehr gute Verhältnis zur mazedonischen Regierung zu belasten. Ich sagte zu, mich selbst sehr rasch um diese Dinge zu kümmern. Ich nahm für ein paar Stunden wie jeder andere Soldat am sogenannten „Inprocessing" teil. Hinter diesem Begriff verbarg sich das Ausstellen diverser Sonderausweise, die Ausgabe von Waffen und scharfer Munition sowie von Sonderausrüstung. Hier ging es aber auch um letzte Sicherheitsbelehrungen zur aktuellen Lage vor Ort sowie um praktische Empfehlungen für das Verhalten gegenüber den örtlichen Bevölkerungsgruppen: Ein insgesamt recht kompaktes und auf die reale Lage bezogenes Programm, das von den Männern und Frauen gut angenommen wurde.

Am 27. September 1999 startete ich zusammen mit meinem italienischen Stellvertreter, Generalmajor Silvio Mazzaroli, von Skopje aus meine Einweisungstour, die der deutsche Oberstleutnant i. G. Jürgen Steinberger, mein Military Assistant, sehr durchdacht vorbereitet und mit allen zuständigen Stellen abgesprochen hatte.

Wir begannen in Priština. Mein erster Eindruck von der Stadt war positiv. Sie ist wesentlich moderner, als ich es erwartet hatte. Priština besticht durch eine – wenn auch begrenzte – Skyline, durch breite Boulevards, die von modernen und gut sortierten Geschäften eingerahmt sind, an jeder Ecke Cafés, in denen unzählige Leute sitzen und es sich gut gehen lassen. In den Straßen drängt sich eine unübersehbare Masse – wie wir wissen: – meist gestohlener und nicht registrierter Fahrzeuge in einem völlig ungeregelten Verkehrsstrom. Jeder ist sich selbst der Nächste. Rote Ampeln scheinen primär dazu da zu sein, nicht beachtet oder überfahren zu werden. Wenn es nicht mehr weiter geht, weichen die Fahrer auch auf die Fußwege aus. Es ist das absolute

Chaos. Die neu gewonnene Freiheit hat anscheinend dazu geführt, daß die Leute keine persönlichen Einschränkungen mehr hinnehmen wollen, sondern in einen Zustand der Anomie geraten sind. Ich fragte mich, warum man die total verstopften Boulevards nicht als Einbahnstraßen auslegt, dann würde sich vielleicht ein bißchen bewegen; so steht man rum, alles hupt, schreit, ist ärgerlich – alles geht nur sehr langsam voran.

Die Stadt hat eine Universität für rund 20.000 Studenten, eine Oper, ein großes „Kulturzentrum", ein achtzehnstöckiges Medienhochhaus, ein großes Fußballstadion und die modernste, sehr elegant gebaute Basketballhalle auf dem Balkan. Um diese Halle zieht sich ein fast unübersehbarer Schwarzmarkt, auf dem man alles kaufen kann, was das Herz begehrt, auch wenn das illegal ist. UNMIK drückt beide Augen zu, da es um die Versorgung der Bevölkerung geht.

UNMIK hat ihren Amtssitz unten im Stadtzentrum von Priština, wo man sich im Gebäude der ehemaligen kommunistischen Partei des Kosovo eingerichtet hat, einem häßlichen grauen Bauwerk, das im Gegensatz zu drei der benachbarten Gebäude vom Luftkrieg völlig unberührt geblieben war. Priština war und ist wieder das Verwaltungs- und Regierungszentrum des Kosovo, es lebt von seinen unzähligen kleinen und großen Lokalen, von Diskos, vom Handel auf den Trottoirs und auf dem Schwarzmarkt, von den vielen Geschäften sowie von Dienstleistungen. Die Leute machen einen zufriedenen Eindruck, sie sind wohlgenährt und scheinen die neue Lage zu genießen. Bemerkenswert waren die geringen Zerstörungen durch die Luftschläge, die hier ihre Ziele sehr präzise getroffen haben, ohne große Schäden im Umfeld anzurichten. Das Post- und ein ehemaliges Parteigebäude sind zerstört, auch das Zentrum der jugoslawischen Geheimpolizei, die Kasernen am Rand der Stadt ebenso wie die großen Betriebsstoff-Tanks vor „Film-City". Der größte Teil der Stadt ist aber ungeschoren davongekommen.

Es fällt auf, daß es keine Müllabfuhr gibt. Die Stadt erstickt im Dreck, an vielen Ecken glimmende und stinkende wilde Müllkippen, die niemanden zu stören scheinen, ganz im Gegenteil: Man wirft seinen eigenen Dreck auch noch dazu. Natürlich liegt die Müllabfuhr zunächst in der Verantwortung der jeweiligen Kommune, aber irgendeiner mußte eigentlich auch bei UNMIK für die Koordinierung all der damit verbundenen Aktivitäten, vor allem für die Müllabfuhr und für die Anlage dafür erforderlicher Deponien, zuständig sein. Ich habe es allerdings bis zum Kommandowechsel im April 2000 nicht geschafft, herauszubekommen, wer im Kosovo in letzter Konsequenz für die Müllbeseitigung zuständig war.

Ganz anders sah das Bild im Lager „Film-City" aus. Die umfangreichen Bauarbeiten machten Hoffnung, daß wir die Container doch vor Winterbeginn beziehen könnten. Die Bodenplatten für die Container wurden gerade gegossen. Wie sich die Dinge doch wiederholten: Ich wurde stark an die Zeit erinnert, als ich 1995 als Befehlshaber des Heeresführungskommandos in Koblenz für die Führung unserer deutschen IFOR-Truppen verantwortlich war. Auch damals war es erst nach langen Auseinandersetzungen mit dem Bundesministerium der Verteidigung über die damit verbundene Kostenfrage gelungen, von den völlig ausgebleichten und ausgewaschenen Zelten, die uns in der Wüste Somalias als Unterkünfte gedient hatten und die inzwischen technisch völlig veraltet und brüchig geworden waren, Abstand zu nehmen und stattdessen auf winterfeste Unterkünfte in Form von Containern umzuplanen.

Noch lebten wir in Priština in Großzelten, meine Stabsoffiziere mit 80 Mann hoch, die Generale in kleineren Zelten. Die Wasch- und Duscheinrichtungen waren weitgehend im Freien, ein Holzverschlag diente als Sichtschutz, waschen nur aus der Schüssel oder aus der Flasche, da es weder fließendes Wasser noch ständige Versorgung mit Elektrizität gab. Dies waren Bedingungen, wie ich sie in ihrer Primitivität seit meinem ersten Biwak in der Grundausbildung bei den Gebirgsjägern 1960 in Mittenwald nicht mehr erlebt hatte. Hier mußte schnell etwas geschehen, und meine Pioniere würden noch eine Menge Arbeit vor sich haben, bis sie meine sehr klaren Forderungen nach rascher und nachhaltiger Verbesserung unserer täglichen Lebensverhältnisse abgearbeitet hätten.

Wir machten unseren Antrittsbesuch bei Bernard Kouchner und seinem Stellvertreter, Jock Covey. Covey sollte sich künftig als ruhender Pol bei allen Schwierigkeiten und als ein ausgebuffter Fachmann bei den Verhandlungen mit der UNO in New York, aber auch mit den

Politikern in Priština erweisen. Er hatte seine Erfahrungen in Sarajevo und vorher schon als US-Gesandter in Berlin gesammelt und ließ sich so schnell durch nichts aus der Ruhe bringen.

Bernard Kouchner war in Sorge, wie er die Serben, die aus dem Kosovo Transitional Council (KTC) unter Protest ausgezogen waren, für die Zusammenarbeit zurückgewinnen und an der Administration wieder beteiligen könnte. Der Kosovo Transitional Council war ein Gremium, in das Kouchner die wichtigsten Repräsentanten der Gruppen, die an den Verhandlungen von Rambouillet beteiligt gewesen waren, zu seiner Beratung und zum internen Meinungsausgleich berufen hatte. Bischof Artemije, der Führer der gemäßigten serbischen Minderheit, hatte den KTC aus Protest – die Probleme der Serben würden dort zu wenig Berücksichtigung finden –, verlassen und damit die Zusammenarbeit mit UNMIK aufgekündigt. Kouchner war besorgt, da er keinen echten politischen Fortschritt im Kosovo, sondern eher einen Stillstand sah, den die Internationale Gemeinschaft ihm zum Vorwurf machen würde. Er bat mich erneut um enge Zusammenarbeit.

Ich sagte Kouchner und Covey, daß ich beim Einsatz der UN-Truppen in Somalia, beim Einsatz deutscher Truppen im Rahmen der UN-Operationen UNPROFOR in Kroatien, bei IFOR und SFOR immer wieder die erschreckende Konkurrenz zwischen den UN-Repräsentanten sowie den zivilen Organisationen einerseits und dem Militär andererseits erlebt hätte. Mir ginge es nicht um Machtpositionen und Kompetenzen, sondern ausschließlich um den Erfolg im Sinne einer besseren Zukunft der Bevölkerung des Kosovo. Ich würde KFOR daher grundsätzlich den Wünschen und Vorstellungen Kouchners – und damit dem Primat der Politik – unterordnen. Wir könnten nur mit einer gemeinsamen Position und mit einer abgestimmten Grundlinie die Ziele der Internationalen Gemeinschaft positiv umsetzen. Bernard Kouchner und ich haben über all die Monate hinweg an diesem gemeinsamen Verständnis der Prioritäten festgehalten. Wir haben uns nie auseinander dividieren lassen und alle auftauchenden Probleme gemeinsam zu lösen versucht. Die Tatsache, daß wir öffentlich als „twin brothers" bezeichnet wurden, sahen wir als positive Bestätigung unserer gemeinsamen Bemühungen an.

Anschließend besuchten wir die Flüchtlingsorganisation der Vereinten Nationen, UNHCR, eine der „vier Säulen" unter Kouchners UNMIK-Organisationen. Auch hier boten wir unsere Hilfe an. Der stellvertretende niederländische Missionschef Wilbert Van Howell erläuterte uns seinen breiten Aufgabenbereich und die vor uns liegende Problematik der „winterization", d. h. der Versorgung der vielen hunderttausend Flüchtlinge, die vor dem Winter noch untergebracht und während des Winters versorgt werden müßten. Er machte deutlich, daß UNHCR letztendlich auch für die Koordinierung der Arbeit der mehr als 350 NGOs, also der nicht-staatlichen Hilfsorganisationen, zuständig sei, daß es aber leichter sei, einen Sack voller Flöhe zu hüten. „Die NGOs lassen sich nichts befehlen, sie lassen sich auch nicht koordinieren!", so das eher resignierende Fazit des sehr engagierten und sympathischen Vertreters von UNHCR, der uns gleichzeitig mit fast neidvollem Unterton darauf hinwies, wie leicht wir es doch beim Militär hätten, wo alle Kontingente der unterschiedlichsten Nationen meinen Weisungen nachkommen würden.

Die nächste Adresse war die von Tom Koenigs, der mit dem Bereich „Civil Administration" die zweite Säule in der UNMIK-Organisation repräsentierte: Er arbeitet in einem sehr schönen Gebäude mitten in Priština. Nach unserem Telefonat Ende August war dies unser erstes persönliches Zusammentreffen, die Chemie stimmte sofort. Er plädierte für eine eindeutig harte Position gegenüber all denjenigen, die den Vorgaben der Internationalen Gemeinschaft nicht Folge leisten wollten und die innere Sicherheit unterminierten. Seine besondere Sorge galt der zunehmenden Zahl von Barrikaden, mit denen die Bevölkerung ihrem Unwillen Luft machte. Gegen Barrikaden müsse sofort eingeschritten werden. Sorge machte ihm auch die Situation in Mitrovica, da die dortige Brigade die Lage nicht in den Griff bekäme. Wir versicherten uns erneut der gegenseitigen Unterstützung und der unbürokratischen, d. h. der direkten Zusammenarbeit über alle Zwischenebenen hinweg.

Die dritte Säule von UNMIK führte Daan Everts an, der örtliche Repräsentant von OSZE. Er wiederholte uns gegenüber den Langzeitcharakter seines Aufgabenpaketes. Für die laufende Administration und Polizeitätigkeit sei Tom Koenigs zuständig. Die Polizeiakademie in

Vučitrn liege jedoch in seiner Zuständigkeit und sei unter amerikanischer Führung gut angelaufen. Besonders wichtig sei der Aufbau demokratischer und unabhängiger Medien, ein Aufgabenpaket, dem seine ganze Aufmerksamkeit gelte. Eine seiner Hauptsorgen war, die Wahlen im Kosovo sicherzustellen, für deren Vorbereitung und Durchführung die OSZE zuständig ist.

Unser letzter Besuch dieses Tages galt Carlo Franco, einem Belgier, der derzeit kommissarisch die vierte UNMIK-Säule, nämlich die Europäische Union, vertrat. Er war u. a. zuständig für die Lieferungen an Baumaterial wie Balken, Bauholz, Dachziegel, Bausteine etc., für alle Materialen also, die für den Wiederaufbau der vielen zerstörten Häuser dringend benötigt wurden, aber auch für die Strom- und Wasserversorgung. Seine größte Sorge galt hier dem Kraftwerk Kosovo „Alpha", das im bevorstehenden Winter mit Sicherheit nicht imstande sei, ausreichend Energie zu liefern. Es war bereits in den fünfziger Jahren gebaut und technisch nicht nur völlig veraltet, sondern auch total heruntergewirtschaftet worden. Er hoffe, von den Schweden, die dieses Kraftwerk einst mit aufgebaut und betrieben hatten, ausreichend Reparaturkapazität zur Verfügung gestellt zu bekommen. Das zweite Kraftwerk aus den siebziger Jahren, Kosovo „Bravo", sei ähnlich verrottet. Die beiden Kraftwerke in Obilić seien so marode, daß sie im Winter jederzeit ausfallen könnten. Dies hätte dann die katastrophale Folge, daß die Bevölkerung weder elektrische Energie noch Wasser oder Heizung bekäme, da alle diese Dinge von der Leistung der beiden Kraftwerke Kosovo A und B abhängig seien. Er hob die unbürokratische Bereitschaft zu schneller Hilfe seitens des britischen Kontingents hervor, das bisher die Kraftwerke immer wieder zum Laufen gebracht hätte. Ich versicherte ihm, daß dies in unser aller Interesse sei. Wir würden daher auch in Zukunft immer dann helfen, wenn wir technisch dazu in der Lage wären.

Zurück in „Film-City" nahmen wir erstmals am abendlichen Treffen des COMKFOR mit Bernard Kouchner teil, das täglich regelmäßig um 17.00 Uhr zur gegenseitigen Information und Abstimmung aller Maßnahmen stattfand. Kouchner nahm erneut das Thema auf, daß das Kosovo politisch stagniere und er nicht vorhabe, den Rest seines Lebens unter so negativen Bedingungen zu arbeiten. General Jackson riet ihm zu, das Handtuch nicht vorzeitig zu werfen, und ich schlug in die gleiche Kerbe mit dem Hinweis, daß ich es ohne ihn nicht schaffen würde.

Spät in der Nacht traf ich erneut mit General Jackson zusammen; er befürchtete, daß Bernard Kouchner nur noch bis zum Jahresende bleiben könnte. Wir saßen in Jacksons kleinem Office, das nur durch eine Sperrholzwand und eine Decke als Vorhang von seinem Feldbett getrennt war. Er goß mir einen oder auch zwei Whiskeys ein und sinnierte mit mir über die Lage. Die äußere Sicherheit gäbe keinen Anlaß zur Beunruhigung, die Grenzen seien gut überwacht, es gäbe auch keine Anzeichen, daß Milošević vorhabe, die Unsicherheit des Kommandowechsels auszunutzen. Nach Jacksons Erkenntnis würden sich im Fall einer militärischen Auseinandersetzung mit gewaltsam in das Kosovo zurückkehrenden Streitkräften Jugoslawiens alle Nationen von KFOR an den militärischen Operationen beteiligen. Die unterstellten militärischen Kräfte seien ausreichend, die Zusammenarbeit mit allen Nationen einschließlich der Russen sei unproblematisch.

Die Verhandlungen mit der Führung der ehemaligen UÇK seien positiv abgeschlossen: Die Voraussetzungen für die Demilitarisierung sowie Umgliederung der UÇK in ein Kosovo Protection Corps, eine unserer wichtigsten Aufgaben nach der Kommandoübergabe an KFOR 2, seien ebenfalls im beiderseitigen Einvernehmen im sogenannten „Undertaking" vom 20. September 1999 festgelegt und unterschrieben worden. Abschließend unterstrich er die enge und positive Zusammenarbeit mit UNMIK und ganz speziell mit Bernard Kouchner. Seine größte Sorge sei die noch immer ungeklärte Frage des künftigen politischen Status des Kosovo.

Kurz vor Mitternacht brach General Jackson dann unser Gespräch ab, da er noch zu arbeiten hatte. Dankbar und todmüde begab ich mich in mein Zelt – mit der festen Absicht, meine künftigen Arbeitstage „besser zu organisieren" und nicht jeden Tag über Mitternacht hinaus zu arbeiten. Leider sollte sich bald herausstellen, daß diese Absicht auf Illusionen gegründet war. Die Realität holte mich schnell ein und zwang auch mir den 20-Stunden-Tag auf.

Der 28. September 1999 war erneut ein sehr heißer Tag. Der Vormittag galt internen Absprachen mit meinen Stabsangehörigen, die in der

Zwischenzeit auf fast allen Posten die Verantwortung übernommen hatten. Das drängendste Problem war die Umorganisation der UÇK in das Kosovo Protection Corps (KPC). Ziel war es, aus den etwa 25.000 ehemaligen Soldaten der UÇK ca. 3.000 Männer auszuwählen, um mit ihnen ein ziviles, unpolitisches und multiethnisches „Hilfskorps" – etwa in der Art des Technischen Hilfswerkes – aufzubauen. Rund 2.000 Mann sollten als Reservisten dazukommen. Generalmajor Dr. Klaus Olshausen und seine Männer der JIC, die für diesen Aufgabenkomplex zuständig waren, erläuterten mir ihren Meilenstein-Plan für den Aufbau und die künftige Ausbildung des KPC. Dies war ein sehr komplexes Unterfangen, bei dem wir uns sehr eng mit den verschiedensten Stellen von UNMIK zu koordinieren hatten, da das KPC in seiner Gesamtheit Bernard Kouchner und damit UNMIK unterstand. KFOR war nur für die erforderlichen technischen Rahmenbedingungen zuständig. Ich nahm die Planung mit all den damit verbundenen Unsicherheiten und offenen Fragen zur Kenntnis und legte fest, sobald als möglich zusammen mit Bernard Kouchner sowie den verantwortlichen Führern des künftigen KPC eine Abstimmungskonferenz durchzuführen, um alle anstehenden Grundfragen zu klären.

Anschließend fuhren wir zur „International Organisation for Migration" (IOM), die für die Auswahl der ehemaligen UÇK-Kämpfer für das KPC verantwortlich war. Vor dem Haus drängten sich viele junge Männer in Zivil, die uns sofort umringten und baten, in das KPC übernommen zu werden. In der Regel waren sie arbeitslos, und sie hofften, über das KPC neue Arbeit zu finden. Die Spezialisten des IOM erläuterten uns ihre Test- und Auswahlverfahren, machten aber zugleich deutlich, daß sie den Bewerbern auch andere Arbeitsmöglichkeiten anbieten würden. Bisher seien von 1.700 Bewerbern etwa 1.000 für das KPC ausgewählt, während 700 andere Jobs angeboten bekommen hätten. Eine Relation, die noch viel zu KPC-lastig, aber natürlich auch darauf zurückzuführen war, daß zivile Arbeitsstellen kaum vorhanden und meist mit vorheriger Umschulung verbunden waren.

Fast unmittelbar neben dem Haus der IOM liegt das „Deutsche Haus", in dem das deutsche Auswärtige Amt mit Dr. Bernd Wulffen vertreten war, der selbst erst vor zwei Tagen eingetroffen war. Unser

Besuch war eine erste kurze Verbindungsaufnahme, die dem Informationsaustausch und dem persönlichen Kennenlernen galt.

Am Nachmittag besuchten wir die britisch geführte Multinationale Brigade Centre MNB (C) am Rand von Priština. Brigadier Peter Pearson, ein sehr drahtiger, bestens informierter Truppenführer voller Energie und Tatendrang, empfing Generalmajor Mazzaroli und mich vor seinem Stabsgebäude, der früheren technischen Hochschule von Priština. Mit der typischen und unnachahmlichen britischen Lässigkeit wurde ich von den jungen Stabsoffizieren der Brigade ungeschminkt in den Auftrag und in die besonderen Probleme der MNB (C) eingewiesen. Brigadier Pearson hob die enormen Schwierigkeiten mit den beiden Kraftwerken Kosovo A und B in seinem räumlichen Verantwortungsbereich hervor, da sie ohne die permanente Hilfe seiner Soldaten schon längst nicht mehr arbeiten würden. Die zivile Administration sei mit dieser Aufgabe überfordert und er befürchte einen möglichen Zusammenbruch der Energieversorgung, wenn die Bevölkerung mit Beginn des Winterwetters den Verbrauch erst richtig hochfahre. Ich sagte ihm zu, mich dieser Frage persönlich anzunehmen. Seine andere Sorge galt dem Umbau der UÇK in das KPC; seiner Ansicht nach wollten die meisten ehemaligen Angehörigen der UÇK gar nicht den Aufbau einer zivilen Hilfsorganisation, sondern trachteten danach, die bisherige militärische Organisation weitgehend beizubehalten, um als Armee erneut bereitzustehen, sobald das Kosovo seine Unabhängigkeit erreicht habe. Ich sollte diese Sorge sehr bald teilen, und die Konsequenzen aus dieser Lage sollten uns während unserer gesamten Zeit erhebliche Schwierigkeiten machen.

Wir flogen dann nacheinander alle Bataillone der MNB (C) ab. Es war eine Freude, zu sehen, wie gut Brigadier Pearson seine Männer und deren Probleme vor Ort kannte, aber auch, wie sehr er als Truppenführer geachtet und anerkannt wurde. Hier war ich auf einen militärischen Führer getroffen, der sehr kompetent, entschlossen und direkt war, der die Dinge offen und ohne Umschweife ansprach und auf den Verlaß war.

Unser erster Halt war beim finnischen Bataillon in Lipljan, einem kleinen Ort mit albanischer Mehrheit, aber auch starken serbischen Enklaven, was zu laufenden Auseinandersetzungen beiderseits der

56

Hauptstraße führte. Ich nahm an meiner ersten Patrouille zu Fuß mit einer finnischen Gruppe quer durch Lipljan teil und konnte mir einen unmittelbaren Eindruck von der Arbeitsweise der Männer machen. Dem Einsatz ging eine eingehende Einweisung durch einen jungen Oberleutnant voraus. Er legte die Route quer durch den Ort fest, er erinnerte an die kritischen Punkte, an denen es in den letzten Tagen zu gewaltsamen Ausschreitungen gekommen war. Die Reihenfolge der Männer und damit der verschiedenen Waffenträger wurde festgelegt, Beobachtungs- und Wirkungsbereiche befohlen, ein eventueller Waffeneinsatz auf Selbstverteidigung beschränkt. „Schaut den Leuten ins Gesicht, sprecht mit ihnen, seid freundlich, aber zeigt eure Entschlossenheit, euren Auftrag durchzuführen!" Die Durchführung der Patrouille war professionell und überlegt, der Kontakt mit der Bevölkerung sichtbar gut. Ich sagte den Finnen beim Abschied, wie gut es mir bei ihnen gefallen habe und daß ich bald zu einem längeren Aufenthalt zu ihnen zurückkommen würde.

Wir flogen dann zum „1st Battalion Princess Patriciaës Canadian Light Infantry", das auf einem kleinen Flugplatz bei Glogovac im Tal der Drenica in technisch sehr ausgereiften und für den Winter bestens gerüsteten Zelten untergebracht war. Auch dieses Bataillon machte auf mich einen hervorragenden Eindruck; die Männer waren voll motiviert, arbeiteten sehr eng mit der albanischen Bevölkerung zusammen und waren mit Recht stolz auf das bisher Erreichte. Sie flogen mich von dort aus in eine durch die Lufteinsätze völlig zerstörte und durch Blindgänger der amerikanischen Bomblet-Munition immer noch stark verminte Kaserne am Rand von Priština. Dort stellten mir der kanadische Captain Paul und sein Staff-Sergeant Holland eine spezielle Aufklärungskompanie vor, die mit modernsten technischen und visuellen Aufklärungsmitteln, die auf gepanzerten Radfahrzeugen montiert waren, besser ausgerüstet war als jede vergleichbare Einheit anderer Nationen. Ich sollte auf diese Aufklärungskompanie später noch häufiger für Sondereinsätze im Bereich anderer Brigaden zurückgreifen …

Weiter ging es nach Podujevo in den nordostwärtigen Teil des Kosovo zum britischen Aufklärungsverband „1st The Queens Dragoon Guards", der zusammen mit dem britischen Artillerieverband vor allem den Auftrag hatte, die Zugänge aus Serbien durch den Flaschenhals

Podujevo – Priština mit Panzer- und Artilleriekräften zu sperren. Lieutenant Colonel Patrick Andrews trug mir seine geplante Operationsführung vor und fuhr mit uns anschließend zu den Grenzübergängen „Gate 2" und „Gate 3", an denen seine Soldaten den gesamten Personen- und Fahrzeugverkehr aus dem serbischen und in das serbische Gebiet kontrollierten. Auch hier war ich sehr angetan von der Umsicht und dem besonnenen Verhalten der Soldaten, die hier unter sehr angespannten Lebens- und Dienstbedingungen solide Arbeit leisteten.

Es war schon dunkel, als wir ankamen in Kosovo Polje beim britischen Infanteriebataillon, den „1st Irish Guards"; sie waren gerade dabei, ihren Einsatzraum an ein norwegisches und an ein schwedisches Bataillon zu übergeben. Kosovo Polje war ein gefährliches Pflaster, da hier Serben und Albaner auf engstem Raum zusammenlebten und sich, sowie es dunkel wurde, mit Handgranaten, Messern und Kalaschnikovs bekämpften. Erst im Laufe dieses Tages war es erneut zum Mord an zwei Serben gekommen: Aus einem vorbeifahrenden Auto waren in die Menschenmenge auf dem Markt Handgranaten geworfen worden. Während wir das britische Bataillon besuchten, verhandelten nicht weit von uns entfernt General Jackson und Bernard Kouchner mit den aufgebrachten Serben, die aus Protest gegen die albanische Gewalt die Hauptstraße nach Peć mit Traktoren und Autos gesperrt hatten und drohten, diese wichtige Straße so lange zu blockieren, bis die Mörder gefunden und eingesperrt sein würden.

Das norwegische Bataillon unter Oberst Robert Mood mit insgesamt 980 Mann sowie das schwedische Bataillon unter Oberst Fleming Christiansen mit rund 800 Mann waren willkommene Verstärkungen für die MNB (C) in dem besonders kritischen Raum rund um Priština, da hier wegen der unmittelbaren Nachbarschaft zwischen der albanischen und der serbischen Bevölkerung die Gewaltbereitschaft besonders hoch war.

Nachdem ich alle Truppenteile der MNB (C) gesehen hatte, nahm ich am späten Abend meine Kommandeurgruppe zusammen, um gemeinsam mit meinen Generalen unsere Verantwortlichkeiten gegenseitig abzugrenzen und die dazu erforderlichen Aufgabenpakete zu schnüren.

Der französische Generalmajor Claude Thomann war mein Stellvertreter in allen operativen und politisch relevanten Fragen. Er hatte die enge Verbindung zu den wichtigsten Stellen von UNMIK zu halten und mich über alle möglichen politischen Entwicklungen auf dem laufenden zu halten. Generalmajor Thomann brachte für mich den unschätzbaren Vorteil mit, daß er bereits seit Anfang Juli im Land war, alle handelnden Personen persönlich kannte und aufgrund seines feinen Gespürs für politische Entwicklungen ein für uns wichtiges „Frühwarnsystem" war. Damit ermöglichte er es uns, rechtzeitige Gegenmaßnahmen zu treffen. Claude Thomann war ein sehr kluger, abwägender, aber auch schnell zupackender General, auf dessen Rat ich mich sehr gern stützte und der mir in allen Lagen loyal und selbstlos zur Seite stand.

Mein zweiter Stellvertreter in Priština war der italienische Generalmajor Silvio Mazzaroli, ein ungemein zuverlässiger, sehr ruhiger und verantwortungsfreudiger Offizier, der mir menschlich vom ersten Zusammentreffen an nicht nur deswegen so sympathisch war, weil er Alpini war, sondern weil man seine Hingabe für die Sache und seine Entschlossenheit, sich voll einzubringen, spürte.

Eine unserer größten Sorgen war, wie wir angesichts der vielen Flüchtlinge und der aus unserer Sicht unzureichenden Vorsorge für den Winter eine drohende Notlage verhindern konnten. Wir entschieden uns daher, General Mazzaroli ausschließlich mit der Koordinierung aller Maßnahmen, die für die Flüchtlinge getroffen werden mußten, zu betrauen. Das galt zum einen KFOR-intern, soweit es darum ging, die diversen Anstrengungen der verschiedenen nationalen Kontingente aufeinander abzustimmen und die dazu erforderliche Hilfe aus der Zentrale sicherzustellen; noch entscheidender war aber, ein mögliches Hilfspaket der militärischen Seite für die zivilen NGOs und den UNHCR zu erarbeiten und bei Bedarf anzubieten.

Hier mußte man sehr behutsam vorgehen, um den Eindruck zu vermeiden, wir wollten mit der geballten Schlagkraft der militärischen Großorganisation die kleineren zivilen Hilfsorganisationen dominieren oder gar überrollen. Nichts lag uns ferner als das: Wir wollten nur helfen und dazu unsere Möglichkeiten der praktischen Unterstützung anbieten. General Mazzaroli sollte alle unsere in ihn gesetzten Erwartungen erfüllen. Nachdem er zunächst eine sehr eingehende persönliche

Erkundung und Bestandsaufnahme quer durch die ganze Provinz gemacht hatte, bot er mit viel Fingerspitzengefühl und klarem Blick für die begrenzten Möglichkeiten unsere Hilfe für die „winterization" an. Es ist nicht zuletzt seinem sehr überlegten und hartnäckigen Einsatz zu verdanken, daß die Flüchtlinge trotz des extremen Winters ein Dach über den Kopf bekamen und daß selbst in den entferntesten Bergdörfern, in die wir mit Hubschraubern Nahrungsmittel für drei Monate einfliegen mußten, niemand verhungert ist.

Der Kommandeur unseres Rückwärtigen Hauptquartiers war, wie schon erwähnt, Generalmajor Bob Ruth, der aus der US Army Reserve kam. Er war dort Chef des Stabes des US Army Material Command gewesen und freute sich auf seine völlig neue Aufgabe als Stellvertretender COMKFOR in Mazedonien, wo er für uns die enge politische Verbindung mit den Regierungen in Mazedonien, in Griechenland und in Albanien sicherzustellen hatte. Er hatte dazu in Skopje einen Stab von knapp 80 Soldaten, der uns politisch wie logistisch in Priština den Rücken freihielt. Unkonventionelles Arbeiten, rasche Entschlüsse und diplomatisches Verhandeln waren die Kriterien, die im Rückwärtigen Hauptquartier „KFOR Rear" gefragt waren. General Ruth stellte sich dieser Aufgabe mit Elan und hohem persönlichen Einsatz.

Als Glücksgriff erwies sich meine Entscheidung, den britischen Generalmajor John Milne, im Hauptquartier LANDCENT in Heidelberg als Director Support eingesetzt, als Chef des Stabes KFOR 2 mitzunehmen. Ich kannte John Milne seit zwei Jahren als sehr klugen, entschlossenen und vorausdenkenden Mitarbeiter, auf den ich mich blind verlassen konnte. Als Chef des Stabes hatte er alle Maßnahmen innerhalb des Stabes zu koordinieren und in die zuständigen Abteilungen einzubringen, die richtigen Leute zu beauftragen und die Umsetzung aller Aufträge zu überwachen. Die interne Information aller Stabsangehörigen, die Verbesserung der täglichen Arbeits- und Lebensbedingungen, vor allem aber auch das Umsetzen aller meiner Vorstellungen sowie der meiner Stellvertreter waren sein Metier. Generalmajor Milne hat eine besondere Hand für den Ausgleich unterschiedlicher Vorstellungen und einen sicheren Blick für das Machbare. Seine Loyalität, aber auch seine Zivilcourage, gegen Entscheidungen anzugehen, die er für falsch hielt, waren für mich wichtige Pfeiler unserer sehr engen und freundschaftlichen Zusammenarbeit, für die ich dankbar war und die ich jeden Tag geschätzt habe.

Wir legten anschließend unseren Rahmen-Tagesplan fest, dessen Einteilung primär dem engen Kontakt und dem gegenseitigen Informationsaustausch diente.

06.00 Uhr	Frühstück, Studium der in der Nacht eingegangenen Meldungen
07.00 Uhr	Tagesabstimmung mit den unmittelbaren Mitarbeitern (Adjutanten, Military Assistants)
07.15 Uhr	G 2 Update (Sicherheitslage)
07.30 Uhr	Morgenlage mit allen Generalen und POLAD
08.30 Uhr	Morgenlage für den gesamten Stab über die Ereignisse der Nacht
08.45 Uhr	Medienlage
09.00 Uhr	Aktualisierung der Informations-Operationen, d. h. der Maßnahmen, mit denen wir auf die Bevölkerung im Kosovo und in Serbien einwirken wollten
17.00 Uhr	UNMIK-Treffen mit Bernard Kouchner und/oder Jock Covey
18.00 Uhr	Abendlage für den gesamten Stab über die Ereignisse des Tages
20.00 Uhr	gemeinsames Abendessen der Kommandeurgruppe mit allen Generalen und POLAD

Die Konsequenz dieses Rahmen-Tagesplans war, daß ich persönlich jeden Morgen um 05.00 Uhr aufstand, 20 Minuten Gymnastik machte, ab 06.00 Uhr an meinem Schreibtisch saß, um bei Cornflakes und Tee die Nachtmeldungen zu studieren und erste Telefongespräche, meist mit dem SACEUR, zu führen. Häufig nutzte ich die frühe Zeit auch, um an meine Frau und die beiden Söhne E-Mails zu schreiben, denn zu dieser Morgenstunde wurden die PCs noch nicht belagert. Die Alternative dazu war: nach Mitternacht; auch da war der Computer wieder frei.

Daneben gab es das Kartentelefon, aber die Verbindung war schlecht. Der entscheidende Negativ-Faktor war aber, daß es oft Stunden dauerte, bis man im Netz endlich durchgekommen war. Wir wußten auch, daß alle Leitungen von den Serben und anderen abgehört wurden.

Der Rest des Tages war für Gespräche mit wichtigen Persönlichkeiten und hochrangigen Besuchern, für eigene Truppenbesuche, Interviews, für die Teilnahme am Kosovo Transitional Council (KTC) oder im Interim Administration Council (IAC), für Besuche von Einrichtungen des KPC, von Städten, Ortschaften, Klöstern und örtlichen Organisationen reserviert. Der Abend nach dem gemeinsamen Abendessen galt der Stabsarbeit, den stabsinternen Unterrichtungen, den zahlreichen Telefonaten und internen Absprachen. Ich wurde dabei von einem hervorragenden und gut eingespielten Team meiner Kommandeurgruppe unterstützt, die mein Military Assistant, Oberstleutnant Jürgen Steinberger, mit so energischer wie sicherer Hand leitete. Alles, was mich erreichte, lief über ihn, er war mein gutes wie mein schlechtes Gewissen. Ihm zur Seite stand der britische Major Sean Lang, der meinen englischen Schriftkram betreute und zusammen mit Hauptmann Jörg See, meinem Adjutanten, die vielen Reisen und Besuche vorbereitete. Je nach zeitlicher Verfügbarkeit oder Wichtigkeit des jeweiligen Anlasses begleitete mich einer der drei Offiziere bei allen meinen Besuchen. Sowie es dabei um politische Fragen ging, war selbstverständlich auch mein POLAD, die unverwüstliche Wendy Gilmore, mit von der Partie.

Noch in Heidelberg hatte sich Hauptfeldwebel Georg Fischer bei mir gemeldet und gebeten, die administrativen Aufgaben meines Vorzimmers in Priština managen zu dürfen. Ich war sofort einverstanden, denn einen besseren und zuverlässigeren Mann hätte ich mir nicht vorstellen können. Fischer war auf dem Gebiet der Computernutzung unschlagbar und hatte sich sehr rasch zu einer meiner wichtigsten Stützen im Hauptquartier KFOR entwickelt. Für die Fahrten über Land standen zwei gepanzerte Mercedes-Geländewagen zur Verfügung, als Begleitfahrzeuge hatten wir zwei gepanzerte „Wölfe", ebenfalls von Mercedes. Gewöhnlich fuhr mich mein Fahrer aus Heidelberg, Stabsunteroffizier Jörg Pohl, ein sehr ruhiger, sicherer und absolut zuverlässiger Feldjäger, zu dem ich vollstes Vertrauen hatte. Als Ablösung stand Hauptgefreiter Andreas Klinger zur Verfügung, der schon zwei Auslandseinsätze im Rahmen von IFOR und SFOR hinter sich hatte und auch in

Heidelberg als zweiter Fahrer und Koch eingesetzt war. Hauptgefreiter Klinger war das Faktotum im Hauptquartier: Er kannte jeden, wußte über alles Bescheid, reparierte, was kaputtging, kochte und bediente unzählige VIPs.

Auf allen Fahrten und Flügen außerhalb von „Film-City" begleiteten mich in der Regel mindestens drei Feldjäger aus dem Sicherungs- und Begleitkommando, das unter der Leitung von Hauptfeldwebel Rüdiger Vorpahl stand. Ich hatte das große Glück, mit ihm und Hauptfeldwebel Jörg Nickel, den Oberfeldwebeln Ingo Seehausen, Steffen Knabe, Mike Quatowitz und Sascha Lembke Männer um mich zu haben, die sich nicht aufdrängten, sondern ihren Dienst mit viel Fingerspitzengefühl und Zurückhaltung, wenn erforderlich aber auch sehr energisch durch-führten. Ich konnte mich auf dieses hervorragende Team jederzeit ver-lassen und fühlte mich unter ihrem Schutz rundum sicher.

Für die Flüge griffen wir in der Regel auf die deutschen Transport-hubschrauber zurück, die von ihrem Flugplatz bei Prizren in zwanzig Minuten in Priština sein konnten. Hier flog mich nicht ein fest eingeteil-tes Team, sondern die Mannschaft, die gerade verfügbar war. In den wenigen Fällen, bei denen der Einsatz eines deutschen Hubschraubers nicht möglich war, griffen wir auf Maschinen der anderen Nationen zurück – und wurden jedes Mal vorbildlich unterstützt.

Das Ende des Arbeitstages war in der Regel zwischen Mitternacht und 01.00 Uhr, je nachdem, ob wir einen guten oder einen schlechten Tag hatten. Bevor ich ins Bett ging, faßte ich die wichtigsten Ereignisse und Gespräche des abgelaufenen Tages in meinem Tagebuch zusam-men. Anschließend faßte ich die wichtigsten Ereignisse des Tages in einer E-Mail an den SACEUR zusammen, den ich damit jeden Tag aktuell und unmittelbar über die Lage und über meine Sorgen, über Trends und Probleme unterrichten konnte. Mit diesen E-Mails habe ich General Clark – wo immer er auch sein mochte – jeden Tag erreicht. Es hat sich dann ganz rasch eingespielt, daß General Clark seinerseits mir am jeweils folgenden Arbeitstag eine kurze Antwort oder einen Kom-mentar per E-Mail oder Telefon schickte, so daß wir ständig in sehr engem Kontakt und unmittelbaren Informationsaustausch standen, was sich bezahlt gemacht hat. Ich war manche Nacht aber auch kurz davor, all das sein zu lassen und nur noch ins Bett zu gehen, weil ich so kaputt und todmüde war; mich hat dann nur noch die Selbstdisziplin aufrecht gehalten. Die persönliche Dokumentation meiner Sicht der Ereignisse erschien mir wichtig genug, daß ich mich dann doch jede Nacht noch mal hinsetzte, um meine Gedanken zu Papier zu bringen.

Am Morgen des 29. September 1999 ging es erstmalig nach Mitrovica, in die Stadt also, von der ich schon so viel Negatives gehört hatte. Mitrovica ist eine reine Industriestadt mit Arbeitervierteln und mittelgroßen Hochhäusern, die das Stadtbild beherrschen. Quer durch die Stadt verläuft der Ibar-Fluß. Zwei Brücken verbinden die beiden Stadtteile, in der Mitte der Stadt eine große und schön gebaute Autobrücke, von den Franzosen „Austerlitz-Brücke" genannt, und an ihrem Rand eine weitere, eher funktionale Autobrücke, von den Franzosen „Cambronne-Brücke" genannt. Zusätzlich gibt es am Ostrand von Mitrovica noch eine Eisenbahnbrücke über den Ibar-Fluß.

Im Südteil der Stadt lebten etwa 60.000 Albaner, die alle Serben und Roma aus ihren Häusern vertrieben hatten. Im Nordteil lebten noch etwa 17.000 Serben, davon rund 7.000 Flüchtlinge, die aus anderen Teilen des Kosovo vertrieben worden waren und sich hier neu angesiedelt hatten. Unter ihnen lebten immer noch rund 3.000 Albaner, die sich jedoch unterdrückt und persönlich verfolgt fühlten.

Die Serben betrachteten Mitrovica als wichtigen und letzten ethnischen Vorposten ihrer Enklave nördlich des Ibar-Flusses. Sie waren gewillt, sich dort festzukrallen und nicht weiter vertreiben zu lassen. Die Albaner sahen Mitrovica ihrerseits als ihre Stadt an, aus deren Nordteil viele von ihnen Ende Juni/Anfang Juli 1999 mit Gewalt vertrieben worden waren, als die Serben dort in albanischen Häusern und Wohnungen Zuflucht gesucht hatten. Den Albanern kam es daher darauf an, ihre Flüchtlinge wieder in ihre angestammten Wohnsitze im Norden der Stadt zurückzubringen sowie weitere Vertreibungen aus Nord-Mitrovica zu verhindern. Sie behaupteten, daß sie die Stadt wieder für alle Kosovaren, d. h. auch für die Serben, öffnen wollten; die Serben trauten den Albanern aber nicht und sahen in all deren Vorhaben nur einen Vorwand, in den Norden der Stadt vorzustoßen und die Serben von dort endgültig zu vertreiben.

Neben den ethnischen Auseinandersetzungen war das Grundproblem in Mitrovica die extrem hohe Arbeitslosenquote von rund 85 Prozent.

Mitrovica war eine der wenigen Industriestädte des Kosovo; sie war ganz und gar abhängig vom Monopolbereich des Trepča-Bergwerk-Komplexes.

Trepča war ein großes Industriekombinat, das nach dem System eines kommunistischen Kombinats organisiert war. Die Ursprünge reichen über 2000 Jahre zurück, als dort zunächst die Griechen, später die Römer Silber und Kupfer abbauten. Das größte und produktivste der Bergwerke, Stari Trg, ist bis zu einer Tiefe von 1.000 Metern ausgebaut. Noch heute gibt es hier die reichsten Zink- und Bleivorkommen in Europa, die drittgrößten der Welt; zudem wurden auch Gold und andere Erze abgebaut. Trepča war in 12 Bergwerks- und Produktionsstätten organisiert, in denen – neben dem Abbau der verschiedenen Erze – u. a. Batterien, Kunstdünger, Munition, Kristalle und Edelsteine verarbeitet wurden. Die große Batteriefabrik in Mitrovica hatte für das „Deutsche Reich" im Zweiten Weltkrieg eine so hohe Bedeutung, daß es diesen Teil des Kosovo nicht dem Achsenpartner Italien überließ, sondern selbst annektierte, um dort Batterien für deutsche Unterseeboote zu produzieren.

In besseren Zeiten waren im Komplex von Trepča ca. 25.000 Angestellte und Arbeiter beschäftigt; sie hatten die Versorgung von rund 300.000 Menschen sichergestellt. Allein in Mitrovica arbeiteten 8.000 Mann, die die Masse der rund 100.000 Einwohner der Stadt versorgten. Laut Aussage des früheren albanischen Direktors von Trepča, Aziz Abrashi, wurden von 1986 bis 1989 2.538.124 Tonnen Blei- und Zinkerze abgebaut und dabei 286.502 Tonnen Blei, Silber, Cadmium und Gold produziert. Trepča wurde einst zu Recht das „Kronjuwel Jugoslawiens" genannt und war der wichtigste Arbeitgeber im Kosovo.

All das war Vergangenheit. Die Einrichtungen von Trepča sind heute völlig veraltet, z. T. verrottet; sie entsprechen in keiner Weise mehr den üblichen Sicherheitsstandards. Die Serben, die 1989 die Autonomie des Kosovo beendet und auch die Herrschaft über den Trepča-Komplex übernommen hatten, hatten die Werke systematisch ausgebeutet, kein Geld mehr in die Erneuerung oder in Sicherheit investiert und auch alle Konsequenzen für die Umwelt ignoriert. Trepča ist in weiten Bereichen eine ökologische Zeitbombe schlimmsten Ausmaßes, die uns noch sehr große Sorgen machen sollte. Die Betriebe sind so heruntergewirtschaftet, daß sie nicht mehr produzieren könnten. Die früheren Mitarbeiter und deren Familien in Mitrovica sind zur Arbeitslosigkeit und zu der ganzen damit verbundenen Hoffungslosigkeit verurteilt.

Ohne ganz enorme Investitionen in Höhe von Milliarden-Beträgen wird eine Wiederaufnahme der Arbeit auf lange Sicht nicht möglich sein. Der Frust in der Bevölkerung beiderseits des Ibar-Flusses ist offenkundig, und das ist auch verständlich.

Diese Ausgangslage bescherte der französisch geführten Multinational Brigade North MNB (N) eine sehr schwierige Position, da sie von beiden Seiten des ethnischen Spektrums unberechtigte Vorwürfe einstecken mußte: Die Albaner warfen den Franzosen vor, eindeutig auf Seiten der Serben zu stehen und die albanische Minderheit im Norden der Stadt nicht zu schützen, während die Serben sich beschwerten, als ethnische Minderheit in Mitrovica von den französischen Soldaten unzureichend unterstützt zu werden.

Die MNB (N) war in einer ehemaligen Kaserne der jugoslawischen Streitkräfte komfortabel untergebracht, der Brigadestab selbst hatte sich in einer Schule gut eingerichtet. Ich wurde vor dem Stab durch eine Ehrenformation russischer Fallschirmjäger begrüßt, die einen sehr zakkigen Eindruck machten. Was mag in ihnen vorgegangen sein, als sie den Auftrag bekommen haben, für den deutschen Befehlshaber die Ehrenwache zu stellen? Es war aber auch für mich ein emotional bewegender Moment, und ich nutzte die Gelegenheit, mich nach der Zeremonie mit den russischen Soldaten kurz zu unterhalten. Sie versicherten mir durch die Bank, wie stolz sie seien, Teil von KFOR zu sein und wie sehr sie es begrüßten, in diesem internationalen Rahmen mitwirken zu können. Fast jeder dieser jungen Männer versuchte, mit mir in Deutsch oder Englisch zu sprechen; sie waren sichtbar überrascht, daß ich auf sie zugegangen war, dabei in keiner Weise scheu oder gar zurückhaltend, sondern genauso offen und interessiert wie die jungen Soldaten all der anderen Nationen.

Der französische Brigadegeneral Bruno Cuche wies uns dann mit der ihm eigenen Eleganz in die Probleme der Stadt ein. Dazu stieg er mit uns auf das Dach des Kulturzentrums, das direkt am Ibar lag, um uns mit besserem Überblick von oben die örtlichen Schwierigkeiten zu verdeutlichen. Er wies auf die vielen Hochhäuser im Norden der Stadt hin, in denen Albaner und Serben Tür an Tür lebten. Es sei deswegen fast unmöglich, den dort lebenden Minderheiten ausreichenden Schutz zu gewährleisten. Cuches Strategie war, die streitenden Parteien beiderseits des Flusses räumlich weitestgehend zu trennen und im Norden durch starke militärische Präsenz dafür zu sorgen, daß jede Gewaltanwendung frühzeitig unterdrückt werden konnte.

Wir besuchten dann im sogenannten UNMIK-Gebäude, dem früheren Sitz der „Jugo-Bank", in dem ich noch viele sorgenvolle Stunden verbringen sollte, den UNMIK-Administrator für Mitrovica, Sir Martin Garrod. Ich kannte Sir Martin bereits aus früherer Zeit, als er in ähnlicher Funktion in Mostar eingesetzt war. Ich hatte damals in unserem Feldlazarett in Railovac seine Bekanntschaft gemacht, als er sich dort von einer Krankheit auskurierte.

Vor dem UNMIK-Gebäude, das direkt an der Ibar-Brücke liegt, hatte sich eine große Menschenmenge versammelt, die lautstark protestierte. Ich hatte keine Ahnung, um was es hier ging, wurde dann aber sofort aufgeklärt, daß die Serben das gesamte albanische Personal und die albanischen Patienten aus dem Krankenhaus in Nord-Mitrovica hinausgeworfen hätten. Man bat mich, dafür zu sorgen, daß die Albaner in das Krankenhaus zurückkehren könnten. Man klopfte mir von allen Seiten sehr freundlich und wohlwollend auf die Schultern und fing an, „Deutschland, Deutschland" zu skandieren. Ich kam mir vor wie bei einem Fußballspiel, nur daß es hier um viel Wichtigeres ging. Ich sagte den Menschen zu, mit Sir Martin das Problem anzugehen. Ihn traf ich kurz darauf im Treppenhaus. Er war bereits auf dem Weg nach unten, um die aufgebrachten Menschen zu beruhigen. Daher unterhielt ich mich zunächst mit seinem Stellvertreter, Waheed Waheedullah, einem Sohn des ehemaligen Ministerpräsidenten Afghanistans.

Sir Martin machte auf mich einen sehr müden und abgespannten Eindruck; sein Gesicht war eingefallen, die Verhältnisse in Mitrovica hatten ihn sichtbar mitgenommen. Er nannte den heutigen Tag einen „schwarzen Tag für Mitrovica". Trepča beschäftigte ihn sehr, da ohne die Wiederaufnahme der Arbeit in den dortigen Betrieben das zentrale Problem Mitrovicas, nämlich die extrem hohe Arbeitslosigkeit, nicht in den Griff zu bekommen war. – Trepča ist ein sehr, sehr schwieriges Thema … es steht auf meiner Prioritätenliste ganz oben!"

Ich fragte ihn, was er wegen des Krankenhauses zu tun gedenke. Seine Antwort war „abwarten" und mit den Serben „verhandeln", um das Zusammenleben im Norden der Stadt nicht zu gefährden. Ich hielt dagegen, notfalls auch unter Einsatz unserer Truppen den Status quo ante sofort, d.h. noch am gleichen Tag, wieder herzustellen und das einseitig negative Vorgehen der serbischen Seite nicht zu akzeptieren. Ansonsten würden unwiderrufliche Fakten für eine Verfestigung der ohnehin schon bestehenden Teilung geschaffen. Sir Martin lehnte dies aus Sicherheitsgründen rundweg ab. Ich war entsetzt, daß UNMIK die Initiative den serbischen Hardlinern überließ.

Anschließend lud uns Brigadegeneral Cuche in das „Maison de France" ein. Dies war ein französisches „Zentrum der Begegnung" im albanischen Teil Mitrovicas, wo Cuche uns seine Bataillonskommandeure sowie die Mitarbeiter von UNMIK, UNHCR, OSZE und verschiedener NGOs beim Mittagessen vorstellte. Ich hatte aus Zeitgründen ein förmliches Essen abgelehnt. Es reichte nur für einen kurzen Meinungsaustausch bei Häppchen und Getränken, da wir nachmittags noch zur italienischen Brigade in Peć fliegen wollten. Ich wußte damals noch nicht, daß ich in Mitrovica mehr Zeit als in jeder anderen Stadt des Kosovo verbringen sollte.

Der Flug nach Peć – oder Peja, wie die Albaner ihre Stadt nennen – führte über das obere Drenica-Tal und hat mich zutiefst erschüttert. Kein Teil des Landes hat so unter den Folgen des Krieges zwischen den Serben und Albanern gelitten. Jedes Dorf war kaputt, die Bauernhöfe verbrannt und zerschossen, dazwischen Panzerspuren, ehemalige Artilleriestellungen, Stellungssysteme der Infanterie, Einschlagskrater von Mörsern und Artillerie, ein Bild schlimmster Zerstörung unter uns. Man mußte diese Eindrücke erst einmal verarbeiten und sich das damit verbundene Leid der geschundenen Zivilbevölkerung vorstellen, um manche der harschen Reaktionen der Albaner besser verstehen zu können. Diese Menschen hatten ihre gesamten Existenzgrundlagen verloren; sie würden ohne die substantielle Hilfe der Internationalen Gemeinschaft aus eigener Kraft nicht mehr auf die Beine kommen. Das Ausmaß der systematischen Zerstörung war viel schlimmer als das, was ich in Somalia oder Bosnien-Herzegowina gesehen hatte; es war die Umsetzung einer unmenschlichen Politik der „verbrannten Erde", die zum Ziel hatte, zu verhindern, daß die Menschen nach ihrer gewaltsamen Vertreibung je wieder zurückkehren könnten.

Auch Peć war viel stärker zerstört, als ich dies erwartet hatte. Diese wunderschöne Stadt liegt hingeschmiegt am Fuß einer bis fast 2.700 Meter aufragenden imposanten Bergkette, die das Kosovo von Albanien trennt. Wir wurden nach der Landung von dem hoch aufgeschossenen und sehr zuvorkommenden italienischen Brigadegeneral Giuseppe Gay, dem Kommandeur der Brigade „Ariete", begrüßt; Generalmajor Mazzaroli war sichtbar glücklich, bei „seinen" Italienern zu sein. Der Stab der Multinational Brigade West MNB (W) war in einem Vier-Sterne-Hotel optimal untergebracht, jeder Stabsangehörige hatte sein eigenes Appartement mit Naßzelle. Ich fragte mich, warum gerade der Stab von KFOR so primitiv untergebracht sein mußte. Alle Bataillons- und Brigadestäbe, die ich bisher besucht hatte, lebten unter wesentlich besseren Bedingungen als wir, aber für eine Änderung zur Standortentscheidung war der Zug jetzt leider abgefahren.

Vor dem Hotel gab es zunächst eine spektakuläre Begrüßung mit Ehrenzug und Fanfaren, gezogenen Säbeln und lauten Meldungen. Die anschließende Einweisung in die Lage der MNB (W) war exzellent, geradezu ein Feuerwerk in „PowerPoint" (einer graphischen Darstellungsmöglichkeit moderner Computer), auf das Brigadegeneral Gay sehr stolz war. Im Gegensatz zu den weitgehend französischen bzw. britischen Brigadestäben in Mitrovica und in Priština war im Stab in Peć ein starkes Kontingent spanischer und portugiesischer Offiziere integriert, die mir in gutem Englisch aus ihren Verantwortungsbereichen vortrugen. Sie stellten die gute Zusammenarbeit innerhalb der drei südeuropäischen Nationen in dieser Brigade heraus und freuten sich, mir in ihrem Sektor eine insgesamt stabile Lage präsentieren zu können. Die Bergübergänge nach Albanien würden durch ein italienisches Alpini-Bataillon gut überwacht, die Auseinandersetzung zwischen den Albanern und den Serben halte sich in Grenzen, zumal ohnehin fast alle Serben geflohen seien. Sorgen bereitete die Minderheit der Roma am Rande der Stadt Djakovica (albanisch: Gjakova), um die man sich aber nachhaltig kümmere.

Ich gewann hier einen sehr positiven Eindruck: Die Brigade war mit den Problemen vertraut, sie hatte die Situation sicher im

Griff, die vorgetragenen Planungen waren sinnvoll und überzeugten mich.

Wir flogen dann auf einen Behelfsflugplatz, den die Italiener in der Nähe von Djakovica ausbauten, um von dort aus ihre eigene Versorgung sicherzustellen. In Djakovica gab es erneut Ehrenzug und Fanfaren, dem folgte eine Einweisung beim dort stationierten Alpini-Bataillon, dessen Kommandeur mir seinen Auftrag zur weiträumigen Grenzüberwachung vortrug. Ganz anders dann – aber auch hier mit Ehrenzug und Fanfaren – das in dem gleichen Komplex liegende gepanzerte Aufklärungsbataillon, das mit seinen 8-Rad-„CENTAURO"-Panzern sichtbar die Kontrolle über Djakovica und Umgebung übernommen hatte. Ich sprach mit vielen Soldaten, die stolz darauf waren, mir zu zeigen, was sie konnten und was sie bisher geschafft hatten. Das Lager in Djakovica war „preußisch" ordentlich, die Moral und der Geist der Truppe waren positiv, und die Führung beider Bataillone überzeugte mich. Auf diese Männer würde ich mich verlassen können.

Weiter ging der Flug über die zerstörten Häuser nach Klina, wo uns das portugiesische Fallschirmjäger-Bataillon mit militärischen Ehren und Trompeten begrüßte; dieser Verband war mit 890 Mann im Bereich rund um die Stadt Istok eingesetzt und hatte die örtliche Sicherheitslage erheblich stabilisieren können. Im gleichen Komplex, einer ehemaligen Türen- und Fensterfabrik mit großen Lagerhallen und Bürogebäuden, war auch das italienische „San Marco"-Bataillon untergebracht, ein italienisches Marine-Infanterie-Bataillon, das – ebenso wie sein Kommandeur, Oberstleutnant Rosario Walter Guerrisi – auf mich einen blendenden Eindruck machte. Als aber auch hier ein Ehrenzug mit Trompeter und gezogenen Säbeln antrat, gab ich meinem Adjutanten den Auftrag, dafür zu sorgen, daß in Zukunft alle meine Truppenbesuche ohne diese protokollarischen Rahmenbedingungen durchgeführt werden würden, damit ich ausreichend Zeit hätte, mich um die wirklichen Probleme der Truppenteile zu kümmern.

Sorge machte mir im Sektor der MNB (W), daß die dortigen Truppenteile im Bereich der humanitären Hilfe für die „winterization" wenig anzubieten hatten. Hier würde Generalmajor Mazzaroli noch viel zu tun haben. Wir waren uns beide bewußt, daß er hier sehr rasch tätig werden müßte.

Ich kam spät am Abend nach Priština zurück, wo ich General Jackson jedoch nicht mehr antraf. Er war mit Bernard Kouchner und dem POLAD erneut an die Barrikaden der wütenden Serben in Kosovo Polje geeilt, wo die Lunte ebenso brannte wie in Mitrovica. Die Nacht war sehr kalt. Kurz nach Mitternacht kroch ich in meinen klammen Schlafsack.

Auch der 30. September 1999 war für Besuche bei den Truppenteilen vorgesehen. General Mazzaroli und ich flogen zunächst nach Camp Bondsteel, einem riesigen Lager für über 5.000 Mann, das die amerikanischen Truppen auf freiem Feld angelegt hatten; es beeindruckte uns in seinen enormen Ausmaßen sehr. Der Aufwand an Pionier- und zivilen Baukräften auf der „größten Baustelle seit Vietnam", so die Bewertung des US-Brigadegenerals Craig A. Peterson, war sehr hoch. Das ganze Vorhaben hatte zum Ziel, den GIs im Lager ein Höchstmaß an Sicherheit zu gewährleisten und sie in ihnen weitgehend vertrauten amerikanischen Lebensverhältnissen unterzubringen. Ähnliches galt auch für das zweite amerikanische Lager, Camp Monteeth in Gnjilane (albanisch: Gjilan). Brigadegeneral Peterson war ein großer, massiger und selbstbewußter Offizier, der uns unmißverständlich klar machte, daß die Sicherheit der eigenen Truppe vor allem anderen Vorrang habe. Er führte die Multinational Brigade East MNB (E), die aus den beiden amerikanischen Bataillonen, aus einem griechischen, einem russischen, einem polnischen Bataillon sowie aus ukrainischen und jordanischen Einheiten bestand.

Der Bereich der MNB (E) hatte durch den Krieg am wenigsten gelitten, hier hatten kaum Kampfhandlungen stattgefunden. Dafür gab es im Bereich Kosovska Kamenica, Novo Brdo, Štrpce, vor allem aber in Gnjilane starke serbische Minderheiten, was laufend zu gewaltsamen Auseinandersetzungen mit der albanischen Mehrheit führte. Peterson war sehr bemüht, im Rahmen der humanitären Hilfe beiden Seiten zu helfen; dazu traf er sich regelmäßig mit den serbischen wie den albanischen Bürgermeistern der Gegend, um die notwendigen Erfordernisse abzusprechen und zur Selbsthilfe aufzufordern. Mit Hilfe der amerikanischen Hilfsorganisation „USAID" lieferten seine Truppen Holz und Baumaterial, während die Bautätigkeiten Aufgabe der Bevölkerung blieben. Peterson war mit der daraus resultierenden Zusammenarbeit durchaus zufrieden. Generell schätzte er die Lage in seinem Sektor als „ruhig und stabil" ein.

Er äußerte sich auch positiv über die Zusammenarbeit mit den ihm unterstellten Kontingenten der anderen Nationen, insbesondere zur Zusammenarbeit mit den Russen. Die tägliche Ausbildung und Kooperation mit dem russischen Fallschirmjäger-Bataillon sei besonders intensiv und erfolgreich.

Wir flogen dann nach Gnjilane, um an einer Patrouille zu Fuß durch die Stadt teilzunehmen. Die Gruppe kam vom US-Bataillon „1st/26 Infantery", das mein amerikanisches Patenbataillon gewesen war, als ich von 1980 bis 1982 das Gebirgsjägerbataillon 231 in Bad Reichenhall kommandierte. Damals waren die „Blue Spaders", wie sie sich aufgrund ihres Ärmelabzeichens nannten, in Göppingen stationiert. Ich war dort in einer wilden Nacht im Rahmen eines „Regimental Dinners" zum Ehrenmitglied des Bataillons ernannt worden. Ich konnte mich noch sehr gut daran erinnern, daß es bei der Eingangsprüfung unter anderem darum ging, brennenden Drambuie zu trinken, einen öligen Whiskey-Likör. Erst nach mehreren Anläufen und mit reichlich verbrannten Lippen hatte ich es geschafft. Nun lief ich hier nach fast 20 Jahren mit blutjungen Soldaten des gleichen Verbandes durch diese pulsierende Stadt Spähtrupp. Die albanische Bevölkerung beklatschte uns freundlich, von Serben ernteten wir kritische bis böse Blicke.

Nachmittags flogen wir zur deutsch geführten Multinational Brigade South MNB (S) nach Prizren. Diese Brigade führte ein alter Bekannter, Brigadegeneral Wolfgang Sauer, den ich seit Jahren kannte und zuletzt als energischen Kommandeur der Panzergrenadierbrigade 45 in Schwerin schätzen gelernt hatte. Sein Stab war in einem hellen und freundlichen Bürohaus eines früheren Industriekomplexes untergebracht, in der Mitte ein großer, atrium-ähnlicher Innenraum, insgesamt Arbeitsbedingungen, die gut waren. Der Brigadestab wies mich in die Gesamtsituation ein und lobte die unproblematische Zusammenarbeit mit dem niederländischen, dem türkischen, dem russischen und dem österreichischen Bataillon; letzteres hatte eine schweizerische und eine slowenische Kompanie eingegliedert.

Der Schwerpunkt dieser Brigade lag in der erfolgreichen Aufrechterhaltung der inneren Sicherheit; zudem widmete sie sich vor allem dem humanitären Bereich: Hier machte sich bezahlt, daß die deutsche Bundesregierung nicht nur ein Pionierbataillon, sondern auch ausreichende finanzielle Mittel für die unmittelbare Aufbauhilfe zur Verfügung gestellt hatte. Bisher waren bereits 1.600 Häuser zusammen mit der Bevölkerung wieder wohngerecht repariert und damit für etwa 17.000 Menschen für den Winter „ein Dach über dem Kopf" geschaffen worden.

Große Sorge machte Brigadegeneral Sauer die verfahrene Lage in Orahovac. Hier sollte ein weiteres russisches Fallschirmjäger-Bataillon stationiert werden, wogegen die albanische Mehrheit der Stadt im wahrsten Sinn des Wortes auf die Barrikaden gegangen war. Rund um Orahovac waren von den Serben viele Kriegsverbrechen begangen worden, mehrere Massengräber, die man gefunden und geöffnet hatte, waren ein beredtes Zeugnis der Grausamkeiten, die hier geschehen waren. Die Albaner glaubten, klare Beweise dafür zu haben, daß unter den serbischen Kriegsverbrechern auch russische Söldner waren, die sich nun im serbischen Teil der Stadt unter der serbischen Bevölkerung versteckt halten würden. Die Albaner reagierten daher auf alles, was russisch war, höchst militant und allergisch: Sie hatten auf allen Zufahrtswegen Barrikaden aufgebaut, diese tief gestaffelt und kontrollierten damit jegliche Bewegung in und aus der Stadt. In der Stadt erlaubten sie nur den niederländischen und den deutschen Truppen, zu denen sie vollstes Vertrauen hatten, für die Sicherheit zu sorgen, die Russen aber würden sie – so die wiederholte Androhung – mit Waffengewalt bekämpfen.

Alle bisherigen Versuche, zu einem Ausgleich zu kommen, waren gescheitert. Der sonst so energische Brigadegeneral Sauer hatte zwischenzeitlich jegliches Vertrauen verloren, daß eine sinnvolle Lösung möglich wäre. Auch Generalmajor Friedrich Riechmann, der nationale deutsche Befehlshaber mit Sitz in Tetovo/Mazedonien, den ich als Abteilungsleiter G 3 (verantwortlich für Übung, Ausbildung und Organisation) im Heeresführungskommando, später als Kommandeur unserer Kontingente bei IFOR und erneut bei SFOR zu schätzen gelernt hatte, wußte keinen Rat. Hier tickte ebenfalls eine Bombe, vor allem im politischen Bereich, da die Russen unter allen Umständen nach Orahovac wollten.

Nach den Briefings nahmen wir an einem Spähtrupp zu Fuß durch die Altstadt von Prizren teil. Es war bemerkenswert, wie gut unsere Soldaten die Menschen, deren Bereich sie kontrollierten, kannten. Sie wußten genau, in welchem Haus Serben wohnten, wo es bisher Probleme gegeben hatte, wo sie helfen mußten. Eindrucksvoll war ein kurzer Abstecher in die serbisch-orthodoxe Kathedrale des heiligen Georg mit einer wunderschönen Ikone der Gottesmutter aus dem 14. und einer eindrucksvollen Ikonostase aus dem 18. Jahrhundert. Die Kathedrale wurde durch einen Schützenpanzer Marder und eine Infanteriegruppe rund um die Uhr bewacht. Der junge serbische Mönch, der mich durch seine Kirche, die am Ende des letzten Jahrhunderts erbaut worden war, führte, beklagte in bitteren Worten die Vertreibung seiner Landsleute aus Prizren und Umgebung: Hier sei serbische Gewalt mit albanischer Rache vergolten worden, die letztendlich dazu geführt hätte, daß uraltes serbisches Kulturgebiet verlassen werden mußte. Dennoch hoffte er, daß es unter der Führung von KFOR wieder zu einer Annäherung kommen werde.

Abschließend machten wir noch einen Besuch beim deutschen Panzergrenadierbataillon 401 aus Hagenow. Dem Kommandeur dieses Verbandes, Oberstleutnant Rainer Buske, war nur wenige Tage vorher im Eingang zu seinem Stabsgebäude von einem Unbekannten in den Hals geschossen worden. Die Unterbringung seines Bataillons am Rand der völlig verdreckten ehemaligen Kaserne der jugoslawischen Streitkräfte grenzte an Unzumutbarkeit. Hier mußte schnell Abhilfe geschaffen werden, um die deutschen Truppenteile menschenwürdiger unterzubringen. General Riechmann meldete mir, daß die dazu erforderlichen Maßnahmen eingeleitet und durch das Bundesverteidigungsministerium auch bereits genehmigt worden seien.

Erst spät in der Nacht trafen wir wieder in Priština ein.

Auch der nächste Tag wurde traumhaft schön, die Sonne schien am stahlblauen Himmel. Mein Abteilungsleiter für Pionierangelegenheiten, der deutsche Oberst Horst Gohrke, trug mir den Ablaufplan für den Bau unserer Containerstadt vor: Er hoffte, daß die Ersten von uns ab Mitte November die Zelte verlassen und in die Container einziehen könnten. Dies war jedoch bereits 14 Tage später als ursprünglich veranlaßt. Ich machte daher entsprechenden Druck.

74

Anschließend hatte ich mein erstes Gespräch mit meinem künftigen Operationschef, dem US-Brigadegeneral John K. „Jack" Schmitt, der direkt aus dem Pentagon für die nächsten sechs Monate zu uns kommandiert worden war. Jack Schmitt war Hubschrauberpilot und Computer-Spezialist, in Washington für die Digitalisierung der US Army verantwortlich. Er hatte in seiner bisherigen Laufbahn noch nie irgendeine Bekanntschaft mit friedenserhaltenden Einsätzen wie im Kosovo gemacht. Ich wies ihn daher eingehend in sein neues und sehr umfangreiches Aufgabengebiet ein und koppelte ihn mit dem US-Brigadegeneral Bill Brandenburg, der diese Funktion beim ARRC und damit bei KFOR 1 innegehabt hatte. Jack Schmitt sollte sich in den kommenden Monaten zu einer der tragenden Säulen entwickeln; seine geistige Brillanz, sein analytisches Denkvermögen, seine enorme Leistungsbereitschaft und sein psychisches wie physisches Stehvermögen waren mir in schwierigen Zeiten eine sehr wertvolle Stütze. Auf Jack Schmitt konnte ich immer zählen.

Sein Stellvertreter war unser Operationschef aus Heidelberg, der polnische Brigadegeneral Andrzej Ekiert. Nachdem General Ekiert erst Ende Juni 1999 bei LANDCENT begonnen hatte, mußte er die Prozeduren bei der NATO noch kennen lernen, außerdem fühlte er sich in der englischen Sprache noch nicht so sicher, um in der Operationsführung die erste Geige zu spielen. Wir hatten damit eine optimale Kombination: Jack Schmitt war die Nummer eins, während Brigadegeneral Ekiert als Nummer zwei die etwas ruhigere Nachtschicht fahren und bei General Schmitt lernen konnte. Die beiden wurden ein sehr erfolgreiches Team.

Da es mir sehr wichtig war, für meine künftige Zusammenarbeit mit den russischen Truppen ein sichtbares Zeichen zu setzen, flog ich für den Rest des 1. Oktober 1999 zur Task Force 11, zu dem russischen Bataillon in Mališevo, im Sektor der deutschen MNB (S) nördlich von Orahovac. Generalmajor Valerij Evgenevič Evtukovič, der Kommandeur aller russischen Truppen im Kosovo, holte mich zusammen mit Brigadegeneral Sauer und dem sehr jungen Bataillonskommandeur am Hubschrauber ab und begleitete mich in das Stabszelt, wo ich sehr umfangreich und detailliert in den Auftrag, die Lage und die Besonderheiten dieses russischen Fallschirmjäger-Bataillons eingewiesen wurde. Der stellvertretende Kommandeur, ein sehr humorvoller und selbstbewußter Oberstleutnant, machte seine Sache anhand sehr übersichtlicher Karten sehr professionell. Hauptsorge des Verbandes war die feindliche Haltung der albanischen Bevölkerung, die der Ansicht war, die Russen stünden einseitig auf Seiten der Serben. Russische humanitäre Hilfe wurde daher zurückgewiesen, das Verhältnis war sehr gespannt. Es war offensichtlich, daß sich die russischen Soldaten bemühten, ihren Dienst genausogut wie alle anderen zu leisten, es war aber auch unübersehbar, daß sie dabei mit einem schweren psychologischen Handicap belastet waren.

Anschließend wurde ich eingeladen, mir die sehr einfachen Zeltunterkünfte, den Sanitäts- sowie den technischen Bereich anzusehen; in einer Waffenschau wurde mir mit sehr viel Selbstbewußtsein die ganze Einsatzpalette der Fallschirmjäger vorgeführt. Höhepunkt war die praktische Einweisung im Luftlandepanzer ASU-65, den mir zwei Hauptgefreite in epischer Breite und unter Nennung aller nur möglichen Daten erklärten. Sie hatten sich sehr intensiv auf den Besuch des deutschen Generals vorbereitet.

Erstaunlich war auch hier, wie aufgeschlossen und vertrauensvoll diese Männer mir gegenüber auftraten. Ich kramte meine Russischkenntnisse hervor und verblüffte damit immer wieder, während die Russen ihr Englisch und ihr Deutsch bemühten. Mit viel Schulterklopfen, mit „charascho!", „good!" und „Klasse!" beendeten wir die erste Aufwärmphase, denn es war in der Tat für diese Russen das erste Mal, daß sie einen NATO-General zu sehen bekommen hatten, den sie auch noch anfassen und um Autogramme bitten konnten.

Generalmajor Evtukovič nahm mich dann in einem kleinen Nebenraum zur Seite, um mir unter vier Augen die Gesamtsituation der russischen Kräfte im Rahmen von KFOR zu erläutern: Er wies auf die positive Lage der drei Bataillone in der Sektoren der MNB (E), MNB (N) und MNB (S) hin und unterstrich die kameradschaftliche sowie unkomplizierte Zusammenarbeit mit den anderen Nationen. Ganz anders sei die Lage in Orahovac, wo wir schnell zu einer Lösung kommen müßten. Noch sei das für Orahovac vorgesehene Bataillon mit Aufgaben am Flugplatz von Priština gut beschäftigt, aber dies könne allenfalls eine zeitlich begrenzte Zwischenlösung sein.

Ich legte ihm daraufhin schonungslos die Lage so dar, wie sie sich mir bot, und warnte unter Hinweis auf die russische Situation in der tschetschenischen Hauptstadt Grozny davor, Orahovac mit Gewalt lösen zu wollen. Evtukovič sprach sich klar gegen jegliche Gewaltanwendung in Verbindung mit Orahovac aus, drängte aber auf eine rasche Lösung. In den Folgemonaten habe ich gern mit General Evtukovič zusammengearbeitet. Er war in unseren sehr häufigen Gesprächen immer bestens vorbereitet, in der politischen Aussage direkt und hart, im Ton verbindlich und entgegenkommend. Ihm saß der Schalk in beiden Augenwinkeln. Es war eine Freude, mit ihm über Puschkin, über die herrlichen Paläste von St. Petersburg oder über Tschaikovskis „Eugen Onegin" zu sprechen. Wir diskutierten auch intensiv über den Zweiten Weltkrieg, über die Rolle Marschall Žukovs und über andere Heerführer.

Ich habe Evtukovič regelmäßig und intensiv über meine Planungen für KFOR unterrichtet und ihn damit in unsere Vorhaben eingebunden. Seine Truppen hatten wie alle anderen Kontingente das Recht, zu wissen, was wir im einzelnen vorhatten. Ich meine, daß sich diese Art der vertrauensvollen Zusammenarbeit durchaus bewährt hat.

Den Abschluß des Besuches bei der Task Force 11 bildete ein großes Mittagessen, bei dem der Wodka floß und die Tische überquollen. Die russischen Soldaten griffen zu wie die Weltmeister; sie hatten wohl seit längerem keine derartigen „Schmankerln" vorgesetzt bekommen und nutzen die Gelegenheit, um sich den Bauch zu füllen. Recht hatten sie! Am 2. Oktober ging es zurück nach Skopje, von dort aus weiter nach Deutschland. Ich mußte am 5. und 6. Oktober an den sogenannten Joint Talks des NATO-Kommandobereichs Europa Mitte teilnehmen und dabei selbst mit einem Vortrag zur „Interoperabilität der künftigen NATO-Streitkräfte" auftreten.

Ich nutzte den Aufenthalt in Berlin, um mich bei dem Staatssekretär des Auswärtigen Amtes, Wolfgang Ischinger, zu melden und von ihm und seinen Experten letzte Hinweise für meinen Einsatz zu bekommen. Staatssekretär Ischinger machte unmißverständlich deutlich, daß ihm die bisherige Entwicklung des Kosovo Protection Corps große Sorge bereite, da dies alles noch zu sehr nach Militär und heimlicher Armee aussehe. Auch Rußland und Frankreich teilten diese Sorge. Es sei ganz wichtig, daß die ehemalige UÇK in eine wirklich zivile Organisation im Sinne des Katastrophenschutzes überführt werde.

Zur Frage des künftigen politischen Status des Kosovo verwies er – einmal mehr – auf die Resolution des UN-Sicherheitsrates 1244; die Frage der Unabhängigkeit könnte sich allenfalls dann stellen, wenn die UNO eine neue diesbezügliche Resolution beschließen sollte.

Der Staatssekretär bot mir dann als zusätzlichen deutschen politischen Berater den ehemaligen Botschafter in Jugoslawien, Botschafter Wilfrid Gruber, an. Damit schloß sich der Kreis einer von mir sehr früh im Bundesministerium der Verteidigung eingebrachten Forderung, mir neben dem offiziellen POLAD der NATO auch einen nationalen Berater in politischen Angelegenheiten zur Seite zu stellen, eine Forderung übrigens, die alle meine Nachfolger erfüllt bekamen. Ich dachte dabei an einen in militärpolitisch relevanten Fragen kompetenten Offizier im Range eines Oberstleutnants oder an einen im Rang vergleichbaren Beamten.

Ich versicherte dem Staatssekretär daher, wie dankbar ich für sein Angebot sei, denn ich könnte mir keinen besseren Mann für Priština als gerade Botschafter Gruber vorstellen. Ich wies aber auch darauf hin, daß die Stellung eines politischen Beraters im Range eines Botschafters bei der NATO auf Schwierigkeiten stoßen könnte, zumal Wendy Gilmore als POLAD eine noch sehr junge Diplomatin sei. Ich bat daher, mir die Möglichkeit zu geben, diese Frage zunächst noch einmal mit SHAPE abzuklären.

Spät in der Nacht traf ich im Rahmen der Joint Talks SACEUR in seinem Berliner Hotel. Ich trug ihm zur Situation in Mitrovica und in Orahovac vor und skizzierte ihm meine ersten Vorstellungen dazu, die er für gut befand. Er unterstrich erneut die verbindliche Aussage der UN-Resolution 1244 für die weitere politische Entwicklung des Kosovo und drängte auf einen schnellen Umbau der UÇK in die Struktur einer zivilen Hilfs- und Katastrophenschutz Organisation.

Wir kamen dann auf meine Überlegungen für eine Verteidigung des Kosovo gegen möglicherweise zurückkehrende jugoslawische Streitkräfte zu sprechen. General Clark bekräftigte, daß mir in einem solchen Fall alle Kontingente von KFOR unterstünden und daß die NATO mich mit allen verfügbaren Luftstreitkräften unterstützen würde. Abschließend kamen wir auf das großzügige Angebot des Auswärtigen Amtes, betreffend Botschafter Gruber, zu sprechen. Der SACEUR machte mich darauf aufmerksam, daß es eine Entscheidung des NATO-Rates für den Bereich SFOR gäbe, nachdem der jeweilige Befehlshaber keinen politischen Berater der eigenen Nation mitnehmen dürfe. So sehr er auch das deutsche Angebot schätze – er riet dennoch, diese Frage durch seinen Stab SHAPE nochmals überprüfen zu lassen.

Am nächsten Tag wurde ich in Heidelberg bei einem kurzen Zwischenstop auf dem Weg zurück in das Kosovo von General Stöckmann angerufen, der mir mitteilte, daß die NATO-Verbündeten einem Einsatz eines zusätzlichen nationalen POLADs im Botschafterrang wohl nicht zustimmen würden. Dies sei aber noch keine abschließende Entscheidung, da das Bundesministerium der Verteidigung seinerseits tätig geworden sei. Im Endergebnis mußte ich dann leider (!) doch auf Botschafter Gruber verzichten.

Kurz vor meiner Abfahrt zum Frankfurter Flughafen rief mich der russische Botschafter Sergej B. Krylov aus Berlin an, um mir Glück und Erfolg für meinen Einsatz zu wünschen sowie mich der Unterstützung der russischen Regierung zu versichern. Ich war über diese freundliche Geste sehr überrascht und dankte dem Botschafter für seinen ermunternden Anruf.

Am nächsten Vormittag ging es sofort zurück, wobei mich mein alter Studienfreund Dr. Jochen Thies, Journalist beim Deutschland Radio in Berlin, begleitete. Sein Sender hatte ihn beauftragt, mir während meiner ersten Tage als COMKFOR kritisch über die Schulter zu schauen. Kaum war ich am 7. Oktober über Wien – Ljubljana – Skopje wieder in Priština angekommen, als mich General Stöckmann anrief und mir mitteilte, daß ich bis Ende Juni 2000 im Kosovo bleiben würde.

In der abendlichen Stabseinweisung meldete mir Generalmajor Milne, daß wir das Kommando KFOR mit 66 Prozent in Priština und mit 45 Prozent in Skopje voll übernommen hätten. Es käme nun darauf an, rasch das noch fehlende Verstärkungspersonal nachzuführen. Der Stab KFOR 1 war auf knapp über ein Dutzend Mann reduziert und würde morgen in der Maschine der britischen Queen (!) nach Deutschland geflogen.

Am frühen Abend traf ich im Beisein von General Jackson erstmalig

General Agim Çeku, den früheren Generalstabschef der UÇK und designierten Kommandeur des Kosovo Protection Corps. Çeku kam aus Peć. Er hatte seine militärische Ausbildung als Artillerieoffizier in den jugoslawischen Streitkräften erhalten. Während des serbischen Krieges gegen Kroatien war er in die kroatische Armee übergewechselt, wo er bis zum Brigadekommandeur im Dienstgrad eines Brigadegenerals aufgestiegen war. Im Februar 1999 war er der UÇK beigetreten. Seine Frau und die beiden Töchter lebten immer noch in Zadar/Kroatien, wo die Töchter auch zur Schule gingen. Çeku hatte im Krieg der UÇK mit den serbischen Streitkräften seinen Vater und mehrere Mitglieder seiner Familie verloren, sein Haus in Peć war abgebrannt und völlig zerstört worden. Çeku war ein geradliniger, stark durch seine militärische Herkunft geprägter Mann. Er war immer nervös, spielte permanent mit seinem Kugelschreiber, hielt an einmal gemachten Vorstellungen stets hartnäckig fest. Flexibilität und politische Raffinesse lagen ihm fern, er ging seinen Weg direkt und scheute sich nicht, bereits gegen ihn getroffene Entscheidungen wieder und wieder neu anzugehen. Sein Weltbild war fast ausschließlich auf das Kosovo bezogen, die Vorstellungen der Internationalen Gemeinschaft interessierten ihn nur, wenn sie seiner Sache halfen, ansonsten waren sie für ihn völlig irrelevant, eine zu vernachlässigende Größe. Das Denken bezog sich sehr auf organisatorisch-fachliche Fragen und war primär von der militärischen Erfahrung bestimmt. Die Fürsorge für seine Männer war offensichtlich, praktische Aspekte des Handelns und der Entscheidungsfindung waren ihm wichtiger als Fragen der Politik oder des politisch Machbaren. Çeku hatte bei der albanischen Bevölkerung des Kosovo ein höheres Ansehen als jede andere Persönlichkeit des Landes. Er galt als unbestechlich, sauber und absolut zuverlässig.

Agim Çeku hatte offensichtlich einen sehr guten Draht zu General Jackson gefunden; dies war nicht zuletzt auf die direkte Unterstützung während des Krieges zurückzuführen. Beide gingen sehr kameradschaftlich und vertraut miteinander um, während Çekus Nervosität mir, dem Unbekannten gegenüber, unübersehbar war. Çeku tastete sich vorsichtig vorwärts und mahnte zunächst den ausstehenden Sold seiner Männer an, die ihre Familien derzeit aus eigener Kraft nicht mehr ernähren könnten. Er bat, die Auswahl für das KPC rasch voranzutreiben und auf die damit betraute International Organization for Migration (IOM) Druck zu machen, damit seine Leute Klarheit über ihre Zukunft bekämen. Wichtig sei, daß seine Männer umgehend Arbeit oder ihre zivile Ausbildung bekämen. Die Erwartung an die Internationale Gemeinschaft sei sehr hoch, die Zeit liefe aber rasch davon.

Ich bot Çeku meine enge Zusammenarbeit an, wies aber gleichzeitig auf die rechtlichen Rahmenbedingungen hin, wie sie in der UN-Resolution 1244, in dem mit General Jackson ausgehandelten Abkommen des „Undertaking of Demilitarization and Transformation by the UÇK" vom 20. September 1999 sowie in Kouchners UNMIK-Resolution für das Kosovo Protection Corps niedergelegt worden seien. Viele Länder der internationalen Gemeinschaft sähen den Aufbau eines Kosovo Protection Corps eher kritisch und befürchteten dahinter doch nur eine versteckte Form einer künftigen Armee. Der Weg in die Zukunft sei daher nur mit einer zivilen Struktur möglich, alles andere sei weder mit mir noch mit den meisten Ländern, die hinter KFOR stünden, zu machen. Ich gab ihm dann den Meilenstein-Plan meines Stabes für die Umgliederung und Ausbildung des KPC und bat ihn, uns bei dessen Umsetzung zu helfen. Gleichzeitig forderte ich ihn auf, mir umgehend mitzuteilen, wen er aus der Gruppe seiner ehemaligen Mitarbeiter für seine künftige Tätigkeit unbedingt benötige, damit wir diese Männer vorzugsweise überprüfen könnten. Ich bot ihm an, ihn sobald als möglich zu besuchen und mit seinem Führungspersonal zu sprechen. Ich unterstrich abschließend, wie entscheidend es sei, daß wir mit- und nicht gegeneinander arbeiteten.

Abends kam unerwartet Carl Bildt, der Sonderbeauftragte der Vereinten Nationen für den Balkan, zum Abendessen. Leider hatte ich kaum Zeit für ihn, da unten in Priština im Grand Hotel sieben Fernseh- und Radioteams darauf warteten, den neuen COMKFOR zu interviewen. Um 23.30 Uhr war mit all den Interviews endlich Schluß, ich fühlte mich am Ende dieses Marathon-Tages ganz schön platt. Im Zelt war es lausig kalt, ich schlief wie ein Stein in den nächsten Tag.

Alle Vorbereitungen waren nun abgeschlossen und lagen hinter mir. Jetzt galt es, nach vorne zu sehen, die Verantwortung zu schultern und damit fertig zu werden. Als ich vor genau 40 Jahren als der Rekrut

„Jäger Reinhardt" beim Gebirgsjägerbataillon 222 in Mittenwald einrückte, sah die Welt noch anders aus. Ab morgen sollte ich etwa 50.000
Soldaten – aus 39 Nationen mit unterschiedlichsten Religionen, mit
allen Hautfarben und mit verschiedensten militärischen Doktrinen –
führen, um zusammen mit ihnen der Bevölkerung des Kosovo neue
Hoffnung zu geben. Mit Spannung und Freude sah ich der neuen
Herausforderung entgegen.

Der Einsatz

Freitag, der 8. Oktober 1999   klarer, eiskalter Tag; kein Wasser

Der erste Tag als COMKFOR. Das für uns alle vorrangige Ereignis ist heute Vormittag die Kommandoübergabe im früheren Kulturpalast, unserem heutigen Presse-Center in der Stadtmitte von Priština. Wegen der Kälte, vor allem aber aus Gründen der Sicherheit, ist die ganze Zeremonie in den roten Saal dieses häßlichen Gebäudes verlegt worden, eine Umgebung, die sehr eigenartig anmutet und so gar nichts mit einer militärischen Kommandoübergabe an sich hat. Jedermann, der im Kosovo Rang und Namen hat, scheint anwesend zu sein: Ich sehe Ibrahim Rugova, Hashim Thaci, Bischof Radosavljević Artemije, Rexhep Qosja, den Führer der LDSh, General Çeku und die Unterführer des KPC, die gesamte zivile Phalanx der UNMIK und der Polizei, alle Brigade- und die Masse der Bataillonskommandeure; auch die Vertreter der russischen Verbindungsorganisation sind vollständig versammelt. Die meisten der Gesichter aber sind mir noch unbekannt, was sicher nicht lange so bleiben wird.

Um 11.00 Uhr beginnt der formale Akt mit einem protokollgerechten Aufmarsch des SACEUR, General Clark, des CINCSOUTH, Admiral Ellis, des noch amtierenden COMKFOR, Generalleutnant Jackson, und des neuen COMKFOR.

Nach einer kurzen Analyse der Gesamtlage im Kosovo und auf dem Balkan insgesamt würdigt der SACEUR die Leistungen des bisherigen

Kommandos KFOR. Dabei stellt er ganz besonders die Verdienste von General Jackson heraus. Er weist auf die deutliche Verbesserung der Lage seit dem Einmarsch der Truppen Mitte Juni hin und bedankt sich für die erzielten Ergebnisse. Anschließend führt er mich in kurzen Worten als neuen COMKFOR ein und wünscht meinen Männern sowie mir Glück für die kommenden Monate.

Admiral Ellis bietet mir als der für den Südabschnitt Europas verantwortliche NATO-Oberbefehlshaber seine Unterstützung zu jeder Tages- und Nachtzeit mit Rat und Tat an; auch er heißt mich in seinem operativen Verantwortungsbereich herzlich willkommen.

General Mike Jackson faßt sich sehr kurz: In einer Bilanz der vergangenen Monate spricht er von den erheblichen Fortschritten seit dem Einmarsch aus Mazedonien, hebt die heute verbesserte Gesamtlage hervor und dankt seinen Truppenteilen für ihren hohen Einsatz. „Letztendlich können aber nur die Menschen im Kosovo selbst die Spirale der Gewalt brechen", so sein Fazit. Sein Dank gilt auch den Männern seines Stabes, von denen nur noch wenige anwesend sind, sowie der Bevölkerung des Kosovo, der er eine friedliche Zukunft wünscht. Die Kriterien des Erfolges müßten sich nun ändern und mehr am Beitrag für eine erfolgreiche Demokratisierung des Kosovo gemessen werden.

Es folgt der formale Kommandowechsel: Der SACEUR überreicht mir symbolisch die Fahne von KFOR; General Jackson ist sichtbar erleichtert, alles hinter sich zu haben, für mich geht es jetzt erst richtig los.

In meiner ersten Rede als COMKFOR sage ich der Bevölkerung des Kosovo meine Unparteilichkeit zu. „Meine höchste Priorität ist, allen Menschen im Kosovo – unabhängig von deren Religion oder ethnischer Zugehörigkeit – ein sicheres Umfeld zu schaffen. Ich hoffe, daß es uns gelingen wird, all denen, die in Folge der jüngsten Feindseligkeiten das Kosovo verlassen mußten, eine sichere Rückkehr zu ermöglichen." Ich sage auch UNMIK unsere direkte Hilfe zu und dies – mit Blick auf den bevorstehenden Winter – insbesondere auf dem Gebiet der humanitären Hilfe. Außerdem werde KFOR ein scharfes Auge auf die Umwandlung der UÇK-Miliz in ein ziviles Schutzkorps haben.

Schließlich unterstreiche ich den militärischen Charakter unseres Auftrages und warne Belgrad vor falschen Entscheidungen. Die

KFOR-Truppen seien wohl ausgebildet, bestens motiviert und hervorragend ausgerüstet. Ich hoffte aber, daß wir alle vor uns liegenden Probleme gemeinsam und friedlich lösen könnten. Nach dem kurzen musikalischen Zwischenspiel einer britischen Militärkapelle ist der offizielle Teil beendet; wir marschieren wieder in die Katakomben des Gebäudes zurück, um uns dann zum Empfang im Foyer unter unsere Gäste zu begeben. Die Pressevertreter reißen sich um General Jackson und den SACEUR, es werden unzählige Hände geschüttelt; von allen Seiten wird mir empfohlen, was ich machen müsse. Ich werde von vielen Leuten, die ich überhaupt noch nicht kenne, um Besuchs- und Gesprächstermine gebeten. Ich werde alle Hände voll zu tun haben.

Nach Häppchen und vielem Schulterklopfen zieht Mike Jackson schließlich strahlend mit dem kleinen Rest seiner Crew ab; kurz darauf verlassen auch der SACEUR und Admiral Ellis mit letzten Ratschlägen an mich das Gebäude.

Nach der gelungenen Veranstaltung zur Kommandoübergabe halte ich in „Film-City" meine erste Kommandeursbesprechung, um unser künftiges Vorgehen gemeinsam abzustimmen. An dieser Kommandeursbesprechung nehmen teil neben den Kommandeuren der fünf Multinationalen Brigaden auch der Kommandeur der griechischen Versorgungsbrigade, Brigadegeneral Emmanuel Kanavakis, dessen Kräfte als zentraler Versorgungsgroßverband KFOR unmittelbar unterstellt sind, sowie der Kommandeur der Multinational Specialised Unit (MSU), der italienische Oberst Vincenzo „Enzo" Coppola, der 180 italienische Carabinieri führt, die im gesamten Gebiet des Kosovo zur Aufrechterhaltung der inneren Sicherheit eingesetzt werden können. Die MSU bekämpft das organisierte Verbrechen, geht gegen Drogen- und Menschenhändler vor und ist in der Lage, auch als Anti-Terror-Einheit eingesetzt zu werden. Weitere regelmäßige Teilnehmer der Kommandeursbesprechungen sind die Generale und Abteilungsleiter meines Stabes sowie Wendy Gilmore als „Political Advisor".

Es folgen die wichtigsten Punkte der heutigen Besprechung.

- Die Resolution 1244 des UN-Sicherheitsrates ist unsere „politische Bibel" und alleinige Richtschnur in allen Angelegenheiten der Statusfrage des künftigen Kosovo. In Übereinstimmung damit müssen wir alles, was der Unterstützung einer politischen Unabhängigkeit des Kosovo gleichkäme, vermeiden. Wir können allenfalls Schritte in Richtung einer erweiterten politischen Autonomie ermutigen.

- Die wichtigste Vorgabe für unsere Zusammenarbeit mit dem Kosovo Protection Corps ist es, zu verhindern, daß es den Charakter einer militärischen Organisation beibehält. Das KPC ist ausschließlich als zivile Organisation konzipiert, alles andere lehne ich strikt ab und bitte um entsprechende Unterstützung. Umso wichtiger ist es, Wege zu suchen, die es ermöglichen, ehemalige Mitglieder der UÇK so rasch als möglich zivil zu beschäftigen. Auf keinen Fall dürfen wir ihnen militärische Ausbildung anbieten. Zu Beginn der kommenden Woche erwartete ich die diesbezüglichen Vorschläge der Brigadestäbe.

- Die Vorbereitungen für unsere Hilfsaktionen für die Flüchtlinge und für die zivile Bevölkerung haben hohe Priorität. Wir müssen mit aller Kraft dafür sorgen, daß trotz des bevorstehenden Winters niemand erfrieren oder verhungern wird. In diesem Zusammenhang teile ich den Brigadekommandeuren mit, daß ich meinen italienischen Stellvertreter, Generalmajor Silvio Mazzaroli, zum Koordinator in all diesen Fragen ernannt und ihm dazu volle Handlungsautorität verliehen habe. Ich bitte die Kommandeure, mir umgehend ihre Lageeinschätzung auf diesem sehr sensiblen Gebiet schriftlich vorzulegen und dabei auch ihre bereits laufenden und zusätzlich geplanten humanitären Aktivitäten zu melden.

- Darüber hinaus fordere ich sie auf, im Rahmen unserer Maßnahmen für die innere Sicherheit entschlossen vorzugehen und Härte zu zeigen, dies insbesondere beim Bau von Barrikaden aller Art. Ich befehle, daß jede Barrikade noch am gleichen Tag beseitigt wird. Jedes zu lange Nachgeben würde als Schwäche von KFOR angesehen werden.

- Für künftige Truppenbesuche erwarte ich, mir mehr Truppe zu zeigen und weniger Briefings oder gemeinsame Essen abzuhalten. Auch müßte der rangnächste Kommandeur nicht vor Ort sein; ich würde ihn über meine Eindrücke unmittelbar nach Rückkehr unterrichten.

- Am Ende meiner Ausführungen bitte ich die Kommandeursrunde, mich über alle wichtigen Dinge unmittelbar und direkt zu informieren; die Herren sollten dazu ganz einfach zum Telefonhörer greifen oder ihre Meldungen per E-Mail absetzen, mir aber bloß keine langen und ausgefeilten Briefe schreiben. Ich müßte im Notfall sofort reagieren und nach oben informieren können, und dies möglichst schneller als die Presse, um den Stellen daheim die erforderliche Reaktionszeit zu verschaffen.

- Die anschließenden Lageberichte der Kommandeure bringen mir keine neuen Erkenntnisse. Der Besuch von Brigadegeneral Sauer und Generalmajor Evtukovič in Orahovac hat – wie erwartet – keine Ergebnisse gebracht.

Der ersten Kommandeurtagung schließt sich um 17.00 Uhr das Treffen mit Jock Covey an. Er vertritt Bernard Kouchner, der im Anschluß an die Kommandoübergabe für einige Tage nach Paris und New York gefahren ist. Unser Gespräch knüpft an meine bezüglich der Vorhaben für die UÇK erteilten Weisungen an. Jock Covey unterstützt meinen Ansatz, hier rasch Arbeitsplätze für das KPC zu schaffen, schlägt dazu aber ein sehr formales Melde- und Prüfverfahren vor, das mir gar nicht gefällt. Wir vereinbaren, daß wir zunächst einmal die Vorschläge der Multinationalen Brigaden abwarten und erst dann Verbindung zur UNMIK aufnehmen werden, um die Prioritäten im Einzelnen festzulegen und Finanzierungsfragen zu klären.

Zur Frage des Übergangsplanes für den Aufbau des KPC hat der Stab mir zwei Dokumente – noch als Entwurf – erarbeitet. Bei dem ersten handelt es sich um eine Synchronisierungsmatrix für die unterschiedlichen Aufgaben mit einem Zeitplan. Das zweite ist ein Haushaltsplan, der den gesamten Finanzbedarf der neuen Organisation enthält. Hier ist Unsicherheit Trumpf, kaum eine meiner Fragen nach der Solidität der finanziellen Zusagen kann beantwortet werden; die Nationen hatten zwar viele Absichtserklärungen und vage Versprechungen abgegeben, aber keine einzige konkrete Zusage gemacht. Ich frage mich, wie wir die neue Struktur des KPC aufbauen und die Männer ausbilden bzw. beschäftigen wollen, wenn wir sie nicht bezahlen können. Hier tut sich ein klaffender Abgrund auf; ein drängendes Problem, das mich stark beschäftigt. Wenn wir diese Frage nicht schnell lösen können, laufen wir Gefahr, daß eine der wichtigsten Absichten der internationalen Gemeinschaft, nämlich die Umformung der militärischen UÇK in ein ziviles Kosovo-Schutzkorps, scheitert.

Bernard Kouchner ist daher zu einer sogenannten „Geber-Konferenz" zur UNO nach New York gefahren, um von den Nationen die Finanzierung verschiedener Projekte – so auch für das KPC – zu fordern. Letztendlich trägt er die politische Verantwortung für die Finanzierung des KPC. Die finanziellen Fragen um das KPC sind ausschließlich Angelegenheit von UNMIK, nicht von KFOR. Wir müssen aber die Folgen tragen, wenn die Mittel nicht eintreffen, da wir ohne entsprechende finanzielle Ausstattung nicht in der Lage sind, die Umstrukturierung der UÇK in das KPC vorzunehmen.

In Absprache mit Wendy Gilmore plane ich für die kommende Woche eine Konferenz, auf der KFOR und UNMIK den Gesamtkomplex „Mitrovica" beraten werden. Ich habe den Eindruck, hier auf einer Zeitbombe zu sitzen, die möglichst schnell entschärft werden muß. Wir müssen uns über ein gemeinsames Vorgehen rasch einig werden, um die Initiative in die Hand zu bekommen und den Menschen von Mitrovica eine Perspektive zu geben. Ich beauftrage den Stab, umgehend einen Maßnahmenplan aufzustellen sowie Richtlinien zu erarbeiten, wie wir gemeinsam mit UNMIK und der Multinationalen Brigade Nord Maßnahmen ergreifen könnten, die uns aus der verfahrenen Situation herausbringen.

Samstag, der 9. Oktober; 2. Tag   Sonne, kalt

Ein Tag wichtiger Grundsatzgespräche. Er beginnt mit einer Unterredung mit dem russischen Generalleutnant Vladimir Anatolievič Loginov, Vertreter des russischen Verteidigungsministeriums bei SHAPE. Der russische Oberstleutnant Andrej Ermakov übersetzt. Natürlich fehlt Generalmajor Aleksander Pereljakin nicht, der russische Verbindungsoffizier zum Stab KFOR, der gut englisch spricht und immer freundlich, dabei aber völlig undurchsichtig ist. Pereljakin war bereits früher im UN-Einsatz in Kroatien; er wurde dort vom UN-Generalsekretär wegen korrupten Verhaltens abgelöst. Nun war er bei KFOR wieder aufgetaucht, ein Mann, der nicht zu fassen oder festzunageln ist.

Generalleutnant Loginov ist ein sehr ruhiger und besonnener Mann, mittelgroß, gepflegtes Äußeres, rundes Gesicht, das ein kleiner Bart ziert. Er ist sehr zuvorkommend und um gute Atmosphäre bemüht. Der Anlaß seines Besuchs ist, sich persönlich über die Lage in Orahovac zu informieren. Er betont, daß er nicht gekommen sei, um eine Lösung zu erzwingen, sondern um nach Möglichkeiten für das weitere Vorgehen zu suchen.

Ich informiere Generalleutnant Loginov über die Ängste der albanischen Bevölkerung von Orahovac. Die Menschen seien überzeugt, daß sich russische Söldner, die an den Kriegsverbrechen beteiligt gewesen sein sollen, unter der serbischen Bevölkerung verstecken würden. Ein Einsatz russischer Soldaten in Orahovac würde daher nach unseren Erkenntnissen zum gewaltsamen Widerstand der Albaner und zu Blutvergießen führen. Ich glaubte nicht, daß es derzeit eine Chance gäbe, die gegen die Russen aufgebauten Barrikaden friedlich zu räumen. Jedes russische Vorgehen müßte daher unter diesem Gesichtspunkt überprüft werden.

Ich rate dringend zur Zurückhaltung, sage aber meine Hilfe bei der Durchsetzung des Helsinki-Abkommens zu. Dort war festgelegt worden, daß die Russen im Raum Mališevo – darin eingeschlossen die Stadt Orahovac – zwei ihrer Bataillone stationieren könnten. Derzeit gibt es erst die Task Force 11 in Mališevo. Ich empfehle daher, den Einsatz des russischen Militärs in Orahovac nicht zu forcieren, sondern auch das deutsche und das niederländische Militär in der Stadt schrittweise abzubauen und die Verantwortung für die innere Sicherheit parallel zum Abbau der Präsenz der Soldaten der zivilen UNMIK-Polizei zu übertragen. Dies könnte der Weg aus der Zwickmühle sein, in der wir uns befanden. Wir sprechen über die Möglichkeit gemeinsamer Streifen oder ähnliche Maßnahmen zur Vertrauensbildung als einen Schritt in diese Richtung.

Wir kommen darin überein, daß Generalleutnant Loginov sich zunächst mit Brigadegeneral Sauer, dem Kommandeur der MNB (S), treffen und sich von ihm einweisen lassen sollte, um sich dann mit den zivilen Vertretern der Stadt sowie mit den Repräsentanten von UNMIK,

UNHCR und der OSZE vor Ort zu besprechen. Ich versichere ihm, daß jeder Fortschritt, den er bei der Lösung des Stillstands in der Sache erreiche, ein Erfolg für uns alle sei. Generalmajor Pereljakin fordert abschließend, trotzdem Maßnahmen zu ergreifen, um die Barrikaden schnellstens zu räumen und die russischen Truppen in die Stadt zu bringen. Aber auch er spricht sich dafür aus, daß dies nur auf friedlichem Weg geschehen dürfe und jede Art von Blutvergießen zu vermeiden sei.

Mein nächster Gesprächspartner ist der frühere politische Führer der UÇK, Hashim Thaci, ein sehr intelligenter, aufgeschlossener und blendend aussehender junger Mann von 31 Jahren, der sich zum Premierminister einer selbst ernannten provisorischen Regierung ernannt hatte. Thaci kommt sehr korrekt gekleidet, dunkler Anzug, Krawatte, ganz Staatsmann. Er wird begleitet von Flora, seiner überaus attraktiven Sekretärin und Dolmetscherin für Englisch. Wir können jedoch ohne Dolmetscher sprechen, da Hashim Thaci fließend deutsch spricht, allerdings mit einem ausgeprägten schweizerischen Akzent. Man könnte meinen, den schweizerischen Skirennfahrer Pirmin Zurbriggen gegenüber zu haben. Wendy Gilmore ist davon weniger angetan, da sie unserem Gespräch in Deutsch nicht folgen kann.

Wir kommen sehr gut ins Gespräch. Thaci erzählt mir von seiner Jugend im Drenica-Tal. Er begann Anfang der 90er Jahre sein Studium in Priština, wurde Studentenführer und gründete mit ein paar Freunden eine bewaffnete militärische Studentenbewegung, die Vorgänger der UÇK wurde. Er wurde von der Universität verwiesen und wegen „terroristischer Agitation" zu 22 Jahren Gefängnis verurteilt, floh aber rechtzeitig in die Schweiz, um dort in Fribourg, Luzern und Zürich sein Studium fortzusetzen. 1998 entschied er sich, das Studium abzubrechen und in das Kosovo zurückzukehren, um den Kampf gegen die serbische Herrschaft aufzunehmen. „Es war für mich wichtiger, für die Befreiung meines Volkes zu kämpfen, als meine Doktorarbeit, an der ich damals saß, abzuschließen." Seinen politischen Durchbruch erzielte Thaci im Frühjahr 1999 bei den Friedensgesprächen in Rambouillet. Die amerikanische Außenministerin Madeleine Albright wurde auf ihn aufmerksam, war von seinen Vorstellungen sehr angetan und setzte seitdem auf ihn als die kommende politische Kraft im Kosovo.

Wir gehen auf die politische Lage im Kosovo ein, wobei Thaci seinem Spitznamen „die Schlange" alle Ehre macht, da er sich nirgends festlegt und sich alle Optionen offen hält. Er bleibt undurchsichtig, ist nicht zu greifen. Wir sprechen zunächst über den Übergang der ehemaligen UÇK in das Kosovo Protection Corps. Ich erläutere Thaci unseren Übergangs- und Zeitplan und die Bemühungen, von der Internationalen Gemeinschaft endlich Mittel für die Männer des KPC bereitgestellt zu bekommen. Thaci beklagt sehr die wirtschaftliche Misere seiner ehemaligen Soldaten und begrüßt meine Überlegungen nachhaltig. Er drängt auf eine rasche Lösung, da er zwar derzeit noch mit Spenden aus der Diaspora unterstützen könne; diese Mittel seien aber seit dem Ende der Kämpfe spürbar weniger geworden. Er spricht sich nachhaltig für den zivilen, unpolitischen Ansatz des KPC aus und versichert mir, daß er sich um dessen Zukunft im einzelnen nicht kümmern werde. Dies sei allein Aufgabe von General Çeku.

Wir kommen dann auf die politische Zukunft des Kosovo zu sprechen. Ich mache deutlich, daß die Internationale Gemeinschaft ein rein albanisches und unabhängiges Kosovo nicht akzeptieren würde. Thaci spricht von der multiethnischen Zukunft des Kosovo und versichert mir, daß die im Land verbliebenen Serben nicht aus dem Kosovo vertrieben würden. Ich unterstreiche, daß Finanzhilfen aus dem Westen nur durch ein friedliches Zusammenleben – wie in UNSCR 1244 gefordert – gesichert werden könnten, was Thaci voll akzeptiert. Wir sprechen eingehend über die angespannte Situation in Orahovac, und ich bitte ihn um seine Empfehlung für eine friedliche Lösung. Thaci macht deutlich, daß die Menschen dort Angst vor den Russen hätten, die auf keinen Fall Zugang in die Stadt bekommen dürften; er sieht allerdings die Chance, sie in der Nähe der Stadt zu stationieren.

Er unterstützt meine Vorstellungen, wie ich sie zuvor schon Generalleutnant Loginov gegenüber dargelegt hatte, und bietet an, diese Frage zusammen mit Kouchner, Çeku und mir in der kommenden Woche zu erörtern. Er ist sicher, daß wir eine praktikable Lösung finden und die Barrikaden um Orahovac bald verschwinden könnten.

Seine große Sorge gilt jedoch der Stadt Mitrovica im Norden. Er bittet mich, dort entschlossen vorzugehen und alles zu tun, um die Teilung der Stadt zu vermeiden. Es dürfe nicht zugelassen werden, daß

die serbische Minderheit die albanische Seite daran hindere, Teilbe-
reiche von Trepča wieder funktionsfähig zu machen. Wir sprechen
dann über die innenpolitische Situation: Thaci erklärt, daß er bereit sei,
mit Ibrahim Rugova und den anderen politischen Führern einen Kompromiß zu finden, damit die Zusammenarbeit mit Kouchner im Kosovo
Executive Council besser werde.

Ich bin mit dem Ergebnis dieses ersten Gesprächs mit Hashim Thaci
zufrieden. Wir haben einen guten und persönlichen Draht zueinander
gefunden, das Gespräch war konstruktiv und hat die Tür für unsere
künftige Zusammenarbeit geöffnet. Dennoch vermag ich diesen Mann
noch nicht einzuschätzen, er ist sehr glatt.

Ich hatte gerade Hashim Thaci an der Tür verabschiedet, als Ibrahim
Rugova mit seinem Dolmetscher zum Besuch kommt. Rugova ist 1944
geboren, hat an der Pariser Sorbonne albanische Literatur studiert und
sich bemüht, die Kosovo-Albaner für die westliche Kultur zu öffnen.
1992 wurde er von seinen Landsleuten erstmalig zum Präsidenten der
selbst ausgerufenen „Republik Kosovo" gewählt, 1998 zum zweiten
Mal. Rugova ist ein eher introvertierter Mann, ein Vertreter des Geistes
und ein Meister der taktischen Raffinesse. Seinem Ansatz des gewalt-
losen Widerstandes gegen die serbische Unterdrückung folgte die junge
Generation der Albaner ab 1998 jedoch nicht mehr; sie wählte den
militärischen Widerstand in Form der UÇK. Rugova wurde während
der NATO-Luftangriffe in seinem Haus in einem permanent verdun-
kelten Zimmer eingesperrt. Von dort aus wurde er – für ihn völlig
unerwartet – nach Belgrad gebracht und von Slobodan Milošević im
Präsidentenpalast zum Fernsehauftritt gezwungen. Milošević versuchte
damit der Öffentlichkeit zu suggerieren, daß Rugova mit der jugoslawischen Regierung wieder zusammenarbeite, was aber der Wirklichkeit
überhaupt nicht entsprach.

Rugova hat für seine Landsleute etwas Mythisches an sich; er hat in
der Bevölkerung immer noch eine enorme Anhängerschaft. Rugova
spricht langsam, überlegt, ein Mann der stillen Töne und des subtilen
Humors, wobei er sich über seine Witze selbst am meisten freut. Er
wird von seinem politischen Berater Skender Hyseni begleitet, einem
klugen, weitblickenden und weltoffenen Mann. Rugova kommt mit
seinem berühmten Schal und bringt mir einen wunderschönen Berg-

kristall aus dem Trepča Bergwerk Stari Trg mit. Außerdem schenkt er mir eine Karte der Landkreise des Kosovo, die sein Sohn erarbeitet hat. Ich überreiche ihm mit dem Hinweis, daß mein Stab aus Heidelberg, der ältesten deutschen Universitätsstadt, komme, einen Bildband über Heidelberg. Rugova ist sichtlich gerührt. Er äußert sich sehr schmeichelhaft über die Leistung der KFOR. Er gibt seiner Hoffnung Ausdruck, daß sich die Sicherheitslage weiter verbessern werde. Er unterstützt unsere Bemühungen zur Aufstellung des KPC und freut sich, daß den Mitgliedern der ehemaligen UÇK damit die Möglichkeit geboten wird, einen positiven Beitrag für den Wiederaufbau und den Umweltschutz des Landes zu leisten. Ich erläutere auch ihm die politischen Rahmenbedingungen der Internationalen Gemeinschaft für die Zukunft des Kosovo, nämlich ein friedliches, multiethnisches Zusammenleben auf der Grundlage der UN-Resolution 1244, denen Rugova zustimmt. Auch er erklärt seine Bereitschaft, mit Kouchner beim Aufbau eines gemeinsamen politischen „Exekutiv-Rates" als künftiger Gesamtregierung zusammenzuarbeiten. Er hofft jedoch, daß dieses Gremium nur für eine kurze Dauer bestehen werde. Er drängt vielmehr darauf, so bald wie möglich Wahlen abzuhalten, möglichst noch im ersten Halbjahr 2000.

Wie Thaci ist auch er sehr besorgt über die Lage im Norden des Landes. Er erklärt, daß er „seine Leute" beauftragt habe, Beweise für Aktivitäten der serbischen Paramilitärs in Mitrovica und Umgebung zu sammeln, die er dann der KFOR zugänglich machen wolle. Er bittet, hier sehr rasch aktiv zu werden und eine Zementierung der Teilung der Stadt zu verhindern. Ich bin auch mit diesem ersten Kennenlernen sehr zufrieden. Rugova und ich sind uns vom ersten Moment her sympathisch: Ich spreche ihn bewußt mit „Mr. President" an, was ihm sichtbar gut tut. Wir werden gut miteinander auskommen.

Beim allabendlichen Gespräch mit Jock Covey informiere ich ihn zunächst über meine Gespräche mit Loginov, Thaci und Rugova. Unsere größte Sorge gilt Mitrovica, da sich dort an der Wiedereröffnung der Universität in der kommenden Woche die Geister entzünden könnten. Es gibt viele albanische Studenten, die sich an den technischen und den Bergwerksfakultäten der Universität im Nordteil der Stadt Mitrovica einschreiben lassen wollen und dabei vermutlich von den Serben blockiert werden. Die Serben fordern, daß die Fakultäten in Mitrovica als rein serbische Universität eingerichtet werden sollen, da ihre Kommilitonen wegen eines Beschlusses von UNMIK ja auch nicht zum Studium an der Universität von Priština zugelassen werden würden. Dieser engstirnige und rein bürokratisch begründete Vorschlag der UNMIK liefert den Serben den Vorwand für eine harte Haltung gegenüber den albanischen Studenten in Mitrovica. UNMIK erwägt daher jetzt, zunächst erst einmal die Öffnung beider Universitäten zu verschieben, was wiederum zu Protesten albanischer Studenten in Mitrovica führen dürfte. UNMIK spielt auf Zeit, anstatt nach einer Lösung zu suchen. Im Falle von Studentendemonstrationen in Mitrovica stünden wir als KFOR zwischen den Fronten und müßten für das organisatorische Unvermögen der UNMIK den Kopf hinhalten. Ich sehe schon die Fernsehbilder von KFOR-Soldaten, die sich mit albanischen Studenten prügeln oder gar auf sie schießen. Dies muß unbedingt verhindert werden, denn dies würde unserem guten Ansehen bei der jungen Generation des Kosovo Abbruch tun.

Ich bitte Jock Covey daher, den Standpunkt von UNMIK noch einmal zu überdenken und die Universität von Priština auch für serbische Studenten zu öffnen. Wir sollten alles in unserer Macht Stehende tun, um den Serben keine Gelegenheit zu geben, ihre „Enklave" im Norden weiter zu zementieren. Jock Covey sage zu, sich mit seinen Fachleuten dazu zu beraten. Ich berichte Covey auch über meine Gespräche zu Orahovac. Er schlägt vor, ab dem 15. Oktober mit der dortigen UNMIK-Polizei die deutschen und niederländischen Truppen abzulösen und zusätzlich einen UNMIK-Administrator für die Stadt einzusetzen. Er weist aber darauf hin, daß es vorher noch logistische Probleme für die Unterbringung und Versorgung der Polizeibeamten zu regeln gäbe. Ich sage ihm, zu helfen, wenn wir dazu benötigt werden sollten.

Die Presseberichte über die gestrige Kommandoübernahme waren „durch die Bank" positiv. Meine Ankündigungen fanden breite Zustimmung, selbst bei der jugoslawischen Presseagentur TANJUG. Die „Süddeutsche Zeitung" hob in ihrer heutigen Kolumne hervor, daß es keine große Rolle spiele, „daß nun erstmals ein deutscher General das Oberkommando über einen multinationalen Truppenverband in einer Krisenregion führt", und sie fuhr fort: „Daß der Intellektuelle im Tarn-

94

anzug auch noch als Schlagzeuger in einer Jazzcombo spielte, mag weiter belegen, wie sehr Reinhardt jenseits aller, nicht immer unberechtigten Klischees über dem ‚typischen' Infanterieoffizier steht". Am Abend rufe ich über die albanisch- und serbisch-sprachigen Programme der „Deutschen Welle" die Bewohner des Kosovo zur Gemeinsamkeit auf. „Alle müssen versuchen, nicht nur zurückzublicken und sich schlimme Taten vorzurechnen, sondern gemeinsam nach vorne zu schauen … Es wird dringend erforderlich sein, Vorurteile oder erlebte Dinge bewußt in den Hintergrund zu schieben, um Gemeinsamkeiten für die Zukunft zu suchen. Es geht nur gemeinsam."

Sonntag, der 10. Oktober 1999; 3. Tag   sonnig, warm

Heute ist ein wichtiger Tag, an dem wir damit angefangen haben, die Weichen für die Zukunft zu stellen.

UNMIK glaubt, in der Frage der Universitäten eine Lösung gefunden zu haben. Die für Bildungsfragen Verantwortlichen planen, die Universität in Priština wie ihre Fakultäten in Mitrovica sowie nördlich davon in der Stadt Zvečan noch vor Ende der Woche zu öffnen. Die Lehrveranstaltungen sollen zwischen den beiden ethnischen Gruppen aufgeteilt werden, so daß jede Gruppe drei eigene Studientage erhält. Ich bin sehr skeptisch, ob das klappen wird, zumal mit den Studenten über diese Lösung noch nicht gesprochen wurde. Mir sieht dies zu sehr nach „Apartheid" aus. Ich befürchte, daß wir auf massiven Widerstand treffen werden.

Für Mittwoch hat sich der UN-Generalsekretär Kofi Annan zum Besuch angemeldet. Er will mit starker Medienbegleitung nach Mitrovica. Wir überprüfen daher alle möglichen Sicherheitsprobleme in Priština und in Mitrovica. Der aktuelle Plan wird in Abstimmung zwischen Bernard Kouchner, Sir Martin Garrod und dem Stab der französischen MNB (N) unter Federführung von Brigadegeneral Jack Schmitt erarbeitet werden. Unser Hauptproblem wird sein, zu verhindern, daß die albanischen Studenten in Mitrovica Kofi Annans Besuch für ihre Zwecke propagandistisch nutzen oder gar auf die Straße gehen, um in diesem Sinn zu demonstrieren. Brigadegeneral Henri Poncet, der Nachfolger von Brigadegeneral Bruno Cuche, ist sehr skeptisch, daß die Sicherheitslage stabil bleiben wird, zumal sich auch die Lage im Krankenhaus im Norden Mitrovicas nicht verbessert hat.

Poncet meldet zudem Probleme im Bergwerk Stari Trg, wo bisher serbische Arbeiter die Wasserpumpen bedient und gewartet haben, um das Wasser aus der Tiefe der Stollen herauszupumpen. Es gäbe Anzeichen dafür, daß die Albaner die Serben künftig daran hindern wollen, diese Arbeiten weiter durchzuführen. Die Folge davon wäre, daß die Stollen vollliefen, wodurch die noch vorhandenen Einrichtungen zerstört und die Wiederaufnahme der Produktion auf längere Zeit verhindert werden würde. Ich befehle daher, den serbischen Arbeitern französische Soldaten als Eskorte mitzugeben.

Jock Covey ruft mich an und teilt mir mit, daß ab sofort 48 UNMIK-Polizisten die abgesprochenen Aufgaben in Orahovac übernehmen könnten. Hoffentlich kommt da nichts mehr dazwischen; es wäre zu schön, mit dem russischen Generalleutnant Loginov auf diesem Weg zu einer Abmachung kommen zu können.

Als erster Vertreter der serbischen Seite besucht mich Momčilo Trajković, ein großer, massiger und polternder Altkommunist von Mitte fünfzig, der einst Miloševićs Gouverneur im Kosovo war. Milošević ließ ihn 1998 fallen, als Trajković zu sehr um eine Aussöhnung mit den Albanern bemüht war. Trajković läßt kein gutes Haar an seinem ehemaligen Boß und erzählt mir, daß er jetzt wieder in seinem angestammten Beruf als Ökonom tätig sei. De facto ist er der Vorsitzende der Serbischen Widerstandsbewegung im Kosovo (Srpski Pokret Otpora [SPO]) und damit neben Bischof Artemije der prominenteste Führer der Serben im Kosovo. Beide hatten aus Protest dagegen, daß die Serben zu wenig berücksichtigt würden, den Kosovo Transitional Council verlassen. Trajković ist laut, einfach gestrickt und aggressiv. Ich lasse ihn erst einmal reden.

Sein Hauptproblem ist, daß er früher etwa 85 bis 90 Prozent der Serben politisch hinter sich hatte, heute aber nur noch knapp zehn Prozent, da er den Leuten nichts mehr anzubieten hat. UNMIK sei seiner Ansicht nach viel zu langsam, zu schwerfällig und zu bürokratisch. Er schlägt mir daher eine enge Zusammenarbeit mit KFOR vor, von der seine Landsleute (und letztlich auch er als Politiker) profitieren könnten. Er beschwert sich lauthals, daß die Serben nur unzureichend geschützt und wirtschaftlich viel zu wenig unterstützt würden. Verbrechen gegen Serben würden nicht verfolgt, die Bauern bekämen kein Saatgut und den Albanern würde mit dem Kosovo Protection Corps nun sogar eine eigene Armee mit klarer Zielrichtung gegen die Serben zugestanden werden. Nicht die Albaner, sondern die Serben seien die wahren Verlierer des Krieges, ihnen müßte daher vor allen anderen geholfen werden. Trajković wird in seiner Philippika zeitweise so laut, daß meine Jungs aus dem Vorzimmer glauben, nach mir sehen zu müssen. Wendy Gilmore beruhigt sie aber und erklärt, Trajković sei immer so – er glaube, überall im Wahlkampf zu sein.

Er wechselt dann die Tonart und schlägt mir sehr jovial vor, das Kosovo dergestalt aufzuteilen, daß die Serben eigene Enklaven mit eigener Oberhoheit sowie einem eigenen Serbischen Protection Corps erhielten. Wenn er auch nach außen zustimmt, daß das Kosovo in Zukunft multiethnisch sein müsse, versucht er mich gleichzeitig davon zu überzeugen, daß man den Albanern nie trauen könne. Die Serben stünden dem Westen kulturell viel näher und müßten demzufolge auch eine Vorzugsbehandlung bekommen. Ich halte massiv dagegen und mache Herrn Trajković in aller Deutlichkeit erst einmal darauf aufmerksam, daß es die Serben gewesen sind, die den Krieg und die damit verbundenen Grausamkeiten begonnen haben. Dies seien auch nicht die Verbrechen von Milošević allein; letztendlich hätten die serbische Armee und serbische Bürger all die schrecklichen Untaten mit begangen und damit auch mit zu verantworten. Ich empfehle Momčilo Trajković, Ursache und Wirkung nicht zu verwechseln. Ich stelle auch fest, daß das Kosovo Protection Corps keine militärische Armee, sondern ein ziviles Hilfskorps werden wird, das auch den Serben offen steht. Eine Kantonisierung der serbischen Gebiete lehne ich ebenso ab wie den Aufbau eines serbischen Schutzkorps.

Unabhängig davon biete ich ihm jedoch meine direkte Hilfe für die Serben an. Ich verurteile alle Gewalt gegen die Serben und unterstreiche, daß KFOR die Aufgabe habe, allen Menschen im Kosovo – unabhängig von ihrer ethnischen Zugehörigkeit – zu helfen. Diesen Auftrag nähme ich sehr ernst. Ich würde mich daher auch dafür einsetzen, daß die Serben, die aus dem Kosovo geflohen waren, wieder zurückkehren könnten. Voraussetzung dafür sei allerdings der Wiederaufbau der dazu erforderlichen Infrastruktur, damit die ohnehin schon gespannte Lage der Flüchtlinge nicht verschärft wird. In diesem Zusammenhang hatte Brigadegeneral Peterson gemeldet, daß in den Bereich der MNB (E) laufend Serben aus der Gegend um Niš zurückkehren würden. Die Bürgermeister der serbischen Dörfer gingen regelmäßig in die Flüchtlingslager in Serbien und versuchten ihren Landsleuten deutlich zu machen, daß sie zurückkehren könnten.

Nach unserer Auseinandersetzung sagt mir Trajković, er werde mich an meinen Taten messen. Wir verabschieden uns in aller Freundschaft und Trajković versichert mir seine Hochachtung gegenüber KFOR. Mehr war nicht zu erwarten.

In der letzten Zeit hatte es einige sehr unerfreuliche und teilweise sogar kriminelle Handlungen ehemaliger Mitglieder der UÇK gegeben. So hatten u.a. etwa dreißig Angehörige der früheren UÇK anläßlich einer öffentlichen Veranstaltung zur Ehrung ihrer gefallenen Kameraden gefleckte Kampfanzüge mit UÇK-Ärmelabzeichen sowie UÇK-Fahnen getragen. Zwei russische Offiziere, die dagegen vorgehen wollten, hatten sie mit Gewalt vertrieben. Darüber hinaus maßten sie sich im Bereich Srbica, der Hochburg der Albaner im Drenica-Tal, Polizeifunktionen an und drohten, jeden, der damit nicht einverstanden sei, aus der Stadt zu vertreiben. In dem mit der ehemaligen UÇK vereinbarten Übergangsabkommen war ausdrücklich festgelegt worden, daß das Kosovo Protection Corps keine wie auch immer gearteten Kompetenzen im Bereich von Recht und Ordnung hätte.

Ich bestelle daher General Çeku, der sich tagsüber in Mazedonien aufhielt, noch unmittelbar vor Mitternacht zu einer Aussprache ein. Ich weise ihn darauf hin, daß ich Gewalttätigkeiten und Rechtswidrigkeiten wie die letzten Vorkommnisse in den Reihen möglicher künftiger Mitglieder des KPC nicht dulden werde. KFOR werde die verantwortlichen Täter wie jeden anderen Verbrecher verfolgen, unabhängig vom früheren Dienstgrad der Personen. In dem letzten Vorfall war Sami Lushtaku, ein ehemaliger Brigadekommandeur der UÇK, verwickelt. Dessen Name tauchte in den letzten Tagen immer häufiger auf; dies wird langsam zu einem echten Ärgernis. Lushtaku scheint auch Çeku Probleme zu bereiten, da er unter den Mitgliedern des KPC offen dazu aufrief, Çekus Befehle nicht zu befolgen. Ich weise Çeku darauf hin, daß ich Lushtakus Verhalten auf das schärfste mißbillige und ihn beim nächsten Vorfall sofort festnehmen und einsperren lassen würde. Çeku hat meine harte Haltung wohl nicht erwartet und macht einen sehr betroffenen Eindruck. Er sagt zu, umgehend mit Lushtaku zu sprechen und dafür zu sorgen, daß derartige Dinge künftig nicht wieder vorkämen.

Kurz vor meinem Zusammenstoß mit Çeku habe ich von Generalmajor Mazzaroli und meiner CIMIC-Abteilung (Civil Military Cooperation) einen komprimierten Vortrag über das Programm der KFOR-Truppen zur Vorbereitung auf den Winter bekommen. Es ist sehr beruhigend, zu wissen, daß wir ausreichende Hilfsmittel haben, und daß demzufolge in diesem Winter niemand verhungern oder erfrieren dürfte. Wir haben 280.000 Winterschutzpakete, 80.000 Öfen und 70.000 Küchenausrüstungen auf Lager. Dem stehen 56.000 Menschen gegenüber, die noch ohne Unterkunft sind. Die Brigaden arbeiten vor Ort eng mit dem UN-Flüchtlingshilfswerk UNHCR zusammen, um die Hilfsgüter „an den Mann zu bringen", noch bevor der erste Schnee fällt.

Am Abend besucht mich mein alter französischer Freund, General Pierre Forterre, Commandant de la Force d'Action Terrestre (CFAT, das französische Pendant zum deutschen Heeresführungskommando) aus Lille.

Montag, der 11. Oktober 1999; 4. Tag   sonnig, warm

Ich habe heute fast drei (!) Stunden erfolglos versucht, den SACEUR über eine abhörsichere Telefonleitung zu erreichen. Wir haben auf dem Fernmeldesektor noch viel Arbeit vor uns, der Übergang vom noch britischen Netz in unser neues System läuft sehr schleppend an.

Brigadegeneral Sauer, Kommandeur der MNB (S), informiert mich nach dem Gespräch mit Generalleutnant Loginov in Orahovac: Es sei sehr schlecht gelaufen, die Fronten seien völlig verhärtet. Die Leute von Orahovac trauten Loginov überhaupt nicht und hätten sich keinen Millimeter bewegt. Der Chairman des Military Committee, der italienische

Admiral Venturoni, ruft mich an und wünscht mir Erfolg. Er versichert mir, daß alle NATO-Nationen hinter mir stünden und bietet mir an, jederzeit auf seine Hilfe zurückzugreifen. Ich bin für diese moralische Unterstützung dankbar.

Wir haben ein größeres Problem mit der Wiedereröffnung der Universität: Die UNMIK-Leute haben die darin liegende politische Sprengkraft überhaupt nicht erkannt, sondern den ganzen Komplex rein aus der Sicht der Fachleute betrachtet. Auch unsere Vorgänger bei KFOR hatten mit keinem Wort erwähnt, was hier auf uns zukommen würde.

Die serbischen Studenten in Mitrovica weigern sich, albanische Kommilitonen zuzulassen; die Administration der Universität in Nord-Mitrovica läßt keine diesbezügliche Einschreibung zu, da sie befürchtet, anderenfalls von den Albanern überrollt zu werden. All diese Schwierigkeiten waren den UNMIK-Leuten seit Wochen bekannt, aber sie hatten sich nicht darum gekümmert und wohl gehofft, daß sich die Lage von selbst entspanne; niemand hat die dazu notwendige Initiative ergriffen, sondern alle haben alles vor sich hintreiben lassen. Ich frage mich, was der UNMIK-Administrator in Mitrovica, Sir Martin Garrod, und seine Leute sowie Marc Richmond, der bei UNMIK für die Bildung verantwortliche Fachmann, eigentlich getan haben, um diese Lage zu entschärfen oder uns wenigstens rechtzeitig zu informieren? Hier war alles, was schief laufen konnte, daneben gegangen; wir stehen kurz vor einer Katastrophe.

In einer Krisensitzung versucht Jock Covey am Spätnachmittag, die Lage noch zu retten. Er schlägt vor, daß die französischen Truppen morgen früh in einer Nacht- und Nebelaktion das Universitätsgebäude von Mitrovica besetzen und erst dann wieder räumen sollten, wenn die Serben den albanischen Studenten den Zugang ermöglichten. Bis dahin würden die Serben ausgeschlossen bleiben und zu den Vorlesungen nicht zugelassen werden.

Ich weigere mich, hier mitzumachen und die versalzene Suppe von UNMIK durch unsere Soldaten auslöffeln zu lassen. Hier war nichts vorbereitet, es fehlt an den elementarsten Voraussetzungen für diese sehr kritischen Maßnahmen. Ich habe Fragen über Fragen: Um wie viele Studenten handelt es sich eigentlich? Und zwar bei den Serben wie bei den Albanern? Wie hoch ist die Kapazität der Universität in Mitrovica? Wer soll dort die albanischen Vorlesungen überhaupt halten? Gibt es albanische Lehrpläne? Wie lange soll die Besetzung der Universität maximal ausgedehnt werden? Welche Alternativen haben wir, wenn die Serben nicht einlenken würden? Keine dieser und keine der anderen Fragen kann durch die „Fachleute" von UNMIK beantwortet werden; keiner von ihnen ist jemals vor Ort gewesen, keiner hatte irgendwann mit einer der beiden betroffenen Seiten gesprochen. Ich bin ungemein sauer über diese unglaublich gedankenlose Verfahrensweise. Brigadegeneral Poncet, der an dieser Sitzung teilnimmt, weist UNMIK darauf hin, daß die Universität nicht in seiner, sondern in der zivilen Verantwortung läge. Er ist für meine Entscheidung, in dieser völlig ungeklärten Lage keinen seiner Soldaten einzusetzen, dankbar.

Jock Covey befürchtet, daß die Ermittlung aller für die Beantwortung unserer wichtigsten Fragen relevanten Daten mindestens eine Woche dauern würde. Ich verstehe das, weise aber gleichzeitig darauf hin, daß dafür bisher wohl ausreichend Zeit bestanden habe. Die Versäumnisse lägen nicht bei uns. Covey drängt dennoch, da die Universität schon am kommenden Montag, dem 18. Oktober, den Betrieb aufnehmen wolle. Mit diesem Datum seien viele Emotionen verbunden, weil die Albaner damit das erste Mal seit elf Jahren wieder freien Zugang zum Studium an der Universität in Priština hätten. Ich bestehe dennoch darauf, daß die erforderliche Arbeit, die bisher versäumt worden sei, vorher geleistet werden müsse. Ohne klare Sachverhalte und mögliche Handlungsalternativen würde ich nicht tätig werden. Ich würde es nicht zulassen, daß unsere Soldaten in eine gewaltsame Konfrontation zwischen den albanischen und den serbischen Studenten hineingezogen und damit zum Sündenbock für bisheriges Unvermögen anderer gemacht würden. In die Krisensitzung hinein kommt die Nachricht, daß die albanischen Studenten für den 15. Oktober eine Demonstration von 15.000 bis 20.000 Studenten angekündigt haben, um den Zugang zur Universität von Mitrovica zu erzwingen.

Wir kommen überein, als erste Notmaßnahme zu versuchen, den albanischen Studenten die Einschreibung im südlichen Teil der Stadt, d. h. in ihrer bisherigen „Schatten-Universität" von Mitrovica, anzubieten. Dabei handelt es sich um sehr provisorische und letztlich unzumutbare Studieneinrichtungen, die sich die Albaner während der Zeit von Milošević im Untergrund behelfsmäßig aufgebaut hatten. Dennoch hoffen wir auf Zustimmung der albanischen Studenten, um damit die Lage zunächst zu entschärfen. Wir brauchen dringend mehr Zeit, um mit den Studenten Verhandlungen aufzunehmen; uns ist klar, daß es sich bei dieser Auseinandersetzung nicht um rein akademische Fragen des Campus und der Studienbedingungen handelt. Hier geht es wegen der damit eng verbundenen ethnischen Auseinandersetzungen um Fragen von hoher politischer Brisanz.

Am Ende der Krisensitzung biete ich UNMIK an, mit ihnen gemeinsam eine Strategie für das weitere Vorgehen in Mitrovica zu erarbeiten, damit wir für solche Situationen künftig besser vorbereitet sind. Ich würde diese Arbeit gern mit einigen meiner Planungsoffiziere unterstützen, ohne dabei in die Verantwortung von UNMIK eingreifen zu wollen. Jock Covey greift den Vorschlag sofort auf und gibt einer gemeinsamen Strategiegruppe für Mitrovica seine Zustimmung.

Zurück in „Film-City" setze ich sofort eine Gruppe meiner Planer an, um vor Ort aufzuklären und uns selbst all die noch erforderlichen Informationen zu besorgen. Ich will von UNMIK und der bisher völlig unzulänglichen Vorgehensweise weitgehend unabhängig werden und mir meine eigenen Quellen erschließen. Unser Handicap ist derzeit noch, daß wir weder die handelnden Personen noch die Örtlichkeiten ausreichend kennen.

Mein Chef des Stabes, Generalmajor John Milne, meldet mir, daß wir anstelle der geplanten 545 Mann für den eigentlichen Stab KFOR und der 197 Mann für die täglich erforderliche logistische Unterstützung erst 66 Prozent in Priština, von den für den Rückwärtigen Gefechtsstand in Skopje eingeplanten 140 Mann sogar erst 55 Prozent vor Ort hätten. Ich rufe General Stöckmann an und bitte um rasche Hilfe bei der Personalgestellung des erforderlichen Verstärkungspersonals. Mit dem bisher zugeteilten Personal könnten wir unsere Arbeit nicht schaffen. General Stöckmann sagt mir schnelle Hilfe zu.

Zusätzliche Besucher des Tages waren Mitglieder des Verteidigungsausschusses des Deutschen Bundestages, die sich über die Lage informieren lassen, außerdem Generalmajor Riechmann, nationaler Befehlshaber der deutschen Kontingente in Mazedonien und im Kosovo, sowie Generalleutnant Mike Byron und Generalmajor Holger Kammerhoff, die den Besuch des Military Committee Anfang November vorzubereiten haben. Dazu kamen Hansjörg Eiff, der kluge und enorm beschlagene Sonderbotschafter der NATO für Mazedonien, der mit mir erste Einzelheiten für meinen Besuch bei der Regierung in Skopje abspricht, sowie Generalleutnant Gustav Hägglund, der Oberbefehlshaber der finnischen Streitkräfte, der mich bittet, finnische Stabsoffiziere in den Stab KFOR einzugliedern.

Dienstag, der 12. Oktober; 5. Tag   sonnig, warm und trocken

Vormittags Flug zur Dienstaufsicht bei der Truppe am Grenzübergang Morina an der Grenze zu Albanien. Dort sind deutsche Fallschirmjäger der MNB (S) stationiert, sehr spartanisch und behelfsmäßig in Zelten untergebracht, Duschen nur im Eigenbau, dabei aber beste Stimmung. Ich schaue der Fahrzeug- und Personenkontrolle zu, die unsere Soldaten zusammen mit ein paar wenigen Polizisten und von der UNMIK angestellten örtlichen Zollbeamten durchführen. Mein Eindruck ist, daß die Fahrzeugdurchsuchungen trotz des Enthusiasmus der Soldaten und allen guten Willens zu lax gehandhabt werden. Die gesamte Grenzkontrolle ist in diesem Abschnitt noch immer in der Verantwortung von KFOR, UNMIK unterstützt dabei. Ich beauftrage Brigadegeneral Sauer, der mich begleitet, das Tempo bei den Durchsuchungen sichtbar zu erhöhen und ab sofort jeden Tag mindestens 20 Lkw total abzuladen und alles am Fahrzeug zu kontrollieren, um Waffen- und sonstigen Schmuggel zu verhindern. Die Jungs sind zwar nicht sehr froh über diese Erweiterung ihres Auftrages, aber wir müssen die Grenzkontrolle besser in den Griff bekommen. Es ist von wesentlicher Bedeutung, daß wir das Mögliche tun, um zu verhindern, daß Waffen in das Land geschmuggelt werden.

Nach meinem Besuch an der Grenze fahre ich mit einer gepanzerten Patrouille entlang der albanischen Grenze im Bereich des Bergmassivs des Paštrik, um den die UÇK und die serbischen Streitkräfte kurz vor Beendigung der Feindseligkeiten erbittert gekämpft haben. Während die Serben damals versuchten, die UÇK über die Grenze nach Albanien zurückzutreiben, waren die Widerstandskämpfer verzweifelt darum bemüht, den letzten Handbreit Boden auf dem Territorium des Kosovo zu halten. Dies gelang ihnen letztendlich nur durch den massiven Einsatz von Luftnahunterstützung durch die NATO-Luftstreitkräfte.

Die Spuren des Krieges sind überall zu sehen, alle Dörfer sind durch Artilleriebeschuß oder Bomben zerstört, vielerorts weisen Warntafeln auf die mit Uranium angereicherte Munition der A-10 Kampfflugzeuge hin. Wo wir Menschen antreffen, winken sie und rufen uns freundliche Worte zu.

Mir fallen die ungewohnten Dienstgradabzeichen der Fahrer der gepanzerten Fahrzeuge LUCHS und FUCHS auf. Das Geheimnis ist schnell gelöst. Die Männer sind Hauptgefreite der Marine, die sich als Fahrer freiwillig für diesen Einsatz gemeldet haben und sich diebisch darüber freuen, daß das deutsche Heer im Kosovo von ihrer Leistung abhängig ist. Ich spreche ihnen allen meine Anerkennung aus und schenke ihnen zur Erinnerung an unseren gemeinsamen Nachmittag am Mount Paštrik meine Gedenkmünze.

Mir wird bei dieser Fahrt aber auch deutlich, wie personalintensiv eine lückenlose Überwachung dieses sehr schwierigen Gebirgsgeländes wäre. Bei der vorhandenen Personalausstattung können wir uns nur auf die Bergpfade konzentrieren, die wir mit unseren Spähtrupps laufend kontrollieren und die wir per Hubschrauber mit Augenaufklärung aus der Luft überlagern. Der Einsatz am Boden abseits der Pfade ist sehr problematisch, da gerade dieses Grenzgebiet sehr stark vermint ist. Diese Tatsache zwingt unsere Truppen, sich an die Geländeabschnitte zu halten, die als minensicher gelten.

Mir fällt auf, wie zielgenau die Luftwaffen-Einsätze waren. Um die zerbombten Dörfer herum sind keine Krater zu erkennen, die Einschläge lagen weitgehend im Ziel. Dies lag wohl nicht zuletzt dran, daß die Luftwaffe bei diesen Operationen nicht in 5.000 Meter Höhe, sondern Luftnahunterstützung im herkömmlichen Stil geflogen ist. Bei den Fahrten über Land wird aber auch deutlich, daß nirgendwo zerstörte militärische Ziele wie Panzer, Schützenpanzer, Artilleriegeschütze oder Fahrzeuge der serbischen Streitkräfte zu sehen sind. Hier werde ich wohl weiter nachhaken müssen, um mir ein besseres Bild über die Wirksamkeit der NATO-Luftstreitkräfte gegenüber den beweglichen serbischen Streitkräften machen zu können. Nach allem, was ich in Befragungen bisher in Erfahrung bringen konnte, war das Ergebnis im Verhältnis zum Aufwand mehr als dürftig.

Während der Fahrt auf den Mount Paštrik wird mir eine ganz schlimme Nachricht übermittelt: Mitten am Tag war in der Stadtmitte von Priština ein bulgarischer UNO-Beamter ermordet worden. Grund: Er hatte serbisch gesprochen. Was ist das hier nur für eine rachsüchtige Welt! Ich gehe nach meiner Rückkehr sofort vor die Presse und verurteile die Gewalt auf das schärfste. Ich bitte die Bevölkerung, uns bei der Suche nach dem Mörder zu unterstützen und sich von den Gewaltbereiten deutlich zu distanzieren. Außerdem beauftrage ich die britische Brigade, noch am gleichen Abend beginnend, ihre Präsenz in den Straßen von Priština sowie ihre Kontrollpunkte zu verdoppeln. Die Menschen müssen sehen, daß wir nicht lange herumreden, sondern sofort Maßnahmen ergreifen.

Am Abend melden mir meine Planer unter dem sehr tüchtigen und blendend disponierten Oberst Bernd Bauer, daß sie die Planung für unsere Verteidigung im Kosovo gegen ein Eindringen von Kräften der jugoslawischen Volksarmee (VJ) und der paramilitärischen Polizei (MUP) abgeschlossen haben. Ich lasse mir die Überlegungen im Einzelnen vortragen und stimme ihnen zu. Der Plan erhält die Bezeichnung CRITICAL EFFORT. Damit sind wir ab sofort in der Lage, die Verteidigung des Kosovo aktiv nach einheitlichen Planungsunterlagen abzustimmen und mit den Multinationalen Brigaden im Detail zu üben. Ich billige auch den Plan der sich daraus ergebenden operativen Aktivitäten wie Geländebesprechungen, Planübungen, Gefechtsstandsübungen sowie Übungen mit Volltruppe, die nun die nächsten Schritte sein werden. Meine Absicht ist, alle diese Aktivitäten völlig offen, d. h. ohne jede Geheimhaltung durchzuführen, um der albanischen Bevölkerung das Vertrauen zu geben, daß wir für ihre äußere Sicherheit alles Notwendige tun. Ich will aber auch der serbischen Militärführung die erforderlichen Signale geben, daß sie bei einer gewaltsamen Rückkehr ihrer Streitkräfte auf unsere gut ausgerüsteten, gut motivierten und bestens ausgebildeten KFOR-Truppen trifft und damit ein nicht kalkulierbares Risiko eingeht.

Auch auf dem undankbaren Gebiet der Finanzierung der Aufstellung des KPC sind einige Fortschritte gemacht worden. Gestern hatte unter dem Vorsitz der UNMIK und der KFOR eine Koordinierungskonferenz der diplomatischen Vertreter stattgefunden, in deren Verlauf Fragen des Haushalts des KPC besprochen wurden. Insgesamt sind bei einem Bedarf von 19,1 Mio. US-$ für das Haushaltsjahr 1999 und 32,4 Mio. US-$ für das Haushaltsjahr 2000 insgesamt 36 Mio. US-$ zugesagt worden – kein schlechter Start, wie ich meine. Unser größtes Problem wird sein, diese zugesagten Mittel von den Gebern auch rechtzeitig zugewiesen zu bekommen.

Sehr spät in der Nacht haben wir eine lange Diskussion über Mitrovica und die Frage der Universität. Ich glaube, daß wir in Gesprächen zwischen Jock Covey und meinem Stab eine vernünftige und praktikable Lösung gefunden haben. Diese ist jedoch noch mit Dr. Kouchner abzusprechen, der erst am späten Abend zurückkehrt und mit dem ich dann noch zu Abend esse.

Nach letzter Information von Generalmajor Thomann planen die albanischen Studenten am 15. Oktober eine gewaltsame Demonstration mit rund 20.000 Studenten zur Besetzung der Universität in Nord-Mitrovica. Ich befürchte, daß wir zur Vorbereitung der dafür erforderlichen Abwehrmaßnahmen zu wenig Zeit haben, da der ganze morgige Tag durch den Besuch des UN-Generalsekretärs Kofi Annan blockiert werden dürfte.

Wir haben heute die serbischen Arbeiter wieder erfolgreich in die Trepča-Mine eskortiert. Unglücklicherweise ist das Bergwerk zwischenzeitlich stark überschwemmt, und die Arbeiter konnten trotz intensiver Bemühungen die Pumpen nicht wieder in Betrieb nehmen. Unsere CIMIC-Leute versuchen jetzt, erfahrene Techniker zur Behebung der Probleme zu bekommen.

Mittwoch, der 13. Oktober; 6. Tag   trocken, warm

Fast ein historisches Ereignis ist heute das Treffen des UN-Generalsekretärs Kofi Annan mit allen politischen Führern des Kosovo im großen Besprechungsraum des Kosovo Transitional Council. Selbst die Serben, einschließlich Momčilo Trajković und Bischof Artemije, die den KTC ja eigentlich verlassen hatten, nehmen an der Besprechung teil. Alle haben „Kreide gefressen". Jeder der albanischen Politiker verurteilt zunächst den gestrigen Anschlag auf den bulgarischen UNO-Beamten. Es ist interessant zu hören, daß die politischen Führer aller Parteien und ethnischen Gruppen übereinstimmend ihre Unterstützung für ein multiethnisches Kosovo und für eine enge Zusammenarbeit zur Sicherung einer friedlicheren Zukunft versprechen. Sie verurteilen den Einsatz von körperlicher Gewalt und plädieren eher für eine erweiterte Autonomie des Kosovo als für dessen Unabhängigkeit. Alle albanischen Führer erklären sich zu einer Beteiligung an Kouchners Exekutivrat – seiner künftigen Regierung – bereit. Hashim Thaci spricht sich nachdrücklich für ein unpolitisches, ganz und gar ziviles und multiethnisches Kosovo Protection Corps aus, dessen Auftrag die Mitwirkung beim Wiederaufbau des Landes und der Schutz der Kosovaren vor Katastrophen sein sollte. Kofi Annan und Bernard Kouchner können es, wie auch ich, kaum glauben, was da alles an Positivem zu hören ist. Wir hoffen, daß diese gewieften Politiker auch wirklich meinen, was sie da sagen.

Kofi Annan begrüßt den positiven Ansatz der anwesenden Politiker. Er ist auf die Gesprächsrunde bestens vorbereitet, hört aufmerksam zu und unterbricht niemanden. Er strahlt Gelassenheit und eine würdige Ruhe aus, spricht sehr leise, aber bestimmt. Man merkt, wie wichtig ihm dieses Gespräch ist, wie sehr er persönlich engagiert ist, eine positive Schneise, den Weg in die Zukunft zu bahnen. Er dankt allen Führern des Kosovo für ihr Kommen und für ihre Offenheit, die ihn optimistisch stimmen würde. Er spricht sich nachdrücklich für mehr Toleranz, für ein multiethnisches Zusammenwirken und gegen Gewalt aus. Nicht der Blick zurück und der Haß dürften den Weg in die Zukunft bestimmen, sondern der Wille, nach vorne zu schauen und das künftige Schicksal des Kosovo mit allen ethnischen Gruppen gemeinsam zu gestalten, müsse ausschlaggebend sein. Er unterstreicht die wichtige und konstruktive Rolle von UNMIK und KFOR und bietet auch für die Zukunft seine unmittelbare Hilfe an.

Anschließend, im ganz kleinen Rahmen, spricht Kofi Annan seine Befürchtung aus, daß das KPC unter Umständen doch zu einer heimlichen neuen Armee des Kosovo werden könnte. Ich erläutere ihm, wie wir beabsichtigen, den Übergang zu organisieren und bis zu welchem Maß wir die Entwicklungen überwachen und kontrollieren würden. Ich sage ihm zu, daß ich alles in meiner Macht Stehende tun würde, den Aufbau einer „heimlichen" Armee zu unterbinden und aus dem KPC eine wirklich zivile Organisation zu machen.

Einen großen Raum nimmt die Frage ein, welches der Rechtssysteme künftig im Kosovo gelten soll. Die Rechtsfachleute der UNO in New York haben sich dafür ausgesprochen, das bestehende und gültige jugoslawische Recht weiterhin anzuwenden, zumal das Kosovo staatsrechtlich immer noch ein Teil des ehemaligen Jugoslawien ist. Dem ist entgegenzuhalten, daß die albanischen Staatsanwälte und Richter sich schlicht weigern, dieses Recht weiter anzuwenden, da sie von den Serben unter diesem Recht jahrelang unterdrückt worden seien.

Sie berufen sich vielmehr auf das frühere Rechtssystem von vor 1989, das also zur Zeit der albanischen Autonomie gültig war. Dieses Recht ist nach Ansicht der Fachleute aber weniger liberal, viel autoritärer als das bestehende jugoslawische Rechtssystem. Dennoch plädiert Bernard Kouchner eindeutig für das alte Recht, auch wenn es durch unabhängige Fachleute in einigen wichtigen Punkten den modernen Rechtsnormen angepaßt werden müßte: Nur mit diesem im Grunde alten Recht sei es überhaupt möglich, ein funktionierendes Rechtssystem im Kosovo wieder aufzubauen, das von der Mehrheit der Bevölkerung dann auch akzeptiert wird. Ich habe den Eindruck, daß sich Kofi Annan dieser Logik der praktischen Umsetzung anschließen könnte.

Am Nachmittag bin ich zur Dienstaufsicht bei unseren Checkpoints bei Gate 2 (1st The Queen's Dragoon Guards), Gate 3 (The Royal Artillery), Gate 4 (kanadische/schwedische Kräfte) und bei der tschechischen Kompanie, die zwischen den Gates 3 und 4 überwacht. Unter „Gates" verstehen wir die Grenzübergänge nach Serbien im Gegensatz zu den „Bordercrossings" nach Mazedonien, Albanien und Montenegro. Während die Gates ausschließlich durch Truppen von KFOR in Form bewaffneter Checkpoints bewacht werden, sind die anderen Grenzübergänge feste Einrichtungen, an denen neben unseren Soldaten auch Angehörige des Zolls und der Grenzpolizei Dienst tun.

Insgesamt bin ich beeindruckt von der guten Verfassung unserer Truppen und ihrer Entschlossenheit, die Rückkehr der jugoslawischen

Volksarmee, der Polizeikräfte und von paramilitärischen Kräften in das Kosovo zu verhindern. Reserven sind in Abrufbereitschaft, ebenso Heeresflieger- und Luftstreitkräfte. Gleichwohl sind die Kräfte über einen sehr ausgedehnten Abschnitt verteilt. Wer es darauf anlegt, könnte bei Nacht problemlos und unerkannt durch diese Linien gelangen. Leider können auch hochentwickelte Sensoren in diesem bergigen Gebiet nicht flächendeckend eingesetzt werden. Für eine vollständige Abriegelung der Grenze zu Serbien wären erheblich mehr Kräfte erforderlich. Ich beauftrage meinen französischen Stellvertreter, Generalmajor Thomann, in den nächsten Tagen ganz persönlich all unsere Grenzübergänge rund um das Kosovo im Detail zu überprüfen und mir Vorschläge zu machen, wie wir sie effektiver gestalten können.

Mein Stab bekommt seine Führungs- und Stabsabläufe immer besser in den Griff. Ich bin zufrieden, wie viel kürzer die Reaktionszeiten bereits geworden sind. Ich habe eine längere Diskussion mit meinem für Informationsgewinnung und -auswertung zuständigen Abteilungsleiter „G2", dem enorm beschlagenen und sehr fähigen amerikanischen Oberst Russel Thaden, über mögliche Vorgehensweisen von Milošević gegen KFOR. Wir haben derzeit keine Anzeichen, daß sich da etwas tut. Diese Analyse beruht auf detaillierten Studien der Nachrichtendienste der Amerikaner, Briten, Franzosen und Deutschen. Ich hoffe, daß das so bleibt.

Spät in der Nacht nehmen wir im UNMIK-Gebäude unsere Gespräche über Mitrovica wieder auf. Sie dauern bis knapp 03.00 Uhr! Auf der Gegenseite verhandeln mit großer Härte und Unnachgiebigkeit zwei albanische Studentenführer, Dritoh Lajçi und Muhamet Mauraj. Sie glauben UNMIK nicht, haben in die Administration jedes Vertrauen verloren und fordern freien Zugang zur Uni in Nord-Mitrovica. Nach über vier Stunden intensivster und total verqualmter Verhandlungen gebe ich ihnen schließlich mein Wort, daß ich mich ihrer Probleme selbst annehmen werde. Erst auf dieser Basis sagen die beiden jungen Studentenführer zu, sich in Mitrovica dafür einzusetzen, die für den 15. Oktober vorgesehenen Demonstrationen vorerst abzusagen. Die letzte Entscheidung dazu aber würde die Studentenversammlung in Mitrovica selbst fällen. Den Durchbruch haben wir damit wohl noch nicht geschafft, aber ich bin zuversichtlich, daß wir mit dem sehr persönlich geführten Gespräch die Lage erst einmal entspannt haben. Dennoch: Das Damoklesschwert droht weiter.

Wir haben eine hypothetische Anfrage vom russischen Generalmajor Pereljakin erhalten. Die Russen könnten, so Pereljakin, unter bestimmten Umständen einen Teil ihres Bereichs um Orahovac gegen Kosovo Polje tauschen, d. h., sie könnten ihren Anspruch auf Orahovac aufgeben und stattdessen einen größeren Raum um ihre Versorgungsbasis in Kosovo Polje beanspruchen. Ich werde dazu erst Stellung nehmen, wenn ich am Freitag mit Generalleutnant Loginov gesprochen habe. Ich bin bei Pereljakin eher vorsichtig und glaube noch nicht daran, daß dies der Ausweg aus der Sackgasse sein könnte.

	trockener, warmer Oktobertag,
Donnerstag, der 14. Oktober; 7. Tag	leicht bedeckt

Der größte Teil des heutigen Tages ist Truppenbesuchen gewidmet: Am Morgen bin ich bei den „Royal Queen's Gurkha Engineers" zur feierlichen Eröffnung der Miloševo-Brücke. Diese Brücke war im Rahmen des Luftkrieges durch die NATO-Luftstreitkräfte zerstört worden; nun verbindet sie Priština wieder mit Mitrovica. Wir haben mit dieser Brücke unsere eigene operative Mobilität, noch mehr aber die Lage der örtlichen Bevölkerung nachhaltig verbessert. Es ist ein Erlebnis, die glücklichen, aber entschlossenen Gesichter dieser großartigen Soldaten aus Nepal zu sehen. Der Besuch bei ihnen ist für mich ein großes Vergnügen; viele Fotos werden geschossen, es wird viel gelacht, es gibt viele Verbeugungen, scharf gewürztes Essen und eine freundliche Bevölkerung, die mir immer wieder die Hand zu drücken und mich zu küssen versucht – angesichts der Stoppelbärte eine besondere Mutprobe!

Ich führe dann meine Dienstaufsicht über die Grenzübergänge nach Serbien fort. Zunächst bei Gate 5 im russischen Abschnitt der amerikanischen MNB (E). Die russischen Streitkräfte haben hier eine Stellung bezogen ca. drei bis vier Kilometer hinter der Ground Safety Zone (Boden-Sicherheitszone; künftig nur „Sicherheitszone" genannt), der fünf Kilometer tiefen entmilitarisierten Zone zwischen dem Kosovo und Serbien. Aus dieser Stellung heraus beherrschen sie den gesamten Be-

110

wegungsstreifen möglicher Aktivitäten, die aus Serbien kommen könnten. Ich bin beeindruckt von der Professionalität der russischen Fallschirmjäger, die äußerst diszipliniert sind und ihren Auftrag effizient und gründlich im engsten Verbund mit den amerikanischen GIs ausführen. Fast jeder, mit dem ich spreche, versucht an mir seine Deutsch- oder Englischkenntnisse auszuprobieren, während ich meine verstaubten russischen Brocken hervorklaube, um die Russen in ihrer Sprache zu überraschen. Die Männer freuen sich über jedes Lob und heben immer wieder hervor, wie stolz sie darauf sind, hier im Rahmen von KFOR zusammen mit ihren amerikanischen Kameraden Dienst tun zu können. Ich spüre mir als einem Deutschen gegenüber keine Ressentiments, sondern eher Stolz, daß sie einem NATO-General endlich zeigen können, was sie professionell draufhaben.

Mit dem Checkpoint am Gate 1 im äußersten Norden des Kosovo bin ich nicht so zufrieden. Er liegt viel zu exponiert im Blickfeld der Serben und hat überhaupt keine operative Tiefe. Der ganze Bereich spiegelt mehr Friedensdienst wider als Einsatz.

Ich befehle dem Bataillonskommandeur im Beisein seines französischen Brigadekommandeurs einige entscheidende Änderungen in seiner operativen Aufstellung und beauftrage ihn mit deren sofortiger Umsetzung.

Dieser Checkpoint liegt in einem rein serbischen Gebiet. Es dauert daher nur wenige Minuten, bis ich von einer ganzen Traube serbischer Menschen umgeben bin, die mich bitten, dafür zu sorgen, daß sie hier bleiben können und nicht nach Serbien vertrieben werden. Ich sage ihnen, daß KFOR die Aufgabe hätte, gerade die Minderheiten zu schützen. Natürlich könnten die Serben im Kosovo bleiben, und ich würde mich bemühen, daß langfristig auch die serbischen Flüchtlinge wieder zurückkehren könnten. Es ist offensichtlich, wie sehr auch diese serbische Landbevölkerung nicht auf Milošević, sondern auf KFOR setzt. Ich werde in eines der Häuser eingeladen. Mein Sicherungs- und Begleitteam ist in heller Aufregung, aber ich bin absolut ungefährdet. Sie zeigen mir die gute Stube und alle Familienfotos, sie bewirten mich mit dem Wenigen, was sie haben, klopfen mir auf die Schultern und bitten mich, bald wieder zu kommen. Von Ressentiments auch hier keine Spur, ganz im Gegenteil: Man bittet mich wieder und wieder um Autogramme und um gemeinsame Fotos – und das bei den Serben!

Auf dem Rückweg ein Stop beim dänischen Bataillon in Čabra, einem rein albanischen Dorf nördlich von Mitrovica, das von den Serben im vergangenen Frühjahr mit Bulldozern dem Erdboden gleichgemacht wurde. Hier wurde nie gekämpft, hier wurde das serbische Prinzip der „ethnischen Säuberung" praktisch umgesetzt. Die Serben wollten damit vermeiden, daß diese albanische Enklave je wieder bewohnt werden könnte. Nun sind die Albaner alle wieder zurück und bauen mit internationaler Hilfe – hier vorrangig mit japanischer Unterstützung – aus dem Schutt und den Trümmern ihrer alten Häuser ihr ehemaliges Dorf wieder auf. Die Dänen beschützen sie dabei vor serbischen Übergriffen.

Die Lage der Universität in Mitrovica und in Priština wirft nach wie vor große Probleme auf. In Priština haben die albanischen Studenten die Vorschläge von UNMIK für eine Aufteilung der wöchentlichen Lehrveranstaltungen zu je drei Tagen für albanische und drei Tagen für serbische Studenten abgelehnt. Sie geben zwar vor, eine multiethnische 5-Tage-Woche anzustreben, in Wirklichkeit aber planen sie den totalen Ausschluß serbischer Studenten von der Universität. Sie begründen dies damit, daß sie zur Zeit der serbischen Herrschaft von der Universität auch ausgeschlossen worden seien.

In Mitrovica wiederum behaupten die Serben, daß von den dreizehn Einrichtungen und Dependancen der Universität Priština, der einzigen Universität im Kosovo, zwölf zu einhundert Prozent albanisch seien. Sie erheben daher den Anspruch, wenigstens eine der universitären Einrichtungen, nämlich die in Mitrovica, ausschließlich für serbische Studenten zu öffnen.

Ich habe ein langes Gespräch mit Bernard Kouchner über die Zukunft in Mitrovica. Ich schlage ihm vor, morgen ein gemeinsames Treffen mit den serbischen politischen Führern in Mitrovica und mit ihren Professoren zu arrangieren, in dessen Verlauf wir ihnen die Aufgabe stellen sollten, ihrerseits einen Plan für den Betrieb einer multiethnischen Fakultät aufzustellen. Sie sollten uns bis zum Ende der Woche ihre Vorschläge vorstellen. Trotz all unserer Aktivitäten sind für morgen immer noch Demonstrationen in Mitrovica angekündigt. Bis zu

2.000 albanische Studenten wollen angeblich gegen das UNMIK-Gebäude marschieren, um damit ihrem Recht Nachdruck zu verleihen, an der Universität in Mitrovica zu studieren. Vermutlich werden sie dort auf bis zu 1.000 serbische Studenten treffen, die ihrerseits die Zufahrt zum nördlichen Teil der Stadt blockieren wollen. Brigadegeneral Poncet versichert mir, daß sein Stab einen detaillierten Plan ausgearbeitet habe, um mit der Lage fertig zu werden.

Letztlich ist das Problem des studentischen Zugangs zur Fakultät in Mitrovica aber nur vorgeschoben. Im Kern geht es um die Frage, welche der ethnischen Gruppen zukünftig die Kontrolle über den industriellen Trepča-Komplex hat. Nur in Mitrovica wurden Bergbau, Metallurgie und andere artverwandte Bereiche gelehrt. Mit dem Monopol der Wissensvermittlung auf diesen für die wirtschaftliche Nutzung der Bergwerke und der damit verknüpften Verarbeitungsstätten so wichtigen Ausbildungsgebieten sichert man sich langfristig auch das Monopol bei dem dafür erforderlichen Fachpersonal. Kosovo braucht Trepča als wichtigste wirtschaftliche Einnahmequelle. Wer Trepča hat, beherrscht das Kosovo; daher der erbitterte Kampf der Serben und Albaner um diesen Teil der Universität.

Der Besuch von Kofi Annan dauert an. Er ist heute mit General Çeku zusammengetroffen und hat sich von ihm versichern lassen, daß das KPC ausschließlich als rein zivile Organisation aufgebaut werden würde und nicht als Nukleus einer künftigen Armee des Kosovo vorgesehen sei. Kofi Annan äußert sich nach dem Gespräch mit Çeku zufrieden. Ich denke, hier sind wir auf dem richtigen Weg. Spät in der Nacht meldet sich General Çeku bei mir und dankt mir für mein Eintreten bei Kofi Annan zugunsten des KPC.

Freitag, der 15. Oktober; 8. Tag　　　　　　　　trocken, kühl, bedeckt

Generalleutnant Loginov besucht mich zum Abschluß seines einwöchigen Aufenthaltes im Kosovo. Er erklärt, daß es für die Lösung der verfahrenen Situation in Orahovac offiziell nur zwei Alternativen gäbe. Die erste sei, die bisherige weitgehend friedliche Option unverändert beizubehalten, die zweite Alternative sei, daß die Russen ihr in Helsinki zugestandenes Recht auf Stationierung eines Bataillons in Orahovac mit Gewalt durchsetzten. Seiner persönlichen Meinung nach könne aber noch eine dritte Alternative gefunden werden. Dazu schlägt er vor, den Russen einen anderen Einsatzraum außerhalb des Bereichs von Orahovac zuzuweisen. Das sei mit dem Abkommen von Helsinki vereinbar. Dort sei vorgesehen, daß „… die Dislozierung des russischen KFOR-Kontingents überprüft und im Lichte der jeweiligen Umstände im gegenseitigen Einvernehmen angepaßt werden kann…".

Ich melde diese neue Lage sofort an den SACEUR weiter und beauftrage meinen Stab wie auch die Multinationalen Brigaden, die Möglichkeit eines Einsatzes des russischen Bataillons in einem anderen Raum zu überprüfen. Sollte Generalleutnant Loginov für diese dritte Alternative die Zustimmung Moskaus haben, könnten wir einer Lösung dieses Problems näher sein als jemals zuvor. Die Frage ist, ob überhaupt eine Bereitschaft besteht, vom Geist und vom Buchstaben des Status quo der Regelung in Helsinki abzuweichen, da dann die russische Seite auch andere Punkte dieses Abkommens neu aufgreifen könnte.

Loginov unterstreicht, wie sehr er mit den Rahmenbedingungen zufrieden sei, wie gut inzwischen die russischen Soldaten mit ihren NATO-Kameraden zusammenarbeiten würden. Er glaubt, daß die ausgezeichneten Ergebnisse, die in der US-geführten MNB (E) erzielt wurden, als Modell für die Zusammenarbeit zwischen Russen und der NATO dienen könnten.

Bernard Kouchner und ich eröffnen in einer bewegenden Feierstunde den Flughafen von Priština für den zivilen Flugverkehr. Damit erhöht sich unsere operative Flexibilität, vor allem aber werden von nun an Routineflüge bequemer abzuwickeln sein. Die Albaner sind dankbar, in Zukunft nicht mehr über Skopje fliegen zu müssen. Für den gesamten Bereich des Flugverkehrs und der Flugsicherung bleiben Fachleute der Royal Air Force verantwortlich.

Ich nehme die Chance der öffentlichen Aufmerksamkeit wahr, Bernard Kouchner zu gratulieren: Die von ihm einst gegründete humanitäre Hilfsorganisation „Médecins sans Frontières" ist heute in Oslo mit dem Friedensnobelpreis ausgezeichnet worden. Bernard ist sehr stolz auf diese hohe Auszeichnung, er wird von allen Seiten beglückwünscht.

114

Anschließend treffe ich in Priština den türkischen Präsidenten Süley-man Demirel, der seine Truppen im Kosovo besucht. Ich werde sehr freundlich empfangen und informiere den Präsidenten, wie gut sich das türkische Bataillon in die Gemeinschaft der Multinationalen Brigade Süd integriert hat. Die Türken sind vorwiegend im Raum um Prizren eingesetzt, wo die Masse der türkischen Minderheit lebt. Sie haben sich dort durch Hilfsbereitschaft und Unparteilichkeit rasch einen guten Namen gemacht.

Wir beginnen demonstrativ und sehr öffentlichkeitswirksam mit der Zerstörung beschlagnahmter illegaler Waffen. Hunderte von Waffen (leichte Panzerabwehrwaffen, schwere Maschinengewehre, automatische Gewehre) werden mit hydraulischen Pressen und in Verbrennungsöfen unbrauchbar gemacht. Das örtliche Fernsehen filmt, wie wir mit Panzern über die beschlagnahmten Waffen rollen, und ich kündige vor der Kamera an, daß wir weiterhin jedermann einsperren werden, dem wir illegalen Waffenbesitz nachweisen können. Ich kündige an, daß die Suche nach Waffen Hauptaufgabe unserer vielen Checkpoints und Patrouillen quer durch die Provinz bleiben wird.

Die Demonstration in Mitrovica verläuft vergleichsweise friedlich. Es versammeln sich bis zu 4.000 Albaner an den beiden Brücken und eine zahlenmäßig erheblich kleinere Gruppe von rund zweihundert Serben auf der gegenüberliegenden Seite im Norden. Am frühen Nachmittag löst sich die Menge auf.

Am späten Abend treffen Bernard Kouchner und ich eine politische Delegation der Serben aus Nord-Mitrovica. Sie besteht aus Repräsentanten des Serbischen Nationalen Rates, aus zwei Ärzten aus dem Krankenhaus in Mitrovica, die echte Hardliner sind, und aus zwei Ingenieuren, die sich politisch engagieren. Ihr Wortführer ist Oliver Ivanović, ein geborener Volkstribun, der einen sehr klugen Eindruck macht, geschliffen formuliert und blendend englisch spricht.

Die Serben erklären uns, daß es zur Zeit nicht einfach sei, als Serbe im Kosovo zu leben. Sie hätten große Angst vor den Albanern, deren Ziel es sei, alle Serben aus dem Kosovo zu vertreiben. Dies gelte ganz besonders für den Nordteil von Mitrovica; im Südteil lebe schon lange kein Serbe mehr. Der Schutz durch KFOR sei zwar anzuerkennen, aber letztendlich doch ungenügend. Die Serben glaubten daher auch nicht an eine multiethnische Integration, sondern wollten die Verantwortung für ihre Sicherheit lieber in die eigenen Hände nehmen. Sie seien davon überzeugt, daß ihre Zukunft nur in einer serbischen „Kantonisierung" liege. Kantonisierung bedeute für sie in diesem Zusammenhang ein Höchstmaß an serbischer örtlicher Selbstverwaltung einschließlich des Aufbaus eines Serbischen Protection Corps unter Aufsicht von UNMIK und KFOR. Die Serben bitten, keine Maßnahmen des multiethnischen Zusammenlebens zu überstürzen oder gar zu erzwingen: Der Krieg habe auf beiden Seiten schlimme Spuren hinterlassen, die erst heilen müßten, bevor man wieder an ein friedliches und enges Zusammenleben denken könnte.

Wir, Bernard Kouchner und ich, hören uns zunächst alle Argumente an. Die eindringlichen Schilderungen der schlechten Lebensbedingungen, unter denen die Serben existieren, hinterlassen bei uns Spuren. Dennoch sprechen wir uns beide nachdrücklich gegen jedwede Form einer Kantonisierung aus. Wir sagen zu, uns noch intensiver um die Sicherheit der serbischen Minderheit zu kümmern und deren Lebensverhältnisse zu verbessern.

Die Probleme um die Universität von Mitrovica werden nur kurz angesprochen, da sich die Serben zu ihrer Lage eher allgemein und grundsätzlich äußern. Wir kommen überein, uns am 23. Oktober erneut zu treffen und dabei zu versuchen, einen Kompromiß sowohl für das Krankenhaus als auch für die Universität Mitrovica zu finden – allerdings sind wir von einem Kompromiß derzeit noch sehr weit entfernt.

Samstag, der 16. Oktober 1999; 9. Tag   herbstlich warm, trocken

Ich erhalte bereits um kurz nach 06.00 Uhr – ich bin noch ganz allein im Büro – einen Anruf des SACEUR, der mich besorgt zur Lage in Mitrovica befragt. Ich erkläre ihm, wie zäh und langsam die Sache vorangeht und daß ich eigentlich nur „Beifahrer" sei: Die Hauptaktionen müßten von UNMIK eingeleitet werden (Krankenhaus, Universität, wirtschaftliche Verbesserung). Ich informiere ihn, daß unser Papier für eine gemeinsame Strategie zur Lösung der Probleme von Mitrovica fast fertig sei und ich es zur Grundlage unseres weiteren Vorgehens machen wollte. Voraussetzung dafür sei aber, daß UNMIK unsere Vorstellungen mittrage.

Ein Tag vieler Gespräche: Zunächst besucht mich der jugoslawische Botschafter Stanimir Vukičević, eine bemerkenswerte Persönlichkeit. Er ist Karrierediplomat, war Botschafter der Volksrepublik Jugoslawien in Tirana und ist derzeit als stellvertretender Außenminister Jugoslawiens Vertreter von Milošević im Kosovo. Dazu führt er den Vorsitz über das „Committee for Cooperation with the UN", das zum Ziel hat, die serbischen Interessen gegenüber UNMIK und KFOR zu vertreten. Vukičević bemüht sich um Offenheit und um persönliche Verbindung. Er macht deutlich, daß er mit den moderateren albanischen Politikern des Kosovo zusammenarbeiten will. Er behauptet aber auch, daß es eine kleine Gruppe von Politikern gebe, denen die bestehende ethnische Intoleranz sehr entgegenkomme. Ich hake nach, wen er damit meine, aber er gibt darauf keine klare Antwort, sondern bleibt bei allgemeinen Bezeichnungen wie „ehemalige UÇK-Kämpfer" und „Mafia". Er betont, daß es das Hauptziel der jugoslawischen Volksrepublik sei, die im Kosovo verbliebenen Serben dort zu halten. Er bittet mich in diesem Zusammenhang, alles zu tun, um die Sicherheit und die Lebensbedingungen der Serben im Kosovo zu verbessern, damit sie vor Ort blieben. Er legt dar, daß rund 200.000 aus dem Kosovo geflüchtete Serben darauf warten würden, aus den Flüchtlingslagern in Jugoslawien in ihre Heimat zurückzukehren, sobald die Rahmenbedingungen dafür gegeben seien. Ich vereinbare mit Botschafter Vukičević, daß wir uns in regelmäßigen Abständen treffen sollten.

Anschließend besucht mich der albanische Außenminister Paskal Milo, ein sehr beeindruckender und kluger Mann, der gut vorbereitet ist, der zuhört und sehr daran interessiert ist, wie sich die Lage im Kosovo weiter entwickelt. Er äußert seine große Sorge über die Situation in Mitrovica. Er bietet an, über die albanische Regierung in Tirana auf die radikalen Kosovo-Albaner einzuwirken, mögliche Vorbehalte gegenüber UNMIK und KFOR abzulegen und stattdessen mit uns friedlich und konstruktiv zusammenzuarbeiten. Des weiteren schlägt er vor, KFOR bei Einsätzen zur Grenzsicherung an der Grenze zwischen dem Kosovo und Albanien zu unterstützen – ein Angebot, das ich gerne annehme und für das ich mich bedanke. Abschließend bittet er um die

Hilfe von KFOR bei den Minenräumarbeiten entlang dieser Grenze, die ich ihm im Rahmen unserer begrenzten Möglichkeiten zusage. Am Ende seines Besuches lädt er mich nach Tirana ein und bittet mich, bald zu kommen. Ich sage ihm dies gern zu.

Die nächsten Besucher sind der Vorsitzende des United Democratic Movements LBD, Rexhep Qosja, und sein Stellvertreter, Mehmet Hajrizi, der auch stellvertretender Ministerpräsident in Thacis Übergangsregierung ist. Die LBD ist eine kleine Partei mit wenigen Mitgliedern. Sie ist eng mit der UÇK verbunden. Professor Qosja ist durch Rambouillet auf das politische Parkett gekommen.

Beide Politiker erklären ihre Unterstützung für eine multiethnische Gesellschaft. Sie sprechen sich nachdrücklich dafür aus, alle anliegenden Probleme friedlich zu lösen. Qosja ist ein weißhaariger Professor der albanischen Literatur, sein Gesicht wird durch eine große eckige Hornbrille beherrscht. Er kennt sich an der Universität sehr gut aus, er bietet sich aber trotz meiner diesbezüglichen Bitten um Vermittlung bei den Studenten für eine bessere Zusammenarbeit nicht an. All meine diesbezüglichen Ansätze laufen ins Leere.

Der überraschendste Politiker ist Bardyl Mahmuti, Präsident und Gründer der PBD, der Democratic Union Party, und Außenminister in Thacis Übergangsregierung. Mahmuti hat zwar den Ruf eines Gemäßigten, vertritt jedoch einen äußerst harten Standpunkt. Er ist geradezu fanatisch, seine Augen sind stechend-durchdringend. Als ehemaliger Häftling, der lange Jahre in serbischen Gefängnissen zubrachte, nimmt er auf die Vorstellungen anderer keine Rücksicht. So spricht er sich für die Einführung des Kriegsrechts in Mitrovica aus und plädiert dafür, daß KFOR für die nächsten Monate den Nordteil der Stadt von der Außenwelt völlig abriegeln solle. Der Zugang albanischer Studenten zu der Universität in Mitrovica müsse mit Waffengewalt erzwungen werden, so seine Forderung. Er erwähnt sehr bewußt die blutigen Demonstrationen von 1989 bis 1991, als sich 80.000 Albaner zu Protestkundgebungen versammelten, bei denen es viele hundert Tote gegeben hatte – diese Andeutung hätte man leicht auch als Drohung auffassen können. Außerdem fordert er eine öffentliche Überprüfung aller verdächtigen Kriminellen und Kriegsverbrecher. Meine Hinweise auf Rechtsstaatlichkeit und auf die begrenzten Aufträge, die die Internationale

Gemeinschaft KFOR gegeben hat, denen zufolge ein kriegerischer Waffeneinsatz zugunsten einer Seite in Mitrovica ausgeschlossen ist, beeindrucken ihn überhaupt nicht. Wenn KFOR die albanische Sache nicht uneingeschränkt unterstütze, so Mahmuti, dann interessiere ihn KFOR auch nicht mehr. KFOR sei in seinen Augen dann nur noch eine Besatzungsarmee. Ich frage mich, wie wir bei solchen verhärteten Maximalforderungen von Männern, die politisch der „liberalen" Seite zugeordnet werden, den Friedensprozeß überhaupt voranbringen wollen.

Am Abend haben Bernard Kouchner und ich erneut eine lange Diskussion mit den beiden albanischen Vertretern der „Unabhängigen Studentengewerkschaft" in Mitrovica. Sie legen uns ihre Probleme dar und betonen, daß es nach den zehn Jahren, in denen die Studenten keinen Zugang zur Universität hatten, nun einen enormen Druck in der Studentenschaft gäbe, endlich wieder zurückzukehren. Sie warnen vor dem kommenden Montag, da die Studenten für diesen Tag mit einer Rückkehr an die Universität in Mitrovica rechneten. Sie drohen mir, daß sie eine gewalttätige Studentendemonstration von bis zu 20.000 Studenten auf die Beine stellen werden, um sich Zugang zur Universität von Mitrovica zu verschaffen. Beide Studentenführer kündigen an, sie selbst würden die Demonstration anführen und sich dabei – wenn erforderlich – als „Märtyrer" auch opfern. Demonstrationen im Kosovo seien historisch immer gewalttätig, da man sich früher jedes Mal gegen serbische Gewalt zur Wehr setzen mußte. Deswegen gehörten Schlagstöcke, Fahrradketten, Schutzhelme, Schilde und Messer zum üblichen Arsenal derartiger Demonstrationen.

Bernard Kouchner und ich schlagen den Studentenführern vor, sich mit ihren serbischen Gegenüber zu treffen, um statt einer gewalttätigen besser eine friedliche Lösung zu finden, und dies so schnell wie möglich. Wir alle sprechen uns für eine Vereinbarung aus, nach der die Universität von Priština einschließlich aller Fakultäten in Mitrovica in nächster Zukunft für alle Studenten im Kosovo geöffnet wird. Wir bitten die Studentenführer aber um mehr Zeit, damit wir die dafür erforderlichen Voraussetzungen und Verhandlungen mit beiden Seiten führen können. Früh am Morgen geben die beiden Studenten endlich nach und stimmen einem Moratorium zu.

Dies war die schwierigste Diskussion, die ich seit langer Zeit zu führen hatte. Ein Scheitern hätte mit Sicherheit zu einer Konfrontation zwischen albanischen Studenten und Soldaten der KFOR und damit höchstwahrscheinlich zum Blutvergießen auf beiden Seiten geführt. Ich habe mich mit meiner ganzen Person in die Waagschale geworfen, um die Bombe noch einmal zu entschärfen. Die Studenten setzen Vertrauen in mich, sie mißtrauen den Fachleuten von UNMIK. Der nächste Schritt ist nun ein Treffen zwischen serbischen und albanischen Studenten, das Bernard Kouchners politischer Assistent Eric Chevalier vermitteln soll und das hoffentlich Anfang kommender Woche stattfinden kann.

Zusätzliche Besucher des Tages waren der Botschafter Argentiniens in Belgrad, Botschafter Sonschein, der das argentinische Feldlazarett ankündigt, sowie der stellvertretende US-Verteidigungsminister William Sheridan.

Sonntag, der 17. Oktober 1999; 10. Tag   kalt, trocken, sonnig

Mir macht das Fehlen einer strategischen Perspektive der einzelnen Säulen/Organisationen von UNMIK hinsichtlich unserer Ziele im Kosovo zunehmend Sorge. Die Schwierigkeiten im Zusammenhang mit der Wiedereröffnung der Universität haben uns wie aus heiterem Himmel getroffen, obwohl sie doch hätten bekannt sein und weitreichende Konsequenzen haben müssen. Wir hätten sie viel früher angehen und dann wohl auch lösen können, wenn wir ausreichend darauf vorbereitet gewesen wären und entsprechend hätten planen können. Ich habe vor, die Dinge in Zukunft von uns aus aktiv anzupacken und nicht erst abzuwarten, was UNMIK vorhat. Ich will das, was auf uns zukommt, rechtzeitig beeinflussen anstatt nur – wie in der vergangenen Woche – kurzfristig darauf reagieren zu müssen.

Ich nutze daher den größten Teil des Tages, um mich mit allen meinen Generalen und Wendy Gilmore über die derzeitige Situation intensiv zu beraten, um die aufgetretenen und darüber hinaus die bereits bekannten Probleme zu analysieren und um gemeinsam nach einem besseren Ansatz für eine vorausschauende und konsolidierte Strategie für KFOR zu suchen. Wir stellen fest, wie erschreckend wenig wir im einzelnen wissen und wie sehr wir von den Informationen anderer abhängig sind. Unsere Befürchtungen während der Vorbereitungen in Heidelberg, ohne eigene Augenaufklärung im Land nicht ausreichend reaktionsfähig zu sein, hat sich bereits in den ersten zehn Tagen in erschreckender Weise bestätigt.

Wir brauchen bessere Informationen über die Interna im Land, wenn wir unserer gestalterischen Rolle gerecht werden wollen. Wir halten es dabei für wesentlich, unsere Anstrengungen mit UNMIK zu verbinden, ohne ihnen unsere Vorstellungen aufzuzwingen – sie machen ohnehin einen sehr zurückhaltenden Eindruck. Wir beschließen daher,

- unseren internen Informationsfluß und Erfahrungsaustausch ebenso zu verbessern wie den mit den verschiedenen Bereichen von UNMIK und den NGOs;
- eine eigene strategische Planungsgruppe aufzubauen, welche die langfristigen Ziele ausmachen, analysieren und in einen Meilensteinplan für deren praktische Realisierung umsetzen soll; diese Synchronisierungsmatrix muß eng mit UNMIK abgestimmt werden;
- mit den Planern von UNMIK, mit den nationalen politischen Repräsentanten (diese Repräsentanten sind zwar keine offiziellen Botschafter ihres Landes im Kosovo, nehmen diese Aufgabe de facto aber wahr) und mit Generalmajor Thomann von KFOR eine Koordinierungsgruppe auf höchster Ebene zu bilden, die sich einmal wöchentlich trifft, um alle erforderlichen Maßnahmen gemeinsam abzustimmen und vorausplanend festzulegen.

Es wird entscheidend sein, die Führung von UNMIK auf diesen Ansatz festzulegen, da wir nur gemeinsam erfolgreich sein werden. Dazu wird es erheblicher Überzeugungsarbeit bedürfen, da sich Diplomaten – so ihre eigene Aussage vor Ort – langfristiger Planung eher entziehen und mehr auf die Gunst der Stunde setzen wollen. Ich hoffe dennoch, Bernard Kouchner und Jock Covey auf unsere Seite ziehen zu können, nachdem uns die letzten Tage mehr als deutlich vor Augen geführt haben, daß wir wie bisher nicht mehr weitermachen können.

Einer der politischen Führer der serbischen Minderheit, Momčilo Trajković, hat heute in Banja Luka (Bosnien-Herzegowina) angekündigt, daß er ein „Serb Protection Corps" (Serbisches Schutzkorps) aufstellen will. Er sieht in dieser Organisation die serbische Antwort auf das KPC. Bernard Kouchner und ich werden ihn einbestellen und ihm klarmachen, daß wir einen derartigen Schritt in Richtung Kantonisierung nicht dulden. Wir werden bei dieser Gelegenheit unseren Vorschlag wiederholen, daß die Serben dem KPC beitreten können und sollen. General Clark informiert mich und bittet, wegen der möglichen Planung einer Verlegung des russischen Bataillons aus Orahovac in den Raum Kosovo Polje sehr zurückhaltend zu sein und keine Zusagen zu machen. Dies sei eine Frage von hoher politischer und strategischer Bedeutung. Er bestärkt mich darin, alles zu tun, um einer Kantonisierung der Serben im Kosovo gegenzusteuern und ein serbisches Schutzkorps zu verhindern. Am Abend bittet mich eine größere Gruppe osteuropäischer Journalisten, mit ihnen die Lage und die Zukunft des Kosovo zu diskutieren.

Montag, der 18. Oktober 1999; 11. Tag
warm bedeckt, ein nebliger Herbsttag

Mein Stellvertreter in Skopje, Generalmajor Bob Ruth, hat in den letzten Tagen aktive Kontakte zu den Regierungen in Mazedonien und in Albanien hergestellt. Ich verbringe daher den Tag damit, mich mit wichtigen Mitgliedern der Regierung Mazedoniens zu treffen; der Beauftragte des Generalsekretärs der NATO, Botschafter Hansjörg Eiff, Generalmajor Bob Ruth und Wendy Gilmore begleiten mich.

Ministerpräsident Ljubco Georgievski, ein sehr junger und intellektueller Politiker – er ist von Haus aus Schriftsteller – ist sehr freundlich und zuvorkommend. Er hebt hervor, daß seine Regierung die Streitkräfte von KFOR und der NATO auch über längere Zeit im Land willkommen heißen wird. Er ist jedoch besorgt, daß die Verhandlungen über infrastrukturelle Hilfen der NATO und der EU zu langsam voranschreiten. In diesem Zusammenhang begrüßt er den für den 25. Oktober angekündigten Besuch von NATO-Fachleuten, die diese Fragen vor Ort zusammen mit den Fachleuten der mazedonischen Regierung klären sollen.

Ich äußere dem Ministerpräsidenten gegenüber meine Sorge über die

Verzögerungen am Grenzübergang Blace zwischen Mazedonien und dem Kosovo. Ich weise mit Nachdruck darauf hin, daß die kommenden drei bis vier Wochen entscheidend dafür sein werden, ob wir die gesamte benötigte humanitäre Hilfe für das „Winterhilfsprogramm" in das Land bekommen, bevor noch der erste Schnee fällt. Ich empfehle in diesem Zusammenhang, daß alle Fahrzeuge, die humanitäre Güter transportieren, bereits im Bereich des „EUROTRANS"-Centers, das am Beginn des Zugangs zur Kačanik-Enge auf mazedonischer Seite liegt, mit Vorrang abgefertigt werden. Sie könnten dann in Kolonne durch den Grenzpunkt bei Blace geschleust werden, würden die dortigen Grenzkontrollen nicht blockieren und müßten dieselbe Priorität zugewiesen bekommen wie unsere KFOR-Fahrzeuge. Ministerpräsident Georgievski zeigt sich für diesen Vorschlag sehr offen und bittet uns, ihn mit seinen Fachleuten abzusprechen.

Ich greife daher das Thema beim anschließenden Gespräch mit dem mazedonischen Innenminister Trajanov erneut auf; er zeigt sich unserem Ansatz gegenüber sehr aufgeschlossen. Des weiteren kommen wir überein, unsere Anstrengungen zu bündeln, um das Schienennetz aus Mazedonien in das Kosovo für den gewerblichen wie den militärischen Schienenverkehr so schnell wie möglich zu öffnen. Das könnte das Aufkommen auf den Straßen in das Kosovo deutlich verringern.

Schließlich vereinbaren wir, mit den Behörden und Grenzsicherungskräften Mazedoniens enger als bisher zusammenzuarbeiten, um so die Überwachung der Grenze zwischen dem Kosovo und Mazedonien zu verbessern und den Waffen – wie Drogenschmuggel nachhaltiger zu unterbinden. Ich sage dem Innenminister zu, daß die amerikanisch geführte MNB (E) über Generalmajor Ruth direkte Verbindungen aufnehmen wird, um die erforderlichen Absprachen für eine gemeinsame Grenzüberwachung vorzunehmen. Ich beauftrage Generalmajor Ruth, eine ständige Arbeitsgruppe einzurichten und diese persönlich zu leiten.

Insgesamt bin ich mit dem Besuch in Skopje zufrieden: Wir haben menschlich einen „guten Draht" zueinander gefunden und sind sehr zuvorkommend behandelt worden. Wir konnten alle kritischen Punkte offen ansprechen. Es wird sich zeigen, ob die praktische Umsetzung hält, was wir abgesprochen haben. Es ist jedenfalls offensichtlich, daß die mazedonische Regierung sehr darum bemüht ist, sowohl die Stationierung unserer rückwärtigen Versorgungstruppen in Mazedonien wie auch die logistische Versorgung von KFOR im Kosovo über das Territorium Mazedoniens bestmöglich zu unterstützen. Die Expertise von Botschafter Eiff und die vorbereitenden Gespräche mit ihm sind „unbezahlbar". Eiff kennt alle handelnden Personen, er hat bei der mazedonischen Regierung ein enormes Prestige und ist in der Lage, sich in der Landessprache fließend auszudrücken. Ich bin sehr froh, mich auf ihn stützen zu können.

Die andere gute Nachricht des heutigen Tages ist, daß die Studenten Wort gehalten haben. Es gab bei der Eröffnung der Universitäten weder in Priština noch in Mitrovica Unruhen oder gar gewaltsame Demonstrationen, wie wir sie befürchtet hatten. Die Verhandlungen dauern an. Es gibt erste Anzeichen dafür, daß die serbischen Führer und Vertreter der Universität in Mitrovica bereit sind, sofort eine begrenzte Anzahl albanischer Studenten in Mitrovica zuzulassen. Die Anzahl dieser albanischen Studenten könnte später – nach einer Verbesserung der sehr begrenzten Infrastruktur der Fakultäten in Mitrovica – erweitert werden. Ich bin jedoch skeptisch, ob dieser Ansatz trägt. Wird er nicht doch wieder im letzten Moment durch die serbischen Hardliner zurückgedreht werden?

Heute hat es in der Innenstadt von Priština einen Mord an einem serbischen Bankier gegeben. Ich bin empört, äußere dies sehr unverblümt vor der Presse und erhöhe erneut unsere militärische Präsenz, da die Polizei aufgrund ihrer unzureichenden Zahl nur sehr begrenzt reaktionsfähig ist. Es gibt Anhaltspunkte dafür, daß eine unserer Militärpatrouillen den albanischen Mörder festgenommen hat. (Die forensische Untersuchung ist noch im Gange.) Das würde für die Serben ein äußerst positives Zeichen dafür sein, daß wir bei KFOR wirklich alles nur Mögliche tun, um ihre Sicherheit zu gewährleisten.

Am Nachmittag treffen sich einhundertzehn serbische Führer aus dem Kosovo in Gračanica, um ihre Aktivitäten mit UNMIK zu koordinieren. Sie geben als „Serbischer Nationalrat", der sich als Koordinierungsausschuß aller Serben im Kosovo versteht, eine Erklärung heraus. Darin beantragen sie die Genehmigung für ein „Serbisches Schutzkorps", da sie an die Umwandlung der UÇK in ein ziviles und

124

unpolitisches friedliches KPC nicht glauben. Für sie sei das KPC nur eine neue, andere Form der UÇK.

Bernard Kouchner und ich erklären sofort, daß wir ein „Serbisches Schutzkorps" nicht dulden. Wir fordern die Serben vielmehr auf, in das KPC einzutreten, das sich noch im frühesten Aufbaustadium befindet – also so zu verfahren, wie sie dies auch mit dem Polizeidienst des Kosovo getan haben.

Dienstag, der 19. Oktober 1999; 12. Tag

Dauerregen kalt,
überall tiefer Matsch

In den Bergen der erste Schnee, starker Regen und tiefer Morast hier im Lager: Es sieht schlimm aus! Ich habe eine sehr konstruktive und vorausschauende Besprechung mit meinen Brigadekommandeuren und Stabsabteilungsleitern KFOR. Wir erörtern die folgenden Themen.

• Wie kann die Sicherheit von Minderheiten, insbesondere der Serben, verbessert werden? Wir werden dazu unsere Kräfte deutlich umstrukturieren. Es wird erforderlich sein, Truppen in relativ ruhigen Gebieten auszudünnen und sie dort zu verstärken, wo Serben und Albaner Tür an Tür leben, d. h. insbesondere rund um Priština. Wir haben unser dortiges Kräftedispositiv durch die Stationierung der beiden schwedischen und norwegischen Bataillone gegenüber Anfang Oktober bereits verdreifacht, wir werden aber noch mehr in dieser Richtung tun.
• Wie sollen wir auf die neuerliche serbische Initiative von Gračanica reagieren? Wir beschließen, im Rahmen von „Information Operations" eine Gegenstrategie zu erarbeiten. Eine unserer wichtigsten Botschaften dabei muß sein, daß es uns gelungen ist, die bisher sehr hohe Gewaltkurve gegen die ethnischen Minderheiten deutlich abzuschwächen, und daß wir daran arbeiten, diese Kurve noch stärker herunterzufahren. In der letzten Woche war es im Vergleich zur vorangegangenen Woche extrem ruhig. Wir wollen den Serben und den anderen Minderheiten deutlich machen, daß KFOR sich sehr intensiv um ihren persönlichen Schutz kümmert und wir unsere Kräfte diesbezüglich gerade neu ordnen, um dem Gedanken des Minderheiten-

schutzes noch besser Rechnung zu tragen. Wir wollen sie überzeugen, daß KFOR ihre Sicherheit besser gewährleisten kann als ein eigenes Schutzkorps, das nur zu neuen Auseinandersetzungen führen würde.

- Wo könnten wir das ursprünglich für Orahovac vorgesehene russische Bataillon stationieren? Wir kommen überein, daß Kosovo Polje wegen der dort bereits sehr angespannten Lage mit Sicherheit der falsche Platz ist. Außerdem spricht sich jeder der Brigadekommandeure dagegen aus, in seinem Sektor Umstrukturierungen zugunsten der Russen vorzunehmen. Keine der möglicherweise betroffenen Nationen sei bereit, so ihre Argumentation, für eine eventuelle Umstationierung zusätzliche Mittel aufzubringen oder auf bisherige Kompetenzen zu verzichten. Alle wollen beim Status quo bleiben. Diese Grundposition wird auch aus Brüssel deutlich.

- Wie können wir die MNBs künftig bei der Erarbeitung und der Formulierung unserer strategischen Zielsetzung und bei deren Umsetzung besser beteiligen? Wir wollen sie in unsere strategische Arbeitsgruppe einbeziehen, da wir ihren Sachverstand vor Ort brauchen.

Die Kommandeure sind sehr davon angetan, in längeren Zeiträumen zu planen und die einzelnen Maßnahmen von KFOR – intern wie auch mit UNMIK – besser aufeinander abzustimmen. Sie bieten alle ihre Hilfe an und sind an einer künftig noch engeren Zusammenarbeit in diesen Fragen sehr interessiert.

Während meines allabendlichen Treffens mit Bernard Kouchner verständigen wir uns auf die Bildung einer „Long Term Strategy Working Group". Unser Vorschlag trifft damit glücklicherweise auf Interesse. Nun kommt es darauf an, diese Überlegungen sehr rasch mit konkreten Inhalten zu füllen. Generalmajor Thomann wird die Gruppe leiten und damit in der Lage sein, unsere Vorstellungen auf höchster Ebene unmittelbar einzubringen. Am späten Abend habe ich ein intensives und sehr grundlegendes Gespräch mit General Çeku, das Generalmajor Dr. Klaus Olshausen mit Wendy Gilmore gut vorbereitet hat. Es geht um

- Çekus Verantwortung als Kommandeur für das Verhalten seiner untergebenen Kommandeure;

- seine Teilnahme am Auswahlverfahren für künftige Mitglieder des KPC, insbesondere bei Führungsfunktionen;
- sein Ersuchen nach einem Ärmelabzeichen und einer eigenen Flagge für das KPC.

Çeku beklagt, daß er keinen gut funktionierenden Stab habe und er alles allein machen müsse. Militärische Stabsarbeit sei seinen Mitarbeitern weitgehend unbekannt. Ich biete ihm daher einen meiner erfahrenen britischen Oberstleutnante zunächst zeitlich begrenzt als Chef des Stabes an, damit dieser die Organisation des KPC erst einmal aufbauen und betreiben kann. Ich möchte mit dem „Ausleihen" eines Chefs des Stabes helfen, stelle damit aber gleichzeitig auch sicher, daß wir bei der weiteren Entwicklung des KPC unmittelbar und lenkend eingreifen können. Çeku greift mein Angebot bereitwillig auf, um die erheblichen organisatorischen Probleme beim Aufbau des KPC besser in den Griff zu bekommen.

Er bedankt sich für die sehr konstruktive und gute Arbeit von Klaus Olshausen beim Aufbau von Lehrgängen und bei der Schaffung von Arbeitsplätzen für künftige KPC-Mitglieder. Mehr als 1.000 Mann arbeiten derzeit oder in naher Zukunft im Wiederaufbau von Häusern und bei Aufräumarbeiten in der Landschaft. Im Kosovo scheinen die Flüsse bevorzugte Abstellplätze für Autowracks zu sein. Tausende alter und kaputter Schrotthaufen verschmutzen die Flüsse. Hier gibt es auf lange Sicht sehr lohnende Arbeit für Çekus Männer.

Einer eigenen Fahne für das KPC stimme ich nicht zu, wegen der Ärmelabzeichen bitte ich ihn um Vorschläge. Letztendlich mache ich Çeku persönlich für alles verantwortlich, was beim Aufbau des KPC und in den Reihen der möglichen KPC-Mitglieder geschieht. Çeku hält jedoch dagegen, daß er für die Männer nur sehr begrenzt verantwortlich gemacht werden könne, da er über sie bisher noch keine Disziplinarbefugnis habe. Als deren ehemaliger Vorgesetzter im Rahmen der UÇK würde er natürlich auf sie einwirken, volle Verantwortung übernähme er aber erst mit dem offiziellen Aufbau des KPC und der damit verbundenen formalen Unterstellung der künftigen Mitglieder. Ich akzeptiere das.

Morgen werden zum ersten Mal seit zehn Jahren albanische Studenten und ihre Professoren die akademischen Einrichtungen der Universität Mitrovica besuchen – die Serben haben zugestimmt.

Abendessen mit Bernard Kouchner.

Mittwoch, der 20. Oktober 1999; 13. Tag   kalt und trocken

Ich nehme erstmalig an der wöchentlichen Sitzung des Kosovo Transitional Council (KTC) teil. Leider wird der Rat nach wie vor von den Serben boykottiert. Allerdings gibt es einige Anzeichen dafür, daß sie über eine baldige Rückkehr nachdenken. Zu allem Überfluß hat sich nun auch noch Veton Surroi, der einflußreiche Herausgeber der gemäßigten albanischsprachigen Tageszeitung „Koha Ditore", dem Boykott angeschlossen. Anlaß war ein kürzlich erschienener negativer Presseartikel aus dem politischen Lager Thacis, in dem Surroi massiv angegriffen worden war.

Meine Botschaft für den Rat wendet sich in erster Linie an die Verantwortung der politischen Führer, die ich in die Pflicht nehme, dafür zu sorgen, daß die Demonstrationen im Land friedlich verlaufen. Die Vorstellung, Demonstrationen im Kosovo müßten grundsätzlich gewaltsam ablaufen, sei für mich nicht akzeptabel, und ich würde die Verantwortlichen dementsprechend zur Rechenschaft ziehen.

Ich gebe eine Analyse der derzeitigen Sicherheitslage und weise darauf hin, daß wir mit den beiden neuen schwedischen und norwegischen Bataillonen im Raum Kosovo Polje und um Priština herum unsere Truppenpräsenz gegenüber bisher verdreifacht hätten. Damit könnten wir die Sicherheit für die dort lebenden Minderheiten deutlich verbessern. Ich betone aber auch, daß ich Gewalt gegen serbische und die anderen Minderheiten ebenso wenig dulden werde wie gegen KFOR. Ich unterstreiche, daß wir unseren Druck in der Innenstadt von Priština als Folge der beiden Morde verstärkt haben, wofür ich allenthalben dankbare Zustimmung ernte.

Svend Frederiksen, der Police Commissioner, geht auf die noch viel zu hohe Gewaltkurve ein. Bezogen auf eine Bevölkerungszahl von einhunderttausend gäbe es im Kosovo eine Mordrate von 25. Im Vergleich dazu nennt er New York City mit einer vergleichbaren Mordrate von

10,5 und Moskau mit einer Rate von 30. Er bittet bei der Aufklärung von Verbrechen um bessere Mithilfe, da die UNMIK-Polizei nicht im luftleeren Raum arbeiten und ihre schwierige Aufgabe nicht ohne Hinweise aus der Bevölkerung bewältigen könne. Er weist darauf hin, daß es in der letzten Woche allein in Priština acht tödliche Autounfälle gegeben habe, da sich kaum einer an irgendwelche Bestimmungen einer Straßenverkehrsordnung halte.

Thaci fordert, die Universität in Mitrovica für alle zu öffnen. Die albanischen Studenten hätten ein Recht, dort zu studieren. Er verlangt die volle Bewegungsfreiheit aller Kosovaren in Nord-Mitrovica. Er schlägt vor, die unzureichende Infrastruktur der Universität von Mitrovica beschleunigt anzugehen und rasch zu verbessern, um sie allen Studenten zugänglich zu machen. Hajrizi, der stellvertretende Ministerpräsident in Thacis Übergangsregierung, unterstützt dieses Petitum und fordert UNMIK auf, zwischen den albanischen und den serbischen Studenten zu vermitteln. Es müsse vermieden werden, daß es zu einer Gettoisierung von Nord-Mitrovica komme. Kouchner sagt seine Vermittlung zu und verweist auf die Verhandlungen, die wir in diesem Sinn bisher geführt haben.

Jolly Dixon, der Leiter der EU-Säule im Rahmen von UNMIK, trägt zum Aufbau eines Telekommunikationssystems vor. Seine Planung sei, schrittweise das noch bestehende, aber stark zerstörte Telefonfestnetz bis zum Ende des Winters im ganzen Kosovo wieder aufzubauen. Parallel dazu werde bis zum Ende des Jahres 2000 ein mobiles Telefonnetz errichtet, über dessen Vergabekriterien aber noch eingehend beraten werden müsse. Das Grundproblem sei, daß es kein rein nationales System mit einer eigenen nationalen Vorwahl geben könne, da das Kosovo immer noch Teil des ehemaligen Jugoslawien sei. Am Ende der Sitzung des Rates treffe ich mich mit Dennis McNamara, dem Leiter des UNHCR. Seine Organisation hat entschieden, serbischen Flüchtlingen von einer Rückkehr in das Kosovo abzuraten. Der Grund dafür ist, daß man den rückkehrenden Serben keine Sicherheitsgarantie geben könne. Außerdem befürchtet McNamara, daß Milošević im Fall einer begrenzten Öffnung der Grenzen zum Kosovo gehalten sein könnte, die Flüchtlinge, die sich noch in den Lagern in Serbien befinden, zur Rückkehr zu zwingen. Ich stimme mit dieser Lagebeurteilung überhaupt nicht überein, da sie der serbischen Propaganda voll in die Hände spielt. Leider können McNamara und ich uns nicht einigen; wir vereinbaren, dieses Thema in den kommenden Tagen zu vertiefen.

Heute hat sich eine schwierige Lage im Zusammenhang mit dem Luftraum über dem Kosovo entwickelt. Belgrad hat die zivilen Luftlinien informiert, daß ihnen der Einflug in den Luftraum über dem Kosovo verboten sei, wenn er aus dem Luftraum von Mazedonien erfolgt. Diese Anweisung an die zivilen Fluggesellschaften stellt einen klaren Verstoß gegen das „Militärtechnische Abkommen" dar, das die Verantwortung für den Luftraum über dem Kosovo ausschließlich KFOR zuweist. Wir wenden uns sofort an die europäische Flugsicherheitsbehörde EUROCONTROL. Es scheint, daß die Sache in unserem Sinn geklärt wird. Bei der Abendbesprechung mit Bernard Kouchner berichtet er mir von seinen Schwierigkeiten, die UNO in New York von seinem Plan zu überzeugen, einen Gemeinsamen Exekutivrat als künftige Übergangsregierung für das Kosovo einzusetzen. Es scheint, daß man in New York einer Beteiligung der lokalen politischen Führer an einer gemeinsamen Regierung sehr skeptisch gegenübersteht. Ich unterstütze Kouchners Bemühungen, da eine konstruktive politische Arbeit und ein diesbezüglicher Regierungsaufbau nur mit der betroffenen Bevölkerung sinnvoll erscheint. Eine Administration, die ausschließlich von Angehörigen der UNMIK gestellt wird, könnte schnell als eine von außen aufgezwungene „Besatzer-Regierung" angesehen werden. Nur in einer gemeinsamen Regierung können die örtlichen politischen Führer in die Verantwortung genommen und am demokratischen Aufbau beteiligt werden.

Ich spreche Kouchner auf das Problem der beiden leistungsschwachen, unzuverlässigen und völlig überalterten Kraftwerke Kosovo A und B an – die einzigen im Land, die zählen. Wir sitzen hier auf einer tickenden Zeitbombe, und es muß schon in naher Zukunft eine tragfähige Lösung gefunden werden. Wenn hier wie bisher weitergewurstelt wird, ist das Kosovo noch vor Mitte November ohne Strom und damit auch ohne Wasser und ohne Heizung. Das könnte sehr schnell zu Unruhen in der Bevölkerung führen. Der Betrieb der Kraftwerke liegt zwar nicht in der Zuständigkeit von KFOR, sondern eindeutig im Verantwortungsbereich von UNMIK, aber KFOR, d. h. die mir anvertrauten Soldaten, wären davon unmittelbar betroffen. Sollte die Bevölkerung ihre Unzufriedenheit auf die Straße tragen, und erste Warnungen in diese Richtung gibt es bereits, dann dürften mit Sicherheit die Soldaten von KFOR als die für jedermann erkennbaren Repräsentanten der Internationalen Gemeinschaft erste Zielscheibe dieses Unmuts werden. Bei Dunkelheit würde die Kriminalität steigen, die Kälte würde die Menschen auf die Straße treiben, die ohnehin unzureichende medizinische Versorgung könnte zusammenbrechen – alles Negativfaktoren, die mir durch den Kopf gehen und die wir unbedingt abwenden müssen. Ich habe den Eindruck, daß UNMIK mit diesen beiden Kraftwerken überfordert ist, auch wenn Bernard Kouchner mir verspricht, sich der Sache anzunehmen.

Am Spätnachmittag besucht uns der Verteidigungsminister Portugals, Julio de Castro Caldas. Er äußert sich sehr wohlwollend über den Einsatz von KFOR und will sich intensiv informieren, da Portugal ab dem Jahr 2000 die Präsidentschaft in der Europäischen Gemeinschaft übernimmt. Ich nehme mir daher viel Zeit und bitte den Minister, die Kräfte des portugiesischen Fallschirmjäger-Bataillons nicht zu reduzieren, da ich von seinen Soldaten einen guten Eindruck hätte und wir im Kosovo mehr Männer dieser Qualität benötigten.

Donnerstag, der 21. Oktober 1999; 14. Tag   naß, grau, nebelig

Ich treffe mich mit Blerim Shala, einem Einflußreichen örtlichen Journalisten und früheren Studentenführer in Belgrad. Shala ist dreißig, Chefherausgeber der liberalen Zeitung „Zeri". Er hat länger im Ausland gelebt, ist sehr klug und aufgeschlossen, spricht fließend englisch. Mit seinem umfassend geschulten Intellekt und in dem sichtbaren Bestreben, für ein multiethnisches Kosovo einzutreten, könnte er zu einer der künftigen Schlüsselfiguren im Kosovo werden. Wir haben eine offene und freie Diskussion über den Auftrag der KFOR, und seine Ansichten sind für mich erfrischend undiplomatisch und direkt. Shala ist sehr besorgt über das serbische Streben nach Kantonisierung.

Eine weitere Besprechung bringt mich mit dem Führer der Türken im Kosovo, Sezair Shaipi, zusammen. Er warnt davor, die UÇK für alle

131

Verstöße verantwortlich zu machen. Er sieht darin vielmehr Handlungen von Jugendlichen; viele junge Leute im Kosovo seien einfach außer Kontrolle geraten. Er unternimmt große Anstrengungen, um die Türken in die kosovo-albanische Gesellschaft zu integrieren – ohne dabei jedoch die eigene ethnische Identität riskieren zu wollen. Er zeigt sich mit dem Status der türkischen Minderheit zufrieden und bedankt sich für die konstruktive Unterstützung seiner Landsleute durch KFOR.

Es folgt völlig überraschend ein Treffen mit dem bulligen und polternden Verteidigungsminister der Ukraine, General Aleksander Kuzmuk, einem Schrank von einem Mann mit großem Schnauzbart und festem Händedruck. Er kommt – im Gegensatz zu mir – gut vorbereitet zu dieser Begegnung und stellt einige sehr stark ins Detail gehende sowie äußerst politische Fragen bezüglich der Dislozierung der ukrainischen Kräfte. In der Tat sind die ukrainischen Kräfte sowohl im Kosovo als auch in Mazedonien stationiert, jedoch auf der Basis eines Abkommens mit den USA, wovon zwar der NATO-Rat weiß, wovon aber wir bei KFOR nicht die geringste Ahnung hatten. Entsprechend hinhaltend und ungenau sind auch meine Antworten, weil ich mir natürlich keine Blöße geben möchte. Kuzmuk bietet für den kommenden Kontingentwechsel anstelle des bisherigen polnischen Bataillons ein gemischtes polnisch-ukrainisches Bataillon an. Wir diskutieren im einzelnen die dafür erforderliche Ausbildung und Ausrüstung. Ich bin dankbar, daß er KFOR weiterhin die ukrainische Hubschrauberstaffel für Verbindungs- und Transportaufgaben anbietet. Wir trennen uns in guter Freundschaft. Ich rufe aber anschließend SACEUR an und bitte um sofortige Information über alle bilateralen Abkommen, die eine Stationierung von fremden Truppenteilen im Rahmen von KFOR beinhalten. Außerdem suche ich mit Wendy Gilmore nach Möglichkeiten, die Verbindung zwischen KFOR und SHAPE auf der Ebene der politischen Informationen enger zu knüpfen.

General Evtukovič, der Führer der russischen Truppen, meldet sich stolz mit neuem Dienstgrad als Generalleutnant. Ich gratuliere ihm und nutze die Gelegenheit, mich nach der Lage des russischen Kontingents zu erkundigen. Evtukovič äußert sich sehr zufrieden und meint, daß sich seine Männer im Rahmen von KFOR gut aufgehoben fühlen.

Am Nachmittag wird am albanischen Grenzübergang Kukës ein

Geldtransport überfallen, zwei albanische Polizisten werden dabei erschossen. Nach ersten Angaben ist das Verbrechen von albanischen Kollegen, also von albanischen Polizisten, ausgeführt worden. So viel zum Vertrauen in die örtlichen Sicherheitskräfte.

Eine französische Patrouille verfährt sich und landet unfreiwillig in der Sicherheitszone. Die französischen Soldaten werden von der serbischen Polizei festgenommen und am Abend wieder ausgeliefert, das Fahrzeug und die Waffen werden jedoch konfisziert. Der Führer der Patrouille wird noch in der gleichen Nacht nach Frankreich heimgeflogen.

Spät am Abend treffe ich mich mit Tom Koenigs, der ein härteres Vorgehen gegen die Verbrecher fordert. Wir kommen überein, die Kräfte seiner UNMIK-Polizei und von KFOR noch stärker zu bündeln. Er unterstützt nachhaltig meine Forderung nach einer gemeinsamen Langzeit-Strategie, um die Maßnahmen von UNMIK und KFOR gezielter auf die erkannten Erfordernisse hin auszurichten.

Generalmajor Thomann legt seinen Bericht über die Überprüfung der Grenzübergänge vor. Er ist generell zufrieden, überrascht mich aber mit dem Hinweis, daß die Checkpoints im amerikanischen Sektor nur an den Hauptstraßen innerhalb des Kosovo – etwa vier Kilometer von der Grenzlinie zur entmilitarisierten Sicherheitszone entfernt – liegen. Ich frage mich, wie sie damit die Grenze zum Presevo-Tal überwachen wollen. Wahrscheinlich ist es Absicht der Amerikaner, eine mögliche direkte Konfrontation mit den Serben in der Sicherheitszone zu vermeiden. Ich muß mir dies selbst ansehen, denn diese Art der Grenzüberwachung scheint mir nicht angemessen zu sein.

Ich hatte ein zusätzliches Treffen mit Numan Balić, der die rund 50.000 Bosniaken im Land vertritt und mehr kulturelle Selbständigkeit verlangt.

Freitag, der 22. Oktober 1999; 15. Tag   regnerisch, naß, kalt

Dies wird ein wichtiger Tag. Nach kurzem „duschen" mit eiskaltem Wasser aus den Wasserflaschen auf glitschigem Holzrost hinter einer Zeltplane und nach einer Banane als Frühstück – die Küche schläft zu dieser Zeit noch – marschiere ich durch den tiefen Schlamm in unsere im Keller liegende Operationszentrale, um mich über das, was in der Nacht gelaufen ist, kurz zu informieren. Die Jungs, die Nachtschicht haben, bieten mir einen Kaffee und ein paar Kekse an.

Der gesamte heutige Tag gilt dem Besuch des NATO-Rates (NAC), der mit allen seinen Botschaftern sowie dem Chairman des Military Committee, Admiral Guido Venturoni, und dem SACEUR angereist ist, um sich vor Ort über die Lage im Kosovo aus erster Hand zu informieren. Da das sehr schlechte Wetter den geplanten Hubschrauberflug von Skopje nach Priština aus Sicherheitsgründen nicht erlaubt, fahre ich um 04.30 Uhr mit dem Auto nach Mazedonien ab, um unsere Besucher dort rechtzeitig abzuholen.

Nach kurzer Begrüßung wird die ganze Gruppe in einen Bus geladen, während NATO-Generalsekretär Lord George Robertson und der SACEUR zu mir in den gepanzerten Mercedes-Geländewagen steigen. Die zweistündige Fahrt gibt mir ausreichend Gelegenheit, beiden Herren die Problematik des sehr restriktiven Grenzübergangs bei Blace sichtbar vor Augen zu führen. Ich habe zunächst erhebliche Probleme, die Fragen von Lord Robertson überhaupt zu verstehen und zweifle zunehmend an meinen englischen Sprachkenntnissen, da ich den sehr ausgeprägten schottischen Akzent des Generalsekretärs anfangs einfach nicht verstehe. Aber ich gewöhne mich daran und nutze dieses mir sehr willkommene Privatissimum, um über die Probleme der mangelnden Finanzen, der politischen Auseinandersetzungen zwischen den ethnischen Gruppen sowie intern unter den albanischen und unter den serbischen Politikern, über die Kraftwerke Kosovo A und B, über den Trepča-Bergwerkkomplex, über die Russen, über Orahovac und Mitrovica sowie über den Stand der Aufstellung des Kosovo Protection Corps eingehend vorab zu informieren.

Um 12.00 Uhr beginnt der Besuch mit einem gemeinsamen Gespräch mit allen wichtigen politischen Führern im Kosovo, das in der Argumentation fast identisch abläuft wie das mit Kofi Annan. Alle Politiker äußern, daß sie zusammenarbeiten wollen, jede Seite schiebt die Schuld für die derzeitige Misere der anderen Gruppe zu.

Lord Robertson findet sehr klare und starke Worte gegen die anhaltende Gewalt. Er fordert die politischen Führer zur engeren Zusammenarbeit auf und empfiehlt, die Zukunft gemeinsam zu gestalten. In einer kurzen Pressekonferenz warnt er die Kosovo-Albaner: „Die NATO hat im März dieses Jahres interveniert, um Milošević zu stoppen, ein Kosovo mit nur einer ethnischen Volksgruppe zu schaffen. Die NATO wird aber auch nicht zusehen, wenn nun ein Kosovo mit ausschließlich einer anderen ethnischen Gruppe geschaffen werden soll." Er verweist darauf, daß die Internationale Gemeinschaft der Gewalt gegen die Serben nicht tatenlos zusehen werde und der Geduldsfaden sehr „dünn" geworden sei.

Ich trage anschließend in Anwesenheit aller meiner Brigadekommandeure und Generale meines Stabes in zwanzig Minuten meine Lagebeurteilung vor, an die sich Bernard Kouchners Ausführungen anschließen. Wir sind in den Grundaussagen absolut identisch: Wir fordern ausreichende finanzielle Mittel, um die Menschen, die im öffentlichen Dienst arbeiten, mit einem Minimum zu bezahlen. Wir weisen auf die Problematik hin, daß die für den Aufbau des Kosovo Protection Corps zugesagten Mittel bisher ausgeblieben sind, wir erläutern die Problematik der Trepča-Werke in Verbindung mit der Situation in Mitrovica, wir legen die Lage in Orahovac und des russischen Kontingents sowie unsere Sorge über einen möglichen Zusammenbruch der Kraftwerke Kosovo A und B dar. Dabei warnen wir vor den sich daraus möglicherweise ergebenden Konsequenzen für die Versorgungslage des Kosovo. Unser Gesamttenor ist – unter der Voraussetzung, daß wir die erforderlichen Mittel auch wirklich bekommen – verhalten optimistisch.

Wir stellen dem NAC anschließend General Çeku vor, der alle Fragen nach dem KPC geschickt und überzeugend beantwortet. Ein gemeinsames, im Stehen eingenommenes „working lunch", für das wir von allen nationalen Kontingenten einen Offizier, einen Unteroffizier und einen Mannschaftsdienstgrad plus die Führer der russischen Delegation eingeladen haben, gibt den Herren breite Möglichkeit, mit „ihren" Leuten zu sprechen und sich unabhängig von unseren Kurzvorträgen im Gespräch mit den Soldaten ihrer Nation ein eigenes Bild zu machen.

Und schon geht es wieder zurück in den Bus, da noch vor Anbruch der Dunkelheit in Skopje gestartet werden muß. Die Rückreise ist total verkorkst, weil die Straße hinter Kačanik Richtung Blace ein total verstopftes Chaos ist und die Busse vorerst einmal nicht mehr durchkommen. Unsere italienischen Carabinieri und unsere griechischen Militärpolizisten sind hervorragend und kämpfen die Straße Meter für Meter frei. Ich nutze zusammen mit Wendy Gilmore die langen Wartezeiten im Bus, um wie ein Reiseführer alle noch offen gebliebenen Fragen unserer Gäste eingehend zu beantworten. So können wir letztlich doch jedes unserer Themen in großer Breite ansprechen.

Trotz der Verspätung reicht die Zeit noch für den vorgesehenen Besuch von Lord Robertson beim mazedonischen Ministerpräsidenten Georgievski; mit ihm spricht er alle Themen an, die für uns relevant sind. Es ist faszinierend, wie Lord Robertson alle die Punkte, die wir angesprochen haben, „draufhat" und im Gespräch mit den mazedonischen Regierungsvertretern optimal umsetzt. Georgievski sichert dem NATO-Generalsekretär auch weiterhin die Unterstützung der mazedonischen Regierung zu. Nach einer sehr kurzen Pressekonferenz geht es mit Blaulicht zum Flughafen. Bei der Verabschiedung äußern sich die NATO-Botschafter, Lord Robertson und General Clark sehr zufrieden über Art und Durchführung des Besuches. Sie alle haben die Information bekommen, die sie sich erwünscht hatten. Ich hoffe, daß dies das Verständnis in Brüssel für unsere Arbeit hier vor Ort erleichtern wird.

Nach Abflug der Maschine fasse ich die Carabinieri des Begleitkommandos und die Männer meiner Protokollabteilung zusammen und danke ihnen für ihre exzellente Arbeit. Jeder bekommt als meinen persönlichen Dank meine COMKFOR-Medaille. Ich bin froh, daß dieser hochrangige und für unsere weitere Arbeit so enorm wichtige Besuch trotz aller Randschwierigkeiten gut gelaufen ist. Der Rückweg in das Kosovo ist wegen Verstopfung der Straße bis auf weiteres total unmöglich. Ich komme nicht mehr heim und übernachte daher mit meinem Team im rückwärtigen Hauptquartier in Skopje. Nach einem Tag, der mich 21 Stunden auf den Beinen gehalten hat, falle ich todmüde auf das Feldbett und bin sofort weg.

Samstag, der 23. Oktober 1999; 16. Tag   neblig, naß

Der Grenzübergang bei Blace ist immer noch gesperrt, der Rückflug wegen des desolaten Wetters nicht möglich. Wir müssen daher über Tetovo und den Paß bei Jažince zurückkehren – eine zeitraubende Operation, denn es geht über ganz miese Straßen.

Nach der Rückkehr in das Kosovo besuche ich Bischof Artemije im Kloster Gračanica. Es ist nicht das erste Mal, daß wir im kleinen Kreis zusammenkommen, denn wir hatten uns bereits vorher kennen gelernt. Bischof Artemije kämpft hart und unerbittlich für seine Sache. Sein wichtigster Berater und Dolmetscher ist Vater Sava, der mehrere Sprachen fließend spricht, darunter auch Deutsch, und der ein Meister in der Nutzung moderner Computertechnik und aggressiver Öffentlichkeitsarbeit ist. Er wird daher auch der „Cyber-Mönch" genannt. Der Besuch ist nur kurz, aber wichtig.

Einleitend begrüßt mich der Bischof mit massiven Vorwürfen: „Es ist das dritte Mal in diesem Jahrhundert, daß ein deutscher General nach Jugoslawien gekommen ist, um die Serben zu überfallen und um uns wirtschaftlich auszubeuten." Ich bin sehr erstaunt über diesen Angriff und stelle mich auf eine harte Diskussion ein. Ich halte entgegen, daß es Aufgabe von KFOR sei, gerade die Minderheiten zu schützen. Wir seien die einzige Macht im Lande, die für die Serben eintreten würde. Ich erläutere ihm die Umstrukturierung meiner Streitkräfte speziell zu dem Zweck, die Serben künftig besser schützen zu können. Es ist aber offensichtlich, daß es noch erheblicher Anstrengungen bedarf, um Bischof Artemije und seine serbischen Freunde, die sich – einschließlich Momčilo Trajković – in Gračanica zu dieser Unterredung eingefunden haben, von meinen redlichen Absichten zu überzeugen. Das kann letztlich nur durch Taten und nicht durch Worte geschehen. Ich werde viel Geduld benötigen.

Bischof Artemije hatte mir geschrieben, daß er sich um eine Reihe serbisch-orthodoxer Kirchen und Klöster große Sorge mache, da sie in den vergangenen Monaten von albanischen Extremisten beschädigt worden seien (nach seiner Aussage betrifft dies insgesamt siebzig orthodoxe Gotteshäuser). Ich versichere ihm, daß wir alles in unserer Macht Stehende tun werden, um zu verhindern, daß diese Art des Vandalismus weitergeht. Ich sage ihm im Rahmen unserer Möglichkeiten Hilfe beim Wiederaufbau zu und schenke ihm zum Abschied zwei CDs mit Messen von Joseph Haydn, eine Geste, die ihn sichtlich bewegt. In einer positiveren Tonart als zu Beginn unserer Unterredung bedankt sich der Bischof Artemije bei der KFOR für die Bewachung einiger der wichtigeren Klöster einschließlich Gračanicas.

Aus Anlaß des Nationalfeiertages der Ungarn besuche ich das ungarische Kontingent. Das ungarische Infanterie-Bataillon ist für die Bewachung unseres Hauptquartiers verantwortlich. Ich bin beeindruckt vom guten Auftreten und der Professionalität dieser Soldaten. Die Männer sind ausschließlich Freiwillige und sehr stolz auf ihren Beitrag im Rahmen von KFOR.

Spät am Abend nehme ich im UNMIK-Gebäude an der Fortsetzung unserer Besprechung mit den serbischen Vertretern aus Mitrovica teil. Es ist frustrierend, daß jede neue Besprechung nicht etwa dort beginnt, wo die vorhergehende geendet hat, sondern daß die Teilnehmer geradezu gebetsmühlenartig erneut die Historie bemühen, um die andere Seite wegen der anstehenden Misere zu beschuldigen und sich reinzuwaschen.

Oliver Ivanović macht klar, daß es nicht zu einer Immatrikulation albanischer Studenten in Nord-Mitrovica kommen könne, da man sich von diesen fünf Studenten und zwei Professoren „bedroht" fühle; diese seien nur die Vorhut einer größeren Gruppe, die man aus Sicherheitsgründen ablehnen müsse. Sein Kollege Dinkić geht sogar noch weiter: In den letzten zehn Jahren hätte kein albanischer Student in Mitrovica studieren können; warum soll dies nun geändert werden, warum diese Eile? Er fordert, die universitären Einrichtungen durch UNMIK technisch und infrastrukturell zu verbessern, aber nur für serbische Studenten. Antoniević, einer der beiden Ingenieure, behauptet sogar, daß die Albaner so viel Übles begangen hätten, daß es für ein multiethnisches Zusammenleben noch viel zu früh sei.

Mir platzt der Kragen und ich frage, ob sie vergessen hätten, daß es die Serben gewesen seien, die in den letzten neun Jahren vier Kriege vom Zaun gebrochen und unglaubliches Leid über die Völker des ehemaligen Jugoslawien gebracht hätten? Ich erkläre den Serben, daß ich ihre permanenten Anschuldigungen satt hätte und daß ich es leid sei,

138

meine wenige Zeit damit zu vergeuden, mir wieder und wieder ihre Litaneien anhören zu müssen. Ich verbitte mir auch die permanenten Vorwürfe gegen die Soldaten von KFOR, die für den Schutz der Serben nicht genügend tun würden. Ich fordere sie dagegen auf, gemeinsam mit uns nach vorn zu schauen und konstruktive Vorschläge sowie Lösungen in unsere Besprechungen einzubringen. Mit Obstruktion und Vorwürfen allein würden wir niemals vorankommen. Die Serben gehen im offiziellen Teil der Unterredung auf meine Vohalte nicht ein, erklären mir aber beim Auseinandergehen, daß sie beide sehr wohl verstanden hätten. Sie würden sich in Zukunft auf die Punkte konzentrieren, die wir gemeinsam lösen könnten.

Ich habe anschließend noch eine Besprechung mit Bernard Kouchner, in der wir über das Problem der Finanzierung des Haushalts für das Kosovo sprechen. Kouchner hat nach wie vor keine Gelder für das Bildungswesen oder für das KPC (etwa für Löhne, Infrastruktur, Verpflegung). Nach unseren derzeitigen Berechnungen gehen UNMIK am 10. Dezember 1999 die Gelder aus. Die einzige Lösung, die wir derzeit sehen, besteht darin, die bürokratischen Wege zu umgehen und die Nationen direkt um Unterstützung anzugehen. Ich beabsichtige, über die nationalen Vertreter meines Stabes die Hauptstädte diesbezüglich unmittelbar anzuschreiben. Die Dinge haben ein so kritisches Stadium erreicht, daß Kouchner mit dem Rücktritt drohen könnte, wenn die zugesagten Mittel nicht endlich fließen.

Ich befürchte, daß die Haushaltslage von UNMIK einen derart desolaten Zustand erreicht hat, daß dies, sofern das Defizit in den kommenden vier bis fünf Wochen nicht behoben wird, zu einem totalen Zusammenbruch der gesamten offiziellen Verwaltung führen könnte. Dann bestünde sehr real die Gefahr, daß die Menschen auf die Straße gehen und uns als „ineffektive Besatzertruppe" angreifen könnten. Mit weiteren leeren Zusagen und Versprechungen ist es nicht mehr getan. Das haben wir gestern auch dem NAC sehr unverblümt deutlich gemacht.

Kurz vor dem Abendessen treffen 22 Journalisten aus Mazedonien ein, die mit mir die Gesamtlage im Kosovo und in Mazedonien diskutieren und Interviews haben wollen.

Sonntag, der 24. Oktober 1999; 17. Tag   kalt, matschig

Wir haben eindeutige Anzeichen dafür, daß das KPC mit Geldern von Dr. Bukoshi, dem Ministerpräsidenten der „Schattenregierung" Rugovas, mitfinanziert wird. Dies ist die Konsequenz aus der Tatsache, daß die Internationale Gemeinschaft ihren Zusagen hinsichtlich der finanziellen Mittel für das KPC nicht nachkommt, Çeku für den Unterhalt seiner Männer und deren Familien aber Geld braucht. Dies ist aber auch die Erkenntnis über einen ersten Versuch einer politischen Gruppierung, mit Hilfe finanzieller Mittel Einfluß auf das KPC zu erhalten. Dieses Vorgehen werden wir nur dadurch verhindern können, daß wir es endlich schaffen, das KPC aus eigenen Mitteln zu finanzieren.

Es stellt sich der neue französische Missionschef, Monsieur Jacques Sturm, vor. Er spricht fließend deutsch, war lange in Deutschland tätig und zeigt sich sehr kompetent. Ich werde mit ihm gut auskommen.

Ich führe am Nachmittag für mehrere Stunden eine unangekündigte Dienstaufsicht im Verantwortungsbereich der MNB (N) durch, um mir selber ein Bild von der Lage in Mitrovica zu machen. Zu Fuß und im Fahrzeug erkunde ich den gesamten Nordteil der Stadt, so auch die Brennpunkte an der Brücke, das Krankenhaus, die Universität und den nördlichen Vorort Zvečan, in dem sich eine der Produktionsfabriken des Trepča-Komplexes befindet. Im Vergleich zum südlichen Teil der Stadt, der pulsierendes Leben zeigt, in dem die albanischen Händler auf dem Markt hohe Umsätze machen, wo wild kurvende Autos das Straßenbild beherrschen und die Menschen in den Cafés sitzen, ist Nord-Mitrovica eine tote Stadt. Man sieht kaum Leute, die Geschäfte sind zu, die Autos sind mit Masse Militärfahrzeuge der französischen und der dänischen Soldaten. Ich sehe mir französische Scharfschützenstellungen an, laufe mit einer französischen Patrouille zu Fuß quer durch die Stadt und inspiziere alle ortsfesten wie beweglichen Checkpoints. Mein Eindruck ist, daß die Soldaten die Stadt voll unter Kontrolle haben, sie an den beiden Brücken aber zu stark abriegeln. Dennoch ist der Verkehr über die Brücken – insbesondere der zu Fuß – deutlich stärker, als ich dies allen bisherigen Schilderungen nach erwartet hatte. Die Franzosen sprechen von rund zweitausend Menschen, die täglich über die beiden Brücken in den anderen Teil der Stadt wechseln.

Ich sehe mir die Universität in Nord-Mitrovica an. Das Gebäude ist in einem erbärmlichen Zustand. Die technischen Einrichtungen sind völlig veraltet und heruntergekommen, mehr als ca. 150 Personen können hier ohnehin nicht studieren. Vor einem sehr verwahrlosten Studentenwohnheim komme ich mit ein paar serbischen Studenten ins Gespräch, die darauf warten, daß der Betrieb an der Universität endlich aufgenommen wird. Sie alle wissen, wer ich bin, drängen sich um mich herum und wollen wissen, wie es weitergehen soll. Sie haben nichts gegen die Teilnahme albanischer Studenten und sind durchaus bereit, sich mit ihnen zu treffen.

Wir spielen ein bißchen Basketball zusammen, sie in T-Shirts, ich in voller „Kriegsbemalung". Diese Jungs sind nicht anders als unsere Studenten, sie wollen studieren und hoffen angesichts der eher trostlosen Umgebung auf Unterstützung von außen. Milošević ist ein Name, den man hier besser nicht erwähnt, da er sofort zu negativen Reaktionen führt. Diese Studenten wissen, wer für ihre Misere verantwortlich ist. Wir verabschieden uns in aller Freundschaft.

Der interessanteste Besuch des Tages ist der im Krankenhaus von Mitrovica, das ich mir zunächst von außen ansehe. Hier ist ein französischer Administrator, Monsieur Cremieu, eingesetzt, er führt mich herum. Ich werde sehr rasch von einer serbischen Krankenschwester erkannt und in das Krankenhaus gebeten, um mir die Einrichtung anzusehen.

Das gesamte Krankenhaus hat Dritte-Welt-Standard. Es ist völlig heruntergekommen. Einige der Doktoren, so auch die Oberärzte der Chirurgie, bieten mir Kaffee und Slibowitz an. Wir kommen schnell ins Gespräch. Einer der Wortführer ist Dr. Jaksić, den ich schon von unseren abendlichen Gesprächen im UNMIK-Gebäude her kenne. Daneben macht Dr. Janković, der Chefarzt der Chirurgie, einen guten Eindruck auf mich. Er erzählt mir in Russisch, wie sehr sich das medizinische Personal des Krankenhauses vor der eher militanten Führung der Krankenhaus-Verwaltung fürchte. Die Verwaltung habe die Albaner herausgeworfen. Die Ärzte bitten mich, den albanischen Kollegen, mit denen sie über die Jahre kollegial zusammengearbeitet hätten, bei ihrer Rückkehr zu helfen. Mir scheinen diese Doktoren ehrlich zu sein; sie wußten mit Sicherheit nicht, daß ich sie besuchen würde. Sie bitten mich, noch einmal und dann mit mehr Zeit vorbeizuschauen, damit sie mir das Krankenhaus näher zeigen könnten. Ich erkläre ihnen, daß mein Interesse ausschließlich einem multiethnischen Krankenhaus gelte. Ich weise sie darauf hin, daß die finanziellen Hilfen, die ihnen von der EU versprochen worden waren, nur dann fließen würden, wenn sie das Krankenhaus für die Albaner wieder zugänglich machten.

Es ist schon eine sehr seltsame Atmosphäre, in der wir gemeinsam diskutieren und Kaffee trinken. Die Serben sind überrascht, daß ich es „wage", in „ihr" Krankenhaus zu kommen. Dies ist letztlich das Dilemma: KFOR und UNMIK haben bereits im Juni die Stadt de facto geteilt und damit den Serben alle Argumente an die Hand gegeben, sich vom Süden abzukapseln. Für mich ist es aber unabdingbar, daß ich nach einer Lösung suche, die eine Zementierung der bisherigen Teilung verhindert und eine Wiederannäherung der beiden verfeindeten Stadtteile ermöglicht.

In diesem Zusammenhang habe ich ein eingehendes Gespräch mit Brigadegeneral Poncet, der mich auf meiner Runde durch Mitrovica begleitet; ich fordere ihn nachdrücklich auf, die Schranken zwischen den beiden Stadtteilen abzubauen, die Barrikaden von den Brücken wegzunehmen und für mehr Durchlässigkeit in beide Richtungen zu sorgen. Poncet versteht sehr wohl, was ich vorhabe, aber auch er weist mich auf die damit verbundenen Sicherheitsrisiken hin. Eine Öffnung würde es beiden ethnischen Gruppen ermöglichen, mit Gewalt aufeinander loszugehen. Ich bin durchaus gewillt, dieses Risiko zu tragen, um einer Verhärtung der Situation entgegenzutreten, gewinne aber zunehmend den Eindruck, daß Poncet unter klarer politischer Anweisung steht, das Risiko einer Auseinandersetzung mit allen Mitteln zu verhindern. Daher die strikte Trennung der ethnischen Gruppen voneinander.

Hier werde ich nur über die politische Ebene weiterkommen und bitte daher den SACEUR wie auch Bernard Kouchner um diesbezügliche Hilfe. Kouchner ist für eine eindeutig härtere Gangart der Franzosen. Außerdem beabsichtige ich, die Präsenz von KFOR in Nord-Mitrovica stärker zu internationalisieren, um den französischen Soldaten die Bürde der alleinigen Verantwortung für die verfahrene Situation zu nehmen. Ich weise den Stab an, zu prüfen, ob und wie schnell wir mit

142

Truppenteilen anderer Nationen wie z.B. den Norwegern, Finnen, Schweden, Briten, Italienern und Spaniern, die alle in relativer Nähe stationiert sind, die Präsenz von KFOR in Mitrovica auf eine breitere multinationale Basis stellen können.

Heute gab es in Gračanica ein zweites Treffen der serbischen Führer; wir haben aber noch keine Informationen über Ergebnisse.

Montag, der 25. Oktober 1999; 18. Tag   Sonne, mild

Im 18. und im 19. Stockwerk des Medienhochhauses Rilindja befinden sich zwei unabhängige, multiethnische Radiostationen, „Radio 21" und „Contact Radio", denen ich nacheinander Interviews gebe. Das Gebäude neben dem Fußballstadion ist total verdreckt; der Aufzug funktioniert nicht, eine gute sportliche Betätigung für einen Gebirgsjäger. Es bietet sich mir die ideale Gelegenheit, den Auftrag der KFOR einem breiten Publikum zu erläutern, für Toleranz und gewaltloses Zusammenleben zu plädieren und um Vertrauen zu werben. Der multiethnische Aufbau dieser Organisationen ist wohltuend; diese Journalisten setzen in Sendebeiträgen in verschiedenen Sprachen wirklich um, wovon sie reden. Die Seele des „Contact Radio" ist die kluge und charmante Serbin Sonja Nikulić; sie ist mit einem Albaner verheiratet und tritt mit ihrer ganzen Persönlichkeit für mehr multiethnische Gemeinsamkeiten ein. Ich will sie in ihrem Ansatz, der viel zu wenig verbreitet ist, ebenso unterstützen wie Aferdita Kelmendi, die zusammen mit ihrem Mann Eugen „Radio 21" aufgebaut hat. Ein drittes Interview läuft über unser eigenes „Radio Galaxia", das bei den jungen Leuten sehr hohe Einschaltquoten hat und in albanischer wie serbischer Sprache sendet.

Unser Einschreiten gegen die Erklärung von Gračanica hinsichtlich der Forderung nach Aufbau eines eigenen serbischen Schutzkorps hat Wirkung gezeigt. Bischof Artemije hat Wort gehalten: In der gestrigen Erklärung von Gračanica steht nichts mehr von einem „Serbischen Schutzkorps" oder von einer serbischen Kantonisierung. Die Teilnehmer unterstrichen, daß alle von ihnen sonst geforderten Maßnahmen des Serbischen Nationalrats im Einklang mit UNSCR1244 stehen. Ich bin der Meinung, daß wir mit diesem Papier übereinstimmen können, dessen Ziel es ist, „... das Überleben und die Rückkehr der Serben zu gewährleisten".

Ich fliege am Nachmittag nach Suva Reka, um dort das österreichische Bataillon anläßlich des österreichischen Nationalfeiertages zu besuchen. Dieser Verband besteht aus zwei österreichischen Infanteriekompanien mit dem 6-Rad-Fahrzeug „PANDUR", aus einer schweizerischen (!) Kompanie und einem verstärkten Zug zur Minenräumung aus Slowenien.

Bataillonskommandeur ist der sehr zupackende und dynamische österreichische Oberstleutnant Hans Tomaschitz, der auf mich einen hervorragenden Eindruck macht. Dies ist ein sehr seltsam zusammengesetzter Verband, aber die Männer scheinen gut miteinander zurechtzukommen und sind mit dieser Gliederung zufrieden. Die Soldaten führen mir ein ausgezeichnetes und hartes Ausbildungsprogramm einschließlich eines scharfen Minen-Räumeinsatzes vor.

Beim abendlichen Treffen mit Bernard geht es wieder um die leidige Finanzfrage. Es scheint, als sei eine erste hoffnungsvolle Nachricht eingegangen. Das britische Ministerium für Internationale Entwicklung (DFID) hat 3 Mio. Pfund für Sofortausgaben (Löhne und Verpflegung) bewilligt. Das sind die ersten Mittel, die sofort bereitstehen, und ich hoffe, daß dies endlich der Anfang eines dringend erforderlichen Trendwechsels ist.

Im Nachgang zu meinem Besuch im Krankenhaus von Mitrovica erfahre ich, daß die EU eine Million Euro an Investitionsmitteln unter der Bedingung der multiethnischen Struktur des Krankenhauses bereitgestellt hat. Diese Forderung haben die Serben bisher jedoch noch nicht akzeptiert.

Ich moderiere am Abend ein langes Gespräch, in dessen Verlauf Hashim Thaci Bernard Kouchner endlich (!) eine engere politische Zusammenarbeit anbietet. Er erklärt sich bereit, seinen Widerstand aufzugeben und stattdessen mit Rugova, Qosja und einem Vertreter der Serben in Kouchners gemeinsame Übergangsregierung einzutreten.

Die Niederländer legen mir eine Liste über serbische Kriegsverbrecher im Raum Orahovac vor. Wir werden sie genau überprüfen und dann an die Rechtsabteilung von UNMIK weiterleiten. Lawrence „Larry" Rossin, der sehr klug und scharf analysierende Chef der amerikanischen Mission, kommt zu einem Gedankenaustausch über die weitere Entwicklung des KPC vorbei. Außerdem hat mich heute mein Freund Rüdiger Drews, Generalleutnant und Befehlshaber des Heeresführungskommandos in Koblenz, besucht.

Dienstag, der 26. Oktober 1999; 19. Tag   sonnig, warm

In der Nacht gab es zwei Vorfälle. Drei uniformierte Soldaten der Jugoslawischen Streitkräfte überschritten beim Grenzübergangspunkt Koćište im Verantwortungsbereich der MNB (W) die Grenze und wurden festgenommen. Nach eingehender Befragung wurden sie heute Morgen nach Serbien zurückgebracht. Bei dem zweiten Vorfall wurde ein betrunkener russischer Soldat verletzt, als er in Kosovo Polje vor ein Fahrzeug des norwegischen Telemark-Bataillons lief. Generalmajor Pereljakin informiert mich, daß der betreffende Soldat unverzüglich nach Rußland zurückgeschickt wird. Ich bitte Pereljakin um einen schriftlichen Bericht zu dem Vorfall.

Die gute Meldung des Tages ist, daß heute fast alle Grund- und weiterführenden Schulen in der Region zum neuen Schuljahr geöffnet werden konnten. Trotz angekündigter Demonstrationen gibt es keine Meldungen über Vorfälle. Die Lage bleibt auch in den Schulen ruhig. Dies ist ein wichtiger Schritt nach vorn in Richtung Normalisierung, auf den wir stolz sind.

Das zentrale Thema unserer Kommandeurbesprechung ist die Sicherheit unserer Versorgungsstraßen, vor allem der nach Skopje über den Grenzpunkt Blace. Ich beauftrage meinen Stab und parallel dazu den Kommandeur der Multinationalen Brigade East, durch dessen Sektor diese wichtigste Straße läuft, mir umgehend Vorschläge zu erarbeiten, welche Kräfte wir entlang der Straße einsetzen können, um sie sicherer zu machen. Wir verabschieden außerdem ein Ausbildungs- und Sicherheitsprogramm für unsere Fahrer, das die Zahl der Verkehrsunfälle verringern und die Fahrer auf den bevorstehenden Winter vorbereiten soll.

Ein wichtiger Tagesordnungspunkt ist, die Durchhaltefähigkeit von

KFOR im Fall eines möglichen Einsatzes dadurch zu erhöhen, daß wir die nationalen Munitionsvorräte deutlich anheben. Der entscheidende Transportweg dazu soll die Schiene von Skopje nach Kosovo Polje sei. Wir schließen auch unsere Vorbereitungen für die bevorstehende Einsatzübung OPERATION RESOLVE ab. Ich beabsichtige, sie am 4. November 1999 abzuhalten.

Die Brigadekommandeure tragen mir zu ihren Truppenstärken bei den diversen Einsatzaufgaben vor Ort vor. So werden im Bereich der MNB (E) jeden Tag 190 Sicherungspatrouillen durchgeführt. Darüber hinaus sind Soldaten in 65 Checkpoints eingesetzt, mit 64 wichtigen örtlichen Sicherungsaufgaben beauftragt und führen rund 40 weitere Ad-hoc-Bereitschaftseinsätze durch. Im Bereich MNB (S) sind von insgesamt 6.400 Soldaten Tag für Tag rund 4.300 Mann in ähnlichen Außeneinsätzen unterwegs. In den anderen Brigaden sieht es ähnlich aus. Ich halte dies für ein gutes Verhältnis von Kampftruppe zu Kampfunterstützung.

Auf meine kritische Anfrage hin bestätigt mir der amerikanische Brigadegeneral Peterson, daß seine Checkpoints in der Tat rund vier Kilometer von der Sicherheitszone entfernt eingerichtet sind. Diese stationären Einrichtungen seien so angeordnet, daß man von dort jeden Verkehr in die Sicherheitszone wie auch umgekehrt aus Serbien heraus kontrollieren könne. Diese stationären Checkpoints würden durch die mobilen Patrouillen überlagert, die abseits der größeren Wege eingesetzt sind, um den Zugang zur Sicherheitszone unmittelbar zu überwachen. Peterson versichert, daß seine Männer die Grenze gut im Griff haben. Alle Vorgesetzten seien mit dieser Regelung bisher zufrieden gewesen. Ich bin es aber nicht und kündige ihm an, mir das demnächst selbst vor Ort anschauen zu wollen. Die vier Kilometer scheinen mir doch zu weit abgesetzt zu sein.

Bernard und ich haben die Frage des Krankenhauses von Mitrovica besprochen. Wir werden die Strategie von „Zuckerbrot und Peitsche" fortsetzen und hoffen damit auf eine rasche Lösung des Problems. Wir wollen Ivan Ivanović, der die Administration des Krankenhauses leitet und für die negative Entwicklung verantwortlich zeichnet, seines Amtes entheben; die UNMIK-Vertreter in Mitrovica befürchten jedoch negative Konsequenzen und bitten um Verschiebung.

General Stöckmann ruft mich abends an und teilt mir mit, daß der Besuch des NAC ein voller Erfolg gewesen sei. Ich freue mich, daß sich damit unsere Anstrengungen gelohnt haben.

Zusätzliche Besucher des Tages waren der österreichische Korpskommandant Alfred Plienegger, der Kommandeur der 1. (US) InfDiv, Generalmajor John Abizaid, und der Kommandierende General des EUROKORPS, der belgische Generalleutnant Leo van den Bosch, mein langjähriger Freund, mit dem ich die möglichen Rahmenbedingungen für eine Ablösung meines Stabes durch das EUROKORPS abspreche.

Mittwoch, der 27. Oktober 1999; 20. Tag warmer, sonniger Herbsttag

Ich habe einen Besuch von politischen Vertretern aus Orahovac, die ein Gespräch wünschten. Sie bitten mich, alles in meiner Macht Stehende zu tun, das Problem dort noch vor dem Wintereinbruch zu lösen. Sie erklären sich bereit, unter gewissen Bedingungen die Barrikaden abzubauen, aber sie machen auch sehr deutlich, welche Angst sie davor hätten, daß die Russen nach Orahovac kommen könnten. Ich sage ihnen meine Unterstützung zu, kann ihnen aber aufgrund der derzeitigen Lage noch keine Versprechungen machen. Ich bitte sie um ihr Vertrauen zu KFOR und in meine Zusage, daß ich mich intensiv um eine Lösung bemühen werde. Dabei würde mir eine symbolische Geste des Entgegenkommens sehr hilfreich sein. Ich fordere sie daher auf, einen Teil der Hindernisse ganz oder zumindest teilweise abzubauen, um mir meine Arbeit zu erleichtern. Die Männer von Orahovac sagen mir dies zu.

Bei diesem Gespräch wird erneut klar, wie dringlich die Lösung der russischen Frage ist. Die Verlegung des russischen Bataillons in einen anderen Verantwortungsbereich könnte die Lage in Orahovac entschärfen. Unsere Vorstellungen dazu sind fertig, eine Reaktion der NATO steht jedoch noch aus. Diese Frage ist eng verbunden mit der Rotation der niederländischen und der deutschen Truppen, die ab dem 06. November 1999 beginnt. Dies gilt insbesondere für die Niederländer, die Orahovac aufgeben und nach Suva Reka umziehen wollen. Sie haben in ihr neues Lager bei Suva Reka bereits eine Menge Geld gesteckt.

Die zugesagte große Zahl von UNMIK-Polizisten für Orahovac ist bis heute nicht eingetroffen; angeblich werden sie an anderer Stelle noch dringender gebraucht. Auf dieser unsicheren Basis kann man keine überzeugende Politik gestalten. Es ist frustrierend, in entscheidenden Punkten immer wieder von den Entscheidungen und den Zusagen anderer Stellen abhängig zu sein; dies wirkt sich auf unsere Planungen negativ aus und stellt uns in ein schlechtes Licht.

Bei der Sitzung des Kosovo Transitional Council (KTC) ist das Hauptthema der konsolidierte Haushalt für das Kosovo. Bernard Kouchner erläutert das Problem der noch ausstehenden finanziellen Mittel. Er kündigt an, deswegen demnächst persönlich zur UNO nach New York zu fliegen. Hajrizi, der Thaci vertritt, legt dar, daß es nur geringer Investitionen bedürfe, um die Masse der kleinen und mittelständischen Firmen wieder in Betrieb zu nehmen. Daneben sei es langfristig unabdingbar, die Werke von Trepča zu sanieren, damit eine Regierung des Kosovo den entscheidenden Anteil der Staatseinkünfte aus dem Steueraufkommen von Trepča finanzieren könnte.

Blerim Shala verweist darauf, daß seit Monaten weder die Professoren an der Universität noch die Ärzte bezahlt worden seien. In den Krankenhäusern gäbe es keine Spritzen mehr. In den letzten vier Tagen habe es für maximal zwölf Stunden Strom und Wasser gegeben. Dies sei völlig unzureichend und selbst zu Zeiten von Milosević besser gewesen.

Jolly Dixon entgegnet, daß im Kosovo derzeit kaum Einkünfte erzielt würden und alle benötigten Mittel aus Spenden von außen kommen müßten. Dies gelte auch für die benötigten Mittel für die Kraftwerke Kosovo A und B. Die albanischen Politiker geben sich mit dieser Antwort nicht zufrieden. Sie äußern ihr Unverständnis für diese Misere und betonen die Notwendigkeit, die lange zugesagten Mittel endlich einzubringen und damit konkrete Verbesserungen zu schaffen. Sie verweisen darauf, daß Gehälter gezahlt werden müßten und eine minimale Grundversorgung mit Strom und Wasser sichergestellt werden müsse. Sie erklären, daß die Leute im Land ungeduldig würden. Die Unruhe nehme zu und es könne durchaus sein, daß die Menschen in ihrer Verzweiflung zu Maßnahmen greifen würden, vor denen sie uns warnen wollten.

Ich hatte bereits am 24. Oktober sowohl dem SACEUR wie auch Verteidigungsminister Rudolf Scharping diesbezügliche „Brandbriefe" mit der Bitte um rasche Hilfe geschrieben. Ich habe gewarnt, daß die noch relativ ruhige Situation sehr schnell umschlagen und dann zu einem Problem für die Sicherheit unserer Truppen werden könnte.

Am Nachmittag gab es einen schlimmen Vorfall mit einem vom UNHCR organisierten Konvoi, der in vier Bussen und einundzwanzig Privatfahrzeugen 162 Serben aus dem Kosovo nach Montenegro bringen sollte. Der Konvoi wurde von niederländischen Soldaten begleitet und sollte eigentlich an Peć vorbeigeleitet werden; einige Serben in der Mitte des Konvois nahmen jedoch an einer Straßengabel aus Versehen die falsche Richtung und landeten in der Stadtmitte von Peć. Die Serben zeigten den Albanern aus dem Auto heraus das Serbenzeichen, worauf sie sofort eingekreist und angegriffen wurden. Glücklicherweise ereignete sich dieser Vorfall in unmittelbarer Nähe einer italienischen Kaserne, und die Serben konnten sich dorthin flüchten. Achtzehn Serben wurden verletzt, eine Reihe ihrer Autos angezündet.

Ich rufe sofort Brigadegeneral Giuseppe Gay, den Kommandeur der MNB (W), an und beauftrage ihn, die Entlastungsmaßnahmen vor Ort selbst zu leiten. Dazu müsse die albanische Menge – notfalls auch mit Waffengewalt – zerstreut und die von den Albanern aufgerichteten Barrikaden müßten unverzüglich mit italienischen Panzern aus dem Weg geräumt werden.

Außerdem ordne ich eine genaue Untersuchung des Vorfalls an, da mir die Zusammenarbeit zwischen UNHCR, den Niederländern aus der MNB (S) und den Italienern in der MNB (W) unzureichend erscheint. So wußten wir im KFOR-Hauptquartier von diesem sensiblen Konvoi überhaupt nichts; wir legen daher fest, daß Konvois, die die Verantwortungsbereiche verschiedener Multinationaler Brigaden betreffen, uns künftig gemeldet und von Priština aus koordiniert werden.

Ein weiteres Problem ergibt sich am Nachmittag durch eine Barrikade, die Serben kurz nach 08.00 Uhr in der Gegend von Leposavić auf einer Brücke unserer Hauptverbindungsstraße nach Norden zum Checkpoint 1 mit Bussen, Traktoren und Autos aufgebaut haben. Wegen der Schwierigkeiten in Peć erfahre ich hiervon erst gegen 16.00 Uhr. Ich rufe den Bataillonskommandeur, in dessen Verantwortungsbereich die Barrikade gebaut worden war, an und fordere ihn auf, mir umgehend deren Auflösung zu melden. Der Oberstleutnant teilt mir mit, daß seine Gespräche mit den Serben bisher gut verlaufen seien, er aber noch etwas mehr Zeit benötige. Ich setze ihm 18.00 Uhr als Termin. Als ich bis zu diesem Termin keine Nachricht bekommen habe, rufe ich den verantwortlichen Brigadekommandeur Poncet an und beauftrage ihn, das eingesetzte Bataillon des Auftrages zu entbinden und stattdessen den dänischen Verband mit der Durchführung zu beauftragen. Da es bereits dunkel geworden ist, verlängere ich den Termin bis morgen früh 08.00 Uhr.

In meinem wöchentlichen Gespräch mit General Çeku beschwert er sich, daß das KPC immer noch kein Geld für Verpflegung und für die dringend erforderliche Verbesserung der Infrastruktur bekommen habe. Er dementiert nicht, daß das KPC teilweise von Dr. Bukoshi finanziert wird. Er begründet dies damit, daß er seine Männer ja irgendwie versorgen müsse. Umso mehr begrüßt er die Schritte von KFOR, die die Finanzierung ins Rollen bringen sollen. Ich versuche Çeku davon zu überzeugen, daß wir ihn unterstützen und nicht blockieren wollen. Er ist mit meinem Offizier, der die Aufgabe seines Chefs des Stabes wahrnimmt, sehr zufrieden. Ich werde am kommenden Freitag seinen Stab besuchen, wo ich mit seinen Mitarbeitern zusammentreffen werde.

Der Staatsekretär des Auswärtigen Amtes, Wolfgang Ischinger, hatte mich für heute zu einer Staatssekretärsrunde nach Berlin eingeladen, in der es darum geht, die deutschen Anstrengungen im Kosovo besser aufeinander abzustimmen. Angesichts der angespannten Situation konnte ich mir den Flug nicht erlauben, da er mich unter den gegebenen Umständen drei volle Tage der Abwesenheit gekostet hätte. Ich schicke daher Generalmajor Dr. Klaus Olshausen als meinen Vertreter nach Berlin. Er wird dort die Gelegenheit wahrnehmen, mit dem deutschen Verteidigungsminister Scharping auch die Problematik der fehlenden Finanzen zu erörtern. Minister Scharping, den ich dazu am 24. Oktober bereits persönlich angeschrieben hatte, scheint willens, diese Frage anzugehen.

Donnerstag, der 28. Oktober 1999; 21. Tag   warm und trocken

Ein sehr anstrengender Tag, ausgefüllt vom Morgen bis zum Abend mit Besuchen.

Brigadegeneral Poncet meldet am frühen Morgen, daß die Barrikade bei Leposavić durch dänische Panzer geräumt wurde. Die Straße ist wieder frei, die Serben sind aber sehr aufgebracht, daß wir gegen sie Gewalt angewandt haben; ich hätte gern auf Gewalt verzichtet, wenn die Serben die Blockade freiwillig geräumt hätten. Ich bin aber nicht gewillt, zuzulassen, daß sie KFOR vorführen.

Der erste Besucher ist ein alter Freund aus Deutschland, der evangelische Militärgeneraldekan Peter Knauer, der vorbildlich für die deutsche Truppe sorgt. Endlich ein Besucher, der keine Probleme mitbringt und bei dem es einfach Freude macht, sich mit ihm bei einer Tasse Kaffee ein bißchen geistig auszutauschen.

Ganz anders ist dies mit der Chefanklägerin des Internationalen Gerichtshofes in Den Haag (International Criminal Tribunal on Yugoslavia [ICTY]), Carla del Ponte, die zu einem ganztägigen Besuch bei uns weilt. Sie bittet um Unterstützung bei der Exhumierung von Kriegsopfern und Ermordeten und ich sage ihr dies selbstverständlich zu. Auf meine Frage, ob sich das ICTY auch der „Kriegsverbrecher" im Kosovo annehmen würde, antwortet sie, daß dies aufgrund der Konzentration ihrer Arbeit auf Milošević und die anderen angeklagten serbischen bzw. jugoslawischen Verantwortlichen sowie auf die Kriegsverbrecher aus Bosnien-Herzegowina allein aus Kapazitätsgründen nicht möglich sei. Die „Kriegsverbrecher" des Kosovo müßten daher hier durch hiesige Gerichte abgeurteilt werden. Ich finde diese Differenzierung gar nicht gut, aber Carla del Ponte ist eisern: Mehr als derzeit vorgesehen schaffe ihr Gerichtshof einfach nicht. Während des Gespräches kommen wir auch auf General Çeku und serbische Pressespekulation über angebliche Kriegsverbrechen Çekus während seiner Zeit als Brigadekommandeur in der Krajina zu sprechen. Carla del Ponte stellt fest, daß der ICTY derzeit keine Ermittlungen gegen Çeku durchführt und gegen ihn nichts vorliegt.

Ich treffe anschließend mit dem Generalsekretär des Rates der Europäischen Union und Hohen Vertreter für die Gemeinsame Sicherheits-

und Außenpolitik, Javier Solana, und mit Chris Patten, dem für die auswärtigen Beziehungen zuständigen EU-Kommissar, zu einem längeren Gespräch zusammen. Wir essen zunächst in unserem großen Speisezelt an einem kleinen Sondertisch, da ich nichts Besseres anzubieten habe.

Ich lege anschließend in meinem Büro die finanzielle Misere mit all ihren Konsequenzen dar und weise darauf hin, daß die deutlich verbesserte Sicherheitslage und der positiv verlaufende Aufbau des KPC schnell ins Negative kippen könnten, wenn wir die Menschen nicht bezahlen würden. Beide Herren hören sich geduldig an, was ich zu sagen habe, können mir aber keine befriedigende Antwort geben. Sie erklären mir, daß das Finanzsystem der Europäischen Union von seiner Struktur und Bestimmung her nicht dafür vorgesehen sei, für das Budget einer Provinz wie Kosovo aufzukommen.

Ich bin mit diesen Aussagen überhaupt nicht zufrieden und bitte darum, dann nach anderen Wegen zu suchen. Die Stationierung von KFOR und der Aufbau von UNMIK reichten jedenfalls nicht aus, die hiesigen Probleme in den Griff zu bekommen: Wir bräuchten dazu dringend finanzielle Mittel, da wir die Bevölkerung sonst nicht durch den Winter bringen könnten.

Der nächste Besucher ist der ehemalige russische General Andrej Nikolajev, stellvertretender Vorsitzender des Jugoslawien-Ausschusses der Staatsduma der Russischen Föderation. Er fragt, wie lange wir noch hier sein müßten, wie viele Soldaten wir benötigen würden, wie die politische Zukunft des Kosovo aussehen würde und was wir in Orahovac zu tun gedächten. Ich versichere ihm mit den Worten von Kofi Annan, daß es kein unabhängiges Kosovo geben werde, sondern eine autonome Republik innerhalb der Grenzen des ehemaligen Jugoslawien.

Nikolajev scheint für alternative Lösungen offen zu sein. So schlägt er vor, daß im Bereich der deutschen Soldaten in Orahovac allenfalls vier bis fünf russische Soldaten stationiert werden sollten, um mit diesem Minimaleinsatz den formalen Vorgaben von Helsinki zu genügen. Ähnlich schlägt er vor, eine geringe Zahl jugoslawischer Soldaten zusammen mit KFOR-Soldaten an den Grenzübergängen einzusetzen, um auch hier mit einem Minimalkonsens der UN-Resolution 1244 Rechnung zu tragen.

In der UN-Resolution 1244 war im Annex 2, Ziffer 6, festgelegt und im Militärtechnischen Abkommen, das General Jackson und Repräsentanten der Jugoslawischen Streitkräfte unterschrieben hatten, weiter spezifiziert worden, daß nach dem Abzug der jugoslawischen Armee aus dem Kosovo einer „vereinbarten Zahl jugoslawischen und serbischen Personals die Erlaubnis zur Rückkehr" gegeben wird, „um folgende Aufgaben wahrzunehmen:

- Verbindung mit der internationalen Zivilmission und der internationalen Sicherheitspräsenz;
- Markierung und Räumung von Minenfeldern;
- Aufrechterhaltung einer Präsenz an Stätten des serbischen Kulturerbes;
- Aufrechterhaltung einer Präsenz an wichtigen Grenzübergängen."

Dabei hatte man im einzelnen festgelegt, daß es sich bei der vorgesehenen Größenordnung allenfalls um „hunderte" handeln würde. An diese Vereinbarung knüpft Nikolajev mit seinen Forderungen nun an.

Ich kommentiere diese brisanten Themen bewußt nicht, sage Nikolajev aber zu, daß ich seine Vorstellungen nach Brüssel weitermelden würde. Gleichzeitig „biete" ich ihm den Posten des nächsten COMKFOR an, da er mit den Einzelheiten im Kosovo schon so vertraut sei. Leider hatte er schon vorher einen Blick in meinen Terminkalender geworfen und lehnt mein Angebot daher dankend ab. Ich bin optimistisch, daß wir das Winterschutzprogramm doch noch schaffen werden. Die Sattelzüge mit den Ausrüstungssätzen kommen nun endlich – wenn auch noch sehr langsam – bei Blace über die Grenze. Ministerpräsident Georgievski hat Wort gehalten. Jetzt besteht das Problem darin, das Gerät aus den Verteilerzentralen an die richtigen Orte zu bekommen. Mein Sonderbeauftragter, Generalmajor Silvio Mazzaroli, stellt sich dieser Aufgabe mit enormem Elan und versucht UNHCR davon zu überzeugen, daß wir dazu die Initiative übernehmen.

Die Universität in Budapest hat mir die Ehrendoktorwürde angeboten, um mich dafür auszuzeichnen, daß ich mich seit meiner Zeit als Kommandeur an der Führungsakademie der Bundeswehr immer wieder nachhaltig dafür eingesetzt habe, Ungarn in die NATO aufzunehmen. Natürlich sage ich mit großer Freude zu und hoffe, dafür am 5. November nach Budapest fliegen zu können.

Der SACEUR informiert mich spät am Abend auf der abhörsicheren Leitung über seine Gespräche in Paris mit dem französischen Verteidigungsminister und dem französischen Generalstabschef zur Lage und zum weiteren Vorgehen in Mitrovica. Es wird nicht leichter werden.

Ich staune, wie schnell sich die einzelnen Komponenten des KFOR-Stabes zu einem einheitlichen Ganzen zusammengefügt haben. Die Arbeitsleistung ist hoch, die Qualität sehr gut. Mein äußerst fähiger und sehr geschmeidiger kanadischer Oberst Chris Rickett, der Director of Staff, hat mit sehr sicherer Hand, aber auch mit dem erforderlichen Nachdruck aus meinen rund 250 Mann aus dem Heidelberger LAND-CENT-Stab und den rund 300 Offizieren und Unteroffizieren aus den unterschiedlichsten Bereichen der NATO und von außerhalb der NATO ein schlagkräftiges Team geformt, auf das ich mich zwischenzeitlich voll verlassen kann und das mich bisher noch kein einziges Mal im Stich gelassen hat. Über ihm wacht der Chef des Stabes, Generalmajor John Milne, der sich für mich mehr und mehr als eine meiner besten Vorentscheidungen für diesen Einsatz erweist. John Milne und Chris Rickett halten mir den Rücken frei, sie koordinieren die ungeheuer komplexe Stabsarbeit nach innen wie die Zusammenarbeit auf allen Arbeitsebenen in den zivilen und politischen Bereich nach außen. Ich kann mich sehr glücklich schätzen, ein solch exzellentes Team an meiner Seite zu wissen und mich auf so fähige wie loyale Mitarbeiter stützen zu können.

Freitag, der 29. Oktober 1999; 22. Tag　　　　　　　Sonne, warm

Bischof Artemije bittet mich zu sich, um mir seine Sorgen wegen des Vorfalls in Peć vorzutragen. Er fordert im Rahmen der Humanität mehr Toleranz für seine Landsleute, die eigentlich alle hier bleiben wollten und nur aus tiefer Angst das Land verließen. Ich verstehe ihn nur zu gut und sage ihm alle mögliche Hilfe zu.

Es ist ein besseres Gespräch als das letzte Mal, und Bischof Artemije ist viel offener. Eine amerikanische Serbin, die blonde Angela, bedient nicht nur die vielen Computer im Kloster sehr fachkundig, sondern sorgt sich auch um unser leibliches Wohl: Tee, Raki und Kuchen werden angeboten; ich werde nicht verhungern. Der Bischof enthält sich heute jeder Forderung nach einer Kantonisierung. Ich spreche das Thema an, daß auch Serben in das KPC aufgenommen werden sollten, treffe dabei aber auf eine Mauer, die undurchdringlicher ist, als ich es erwartet hatte, auch bei Momčilo Trajković und dem ehemaligen Chef der Post in Kosovo Polje, Ristić, die an der Sitzung teilnehmen. Das Mißtrauen gegen die Albaner sitzt zu tief. Man könnte sich jedoch vorstellen, in das KPC rein serbische Organisationselemente einzubauen. Dies ist ein sehr interessanter Ansatz, den ich im einzelnen prüfen werde.

Das heutige Gespräch hat den Weg für weitere Verhandlungen frei gemacht. Es könnte der erste Schritt dafür sein, Bischof Artemije wieder in den Kosovo Transitional Council zurückzuholen. Ich hoffe, daß ich ihn davon überzeugen konnte, daß im Kosovo die Soldaten von KFOR seine einzigen Freunde sind und daß daher eine Zusammenarbeit mit uns in seinem Interesse liegen müßte.

Ich treffe mich mit Generalleutnant Jiři Šedevi, dem Generalstabschef der Tschechischen Streitkräfte, und beglückwünsche ihn zu dem guten Eindruck, den seine Männer bei mir hinterlassen haben.

Am Nachmittag besuche ich das Hauptquartier des KPC in Priština und gratuliere General Çeku zu seinem 39. Geburtstag. Er wurde im gleichen Jahr geboren, als ich in Mittenwald in die Edelweißkaserne einrückte. Çeku stellt mich seinen wichtigsten Mitarbeitern vor, die mir anschließend zu ihren Verantwortungsbereichen vortragen, wegen der Übersetzung eine sehr mühsame und zeitaufwendige Prozedur. Die Augen der Männer verraten nur wenig – sie haben sicher Dinge erlebt, die mit viel Haß verbunden waren. Ihre derzeitigen Hauptprobleme lassen sich im Prinzip alle auf fehlendes Geld zurückführen, andererseits sind ihre Vorstellungen eines künftigen KPC zum Teil weit überzogen. Es wird deutlich, daß sie kein „Hilfskorps" sein wollen, aber gerade das ist unsere Absicht.

Ich bitte sie um Geduld und fordere sie auf, ihren Auftrag mit mehr Realismus anzugehen. Ich lege dar, daß die Gelder nur fließen werden, wenn die Welt erkennt, daß das Kosovo Protection Corps in eine wirklich multiethnische, vor allem aber in eine zivile Organisation umgebaut wird. Ihre neue Aufgabe als KPC sei für den Wiederaufbau im

Kosovo enorm wichtig. Mit ihrem neuen Auftrag als ziviles Hilfskorps seien sie entscheidend daran beteiligt, sich selbst und ihren Kindern eine bessere Zukunft zu sichern. Es gäbe kein Zurück zur UÇK. Keiner wollte ihnen ihre geschichtlichen Verdienste um die Befreiung des Kosovo nehmen oder diese schmälern, aber der Krieg sei endgültig vorbei. Die einzige verbliebene militärische Macht im Kosovo sei KFOR, während sie als KPC nun eine völlig neue Aufgabe zugewiesen bekommen hätten. Sie sollten daher ihre Kräfte für diese neuen Aufgaben bündeln und nicht immer wieder zurückschauen. Die Internationale Gemeinschaft achte sehr genau darauf, daß es keine Rückkehr zur UÇK gäbe.

Ich bin mir nicht sicher, ob meine Botschaft wirklich angekommen ist. In dieser Runde fehlen die intelligenten Gesichter junger und aufgeschlossener Stabsoffiziere, die zupacken und gestalten wollen. Die Männer Çekus sind verschlossen und eher abweisend, alles ehemalige Kämpfer, sie haben eine Stabstätigkeit und die Zusammenarbeit in geordneten Strukturen nie kennengelernt. Ihnen ist die Bedeutung eines Budgets ebenso unbekannt wie die Aufstellung eines Ausbildungsplans. Die Fragen nach dem Ärmelabzeichen und der Uniform, die Ausstattung ihres Stabsgebäudes sind wichtiger als die Umsetzung des künftigen zivilen Auftrags. Die ganze Mentalität ist anders: Sie sehen das Kosovo als den Nabel der Welt. Diese Welt soll sich nach ihnen richten, quasi als Kompensation für all das, was sie erlitten haben. Außerdem fühlen sich die Männer des künftigen KPC immer noch als „Helden", die ihr Land befreit haben. Sie verstehen daher gar nicht, warum diese Heldenrolle nun eingeschränkt werden und für die weitere Entwicklung nicht mehr wichtig sein soll.

Ich habe den Eindruck, daß nicht viel von den Dingen, die ich mit Çeku bisher besprochen habe, bei diesen Männern je angekommen ist. Meine Aufforderung zur Diskussion überrascht sie total, das waren sie nicht gewohnt, entsprechend dünn ist die Reaktion. Hier werden wir noch viel geistige Arbeit investieren müssen.

Veton Surroi, Herausgeber der albanischen Tageszeitung „Koha Ditore", kommt zu Besuch. Surroi war bei den Verhandlungen in Rambouillet dabei, saß bis vor kurzem im KTC und gilt als sehr einflußreicher und liberaler Intellektueller, der eher hinter der Bühne wirkt. Er spricht fließend englisch mit starkem amerikanischen Akzent, ist laufend in den USA und angeblich einer der Hoffnungsträger des künftigen Kosovo.

Es ist bemerkenswert, daß er der erste Kosovo-Albaner ist, der die Sorgen der verbliebenen Serben versteht und akzeptiert. Er fordert ein viel stärkeres Vorgehen gegen kriminelle Politiker im Land – ohne Namen zu nennen (!) – und gegen die Abspaltungstendenzen von Nord-Mitrovica. Allen meinen Fragen nach Empfehlungen für ein praktisches Vorgehen weicht er aus. Er stellt die negativen Faktoren dar, weigert sich aber, seinerseits Verbesserungsvorschläge einzubringen. Ich werfe ihm vor, daß er das einzige politische Gremium, in dem er effektiv mitwirken könne, verlassen habe und fordere ihn auf, selbst in die Politik einzusteigen. Kosovo bräuchte Männer seines Kalibers. Surroi lehnt aber ab. Daran habe er kein Interesse. Kritisieren ist eben doch leichter als selbst politische Verantwortung zu übernehmen.

Am Nachmittag habe ich das erste Mal ein längeres Gespräch und ein ausgedehntes Fernsehinterview mit Journalisten aus Belgrad. Ich hoffe, auf diesem Weg der serbischen Bevölkerung unsere Absichten ungefiltert nahe bringen zu können.

Ich habe den Kommandeur der Multinational Brigade South schriftlich beauftragt, mir eine genaue Meldung über das Verhalten der niederländischen Begleitpatrouille bei Peć vorzulegen, und weise Brigadegeneral Gay an, die Unruhestifter aus Peć mit großer Härte zu verfolgen. Eine gute Nachricht ist, daß es die örtlichen Führer des KPC waren, die nach dem ersten Gewaltausbruch ihrer albanischen Landsleute in Peć sofort interveniert und zur Zurückhaltung aufgerufen hatten.

Ich weise zudem erneut alle Brigadekommandeure an, rasch und robust zu reagieren, wenn es um die Beseitigung von Blockaden oder Hindernissen geht. In dieser Hinsicht haben Brigadegeneral Poncet und seine französischen wie dänischen Soldaten gestern ausgezeichnete Arbeit geleistet. Ich denke, daß die Serben dieses Zeichen der Entschlossenheit verstanden haben.

Kurz vor 22.00 Uhr habe ich noch ein Interview mit der Korrespondentin der deutschen Tageszeitung „Die Welt". Edith Kohn stellt kaum Fragen und läßt meine wenigen Antworten gar nicht gelten. Sie belehrt mich vielmehr, was ich hier oder dort tun müsse. Ich frage sie schließlich, warum sie überhaupt zu einem Interview gekommen sei, da sie mir ja offensichtlich nur ihr Bild vom Kosovo aufdrücken wolle.

Samstag, der 30. Oktober 1999; 23. Tag   mäßig warm, trocken

Die jugoslawische Nachrichtenagentur TANJUG meldet heute, daß allein aus dem Raum um Niš bisher fünfundvierzig Konvois mit 4.700 serbischen Flüchtlingen in das Kosovo zurückgekehrt seien.

Meine Planer diskutieren mit mir ihre Vorstellungen für die weitere Strategie im Hinblick auf Mitrovica. Chefdenker sind der sehr kluge und umsichtige amerikanische Oberstleutnant Joe Abbott und der französische Oberstleutnant Benoit Houssay, die sich vor Ort eingehend umgesehen, mit fast allen Verantwortlichen und sonstwie Zuständigen von UNMIK, der MNB (N), mit den Serben und den Albanern gesprochen und danach ihre Vorstellungen entwickelt haben. Sie haben mir fast jeden Tag zum Fortgang vorgetragen; heute wird alles das erste Mal als Gesamtpaket mit meinen wichtigsten Beratern diskutiert.

Unser erster Schritt ist die Erhöhung der Präsenz von KFOR im Nordteil der Stadt. In der Stadt haben wir jetzt täglich 40 Patrouillen und 18 ortsfeste bzw. bewegliche Checkpoints eingerichtet. An allen Zufahrtspunkten haben wir zusätzliche Checkpoints eingerichtet. In den Kräfteansatz haben wir jetzt auch Dänen und Soldaten aus den Vereinigten Arabischen Emiraten aufgenommen, um in der Stadt künftig eine Konfrontation ausschließlich mit den französischen Soldaten, die bereits zu „Anti-Frankreich"-Ressentiments geführt hat, abzubauen. Als zweiten Schritt beabsichtigen wir, die Möglichkeit einer multinationalen Verstärkung zu verbessern. Dazu haben wir die nationalen KFOR-Kontingente, die in einem Umkreis von 45 Kilometer um Mitrovica stationiert sind, angewiesen, sich darauf einzustellen, im Rahmen unserer schnellen Eingreiftruppe auch in Mitrovica eingesetzt zu werden. Ich plane, Bereitschaftszüge und Kompanieführungsgruppen abwechselnd in der Stadt einzusetzen, um damit mehr multinationale Entschlossenheit zu zeigen. Leider sind die ersten Reaktionen einiger Nationen negativ; sie wollen mit Mitrovica nichts zu tun haben. Hier wird uns der SACEUR helfen und an die entsprechenden Hauptstädte herantreten müssen.

Parallel zu diesen Sicherheitsfragen wollen wir die multiethnische Nutzung öffentlicher Einrichtungen schrittweise angehen. Beginnen werden wir in der kommenden Woche mit dem Krankenhaus. Bernard Kouchner hat mit Oliver Ivanović, dem wichtigsten serbischen Führer in Mitrovica, gesprochen, der anscheinend willens ist, sich zu fügen.

Nach dem Krankenhaus wollen wir uns der Universität annehmen. Meine Absicht ist es, doch noch eine symbolische Vertretung einiger weniger albanischer Studenten an der Universität von Nord-Mitrovica durchzusetzen; gleichzeitig will ich eine gleich starke Vertretung serbischer Studenten in der albanischen „Schatten-Universität" im Süden der Stadt immatrikulieren. Daneben brauchen wir rasch Geld, um die schlimmen Zustände der Infrastruktur der Universitätsgebäude, Laboratorien und sonstigen Einrichtungen sowohl in Mitrovica-Nord als auch an der „Schatten-Universität" im Südteil der Stadt abzubauen. Der wichtigste Aspekt ist, alles daranzusetzen, daß die Vorstellungen einer „Apartheid", die beide ethnischen Gruppen für sich beanspruchen, nicht zum Tragen kommen. Dabei wird es noch viele Schwierigkeiten geben, da weder Serben noch Albaner glauben, daß die Zeit für eine Koexistenz schon reif ist; aber wir werden diese Punkte unsererseits forcieren.

Der nächste Schritt sollte dann die Öffnung einer Reihe kleinerer mittelständischer Betriebe sein, wie z. B. von Bäckereien und kleinen Fabriken, die wir im einzelnen erkundet haben und die mit geringen finanziellen Mitteln wieder aufgemacht werden können. Hier könnten sowohl Albaner wie Serben wieder Arbeit finden. Zudem muß mittelfristig die Sanierung von Trepča angegangen werden.

Wir geben einer Strategie der kleinen aufeinanderfolgenden Schritte den Vorzug vor dem ehrgeizigen Ansatz einer großen und umfassenden Lösung. Das größte Problem dabei sind die Hardliner auf beiden Seiten, welche die jeweils andere ethnische Gruppe ausschließen wollen und sich jeder Gemeinsamkeit widersetzen. Selbst Veton Surroi und Bardyl Mahmuti als sogenannte „Liberale" hatten vorgeschlagen, eine harte Linie zu fahren und in Nord-Mitrovica für einige Monate sogar den Notstand auszurufen. Ich lehne derartige Vorstellungen mit der

Begründung ab, daß dies dem Vorgehen der Russen in Grozny entspräche.

Gegen Mittag mache ich meine erste Pressekonferenz als COMKFOR. Das Pressezentrum ist übervoll, die Fragen sind kritisch-konstruktiv. Ich kenne die meisten der Journalisten bereits von den vielen vorausgegangenen Einzelinterviews und werde von ihnen sehr fair behandelt. Mitrovica und Orahovac, der künftige politische Status des Kosovo, der Schutz der Minderheiten, die Winterhilfe, das Problem der fehlenden finanziellen Mittel, die unzureichende Versorgungs- und Energielage, Trepča, die Universität und der Fortschritt beim Aufbau des Kosovo Protection Corps, alle Themen kommen zur Sprache. Ich gebe bereitwillig und ausführlich Auskunft und nutze die Gelegenheit, meine Vorstellungen zur Lage ohne Zeitdruck und mit meinen Argumenten unter die Journalisten tragen zu können.

Am Nachmittag besuche ich die „Royal Green Jackets" in der Stadtmitte von Priština. Dieses britische Infanteriebataillon verfügt über umfangreiche Erfahrung aus dem Einsatz in Nordirland, und man überträgt die Erkenntnisse aus der Zusammenarbeit zwischen der Britischen Armee und der Royal Ulster Constabulary auf die Lage in Priština. Die Briten haben ein „Joint Military/Police Operations Office" eingerichtet, in dem die Soldaten von KFOR und die UNMIK-Polizei eng zusammenarbeiten und alle ihre Aktionen aufeinander abstimmen. Dies ist genau der richtige Weg für unseren Einsatz.

Ich marschiere mit einigen der britischen Patrouillen durch die Stadt, um mir ein eigenes Bild von ihrem Einsatz zu machen. Die Männer tragen alle nur Barett und laufen ohne Splitterschutzweste, das Gewehr ist durchgeladen, der Finger am Abzugsbügel, die Mündung zeigt auf den Boden. Eine Patrouille besteht aus drei Mann, die in Abständen von etwa fünf Metern gehen.

Wir besuchen eine Polizeistation in der Universität, die eröffnet wurde, um auch serbischen Studenten die erforderliche Sicherheit zu geben. Wir treffen dort auf einige albanische Studenten, die von mir Autogramme haben wollen. Alle waren sie höhere Semester, drei von ihnen hatten bereits in Deutschland Medizin bzw. Recht studiert. Ich frage sie, was sie von ihren serbischen Kommilitonen hielten und was passieren würde, wenn wir Serben an die Universität von Priština brächten.

Die prompte Antwort war: „Die würden hier keinen einzigen Tag überleben!" Soweit zur Toleranz und Humanität unter jungen albanischen Intellektuellen! Auch die albanische Presse ist kein Vorbild. So beschreibt heute die radikale Zeitung „Bota Sot", eine Art albanische „Bild-Zeitung", den Zwischenfall in Peć als „einen mutigen Akt, der ein Beispiel sein sollte für andere Gemeinden im Kosovo".

Ich besuche einen Zug britischer Soldaten, die zum Schutz serbischer Familien eingesetzt sind und dazu permanent mit serbischen Familien zusammenleben. In der Unterhaltung mit einer der wenigen zurückgebliebenen Serbinnen bietet sich mir ein schlimmes Bild über die Lebensumstände einer Frau, die der serbischen Minderheit in Priština angehört. Diese Frau und ihr Kleinkind sind im wahrsten Sinne des Wortes Gefangene in ihrer eigenen Wohnung. Sie ist für alles – von der Sicherheit bis zum Einkaufen – auf den britischen Soldaten angewiesen, der zu ihrem unmittelbaren Schutz bei ihr einquartiert ist und der kein Wort serbisch spricht. Woher diese junge Frau die Entschlossenheit nimmt, trotz dieser widrigen Umstände in Priština zu bleiben, kann ich nicht nachvollziehen. Sie sagt mir, sie wisse nicht, wo sie hingehen soll; Priština sei ihre Heimat, hier seien sie und ihre Familie aufgewachsen, hier gehöre sie hin.

Die jungen britischen Soldaten machen auf mich einen blendenden Eindruck. Sie sind selbstbewußt, bestimmt und dennoch freundlich, die Bevölkerung schätzt und respektiert sie. Ihr Bataillonskommandeur, Oberstleutnant Nick Carter, versteht sein Metier bestens und kommt bei seinen Männern hervorragend an, auch wenn er ein „harter Knochen" ist. Ich bin dankbar für diesen Nachmittag, der mir wichtige Eindrücke gebracht hat.

Leider hatten wir heute erneut einen tödlichen Unfall im deutschen Kontingent. Oberfeldwebel Jürgens ist der dritte Feldjäger, der innerhalb nur weniger Tage bei einem Verkehrsunfall sein Leben verlor. Ich kondoliere schriftlich.

Der amerikanische Generalmajor Gregory Rountry, Operationschef von AFCENT, meiner in Europa vorgesetzten Dienststelle, kommt und verspricht, sich unserer Personalprobleme anzunehmen. Wir liegen trotz aller Zusagen weit hinter unseren Minima zurück; dies macht sich besonders in Skopje bemerkbar, wo unser rückwärtiges Hauptquartier mit der anfallenden Arbeit nicht mehr nachkommt. AFCENT hatte sich verpflichtet, das gesamte Ergänzungspersonal für Skopje zu stellen. Eines unserer gravierenden Probleme ist der tägliche Wassermangel. Waschen, Duschen, Klo, alles geht nur mit Hilfe von Wasserflaschen, da es kaum fließendes Wasser gibt. Meine Pioniere schlagen mir vor, eigene große Wassertanks aufzubauen, die wir dann mit unseren Wassertransportern regelmäßig auffüllen können. Nur so werden wir von der örtlichen Wasserversorgung unabhängig. Gleiches gilt für die Stromversorgung, die de facto kaum existiert; wir müssen sie mit Hilfe eigener Großgeneratoren sicherstellen. Wir können uns in „Film-City" glücklicherweise selbst helfen und schrittweise autark werden. Schlimmer sieht es für die Bevölkerung in und rund um Priština aus, die mit den Gegebenheiten leben muß und dementsprechend immer unzufriedener wird.

Zum Abendessen bin ich bei dem deutschen Botschafter Dr. Klaus Bönnemann eingeladen, der im Haus eines geflohenen serbischen Universitätsprofessors lebt. Klaus Bönnemann arbeitet in der politischen Abteilung für Bernard Kouchner und ist frustriert, daß alles so langsam und zäh vorangeht. Er möchte gerne Dampf machen! Dies gelingt – auf ihre Weise – seiner Frau viel besser, die ihren Mann derzeit in Priština besucht und uns bei viel Dampf in der Küche ein wundervolles Essen zelebriert.

	ein grauer, nebeliger
Sonntag, der 31. Oktober 1999; 24. Tag	Reformationstag

Kurz nach 06.00 Uhr ruft mich der SACEUR an, um sich über die Lage informieren zu lassen. Ich bin dankbar für diesen regelmäßigen Gedankenaustausch, der es mir erlaubt, meine Sicht der Dinge unmittelbar und ungefiltert vorzutragen. General Clark versichert mir, mich in allen kritischen Bereichen uneingeschränkt zu unterstützen. Er ist dabei, die Hauptstädte abzuklappern, um deren Kontingente für Mitrovica sowie um finanzielle Mittel frei zu bekommen.

Mir macht Sorge, daß mich die täglichen Verpflichtungen zeitlich zu sehr binden und mir kaum noch die Möglichkeit lassen, die Zukunft kreativ anzugehen. Ich beschließe daher, mir ab sofort jeden Sonntag-

162

morgen zwei Stunden Zeit zu nehmen, um unsere Strategie mit allen meinen Generalen und Wendy Gilmore eingehend zu diskutieren und der Lageentwicklung anzupassen. Es wird sicher hilfreich sein, einige der entscheidenden Fragen in diesem kleinen Kreis vorab zu besprechen, bevor wir im Stab bzw. mit UNMIK über den Ansatz entscheiden, wie wir damit weiter verfahren werden.

Wir nehmen uns in unserer ersten Gesprächsrunde das Thema des multiethnischen Zusammenlebens vor. Wir fragen uns, was multiethnisches Zusammenleben wirklich bedeutet und wie weit wir es bisher umgesetzt haben. Interessanterweise ist der Begriff „multiethnicity" in der Resolution Nr. 1244 des UN-Sicherheitsrates überhaupt nicht zu finden. Wir halten fest: Es ist besser, die Koexistenz, also das friedliche Nebeneinander der ethnischen Gruppen, zu forcieren als den multiethnischen Zusammenschluß, der von allen Volksgruppen noch strikt abgelehnt wird und von uns daher derzeit gar nicht zu erzwingen ist.

Wir besprechen auch, ob und wie wir inoffiziell Angehörige der ehemaligen albanischen Polizei (PU) von Hashim Thacis Übergangsregierung in Ausnahmefällen nutzen können, damit sie uns bei unseren polizeilichen Ermittlungen unterstützen. Die Polizei von UNMIK und unsere Militärpolizisten sehen sich allzu oft einer Bevölkerung gegenüber, die nichts gesehen, die auch nichts gehört hat und die aus Angst schweigt. Wir müssen aber endlich Ergebnisse erzielen und diese veröffentlichen, da es in der Bevölkerung erste Anzeichen dafür gibt, daß man das Vertrauen in unser Rechts- und Strafverfolgungssystem verliert. Ehemalige Polizeibeamte, welche die Sprachen sprechen und die Örtlichkeiten kennen, könnten in diesem Zusammenhang für uns eine große Hilfe sein. Ich möchte vor einer Entscheidung aber erst noch mit Bernard Kouchner und Svend Frederiksen, dem Polizeichef von UNMIK, sprechen.

Ich fliege am Nachmittag zur MNB (S), um beim türkischen Bataillon im Raum Dragaš Dienstaufsicht zu machen. Die türkischen Soldaten machen einen erstklassigen Eindruck. Sie sind sehr diszipliniert und mit modernsten Einrichtungen hervorragend ausgerüstet. Ihr Kommandeur unterstreicht immer wieder, wie stolz sie seien, gerade unter einem deutschen Brigadekommando dienen zu können. Ich fahre mit einer Patrouille an die albanische Grenze, wo die Türken bereits neunundfünfzig albanische Schmuggler erwischt haben.

Am späten Nachmittag überrascht mich Bernard Kouchner mit einem Besuch in Begleitung seiner ganzen Familie – mit Madame Kouchner, einer sehr eleganten, ungemein attraktiven und einnehmenden Frau, und den vier Kindern. Wir trinken in meinem engen Büro Kaffee und mein Hauptgefreiter Klinger schafft es sogar, irgendwoher Kuchen zu organisieren. Er ist unschlagbar.

Montag, der 1. November 1999; 25. Tag   trocken, Sonnenschein

In den letzten vierundzwanzig Stunden hat es eine Reihe schlimmer Vorfälle gegeben, die auf eine Zunahme der anti-serbischen Gewalt hindeuten. Samstag nacht wurde in Lipljan aus einem vorbei fahrenden Auto in eine Gruppe junger Serben, die gerade Fußball spielten, eine Handgranate geworfen. Es gab drei Schwerverletzte. In der gleichen Nacht wurden bei Orahovac sieben Serben entführt.

Letzte Nacht wurde Momčilo Trajković, der Präsident der serbischen Widerstandsbewegung des Kosovo, durch seine Haustür beschossen. Er erlitt Verletzungen am Bein. Glücklicherweise war seine Verletzung nicht allzu schwer, so daß er das Krankenhaus schon kurze Zeit später verlassen konnte. Bernard Koucher und ich besuchen ihn am Abend. Trajković liegt im Kreis seiner Familie auf dem Bett, er macht einen bemerkenswert guten Eindruck. Ich lerne die Familie seines Sohnes kennen, die eigentlich in Köln lebt und zufällig gerade zu Hause ist. Die Royal Green Jackets hatten Trajković für die Nacht zusätzlichen Schutz angeboten, den er jedoch entschieden abgelehnt hatte.

Der schwerwiegendste Vorfall ereignete sich jedoch, als ein Serbe bei Gnjilane anhielt, um eine Reifenpanne zu beheben. Er und seine Mitfahrer wurden angegriffen, er selbst durch einen Kopfschuß getötet. Unsere Ermittlungen sind noch in vollem Gange, wir haben noch keine Anhaltspunkte darüber, wer diese Anschläge begangen haben könnte.

Während des Treffens mit UNMIK am Abend besprechen wir die Möglichkeit einer gemeinsamen Verurteilung des Terrorismus und der ethnisch begründeten Gewalt durch die Mitglieder des KTC. Mit einer

164

derartigen Erklärung ließe sich eine Isolierung der Gewalttäter errei-chen; Weigerungen, ihr zuzustimmen, würden die jeweiligen Politiker marginalisieren. Wir fassen gemeinsam den Wortlaut einer derartigen Erklärung ab, die ich dem Rat am kommenden Mittwoch vorlegen werde.

Ich besuche am frühen Morgen Bernard Kouchner, der heute seinen 60. Geburtstag hat. Ich gratuliere ihm mit einer Kiste badischen Weins. Es ist bezeichnend, daß niemand von UNMIK von Bernards Geburtstag weiß, auch nicht die nächste Umgebung. Wir sprechen über die Vor-fälle der letzten Tage. Wir würden gern eine bessere professionelle Fä-higkeit zur Unruhebekämpfung sowie Spezialisten zur Terrorbekämp-fung haben; Bernard wird diese Forderungen beim Sicherheitsrat der Vereinten Nationen einbringen.

Bei einem Besuch von Hashim Thaci mache ich ihm meine Abscheu gegen die jüngste Flut der ethnisch motivierten Übergriffe auf Serben sehr deutlich. Thaci streitet ab, zu wissen, wer hinter diesen Verbrechen steckt. Er gibt vor, daß hier Leute am Werk sein könnten, die das KPC in Mißkredit bringen wollten. Ich habe dafür überhaupt keine Anhalts-punkte – und frage mich auch nach dem Motiv hinter einer solchen Zielsetzung.

Hauptgrund für den überraschenden Besuch Thacis ist, daß er sich darüber beschweren möchte, an einem russisch besetzten Checkpoint bei Mališevo angehalten und unangemessen behandelt worden zu sein. Es scheint, daß seine arroganten Leibwächter die Russen am Check-point provozierten. Sie sind der Aufforderung, aus den Autos auszu-steigen, nicht nachgekommen, sondern haben darauf bestanden, daß Thaci und seine Entourage von insgesamt zehn Fahrzeugen ungeprüft durchgewunken werden. Dem haben die Russen nicht zugestimmt, son-dern auf einer Durchsuchung aller Fahrzeuge nach Waffen und auf den dazugehörigen Waffenscheinen bestanden. Daraufhin ist es zu Hand-greiflichkeiten gekommen, bei denen beide Seiten zu den Waffen grif-fen; glücklicherweise aber lief die Sache glimpflich ab.

Jacup Krasniqi, Informationsminister in der Übergangsregierung, läuft vor Erregung ganz rot an und kreischt, was man da seinem „Mini-sterpräsidenten" im eigenen Land alles zumute, und dies noch dazu von Russen!

Am meisten scheint Thaci zu ärgern, daß die Russen diesen Vorfall für nicht wichtig genug hielten, ihn mir zu melden, denn ich hatte bisher keine Kenntnis. Ich bin erschrocken, wie sehr Thaci von einer Sekunde zur nächsten aus der Rolle fällt. Eben noch freundlich und verbindlich, hat er plötzlich „Schaum vor dem Mund". Er ist ein Mann mit vielen Gesichtern, kann sich selbst zu wenig im Zaum halten. Dies schadet ihm mehr als denen, die er dann mit sehr verletzenden Worten verbal angreift.

Ich versichere ihm, daß ich den Vorfall mit den Russen sofort untersuchen lasse. Ich verweise aber auch darauf, daß die von KFOR herausgegebenen Verhaltensregeln beim Passieren von Checkpoints für alle Bürger des Kosovo gelten. Dies sei daher keine – wie von ihm behauptet – Provokation von KFOR gegen ihn und seine Männer, sondern eine lokale Aktion, die ich erst einmal aufklären müßte.

Anschließend beauftrage ich Generalmajor Pereljakin, mir eine schriftliche Meldung zu diesem Vorfall vorzulegen.

Ich hoffe, daß ich nichts ausbrüte. Mir geht es mies, ich habe mir beinah die Seele aus dem Leib …; leider bleibt keine Zeit, mich zum Auskurieren ins Bett zu legen.

Dienstag, der 2. November 1999; 26. Tag   grau, verhangen

Im Verlauf der heutigen Kommandeursbesprechung diskutieren wir über Wege und Mittel, um die anti-serbische Gewalt einzudämmen. Die Kommandeure klagen über mangelnde nachrichtendienstliche Erkenntnisse sowie über die fehlenden Anhaltspunkte für ihre Ermittlungen. Die Bevölkerung vor Ort hält es wohl erneut mit dem Grundsatz „nichts sehen, nichts hören und nichts sagen".

Es gibt aber auch gute Neuigkeiten: MNB (N) hat zwei Männer im Zusammenhang mit der Entführung bei Mitrovica und MNB (S) drei Verdächtige im Zusammenhang mit dem Überfall auf den Konvoi bei Peć festgenommen. Eine weitere gute Nachricht kommt vom amerikanischen Brigadegeneral Peterson, der uns unterrichtet, daß sich die Vereinigten Staaten bereit erklärt haben, für Uniformen, Ausrüstung und Gehälter des KPC 10 Mio. US-$ zur Verfügung zu stellen.

Der italienische Brigadekommandeur Giuseppe Gay meldet einen permanenten Zuzug serbischer Flüchtlinge in das nahe bei Peć gelegene Dorf Goraždevac. Dort würden etwa siebenhundert Serben unter italienischem Schutz in relativer Sicherheit leben.

Im Anschluß an die Kommandeurstagung führe ich mit allen in Orahovac Engagierten von KFOR, UNMIK, UNHCR und OSZE eine Besprechung über unser weiteres Vorgehen in der Stadt durch. Wir besprechen zunächst alle Einzelheiten der Lage und diskutieren jede nur denkbare Alternative für eine mögliche Lösung; kein Gedanke ist verrückt genug, nicht geprüft und besprochen zu werden.

Brigadegeneral Jack Schmitt, mein Operationschef, erläutert anschließend unseren Plan zum weiteren Vorgehen. Danach soll die Multinationale Brigade Süd in einer ersten Phase überall dort KFOR-Checkpoints einrichten, wo bisher die örtliche Bevölkerung Blockaden errichtet hatte. Mit diesem Schritt wollen wir die Kontrolle der Zufahrtsstraßen übernehmen. Zeitgleich würden wir den Stab des russischen Bataillons mit dem niederländischen Bataillonsstab auf einem Flugplatz drei Kilometer außerhalb von Orahovac bei Brnjace zusammenlegen.

In einem zweiten Schritt soll eine einzige russische Kompanie nordwestlich von Orahovac in einem Raum bei Ratkovac stationiert werden. Diese Kompanie soll dann gemeinsam mit den deutschen Truppen gemischte Patrouillen durchführen. Der Ort Orahovac bliebe so von russischen Truppen völlig ausgespart und würde nur von deutschen oder niederländischen Truppen kontrolliert. Die Russen würden sich damit mit sehr begrenzten Kräften – deutlich unter der Stärke eines Bataillons – ausschließlich auf das weitere Umfeld konzentrieren.

Eine derartige Lösung wäre durchaus im Einklang mit dem Helsinki-Abkommen, das den Ortsnamen Orahovac nicht ausdrücklich erwähnt, sondern nur festgelegt hat, daß „Rußland ein oder zwei Bataillone stellt, die Teil der KFOR-Truppe im deutschen Sektor sein werden und im Raum bei Mališevo operieren".

Alle an der Sitzung Beteiligten stimmen diesem schrittweisen Vorgehen, das sich über etwa einen Monat erstrecken soll, zu. Generalmajor Pereljakin hatte mir bereits vorab mitgeteilt, daß seine Regierung mit dieser Lösung leben könne.

Am Abend habe ich ein Gespräch unter vier Augen mit Hashim Thaci, der diesem Ansatz unter der Voraussetzung, daß die Russen aus Orahovac selbst herausgehalten werden, zustimmt. Ich werde diese Frage morgen auch mit Ibrahim Rugova sowie General Çeku besprechen und sie um ihre Mithilfe bitten. Erst mit deren Zustimmung werde ich dann versuchen, alle Beteiligten an den Verhandlungstisch zu bekommen, um dann hoffentlich auch eine Vereinbarung unterzeichnen zu können. Ich warne alle Beteiligten jedoch vor allzu großem Optimismus; noch liegen viele Fallen vor uns.

Wir beabsichtigen, Dr. Milan Ivanović, den widerborstigen Chef der Krankenhausverwaltung von Mitrovica, am kommenden Donnerstag von seinem Posten im Krankenhaus abzulösen.

Thaci bittet für sich und ähnlich gestellte politische Führungspersönlichkeiten im Kosovo um einen Sonderausweis, der ihnen ganz persönlich die täglich mehrmaligen Überprüfungen an den diversen Checkpoints quer durch die Republik erspart. Ich kann mich mit diesem Gedanken anfreunden und gebe einen diesbezüglichen Prüfungsauftrag in den Stab.

Den Vorfall, der ihn gestern so maßlos erregt hat, spielt er heute lässig als Lappalie herunter!

Ein wichtiger Besucher war heute Generalleutnant Bill Leach, Generalstabschef der kanadischen Streitkräfte. Ich sage Bill, wie froh ich bin, seine Leute unter meinem Kommando zu haben. Sie leisten Hervorragendes.

Am Nachmittag mache ich einen Rundgang durch unsere riesige Baustelle. Die meisten der Fundamente für die Container sind gelegt, überall wird betoniert, verschalt, gehämmert, gebaut und gewalzt; es ist ein unglaublicher Dreck, der in der Luft hängt bzw. sich bei Regen in abgrundtiefen Schlamm verwandelt, der überall hängen bleibt und alle Gebäude total verdreckt. Man bekommt ihn nicht mehr los. Umso mehr sehnen sich alle danach, möglichst bald den Sprung aus den Sammelunterkünften der Zelte und von den überaus primitiven sanitären Einrichtungen heraus in trockene, saubere und geheizte Container-Unterkünfte wagen zu können. Ich habe diesbezüglich massiven Druck und mich bei den Leuten nicht nur beliebt gemacht, aber ich will baldige positive Ergebnisse und akzeptiere keine bürokratischen Verzögerungen.

Mir geht es immer noch mies.

Mittwoch, der 3. November 1999; 27. Tag
trocken,
in der Nacht sehr kalt

Ich beginne den offiziellen Tag mit einem Journalisten-Frühstück, zu dem wir acht Journalisten aus NATO-Staaten eingeladen haben, um sie in einem Hintergrundgespräch mit unseren weiteren Absichten im Kosovo vertraut zu machen. Es ist interessant, daß es kaum kritische Fragen gibt; die meisten der Journalisten teilen die Auffassung der Politiker, daß sich alle Probleme von selbst lösen werden, wenn Milošević erst einmal abgetreten ist. Ich halte diesen Ansatz für völlig falsch, zumal es keine Planung der Internationalen Gemeinschaft für „die Zeit danach" gibt. Aus albanischer Sicht wird es angesichts des starken serbischen Nationalismus ohne Milošević eher schwieriger, da dann die öffentliche Meinung des Westens umschwenken könnte. Bisher hat man sich politisch so schön hinter dem serbischen Diktator verstecken können. Was wird, wenn er nicht mehr da ist? Was wird dann aus dem albanischen Anspruch auf nationale Unabhängigkeit? Die Journalisten haben kaum einen Blick für den vorherrschenden albanischen Nationalismus; sie sehen ihn allenfalls als vorübergehende Erscheinung und als Konsequenz der früheren Unterdrückung an.

Es gibt Anzeichen dafür, daß die Serben trotz der Schüsse auf Momčilo Trajković kurz davor stehen, in den Kosovo Transitional Council (KTC) zurückzukehren.

In der heutigen Sitzung des KTC fehlen Thaci und Rugova, beide werden aber vertreten. Ich schlage vor, die mit Kouchner gestern erarbeitete Resolution zu verabschieden, in der wir den Terrorismus gegen Mitglieder jeder ethnischen Gemeinschaft verurteilen. Sie wird einstimmig angenommen. Damit haben wir es zum ersten Mal geschafft, die albanischen Politiker aus der Deckung zu locken und Terrorismus sowie Gewalt offiziell zu verurteilen. Ich sehe das als einen respektablen Erfolg an: Die politische Führung im KTC ruft alle Menschen im Kosovo auf, mit Anschlägen und Gewalt Schluß zu machen. Ich biete anschließend den Mitgliedern des KTC einen VIP-Ausweis an, mit dem ein ungehindertes Passieren der KFOR-Checkpoints möglich ist. Diese Geste wird von allen Herren sehr begrüßt. Ich hoffe, daß wir mit dieser Maßnahme Vorfälle wie den mit Hashim Thaci an dem russischen

169

Checkpoint, der beinahe in einem Schußwechsel endete, künftig vermeiden können.

Sehr intensiv wird erneut die Stromfrage im Kosovo diskutiert. Joan Pears vom Internal Management Team von UNMIK trägt dazu vor; sie analysiert die Probleme der beiden uralten und heruntergekommenen Kraftwerke, ohne zu sagen, welche Abhilfen wirklich greifen könnten. Sie verweist darauf, daß man im Notfall aus Mazedonien und Albanien Strom importieren könnte, vergißt dabei aber, daß die dazu erforderlichen Stromleitungen während des Luftkrieges weitgehend zerstört wurden und es immer noch sind. Pears gibt zu, daß man den Zustand der beiden Kraftwerke noch im Einzelnen untersuchen müsse (ich frage mich, was die angeblichen „Fachleute" bisher überhaupt getan haben) und die Risiken nicht genau kenne. Man würde, so Pears, die beiden Kraftwerke, die in der administrativen Aufsicht der britischen Firma Morrison stehen, schrittweise überholen und hoffe, damit bis zum 10. Dezember weitgehend fertig zu sein.

Die Lage ist ernst. Ich habe nicht den Eindruck, daß die Verantwortlichen der Situation gewachsen sind. Trotz aller Vorsichtsmaßnahmen könnte es bei dem von Mrs. Pears vorgetragenen Zeitplan zwischen dem 10. und dem 23. November zu erheblichen Stromausfällen kommen. Diese würden zu den befürchteten Negativfolgen führen, einschließlich des totalen Ausfalls der Wasserversorgung, da alle Wasserpumpen elektrisch betrieben werden. Ich biete an, im Notfall die Bevölkerung mit Wassertankfahrzeugen von KFOR zu versorgen. Dies wird dankbar begrüßt; Qosja beklagt, daß Teile der Bevölkerung bereits seit 9 Tagen ohne Wasser sind. Er fordert Stromgeneratoren für die Krankenhäuser und wirft UNMIK in drastischen Worten vor, bisher zu wenig getan zu haben.

Dennis McNamara vom UNHCR trägt zum Winter-Hilfsprogramm vor. Über 200.000 Häuser seien zerstört, davon etwa 100.000 so stark, daß sie nicht mehr repariert werden könnten. Bisher habe man etwa 66.000 Häuser wieder wohnfertig gemacht, rund die Hälfte der Hilfsgüter sei an die Bevölkerung verteilt. Dennoch müßten rund 14.000 Menschen während des Winters noch in Sammellagern bleiben und man müsse in 130 Bergdörfer Verpflegung für vier Monate auslagern, damit dort die Bevölkerung über den Winter komme. Dies wird vor allem eine Aufgabe für KFOR sein, da wir mit unseren geländegängigen Fahrzeugen und Hubschraubern überall hinkommen können.

Ich treffe mich mit General Çeku in unserem großen Verpflegungszelt zum Mittagessen. Çeku wundert sich, Soldaten aller Nationen – unabhängig von ihren Dienstgraden – unter sehr einfachen Rahmenbedingungen an gemeinsamen Tischen beim Essen zu sehen. Er hatte wohl mehr „Klassendenken" erwartet.

Er schlägt vor, den örtlichen Stab des Kosovo Protection Corps für Mitrovica im Nordteil der Stadt zu stationieren und ihn dort mit der zivilen Verwaltung von UNMIK zusammenzulegen. Ich lehne das rundweg ab, denn das würde die ohnehin schon kritische Situation in der Stadt zum Explodieren bringen. Die Serben würden dies als Provokation ansehen und alle unsere Versuche der gütlichen Zusammenarbeit aufkündigen.

Am Nachmittag besucht mich der Chef der schwedischen Armee, Generalleutnant Johann Hederstedt. Auch er möchte einige seiner Stabsoffiziere in den KFOR-Stab integrieren. Ich sage ihm eine rasche Entscheidung aus Brüssel zu und unterstreiche, wie sehr ich mit den Soldaten seines großen Kontingents zufrieden bin.

Vor fast zwei Wochen hat die UNMIK-Polizei offiziell die Ermittlungs- und Polizeihoheit für Mitrovica übernommen, so wie dies bisher schon in Priština der Fall war. Leider scheint die Polizei jedoch größere Probleme zu haben, die Lage in Mitrovica in den Griff zu bekommen. Gestern wurde eine ihrer Streifen von einer Gruppe von Serben angegriffen. Da die UNMIK-Polizei keine Maßnahmen ergriff, vereinbare ich mit Jock Covey, wieder in Phase 2 der Polizeihoheit zurückzukehren, d. h. gemeinsame Patrouillen der Polizei und unserer Soldaten unter Führung der KFOR.

Wir dürfen derartige Angriffe der Serben nicht weiter ohne sofortige Reaktion hinnehmen. Ich habe Brigadegeneral Poncet daher angewiesen, die Angreifer, die blaue Overalls trugen, festzunehmen und Oliver Ivanović einzubestellen, um ihn diesbezüglich zu instruieren. Ivanović kam sofort und distanzierte sich von dem Vorfall. Er gab als „Zeichen des guten Willens" die Waffe, die einem der Polizisten bei dem Angriff gestohlen worden war, zurück. Damit wurde aber erneut deutlich, daß Ivanović die Fäden in Nord-Mitrovica selbst zieht und die Männer, die den Angriff provozierten, von ihm kamen. Eigentlich müßten wir Ivanović selbst festsetzen; ich befürchte allerdings, daß uns dann die Lage in der Stadt völlig außer Kontrolle gerät. Ivanović ist rationalen Argumenten zugänglich, und wir können über ihn auf die serbische Bevölkerung einwirken. Es ist offenkundig, daß er Übergriffe albanischer Extremisten in den Norden der Stadt befürchtet und Angst hat, dies könnte sich dann zu einer größeren Aktion ausweiten. Eine mögliche Konsequenz daraus könnte der Auszug der serbischen Bevölkerung sein, der politisch verheerend wäre. Nach unseren Erkenntnissen sind diese Befürchtungen nicht unbegründet. Das Unruhepotential in Mitrovica liegt eher bei den albanischen Hardlinern als bei den Serben.

In der abendlichen Besprechung unterrichtet uns Jock Covey, er habe einen Hinweis erhalten, daß es in den kommenden Tagen zu einem Angriff von ehemaligen UÇK-Kämpfern bzw. Tschetschenen auf russische oder ukrainische Soldaten kommen werde. Ich gebe diese Warnung an Generalmajor Pereljakin weiter und beauftrage den Stab, in dieser Sache sofort unsere eigenen Ermittlungen aufzunehmen.

Ich treffe mich mit Hashim Thaci in einem Restaurant zum Abendessen; er hat mich eingeladen.

Donnerstag, der 4. November 1999; 28. Tag　　　　　sonnig, trocken

Heute führen wir unsere Gefechtsübung OPERATION RESOLVE mit Volltruppe durch. Wir wollen damit unsere Entschlossenheit demonstrieren, uns im Fall einer gewaltsamen Rückkehr jugoslawischer Streitkräfte mit allen multinationalen Kräften von KFOR zu verteidigen. Die Übung wurde von der Multinationalen Brigade Süd durchgeführt, die ein verstärktes gepanzertes Bataillon aus deutschen, niederländischen, türkischen und österreichischen Truppen mit starker amerikanischer Hubschrauber- und Luftunterstützung aus dem Raum Prizren in den Bereich Podujevo verlegt, wo sich die dort stationierten britischen Truppen der Übung anschließen.

Tausende Neugierige sehen sich diese Übung an. Alle Schulkinder vor Ort nehmen sich frei und kommen aus den Schulen, um den Soldaten von KFOR zuzuwinken und zu applaudieren. Die Verlegung ver-

172

läuft mit der Präzision eines schweizerischen Uhrwerks und beeindruckt die Bevölkerung. Eine Reaktion von Belgrad steht noch aus. Ich werde weitere Vorhaben dieser Art folgen lassen.

Dr. Milan Ivanović hat sich der Forderung der UNMIK gefügt, das Krankenhaus in Mitrovica zu verlassen. Bisher ist es dort ruhig. Leider haben die Franzosen bisher keinen der Serben festnehmen können, die bei dem Angriff auf die UNMIK-Polizisten beteiligt waren. Ich kann das nicht nachvollziehen, zumal der französische Brigadekommandeur über ein ihm eigens unterstelltes Bataillon französischer Gendarmerie verfügt. Hashim Thaci bewegt sich weiter auf dem schmalen Grad zwischen legitimem Politiker und Unterwelt. In der vergangenen Nacht nahmen britische Soldaten in Thacis Residenz zwei Männer wegen des unberechtigten Besitzes von AK-47-Gewehren fest. Ich rufe den Vertreter der US-Regierung in Priština, Larry Rossin, an und bitte ihn, seinerseits mäßigend auf den amerikanischen Schützling Thaci einzuwirken.

Die wichtigsten Besucher des Tages waren der Premierminister Irlands, Bertie Ahern, sowie der Inspekteur des belgischen Heeres, Generalleutnant Bastien, der vom belgischen NATO-Botschafter Thierry de Gruben begleitet wurde. Hauptmann See und ich fahren kurz vor Mitternacht noch nach Skopje, um morgen das erste Flugzeug nach Budapest zu nehmen. Ich freue mich darauf, dort mit der Ehrendoktorwürde der Universität ausgezeichnet zu werden.

Freitag, der 5. November 1999; 29. Tag   Budapest

Das Flugzeug von Skopje nach Wien hat Verspätung. Keiner weiß, warum. Ich sitze wie auf Kohlen, da die Feierstunde in Budapest um 13.00 Uhr beginnt. In Wien hecheln wir dem Anschlußflug hinterher und kommen in Budapest in letzter Sekunde an.

In einer sehr würdigen Feierstunde verleiht mir die ungarische Nationaluniversität Miklos Zrinyi in Budapest die Ehrendoktorwürde. Der Präsident der Universität, Professor Dr. Miklos Szabo, findet in seiner Laudatio sehr freundliche Wort für mich. Er stellt mein Bemühen um die Eingliederung Ungarns, Polens und der Tschechischen Republik in die Atlantische Allianz heraus und würdigt meine historischen Veröffentlichungen. Es scheint ihm wichtig zu sein, deutlich zu machen, daß vor mir nur ein Ausländer, der damalige Generalsekretär der NATO, Dr. Manfred Wörner, mit der Ehrendoktorwürde ausgezeichnet wurde.

Es ist wohl das erste Mal, daß der Kandidat im Flecken-Tarnanzug und Kampfstiefeln erscheint, um diese hohe Auszeichnung entgegenzunehmen. Manfred Wörner hatte sicher den richtigen Anzug an! Ich fühle mich in meinem Oliv neben den Smokings und Abendkleidern der anderen Kandidaten und vielen Ehrengäste etwas fehl am Platze, hatte aber in Priština weder Zivil noch eine normale Uniform dabei und konnte wegen der kurzfristigen Ankündigung auch nicht mehr nach Hause fahren. So halte ich meine Dankesrede im Kampfanzug und leite sie damit ein, daß ich eigentlich nach Budapest gekommen sei, um endlich wieder einmal in einem richtigen Bett zu schlafen und mit warmem, vor allem mit fließendem Wasser ausführlich zu duschen. Ich bekomme Standing Ovation. Als ich daran erinnere, daß ich mich wegen des heroischen Aufstandes der Ungarn im Jahr 1956 entschlossen hatte, Soldat zu werden, greift manch einer im Auditorium zum Taschentuch.

Nach dem festlichen Mittagessen im Beisein des deutschen Botschafters sowie unseres Militärattachés und nach einem sich fast unmittelbar anschließenden Abendessen mit hohen Würdenträgern der ungarischen akademischen Elite geht es relativ früh ins Bett. Davor war Dauer-Duschen angesagt.

Samstag, der 6. November 1999; 30. Tag   sonnig, warm

Mit dem ersten Flieger geht es zurück nach Skopje, wo ich mich gegen 11.00 Uhr noch auf dem Flugplatz mit dem Generalleutnant der US Air Force, Mike Short, der in Aviano für die Luftunterstützung meiner Truppen verantwortlich ist, verabredet habe. General Short versichert mir, daß er unseren Einsatz im Kosovo weiterhin gut unterstützen könne. Wir vereinbaren, unsere regelmäßigen Übungen zur Luftnahunterstützung (bis zu 10 am Tag) in enger Zusammenarbeit mit den Flieger-

174

leitoffizieren und deren Fliegerleittrupps in den Brigaden unverändert fortzusetzen.

Am Abend wird auf der Eisenbahnbrücke über den Fluß Ibar bei Mitrovica eine Bombe gefunden, die entschärft werden kann. Eine zweite, kleinere Bombe war hochgegangen und hat begrenzten Schaden angerichtet. Die Männer der MNB (N) haben richtig reagiert und den Bereich rasch und wirksam gesichert. Sie konnten noch rechtzeitig einen Zug anhalten, in dem sich 380 Serben auf der Rückfahrt nach Kosovo Polje befanden. Sie hatten im serbischen Bereich nördlich von Mitrovica in der Stadt Leposavić Einkäufe gemacht. Die Franzosen stellen den Serben Busse für die Heimreise bereit. Wir ermitteln in der Sache, es ist aber derzeit noch unklar, ob Albaner oder serbische Hardliner hinter diesem Zwischenfall stecken. Für mich persönlich sieht alles nach einem Anschlag der Albaner aus, die damit den Serben das Leben im Kosovo vergällen wollen. Wir schätzen, daß die Brücke bis zur kommenden Woche instandgesetzt sein wird. Bis dahin werden wir Busse zur Beförderung der Serben einsetzen. Brigadegeneral Poncet unterrichtet mich, daß die MNB (N) die enge Zusammenarbeit mit der UNMIK-Polizei wieder aufgenommen hat. Sie machen gemeinsam gute Fortschritte. Nach der Warnung an Oliver Ivanović, daß das Tragen von uniformähnlichen Overalls nicht geduldet wird, sind diese sofort von den Straßen verschwunden. Im Krankenhaus von Mitrovica bleibt es auch nach dem Auszug von Dr. Ivanović ruhig. Es gibt sogar einige Voranzeichen, daß die Serben jetzt einlenken und der Rückkehr albanischer Patienten und Mitarbeiter zustimmen könnten.

Die Untersuchung zum Zwischenfall am russischen Checkpoint hat eindeutig ergeben, daß sich die Russen richtig verhalten haben und es nur ihrer Umsicht zu verdanken war, wenn es mit den Männern Thacis nicht zu einer Schießerei gekommen ist. Wir haben Bilder von dem Vorfall, die nicht für Thaci sprechen. Mein Chef des Stabes schreibt Thaci einen geharnischten Brief und weist zusätzlich darauf hin, daß Thacis Leibwächter bei entsprechendem Waffenschein nur Pistolen, auf keinen Fall aber Gewehre tragen dürften.

Am Spätnachmittag treffen Wendy Gilmore und ich uns mit Peter Feith und den anderen Mitgliedern der „Balkans Task Force". Ich stelle den Herren die Lage dar und betone, daß wir jetzt und sofort Gelder brauchten, insbesondere für die Gehälter der öffentlich Beschäftigten. Im übrigen lasse es die derzeitige Sicherheitslage nicht zu, die Truppenstärke in absehbarer Zeit zu reduzieren.

Die Russen bitten, auf dem Berg Goleš, auf dem wir alle unsere Funk-Wiederholer und Überwachungsanlagen aufgebaut haben, eigene Übertragungssysteme einzurichten. Ich lehne kategorisch ab, um unsere Fernmeldesicherheit nicht zu kompromittieren.

Am Abend treffe ich mich zu einem längeren Gespräch mit Jolly Dixon, der einen sehr frustrierten Eindruck macht. Die EU unterstützt ihn nicht so effektiv, wie er sich dies erwartet. Sein Arbeitsbereich für den Wiederaufbau könnte viel effektiver sein, wenn er das dazu erforderliche Minimalpersonal hätte und nicht alles aus Brüssel zentral gesteuert würde.

Sonntag, der 7. November 1999; 31. Tag   bedeckt, mäßig warm

Mein heutiger Truppenbesuch gilt dem polnischen 18. Luftlandebataillon im Bereich MNB (E). Dieses Bataillon ist primär für den serbischen Bereich um Štrpce verantwortlich. In und um das Feriengebiet Štrpce mit seinen vielen Hotels wohnen etwa 11.000 Serben, die sich aus der ganzen Umgebung, insbesondere aus dem Raum um Prizren und Uroševac, hierher wie in eine Enklave zurückgezogen haben. Sie warten hier die weitere Entwicklung ab und hoffen, möglichst bald wieder in ihre früheren Wohnungen zurückkehren zu können.

Ich werde zunächst in den Aufgabenbereich eingewiesen und fahre dann in einem ihrer Schützenpanzer vom Typ BRDM bei einer Patrouille mit in die Berge bei Kostanjevo, knapp 1.300 Meter hoch in schwer zugänglichem und sehr abgelegenem Gelände. Wir halten erstmals an einem ständigen Checkpoint bei Drajkovice genau auf der Trennlinie zwischen der serbischen und der albanischen Volksgruppe. Die Polen leisten ausgezeichnete Arbeit. Sie haben den Vorteil, selbst eine slawische Sprache zu sprechen und sich somit ohne zu große Probleme und auch ohne Dolmetscher mit den Serben unterhalten zu können. Sie fahren täglich Begleitschutz für zwei Konvois der Serben durch den gesamten Einsatzraum der Multinationalen Brigade Süd hin

176

zum Gate 5, von wo aus die serbischen Busse ins Preševo-Tal weiterfahren. Die Serben erhalten dadurch die Chance, in Südserbien einen serbischen Arzt oder Rechtsanwalt aufsuchen oder einfach dort ihre Einkäufe erledigen zu können. Ich bin beeindruckt von dem, was ich an praktischer Unterstützung sehe. Wir fahren hoch in die Bergdörfer, reden mit den Serben, die sehr offen und interessiert sind, wie es denn weitergeht. Man scheint mich allerorts zu kennen, der Wunsch nach Autogrammen bleibt hier oben ebenso wenig aus wie die Einladung in die guten Stuben, denen ich gerne nachkomme. Wenn nur der Slibowitz nicht wäre …

Am Grenzübergang in Blace gibt es Probleme. Dort sind die zivilen Lastwagenfahrer in den Streik getreten. Sie protestieren, weil sie lange Wartezeiten in Kauf nehmen müssen, während die KFOR-Fahrzeuge an ihnen vorbeigewunken werden. Wir versuchen über unser Rückwärtiges Hauptquartier in Skopje, die Abfertigung im Eurotrade Centre und am Grenzübergang selbst zu beschleunigen, um mögliche Konflikte zwischen den Fahrern von KFOR und den zivilen Kraftfahrern zu verhindern. Unser Eindruck ist jedoch, daß die mazedonische Regierung die Eskalation des Problems mit Absicht herbeiführt, um vor den nächsten Wahlen ihre Unabhängigkeit von der NATO zu beweisen. Nach den Vorwahlen lag der Kandidat in Führung, der sich am unverhohlensten gegen die NATO aussprach.

Bernard Kouchner ist in diesen Tagen in New York, um endlich die ersehnte Hilfe zu bekommen. Alle Berichte über seinen Auftritt vor dem Sicherheitsrat am Freitag sind positiv. Es scheint, als habe er den Rat von der Notwendigkeit überzeugen können, den Haushalt für das Kosovo umgehend mit erheblichen Mitteln auszustatten. Augenscheinlich haben die Vereinigten Staaten noch einmal 30 Mio. US-$ versprochen (hoffentlich wirklich „zusätzliche" Mittel), und die Niederländer haben ihre Zusage von 15 Mio. US-$ bestätigt. Zusicherungen sind jedoch nur die eine Seite, denn nun muß das Geld noch fließen und hier dann rasch verteilt werden, um Unruhen zu vermeiden. Hoffentlich führt dieser „gute Wille" dann auch tatsächlich zur Finanzierung des KPC.

Unsere Unterredung mit Jock Covey ist heute etwas hitzig. Ich mache kein Geheimnis daraus, daß ich wegen des Stillstands der Aktivitäten in Mitrovica mehr als frustriert bin. Warum haben wir überhaupt eine gemeinsame Strategie für Mitrovica erarbeitet, warum haben wir gemeinsame Planungsgremien, wenn wir das, was wir beschlossen haben, dann nicht umsetzen? Verfolgt UNMIK diese Strategie überhaupt, oder läuft alles nur ad hoc? Ich habe den Studentenführen mein Wort gegeben. Was ist seither bezüglich des weiteren Vorgehens an der Universität geschehen bzw. aktiv von UNMIK unternommen worden? Welche Schritte hat UNMIK eingeleitet, um das Krankenhaus wieder für die Albaner zu öffnen? Welche Pläne hat UNMIK für Trepča?

Die Antworten sind ausweichend, bestenfalls Absichtserklärungen, aber wenig Konkretes. Wenn wir so weitermachen, läuft uns die Sache aus der Hand. Covey weist darauf hin, daß er Sir Martin Garrod und seine Mitarbeiter nicht übersteuern will; aber er wird nicht darum herumkommen, wenn wir erfolgreich sein wollen. Die örtliche UNMIK-Administration scheint mit der schwierigen Lage entweder überfordert zu sein, oder sie hat sich dem Motto verschrieben, besser nichts zu tun, um keine Fehler zu machen! Bei Trepča weist Covey auf die rechtlichen Fragen der ungeklärten Besitzverhältnisse hin, die New York geregelt haben möchte, bevor finanzielle Schritte eingeleitet werden. Allein dafür benötige man acht bis zwölf Monate.

Ich fühle mich wie eingeengt. Wir bei KFOR wollen tätig werden. Wir sehen mit zunehmender Sorge, in welche Richtung die ganze Sache driftet. Wir können nichts selbst tun, bestenfalls den Mund aufmachen, weil wir für diese politischen und wirtschaftlichen Fragen keine Verantwortung tragen, allenfalls für die Folgen den Kopf hinhalten, wenn es schief läuft. Dies ist mein Ansatz, warum ich immer wieder anzuschieben versuche. Aber es ist wie bei Gulliver: Die vielen „Fachleute" bremsen uns aus und halten uns am Boden fest. Bernard Kouchner muß die Zügel rasch anziehen, sowie er aus New York zurück ist.

Am Abend habe ich einen ausführlichen Gedankenaustausch mit Generalmajor John R. Dallager, dem Operationschef von SHAPE, den ich in allen Fragen auf den neusten Stand bringen kann. Ich bin froh, diese Chance zu haben, denn es ist mir sehr wichtig, nicht nur den SACEUR mit meinen nächtlichen E-Mails unmittelbar zu unterrichten sowie mindestens zweimal pro Woche mit DSACEUR und General Stöckmann zu telefonieren, sondern auch die Arbeitsebene über unsere Arbeit so direkt wie möglich zu informieren und die nächsten Schritte zu begründen.

Weitere Besucher waren heute Generalleutnant Erol Tutar, der Kommandierende General des IV. türkischen Korps, und Generalmajor Tunca, Kommandeur der 1. türkischen MechDivision.

Montag, der 8. November 1999; 32. Tag

stürmisch; Regen, tiefer Matsch, Nebel

In der Nacht gab es einen Mörserangriff im Bereich der MNB (E). Ein Serbe wurde getötet. Die US Task Force 1-26 Infantry reagierte schnell und konnte mit ihrem Aufklärungsgerät die Abschußstelle ausfindig machen sowie drei Albaner festnehmen. Es ist jedoch noch zu früh, um irgendetwas darüber zu sagen, ob sie tatsächlich für den Anschlag verantwortlich sind.

Erste Versuche, die Bevölkerung im Drenica-Tal, der Hochburg des früheren albanischen Widerstandes, den Russen gegenüber freundlicher zu stimmen, sind fehlgeschlagen. Wir haben Lebensmittel und andere humanitäre Güter im Rahmen einer gemeinsamen deutsch-russischen Aktion an die Leute verteilen wollen. Doch wann immer russische Soldaten beteiligt waren, haben die Albaner die Unterstützung abgelehnt. Das zeigt am deutlichsten das Ausmaß der antirussischen Gefühle unter den Albanern, denn die Leute in diesem Bereich brauchen die Hilfe dringend. Für sie sind die Russen die engsten Freunde der Serben und daher Gegner.

Es mehren sich die Meldungen, daß sich aus den Reihen der UNMIK-Polizei Offiziere verabschieden, weil sie sich nutzlos vorkommen und von der Effizienz des Rechtssystems enttäuscht sind. Der stellvertretende Commissioner, der sehr aktive und anerkannte deutsche Polizeidirektor Uwe Schweifer, hat unlängst mitgeteilt, daß von 400 Verdächtigen, die nach dem Eintreffen der NATO festgenommen wurden, 90 Prozent ohne Gerichtsverfahren wieder auf freien Fuß gesetzt wurden. Bisher wurde noch kein einziger Fall vor die Gerichte gebracht. Damit zeigt sich unser schwierigstes Problem: Es gibt kein funktionsfähiges Rechtssystem, und es scheint auch kein Licht am Ende des Tunnels zu geben. Derzeit gibt es immer noch keine Einigkeit zwischen der UNMIK und den Rechtsfachleuten der UN in New York darüber, welches Recht anzuwenden ist, das von vor 1989 oder das nach wie vor gültige. Auch der Besuch von Kofi Annan hat hier keine Entscheidung gebracht. Als Folge dieses Streites wird letztendlich einer der entscheidendsten Bereiche, den wir zum Wiederaufbau des Landes und bei der Rückführung zur Normalität brauchen, infolge der Zurückhaltung New Yorks, Entscheidungen zu treffen, nicht aktiviert.

Dem Verbrechen wird Tür und Tor geöffnet, weil die Gangster sofort merken, daß sie zwar aufgespürt und festgenommen, dann aber nicht nur nicht bestraft, sondern sofort wieder auf freien Fuß gesetzt werden. Und dies, weil es zum einen kein funktionierendes Rechtssystem, zum anderen aber auch keine ausreichende Zahl an Gefängnisplätzen gibt, um die Leute hinter Gitter zu bringen. Das wichtigste und größte Gefängnis im Kosovo – bei Istok – hat die NATO-Luftwaffe so zerbombt, daß es auf absehbare Zeit nicht nutzbar ist. Außerdem hat die UNMIK-Administration für die wenigen kleinen Hafteinrichtungen, die noch vorhanden sind, kein geschultes Gefängnispersonal, und ich weigere mich, dafür weiterhin Soldaten einzusetzen.

Ein sehr interessanter, wenn auch aggressiver Besucher ist der russische Botschafter Sergej Lavrov, der ständige Vertreter der Russischen Föderation bei den Vereinten Nationen. Lavrov ist ein sehr scharfsinniger Intellektueller, der fließend englisch spricht und ohne Umschweife auf den Punkt kommt. Er beglückwünscht KFOR zunächst zu der seiner Ansicht nach bisher erfolgreichen Arbeit. Er stellt dann Fragen zur allgemeinen Sicherheitslage, hier insbesondere zur Lage der Serben; er spricht dann von der Notwendigkeit, die russischen Kräfte endlich nach Orahovac zu bringen und warnt schließlich davor, mit dem Kosovo Protection Corps eine künftige Armee des Kosovo aufzubauen. Ich versichere ihm, daß wir alles daransetzen, das KPC zu einer zivilen, unpolitischen und multiethnischen Organisation umzubauen.

Botschafter Lavrov kommt auch auf die Bestimmungen der UN-Resolution 1244 bzw. des Militärtechnischen Abkommens zu sprechen und knüpft an die Punkte an, in denen es um die Rückkehr jugoslawischen und serbischen Personals in das Kosovo für die vier klar begrenzten Aufgaben geht. Er drängt – wie schon vorher der frühere russische General Nikolajev – auf deren rasche Umsetzung; als Minimum fordert er den Einsatz jugoslawischen Grenzpersonals an den Grenzübergängen. Ich mache kein Hehl daraus, daß es die interne Sicherheitslage des Kosovo auf absehbare Zeit noch nicht erlaubt, jugoslawische Streitkräfte – wenn auch nur in sehr begrenzter Zahl – in das Kosovo zurückzubringen, ohne die persönliche Sicherheit der Soldaten zu gefährden. Die Gesamtsituation im Kosovo sei noch zu explosiv und KFOR demzufolge nicht im Stande, diese jugoslawischen Kräfte auf dem Gebiet des Kosovo adäquat zu schützen. Weiter gehe ich auf die Rückkehr der jugoslawischen Truppen nicht ein, sondern verweise auf die politische Zuständigkeit Brüssels zu diesen sensitiven Punkten wie auch zu Orahovac.

Lavrov hatte am Freitag an der Sitzung des Sicherheitsrates der UNO in New York teilgenommen und äußerte sich zum Auftritt Bernard Kouchners sehr anerkennend.

Meine Hoffnung, daß sich diese guten Eindrücke endlich in harte Währung umsetzen könnten, wird am Abend durch den Bericht, den uns Bernard Kouchner nach seiner Rückkehr gibt, leider nicht bestätigt. Er scheint mit gemischten Gefühlen empfangen worden zu sein. Das Internationale Sekretariat und die UN-Administration haben offenbar keine strategische Vision, sind aber kräftig dabei, sich in das Tagesgeschehen einzumischen und dabei Kouchners Leistungen zu kritisieren – ohne jedoch eine Alternative anzugeben. Kouchner hatte sich auch mit der amerikanischen Außenministerin Madeleine Albright getroffen, ohne dabei eine diesbezügliche strategische Vorstellung der US-Regierung erkennen zu können.

Ein positiver Aspekt seiner Reise ist jedoch, daß Bernard endlich grünes Licht bekommen hat für die Aufstellung eines Interim Administration Council (IAC), d.h. einer gemeinsamen Übergangsregierung unter Einschluß der wichtigsten politischen Führer des Kosovo. Die Zeitfrage bezüglich der Wahlen konnte jedoch noch immer nicht gelöst werden; dies bleibe – so Kofi Annan – eine politische Entscheidung, die nicht von technischen Schwierigkeiten, wie sie die OSZE vorgibt, abhängig gemacht werden dürfe. Es gibt Vorschläge innerhalb der UN, die Wahlen auf die zweite Jahreshälfte des Jahres 2000 oder sogar in das Jahr 2001 zu verschieben. Das würde die Glaubwürdigkeit der Internationalen Gemeinschaft bei der hiesigen Bevölkerung schwer erschüttern und sollte nicht zugelassen werden. Bernard Kouchner und KFOR werden wohl um eine Auseinandersetzung mit der OSZE nicht umhinkommen.

Am Nachmittag nehme ich an einer gemeinsamen Informationsveranstaltung von UNMIK und KFOR für vierzehn Botschafter teil, die in Belgrad akkreditiert sind und sich vor Ort ein eigenes Bild von der Lage machen wollen. Ich glaube, daß wir sie überzeugen konnten, daß wir uns alle Mühe geben, die Vorgaben der UN-Resolution 1244 umzusetzen und für die persönliche Sicherheit gerade der ethnischen Minderheiten zu sorgen.

Der für den Stab wichtigste Punkt des Tages ist, daß die ersten wenigen darangehen konnten, ihre feuchten Zelte gegen Container einzutauschen – gerade rechtzeitig, denn jetzt hat der Regen begonnen, und der Schlamm ist überall. Bis zum Wochenende wird jeder in festen Unterkünften untergebracht sein. Inzwischen ist auch unsere eigene Wasserversorgung sichergestellt und die neuen Stromaggregate sind eingetroffen. Damit werden wir von den örtlichen Strom- und Wasserausfällen unabhängig; ein großer Schritt nach vorn für das gesamte HQ. Unsere Pioniere und unsere Headquarters Support Group unter Colonel David Shannahan haben Hervorragendes geleistet. Die deutschen Oberstleutnante Ludwig Graf und Martin Günzel sowie ihr amerikanischer Mitstreiter, Lieutenant Colonel Larry Phelps, haben sich mit ihrer Mannschaft mächtig ins Zeug gelegt und unseren Versorgern zu hohem Ansehen verholfen!

Meine Absicht, mit dem amerikanischen Vizeadmiral Daniel Murphy unsere Planung und die Verfahren für die Einsatzplanung der strategischen Reserve des SACEUR zu besprechen, mußte aus Wettergründen leider ausfallen. Ich hoffe, daß das Heranführen der strategischen Reserve im Bedarfsfall erfolgreicher sein wird als der Flug von Admiral Murphy – er schaffte es nur bis Skopje.

Die albanische Tageszeitung „Kosova Sot" macht heute mit einem großen Interview auf, das ich vor zwei Tagen gegeben habe.

Dienstag, der 9. November 1999; 33. Tag   Regen, kalt, Matsch

Gestern endete die Frist, die SHAPE den Nationen zur Bereitstellung von Ergänzungspersonal für unseren Stab KFOR gesetzt hatte. Mit Stand heute haben wir im Hauptquartier KFOR in Priština noch immer ein Fehl von 16 Prozent. Beim Stab KFOR REAR in Skopje fehlen sogar noch 21 Prozent. Im Logistikbereich haben wir dort nur die Hälfte des zugesagten Personals, im Bereich der Operationsführung nur 57 Prozent. Und dies alles trotz mehrfacher Versprechungen und Zusagen, uns prioritär zu unterstützen. Wie sollen wir mit diesem gravierenden Personaldefizit unsere Arbeit leisten? Am meisten bin ich sauer, daß sich unsere vorgesetzte Kommandobehörde AFCENT in Brunssum, die uns die Personalergänzung für Skopje so vollmundig zugesagt hat, jetzt vornehm zurückhält und diese Zurückhaltung mit wichtigen Friedensaufgaben begründet.

Am frühen Vormittag besucht mich der französische Botschafter in Mazedonien, Jacques Huntzinger, anschließend Generalmajor Bob Ruth.

In der heutigen Kommandeursbesprechung stellen wir fest, daß UNMIK beim Winterschutzprogramm noch weit zurückliegt. Wir werden uns noch vor dem Wintereinbruch auf allen Ebenen mächtig ins Zeug legen und unsere Hilfe anbieten müssen. Es ist schon frustrierend, mit UNHCR und den NGOs zusammenzuarbeiten, die alle ihre „Unabhängigkeit" vom Militär bewahren wollen und dabei eifersüchtig aufeinander schielen. Dabei wollen wir ihnen in ihre Kompetenzen ja gar nicht reinfunken, sondern nur sicherstellen, daß die Menschen alle sicher über den Winter kommen. Ich werde erneut mit Dennis McNamara sprechen müssen, um die Dinge voranzubringen. Wir werten unsere Übung vom 4. November aus und sind uns einig, daß dies eine gute Demonstration unserer Entschlossenheit war, die bald in ähnlicher Form wiederholt werden soll.

Am Nachmittag haben wir erstmalig die gesamte Führungsriege des Kosovo Protection Corps im Hauptquartier. Die Männer fahren einzeln in ihren Geländewagen vor: Aufmarsch der Gladiatoren, alles ehemalige Brigadekommandeure der UÇK mit viel Macho-Gehabe und Rambo-Attitüden, grimmig schauende Leibwächter, ein Bild wie aus

Hollywood. Kaum haben wir die Sitzung begonnen, fällt der Strom aus; im sogenannten „Bat Cave", unserem großen Besprechungsraum, ist es stockdunkel und eiskalt. In diesem hohen Raum hatten, als sich das ARRC für dieses Gebäude als Hauptquartier entschied, noch Fledermäuse (engl. bats) gehaust, die längst verschwunden sind. Der Name ist aber geblieben. Es dauert ziemlich lange, bis der Generator die Energieversorgung übernimmt. Sofort kommen viele emsige Geister, um den Raum mit Kerzen zu erhellen. Sie funktionieren den großen Saal zum „Candle-Night-Meeting" um. Es sieht fast wie Weihnachten aus.

Zunächst haben wir eine große Vorstellungsrunde, bei der uns General Çeku seine regionalen Führer vorstellt:

- Sami Lushtaku von der Region 1 in Srbica, Anfang vierzig, Familienvater, mittelgroß, untersetzt, ungepflegter Backenbart, wirre Haare, deutsch mit schwäbischem Akzent, hat lange in Deutschland gearbeitet, gilt als Hardliner;
- Ramush Haradinaj von der Region 2 in Peć, Anfang dreißig, kurze Stiftehaare, wacher Blick, fließend in englisch und französisch, ehemaliger Fremdenlegionär, bei der jungen Gencration anerkannter „Kriegsheld";
- Gesim Ostremi von der Region 3 in Prizren, ehemaliger Offizier der jugoslawischen Streitkräfte, davor Volksschullehrer, Ende fünfzig, sehr verbindlich, eher müde, neigt zur Fülle;
- Rrahman Rama von der Region 4 in Mitrovica, neunundzwanzig, blonde Haare, Backenbart, intelligent, bemüht sich um Ausgleich in Mitrovica; für Çeku kein leichter Untergebener, da ein Mann mit eigenen Vorstellungen;
- Rustem Mustafa „Remi" von der Region 5 um Priština, Anfang dreißig, Rechtsanwalt, klein, stechende Augen, schwarze Haare, ein Fanatiker mit hoher Selbstdisziplin, Typ Robespierre;
- Shaqir Shaqiri, Stellvertreter in der Region 6 in Gnjilane, Mitte dreißig, spricht gut deutsch, hat angeblich Verbindungen zur Mafia.
- Dazu kommt Syleiman „Sultan" Selimi, Führer der „Garde"-Einheit, dreißig, sehr einflußreich, früher exzellenter Fußballspieler, drahtig, gilt auch als „Kriegsheld".

184

Ich stelle meinerseits alle meine Brigadekommandeure und Abteilungs-leiter sowie die Generale meines Stabes vor. Danach erklären Bernard und ich den Herren die Zukunft des KPC als zivile, nicht politische sowie multiethnische Organisation. Wir machen klar, daß es sich bei der Umorganisation nicht um ein Weiterbestehen der UÇK lediglich unter anderem Namen, sondern um eine Transformation in eine völlig neue Struktur handelt.

Aus dem Verlauf der sich anschließenden Diskussion heraus habe ich den Eindruck, daß General Çeku seine Unterführer mit der Realität der neuen Situation nicht wirklich vertraut gemacht, sondern sie wohl eher im Unklaren gelassen hat. Umso deutlicher werden Bernard Kouchner und ich in unseren Ausführungen darüber, wohin die Reise geht. Wir bieten jedem an, sofort auszusteigen, wenn ihm die neue Richtung nicht passen sollte. Ich verweise nachdrücklich darauf, daß das Kosovo Protection Corps auf dem Gebiet von Recht und Ordnung keinerlei Kompetenz hätte und jeder mit mir persönlich Schwierig-keiten bekommen würde, wenn er sich derartige Rechte anmaßen würde.

Dies war wohl der Hintergrund dafür, daß sich General Çeku veran-laßt sah, mit seinen Unterführern eine Grundsatzerklärung des „Wohl-verhaltens" vorzubereiten, die er nun veröffentlichen will. Hier die wichtigsten Aussagen:

- „… Für das KPC ist Leben und Eigentum eines jeden Bürgers im Kosovo heilig. Es ist unsere feste Überzeugung, daß derjenige, der gegen Leben und Eigentum des anderen handelt, als Krimineller im Sinne unseres Rechtssystems behandelt werden soll…"
- „… Die Mitglieder des KPC haben gemäß ihrem Auftrag und ihrer Rolle damit begonnen, allen Menschen im Kosovo zu helfen. Sie wollen am Wiederaufbau von Häusern, im Straßenbau und bei den Aufräumarbeiten in den Städten mitwirken…"
- „… Das KPC fühlt sich gemäß seinem Auftrag dem Ziel verpflichtet, eine disziplinierte und apolitische Struktur einzurichten, die zu kei-nem Zeitpunkt Diskriminierung wegen Rasse, Sprache, ethnischer Zugehörigkeit oder Religion hinnehmen wird. Ebenso arbeitet das KPC daran, eine multiethnische Struktur auszugestalten, die beim

Aufbau einer freien und demokratischen Gesellschaft im Dienste aller Bürger des Kosovo steht…"

- „…Personen, die in der Vergangenheit ihren Ruf beschädigt haben und diesen in Zukunft beschädigen könnten, werden nicht Teil des KPC sein. Wir versichern dem Volk des Kosovo, daß, wer auch immer für schuldig befunden wird, Verbrechen begangen zu haben, und wer auch immer in der Zukunft Verbrechen begehen wird, vom KPC nicht unterstützt werden wird. Jedes Mitglied des KPC, das gegen die Normen und Vorschriften dieser Grundsatzerklärung verstößt, wird aus dem KPC ausgeschlossen, und es werden entsprechende rechtliche Schritte gegen ihn eingeleitet…"
- „…Unser Ziel (ist es), das KPC in eine Struktur umzuwandeln, die allen Menschen des Kosovo beim Aufbau einer multiethnischen demokratischen Gesellschaft dient, die auf dem gegenseitigen Respekt und der Toleranz gegenüber anderen Kulturen gegründet ist…"

Mehr ist wohl nicht zu erwarten. Es bleibt zu hoffen, daß es nicht bei einer leeren Grundsatzerklärung bleibt, sondern daß sich die Mitglieder des KPC diesen Prinzipien wirklich verpflichtet fühlen. Sicher ist es bis dahin noch ein langer Weg, den wir mit der Auswahl der richtigen Leute nachhaltig beeinflussen werden.

Beim Verlassen des Konferenzraumes sagte mir General Çeku, daß das Komitee für Orahovac meinem Vorschlag, das russische Bataillon phasenweise zu stationieren, nicht zustimmen werde. Sie würden jede russische Präsenz in ihrem Gebiet rundweg ablehnen. Diese Situation wird dadurch noch schwieriger, daß sich auch die deutsche und die niederländische Regierung dagegen ausgesprochen haben,

- die albanischen Straßensperren durch deutsche Checkpoints zu ersetzen,
- den russischen Bataillonsstab mit dem niederländischen Bataillonsstab räumlich zusammenzulegen, sowie
- gemischte deutsch-russische Patrouillen einzusetzen.

Es liegt zwar noch nichts Schriftliches vor, aber Brigadegeneral Sauer meldet mir, daß beide Nationen gegen unser geplantes Vorgehen sind. Nun bin ich wieder am Anfang, und ich habe keine Ahnung, wie ich ein

Spiel mit mindestens vier Mitspielern leiten soll, von denen drei den Ball nicht spielen wollen. Ich werde es gleichwohl weiter versuchen.

Am Abend diskutiere ich mit meinen Fachleuten – vorbereitend für die morgige Strategierunde mit UNMIK – eingehend das Problem Trepča und Mitrovica. Das Schlüsselproblem ist das kurzfristige Schaffen neuer Arbeitsplätze und die Suche nach einer mittelfristigen Lösung für Trepča. Ohne Geld – das Zuckerbrot – können wir hier nichts bewegen. Leider sehen wir weit und breit kein Zuckerbrot, nur gute und kostenlose Ratschläge.

Mittwoch, der 10. November 1999; 34. Tag

starker Sturm, Regen, Schlamm

In der heutigen Sitzung des KosovoTransitional Council berichtet Bernard Kouchner von den Ergebnissen seiner Reise nach New York. Der Sicherheitsrat der UN sei wegen der Sicherheitslage im Kosovo weiter besorgt, habe aber für das Budget grundsätzlich grünes Licht gegeben. Die anschließende Diskussion dreht sich um die mittlerweile allen bekannten Themen der Finanzierung und der Strom-/Wasserversorgung. Alle Parteien warnen vor möglichen Gefahren für die Sicherheit, falls die Gelder in nächster Zeit nicht fließen sollten und die Versorgung mit Strom und Wasser ausfallen würde.

Hajrizi weist darauf hin, daß dreißig Prozent der Schulen derzeit wieder geschlossen seien, weil die Lehrkräfte ohne Gehalt nicht mehr arbeiten wollten. Er empfiehlt Kouchner, Dr. Bujar Bukoshi, den ehemaligen Ministerpräsidenten Rugovas, aufzufordern, die für die Bezahlung der Lehrkräfte erforderlichen Mittel aus seinem finanziellen Fonds bereitzustellen. Die Mitglieder des Rates unterzeichnen dann eine Erklärung, in der sie die Staatengemeinschaft aufrufen, Druck auf Serbien auszuüben, die „politischen Gefangenen" aus dem Kosovo freizulassen. Xhavit Haliti, der Thaci im KTC vertritt, äußert seine Sorge über „ethnische Säuberungen" im Preševo-Tal. In diesem Bereich sei auch das organisierte Verbrechen massiv tätig, das man als „Mafia" verurteilen müßte. Daan Everts informiert den KTC, daß er dabei sei, eine offizielle Radiostation, „Radio Kosovo", und einen Fernsehsender, „TV Kosovo", aus Spendenmitteln der Niederlande und der Schweiz aufzubauen.

Ich treffe mich im Anschluß an den KTC mit Bernard Kouchner, Sir Martin Garrod und dem Kommandeur MNB (N), um unsere Strategie für Mitrovica zu erörtern. Wir beschließen, wirtschaftlichen und politischen Druck auf die drei serbisch geführten Landkreise (Opštinas) nördlich von Mitrovica auszuüben, um zu verhindern, daß diese sich Serbien anschließen.

Trepča ist von entscheidender Bedeutung für die gesamte Region und muß daher Kern unserer Bemühungen bleiben. Wir wollen verhindern, daß ein Ansteigen der Arbeitslosigkeit unter den Bergleuten zu einem Sicherheitsrisiko führt. Daher sollen zunächst die Bergwerke und die Verarbeitungsindustrie des Trepča-Kombinats die Produktion aufnehmen, die ihre Tätigkeit relativ schnell und ohne enormen finanziellen Aufwand wieder beginnen können. Durch eine robuste Vorgehensweise gegenüber dem Krankenhaus wollen wir eine symbolische Integration erreichen. Dazu brauchen wir allerdings finanzielle Unterstützung. In der Universitätsfrage beabsichtigen wir, unabhängig von der ethnischen Zugehörigkeit und vom politischen Lager sowohl im Norden als auch im Süden der Stadt finanzielle Unterstützung zu leisten. Hinsichtlich der allgemeinen Sicherheitslage einigen wir uns, auf eine Erhöhung der multinationalen Präsenz in der ganzen Stadt hinzuarbeiten. Dazu werden wir auf andere Bataillone in diesem Bereich zurückgreifen, wozu uns jedoch die Zusage von einer ganzen Reihe der jeweiligen Regierungen noch aussteht. Nach dieser grundsätzlichen Einigung über das gemeinsame Vorgehen in Mitrovica wird es nun darauf ankommen, die einzelnen Punkte konsequent umzusetzen und nicht in Absichtserklärungen zu verharren.

Am Nachmittag treffe ich mich mit Tony Fent, dem Leiter des britischen „Department for International Development (DFID)" (etwa: Amt für Internationale Entwicklung). Diese Organisation gehört zu denjenigen, die Bargeld tatsächlich abrufbereit haben. So hat Tony Fent gestern US-$ 1 Mio. für das KPC bewilligt. Das Geld wird ab Montag in bar verfügbar sein. Diese Einzelzuwendung wird zu 25 Prozent für die Instandsetzung des KPC-Hauptquartiers und zu 75 Prozent für laufende Vorhaben des KPC verwendet. Daraus wollen wir die Gehälter für diejenigen Angehörigen des KPC bezahlen, die in den derzeit laufenden Vorhaben bereits aktiv mit Schaufel oder Pickel eingesetzt sind. Wir beraten, für welche weiteren Projekte DFID einen Beitrag leisten könnte. Ich empfehle mittelfristig das Eurotrade-Zentrum vor dem Grenzübergang Blace, um die Abfertigung über die Grenze zu beschleunigen. Kurzfristig sollte jedoch – so mein Rat – erst einmal ein substantieller Beitrag zur Zahlung der Gehälter von Lehrern, Ärzten, Eisenbahnern, Bergleuten und anderen Beschäftigten im öffentlichen Bereich geleistet werden.

Die 3. jugoslawische Armee führt in der Nähe der Sicherheitszone Gefechtsübungen durch. Ich weise meine Kommandeure auf diese potentielle Bedrohung hin und ordne an, die Alarmbereitschaft zu erhöhen. Alle Truppenteile sind darauf eingestellt, unsere diesbezüglichen Operationsplanungen kurzfristig umzusetzen.

Zusätzliche Besucher am heutigen Tag waren der Leiter des gemeinsamen Planungsstabes von SHAPE und ACLANT, der italienische Generalleutnant und langjährige Freund Alberto Ficuciello, außerdem der Operationschef von AFSOUTH, Brigadegeneral Thurman, der kam, um die Übung mit der Strategischen Reserve vorzubesprechen, sowie der Leiter der hiesigen amerikanischen Vertretung, die quasi den Charakter einer Botschaft hat, Larry Rossin.

Um 22.30 Uhr gebe ich in den „ARD-Tagesthemen" ein Interview über die Gesamtlage im Kosovo.

Donnerstag, der 11. November 1999; 35. Tag   kalt, nebelig

Nach einem morgendlichen Interview in Radio „Free Europe" besuche ich mit Wendy Gilmore Ibrahim Rugova in seinem Haus, das von persönlichen Leibwächtern massiv gesichert ist. Das Haus, in dem Rugova auch seine Kabinettssitzungen durchführte, ist zweistöckig, liegt etwas von der Straße zurückgesetzt, ein einfaches, alles andere als pompöses Wohnhaus, vor dem einige Leibwächter in schwarzen Anzügen – das scheint im Kosovo die „Uniform" aller Leibwächter zu sein – stehen, um mit grimmigem Blick Rugova vor albanischen „Hardlinern" und politischen Gegnern zu schützen. Man erwartet uns bereits, der Fotograf und die Journalisten stehen vor der Haustür.

Rugova ist ein sehr liebenswürdiger Gastgeber. Er schenkt uns Tee ein und erläutert die Bilder mit Politikern aus aller Welt, die überall zu sehen sind. Die Wände und die Decke des Zimmers, in dem er uns empfängt, sind mit geschnitztem Zirbelholz bedeckt, das aus einem alten Haus in Peć stammt. Ich fühle mich an die gemütlichen Einrichtungen oberbayerischer Stuben erinnert. Rugova zeigt mir den Raum, in dem ihn die Serben während des Luftkrieges eingesperrt hatten, und beglückwünscht uns dann zu unserer bisherigen Arbeit. Er verspricht, sich selbst noch einmal für eine Lösung in Orahovac einzubringen, und rät, alles daranzusetzen, wenigstens in Teilbereichen des Trepča-Komplexes die Produktion wieder aufzunehmen. Ich trage ihm unsere Überlegungen für Mitrovica und Trepča vor, die er voll unterstützt. Zum Abschluß bekomme ich wieder einen Bergkristall aus Trepča geschenkt.

Ich fahre dann zum polnischen 18. Luftlandebataillon, das mich anläßlich des polnischen Nationalfeiertages zum Appell und zum anschließenden Mittagessen eingeladen hat. Eigentlich hatten wir geplant, vom Fußball-Stadion in der Stadtmitte aus zu fliegen. Dort sollen während der NATO-Lufteinsätze angeblich Tausende albanischer Gefangener unter KZ-ähnlichen Bedingungen festgehalten worden sein. Wir können wegen des dichten Nebels ebenso wenig fliegen wie diese Berichte der Realität entsprachen. Ich habe sehr viele Albaner zum Wahrheitsgehalt dieser Aussagen befragt: Kein einziger konnte sie mir bestätigen. Nach albanischen Angaben ist kein Mensch im Fußball-Stadion von Priština festgehalten oder gar eingesperrt worden. Wegen des plötzlich hereingebrochenen Nebels müssen wir also auf das Auto umsteigen und kommen daher zum Appell zu spät. Die Ehrengäste aus Polen waren alle schon beim Essen versammelt, als wir es endlich geschafft hatten. Nach einer kurzen Ansprache und einer schnellen Suppe bitte ich meine Gastgeber um Vergebung, daß ich schon wieder aufbreche, denn auch unser Flug nach Durrës in Albanien war wegen der Wetterbedingungen hinfällig geworden.

Da wir für den 12. November bei der albanischen Regierung in Tirana zu unseren ersten offiziellen Gesprächen verabredet waren, bleibt uns jetzt nichts anderes übrig, als kurzfristig umzuplanen und die lange Reise mit dem Auto zu machen. Fast acht Stunden sitzen wir zu dritt – Generalmajor Bob Ruth, Wendy Gilmore und ich – auf der hinteren

Sitzbank unseres gepanzerten Mercedes-Geländewagens, bis wir spät in der Nacht nach einer wilden Fahrt durch dicksten Nebel und über halsbrecherische Straßen mit riesigen Schlaglöchern endlich in Durrës „aufschlagen". Die Fahrt über etwa 400 Kilometer hatte uns jedoch ausreichend Gelegenheit gegeben, unsere Gesprächsthemen für morgen eingehend miteinander abzusprechen. Wendy empfahl, für die Rückreise zu versuchen, ein Flugzeug des World-Food-Programms zu nehmen, das täglich zwischen Rom, Tirana und Priština im Shuttleverkehr pendelt.

Unser Kommandeur des Hauptquartiers der albanischen Verbindungszone West, der italienische Brigadegeneral Luigi Chiavarelli, residierte mit seinem Stab in einem prächtigen Hotel mit viel Marmor und fließendem (!) Wasser unmittelbar an der Adria, die wir allerdings erst am nächsten Morgen bewundern sollten. Nach einem kleinen italienischen Imbiß fielen wir in die Betten unserer Apartments, die wir gar nicht mehr genießen konnten, da wir dazu viel zu müde waren.

Albanien, klarer Tag, Sonne,
Freitag, der 12. November 1999; 36. Tag   Nebel über den Bergen

Wir fahren am Morgen von Durrës nach Tirana, wo ich zunächst vom albanischen Ministerpräsidenten Meta und seinem Verteidigungsminister Haidaraga empfangen werde. Beide Besuche sind sehr herzlich und locker. Ich danke beiden Politikern für ihren wichtigen Beitrag zur Sicherheit auf dem Balkan. Ihre Gastfreundschaft gegenüber den Truppen von KFOR sowie die Erlaubnis der albanischen Regierung, die Straße von Durrës nach Prizren als Verbindungsstraße durch KFOR nutzen zu können, sei für unseren Einsatz im Kosovo von entscheidender Bedeutung. Wir sprechen über die enge Zusammenarbeit zwischen der KFOR und den albanischen Behörden entlang der Grenze, und beide Politiker drücken ihre Zufriedenheit über die Art der Zusammenarbeit aus. Glücklicherweise gibt es keine Fragen nach zusätzlichen Truppen, nach infrastruktureller Unterstützung oder gar nach finanzieller Hilfe von Seiten der NATO. Beide Herren zeigen sich sehr stark an der Sicherheitslage im Kosovo interessiert, die ich ihnen in Einzelheiten erläutere. Die Sorge über mögliche Ambitionen Kosovo-albanischer Politiker nach einem vereinten „Groß-Kosovo" ist unüberhörbar. Es ist ein insgesamt sehr positiver Morgen – mit einer sehr intensiven Berichterstattung durch die Presse nach einer ausführlichen Pressekonferenz, welche die albanische Regierung sehr professionell vorbereitet hatte. Die Regierung in Tirana hat ihr Möglichstes getan, um mir zu zeigen, was für ein guter NATO-Staat ihr Land doch künftig sein könnte.

Das Wetter war uns gewogen: Auf dem Flugplatz von Tirana steht ein deutscher KFOR-Hubschrauber, der uns über die hohen Grenzgebirge, die Albanien vom Kosovo trennen, zurückfliegt. Der Flug ist nicht ganz ohne, da der Nebel auf den Bergkämmen aufsitzt und wir uns durch die Täler durchfransen müssen. Wir sind froh, als wir durch den dicken Nebel nach langem Flug „Film-City" wieder auftauchen sehen und sicher gelandet sind. Die Besatzung des Hubschraubers bekommt für ihre gute Leistung meine Medaille überreicht.

Am Helipad empfängt mich Brigadegeneral Schmitt mit einer schlimmen Nachricht. Heute mittag war ein Flug des World-Food-Programme von Rom nach Priština mit vierundzwanzig Passagieren an Bord ca. 10 bis 20 Kilometer nördlich von Priština in den Bergen von den Radarschirmen verschwunden. KFOR leitete unverzüglich die Suche ein, wurde dann aber gegen 14.00 Uhr informiert, daß das Flugzeug in Tirana gelandet sei. Diese Angaben waren jedoch falsch. Wir überprüfen alle anderen Flughäfen, auch den in Belgrad, können das Flugzeug jedoch nicht finden. Hubschrauber und Suchmannschaften der MNB (N) und der MNB (C) durchsuchen das gesamte Gebiet, ich setze auf breiter Front Aufklärung aus der Luft und am Boden an. In der Luft werden wir jedoch durch den immer dicker werdenden Nebel, am Boden durch Minen abseits der Straßen und Wege eingeschränkt. Es wird nachts bitter kalt. Erst gegen 23.00 Uhr findet ein französischer Hubschrauber vom Typ „Puma" hoch oben in den Bergen das Wrack, das wegen des Nebels nur mit dem Wärmebildgerät geortet werden kann. Ich ordne an, noch in der Nacht Suchtrupps an die Unfallstelle zu schicken.

Dieser Unfall geht mir sehr unter die Haut. Wir selbst hatten ja heute früh noch geplant, mit dieser Maschine kurzfristig aus Tirana zurückzufliegen. Wir wurden aber abgewiesen, da die Maschine in Rom bereits ausgebucht war und deswegen in Tirana gar nicht mehr zwischenlandete.

1 Der Oberbefehlshaber der Alliierten Streitkräfte Europa (SACEUR), General Wesley K. Clark, überträgt mir am 8. Oktober 1999 in Priština mit der symbolischen Übergabe der Truppenfahne das Kommando über KFOR

2   Mit meinem französischen Stellvertreter, Generalmajor Jean-Claude Thomann

3   Der italienische Brigadegeneral Giuseppe Gay, Kommandeur der Multinationalen Brigade West – MNB (West), der deutsche Brigadegeneral Friedrich
Freiherr von Senden, Chief Joint Implementation Commission, mein italienischer Stellvertreter, Generalmajor Silvio Mazzaroli, und der deutsche Brigadegeneral Roland Kather, Kommandeur der MNB (South)

4   Mit meinen beiden neuen Stellvertretern, dem italienischen Generalmajor
Salvatore Carrara (ab Mitte Januar) und dem französischen Generalmajor Louis
Le Mière (ab Anfang Februar); rechts der britische Air Commodore Mike Good,
Chief Information Operations und verantwortlich für alle Fragen des Lufteinsatzes

5   Beim rustikalen Abendessen im zumeist nassen Zelt mit dem Chef des Stabes
KFOR, dem britischen Generalmajor John Milne, dem französischen Brigadegeneral Bertrand de Lestrange, Chef der Logistikabteilung KFOR, und dessen
Stellvertreter, dem niederländischen Oberst Peter Gorrison, sowie dem amerikanischen Brigadegeneral Jack Schmitt, Chef der Operationsabteilung KFOR

6   *Im Gespräch mit meiner politischen Beraterin, der Kanadierin Wendy Gilmore; links dahinter der britische Brigadegeneral Richard „Ard" Shirreff, Kommandeur der MNB (Centre)*

7   Kommandowechsel am 12. Dezember 1999 in Camp Bondsteel vom amerika-
nischen Brigadegeneral Craig A. Peterson, zweiter von rechts, zum amerikanischen
Brigadegeneral Ricardo „Ric" Sanchez, erster von links; dazwischen der US-
Oberst Clint Anderson, Kommandeur des amerikanischen Anteils der MNB (East)

8   Bei einem der zahllosen Hubschrauberflüge mit meinem Adjutanten, Hauptmann Jörg See

9   Oberst Bernd Bauer, Chef meiner exzellenten Planungsgruppe; rechts daneben Hauptmann Marc Abendroth, ab Anfang März mein neuer Adjutant, und Oberstleutnant Karl Ernst Graf Strachwitz, ab März neuer Military Assistant

10 *Ich zeichne drei meiner engsten Mitarbeiter mit Einsatzmedaillen aus; links Hauptfeldwebel Jörg Vorpahl, Führer meines Sicherungs- und Begleitkommandos, rechts sein Stellvertreter, Hauptfeldwebel Jörg Nickel, dazwischen der ruhende Pol meines Vorzimmers, Hauptfeldwebel Hans Georg Fischer*

11 *Auf der Baustelle des amerikanischen Checkpoints unmittelbar vor Dobrosin, rechts mein Military Assistant, Oberstleutnant i. G. Jürgen Steinberger*

12 *Zwei meiner wichtigsten Mitarbeiter aus dem Stab LANDCENT: links Oberst Joe Abbott, US Airforce, unser Fachmann für den Problemkomplex Trepča, und rechts Oberst Richard „Rich" McPhee, US Army, der wichtigste Planer auf dem Gebiet der Operationsführung*

13 *In enger Harmonie mit meinem „Twin-Brother", dem Vertreter von UN-Generalsekretär Kofi Annan, Dr. Bernard Kouchner, Special Representative of the Secretary-General of the United Nations*

14 *Besuch bei Ibrahim Rugova, einem der wichtigsten politischen Führer der Albaner im Kosovo, in seinem Haus am 11. November*

15 Das multinational zusammengesetzte „Nervenzentrum von KFOR": die Tagesschicht im Joint Operation Center (JOC). Diese Offiziere koordinierten und führten aus dem Keller des Stabsgebäudes KFOR alle Operationen im Kosovo

16 *Im Gespräch mit dem ehemaligen politischen Führer der UÇK, Hashim Thaci, am 1. November im Hauptquartier KFOR*

17 *Erstes Zusammentreffen mit dem Führer der serbischen Minderheit, Bischof Artemije, am 22. Oktober 1999; rechts hinter ihm sein politischer Berater, Vater Sava; links von ihm Lord George Robertson, Generalsekretär der NATO, sowie der SACEUR, General Clark*

18   Die beiden Führer des Kosovo Protection Corps, Generalleutnant Agim Çeku, und, rechts von ihm, sein Stellvertreter, Ramush Haradinaj

19   Im Vordergrund „Film-City" mit dem Hauptquartier KFOR, dahinter unsere beiden Sorgenkinder in Obilić: links das Kraftwerk Kosovo A, rechts Kosovo B

UN

Humanitarian

Civ Admin

UNHCR

UNCA

20 *Die vier Säulen der UNMIK (United Nations Intrtim Administration Mission in Kosovo): das Flüchtlingshilfswerk der Vereinten Nationen (UNHCR) als Säule 1, die Organisation für den Wiederaufbau einer zivilen Verwaltung (UNCA) als*

MIK **Institutions** **Reconstruction**

OSCE **EU**

Säule 2, die Organisation für Sicherheit und Zusammenarbeit in Europa (OSZE) als Säule 3 und die Europäische Union (EU), verantwortlich für den wirtschaftlichen Wiederaufbau, als Säule 4

21 *Die Ruine des von den Albanern zerstörten serbischen Denkmals für die Schlacht auf dem Amselfeld am 28. Juni 1389 (St. Veits-Tag)*

22 *Blick von „Film-City" auf Priština: im Zentrum die brennende Basketball-Halle, rechts davon das Pressehaus „Rilindja"*

Samstag, der 13. November 1999; 37. Tag

Gestern nacht haben französische Spähtrupps das Wrack vom Flug KSV 75 oben in den Bergen ostwärts von Mitrovica bei Koordinate EN 041 574 gefunden. Es war am Bergkamm abgeprallt und dann am jenseitigen Hang zerschellt. Das Flugzeug war allenfalls fünf Meter zu tief geflogen, hätte es sonst geschafft. Wir haben die ganze Nacht die Gegend abgesucht, jedoch keine Überlebenden gefunden. Hätten sie den Unfall überlebt, wären sie bei der hohen Kälte dort oben wohl erfroren. Bis zum frühen Morgen können alle Leichen geborgen werden. Sie werden in das Krankenhaus nach Priština gebracht.

Es war bewundernswert, mit welcher Ruhe und Übersicht der Stab die Rettungsaktionen koordiniert. Brigadegeneral Jack Schmitt leitet das Joint Operation Center (JOC) in diesen kritischen Stunden selbst, wir kommen kaum zum Schlafen, wir wollten aktiv helfen und können zunächst nicht viel tun.

Ich selbst fahre um 06.30 Uhr, bei Tagesbeginn, zusammen mit Bernard Kouchner an den Unglücksberg Mount Picelj; ein grauenvoller Anblick. Überall Maschinenfetzen, dazwischen Leichenteile. Die Kanzel liegt etwa 300 m unterhalb der Absturzstelle, Pilot und Copilot sind rausgeschleudert worden und liegen daneben. Wären wir gestern in der Lage gewesen, in Tirana noch für diese Maschine zu buchen, wer weiß, läge ich jetzt hier auch dabei. Ich fühle mich schrecklich. Auch Bernard Kouchner ist tief deprimiert.

Die französische Gendarmerie hat die Unfallstelle abgesperrt und die Untersuchungen aufgenommen. Es kommt zu Reibereien mit den italienischen Carabinieri, die die Ermittlungen eigentlich führen sollten, da die Maschine aus Rom kam. Die Franzosen wollen die Italiener aber nicht zulassen, so daß die Italiener wieder abziehen. Ich hänge mich nicht dazwischen, da die Ermittlung nicht meine Aufgabe ist; hierfür ist UNMIK zuständig. Im Lauf des Tages kommen zivile Ermittlungsteams aus Paris und nehmen ihre Arbeit auf.

Auf der Heimfahrt machen wir Zwischenstation in Plana bei den französischen Heeresfliegern, wo Brigadegeneral Poncet völlig überraschend und ohne Konsultation mit uns eine Pressekonferenz anberaumt hat. Bernard Kouchner und ich nehmen teil und geben kurze Erklärungen zum wahrscheinlichen Unfallhergang ab. Ich teile Poncet mit, daß ich wegen seiner Eigenmächtigkeit und des französischen Alleingangs sehr ungehalten sei. Er sagt, er hätte seine Anweisung aus Paris...

Ich mache mir zunehmend Sorge über die Verzögerung bei der Entscheidung, wer uns hier als HQ KFOR 3 ablösen wird. Wir erwarten eine Entscheidung noch bis Mitte Dezember. Die Ablösung von KFOR 2 erfordert einen längeren Vorbereitungszeitraum und ein intensives Ausbildungsprogramm. Dies gilt insbesondere im Bereich der Fernmelde- und Informationssysteme, da unser handelsübliches Gerät gemeinhin nicht bekannt ist. Je später über die Nachfolge entschieden wird, desto später können unsere Nachfolger mit der vorbereitenden Ausbildung beginnen.

Natürlich wäre es einfacher, die Entscheidung auf die lange Bank zu schieben und meinen Stab dafür länger im Kosovo zu belassen. Ich hatte aber aufgrund klarer Vorgaben von SHAPE meinen Männern erklärt, daß die Masse von ihnen spätestens Ostern 2000 wieder daheim sein würde. Es wäre schlimm, müßten wir dies nun in Frage stellen. Selbstverständlich schließt dies nicht aus, daß einige Schlüsseldienstposten – ich selbst eingeschlossen – länger bleiben können.

Mich beschäftigt immer mehr die Verwundbarkeit unserer einzigen Versorgungsstraße nach Skopje. Wenn sie unterbrochen werden sollte, läuft bei uns nichts mehr, denn dann ist sowohl die gesamte zivile wie auch die militärische Versorgung abgeschnitten. Ich beauftrage daher die MNB East, ab sofort eine Kompanie des polnischen Bataillons ständig zur militärischen Sicherung der Enge zwischen Blace und Kačanik, insbesondere zum Brückenschutz, einzusetzen, um so zu vermeiden, daß uns unsere Hauptverbindungsader nach Skopje überraschend gekappt werden könnte.

Sonntag, der 14. November; 38. Tag   kalt, trocken

Wir haben unsere Maßnahmen zur Untersuchung des Flugzeugabsturzes weitgehend abgeschlossen. Die Angehörigen der Opfer werden aus

194

Rom eingeflogen und zum Absturzort gebracht, den sie vom Hubschrauber aus besichtigen können. Das französische Ermittlungsteam hat seine Arbeit aufgenommen, ein Bericht wird frühestens in einem Monat erwartet. Für heute Nachmittag war geplant, die sterblichen Überreste der Opfer an Bord derselben Maschine, in der die Angehörigen zurückfliegen, nach Rom zu überführen. Leider wird nichts daraus, da UNMIK versäumt hat, die Särge ordnungsgemäß zu versiegeln. Die italienische Flugzeugcrew weigert sich nun, die Särge unversiegelt zu übernehmen. Die sterblichen Überreste werden daher morgen mit einer anderen Maschine überführt.

Alle Maßnahmen im Zusammenhang mit der Betreuung der Angehörigen der Opfer liegen in der Verantwortung von UNMIK. Doch für das, was heute geschehen ist, ist der Begriff des unkoordinierten „Chaos" noch eine freundliche Untertreibung: Es war in der Tat eine psychologische Katastrophe. Seit UNMIK die Verantwortung für die Folgen des Absturzes übernommen hatte, hielt sie eine Konferenz nach der anderen ab. Kaum war eine Entscheidung getroffen, wurde diese in der anschließenden Konferenz wieder umgestoßen, oder es wurden gegenteilige Anordnungen erlassen. Es ist schockierend, wie wenig Informationen die verstörten Angehörigen bekommen und wie wenig man sich um sie kümmert. Ich werde angerufen und gebeten, an den Flugplatz in Priština zu kommen, um die Dinge dort in die Hand zu nehmen. Die Bedingungen in einem von UNMIK gecharterten und völlig ungeheizten Zelt am Flugplatz Priština sind für die trauernden Angehörigen so schlimm, daß ich eingreife und mich für UNMIK entschuldige. Die Leute sind sehr aufgebracht und beschweren sich lauthals bei Bernard Kouchner, als er nach stundenlanger Verspätung endlich eintrifft. Grund für das Chaos ist, daß kaum einer der wichtigen UNMIK-Leute am Wochenende verfügbar ist, so daß Bernard Kouchner und Jock Covey fast alles selbst machen müssen.

Wir haben heute Kenntnis davon bekommen, daß die radikale albanische Partei LKCK von Sabi Gashi zu Demonstrationen und Straßensperren in der gesamten Provinz Kosovo aufgerufen hat. Die Maßnahmen sollen am 20. November beginnen und sich über mehrere Wochen erstrecken. LKCK hofft, sich mit diesen Aktionen gegen Thaci und Mahmuti besser profilieren zu können. Grund des Protestes ist die angeblich überaus zähe und ineffektive Arbeit der Internationalen Gemeinschaft, insbesondere von UNMIK. Aufmacher für die Demonstrationen soll die Forderung nach Freilassung albanischer Gefangener aus serbischen Gefängnissen sein. Die Maßnahmen sollen sich primär gegen KFOR als das sichtbare und für jedermann erkennbare Symbol der Internationalen Gemeinschaft richten – obwohl man gegen KFOR eigentlich nichts habe. Eine Demonstration gegen UNMIK sei nicht so effektiv und würde sich in den internationalen Medien nicht niederschlagen, so die Argumentation von LKCK.

Ich habe vor, diese sehr heikle Frage so schnell wie möglich mit den albanischen Politikern zu besprechen und sie für mögliche Folgen in die Pflicht zu nehmen. Gleiches gilt für die Führung des Kosovo Protection Corps, das uns in unseren Gegenmaßnahmen unterstützen soll.

Gute Nachrichten gibt es über die jüngsten Entwicklungen aus Orahovac. Brigadegeneral Sauer ruft mich an und meldet, daß Oberstleutnant Ton van Loon, der Kommandeur des niederländischen Artilleriebataillons, das in Orahovac stationiert ist, mit dem Stadtrat von Orahovac eine Vereinbarung aushandeln konnte, die wir im Grundsatz hier abgesprochen hatten. In dem Protokoll dazu heißt es: „Nach langer Diskussion zwischen dem NL-KFOR-Kommandeur, dem UNMIK-Administrator und dem Organisationskomitee für die Blockade von Rahovec-Orahovac ist man übereingekommen, daß das Organisationskomitee für die Blockade die Bevölkerung davon überzeugen wird, die Blockade aufzugeben, insbesondere auf der Straße Orahovac-Mališevo, um die freie Bewegung von Personen und Gütern mit Ausnahme von russischen Truppen zuzulassen.

Zu diesem Zweck versichern die KFOR und UNMIK, daß die russischen Truppen die Aufhebung der Blockade nicht für eine Verlegung in dieses Gebiet nutzen werden. Sollte eine derartige Dislozierung beschlossen werden, wird das Organisationskomitee und durch dieses die Bevölkerung von Rahovec-Orahovac entsprechend vorab unterrichtet."

Diese Vereinbarung ist der Durchbruch dafür, die Probleme von Orahovac endlich friedlich zu lösen. Die langen Gespräche und Verhandlungen haben sich doch ausgezahlt. Ich bestehe aber darauf, in das Protokoll zusätzlich aufzunehmen, daß die russischen Truppen auf der

Straße von Mališevo nach Prizren, die im Westen an Orahovac vorbeiführt, volle Bewegungsfreiheit bekommen. Das Organisationskomitee stimmt dem zu. Wir können damit unsere Verhandlungen im Hinblick auf eine mögliche Stationierung russischer Truppen im Bereich Orahovac ohne den Druck der Blockaden fortsetzen, KFOR hat die Bewegungsfreiheit erreicht.

Ich statte dem russischen Generalmajor Pereljakin im russischen Krankenhaus einen Besuch ab. Es hat ihn mit Verdacht auf Herzinfarkt böse erwischt. Ich informiere ihn über die Entwicklung in Orahovac, die er für gut erachtet. Er versichert mir, daß die russischen Streitkräfte die Aufhebung der Blockade nicht dazu nutzen würden, nun doch gewaltsam ihre Soldaten zu stationieren, bevor eine entsprechende Vereinbarung mit der Bevölkerung getroffen sei. Pereljakin wörtlich: „Wir sind keine dummen Kinder, wir spielen hier keine Spiele. Sie können sich auf uns verlassen!"

Am Abend erfahre ich von der deutschen Brigadeführung, daß das russische Bataillon in Mališevo für die kommende Woche eine hochrangige Delegation aus Moskau erwartet. Ziel dieser Delegation soll es angeblich sein, alternative Möglichkeiten für das russische Bataillon, das für Orahovac vorgesehen war, auszuloten. Es scheint, als wolle man zwei Handlungsmöglichkeiten untersuchen:

- Rückverlegung des Bataillons nach Rußland;
- Eingliederung des Bataillons als Verstärkung in die anderen drei russischen Bataillone.

Die Presse-Berichterstattung über Mitrovica ist heute sehr negativ. Ich versuche erneut, Bewegung in die Lage des Krankenhauses, der Universität und von Trepča zu bringen, aber die Franzosen sind sehr zurückhaltend. Bajram Rexhepi, der Führer der Albaner im Süden der Stadt, warnt mich heute, daß KFOR aufpassen müsse, dort nicht als Gegner angesehen zu werden. Er sagt mir seine Hilfe zu und versichert mir, daß er volles Vertrauen in mich habe. Alle meine Vorstellungen würden aber – so seine Behauptung – auf der unteren Ebene abgeblockt.

Abends ziehe ich in meinen Container um, endlich! Ein Bett, ein Stuhl, ein Spind, ein kleines Bücherregal, ein Mini-Schreibtisch, meine

Offizierskiste plus eine Naßzelle für Zwerge (Dusche, Klo, Waschbecken: Man darf nicht dick sein, wenn man sich hier waschen will). Es ist nicht gerade eine Suite, aber ich kann zusperren, meine Musik hören, um vor dem Einschlafen abzuschalten – viel Haydn, Prokofjew und Mahler – und ich habe meinen Bereich. Es geht mir damit besser als den anderen Soldaten, die zu zweit oder zu dritt pro Container wohnen und gemeinsame Duschen bzw. Toiletten benutzen. Erst ab Oberst hat man seinen eigenen Container. Die Container haben wir in „Wohngemeinschaften" zusammengebaut und zweistöckig errichtet, so daß die Gänge zwischen den Wohn- und Naßzellen überdacht und trocken sind.

Montag, der 15. November 1999; 39. Tag   trocken, mäßig warm

Wir verfolgen die Rhetorik von Milošević genau, besonders seine Behauptung, er werde die „Lage im Kosovo gegebenenfalls mit Gewalt lösen". Alle unsere militärischen Indikatoren melden uns jedoch Normalität. Gleichwohl beauftrage ich meinen für Operationsfragen zuständigen Stellvertreter, Generalmajor Thomann, noch einmal alle unsere an den Gates und sonstigen Übergängen eingesetzten Truppen persönlich zu überprüfen sowie die örtlichen Eventualfallplanungen für Verstärkungen/Quick Reaction Forces auf ihre Effektivität hin abzuklopfen. Darüber hinaus ordne ich an, zusätzlich bewegliche Checkpoints in der Tiefe der wahrscheinlichsten Anmarschwege aus der Sicherheitszone heraus einzusetzen. Als dritte Maßnahme untersucht ein unabhängiges G2-Team die gesamten Sicherheits-, Berechtigungs- und Überprüfungsverfahren für Personen und Fahrzeuge, die von Serbien in das Kosovo einreisen. Ziel all dieser Maßnahmen ist es, unsere Aufmerksamkeit, vor allem aber unsere Reaktionsfähigkeit gegenüber möglichen Aktionen aus Serbien sichtbar zu erhöhen.

Ich gehe den ganzen Vormittag durch den Stab von Raum zu Raum und von Container zu Container, um mir die Arbeitsbedingungen anzusehen und mit den Frauen und Männern zu sprechen, auf deren Schultern die Last der Arbeit liegt. Es ist eine Freude, sich mit ihnen über unsere Probleme unmittelbar auszutauschen und zu sehen, wie engagiert sie in der Materie stehen. Ich bin stolz, diesen Stab führen zu dür-

198

fen, dessen Personal professionell exzellent arbeitet und unseren Auftrag so hingebungsvoll umsetzt. Der Umzug in die Container und auch die neue Fertigküche haben erheblich dazu beigetragen, die ohnehin gute Stimmung selbst unten in den trostlosen Kellerräumen (in the dungeons!) unserer Operationszentrale deutlich anzuheben.

In einem sehr kritischen Artikel in der „New York Times" vom 14. November 1999 berichtete Steven Erlanger gestern über die Lage des de facto geteilten Mitrovica und die sich daraus ergebenden Konsequenzen. Er beklagt, daß meine Autorität dadurch eingeschränkt sei, daß die Nationen meinen Anweisungen nur selektiv nachkämen. Erlanger weist auf die Bedeutung und die Auseinandersetzungen um Trepča hin und fordert, den gesamten Bereich nördlich der Stadt stärker unter UNMIK-Kontrolle zu nehmen. Es scheint, Erlanger hat unser Strategiepapier in die Hände gespielt bekommen, denn dies sind genau die Punkte, die wir am 10. November im UNMIK-Gebäude besprochen haben. Vielleicht rüttelt dieser Artikel die eine oder andere der Regierungen wach, so daß sie entschiedenere Maßnahmen ergreifen.

Ich verbringe den gesamten Nachmittag damit, die Mitrovica-Frage in getrennten Vier-Augen-Gesprächen mit Oliver Ivanović auf der serbischen und Dr. Rexhepi auf der albanischen Seite zu erörtern. Ich will mich persönlich informieren, wo die wirklichen Streitpunkte liegen und wo wir gegebenenfalls auf Gemeinsamkeiten aufbauen können. Ivanović und Rexhepi kennen sich seit Jahren, sie schätzen sich persönlich, keiner äußert sich über den anderen negativ. Beide haben eine erheblich höhere Bereitschaft zur Kooperation, als ich dies vermutet habe. Beide sind darauf aus, eine Teilung der Stadt zu verhindern. Keiner von beiden hat Vertrauen in die örtlichen UNMIK-Vertreter, in deren Polizei und in das Gerichtswesen, die sie als zu schwach ansehen, um mit der gegenwärtigen Lage fertig zu werden. Beide nennen unabhängig voneinander die gleichen mittelständischen Betriebe (Betonfabrik, Bäckerei, Post, Batteriefabrik, Fernmeldeeinrichtung, die in beiden Teilen der Stadt noch funktioniert, u. a.), die wir vorgeschlagen haben, um dort für Serben und Albaner gemeinsam Arbeitsplätze zu schaffen. Beide fordern „Arbeitsplätze jetzt" und warnen davor, nur auf Trepča zu setzen, da dies zu lange dauern würde. Beide fordern ein härteres Durchgreifen der UNMIK-Behörden, die zu sehr auf beiderseitige Harmonie setzten.

Die Bevölkerung beiderseits des Ibar-Flusses würde nur auf Druck reagieren, also sollte UNMIK auch Druck machen.

Während Ivanović deutlich macht, daß für seine Leute Mitrovica die letzte Bastion sei, in der sie sich als Serben verteidigen würden, um nicht endgültig aus dem Kosovo vertrieben zu werden, drängt Rexhepi als Bürgermeister des südlichen Teils der Stadt darauf, daß die Albaner, die aus ihren Häusern im Norden der Stadt vertrieben worden seien, dorthin zurückkehren können. Da in diesen Häusern heute aber serbische Flüchtlinge wohnen, die ihrerseits aus anderen Bereichen des Kosovo vertrieben worden waren, ist dies ein Problem, das nur durch Schaffung zusätzlichen Wohnraums für diese serbischen Flüchtlinge gelöst werden kann.

In den größeren Diskussionsrunden, an denen ich bisher teilgenommen hatte, wurde, wohl um intern, den eigenen Kollegen gegenüber, das Gesicht zu wahren, das Trennende viel schärfer akzentuiert. Im persönlichen Gespräch dagegen wird offenkundig, wie sehr beide Seiten sich bemühen, den verbindenden Faden untereinander nicht abreißen zu lassen. Rexhepi und Ivanović treffen sich regelmäßig, damit ihnen die Dinge nicht völlig aus der Hand gleiten; beide suchen nach einer starken UNMIK-Administration, die realistische Vorgaben macht und diese dann auch energisch durchzieht und sich nicht selbst dauernd wieder in Frage stellt.

In unserer abendlichen Diskussionsrunde informiere ich Bernard Kouchner über meine Gespräche und bitte ihn erneut, seine Leute in Mitrovica umgehend auszutauschen. Er verspricht, innerhalb der kommenden 14 Tage neue Leute einzusetzen. Ich hoffe ernsthaft, daß dieser Wechsel stattfinden wird, denn ich sehe ihn als die einzige Möglichkeit, aus der total verfahrenen Situation wieder herauszukommen, einer Situation, die nicht durch militärische Stärke, sondern nur auf politischem und wirtschaftlichem Weg gelöst werden kann.

Bernard Kouchner informiert uns auch, daß Hashim Thaci ihm und UNMIK heute den „Krieg erklärt" habe. Thaci habe ihm mitgeteilt, er sei die Ineffektivität von UNMIK nun leid. Er drohte an, daß er die Unterstützung der wichtigsten Hauptstädte, vor allem aber Washingtons, habe, und weiter, daß er ab sofort UNMIK sowie KFOR so lange boykottieren werde, bis diese seinen Wünschen nachkämen.

Ich werde mit Thaci umgehend sprechen müssen, da dies alles keinen Sinn mehr macht und ich auch nicht gewillt bin, auf dieser Basis mit ihm weiter zusammenzuarbeiten.

SHAPE informiert uns völlig überraschend und ohne jede Vorankündigung, daß wir vom 13. bis zum 22. Dezember in Albanien eine größere Gefechtsübung durchführen und dazu ein gemischtes mechanisiertes Bataillon aus dem Kosovo über winterlichen Straßen nach Albanien verlegen sollen. Ich rufe den SACEUR sofort an und teile ihm mit, daß wir dazu nicht in der Lage sind. Die Planung und Durchführung dieser Übung erfordert mehr als nur den Stab in Durrës, der ausschließlich für die Unterstützung von Operationen zur Friedenssicherung gegliedert ist. Der Wunsch für diese Übung war von der albanischen Regierung ausgegangen, der NATO-Rat hatte dazu positiv entschieden und SACEUR war der Meinung, daß CINCSOUTH die Einzelheiten für diese Übung mit uns bereits vorbesprochen hätte.

Ich sage ihm, daß das alles nicht so recht zusammenpaßt. Wir stecken hier im Kosovo bis zum Hals in sehr viel Arbeit. Wenn wir jetzt diese Übung durchführen sollten, dann würde dies sehr reale Auswirkungen auf unseren friedenserhaltenden Auftrag hier im Kosovo haben. Es sollte darüber hinaus nicht vergessen werden, daß die MNB (E) und fünfzig Prozent der MNB (N) im Dezember ihren Kontingentwechsel durchführten, und daß sich die MNB (S) zu diesem Zeitpunkt in der letzten Phase ihres Kontingentwechsels befände. SACEUR sagt zu, die Sache noch einmal zu überprüfen.

Nebel,

Dienstag, der 16. November 1999; 40. Tag   kein Wasser, kein Licht

Thaci boykottiert die heutige Sitzung des KTC. Seine Weigerung zur Zusammenarbeit zeigt seine Verachtung für die Institution und die anderen Mitglieder des KTC. Er benimmt sich wie ein Kind, das schmollt, wenn es sein Lieblingsspielzeug nicht bekommt. Das „Spielzeug", das er haben will, ist die Präsidentschaft über das Kosovo und die alleinige politische Führung unter dem Dach der Verwaltung Kouchners. Ich trage im KTC vor und stelle fest, daß KFOR das Demonstrationsrecht der Menschen im Kosovo respektiert, vorausgesetzt, daß sie dies friedlich und unter Einhaltung von Recht und Ordnung wahrnehmen. Sollten Demonstrationen jedoch in Gewalttätigkeiten abgleiten, wird KFOR dabei nicht tatenlos zusehen. Ebenso wenig sehen wir untätig zu, wenn Straßen blockiert und die Bewegungsfreiheit eingeschränkt werden.

Einen großen Raum nimmt heute die Frage ein, welche Firma das mobile Telefonsystem aufbauen soll. Es gibt zwei Angebote, eins von Siemens und eins von der französischen Firma Alcatel; Motorola hat sein Angebot wohl wieder zurückgezogen. Beide Angebote würden derzeit geprüft, um etwa Anfang Dezember eine Entscheidung zu treffen und die Verträge zu unterschreiben. Derzeit neigt sich die Waage eher nach Frankreich, da Alcatel das Projekt aus eigenen Mitteln vorfinanzieren möchte und damit die leidige Finanzfrage umgangen werden kann.

Bernard Kouchner informiert, daß er nach Brüssel fahren wird, um dort morgen an der sogenannten „Donors-Conference" (Geberkonferenz) teilzunehmen, auf der Nationen, internationale Organisationen und Einzelspender beraten wollen, in welcher Höhe sie finanzielle Mittel für das Kosovo bereitstellen können oder wollen. Kouchner ist darauf eingestellt, sich für den Haushalt für das Kosovo stark zu machen. Es ist aber immer noch nicht klar, wie erfolgreich er sein wird. Die Erfahrung lehrt, daß die Geber nach einer solchen Tagung meist sehr zurückhaltend sind, wenn es darum geht, die Mittel auch wirklich fließen zu lassen. Die Einschätzung ist nach wie vor weit verbreitet, daß die Arbeit der UNMIK nicht gut genug ist und daß das Geld daher nicht intelligent ausgegeben wird.

So schreibt der britische „Daily Telegraph" in seiner heutigen Ausgabe unter der Überschrift „UN squanders NATO's Kosovo victory", daß die Effektivität von UNMIK durch Bürokratie und Inkompetenz beeinträchtigt werde und „alle größeren Projekte weit hinter dem Zeitplan" lägen. „KFOR funktioniert, UNMIK nicht"; und weiter heißt es: „... die Moral der Angehörigen von UNMIK liegt völlig am Boden... Die Albaner wie die Serben haben – frustriert über die Inkompetenz von UNMIK – die Regierung ihrer Provinz weitgehend in ihre eigenen Hände genommen... Die Albaner widersetzen sich zusehends dem, was sie als ‚kolonialistischen Regierungsstil' bezeichnen, die Animosität wächst..."

Dieser Artikel stellt die Frage nach der Henne und dem Ei. Natürlich fehlt UNMIK manchmal der Blick für die Bündelung von Ressourcen, und oft werden die Entscheidungen zu lange hinausgezögert oder gar nicht getroffen, aber Bernard Kouchner kann seine Arbeit sicherlich nicht nur mit Versprechungen, sondern nur mit angemessenen Ressourcen machen. Meiner Ansicht nach versagt hier weniger UNMIK, es versagen vielmehr die Nationen, die unseren Einsatz beschlossen haben und sich nun weigern, den erforderlichen zweiten Schritt zu gehen, nämlich die für den Wiederaufbau erforderlichen Ressourcen bereitzustellen. Außerdem wird Kouchner immer wieder durch die UN in New York ausgebremst, siehe Rechtssystem, Wahlen oder Beteiligung der hiesigen Politiker an der gemeinsamen Regierung.

Das bringt mich auf die Frage der Finanzierung des KPC. Wenn schon wenig Interesse am Gesamthaushalt für das Kosovo besteht, so ist das Interesse für das KPC geradezu verschwindend gering. Nach wie vor haben wir bisher nur die drei Zusagen, die uns schon vorher vorlagen – von den Vereinigten Staaten, vom Vereinigten Königreich und von der EU. Die morgige Geberkonferenz ist nicht in erster Linie auf das KPC beschränkt, aber wir haben einen Mitarbeiter aus dem Internationalen Sekretariat dorthin entsandt, um am Rande der Konferenz dafür zu sorgen, daß das KPC angesichts der Millionen, die für Lehrer und Schulen benötigt werden, nicht ganz vergessen wird. Gleichwohl müssen die Bemühungen für das KPC in erster Linie direkt aus den Hauptstädten kommen. Ich hoffe, daß der OSZE-Gipfel in Istanbul und die kommende NATO-Ministertagung dazu genutzt werden können, das Verständnis für die Ziele des KPC zu wecken und für eine reale Unterstützung durch die Nationen zu sorgen.

Am Nachmittag wollte ich ursprünglich die amerikanische Task Force 1-77 AR im Bereich MNB (E) besuchen, um mir die Checkpoints an der Grenze zur Sicherheitszone selbst anzusehen und eine Patrouille zu Fuß im Grenzgebiet mitzumachen. Leider konnte ich meine Dienstaufsicht wegen starker Gewitter aber nicht durchführen, da keine Flugmöglichkeit gegeben war. Ich nutze die Zeit, um mit meinen Planern die Vorbereitungen für unsere Stabsrahmenübung zur Verteidigung des Kosovo Anfang Dezember abzuschließen und einen ganzen Stapel Stabsarbeit zu erledigen.

Nach dem Abendessen habe ich eine ausführliche Unterredung mit Generalmajor Dr. Olshausen über die Auswahlkriterien für das obere Führungspersonal des KPC. Wir kommen überein, daß uns General Çeku zunächst seine Wunschkandidaten vorstellt, daß wir die Liste dann mit unseren Erkenntnissen abgleichen, bevor wir sie Bernard Kouchner zur abschließenden Entscheidung vorlegen.

Mittwoch, der 17. November 1999; 41. Tag　　　　sonnig, warm

Am Morgen haben wir unsere wöchentliche Kommandeursbesprechung. Hauptthemen sind Vorsichtsmaßnahmen und praktische Schritte, die wir angesichts größerer albanischer Demonstrationen ergreifen bzw. unternehmen können. Wir haben eindeutige Anzeichen dafür, daß es am kommenden Wochenende zu derartigen Demonstrationen kommen kann. Positiv ist, daß wir die vierte Woche in Folge haben, in denen das Gewaltaufkommen in den Sektoren aller MNB bemerkenswert gering war. Unsere Gegenmaßnahmen greifen. Außerdem kam es in dieser Zeit zu deutlich mehr Festnahmen verdächtiger Personen als zuvor; ein unmittelbares Ergebnis einer engeren Zusammenarbeit mit der UNMIK-Polizei. Das Problem bleibt, daß die Leute nach der Festnahme meist wieder auf freien Fuß gesetzt werden müssen, weil wir nicht genügend Gefängnisplätze haben. Auch unsere Grenzkontrollen sind effektiver geworden. Unsere Soldaten lassen täglich etwa 350 Lastzüge total entladen, um Fracht und Laderäume bis ins letzte Detail zu kontrollieren. Wir machen uns damit bei den Fernfahrern zwar keine Freunde, vermindern aber das Schmuggeln von Waffen, Drogen und anderen illegalen Gütern. Es fällt uns auf, wie wenig wir dabei finden, obwohl wir die Fahrzeuge nur stichprobenartig herausgreifen, also keiner weiß, wen wir uns vorknöpfen werden. Für mich ist das ein Indiz, daß wesentlich weniger geschmuggelt wird, als es die Medien und die Politiker immer wieder behaupten.

Ich habe mit dem polnischen Außenminister Bronislaw Geremek eine sehr interessante Tour d'Horizon über die Lage auf dem Balkan. Minister Geremek ist gut informiert und mit den Verhältnissen im Kosovo bemerkenswert genau vertraut, ein Besuch, der richtig Freude macht. Geremek folgt eine Gruppe von Abgeordneten der französischen Nationalversammlung, die Monsieur François Lamy anführt.

Am späten Abend, gegen 22.00 Uhr, treffe ich mich mit General Çeku, um mit ihm seine Vorstellungen zum Führungspersonal des KPC durchzusprechen. Mein Problem ist, daß wir es hier nicht nur mit „weißen Rittern" zu tun haben, sondern daß diese Männer als ehemalige Kommandeure der UÇK fast alle irgendwie belastet sind. Sie haben aber bei der örtlichen Bevölkerung durch die Bank hohes Ansehen, einige von ihnen werden als „Helden" verehrt; so gilt Sami Lushtaku als eine Art „Robin Hood" im Drenica-Tal, und das spielt er sehr bewußt aus. Schließen wir ihn aus dem KPC aus, wird er sich aller Wahrscheinlichkeit nach samt seinem Anhang, den er voll im Griff hat, gegen uns wenden. Übernehmen wir diese Männer, wird uns der Vorwurf gemacht werden, daß sie „vorbelastet" sind. Ich kann allerdings auch nur aus dem Personaltopf auswählen, den ich hier vorfinde. Meine Marschrichtung ist, jeden, der noch tragbar erscheint, in das KPC zu übernehmen, da ich damit zum einen indirekt über General Çeku, aber auch ganz persönlich und direkt Kontrolle über diese künftigen Führer des KPC ausüben kann.

Dennoch treffe ich bereits die erste Negativ-Entscheidung, dies auch, um ein Zeichen zu setzen. Ich lege Çeku anhand unserer Informationserkenntnisse dar, daß wir über einige seiner wichtigen Führungskräfte sehr nachteilige Erkenntnisse haben, insbesondere über Shukri Buja, den Kommandeur der Regionalzone 6, dem wir Verbindung mit der örtlichen Mafia und eindeutiges Verhalten gegen KFOR und UNMIK nachweisen können. Ich sage Çeku, daß Buja und andere Männer ähnlichen Kalibers nicht die geringste Chance hätte, in das KPC übernommen zu werden; vielmehr wartete ich nur darauf, ihnen kriminelles Verhalten nachweisen zu können, um sie einzusperren. Çeku ist betroffen, akzeptiert aber am Ende meine Position.

Das Auswahlverfahren für die rund 19.000 Männer, die sich beworben haben, um dem KPC beizutreten, wird durch die Internationale Organisation für Migration (IOM) durchgeführt. Diese Männer sitzen derzeit mit Masse immer noch in den Einrichtungen der ehemaligen UÇK herum und können wegen fehlender Geldmittel nicht ausreichend beschäftigt werden. Dies führt zu Langeweile und Enttäuschung und damit zu einem besorgniserregenden Klima unter den künftigen Mitgliedern des KPC. Auf der anderen Seite leisten diejenigen, die an Vorhaben internationaler Hilfsorganisationen beteiligt sind, sehr gute Arbeit. Leider steht diese Möglichkeit nur einer sehr begrenzten Anzahl von Mitgliedern des provisorischen KPC offen.

Çeku glaubt nicht, daß es zu den angekündigten großen Demonstrationen kommen wird. Er versichert mir, daß er seinen ganzen Einfluß in die Waagschale geworfen habe, um die Politiker von der LKCK, die hinter den Ankündigungen stehen, zu bremsen. Er verspricht mir, daß sich von seinen Leuten keiner an solchen Aktionen gegen KFOR beteiligen würde, sondern im Gegenteil jeder von ihnen alles dran setzen werde, derartiges zu unterbinden. Ich könne mich auf die Männer des KPC voll verlassen.

In Mazedonien ist der bisherige stellvertretende Außenminister Boris Trajkovski zum neuen Präsidenten gewählt worden. Ich gratuliere ihm sofort, zumal ich ihn in Skopje bereits als einen sehr offenen, hoch intellektuellen und jugendlich-dynamischen Politiker kennengelernt hatte, der KFOR und der NATO gegenüber sehr offen ist. Ich denke, daß aus unserer Sicht die Wahl nicht hätte besser laufen können. In diesem Zusammenhang meldet mir Generalmajor Bob Ruth aus Skopje, daß es nach der Wahl des neuen mazedonischen Präsidenten eine Reihe hoher Staatsvertreter gäbe, die einen Rücktritt erwägen. Dazu zählen der Oberbefehlshaber, der stellvertretende Oberbefehlshaber, der Befehlshaber der Luftwaffe und die Minister für Verteidigung, Finanzen, Transport und Auswärtige Angelegenheiten.

Auch von der mazedonischen Grenze gibt es gute Neuigkeiten. Der mazedonische Finanzminister hat die Steuer auf nicht-militärische LKW zurückgenommen, und man hat entschieden, humanitären Hilfslieferungen Vorrang einzuräumen. Dies entspricht meiner Vermutung, daß die Schwierigkeiten von der mazedonischen Seite bewußt inszeniert wurden: Kaum sind die Wahlen vorbei, läuft es wieder.

Im abendlichen Gespräch mit Jock Covey kommen wir überein, daß UNMIK einen Beauftragten ernennen sollte, der für die Strom- und Wasserversorgung sowie für die Entsorgung von Müll verantwortlich ist. UNMIK muß seine Kräfte in diesen kritischen Bereichen besser bündeln und sichtbare, für die Bevölkerung nachvollziehbare Initiativen entwickeln.

Donnerstag, der 18. November 1999; 42. Tag   regnerisch, Nebel

Heute ist der Tag des Besuchs des Military Committee unter der Führung von Admiral Venturoni. Auch diesmal haben wir wieder mit dem schlechten Wetter zu kämpfen, aber wir können das Programm in ähnlicher Form wie beim Besuch des NAC durchziehen. Ich lege den Herren die Lage und unsere Sorgen dar, verweise auf die kritischen Defizite bei den Haushaltsmitteln, bei den Mitteln für das KPC sowie beim Personal meiner Stäbe. Die Generäle sind sehr interessiert an General Çeku, der alle Fragen zu ihrer Zufriedenheit beantwortet. Wir diskutieren die mögliche Lösung für Orahovac und besuchen die MNB (N) in Mitrovica, wo Brigadegeneral Poncet vom Dach des ehemaligen Kulturzentrums eine hervorragende Einweisung gibt.

Ich denke, daß wir alle unsere Botschaften rüberbringen konnten. Dabei werde ich völlig überrascht, wie das Problem „Orahovac" bewertet wird. Es war mir bis zu diesem Zeitpunkt völlig unbekannt, daß der Entwurf des „Protocol of Agreement" über eine mögliche Lösung für Orahovac an den Militärausschuß und an den Nordatlantischen Rat weitergegeben worden war, wo es zu einem „Politikum" geworden war sowie zu Besorgnis und Verwirrung führte. Man war dort ungehalten, daß wir vor Ort „Verhandlungen" führten, die uns gar nicht zuständen, sondern nur den hohen Herren in Brüssel. Das führte wiederum dazu, daß der Kommandeur des niederländischen Bataillons das Papier heute nicht – wie geplant – unterschreiben durfte. Als Konsequenz daraus wurden die Menschen in Orahovac mißtrauisch. Nun wollen sie von mir eine schriftliche Garantie, daß die Russen nicht nach Orahovac kämen. Das ist jedoch etwas, was wir nicht geben wollen und können. Wir stehen also nun wieder am Anfang; alle positiven Anstrengungen von Rugova, Thaci, Çeku und von uns, um die Blockaden aufzulösen, waren umsonst.

Einige der Herren des Militärausschusses gaben mir deswegen eine ganze Menge „guter Ratschläge". Ich müsse das mehr „politisch" sehen, und man sei wegen unserer „Eigenmächtigkeit" sehr besorgt. Vielleicht liegt die Lösung der Orahovac-Frage ja in der Tat in Brüssel oder in Den Haag und nicht im Kosovo. Wir hier vor Ort verstehen dieses ganze Gehabe überhaupt nicht. Wir hatten sehr viel Zeit und Arbeit investiert, um eins der dringendsten Probleme zu lösen, wir standen endlich unmittelbar vor einer für alle tragbaren Lösung – und nun diese Querschüsse, die alles wieder in Frage stellen. Ich kann gar nicht sagen, wie sehr mir dieses Gehabe auf den Wecker geht...

Generalmajor Pereljakin war gestern aus dem Krankenhaus entlassen worden. Er mußte heute wegen eines Herzanfalls erneut eingewiesen werden.

Freitag, der 19. November 1999; 43. Tag   Regen, Sturm, Matsch

Heute klappt der Besuch von Vizeadmiral Daniel Murphy, des Befehlshabers der Einsatz-Streitkräfte im Mittelmeer (Commander STRIKE-FORSOUTH), der uns mit einer Reihe seiner Offiziere über die Aufgaben und die Fähigkeiten der Strategic Reaction Force (SRF) [strategische Bereitschaftskräfte] und der Marine Expeditionary Force (MEF), d.h. des Marineeingreifverbandes, informiert. Diese Kräfte stehen bereit, um uns im Verteidigungsfall für das Kosovo sofort zu verstärken. Wir planen mit ihnen für das Frühjahr eine gemeinsame Gefechtsübung. Meine Planungsabteilung trägt den Admiralen und Generalen im Gegenzug unsere Vorstellungen für diese Übung mit dem Namen DYNAMIC RESPONSE 2000 vor. Wir erzielen in allen noch offenen Fragen Übereinstimmung und werden nun darangehen, die erforderlichen Einzelheiten gemeinsam auszuplanen.

Gegen Mittag nehme ich im UNMIK-Gebäude an einer sehr bewegenden Trauerfeier für die Opfer des Flugzeugunglücks teil.

Den Nachmittag verbringe ich bei meinem größten Bataillon, dem 1.200 Mann starken Verband der Vereinigten Arabischen Emirate in Vučitrn. Die arabischen Soldaten sind mit modernstem Gerät französischer bzw. amerikanischer Herkunft ausgerüstet und leisten gute Arbeit. In Vučitrn betreiben sie ihr eigenes Krankenhaus, das monatlich sechstausend Albaner behandelt. Die Emirate sind sehr stolz auf ihre KFOR-Beteiligung und betonen, daß sie sich damit zugleich als Teil eines NATO-Teams fühlen. Sie erklären mir, daß sie alles daransetzen würden, unsere Standards zu erfüllen. Ich begleite eine ihrer Patrouillen tief in die Berge und bin überrascht, wie gut sie das taktisch machen.

Jeder der Soldaten hat ein dienstliches Handy, mit dem er unbegrenzt durch die ganze Welt telefonieren kann. Nach einem Monat im Einsatz werden die Männer für eine Woche nach Hause geflogen, um sich zu erholen. Welch eine Großzügigkeit, verglichen mit den Regelungen anderer Nationen!

Ich besuche das Dorf Prilužje, eine Enklave von rund 3.000 Serben mitten unter albanischen Nachbarn in der Nähe von Vučitrn. Der Bürgermeister lädt mich in seine gute Stube und bittet um Hilfe. Er hat etwas Schlitzohriges an sich, gleicht ein bißchen dem Bürgermeister van Bett von Zaardam in Lortzings Oper „Zar und Zimmermann": schlau, devot, aber er weiß, was er will und wie er es bekommt. In seinem Dorf sammeln sich zunehmend Serben, die anderswo alleine lebten und es dort mit der Angst zu tun bekommen haben. Sie suchten deswegen die serbische Gemeinschaft in diesem Dorf auf, um dort ihr Überleben besser abzusichern. Nun haben ihnen die Albaner in Obilić aber die Auslieferung von Kohle verweigert, so daß die Gefahr besteht, daß die Serben ihre Häuser demnächst nicht mehr heizen können. Dies ist der Hauptgrund, warum mich der Bürgermeister eingeladen hat; aber recht hat er. Natürlich sage ich ihm unsere Hilfe zu und weise nach Rückkehr die griechische Versorgungsbrigade an, die Kohleversorgung für Prilužje für die Dauer des Winters sicherzustellen.

Ich habe ein erfolgreiches Gespräch mit Xhavit Haliti, dem wichtigsten Waffenbeschaffer der ehemaligen UÇK. Er ist ein sehr schillernder und undurchsichtiger Mann, Anfang vierzig, mittelgroß und schwer, hat ein rundes, rotes Gesicht, Pokerface. Er spricht fließend Deutsch, wenngleich mit starkem schweizerischen Akzent, der aus den Jahren stammt, die er mit Thaci in der Schweiz verbracht hat. Er ist vermutlich der engste politische Freund und Verbündete Thacis, und er spricht sehr offen über ihn. Ich habe den Eindruck, daß er im Auftrag Thacis gekommen ist, um die Wogen wieder zu glätten und nach einem neuen Weg der Zusammenarbeit zu suchen. Wir sind sehr offen und direkt miteinander, und ich sage, daß ich des politischen Jo-Jos von Hashim Thaci überdrüssig sei. Haliti lenkt ein und bestätigt, das sein Freund Thaci mit seinem sehr eigenwilligen Verhalten seine Partei und sich aus der politischen Mitwirkung herauskatapultiert hat. Er bittet mich, Thaci zu helfen, sein Verhältnis zu UNMIK wieder zu normalisieren. Mein

Eindruck ist, daß Thaci erkannt hat, daß er zu weit gegangen ist und sich damit vor dem bevorstehenden Besuch des amerikanischen Präsidenten ins politische Abseits manövriert hat. Ich sage meine Vermittlung zu, wiederhole aber ausdrücklich, daß Thaci, wenn er politisch ernst genommen werden will, ein besseres Verhalten an den Tag legen müßte. Er könne bei KFOR nicht auf bevorzugte Behandlung zählen.

Die von uns befürchteten Demonstrationen scheinen abgesagt zu sein. Unsere Gespräche und Warnungen scheinen gefruchtet zu haben.

Die Roma schreiben mir einen Brief und bitten als ethnische Minderheit um mehr Hilfe. Ich möchte helfen und beauftrage Generalmajor Mazzaroli, sich der Sache persönlich anzunehmen.

SACEUR teilt mir mit, daß er sich für meinen Ansatz für Orahovac einsetzen will. Er befürchtet erneut, daß in und um Mitrovica serbische Paramilitärs eingesickert seien und als fünfte Kolonne von Milošević ihr Unwesen treiben könnten. Er beauftragt mich, bei der russischen Führung im Kosovo darauf hinzuwirken, daß im Rahmen der Sicherheitsmaßnahmen für den Besuch des amerikanischen Präsidenten die Flugzeugtunnel der früheren jugoslawischen Luftwaffe am Rand des Flugplatzes von Priština durch den US Secret Service inspiziert werden können.

Jock Covey ist besorgt, daß uns wegen der unzureichenden Förderungskapazitäten die Kohle für die Kraftwerke Kosovo A und B ausgehen könnte. Die Masse der Förderungsmittel wurde gestohlen. Uns bleibt dann zum Heizen nur Schweröl, das durch die Franzosen importiert wird. Die französische Seite will aber vorher eine schriftliche und damit verbindliche Zahlungszusage durch Bernard Kouchner, um nicht auf Schulden sitzen zu bleiben. Dies wiederum scheint aus Sicht von UNMIK nicht machbar zu sein. Es ist manchmal zum Verrücktwerden. Die Bürokratie schlägt Purzelbäume, und unsere Anstrengungen bleiben auf der Strecke.

Samstag, der 20. November 1999; 44. Tag trocken

Wir verbringen die Masse des Tages damit, russische Generale ausfindig zu machen und von ihnen die Genehmigung zu erhalten, daß der US-Geheimdienst das Tunnelsystem am Flugplatz von Priština erkunden kann. Zunächst flog Generalmajor Milne, mein Chef des Stabes, nach Priština und traf sich dort mit dem Befehlshaber des russischen Luftwaffenkontingents, Generalmajor Volčkov, der jedoch erklärte, daß er nicht befugt sei, über diese Frage zu verhandeln.

Der derzeit amtierende Kommandeur des russischen Kontingents, Generalmajor Antonenko, ist zu dem Zeitpunkt bereits im Hubschrauber mit unbekanntem Ziel unterwegs. Wir erfahren am Spätvormittag, daß er sich bei der russischen Task Force 14 im Bereich der MNB (N) aufhält. Ich fliege sofort hin und übermittle ihm den Wunsch der amerikanischen Seite. Antonenko garantiert mir persönlich, daß das Tunnelsystem leer sei. Er sei nicht befugt, das System für eine Begehung zu öffnen. Zudem sei der Zugang zu den unterirdischen Einrichtungen mehr als einen Kilometer entfernt von dem Ort auf dem Flugplatz, an dem sich der Präsident aufhalten wird. Abgesehen davon würden die Russen alles in ihrer Macht Stehende tun, um die Sicherheit von Präsident Clinton zu gewährleisten. Ich stelle ihm in Aussicht, daß diese Frage auf die Ebene der beiden Hauptstädte Washington und Moskau hoch kochen könnte, was ihn kalt läßt. Ich erkenne, daß sich jeder weitere Einsatz nicht lohnt und fliege zurück.

Beim russischen Verband treffe ich völlig überraschend auf den russischen Generalmajor Bokarev, der mir erklärt, daß er vom russischen Generalstab geschickt worden sei, um endlich eine Lösung für die Stationierung der russischen Truppen in Orahovac zu finden. Ich werde mich mit ihm in der kommenden Woche treffen. Wir könnten schon viel weiter sein, wenn man uns freie Hand ließe. Ich nutze den Besuch, mich über den Zustand des russischen Verbandes zu informieren, der von dem sehr jungen und dynamischen russischen Oberstleutnant Lozovoi geführt wird. Die Russen beklagen die feindliche Haltung der Bevölkerung des Drenica-Tals; in den letzten Monaten habe man neunundzwanzig feindselige Aktionen gegen die russischen Soldaten registriert. Sie seien alle durch die ehemalige UÇK initiiert worden. Dazu kann er aber auf meine Nachfrage keinen einzigen Beweis anführen, der mich überzeugt hätte. Es ist fast tragisch, wie sehr sich die russischen Soldaten bemühen, der darbenden Bevölkerung zu helfen, und wie sehr sie dabei aus ideologischen Gründen abgewiesen werden.

Die 446 Mann des russischen Verbandes sind unter sehr primitiven Lebensbedingungen in einem feuchten, kalten Tal untergebracht, man watet durch tiefen Schlamm. Es gibt hier weder Elektrizität noch fließendes Wasser, der bevorstehende Winter wird ein Problem werden. Ich muß mit Generalleutnant Evtukovič sprechen, um hier bessere Lebensbedingungen zu schaffen.

Ich fliege über Srbica nach Hause, um Sami Lushtaku aufzusuchen und ihn zu warnen, die Bevölkerung weiterhin gegen die Russen aufzuhetzen. Ich mache ihm klipp und klar deutlich, daß die Russen „meine" Soldaten seien und jeder Angriff auf sie demzufolge ein Angriff auf mich sei. Unsere humanitäre Hilfe für das Drenica-Tal würde entweder über die Russen oder gar nicht geliefert. Ich würde, wenn sich die Lage nicht sofort bessere, dafür sorgen, daß auch die zivile Hilfe von UNMIK und von den NGOs reduziert wird. Lushtaku versichert in seinem schwäbischen Deutsch, daß nicht er der Bösewicht sei, sondern andere. Ich versichere ihm, daß ich seine starke Stellung im Drenica-Tal kenne und ihn daher persönlich zur Verantwortung ziehen würde, wenn die Dinge hier so negativ blieben.

Wir hatten beim amerikanischen Gallup-Institut den Auftrag erteilt, die politisch relevanten Fakten des Kosovo zu untersuchen. Das Ergebnis ist für unsere weitere Arbeit ganz entscheidend. Danach unterstützen immer noch 90 Prozent der Bevölkerung die UÇK. General Çeku ist mit 93 Prozent der Mann mit dem höchsten Ansehen, gefolgt von 92 Prozent für Rugova; nur 15 Prozent der Befragten bekunden ihre Zustimmung zu Politik und Person von Thaci. 98 Prozent der Bevölkerung treten für die politische Unabhängigkeit des Kosovo ein, selbst wenn dies einen neuen Krieg mit sich bringen würde. 91 Prozent weigern sich, mit den Serben friedlich zusammenzuarbeiten, 75 Prozent sind gegen die Rückkehr der serbischen Flüchtlinge, 58 Prozent halten es für gerechtfertigt, gegen Serben Gewalt anzuwenden. 75 Prozent glauben nicht, daß sich bei einem Wechsel der Regierung in Belgrad die Bedingungen für die Kosovo-Albaner grundsätzlich verbessern würden. Selbst wenn 93 Prozent der Bevölkerung in KFOR Vertrauen haben und unsere Arbeit unterstützen, so haben wir noch einen weiten Weg vor uns, diese rachsüchtige Bevölkerung für die Umsetzung der UN-Resolution 1244 und für mehr Toleranz im Sinn eines multiethnischen Zusammenlebens zu gewinnen. Ich glaube nicht, daß sich die Nationen der Internationalen Gemeinschaft zum Zeitpunkt ihrer Entscheidung, sich im Kosovo zu engagieren, darüber im klaren waren, wie die Verhältnisse wirklich sind. Wir werden noch sehr lange hier bleiben müssen, wenn wir vermeiden wollen, daß die hiesigen Minderheiten massakriert oder vertrieben werden.

Zur Vorbereitung des Besuchs des amerikanischen Präsidenten treffe ich mich mit den beiden US-Botschaftern James „Jim" Dobbins und Christopher Hill, die von Generalleutnant Don Kerrick begleitet werden. Wir sprechen über die Finanzierung und die Ausbildung des KPC, über die Lage in Mitrovica, über die Zuverlässigkeit und das persönliche Verhalten von Hashim Thaci und über die Fragen der Sicherung der Grenzen. Ich verweise darauf, daß KFOR trotz unserer mehrmaligen Forderungen bis heute keine eigenen Aufklärungskräfte im Kosovo hätte und daher ausschließlich auf die Auswertung der Information anderer angewiesen sei. Wir könnten daher immer nur reagieren. Meine größte Sorge bleibe aber immer noch die völlig unzureichende Ausstattung mit Mitteln für unsere Aufgaben. Mit leeren Versprechungen lasse sich kein Land regieren, auch das Kosovo nicht. Ohne Mittel können wir auch den Männern der früheren UÇK keine neue Perspektive geben; damit aber treiben wir sie in die Illegalität und in den politischen Extremismus. Ich fordere die US-Diplomaten auf, endlich Schluß zu machen mit den bloßen Ankündigungen und die seit langem zugesagten Mittel bereitzustellen.

Ich zeige den Botschaftern die Ergebnisse der Gallup-Umfrage und rate, nicht zu einseitig auf Thaci als den kommenden Mann zu setzen. Ein vorzeitiges Abgehen von Rugova könnte sich langfristig als strategisch-politischer Fehler erweisen, denn Rugova habe die Masse der albanischen Bevölkerung immer noch hinter sich. Die Umfrageergebnisse stoßen auf großes Erstaunen, man hat wohl mit besseren Ergebnissen gerechnet.

Die Leute von der französischen Untersuchungsbehörde für Luftfahrtunfälle, die derzeit Ermittlungen zu dem Absturz des Flugzeuges vom Typ ATR-42 des World-Food-Programms vom letzten Freitag durchführen, haben als vorläufige Empfehlung herausgegeben, daß der zivile Luftverkehr den Flugplatz von Priština vorübergehend nicht anfliegen sollte. Ebenso sollten auch alle Starts ziviler Maschinen von hier bis auf weiteres ausgesetzt werden. Diese Empfehlung beruht auf der Möglichkeit, daß es zu Fehlinterpretationen zwischen NATO-Flugsicherheitsverfahren und -Terminologie und denen der internationalen Zivilluftfahrtorganisation ICAO gekommen sein könnte. Wir entscheiden daher, den zivilen Flugverkehr am Flugplatz Priština so lange auszusetzen, bis eine Überprüfung der dort verwandten Flugsicherheitsverfahren durchgeführt worden ist. Dazu wird nächste Woche ein Team der ICAO eintreffen. In der Zwischenzeit geht die umfassende Untersuchung der Ursache bzw. der Ursachen des Unfalls weiter. Militärluftfahrzeuge können wie gewohnt anfliegen.

Sonntag, der 21. November 1999; 45. Tag   Nebel, trocken

Abgesehen von der Warnung vor einer Bombe vor dem Hauptquartier der UNMIK ist der heutige Tag im gesamten Einsatzgebiet ruhiger geblieben.

Für unser Hauptquartier war es jedoch ein sehr geschäftiger Sonntag. Wir haben unsere Vorbereitungen für die Stabsrahmenübung zur Verteidigung des Kosovo abgeschlossen, die morgen in Anwesenheit von General Jochen Spiering und Admiral Jim Ellis in unseren großen Zelten, in denen wir bisher geschlafen haben, stattfinden wird. Wir haben zudem letzte Hand an unsere Vorstellungen zu unserer Strategie für Mitrovica gelegt, die Generalmajor Thomann in langen Gesprächen mit den Verantwortlichen von UNMIK, UNHCR, der OSZE und der zivilen Verwaltung entwickelt hat.

Mich besucht am Vormittag Monsieur Alain Kolly, der hiesige Vertreter des Internationalen Roten Kreuzes. Ich sage ihm unsere Unterstützung zu.

Ich eröffne die Eisenbahnlinie von Klina nach Prizren. Sie wurde von den Pionieren des italienischen Eisenbahnregiments fertiggestellt. Die

214

Eisenbahnstrecken und das rollende Material wurden durch die NATO-Luftschläge stark zerstört, KFOR hat jetzt die schlimmen Folgen mit zu tragen. Wie wichtig wäre eine mit den künftigen Erfordernissen der Landstreitkräfte abgestimmte Einsatzplanung gewesen. Weil die einzige Verbindungsstraße zwischen dem Kosovo und Mazedonien völlig überlastet ist und mir für den Winter erhebliche Sorge bereitet, versuchen wir verstärkt, auf die Schiene auszuweichen. Mein für die Logistik zuständiger französischer Brigadegeneral, der überaus sympathische Bertrand de Lestrange, wird mehr und mehr zum Eisenbahnspezialisten. Er treibt sehr aktiv und mit viel Eigeninitiative an, koordiniert und sucht nach Wegen, die Eisenbahn noch besser einsetzen zu können. Neben den kaputten Strecken ist unsere Hauptsorge das unzureichende rollende Material, vor allem die Zahl der Lokomotiven, die überhaupt nicht ausreicht. Alles, was wir hier haben, ist Schrott, der täglich neu repariert werden muß, um wenigstens einen Minimalbetrieb laufen lassen zu können. Unsere Bitten um Hilfe sind bei den europäischen Ländern nicht auf große Zustimmung gestoßen. Deutschland hat auf meine Bitte an Staatssekretär Ischinger hin sechs Loks und einige Waggons der ehemaligen DDR-Reichsbahn, Frankreich hat zwei Loks zugesagt.

Ich besuche das Hauptquartier der italienischen Eisenbahnpioniere, die zusammen mit ihren englischen Vorgängern ausgezeichnete Arbeit geleistet haben. Dank ihres Einsatzes können wir täglich wieder sechs Züge zwischen Mazedonien und dem Kosovo verkehren lassen, eine erhebliche Entlastung für die Straße.

Ich habe am Flugplatz in Priština mit dem finnischen Präsidenten Marti Ahtissari ein sehr gutes Gespräch. Er meint, daß wir noch 30 bis 40 Jahre hier unten bleiben müssen. Er glaubt nicht an eine Rückkehr der Streitkräfte des ehemaligen Jugoslawiens im Rahmen der Resolution 1244 des UN-Sicherheitsrates, obwohl er doch selber an diesem Teil der Vereinbarung mitgewirkt hat.

Danach treffe ich mich in meinem Büro mit dem Ministerpräsidenten der „Schattenregierung" Rugovas, Dr. Bujar Bukoshi. Auch er spricht fließend und beinah völlig akzentfrei Deutsch. Er lebt seit Jahren mit seiner Familie bei Augsburg und kommt nur gelegentlich nach Priština. Bukoshi ist ein vernünftiger und logisch denkender Mann. Er betrachtet sich selbst als den demokratisch gewählten und daher rechtlich bestimmten Repräsentanten der Menschen im Kosovo. Er begrüßt das Eingreifen der NATO und der internationalen Staatengemeinschaft und er dankt ihnen für die Freiheit, die die Bevölkerung des Kosovo zwischenzeitlich gewonnen hat. Er unterstreicht die Notwendigkeit, die örtliche Bevölkerung am Aufbauprozeß zu beteiligen, und er beklagt, daß die Übergangsverwaltung und Dr. Kouchner dabei zu zögerlich seien. Er bietet UNMIK seine enge Zusammenarbeit an, um die Dinge im Kosovo ins Rollen zu bringen. Gleichzeitig warnt er davor, daß seine Landsleute die langsame und ermüdende Gangart von UNMIK zunehmend satt hätten. Er sieht das Sicherheitsvakuum als eines der drängendsten Probleme im Kosovo an. Er bietet daher an, die Namen von fünfzehnhundert seiner ehemaligen albanischen Polizisten anzugeben, aus denen die UNMIK-Polizei dann zwei- bis dreihundert auswählen könnte, um sich auf deren Sprach- und Ortskenntnisse zu stützen.

Das Grundproblem ist, daß Bernard Kouchner und Bukoshi über Kreuz sind. Es gibt kein Vertrauen zueinander, eine Zusammenarbeit wird daher sehr schwer sein, zumal sich auch Rugova von Bukoshi politisch klar distanziert hat.

Montag, der 22. November 1999; 46. Tag   sonnig, warm

Der ganze Tag ist unserer Rahmenübung gewidmet, in der die Offiziere meines Stabes, der Multinationalen Brigaden, der Luftwaffe und des Stabes unserer im Einsatzfall vorgesetzten Kommandobehörde AFSOUTH gemeinsam – in unterschiedlich zusammengesetzten Arbeitsgruppen – die verschiedensten Aspekte unseres Operationsplans für eine potentielle Verteidigung analysieren.

General Spiering, Admiral Ellis und ich sind mit Ablauf und Organisation, vor allem aber mit den Arbeitsergebnissen der diversen Arbeitsgruppen sehr zufrieden. Unsere Offiziere haben zwölf Stunden lang sehr intensiv zusammengearbeitet, sich dabei besser kennen gelernt und sich mit den Details unseres Operationsplans eingehend vertraut gemacht. Wir haben ein einheitliches Verständnis, wie wir den „worst case" anzugehen haben. Die erforderlichen Absprachen mit Admiral

Ellis und seinen Offizieren sowie mit den Vertretern der Luftwaffe sind im Einzelnen getroffen; die Munitionsbestände der nationalen Kontingente sind aufgefüllt und verstärkt worden. Ich bin sehr zuversichtlich, daß wir eine sehr solide Basis erarbeitet haben, um unseren Verteidigungsauftrag zu erfüllen.

Eine der Sorgen, die bleibt, ist die Frage, wie in einem solchen Fall das russische Kontingent reagieren würde. Aber auch hierfür haben wir eine Reihe von Optionen untersucht, die mich zuversichtlich stimmen.

Dienstag, der 23. November 1999; 47. Tag   trocken, eiskalt

Heute ist das große Ereignis der Besuch des amerikanische Präsidenten Clinton am Flughafen von Priština. Seit Tagen sind die Leute des Secret Service vor Ort und prüfen jeden Sicherheitsaspekt. Selbst ich sollte gezwungen werden, ohne Waffe zu erscheinen, was ich jedoch ablehne. Ich ziehe vor, dann überhaupt nicht zu erscheinen. Ein Sicherheitsagent hat daraufhin meinen britischen Military Assistant, Major Sean Lang, gebeten, ihm persönlich zu versprechen, daß ich nicht auf den Präsidenten schießen werde …

Schon die Anfahrt wird zum Erlebnis, da wir fünf Sicherheitsringe passieren müssen. Der Flughafen liegt im kanadischen Verantwortungsbereich, also geht es zunächst durch die üblichen kanadischen Checkpoints. Die äußere Sicherheit am Flugplatz ist die Aufgabe der Russen, die innere Sicherheit sowie die Frage der Flugsicherheit obliegt den Briten. Demzufolge gibt es einen russischen und einen britischen Checkpoint am Eingang zum Flugplatz. Es folgt eine eingehende Kontrolle durch die US-Army, die für die Zeit des Aufenthalts ihres Präsidenten kurzfristig das Hausrecht am Flugplatz übernommen hat. In der Luft über dem Flugplatz schweben zusätzlich und sehr martialisch sechs amerikanische Apache-Kampfhubschrauber. Am Eingang zum Flughafengebäude erfolgt eine erneute Sicherheitskontrolle, diesmal durch den Secret Service des Präsidenten, dann sind wir endlich drin. Welch ein Gegensatz zum Besuch des finnischen Präsidenten vor zwei Tagen, der mit nur einem persönlichen Referenten angereist war.

217

Auf dem Flugplatz-Vorfeld erneut viel Sicherheit, und endlich schwebt die Maschine ein. Aber sie spuckt nur zig Journalisten aus, die ihre Kameras aufbauen und sich bereit machen, den Präsidenten samt seiner Entourage im Kosovo willkommen zu heißen. Der SACEUR sowie die Botschafter Hill und Dobbins haben ihre letzten Vorbereitungen getroffen, auch Bernard Kouchner hat sich durch den Sicherheitskordon gekämpft, als endlich die zweite Maschine landet, die den Präsidenten und seine Tochter, die Außenministerin Madeleine Albright, den Chef des Stabes des Weißen Hauses, Leon Panetta und den Nationalen Sicherheitsberater, Sandy Berger, nach Priština bringt.

Großes Händeschütteln und Vorstellen noch auf dem Rollfeld, dann haben Bernard und ich die Möglichkeit, den Präsidenten und sein Team über die Lage im Kosovo zu informieren. Clinton schenkt uns seine volle Aufmerksamkeit, er hört zu und stellt kurze Verständnisfragen. Während Bernard Kouchner ein eher rosiges Bild malt, weise ich auf die dramatische Haushaltslage und die politische Diskrepanz hin, die sich aus den Ansprüchen der UN-Resolution 1244 auf „substantielle Autonomie" und dem Wunsch der Kosovo-Albaner nach völliger Unabhängigkeit ergibt. Ich nenne dem Präsidenten Beispiele der Intoleranz und des mangelnden Willens, mit den anderen Ethnien zusammenzuleben. Ich warne davor, daß die Unzufriedenheit mit den bisher eher mageren Ergebnissen der Internationalen Gemeinschaft zu Sicherheitsrisiken für unsere Truppen führen könnte, und bitte um rasche finanzielle Unterstützung, um der unruhig gewordenen Bevölkerung mit einer für alle sichtbaren Verbesserung der Lebensverhältnisse eine neue Perspektive zu geben. Der Präsident greift diesen Punkt sofort auf und weist Botschafter Dobbins an, dafür zu sorgen, daß entsprechende Mittel umgehend bereitgestellt werden. Ich gebe dem Präsidenten auch meine Einschätzung der wichtigsten Politiker, mit denen er im Anschluß an unsere Unterredung zusammenkommen wird, und mache dabei deutlich, daß Thaci nicht die starke Rolle spielt, die ihm die amerikanische Seite zugedacht hat.

Es ist für mich außerordentlich beeindruckend, wie schnell und unmittelbar Präsident Clinton all die Punkte, die Bernard Kouchner und ich ihm eben erst vorgetragen haben, in sein Eingangsstatement umsetzt, mit dem er die politische Runde des KTC begrüßt. Auch Thaci und Bischof Artemije sind gekommen.

Der Präsident fordert, die Gewalt endlich abzubauen und auf Zusammenarbeit zu setzen. Die Serben müßten im Kosovo bleiben. Es gäbe nur einen Weg, und das sei der der Kooperation miteinander, aber auch mit UNMIK, mit KFOR und im Rahmen der gemeinsamen Übergangsregierung. Der Präsident versichert, daß er sich darum bemühen werde, die erforderlichen finanziellen Mittel zu beschaffen.

Veton Surroi weist darauf hin, daß das Geld, das an nur einem Tag der Luftoperationen ausgegeben wurde, ausreichen würde, das Budget des Kosovo für die Jahre 1999 und 2000 abzudecken. Bischof Artemije beklagt, daß die Serben heute als Minderheit verfolgt, daß ihre Kirchen zerstört worden seien und sie wie in Gettos leben müßten. Er stellt die Bemühungen von KFOR heraus, sich um die Sicherheit der Minderheiten nachhaltig zu kümmern, und bestätigt, daß die Lage grundsätzlich besser geworden sei. Clinton sagt zu, in den USA eine Kampagne zu starten, um Geld für die zerstörten Gotteshäuser wie auch für die zerstörten Moscheen der Albaner aufzutreiben.

Ich sitze unmittelbar links neben Clinton, der mir permanent Fragen zu den Personen und zu den angesprochenen Sachpunkten zuraunt. Ich schreibe ihm dazu auf kleine Karteikarten Stichpunkte, die er in der Diskussion sofort umsetzt. Es ist gut, daß Clinton meine Schrift überhaupt lesen kann; es beeindruckt mich, wie sehr er sich auf meinen Rat stützt, denn er kennt mich ja nur von der Informationsrunde mit Bernard.

Rugova hebt hervor, wie viel besser die Sicherheitslage heute sei, und dankt KFOR für die Anstrengungen, die diesen Erfolg möglich gemacht haben. Er versichert dem Präsidenten, daß es keine Kampagne gegen die Serben gäbe. Er selbst sei sehr gerne bereit, mit Kouchner in einer gemeinsamen Regierung zusammenzuarbeiten.

Auch Thaci unterstreicht die verbesserte Sicherheitslage und hebt den Erfolg bei der Demilitarisierung der UÇK sowie beim Prozeß der Transformation in das Kosovo Protection Corps hervor, fordert aber auch die dafür erforderlichen Mittel ein.

Abschließend hält Präsident Clinton fest, daß sich die Welt derzeit noch um das Kosovo sorge. Es gelte daher, dieses Wohlwollen jetzt zu nutzen und nicht zu verspielen. Er verweist auf Nordirland, wo man dreißig Jahre gegeneinander gekämpft habe. Es hätte sieben Jahre gedauert, bis ein Friedensschluß ausgehandelt wurde. So viel Zeit würde den Menschen im Kosovo nicht gegeben. „Die Zeit der Kämpfe ist vorbei", sagt Clinton und fordert die vor ihm sitzenden Politiker auf, die wichtigen Entscheidungen für das Kosovo gemeinsam anzugehen, dabei politische Mehrheiten zu akzeptieren und die Rechte der ethnischen Minderheiten zu schützen. Er schließt mit dem Satz: „Wir wollen Ihnen helfen, aber Sie müssen dabei mitmachen."

Der Präsident bricht dann auf, um seine Truppen per Hubschrauber zu besuchen. Am Flugfeld Hunderte von Russen, die dem amerikanischen Präsidenten zujubeln, seine Hand schütteln und Autogramme haben wollen, die Clinton ihnen großzügig gibt. Clinton beeindruckt durch sein Charisma, das er sehr geschickt einsetzt, aber auch durch seinen wachen Intellekt, der auch Nuancen sofort wahrnimmt und aufgreift. Der amerikanische Präsident spricht eine sehr klare und direkte Sprache; keiner kann sagen, er habe ihn nicht verstanden. Ohne Zweifel hat er die Gesprächsrunde dominiert und ihr seinen persönlichen Stempel aufgedrückt, sicherlich konnte er seine Grundposition deutlich machen. Die Frage ist, was davon im Alltag und im politischen Kleinkrieg hängen bleiben wird. Insgesamt jedenfalls ein Besuch, der Spuren hinterlassen wird und auch mich beeindruckt hat.

Um ihn damit persönlich weiter einzubinden, informiere ich nach meiner Rückkehr General Çeku über die Ergebnisse des Gesprächs mit Präsident Clinton.

Bernard Kouchner fliegt im Anschluß an Clintons Besuch mit den Politikern des KTC gemeinsam nach Paris, um sie dort für die künftige gemeinsame Regierungsarbeit einzuschwören. Thaci kommt mit, ich hatte dazu lange auf ihn eingeredet. Leider sagt Momčilo Trajković in der letzten Minute nach ursprünglicher Zusage doch noch ab; da hilft auch nicht, daß Clinton persönlich interveniert.

Meine Fachleute für Mitrovica wollen morgen zusammen mit allen wichtigen Leuten der UNMIK in einer gemeinsamen Erkundung ausloten, wie und wann die kleinen multiethnischen Firmen in Mitrovica ihren Betrieb wieder aufnehmen können. Sir Martin Garrod, der bisherige UNMIK-Koordinator vor Ort, muß aus Gesundheitsgründen zurück nach England fliegen und wird einem neuen Team Platz machen.

Ich glaube, daß wir es in Orahovac doch noch schaffen, daß die Blockaden freiwillig weggeräumt werden. Ich habe den Menschen in Orahovac schriftlich versichert, daß die Öffnung der Blockade nicht zu einer Änderung in der derzeitigen Stationierung der KFOR-Truppen innerhalb der Stadt führen wird. Sollten Änderungen der derzeitigen Dislozierung geplant werden, werde ich die Bevölkerung von Orahovac vorab darüber unterrichten.

Ich gehe davon aus, daß morgen die letzten Barrikaden weggeräumt werden. Damit wird die Bewegungsfreiheit für alle Fahrzeuge der KFOR – auch die der Russen auf der Straße von Mališevo um Orahovac herum nach Prizren – erstmalig hergestellt. Es sieht so aus, als habe sich unsere Hartnäckigkeit und die viele Arbeit im kleinen doch noch ausgezahlt.

Am Abend lädt Tony Welch vom DFID Dennis McNamara, Jolly Dixon, Daan Everts und mich zum Essen ein. Es ist für mich erstaunlich, wie massiv an der Arbeit von UNMIK Kritik geübt wird und wie wenig die Repräsentanten der vier „Säulen" in den allgemeinen Informations- wie Entscheidungsprozeß von UNMIK eingebunden sind. Jeder scheint seine eigene Strategie zu verfolgen. Mein Vorschlag, gemeinsame Strategierunden zu organisieren, an denen wir alle teilnehmen und in denen wir uns regelmäßig besser austauschen können, wird gern angenommen.

Ein zusätzlicher Besucher des Tages war der Oberbefehlshaber der schwedischen Streitkräfte, General Ove Victorin.

Mittwoch, der 24. November 1999; 48. Tag   warm

General Clark ruft mich an und teilt mir mit, daß der Besuch des amerikanischen Präsidenten aus seiner Sicht sehr gut gelaufen sei und ich alle meine mir wichtigen Punkte „gut an den Mann gebracht" hätte.

Ich spreche mit Generalmajor Olshausen ab, dem Kosovo Protection Corps bei der bevorstehenden Jahresfeier zum Flaggentag jede Art von

Aufmärschen oder Paraden zu verbieten. Wir müssen alles daransetzen, diesen Tag so normal wie möglich durchzuziehen und jeden Ansatz für nationale Provokationen zu verhindern.

Ich habe ein sehr produktives Gespräch mit dem Oberbefehlshaber der griechischen Streitkräfte, General Manousos Paragioudakis. Ich versichere ihm, wie wichtig für KFOR der Einsatz der griechischen Logistikbrigade unter der Führung von Brigadegeneral Emmanuel Kanavakis ist. Die Griechen leisten so hervorragende Arbeit, daß ich gern noch mehr von ihnen hätte, insbesondere auf dem Gebiet der Militärpolizei entlang der Versorgungsstraße nach Blace und auch innerhalb Mazedoniens. Ich bitte ihn, auch die Möglichkeit zu prüfen, wenn im Bedarfsfall die Truppen von KFOR kurzfristig zu verstärken sind, dafür ein in Nordgriechenland stationiertes Infanteriebataillon vorsehen zu können. General Paragioudakis sagt mir die Prüfung zu und lädt mich nach Griechenland ein. Ich hoffe nur, daß ich dazu Zeit finde.

Steven Erlanger schrieb in der gestrigen Ausgabe der „New York Times", daß die Geberkonferenz in Brüssel für den reinen Wiederaufbau des Kosovo im kommenden Jahr zwar Mittel in Höhe von einer Milliarde US-$, für den Haushalt des Kosovo mit 88 Mio. US-$ aber noch nicht einmal die Hälfte dessen bereitgestellt habe, was UNMIK als Minimum angefordert hatte. Er warnt vor möglichen negativen Folgen. Ich hatte den SACEUR gebeten, an der Kommandoübergabe des EUROKORPS in Straßburg am 26. November teilnehmen zu können, um mit dem neuen Kommandierenden General, dem spanischen Generalleutnant Juan Ortuño Such, erste Einzelheiten einer möglichen Ablösung meines Stabes durch das EUROKORPS im Frühjahr 2000 abzusprechen. Ich fliege dazu am späten Abend noch über Skopje nach Frankfurt, von dort aus geht es noch in der Nacht nach Heidelberg.

Donnerstag, der 25. November 1999; 49. Tag im Stab LANDCENT

Der Tag in Heidelberg ist mit einer dichten Reihenfolge von Terminen gefüllt. Mein Chef des Stabes, Generalmajor Bastiaans, unterrichtet mich im Beisein der wichtigsten Offiziere des in Heidelberg verbliebenen Stabsanteils

222

- über die entscheidenden Übungsaktivitäten und Sondervorhaben im Frühjahr 2000;
- zur Umgliederung von LANDCENT in Joint Headquarters Centre;
- zur Erweiterung des Stabes durch polnische, tschechische und ungarische Soldaten.

Ich informiere meinerseits den Stab über unsere Arbeit im Kosovo und bedanke mich für die vorbildliche Unterstützung aus der Heimat.

Freitag, der 26. November 1999; 50. Tag
Straßburg;
sehr kalt und windig

Ich nehme am Kommandowechsel des EUROKORPS in Straßburg teil. Es ist bitter kalt, ich habe selten so gefroren, da ich meine Winterbekleidung nicht mitgenommen habe. Am Rande der Feier erste Gespräche mit dem neuen Kommandierenden General, Generalleutnant Juan Ortuño Such, über die sehr wahrscheinliche Ablösung durch den Stab des EUROKORPS kurz vor Ostern 2000. Ich biete Ortuño an, mit meinen Leuten aus Priština bei der Vorbereitung in Straßburg zu unterstützen und bald erste Verbindungselemente auszutauschen.

Ich freue mich, daß ich hier – wenn auch nur sehr kurz – meine Frau sehen kann, die extra aus Koblenz angereist ist. Endlich können wir uns nicht nur über E-Mail oder das von aller Welt abgehörte Telefon austauschen; leider ist das alles viel zu kurz, wir haben kaum Zeit für- und miteinander, denn abends geht es bereits zurück an den Flughafen Frankfurt, um morgen so früh wie möglich zurückzufliegen.

Samstag, der 27. November 1999; 51. Tag
trocken und warm

Ich brauche für den Flug von Frankfurt über Düsseldorf nach Skopje und den Weiterflug mit Hubschrauber nach Priština ganze zwölf Stunden. Jedes Flugzeug hatte Verspätung, und wir bekamen die Anschlußflüge nicht mehr. Ich habe in den Warteräumen der verschiedenen Flughäfen eine Menge Zeit vergeudet. Für einen Flug, der in eine Richtung eigentlich nur drei Stunden dauert, benötige ich wegen der Flugpläne $2\frac{1}{2}$ Tage.

Die Demonstrationen zum albanischen Nationalfeiertag sind in der gesamten Provinz friedlich verlaufen. Ich hoffe, daß dies auch für den morgigen Tag so bleibt, den die Albaner in aller Welt als ihren „Unabhängigkeitstag" oder „Flaggentag" feiern. Im gesamten Kosovo werden dezentrale Demonstrationszüge erwartet, und wir hoffen, daß sie sich nicht gegen die Minderheiten richten.

Bernard Kouchner berichtet, daß seine Reise zusammen mit den örtlichen Parteiführern nach Paris Erfolg gehabt habe. Alle hätten sich bereit erklärt, in der künftigen gemeinsamen Übergangsregierung mitzuarbeiten. Das scheint ein erster Durchbruch zu sein, zu dem ich ihm gratuliere.

Die zweite gute Nachricht des Tages ist, daß es auch zum Rechtssystem eine Entscheidung gegeben hat. Es wird im Kosovo künftig das alte Rechtssystem von vor 1989 mit einigen wichtigen Modifikationen angewandt. Damit sind wir auf dem Weg zur Rechtssicherheit einen erheblichen Schritt vorangekommen.

Sonntag, der 28. November 1999, 1. Advent; 52. Tag Sonne, sehr kalt

Die Demonstrationen und Feierlichkeiten anläßlich des „Unabhängigkeitstages" sind bis in die späte Nacht hinein friedlich verlaufen. Das ist in nicht geringem Umfang auch auf die beruhigende Einflußnahme durch das KPC zurückzuführen. Ich freue mich über dieses positive Ergebnis unserer engen Zusammenarbeit. Umso mehr waren wir geschockt, als wir in der Nacht erfuhren, daß ein serbischer Professor, der sich mit Frau und Schwägerin verfahren hatte, mitten in Priština von einem albanischen Mitbürger erschossen wurde. Beide Frauen wurden vom Mob aus dem Auto gezerrt und schwer mißhandelt. Eine englische Patrouille griff sofort ein, konnte die kochende Menge aber kaum noch bändigen und wurde erst nach Anrücken von Verstärkung Herr der Lage.

Ich bin empört und gehe noch in der Nacht vor das Fernsehen, um diesen feigen Anschlag als „Akt der Unmenschlichkeit" und als „höchste Stufe der Intoleranz" scharf zu verurteilen. Ich beklage, daß keiner der vielen Zuschauer helfend eingegriffen hat, sondern alle vor Begeisterung gegrölt haben. Ich warne die albanische Bevölkerung, daß derartige Vorfälle dazu führen könnten, daß die internationale Hilfe eingefroren und die Entwicklung zu einer demokratischen Gesellschaft gefährdet wird. Am meisten hat mich betroffen gemacht, daß es sich hier um ganz normale und friedliche Bürger handelte, die eigentlich zum Feiern ihres Nationalfeiertages auf die Straße gegangen waren und nichts Böses im Sinn hatten. Dennoch rasteten sie so aus, daß sie einen Mord vor ihren Augen sogar beklatschten. Viele meiner Soldaten sagen mir, daß sie wegen dieses Vorfalls das Land am liebsten sofort verlassen wollten. Ich kann es ihnen nachempfinden.

In unserer allabendlichen Besprechung kann ich Bernard Kouchner davon überzeugen, innerhalb der nächsten zwei Wochen mit uns gemeinsam ein strategisches Seminar durchzuführen. Ziel dieses Seminars sollte es sein, die Ziele, die meine Arbeitsgruppe „Strategie" erarbeitet hat, mit dem „Strategischen Plan" von UNMIK in Einklang zu bringen. An dem Seminar sollten auch die Führer der vier Säulen von UNMIK sowie alle meine Generale teilnehmen. Ich hoffe, daß wir auf diesem Weg eine gemeinsame, vor allem aber eine substantielle Strategie entwickeln können.

Ich treffe mich mit dem Stellvertretenden Hochkommissar des UN-Flüchtlingshilfswerks, Mr. Frederick Barton. Er lobt KFOR und die Unterstützung sehr, die der UNHCR von uns erhält. Ich freue mich sehr über diese anerkennenden Worte, die besonders auch der koordinierenden Arbeit meines Stellvertreters, Generalmajor Mazzaroli, gelten; Anerkennung waren wir bisher vom UNHCR nicht gewohnt.

Ein besonders interessanter Besucher ist der Sonderbeauftragte des britischen Premierministers für den Balkan, Mr. Paddy Ashdown, der hier als potentieller Nachfolger für Bernard Kouchner gehandelt wird. Auch er ist voll des Lobs für KFOR, sieht im Vergleich zu uns die Gesamtlage im Kosovo aber viel kritischer. Ich habe nicht den Eindruck, daß er bemüht ist, Bernard Kouchner zu beerben.

Am Abend verabschieden wir den russischen Generalmajor Pereljakin. Er ist in der Tat sehr krank und möchte so bald wie möglich nach Moskau zurück. Ich bin direkt gerührt, wie positiv er sich über die Zusammenarbeit unseres Stabes mit den russischen Truppen äußert und mit welchem Nachdruck er darauf verweist, stolz darauf zu sein, an diesem politisch so wichtigen Einsatz teilgenommen zu haben. Sein Nachfolger wird Oberst Anatolij Kiselev werden, der am 01. Dezember 1999 eintreffen wird.

Der Generalinspekteur der Bundeswehr, General Hans-Peter von Kirchbach, hatte mich eingeladen, anläßlich der Großen Kommandeurtagung der Bundeswehr in Hamburg am 30. November 1999 zu meinen Erfahrungen als Commander KFOR vorzutragen. Ich fahre daher abends noch nach Skopje, um früh den ersten Flieger nach Deutschland zu nehmen. In der mazedonischen Hauptstadt treffe ich mit dem NATO-Sonderbotschafter Eiff zusammen. Unser Hauptthema ist das immer noch untragbare Nadelöhr am Grenzübergang Blace, wo der sogenannte „Bypaß", auf dem die NATO-Fahrzeuge ohne Kontrolle durch die Grenzbehörden auf einer eigenen Spur die Grenze passieren können, aufgrund immerfort neuer technischer Bauforderungen der mazedonischen Seite immer noch nicht nutzbar ist. Eiff rät dringend, mit unseren KFOR-Militärpolizeikräften auch den mazedonischen Teil der Straße von Skopje bis Blace zu kontrollieren, um den militärischen Verkehr flüssiger laufen zu lassen. Er bittet erneut, auch die Bergstraße von Tetovo über Jažince wieder herzurichten und am Grenzübergang Jažince auf der Paßhöhe UNMIK-Zollbeamte einzusetzen, um eine Alternative zu Blace aufzubauen. Ich informiere ihn, daß seit über einem Monat ein amerikanisches Pionierbataillon an dieser Straße arbeitet, diese aber so kaputt ist, daß es weit über den Winter hinaus dauern wird, bis sie wieder voll befahrbar sein wird.

Montag, der 29. November 1999; 53. Tag
Flug nach Hamburg,
12 (!) Stunden

Dienstag, der 30. November 1999; 54. Tag
Hamburg

Ich nehme an der großen Kommandeurtagung der Bundeswehr teil. Es tut gut, nicht nur die vielen bekannten und vertrauten Gesichter wieder zu sehen, sondern auch ein paar Stunden Zeit für meine Frau zu haben. Telefon oder E-Mail in den späten Nacht- oder den frühen Morgenstunden sind auf die Dauer doch nicht genug. Ich merke hier erst ein-

226

mal, wie aufgedreht mein Körper ist, wie todmüde ich andrerseits aber bin. Ich schlafe wie ein Stein.

Mein Vortrag kommt ganz gut an, aber die nachfolgende Diskussion wird etwas scharf, als ich auf die völlig unzureichenden deutschen Aufklärungskapazitäten vor Ort hinweise. Dies gefällt dem Stabsabteilungsleiter II im Führungsstab der Streitkräfte überhaupt nicht, und er versucht mir deutlich zu machen, wie gut wir doch eigentlich seien. Aber davon kann in der Praxis, vor allem im Vergleich mit den angelsächsischen Nationen, wirklich nicht die Rede sein. Wir sollten endlich damit aufhören, uns selbst etwas vorzumachen, und die vorhandenen Defizite nicht beschönigen, sondern stattdessen daran arbeiten, sie möglichst rasch abzubauen.

Meine Kritik richtet sich ja nicht gegen die Männer im Einsatz, die sich im Rahmen ihrer Möglichkeiten alle Mühe geben, sondern gegen den Kompetenzwirrwarr und die mangelhaften Strukturen sowie die fehlende moderne Ausrüstung.

Mittwoch, der 1. Dezember 1999; 55. Tag   Hamburg und Brüssel

Bundesminister Rudolf Scharping lädt im Rahmen der Großen Kommandeurtagung der Bundeswehr die Gruppe der Drei- und Vier-Sterne-Generale zum gemeinsamen Frühstück ein. Er sieht mit viel Optimismus in die Zukunft und verspricht sich von der heutigen Rede des amerikanischen Verteidigungsministers William Cohen politische Unterstützung für seinen Ansatz, mehr Geld für die Streitkräfte zu bekommen. Ich schütte mit meiner Frage, ob der Finanzminister für die aufgelegte Bundeswehrplanung auch ausreichende finanzielle Mittel bereitstellen würde, um wenigstens die wichtigsten Vorhaben des Ministers realisieren zu können, Wasser in den Wein. Minister Scharping versichert mir, er rechne mit einer positiven Zusage. Ich bleibe skeptisch. Der neue Ansatz für die künftige Bundeswehr erscheint mir vom Grundsatz her vernünftig und solide durchdacht; ich befürchte nur, der Bundeskanzler und der Finanzminister werden uns erneut im Regen stehen lassen. Diese Generalsrunde ist allerdings zu groß, um hier mit kritischen Fragen nachzuhaken.

Am Nachmittag fliege ich nach Brüssel. Der Generalsekretär der NATO, Lord George Robertson, hatte mich beauftragt, morgen anläßlich des Herbsttreffens der NATO-Verteidigungsminister zur Lage im Kosovo vorzutragen.

Ich setze mich im „Hotel Conrad" mit Oberstleutnant i.G. Jürgen Steinberger zusammen, um dem Redetext für morgen den letzten Schliff zu geben. Die Zeit vergeht wie im Fluge und bei all der Arbeit komme ich gar nicht dazu, das geschmackvolle Ambiente des Hotels zu genießen. Es gibt nur noch arbeiten oder schlafen, letzteres meist viel zu kurz, aber selbst daran gewöhnt man sich.

Donnerstag, der 2. Dezember 1999; 56. Tag   Brüssel

Ich warte im NATO-Hauptquartier vor dem Eingang zum großen ovalen Raum 1, hinter dessen Türen die Verteidigungsminister in geschlossener Sitzung tagen. Und fühle mich wie ein Kind, das Weihnachten nicht ins Wohnzimmer darf, da der Baum noch nicht angezündet ist. Endlich werde ich hineingebeten und von einem freundlichen Helfer an meinen Platz direkt neben dem US-Verteidigungsminister William Cohen geführt. Ich komme gar nicht mehr dazu, ihm zu sagen, wie gut seine Rede gestern vor den Kommandeuren der Bundeswehr in Hamburg war, da mich Lord George Robertson in seinem unnachahmlichen Schottisch bereits dem Auditorium vorstellt. Er lobt die Arbeit von KFOR und stellt heraus, wie nachhaltig für ihn wie für alle anderen Mitglieder des NATO-Rats die Eindrücke gewesen seien, die sie anläßlich ihrer Reise in das Kosovo gewonnen hätten.

Zuerst legt General Sir Rupert Smith, der DSACEUR, die Lage auf dem Balkan aus der Sicht von SHAPE dar, dann kann ich meine Sorgen anbringen. Ich konzentriere mich in den fünfzehn Minuten, die mir als maximale Redezeit vorgegeben sind, auf drei Punkte:

1. Es ist uns gelungen, die innere Sicherheit des Kosovo deutlich zu verbessern und zu stabilisieren. Es gibt aber keine Anzeichen dafür, daß die Albaner oder Serben gewillt sind, künftig wirklich friedlich zusammenzuleben. Der Haß aufeinander ist immer noch sehr groß,

gegenseitige Toleranz kaum vorhanden. Die Albaner wollen keine Autonomie, sondern volle politische Unabhängigkeit.

2. Wir laufen Gefahr, das Vertrauen der Bevölkerung dadurch zu verlieren, daß wir bisher zwar viel versprochen, aber kaum etwas umgesetzt haben. So existieren die „Schattenregierung" Rugovas und die selbst ernannte „Interimsregierung" Thacis immer noch, während die UNMIK-Administration Kouchners sehr schwach ist. Sie hat viel zu wenig Polizeikräfte, das Rechtssystem funktioniert noch nicht einmal in rudimentären Ansätzen, vor allem aber hat Bernard Kouchner kaum Mittel, die Angehörigen des „öffentlichen Dienstes" im Kosovo zu bezahlen und an den Wiederaufbau der Wirtschaft zu gehen. Die finanziellen Mittel, die er für den Haushalt des Kosovo benötigt, sind lächerlich gering: 125 Mio. DM für das Jahr 1999, also etwa die Hälfte der Kosten eines Tages der Luftoperationen, und 392 Mio. DM für das Jahr 2000. Die Zahlungen, welche die „Geberkonferenz" vor wenigen Tagen für das Kosovo beschlossen hat, müssen umgehend verfügbar gemacht werden. Wir laufen ansonsten Gefahr, daß sich die Bevölkerung gegen uns und damit gegen die KFOR-Soldaten wendet, welche die vor mir sitzenden Verteidigungsminister in das Kosovo geschickt haben.

3. Der Übergangsprozeß von der ehemaligen UÇK in eine zivile, unpolitische und multiethnische Struktur eines Kosovo Protection Corps ist auf gutem Weg. General Çeku ist ein zuverlässiger Mann, aber auch hier gilt: Wir müssen die Männer des KPC kleiden, wir müssen sie für ihre künftigen Aufgaben als ziviles Hilfskorps ausbilden, und wir müssen sie bezahlen. Bis jetzt sind die zugesagten Mittel ausgeblieben, die Leute werden unruhig. Wenn wir so weitermachen, könnten die ehemaligen Kämpfer der UÇK den Versprechungen der politischen Extremisten folgen oder in die Illegalität abdriften.

Zusammenfassend halte ich fest, daß ich dennoch optimistisch bin, da der Großteil der Bevölkerung KFOR immer noch vertraue und darauf baue, daß die Internationale Gemeinschaft sie in eine bessere und friedliche Zukunft führe. Aber nun müßten endlich Taten folgen.

In der sich anschließenden Diskussion melden sich alle Verteidigungsminister zu Wort. Der amerikanische Minister Cohen meint, ich hätte ihm mit meinen kritischen Ausführungen die „dunkle Rückseite des Mondes" beleuchtet. Er sagt – ähnlich wie auch alle anderen Minister – zu, sich bei seiner Regierung dafür einzusetzen, die erbetenen Hilfen – insbesondere für das KPC und für die UNMIK-Administration – wirksam werden zu lassen.

Während des gemeinsamen Mittagessens geht die Diskussion heftig weiter, wobei meine Thesen uneingeschränkt akzeptiert werden. Ich gebe im Anschluß eine Pressekonferenz und lege den Schwerpunkt auf die positiven Errungenschaften, die wir im Kosovo erzielt haben. Die Berichterstattung dazu ist konstruktiv. So schreibt die „Süddeutsche Zeitung": „Scharping sagte, Deutschland werde aber seinen Verpflichtungen im Jahr 2000 ‚noch' nachkommen", und „Bundeswehr aktuell" ergänzt: „Verteidigungsminister Scharping hob vor Journalisten die anhaltenden Risiken im Kosovo-Einsatz hervor. ‚Der Erfolg darf nicht durch Mißmanagement gefährdet werden.'" Vielleicht ist das endlich der Durchbruch?

Ich fahre voller Zuversicht nach Hause, um in Koblenz kurz zu übernachten, bevor es morgen mit dem ersten Flieger über Wien und Skopje zurück nach Priština geht. Es ist schön, wieder zu Hause zu sein, wenn die Zeit auch viel zu kurz ist, um ein bißchen abzuschalten. Dennoch tut es gut, zu wissen, daß hier Advent und Weihnachtsvorbereitungen ihren üblichen Gang gehen, auch wenn ich mir dabei wie im Abseits vorkomme. Unsere Probleme sind so völlig anders, ich möchte sie hier gar nicht abladen, sondern freue mich über die wenigen Stunden, die mir geschenkt werden.

Freitag, der 3. Dezember 1999; 57. Tag   sonnig, warm

Ich treffe gegen Mittag in Skopje ein, informiere noch am Flugplatz meinen Stellvertreter in Mazedonien, Generalmajor Bob Ruth, über die Ergebnisse meiner Reise nach Brüssel und fliege dann sofort per Hubschrauber weiter nach Priština.

Wir haben gute Nachrichten, was die Wasser- und Stromversorgung betrifft. Derzeit funktionieren beide Kraftwerke, Kosovo A und Kosovo B. Wir haben Wasser, und das örtliche Heizsystem in Priština funktioniert bisher noch prima. Damit haben wir einer möglichen Unruhe in der Bevölkerung zunächst erst einmal den Boden entzogen. Unsere britischen Spezialisten der MNB (C) hatten sich sehr ins Zeug gelegt und den Leuten von UNMIK unter die Arme gegriffen, de facto also wieder einmal deren Arbeit gemacht. Dies ist ein großer Schritt vorwärts für die innere Sicherheit, ein wichtiger gemeinsamer Erfolg von UNMIK und KFOR.

Es gab heute einen dummen Zwischenfall, als ein französischer Major mit zwei anderen Soldaten (einem Franzosen und einem Belgier) die Grenze zu Serbien überschritt. Sie waren auf dem Weg nach Peć und hatten die Orientierung verloren. Sie fuhren – ohne anzuhalten – durch einen KFOR-Checkpoint der Dänen und wurden auf der anderen Seite von den serbischen Polizeikräften festgenommen. Zur Zeit sind sie sicher und wohlauf; wir haben Verhandlungen aufgenommen, um ihre Freilassung zu erreichen. Bei diesem Vorfall handelt es sich um mehr als nur einen kleinen Fehler beim Kartenlesen. Das war unprofessioneller Dilettantismus. Ich habe Anordnung erteilt, die Männer unverzüglich nach Hause zu schicken.

Viel schlimmer ist, daß nicht weit von unserem Hauptquartier am Rande des Amselfeldes zwei Serben bei der Feldarbeit von Heckenschützen erschossen wurden. Unsere Leute haben zusammen mit der UNMIK die Ermittlungen aufgenommen. Leider bisher ohne Ergebnis.

Ich informiere am Abend Bernard Kouchner über meine Gespräche in Brüssel. Er selbst wird in den nächsten Tagen die NATO-Außenminister zum gleichen Themenbereich unterrichten. Er stimmt meinem Vorschlag zu, all die Teile des Trepča-Komplexes zu öffnen, in denen Serben und Albaner gemeinsam wieder arbeiten können.

Für die UNMIK-Führung in Mitrovica ist der Schwede Staffan de Mistura als Interimsverwalter eingetroffen. Leider wird er uns zeitlich nur begrenzt zur Verfügung stehen, da er bereits für einen anderen Posten bei der UNO fest eingeplant ist. Dennoch tritt er erst einmal die Nachfolge von Sir Martin Garrod an. Seine Hauptaufgabe wird es sein, alle Bemühungen um die Wiederaufnahme des Betriebs in Trepča zu koordinieren. Parallel dazu muß er die kleineren Projekte vorantreiben, die wir begonnen haben, um die Arbeitslage in der Stadt wenigstens punktuell und symbolisch zu verbessern.

SACEUR ruft mich noch spät in der Nacht an und gratuliert zum Auftritt vor dem Ministerrat der NATO, wo ich meine wichtigsten Punkte gut eingebracht hätte. Er hofft, daß meine offenen Worte, die wegen ihrer undiplomatischen und direkten Sprache einige Herren aus ihrer ruhigen Gelassenheit gerissen hätten, positive Konsequenzen haben werden.

Samstag, der 4. Dezember 1999; 58. Tag   sonnig, warm

Am Grenzübergang Blace hat es einige echte Fortschritte gegeben. Militärische Transporte können diesen Übergang mittlerweile mit durchschnittlich 767 Fahrzeugen täglich passieren. Für die Abfertigung wird nur noch eine Stunde benötigt – verglichen mit noch drei Stunden vor einigen Wochen. Die Lage sollte sich noch weiter verbessern, wenn Anfang der nächsten Woche die Umgehung voll genutzt werden kann. Auch für den zivilen Verkehr haben sich die Warteschlangen der Fahrzeuge drastisch verkürzt. In Richtung Norden gibt es jetzt durchschnittlich nur noch einen Rückstau von ca. 500 Meter anstelle der 10 Kilometer vor einigen Wochen. In Richtung Süden staut sich der Verkehr auf ca. 3 Kilometer. Die Arbeiten am Eurotrade-Zentrum werden fortgesetzt, und ich denke, daß der Betrieb dort im März 2000 aufgenommen werden kann.

Die drei Soldaten, die die Grenze zu Serbien überschritten haben, sind mittlerweile freigelassen worden (allerdings ohne Waffen und ohne Fahrzeug). Sie sind ordentlich behandelt worden.

Es hat sich schon wieder eine Schießerei ereignet; dieses Mal wurden in Priština zwei Tote entdeckt. Damit setzt sich ein besorgniserregender Trend fort; insgesamt sind in den letzten vier Wochen fünfzehn Menschen getötet worden. Bernard hat sich daher endlich durchgerungen, mit der Einstellung einer begrenzten Zahl ehemaliger Polizisten zu beginnen, die zusammen mit der UNMIK-Polizei Streife gehen können. Ich hoffe, daß diese Schritte dazu beitragen, den jüngsten Trend umzukehren.

Ich nutze den gesamten Nachmittag, um unter der Federführung von Generalmajor Dr. Klaus Olshausen und seinen Männern von der Joint Implementation Commission (JIC) zusammen mit den Brigadekommandeuren und meinen Fachleuten im Stab die künftige Führungscrew des KPC Mann für Mann durchzugehen. Ich möchte genau wissen, wen wir uns da „einkaufen". Für mich ist die Ansicht der Brigadekommandeure, da sie die betroffenen Männer besser kennen als wir, besonders wichtig, denn sie sind es letztlich auch, die mit diesen künftigen Führern des KPC zusammenarbeiten müssen. Unsere Nachrichten-Spezialisten von der G2-Abteilung, die über jeden dieser Männer ein Dossier angelegt haben, stellen die Kandidaten einzeln vor, anschließend werden Pro und Contra einer möglichen Übernahme diskutiert. Von 42 Kandidaten fallen etwa ein Viertel durch unser Raster. Hier werde ich mit General Çeku noch hart zu diskutieren haben. Diese Auswahlkonferenz war die letzte große Amtshandlung von Generalmajor Dr. Klaus Olshausen, den wir ja von KFOR 1 übernommen hatten und der nun am Ende seiner sechs Monate steht. Er war mir ein besonders wichtiger und wertvoller Berater. Dies nicht nur, weil er die Kontinuität des Wissens und der Erfahrung unserer Vorgänger einbrachte, sondern weil er seit Jahrzehnten ein enger Freund ist, auf den ich mich jederzeit verlassen konnte. Ich kenne seine intellektuellen Fähigkeiten, sein Verhandlungsgeschick und seine Fähigkeit, im entscheidenden Moment auch hart „zubeißen" zu können. Klaus Olshausen hielt mir als „Führer JIC" den Rücken frei gegenüber den serbischen Streitkräften, mit dessen Repräsentanten er sich regelmäßig traf – aber auch in den täglichen Fragen gegenüber der Führung des KPC, was mir die Chance gab, mich mehr den anderen Bereichen zu widmen. Sein Rat und seine Tatkraft, aber auch seine Verbindungen innerhalb des Kosovo und nach Serbien werden mir fehlen. Brigadegeneral Friedrich Freiherr von Senden, auch ein alter Freund und Vertrauter aus der Bundeswehr, wird ihn ablösen. Er hat eine sehr schwierige Aufgabe vor sich.

Wir haben Anzeichen, daß sich in der Sicherheitszone, die den Bereich der MNB (E) von Serbien trennt, immer wieder junge Kosovo-Albaner aufhalten, die dort keinen Wohnsitz haben. Ich spreche daher am Rande unserer Auswahlkonferenz mit Brigadegeneral Peterson und beauftrage ihn, die Grenzen zur Sicherheitszone besser zu überwachen.

Wir müssen diese jungen Männer davon abhalten, sich in die Sicherheitszone zu begeben, denn sie führen vermutlich Negatives im Schilde. Der Bereich ist deshalb so problematisch, weil die serbische Polizei in der Sicherheitszone sehr schwach ist, KFOR-Soldaten aber nur dann in die Sicherheitszone dürfen, wenn sich die serbischen Streitkräfte oder die serbische Geheimpolizei dort aufhalten. Die amerikanischen Soldaten, die diesen Teil der Sicherheitszone überwachen, müssen energischer vorgehen, um zu vermeiden, daß sich vor unseren Augen, jedoch außerhalb unseres Zugriffsrechts etwas anbahnt, das mir stark nach Unheil riecht. Was wollen die jungen Albaner in diesem Gebiet? Ich weise den Kommandeur der MNB (E) an, die Situation an der Sicherheitszone genau zu verfolgen und herauszubekommen, warum die jungen Albaner plötzlich in diesem Gebiet auftauchen und was sie vorhaben. Jeder, der sich dort illegal aufhält, soll festgenommen werden.

Die MNB (C) hat aus ihrem Bereich heraus täglich einen Bus-Konvoi nach Serbien unterstützt, der es den verbliebenen Serben erlaubt, regelmäßig nach Niš zu fahren. Dieser Konvoi, der sogenannte Niš-Expreß, wird bei der Durchfahrt durch albanische Dörfer mehr und mehr von Schulkindern mit Steinen beworfen. So wurden gerade gestern bei zwei Bussen Scheiben eingeworfen. Die albanischen Erwachsenen sehen tatenlos zu bzw. fordern die Kinder erst dazu auf, Steine zu werfen. Ich spreche mit Brigadegeneral Pearson. Wir entscheiden, den Konvoischutz zu verstärken und KFOR-Soldaten in die einzelnen Busse zu setzen, um schneller reagieren zu können. Wir müssen die Eltern für ihre Kinder haftbar machen und dieser Art der „Intifada" rasch ein Ende bereiten. Mir ist es wichtig, daß die Serben die Sicherheit haben, jederzeit mit dem Niš-Expreß das Kosovo verlassen zu können. Dies ist eine unserer wichtigen Maßnahmen im Rahmen der „Information Operations", um der Kampagne der Serben entgegenzuwirken, wir würden zu wenig für ihre Sicherheit tun.

Heute hat sich der bisherige französische Botschafter in Mazedonien, Jacques Huntzinger, nach Israel abgemeldet, wo er als künftiger Botschafter seines Landes amtieren wird. Seinen ausgewogenen Rat werde ich vermissen. Außerdem besuchte mich der niederländische Stellvertretende Kommandierende General des I. Deutsch-Niederländischen

Korps, Generalmajor Germ Keuning, der bei seinen holländischen Soldaten Dienstaufsicht macht. Heute ist Namenstag der Heiligen Barbara, der Schutzpatronin aller Artilleristen. Obwohl ich „nur" Gebirgsjäger bin, werde ich abends zur großen Barbara-Feier eingeladen. Lieutenant Colonel Richard „Rich" McPhee, einer meiner Planer, ist der große Organisator; er hält eine launige Rede, bei der auch ich mein Fett wegbekomme. Der abendliche Ausbruch aus dem Ernst unserer Arbeit tut gut, die Männer genießen es, nehmen sich und alle anderen aufs Korn und trinken ein Alkohol-Gebräu, in dem sich die Besonderheiten aller Nationen widerspiegeln – von Wodka über Champagner, Whiskey, Schnaps bis zu Wein, Aquavit und vielem anderem – alles in einem großen Eimer gemixt. Es schmeckt schauerlich gut; ich werde in einer ausgeklügelten Prozedur zum Artilleristen „honoris causa" ernannt, bekomme dazu einen dicken Orden umgehängt, eine Urkunde mit vielen Unterschriften überreicht und muß versprechen, in Zukunft immer die besonderen Belange der Artilleristen – worin immer diese bestehen mögen – zu berücksichtigen.

Sonntag, der 5. Dezember 1999, 2. Advent; 59. Tag   bedeckt, warm

Beim morgendlichen Stabs-Briefing spielt Hauptfeldwebel Nickel, einer meiner Personenschützer, auf seiner Posaune einige Adventslieder, um uns an diesem zweiten Advent daran zu erinnern, daß daheim Vorweihnachtszeit ist.

Ich habe am Vormittag ein langes Interview mit Martin Pendl von „n-tv", bevor mir meine Planer zum Sachstand in Mitrovica vortragen. Hier bewegt sich im Augenblick überhaupt nichts mehr. Für keines der Vorhaben, die wir mit UNMIK erkundet und abgesprochen haben, gibt es die erforderlichen Mittel. Stillstand ist angesagt, der neue Administrator ist noch bei der Bestandsaufnahme. Es ist immer wieder frustrierend, zu sehen, wie gute Absichten durch Desinteresse und bürokratische Hindernisse an die Wand gefahren werden. Meine Männer sind sehr sauer und würden am liebsten das Handtuch werfen, da sie das Gefühl haben, gegen eine Gummimauer anzurennen. Keiner sagt nein, jeder stimmt zu – aber dann passiert nichts, alles bleibt, wie es ist. Damit werden wir die Bevölkerung von Mitrovica nicht auf unsere Seite ziehen.

Heute ist er eingetroffen, der neue russische Verbindungsoffizier. Oberst Dr. Kiselev ist das genaue Gegenteil von Pereljakin. Zuvor war er Militärattaché in Berlin und hatte eigentlich die Hoffnung, als Professor an die Frunze-Akademie in Moskau versetzt zu werden. Und nun, völlig überraschend, die Verwendung im Kosovo, offensichtlich für ihn ein echter Schock! Er meldet sich in normaler Dienstuniform mit Halbschuhen, da er noch keinen Kampfanzug dabeihat. Da wird er es bei seiner Truppe, aber auch bei uns im Stab nicht leicht haben.

Oberst Kiselev war insgesamt 14 Jahre in Deutschland stationiert und spricht fließend Deutsch, dafür aber kein Englisch, ohne das er bei KFOR nicht weit kommen wird. Er ist sehr klug und offen, er hat eine rasche Auffassungsgabe – der erste Eindruck ist: eher Militärpolitiker als Truppenoffizier. Wir unterhalten uns über gemeinsame Bekannte, über Berlin, Bonn und Moskau, über meine Einschätzung des russischen Kontingents und über meine Vorstellung der Zusammenarbeit mit ihm im Stab. Kiselev hebt hervor, daß er sehr eng mit KFOR zusammenarbeiten und den Einsatz der russischen KFOR-Truppen zum Erfolg führen will. Dies habe ihm sein Verteidigungsminister anläßlich seiner Abmeldung in Moskau ausdrücklich ans Herz gelegt.

Ich sage ihm dabei meine volle Unterstützung zu und komme dann auf die Lage in Orahovac zu sprechen, die ich ihm in allen Facetten darlege. Entscheidend wird sein, daß kein russischer Soldat in der Stadt Orahovac selbst stationiert wird. Das russische Bataillon dürfe nur mit dem Stab und einer Kompanie im Bereich nordwestlich von Orahovac untergebracht werden; alles andere würde die derzeitig gute Gesamtsituation sofort wieder sprengen. Oberst Kiselev stimmt dem grundsätzlich zu, muß allerdings die Genehmigung aus Moskau einholen. Damit rechnet er für den morgigen Tag. Wir werden dann sofort die Verhandlungen mit den Vertretern der Bevölkerung von Orahovac aufnehmen. Am Ende seines Antrittsbesuchs kündigt Kiselev völlig überraschend den Besuch seines Verteidigungsministers an. Marschall Igor Sergeev möchte am Heiligen Abend zu uns kommen. Welch eine Überraschung am Vorabend des Nikolaus-Tages!

Am Nachmittag fahre ich nach Kosovo Polje, ca. zehn Kilometer außerhalb von Priština, wo unsere griechische Unterstützungsbrigade stationiert ist. Diese Truppe stellt einen Teil unserer Militärpolizei und ist für alle größeren Transporte, die meine G4-Abteilung innerhalb des Kosovo und nach Mazedonien zu organisieren hat, zuständig. Ohne unsere griechischen Freunde würden wir die Anschlußversorgung der Multinationalen Brigaden in das Kosovo nicht schaffen. Ich sage den jungen Soldaten, welch wichtige Bedeutung ihr Einsatz für uns alle hat, ich danke ihnen für ihre sehr solide Arbeit und ernte viele strahlende Gesichter als Antwort.

Ich fahre dann nach Lipljan, wo unsere irische Transportkompanie stationiert ist. Die Iren begrüßen mich mit einem Ehrenzug und mit dem Abspielen der irischen Nationalhymne auf einer (!) Flöte und einer Trommel. Ich habe bisher noch nie eine Nationalhymne in dieser Form gehört, aber es klang durchaus gut. Die Iren sind eine verschworene Truppe, die fest zusammenhält – ausschließlich Freiwillige, deren Kompanie nur für diesen Einsatz aufgestellt wurde. Sie sind sehr stolz auf ihren Beitrag als Nicht-NATO-Angehörige für KFOR und entschlossen, ihre Fähigkeiten unter Beweis zu stellen. Sie zeigen mir alle Fahrzeuge, jedes Zelt und jeden Container, was mir gar nicht unlieb ist, da es draußen nachmittags bitterkalt geworden ist. Anschließend erzählen sie mir dann bei einer Art Glühwein (Was wirklich drin war? Ich habe es nicht herausbekommen, Glühwein war es jedenfalls nicht!) wilde Geschichten von ihren Fahrten mit den Schwertransportern durch die Schluchten des Balkans. Ich sage ihnen, wie stolz ich auf ihren Einsatz bin und wie wichtig sie für unseren Gesamterfolg sind.

Nach eingehender Vorauswertung – noch am Morgen mit Generalmajor Dr. Olshausen – lege ich in unserer Abendrunde Bernard Kouchner und Jock Covey die Ergebnisse unserer gestrigen Auswahlkonferenz für das Führungspersonal des KPC vor. Da ich von daheim Weihnachtsplätzchen bekommen habe, kann ich meinen Gegenübern von UNMIK den heutigen Abend ein bißchen versüßen, was angesichts der schwierigen Thematik auch notwendig ist. Beide stimmen unserem Vorgehen und unserer Vorauswahl zu, die ich morgen mit General Çeku abstimmen werde. Auf meinen Hinweis zum Stillstand in Mitrovica antwortet Bernard Kouchner, daß er meine Sorge und meine Ungeduld sehr wohl teile, aber derzeit keine detaillierte Planung umsetzen könne, solange er nicht wisse, woher das dazu erforderliche Geld kommen wird. Er hat sehr hohe Erwartungen in den neuen Administrator für Mitrovica, Staffan de Mistura, und sagt zu, sich erneut um die ausstehenden Haushaltsmittel zu kümmern.

Der Stab der MNB (C) lädt mich zum gemeinsamen Abendessen in sein Hauptquartier ein. Brigadier Pearson ist ein vollendeter Gastgeber, seine Offiziere sind sehr aufgeschlossene und alles andere als scheue Gesprächspartner, das Essen ist ganz exzellent. Ich genieße diesen lockeren Abend mit guten Freunden, bei denen ich mich gut aufgehoben fühle.

Montag, der 6. Dezember 1999, Nikolaustag; 60. Tag   erster Schnee, sehr kalt

In der vergangenen Nacht ist der erste Schnee gefallen. Mir erscheint es daher angebracht, das norwegische TELEMARK-Bataillon in Obilić zu besuchen. Die Männer sind sehr spartanisch untergebracht, aber bester Laune und voller Tatendrang. Sie haben – nicht zuletzt wegen der täglichen Bedrohung der serbischen Minderheit in einem stark albanisch geprägten Umfeld – enge Beziehungen zur UNMIK-Polizei aufgebaut. Gemeinsame Einsätze von KFOR und Polizei liefern gute Ergebnisse.

Die „TELEMARKER" sind sehr professionelle, hochgewachsene und zähe Burschen. Ich schließe mich einer ihrer Fußpatrouillen in der Nähe der Kraftwerke Kosovo A und B an. Dabei kann ich wieder einmal aus erster Hand die Verwüstungen sehen, die diese Menschen hier sich gegenseitig angetan haben. Jedes Haus ist zerstört; die Infrastruktur liegt in Trümmern – es ist schon sehr deprimierend. Das einzig Positive sind die jungen norwegischen Soldaten, die sehr clever und militärisch professionell ihrem Auftrag nachkommen und kein Risiko eingehen. Uns folgt von Anfang an ein Hund, der diese Jungs regelmäßig begleitet und mich sofort als Teil des Teams akzeptiert. Er stupst mit gefletschten Zähnen jeden weg, der mir zu nahe kommen will. Das ist gar nicht so leicht für ihn, da mich die Bevölkerung sofort erkennt, mich umringt, mit mir reden und mir die Hand schütteln will. Von überall her kommen die Leute mit Kameras und bitten mich, daß sie zusammen mit mir fotografiert werden können. Man schlägt mir von allen

238

Seiten auf die Schultern und sagt, wie toll das die Norweger hier machen. Ich genieße diese Unmittelbarkeit und die Kameradschaft, mit der mich die jungen Soldaten als einen der ihren akzeptieren. Sie schenken mir zum Abschied ihr Kompanie-T-Shirt mit dem Wappen der „TELEMARKER".

Der Bataillonskommandeur ist sehr daran interessiert, Teile seines Bataillons auch in anderen Bereichen des Kosovo einzusetzen. Ich begrüße diesen Ansatz sehr, und wir legen gemeinsam fest, als ersten Schritt dazu noch in diesem Monat eine seiner Kompanien für drei Wochen in den Bereich nördlich von Mitrovica zu verlegen.

Wir haben eine etwas seltsame Besprechung mit Bernard Kouchner. Er will jetzt in der ganzen Provinz vor Ort für seine Sache „werben". Keiner von uns versteht so recht, was er damit eigentlich erreichen will; er sollte sich besser auf den Aufbau seiner Verwaltung konzentrieren, die immer noch nicht steht. Wir setzen die Arbeit an der Informationskampagne „Good News" fort. Leider hat uns der Bericht der OSZE zu Lage der Menschenrechte, bezogen auf die Zeit bis zum Oktober 1999, erheblich zurückgeworfen, da dieser sich ausschließlich auf die negativen Aspekte der Vormonate, d.h. der Zeit vor uns, konzentriert. Gleichwohl arbeiten wir intensiv daran, der Propagandakampagne von Belgrad entgegenzuwirken. Ich habe dazu heute wieder ein langes Interview mit Carsten Hoffmann von dpa (Deutsche Presseagentur) geführt.

Am Abend lädt mich das deutsche Element zur Nikolausfeier ein. Oberstleutnant i. G. Hupka und Oberstabsfeldwebel Fischer als temporärer „Spieß" haben sie in bewährter Art vorbereitet. Alles stimmt – bis ins Detail des Tischschmucks. Es gelingt mir nicht, dahinter zu kommen, wer den Nikolaus spielt, aber er macht seine Sache im völlig überheizten Zelt – die nationalen Elemente haben noch keine Container bekommen – phantastisch. Alle deutschen Soldaten – unabhängig vom Dienstgrad – sind dabei, und ich nutze die Gelegenheit, ihnen bei Stollen und Glühwein (hier gibt es wirklich Glühwein!) für ihre rundum hervorragende Arbeit zu danken.

Anschließend spreche ich mit General Çeku unsere Personalvorstellungen hinsichtlich der Übernahme seiner Führer durch. Er ist sichtlich geschockt über die hohe Zahl der Ablehnungen. Ich zeige ihm unsere Unterlagen mit entsprechend negativen Aussagen und gebe ihm klar zu erkennen, daß ich hier nicht kompromißbereit bin. Çeku macht, als er mich sehr spät verläßt, einen recht deprimierten Eindruck. Unser Verbindungsoffizier zu ihm, der amerikanische Lieutenant Colonel Scott Porter, ruft mich anschließend an und meint, Çeku könne, wenn er „seine Leute" nicht alle durchbringt, das Handtuch werfen. Das täte mir leid, wird meine Entscheidung aber nicht umwerfen. Wir müssen die Vorgaben für die Zukunft machen. Wer wegen seines Vorlebens nicht in das neue Konzept paßt, muß gehen.

Ich habe mich heute über den Besuch eines alten Freundes gefreut, mit dem ich zusammen in Fort Leavenworth/Kansas 1975/1976 die Schulbank im amerikanischen Generalstabslehrgang gedrückt habe. Es ist der Chef der italienischen Carabinieri, Generalleutnant Sergio Siracusa, der seine Truppe inspiziert. Leider haben wir nur wenig Zeit füreinander, aber es reicht, um ihm zu sagen, wie gut seine Männer der Multinational Special Unit (MSU) sind und wie gern ich unter der straffen Führung von Oberst Coppola mehr von ihnen hätte, um das Verbrechen im Kosovo nachhaltiger zu bekämpfen. Sergio macht mir keine große Hoffnung, freut sich aber über das Lob für seine Truppe.

Dienstag, den 7. Dezember 1999; 61. Tag   trocken, kalt

Heute vor 58 Jahren haben die Japaner mit dem Angriff auf Pearl Harbour den großen Krieg in Europa zum Zweiten Weltkrieg erweitert. Viele der Nationen, die damals erbittert gegeneinander gekämpft haben, sind heute unter dem Dach von KFOR vereinigt, um den Südosten des Balkans zu stabilisieren. Ich nutze dieses Argument immer wieder, wenn mir die Serben oder die Albaner sagen, daß wegen der geschichtlichen Ereignisse ein künftiges Zusammenleben unmöglich sei.

Moskau hat auf unsere Vorschläge für Orahovac noch nicht geantwortet.

Wir haben die letzte Kommandeursbesprechung mit Generalmajor Dr. Olshausen, Brigadegeneral Peterson und Brigadegeneral Sauer. Alle drei Generale werden in der kommenden Woche ihren Einsatz im Kosovo beenden. Wichtigster Gesprächspunkt ist die Frage, wie wir die Sicherheit der Minderheiten, insbesondere der Serben, dadurch erhöhen

240

können, daß wir unsere Kräfte an den Verwerfungslinien der unterschiedlichen ethnischen Gruppen noch gezielter zusammenfassen. In diesem Zusammenhang hat MNB (E) ein zweites Bataillon im Raum Gnjilane stationiert. MNB (S) hat drei Kompanien in die Räume der Minderheiten verlegt, und ähnliche Ansätze sind auch in den übrigen Brigaden gewählt worden. Wir versuchen wirklich unser möglichstes. Wir stellen vermehrt Soldaten zu jeder Familie ab, die bedroht wird. Wir eskortieren täglich in allen Bereichen des Kosovo Serben innerhalb ihrer Wohngebiete wie auch bei ihren Reisen nach Serbien. Wir sind der Ansicht, daß es kaum noch Raum für substantielle weitere Verbesserungen gibt. Wir haben zur Zeit erheblich weniger Straftaten und eine erheblich abgeschwächte Gewaltrate gegenüber den ethnischen Minderheiten. Nach uns vorliegenden statistischen Unterlagen werden die Serben heute ethnisch weniger verfolgt als es noch 1998 während des Höhepunktes der Aktivitäten der UÇK unter Milošević und seinen 13.000 Mann Polizei und 30.000 Mann der Streitkräfte der Fall war.

Der russische Außenminister Igor Ivanov sah das in einer Note an seine Kollegen der G8-Staaten allerdings ganz anders; er schrieb davon, daß es anläßlich des „Fahnentages" zu einer „Gewaltorgie gegenüber den schutzlosen Einwohnern der Provinz" gekommen sei. „Im Ergebnis sind unschuldige Menschen umgekommen, Dutzende von Wohnhäusern und öffentlichen Gebäuden zerstört und geplündert worden." Er habe den Generalsekretär der UN gebeten, „B. Kouchner unverzüglich den Auftrag zu erteilen, dem Sicherheitsrat gemeinsam mit dem Kommandeur der KFOR eine offizielle Erläuterung zur Unfähigkeit der internationalen Präsenzen im Kosovo vorzulegen".

Auch ich verurteile die Gewalt auf das schärfste, aber die Aussagen des russischen Außenministers sind überzogen und decken sich in den meisten Punkten nicht mit unseren Erkenntnissen vor Ort. Vor allem berücksichtigen sie nicht alle von uns eingeleiteten Maßnahmen, die zu einer echten Trendwende zugunsten der Minderheiten geführt haben. Wir werden jedenfalls in unseren Anstrengungen nicht nachlassen, sehr nachhaltig und mit aller uns zur Verfügung stehenden Macht gegen jede Gewalt gegenüber den Minderheiten vorzugehen. Dabei kann ich natürlich nur in dem Raum manövrieren, den die Regierungen den mir unterstellten Kontingenten politisch freigeben.

Am Nachmittag sprechen Bernard Kouchner, Jock Covey und ich mit General Çeku die Auswahlliste seiner künftigen Führer durch. Von 42 Bewerbern haben wir fünf sofort ausgeschlossen und für weitere vier Mann eine zusätzliche Prüfschleife festgelegt, die aller Wahrscheinlichkeit nach auch zum Ausschluß führen dürfte. Einer der beiden Stellvertreter Çekus ist als Vertreter der ethnischen Minderheiten Bosniake, fünf Bewerber kommen nicht aus der UÇK, sondern gehören dem Lager Rugovas an. Çeku ist mit diesem Ergebnis sichtbar unzufrieden und dampft mürrisch ab.

Die heutige Abendlage um 18.00 Uhr war ruhig, so daß wir fast alle zum gemeinsamen Abendessen der Generale, der Abteilungsleiter und des POLAD um 20.15 Uhr im Speisecontainer zusammenkommen können. Wir essen gewöhnlich erst so spät, damit alle anderen vorher ihr Abendessen eingenommen haben können. Das Randgetöse bei der Menge der Menschen und dem ständigen Kommen und Gehen ist sehr laut und verhindert jede Unterhaltung rund um den Tisch. Wir kommen daher erst, wenn es ruhiger geworden ist.

Das Essen ist sehr gut. Wir haben die gesamte Küche einem britischen Catering-Unternehmen angeboten, das mit einheimischen Kräften den gesamten Laden, d. h. dreimal täglich Verpflegung für rund 1.000 Mann, gut im Griff hat. Der gesamte Küchen- und Speisetrakt ist hochmodern aus einem modularen Containersystem zusammengebaut worden, ein riesiger Fortschritt zum vorhergegangenen Zeltsystem, bei dem es überall gezogen hat, das viel zu klein war und bei dem man selbst während des Essens fast immer die Füße im Schlamm behielt. Es gibt mittags und abends drei Gänge zur Auswahl, dazu viel Salat und frisches Obst. Ich habe über das Essen noch keine Beschwerden gehört, außer, daß man verführt wird, zu viel zu essen. Alles ist Selbstservice, jeder packt sich seine „Klamotten" selbst auf das Tablett.

Meine abendliche „Führungsrunde" ist kein Zwang; jeder kommt, der Zeit hat und essen möchte. Wir passen alle um einen runden Tisch, häufig dabei der eine oder andere Gast, und ziehen Tagesbilanz. Ich freue mich jeden Abend auf diese Zusammenkunft, die locker und „relaxed" abläuft und sich immer mehr zur informellen Informationsbörse entwickelt, die keiner missen möchte. Sie ermöglicht uns aber auch, uns untereinander besser kennen zu lernen, da wir sonst tagsüber

242

alle auf den unterschiedlichsten „Baustellen" arbeiten. Es ist bemerkenswert, wie gut die Frauen und Männer die enorme physische Belastung und den permanenten Streß „wegpacken". Die Stimmung ist gut und fröhlich, alle packen gemeinsam an.

In diesen Tagen ist der Strom der Pakete und Päckchen von daheim sichtbar angewachsen, Nikolaus läßt grüßen. Überall tauchen Adventskalender und erste Weihnachtsdekorationen auf. Auch das hebt die Stimmung. Am wichtigsten aber ist, daß wir nun alle endgültig aus den Zelten sind und die warmen und vor allem trockenen Container genießen können. Die eigene Wasser- und Stromversorgung läuft gut, auch wenn die Stromgeneratoren während der Nacht einen Heidenlärm machen. Die Armen, die in deren Nähe schlafen müssen.

Spät am Abend meldet sich Brigadegeneral Freiherr von Senden als neuer Führer JIC.

Mittwoch, der 8. Dezember 1999; 62. Tag

kalt, starker Sturm, Stromausfall

Der offizielle Tag in „Film-City" beginnt mit einem Treffen in sehr herzlicher Atmosphäre. Mit dem spanischen Botschafter in Belgrad lassen sich der Vorsitzende des spanischen Senats und einige spanische Senatoren über die Lage im Kosovo unterrichten. Besonders erkundigen sie sich nach dem Beitrag ihres spanischen Kontingents, das ich ebenso wie die hohe Qualität der spanischen Offiziere im Stab der MNB (W) aus voller Überzeugung loben kann. Der spanische Botschafter erwartet, daß sich nach dem Abgang von Milošević die politische Situation im Kosovo rasch entspannen werde. Ich glaube das überhaupt nicht und sage ihm, daß die Kosovo-Albaner diese Situation geradezu befürchten würden. Jedermann akzeptiere, daß eine Rückkehr des Kosovo unter die Herrschaft Jugoslawiens so lange unzumutbar sei, als das derzeitige Regime dort herrsche. Um so mehr befürchte man in Priština einen Regierungswechsel in Richtung auf eine eher liberale Regierung, da in diesem Fall die Internationale Gemeinschaft darauf dringen könnte, den Inhalt der UN-Resolution 1244 zu verwirklichen, nämlich eine substantielle Autonomie des Kosovo innerhalb der ehemaligen Republik Jugoslawien. Meine Argumentation trifft auf ungläubiges Erstaunen. Man bleibt dabei: Ist Milošević erst einmal weg, löst sich alles andere ganz schnell von allein.

Ich bin immer wieder sehr erstaunt, wie sehr die politisch Verantwortlichen an ihren vorgefaßten Wunschvorstellungen festhalten und sich darin gegenseitig bestätigen. Paßt eine andere Meinung nicht ins Konzept, wird höflich über sie hinweggegangen, oder sie wird einfach beiseite gefegt. Der Wunsch, den Problemen auf den Grund zu gehen, ist nur begrenzt erkennbar. Das ist für mich, der ich mich der Wirklichkeit vor Ort täglich zu stellen habe, häufig frustrierend und nicht nachvollziehbar.

Auf diese Runde der kultivierten Argumentation folgt eine unglaublich bizarre Sitzung des Kosovo Transitional Council, bei der Thaci zum Schauspieler mutiert. Es ist das erste Mal seit dem 27. Oktober 1999, daß er wieder im KTC auftaucht. Er zieht erst gar nicht seinen Mantel aus, sondern stürzt sich mit schrillen, aggressiven Tönen auf UNMIK und KFOR. Er steigert sich in seiner Wut von Satz zu Satz und wirft uns vor, daß

- wir die Kriminalität nicht bekämpften, die UNMIK-Polizei dafür aber das Kosovo Protection Corps bedrohen würde;
- die KFOR für die Bevölkerung des Kosovo eine Bedrohung darstelle;
- UNMIK zwar über einen internationalen Haushalt verfüge, diesen aber nicht zum Nutzen der Bevölkerung des Kosovo verwende;
- wir uns nicht um die Flüchtlinge gekümmert hätten, die alle noch immer ohne Unterkunft seien;
- UNMIK kein Bildungssystem aufgebaut habe; auch das Gesundheitssystem sei in einem erbärmlichen Zustand;
- wir laufend gegen die Resolution 1244 des UN-Sicherheitsrates verstoßen würden und die jugoslawische Armee und die Geheimpolizei nicht aus der Ground Safety Zone heraushalten würden;
- UNMIK Eigentum des Kosovo verkaufe.

Er läßt sich nicht unterbrechen, wütet vor sich hin und bietet am Ende seiner Suada die Rückkehr zur Zusammenarbeit ausschließlich unter „seinen Bedingungen" an, d. h. unter seiner „Präsidentschaft". Falls dieser Forderung nicht entsprochen würde, werde er jegliche Art der weiteren Zusammenarbeit ablehnen. Nach diesem Statement: Abgang. Er stürmt aus dem Saal wie die Primadonna in einer Schmierenkomödie. Man müßte eigentlich lachen, wenn es nicht so traurig wäre. Thaci gibt uns nicht einmal ansatzweise die Gelegenheit, über seine Anschuldigungen zu sprechen. Der Auftritt war wohl einstudiert, viel Getöse und Rauch, aber auch Unverständnis und Kopfschütteln bei den anderen Mitgliedern des KTC. Wir sind uns rasch einig, daß es sich nicht lohnt, in Abwesenheit Thacis auch nur eine seiner haltlosen Thesen zu diskutieren – ohnehin distanzieren sich alle anderen Kosovaren davon.

Bernard Kouchner legt vielmehr dar, daß er fest entschlossen sei, noch in dieser Woche die endgültige Version eines Interim Administration Council als neue, gemeinsame Regierung für das Kosovo einzuführen. In dieser Regierung sollen alle Parteien von Rambouillet vertreten sein, der Vorsitz wird rotieren. Thaci sollte den Anfang machen. Nach dem heutigen Auftritt werde es wohl auch ohne ihn laufen.

Ich glaube auch, daß das die einzige Art ist, mit Thaci zu verfahren. Er hat jetzt die politische Zusammenarbeit bereits über Wochen hinweg damit verzögert, daß er darauf besteht, die Nummer 1 zu sein. Ich glaube, daß er jetzt merkt, daß er mit seiner Politik der Obstruktion erheblich politischen Boden an Rugova verloren hat. Er war empört, als er von den für ihn so negativen Ergebnissen der Gallup-Umfrage in einer der hiesigen Zeitungen las. Dies ist wohl auch das auslösende Element für seinen Angriff gegen KFOR. Er unterstellt uns, diese Daten gegen ihn bewußt lanciert zu haben und spielt nun den starken Mann, um so seine Verluste wieder auszugleichen. Wir hatten damit wirklich nichts zu tun. Die Zahlen wurden wohl von amerikanischer Seite der hiesigen Presse zugespielt.

Ich unterstütze Bernards Entscheidung, eine harte Linie zu fahren, da wir auf andere Weise seine UNMIK-Verwaltung niemals auf die Beine stellen werden. Und genau das brauchen wir jetzt mehr als alles andere. Ich hoffe nur, daß Bernard Kouchner nicht einknickt, um doch noch Thacis Mitwirken zu erreichen. Kouchner teilt auch mit, daß das modifizierte alte Recht von vor 1989 verbindlich wieder eingeführt werde und kündigt die Ernennung von 150 Richtern an. Außerdem werde im Februar ein funktionierendes Post-System eröffnet.

Mit General Çeku gibt es neue Schwierigkeiten. Die UNMIK-Bestimmung „Regulation No 1999/8" vom 20. September 1999 sieht eindeutig vor, die UÇK in eine zivile Hilfsorganisation umzubauen. Gleichwohl sieht dasselbe Dokument eine eher militärisch ausgeprägte Gliederung vor. Mein Versuch, dagegen anzugehen, scheitert. Kouchner macht deutlich, daß dies seinerzeit so ausgehandelt und von allen Seiten akzeptiert worden sei. Eine Änderung würde das gesamte Vertragswerk in Frage stellen. Um so nachhaltiger bin ich entschlossen, den künftigen Führern des KPC keine (!) militärischen Dienstgrade zu geben, sondern sie nach ihren Funktionen zu benennen. Dieser Gedanke gefällt Çeku und Thaci ganz und gar nicht. Sie hatten sich daher an den Vertreter der US-Regierung, Larry Rossin, gewandt und ihm mitgeteilt, daß ohne militärische Dienstgrade der weitere Aufbau des KPC scheitern werde. Çeku hatte auch an Generalmajor Milne, meinen Chef des Stabes, geschrieben, daß ihm und seinen Männern in den damaligen Verhandlungen von General Jackson und General Clark versprochen worden sei, daß sie ihre militärischen Dienstgrade behalten würden. Wir werden Sir Mike Jackson und den SACEUR fragen, ob irgendwelche Zusagen in dieser Richtung gemacht worden sind. Ich bin jedenfalls nicht gewillt, hier auch nur einen Millimeter nachzugeben, da mir die Internationale Gemeinschaft sonst zu Recht vorwerfen könnte, wir hätten den Auftrag der Transformation nicht umgesetzt. Hier gibt es für mich keinen Spielraum für mögliche alternative Interpretationen.

Ich treffe mich am Abend mit Larry Rossin und mache ihm meine Position unmißverständlich klar. Ich berichte ihm von der skurrilen Sitzung des KTC und warne ihn, daß ich mit Thaci in dieser Weise nicht weiter zusammenarbeiten und mich schon gar nicht von ihm ohne jeden ersichtlichen Grund beschimpfen lassen würde. Es sei eine unhaltbare und für die weitere Entwicklung des Kosovo prekäre Situation entstanden, die rasch entschärft werden müsse. Er und die Verantwortlichen seiner Regierung in den USA sollten sich bemühen, Thaci wieder einzufangen.

Eine andere unsägliche Geschichte kommt von Bernard Kouchner: Der neue UNMIK-Administrator für Mitrovica, Staffan de Mistura, bleibt maximal zwei (!) Monate. Wie wollen wir da Boden in den Morast bekommen?

246

Ich habe auf der sicheren Telefonverbindung ein langes Gespräch mit dem DSACEUR, berichte ihm von unserer Erfahrung mit Thaci und dem frustrierenden Stillstand in vielen wichtigen Punkten der täglichen Zusammenarbeit. Leider ist die Auskunft aus Mons auch nicht gerade rosig. General Sir Rupert Smith informiert mich, daß die Frage, wer uns im Frühjahr ablösen wird, immer noch ungeklärt sei, und daß das kanadische sowie das niederländische Bataillon nach der Entscheidung der jeweiligen Regierung im Frühjahr ersatzlos abgezogen würden, da sowohl Kanada als auch die Niederlande ihre Truppen auf dem Balkan im Bereich SFOR, d. h. in Bosnien-Herzegowina, konsolidieren wollen. Meine Frage, ob es andere Nationen gäbe, die die dadurch entstehende große Lücke – der niederländische Verantwortungsbereich grenzt unmittelbar an den kanadischen an – füllen könnten, wird negativ beantwortet. Wir diskutieren auch die Frage militärischer Dienstgrade für die Führer des KPC. Ich bleibe dabei, daß ich bei dieser Lösung nicht mitmachen könne.

Zu all dem hinzu habe ich mir eine böse Erkältung eingefangen, die Stimme ist fast weg.

Donnerstag, der 9. Dezember 1999; 63. Tag   sonnig

Heute war ein eher ruhiger Tag in unserem Verantwortungsbereich. Die Gewaltwelle der jüngsten Vergangenheit scheint wieder unter Kontrolle zu sein. Noch ist nicht ganz klar, was in der letzten Woche schiefgelaufen ist. Auf jeden Fall kam es unverhofft. Statistisch gesehen erlebten wir in der Zeit vom 2. bis zum 7. Dezember mit elf Morden wohl einen traurigen „Weltrekord" im Kosovo, allerdings weitgehend ohne ethnischen Bezug.

Wir haben unsere Vorbereitungen für die Jahr-2000-Problematik (Y2K) bei KFOR abgeschlossen. Wir sind eine hochtechnisierte Truppe, arbeiten sehr intensiv mit Computern und Laptops sowie mit überregionaler Datenübertragung, aber meine Fachleute versichern mir, daß wir die Umstellung aufs neue Millennium im Griff haben. Die einzige Unsicherheit ist, inwieweit die öffentlichen Versorgungseinrichtungen und Dienste von dieser Problematik betroffen sein werden, aber auch da laufen wir im Kosovo ohnehin keine große Gefahr. Wir selber sind weitgehend autark, daher sollte es keine Probleme geben.

Ich mache mir nach wie vor Sorgen um die Zusammenarbeit mit UNMIK. Es ist sehr schwer, hier eine praktische Kontinuität zu schaffen, da UNMIK in vielen Bereichen unorganisiert ist und unberechenbar bleibt. Es werden permanent neue Ideen geboren, aber nicht zu Ende gedacht, geschweige denn umgesetzt. Man diskutiert alles nur an, ohne die alten Punkte erledigt zu haben. Wo bleibt die Kraft der Internationalen Gemeinschaft, das alles auch durchzuziehen?

Wegen dieser grundsätzlichen Schwierigkeiten geschieht nur sehr wenig, zudem sind die Anstrengungen der vier Säulen UNHCR, OSZE, EU und Aufbau der Verwaltung kaum aufeinander abgestimmt. Wir versuchen, diese Defizite auszugleichen, bewegen uns aber immer mehr auf einem Grund, der eigentlich UNMIK vorbehalten ist.

Wir tun bei KFOR unser möglichstes, dieses Land zu führen, sei es durch Verbindungstrupps bei den Organisationen von UNMIK und im Hauptquartier von UNMIK selbst. Hier drängen wir darauf und fordern wir immer wieder dazu auf, daß sich die Dinge weiter bewegen. Ich stelle aber fest, daß wir nicht sehr erfolgreich sind, da die Umsetzung fast aller unserer Vorstellungen in irgendeiner Weise mit Geld verbunden ist, das von der zivilen UNMIK-Seite bereitgestellt werden muß. Was helfen alle Strategie-Pläne und gemeinsame strategische Seminare, wenn die inhaltliche Umsetzung dann stagniert oder gar nicht erst angepackt wird? Mitrovica ist das negative Paradebeispiel: Wir wissen sehr wohl, was erforderlich ist, wir haben gute, abgestimmte Pläne, wir haben die Zustimmung der Albaner wie der Serben. Aber es bewegt sich nichts, da keine Mittel bereitgestellt werden – und auch, weil UNMIK laufend die Prioritäten wechselt. Oberstleutnant Joe Abbott ist fast täglich bei mir und klagt über die desolate Lage und die laufenden Zusagen, die dann nicht eingehalten werden. Leider haben wir in diesem Bereich nur sehr begrenzte Kompetenzen und müssen uns mehr auf die Argumentation beschränken, als daß wir Möglichkeiten zum praktische Handeln hätten. Manchmal wünschte ich mir, ich hätte die Kompetenz eines Militärgouverneurs, der qua Amt in der Lage wäre, alle die verschiedenen Anstrengungen zu bündeln, der aber auch für deren Umsetzung voll und allein verantwortlich wäre.

Die gute Nachricht ist, daß die US-Regierung 2,5 Mio. US-$ bereitgestellt hat, um das Eurotrade-Zentrum am Südausgang der Kačanik-Enge auszubauen. Damit können wir endlich die Voraussetzungen schaffen, Fahrzeuge bereits dort vor der Zollkontrolle abzufertigen.

Wir planen, das Kosovo Protection Corps in einer offiziellen Zeremonie im UNMIK-Gebäude am 19. Dezember 1999, d. h. genau 90 Tage nach Abschluß der diesbezüglichen Verträge, in Dienst zu stellen. An diesem Tag soll Bernard Kouchner auch das Führungspersonal für das KPC öffentlich ernennen.

Botschafter Hansjörg Eiff kommt aus Skopje und berichtet von den Aktivitäten in Mazedonien. Grundtenor: Ich brauche mir keine Sorgen zu machen, es läuft alles prima. Endlich wieder einmal eine gute Nachricht.

Johann Heindl, der für das Kosovo verantwortliche Referatsleiter im Auswärtigen Amt, besucht mich. Ich berichte ihm von unseren Schwierigkeiten, und weise darauf hin, wie problematisch – wenn nicht gar unmöglich – die Zusammenarbeit mit Thaci geworden ist. Thaci ist eine „loose cannon" geworden, nicht mehr kalkulierbar. Er wechselt die Stimmung und die Haltung innerhalb von Minuten. Ich danke Johann Heindl für die gute Unterstützung aus dem Auswärtigen Amt. Wir fühlen uns dort gut verstanden und gut aufgehoben.

Am Abend gebe ich ein festliches Abschiedsessen für Generalmajor Dr. Klaus Olshausen, für Brigadegeneral Craig Peterson, für Brigadegeneral Wolfgang Sauer und den französischen Brigadegeneral Alain Tartanville, der unser Joint Operation Center geführt hat. Ich würdige die Leistung jedes Generals und bedanke mich für ihre exzellenten Führungsleistungen. Es war bemerkenswert, wie schnell wir zu einem Team zusammengewachsen sind und wie schwer es uns jetzt fällt, getrennte Wege zu gehen. Irgendwie geht uns dieser Abend allen sehr unter die Haut.

Freitag, der 10. Dezember 1999; 64. Tag　　　　　　bedeckt, mild

Wir haben heute eine Aktion abgeschlossen, mit der ich mich bei General Çeku und seinen Männer alles andere als beliebt gemacht habe. Ich wollte absolut sichergehen, daß sich in den ehemaligen Lagern der

UÇK, die zwischenzeitlich vom KPC übernommen wurden, keine Waffen und keine Munition mehr befinden. Wir haben daher in den letzten Tagen bei Tagesanbruch eine Reihe von für das KPC völlig überraschenden Durchsuchungen aller Einrichtungen durchgeführt. Diese Aktionen waren das Ergebnis gründlicher Planungen und hervorragender Aufklärung durch die MNBs. Wir haben alle Sammelräume des vorläufigen KPC überprüft und dabei größere Mengen an Waffen und Munition gefunden, die wir sofort zerstört haben. Uns ist die Überraschung überall gelungen, aber es gab in manchen Fällen Ärger vor Ort – mit der Konsequenz, daß die betroffenen Männer nicht in das KPC übernommen werden. General Çeku wußte von den Waffen angeblich nichts, war aber sichtbar sauer, daß wir in „seinen" Bereich ohne jede Absprache mit ihm eingefallen sind. Ich sage ihm, daß dies Teil meiner Verantwortung und meiner Kontrolle sei. Ich müsse absolut sicher sein, daß alles so liefe, wie dies die Internationale Gemeinschaft von mir erwarte. Hätte er, Çeku, seine Aufgabe richtig wahrgenommen, dann hätten wir jetzt gar keine Waffen mehr vorgefunden, die ja angeblich alle bereits abgegeben waren. Er muß wissen, daß ich den Transformationsprozeß sehr ernst nehme.

Bernard Kouchner stimmt zu, daß wir in der kommenden Woche ein weiteres gemeinsames Seminar zur Strategieplanung abhalten werden. Diese Veranstaltung soll sich mit dem Thema einer abgestimmten Planung für eine „Gemeinsame Sicherheitsstrategie" befassen, da wir unsere Bemühungen und die der UNMIK-Polizei besser aufeinander abstimmen müssen. Wir brauchen bei den wenigen Kräfte einen höheren Synergieeffekt, wenn wir erfolgreicher werden wollen.

Für Mitrovica und Trepča gibt es keine sichtbare Bewegung in der Sache, aber im Laufe der kommenden Woche sind zwei Besprechungen anberaumt, von denen ich hoffe, daß sie der Ausgangspunkt für Fortschritte sein könnten. Zunächst aber werde ich diese Fragen auf unserem Seminar am Dienstag ansprechen. Zudem treffe ich am Sonntag in Mitrovica Staffan de Mistura. Dreh- und Angelpunkt bleibt weiterhin unsere Absicht, einige Teilbetriebe in den Förder- und Produktionsanlagen in Trepča zu öffnen, wo sowohl Serben als auch Albaner arbeiten können. Gleiches gilt für die Öffnung der kleineren und der mittelständischen Betriebe, die endlich angegangen werden muß.

Ich besuche am Nachmittag Ibrahim Rugova, um ihn nach seinem Rat zu fragen, wie wir den gesamten Komplex Mitrovica voranbringen können. Rugova unterstützt meinen Ansatz uneingeschränkt; dieser sei aus seiner Sicht der einzige, der geeignet sei, den Stillstand zu überwinden. Trepča, so Rugova, sei der Schlüssel zu fast allen Problemen im Kosovo. Man müsse rasch ein internationales Konsortium finden, das Trepča schrittweise übernehmen und sanieren könne.

Ich nehme am Nachmittag im UNMIK-Gebäude an einer Sitzung der Menschenrechtskonferenz der OSZE teil. Ich treffe dort auch Hashim Thaci. Ich bitte ihn zur Seite und erkläre ihm, daß ich sein Verhalten für unproduktiv und für unerträglich halte. Wenn er politischen Einfluß behalten wolle, dann genüge es nicht, sich in den Schmollwinkel zurückzuziehen. Ich versuche die Analogie mit der deutschen 68er Generation: Man erreicht nur dadurch etwas, daß man in die entsprechenden Institutionen geht und dort seine Vorstellungen einbringt. Er könne selbst sehen, wohin die Serben mit ihrer Politik des Abseitsstehens gekommen seien: Die politische Entwicklung gehe an ihnen vorbei, da sie sich selbst davon ausgeschlossen hätten. Thaci wird nachdenklich und fragt, was er denn tun solle. Ich empfehle ihm dringend, seine Anti-Haltung aufzugeben und Kouchners Angebot der Zusammenarbeit im Interim Administration Council anzunehmen.

Bernard Kouchner ruft mich am Abend an. Thaci hat ihn besucht und die Mitarbeit im IAC zugesagt. Ich bin jetzt gespannt, wie lange das anhalten wird, aber es ist wenigstens ein neuer Anfang. Ich kann nur hoffen, daß Thaci diesmal zu seinem Wort steht.

Der Police Commissioner Svend Frederiksen, Bernard Kouchner und ich kommen überein, die Leistungsfähigkeit der UNMIK-Polizei, wohl auch wegen ihrer begrenzten Durchsetzungskraft und nicht nur der Farbe ihrer Autos wegen im Volksmund nur als „Coca-Cola-Polizei" verspottet, aufzubessern. Dazu legen wir fest, sechshundert ehemalige örtliche albanische Polizisten anzustellen, die in den Polizeikräften unter den „Regierungen" von Thaci und Bukoshi Dienst taten. Auf diese Art können wir von deren Ortskenntnis profitieren und sind hoffentlich in der Lage, das organisierte Verbrechen, das sich wie ein Krebsgeschwür ausbreitet, besser zu bekämpfen. Wir brauchen dafür aber zusätzlich Spezialpolizei aus Europa, die sich mit der Bekämpfung des organisier-

251

ten Verbrechens auskennt. Unsere UNMIK-Polizei hat dafür keine Fachleute und ist – ihren eigenen Aussagen nach – mit dieser Aufgabe völlig überfordert.

Es scheint, daß unser neuer russischer Verbindungsoffizier Probleme hat mit Generalleutnant Evtukovič, dem dienstältesten russischen Offizier im Kosovo. Oberst Dr. Kiselev meldete sich heute bei Generalmajor Milne, meinem Chef des Stabes, und beschwerte sich über seinen General. Evtukovič habe ihn beschuldigt, ein „Mann aus Moskau" zu sein, der keine Ahnung davon habe, was hier geschieht. Vielleicht ist das einer der Gründe dafür, daß wir nach wie vor noch kein Abkommen über Orahovac haben. Das macht mir allerdings keine große Sorge, denn der Ball liegt jetzt eindeutig im Feld der Russen. So lange die Bilder von Grozny im Fernsehen zu sehen sind, ist es unwahrscheinlich, daß die Menschen in Orahovac die Stationierung russischer Truppen irgendwo in ihrem Bereich friedlich hinnehmen werden.

Samstag, der 11. Dezember 1999; 65. Tag   nebelig

Wir fangen ab heute am Samstag und am Sonntag eine Stunde später mit der Morgenlage an, um die hohe Belastung der Angehörigen unseres Stabes etwas abzubauen.

Mir wird ein schwerer Vorfall gemeldet. Ein polnischer S-2-Offizier der MNB (E) kam ums Leben, als er sich (in seinem Dienstzimmer!) an einer 60-mm-Granate, die er gefunden hatte, zu schaffen machte. Ein weiterer Offizier wurde bei dem Vorfall schwer verletzt. Mein stellvertretender Operationschef, Generalmajor Ekiert, ist zu dem Verband unterwegs, um den Vorfall zu untersuchen.

Gestern informierte ich unseren russischen Dolmetscher, Oberstleutnant Ermakov – es war kein anderer russischer Offizier im Stab –, über eine Vielzahl von Meldungen zu vergleichsweise geringfügigen Undiszipliniertheiten der russischen Streitkräfte im Kosovo. Ich bitte ihn um Weitergabe meiner Beanstandungen an seine Vorgesetzten und um schnellstmögliche offizielle Meldung dazu. Heute früh kommt daraufhin Oberst Kiselev zu mir und erklärt, wie schwierig es für ihn sei, Generalleutnant Evtukovič auf die Disziplin der russischen Truppen überhaupt anzusprechen. Er verspricht, sein möglichstes zu tun, um derartiges Fehlverhalten künftig auszuschließen. Ich bestelle Evtukovič ein.

Kiselev spricht von sich aus die Frage Orahovac nicht an, und ich vermeide es bewußt, die Rede darauf zu bringen. Er kündigt jedoch an, daß Verteidigungsminister Sergeev auf Grund der bevorstehenden Parlamentswahlen in Rußland am 19. Dezember nicht in das Kosovo kommen kann.

Heute habe ich erstmals ein gemeinsames Mittagessen mit den „Botschaftern" der vier wichtigsten Nationen: Larry Rossin (USA), David Slinn (UK), Bernd Wulffen (Deutschland) und für Frankreich der stellvertretende Missionschef, Monsieur Tarrau. Diese Art des lockeren Zusammentreffens – Hauptgefreiter Klinger kocht für uns – könnte sich zu einem nützlichen Forum für den informellen Austausch von Informationen und Einschätzungen entwickeln. Wir diskutieren über den Stand der Aufstellung des KPC und über die Qualität der Arbeit von UNMIK, mit der alle ihre Probleme haben. Ich beabsichtige, künftig jeden Monat ein solches Mittagessen zu veranstalten.

Ich nehme an einer Feier aus Anlaß der Ankunft des „Zuges in die Zukunft" teil. Dieser Zug geht auf meinen Brief an Staatssekretär Ischinger vom Auswärtigen Amt zurück, in dem ich ihn um sechs ausrangierte Lokomotiven der Bundesbahn bat, die wir hier für die Wiederaufnahme des Zugbetriebs noch gut nutzen könnten. Der Zug startete in Deutschland und kommt heute schließlich in Kosovo Polje an. Die sechs von Deutschland gestifteten Diesellokomotiven sind in einem guten technischen Zustand. Der Zug hat jede Menge Bekleidung und Spielsachen für die Kinder geladen. Die ganze Aktion am Bahnhof ist ein großes Happening mit vielen Kindern, die tanzen und singen. Ich werde unzählige Male von Alt und Jung, von Männern und Frauen geküßt, die Kinder ziehen schwer beschenkt und glücklich ab, die Menschen sind begeistert. Am wichtigsten für mich sind allerdings etwa zwanzig blau gespritzte Lastwagen und kleinere Feuerwehrfahrzeuge, die das deutsche Technische Hilfswerk für das KPC gestiftet hat. Diese Fahrzeuge sind in sehr gutem Zustand. Der erste Lichtblick, die erste materiell verwirklichte Zusage, und dies aus Deutschland. Wir machen Fortschritte. General Çeku ist sehr dankbar und beginnt sofort, mit mir die Autos zu inspizieren.

Der Abend klingt mit einem festlichen Dinner im Grand Hotel anläßlich der Menschenrechtskonferenz der OSZE aus. Ich lerne die Ehefrau des ermordeten Rechtsanwalts Kelmendi kennen, deren Mann und beide Söhne von den Serben hingerichtet wurden. Ich sage ihr meine Hilfe beim Anbringen einer Gedenktafel zu Ehren der Ermordeten zu. Es beeindruckt mich, mit welcher Haltung sie ihr schweres Schicksal trägt. Sie kennt Deutschland gut, war früher viel mit ihrem Mann, der ein bekannter albanischer Rechtsanwalt und Vorkämpfer für die Verwirklichung der Menschenrechte war, in München. Sie ist in die örtliche Politik eingestiegen und beklagt die Korruption der jungen albanischen Politiker.

Mir wird auch der „große alte Mann" der Kosovo-Albaner, Adem Demaci, vorgestellt, der 28 Jahre in jugoslawischen Gefängnissen verbracht hat. Er spricht ein bißchen Deutsch, ist als 64jähriger noch sehr drahtig. Er war 1980 eine der zentralen albanischen Figuren während der großen Demonstrationen der Kosovo-Albaner gegen Jugoslawien – und dies, obwohl er damals eingesperrt war. Er ist ein glühender Verfechter der nationalen Unabhängigkeit und der geistige Vater der Bewegung der UÇK, für die er zunächst auch in Rambouillet die Verhandlungen führte, bis es zum Bruch mit der jungen Generation um Thaci kam. Er wird der „Nelson Mandela des Kosovo" genannt und ist berüchtigt wegen seiner unbeugsamen Haltung. Er sagt auf meine Einladung zu einem Gespräch in „Film-City" sofort zu.

Major Jakobs-Woltering von der Medienzentrale der Bundeswehr begleitet mich mit einem Filmteam; sie erstellen einen Film über unsere Arbeit für die „Bundeswehr-Filmschau".

Sonntag, der 12. Dezember 1999, 3. Advent; 66. Tag   nebelig

Wir haben neue Erkenntnisse über unser russisches Kontingent erhalten. So plant Moskau wohl, seine Kräfte bis Juni 2000 im Kosovo zu belassen und erst dann – im Rahmen der Überprüfung der UN-Resolution 1244 – ihre Stationierung neu zu überdenken. Diese Meldung wird ergänzt durch eine Information aus anderer Quelle, wonach ein russischer Major erklärt habe, daß die Russen ihr Bataillon am Flugplatz in

254

Priština abziehen werden, da es im Kosovo keinen echten Auftrag habe – dies ist das „Orahovac-Bataillon". Ich wäre froh, wenn sich diese Nachricht bestätigen würde, denn damit wäre das Problem Orahovac endgültig aus der Welt.

Wir werden zudem unterrichtet, daß der russische Verteidigungsminister Igor Sergeev nun doch wieder für den 24. Dezember einen gemeinsamen Besuch mit dem deutschen Verteidigungsminister Rudolf Scharping im Kosovo geplant hat. Das sieht sehr nach Jo-Jo-Spiel aus. Ich weiß nicht, ob das alles wirklich so durchgeführt wird, nach all den Veränderungen – aber wir sind ja flexibel.

Ich fliege mittags nach Camp Bondsteel zur Kommandoübergabe in der MNB (E). Brigadegeneral Ricardo „Ric" Sanchez ist ab heute Kommandeur MNB (E). Ich war zufrieden mit der Leistung von Brigadegeneral Craig Peterson, dem Herrn der Bau-Pioniere in Camp Bondsteel. Es ist ein bewegendes Bild, in der angetretenen Formation Amerikaner, Griechen, Russen, Jordanier und Polen ausgerichtet zu sehen. Leider sind die Abschiedsworte des scheidenden Brigadekommandeurs fast ausschließlich an seine US-Truppen gewandt, was mir wiederum die Chance läßt, in meiner kurzen Rede die multinationale Gemeinsamkeit des Einsatzes herauszustreichen. Insgesamt eine sehr gelungene Veranstaltung, was auch die Sonne bestätigt, die zum rechten Zeitpunkt durch die Wolken blinzelt. Es ist bemerkenswert, daß fast alle Bürgermeister der Region, Serben wie Albaner, zu dieser Zeremonie erschienen sind und daß sie auch miteinander sprechen. Ich gehe bewußt auf sie zu und suche das Gespräch, um ihre Sorgen zu erfahren. Fast alle laden mich in ihre Dörfer ein und danken mir für die gute Arbeit von KFOR. Es fällt kein Wort des Vorwurfs oder der Anklage.

Ich fliege anschließend nach Mitrovica, wo es Bewegung zu geben scheint. Staffan de Mistura hat dem Krankenhaus für die Rückkehr von 25 albanischen Patienten und 8 albanischen Ärzten ein Ultimatum von drei Tagen gestellt. Nach 20 Tagen wird er eine Neubewertung der Lage dahingehend vornehmen, den Anteil der Albaner weiter zu erhöhen. Gleichzeitig unterzeichnete er eine Vereinbarung mit den albanischen Bergarbeitern. Diese haben sich bereit erklärt, in dieser Woche auf ihren Protestmarsch zu verzichten und mit 200 Männern ihre Arbeit im Bergwerk Stari Trg – dem größten Bergwerk von Trepča – wieder aufzunehmen. Die Vereinbarung sieht auch vor, daß einige Serben weiter in der Bergwerksverwaltung beschäftigt bleiben. Beide Seiten haben dieser Regelung zugestimmt. Ich drücke uns die Daumen, daß wir hier endlich etwas erreichen. Ich hoffe, daß dies nicht wieder eines der vielen Strohfeuer wird, die dann wirkungslos verpuffen. Generell macht Staffan de Mistura auf mich einen sehr entschlossenen und zupackenden Eindruck, den Eindruck, daß er den müden Laden in Mitrovica aufrütteln und rasch positive Ergebnisse sehen möchte. Er ist ein Mann mit Ehrgeiz und möchte beweisen, daß er den Gordischen Knoten durchhauen kann. Ich sage ihm jede Art von Unterstützung dabei zu, wenn ich ihm gegenüber auch nicht verhehle, daß ich wegen seiner nur kurzen Stehzeit enttäuscht bin. Er behauptet, er habe dies noch vor seiner Ernennung klargemacht und könne aus der vorher gegebenen Zusage nicht mehr aussteigen. Ich bin doch reichlich skeptisch und befürchte, daß es dazu kommen könnte, daß de Mistura die Dinge zwar ankurbelt, die Umsetzung aber dann wieder einmal anderen, nämlich uns, überläßt.

Übrigens hat Hashim Thaci Bernard Kouchner noch einmal aufgesucht, um ihm zu erklären, daß er nun wieder „draußen" sei. Dieser Mann ist absolut unzuverlässig, ein Mann, mit dem man eigentlich nicht mehr zusammenarbeiten kann; aber wir kommen an ihm nicht vorbei. Er weiß das und spielt daher diese Karte. Kouchner überlegt nun erneut, seinen organisatorischen Ansatz zu ändern, um Thaci doch noch ins Boot zu holen. Ich rate ihm dringend ab, da ihn Thaci sonst immer mehr politisch erpreßt. Ich denke, daß die permanent weiche Welle von Bernard Kouchner, der begreiflicherweise nach einem Kompromiß und Ausweg aus der verfahrenen Situation sucht, ein großer Fehler ist. Er sollte ohne Thaci anfangen und die Arbeit des Interim Administration Council endlich beginnen. Thaci hat nun schon viel zu lange alles blockiert. Er wird von ganz allein kommen, wenn er merkt, wie sehr er sich sonst von den politischen Entscheidungen für die Zukunft des Kosovo ausgeschlossen hat.

Beim abendlichen Treffen mit Bernard Kouchner ist als Stellvertreter von Kofi Annan Madame Louise Fréchette aus Kanada dabei, die sich von mir eingehend über die Schwierigkeiten beim Aufbau des KPC, über Mitrovica und über unsere Pläne, den Flugplatz von Priština für den zivilen Flugverkehr wieder freizugeben, informieren läßt. Madame

Fréchette ist eine sehr resolute Frau, der man nichts vormachen kann. Sie hat sich auf diesen Besuch intensiv vorbereitet und weiß, wovon sie spricht. Es ist eine Freude, mit ihr zu diskutieren.

Ich habe erneut ein längeres Gespräch mit Dr. Bukoshi, der mir seine Zusammenarbeit auf dem Gebiet der Sicherheit und der Polizei anträgt. Er bietet zusätzlich aus seinem Fonds 10 Mio. DM an, die Jolly Dixon im Rahmen des Aufbau-Programms der EU ausschließlich für den Wiederaufbau albanischer Häuser, Schulen etc. nutzen könnte. Da es sich bei den Geldern dieses Fonds ausschließlich um Spendenmittel aus der „Diaspora" handle, dürften sie unter keinen Umständen in den Finanztopf für UN-Aufgaben einbezogen werden, sondern strikt nur für den echten Wiederaufbau verwendet werden. Ich leite diese Information an Bernard Kouchner weiter, der sich aufgrund seiner tiefen Animosität und seines Mißtrauens gegenüber Bukoshi nicht sehr interessiert zeigt. Ich möchte hier trotzdem am Ball bleiben und das Angebot weiterverfolgen.

Es folgt ein Empfang im Presse-Zentrum von UNMIK, wo Bernard Kouchner alle Pressevertreter zu einem vorweihnachtlichen Umtrunk eingeladen hat. Es gibt viele Gespräche am Rande, aber nichts grundsätzlich Neues.

Es meldet sich als neuer Kommandeur der MNB (S) Brigadegeneral Roland Kather, ein alter Bekannter aus den letzten Jahren, den ich sehr schätze. Ich freue mich auf die Zusammenarbeit mit ihm und weise ihn in groben Umrissen in die Lage ein.

Gegen 21.00 Uhr hat das Team meiner Kommandeurgruppe zu einem Advents-Abendessen eingeladen. Wir wollen ein paar Minuten ohne Hektik zusammensitzen und miteinander reden, bevor einige von unserer Besatzung für die Weihnachtstage nach Hause fliegen dürfen.

Montag, der 13. Dezember 1999; 67. Tag   bedeckt

UNMIK und KFOR geben unter dem Motto „Kosovo: Nach sechs Monaten" eine sehr umfangreiche Pressekonferenz. Bernard Kouchner, Madame Louise Fréchette von der UNO, die Leiter der vier „Säulen" der UNMIK und ich nehmen zu dem Stellung, was wir bisher erreicht

257

haben. Wir konzentrieren uns absichtlich auf die guten Nachrichten. Das übergeordnete Ziel ist es, der wachsenden Kritik aus der Bevölkerung des Kosovo und der negativen Kampagne aus Belgrad entgegenzuwirken. Ich vergleiche die fünf Aufträge, die uns in der UN-Resolution 1244 vorgegeben sind, mit dem Grad der Aufgabenerfüllung und stelle fest, daß die jugoslawischen Streitkräfte keine Chance hätten, mit Gewalt in das Kosovo zurückzukehren. Die Demilitarisierung und der Transformationsprozeß der ehemaligen UÇK in das Kosovo Protection Corps laufe planmäßig, die innere Sicherheit seit deutlich verbessert. So hätten KFOR-Truppen seit dem 8. Oktober 948 Kriminelle verhaftet, von denen augenblicklich nur noch 253 hinter Gittern säßen. Ich lege dar, daß KFOR jeden Tag in jeder MNB über hundert Patrouillen und Checkpoints eingesetzt habe. Wir haben über 120 gezielte Durchsuchungsaktionen durchgezogen und viele Tausende von Waffen vernichtet. Wir haben über 200 laufende Kilometer an Straßen, sechs Brükken, allein im deutschen Sektor 1.600 Häuser wiederaufgebaut und den Eisenbahnverkehr wiederaufgenommen.

Ich stelle unseren Einsatz im „Winterization-Program" heraus und informiere, daß in unseren Feldkrankenhäusern bisher 43.000 Patienten behandelt worden sind. Ich weise auf die Verlegung des Schwerpunktes der KFOR-Einsätze in die Gebiete hin, in denen die ethnischen Gruppen auf engem Raum zusammenleben, und gebe einen Ausblick für die Zukunft. Vor allem fordere ich die Bevölkerung erneut auf, noch enger mit uns und der UNMIK-Polizei bei der Verfolgung von Kriminellen zusammenzuarbeiten und gegenüber den anderen ethnischen Gruppen mehr Toleranz zu zeigen. Es folgt eine sehr intensive Frage-und-Antwort-Stunde, die deutlich macht, daß unsere Argumente gut aufgenommen wurden. Wir müssen jetzt abwarten, ob die Medien unsere „guten Nachrichten" auch bringen werden.

Der SACEUR ist wieder einmal tief besorgt über die angeblich rasch zunehmende Zahl von „paramilitärischen" serbischen Kräften, insbesondere im Bereich Mitrovica und nördlich davon. Er befürchtet, daß Waffen eingeschmuggelt und von subversiven Kräften Miloševićs überraschend gegen uns eingesetzt werden könnten. Diese Kräfte könnten als „5. Kolonne" den Weg für die gewaltsame Rückkehr der jugoslawischen Streitkräfte in das Kosovo vorbereiten.

Wir teilen vom Grundsatz her hier in Priština diese Sorge, zumal es unser Hauptauftrag ist, die Rückkehr der Streitkräfte Jugoslawiens zu vermeiden. Wir haben daher bereits seit Wochen unsere Aktivitäten im Norden des Kosovo ganz speziell auf dieses Problem konzentriert. Wir suchen in diesem Bereich der Grenzübergänge noch intensiver nach Waffen als im Rest des Landes. Wir überprüfen jeden Wagen, jeden Bus und jedes Haus, das verdächtig ist, aber die Ergebnisse sind minimal im Vergleich zu denen in den albanischen Gebieten. Dennoch werden wir in Einzelfällen auch in den serbischen Gebieten fündig: Die Waffen werden konfisziert und die Besitzer werden auf der Stelle festgenommen. Das Verfahren ist das gleiche wie für andere ethnische Gruppen.

Darüber hinaus sind wir mit einer ganzen Palette von Spezialkräften permanent dabei, die Städte und Dörfer des Nordens, aber auch die abgelegenen Gegenden zu bestreifen und systematisch abzusuchen, um möglicherweise eingeschleuste „paramilitärische" Kräfte aufzuspüren. Seit vier Wochen durchkämmen wir den nördlichen Teil von Mitrovica. Die Maßnahmen werden von Brigadegeneral Jack Schmitt unmittelbar geführt und durch meinen G2-Colonel Russ Thaden im einzelnen koordiniert.

Wir sind ziemlich gut darüber informiert, was sich im nördlichen Sektor tut. Es gibt dort (ebenso wie im albanischen Sektor) eine Art Schattenorganisation, die wir überwachen. Es gibt keine größeren „paramilitärischen" Gruppen, sondern vielmehr örtliche „Sicherheits"-Kräfte, die allerdings ohne Waffen arbeiten.

Die Brigaden melden alle ihre Erkenntnisse an mein Hauptquartier. Daneben nutzen wir alle anderen Informationsquellen, die uns zur Verfügung stehen, so die Nichtregierungsorganisationen (NGOs), die Polizei der UNMIK und die übrigen Organisationen der UNMIK. Wir fassen alle diese Informationen in einer speziell dafür gegründeten Nachrichtengruppe zusammen und werten sie mit Hilfe unserer modernsten technischen Einrichtungen sehr systematisch aus. Eine große Hilfe dabei sind unsere Kräfte der elektronischen Aufklärung, insbesondere die der kleineren Nationen, die uns hervorragende Ergebnisse liefern. Ich lasse mir jeden Morgen vor Beginn aller anderen Aktivitäten die neuesten Nachrichten aller 39 Nationen auf diesem Gebiet vortragen und bin zuversichtlich, daß uns hier keiner überraschen wird. Wir wissen ziemlich genau, was innerhalb der Provinz, aber auch in den benachbarten Randzonen Serbiens vor sich geht. Deswegen gibt es in bezug auf Milošević hier vor Ort weniger Besorgnisse als anderswo. Wir bleiben unverändert wachsam, und ich habe meine Kommandeure angewiesen, unsere Indikatoren auch in den kommenden Monaten genau im Auge zu behalten.

MNB (C) hat heute einen „Marsch- und Schießwettbewerb" durchgeführt, an dem sich fast alle Nationen beteiligt haben. Es ging darum, im Gruppenrahmen eine Laufstrecke mit diversen militärischen Einlagen zu absolvieren und mit der eigenen Waffe zu schießen. Die Beteiligung war hoch, der Wettkampf für manche der Nationen eine Prestigefrage, die Männer kämpften im wahrsten Sinn des Wortes bis zum Umfallen. Ich fühle mich an die diversen heimischen Skipatrouillen-Wettbewerbe erinnert, die ich im Alter dieser Männer mitgemacht habe, und nehme daher am Nachmittag sehr gern die Siegerehrung vor. Ich danke den Briten für ihre Initiative und den vielen Wettkämpfern für ihren hohen persönlichen Einsatz. Es ist eine Freude, mit den Männern quer über alle Nationen hinweg zu sprechen und zu sehen, wie sehr sie sich alle unserer gemeinsamen Aufgabe verbunden fühlen. Es herrscht eine sehr ausgelassene und fröhliche Stimmung; jeder weiß, was er geleistet hat, und ist stolz darauf. Ich werde um Autogramme und gemeinsame Fotos gebeten, schüttle unzählige Hände und spreche mit jedem der Teams, die am Wettkampf teilgenommen haben. Wir kommen überein, einen ähnlichen Wettbewerb als Skipatrouille bei besseren Schneebedingungen durchzuziehen. Ich genieße das Zusammenkommen mit den Männern immer wieder, es ist wie eine Kraftquelle, die über viele frustrierende und ärgerliche Momente hinweghilft. Ich bräuchte mehr Zeit für die Truppe, die das auch fordert, aber die Rahmenbedingungen erlauben das einfach nicht.

Ich bekomme eine Einweisung in die kriminellen Machenschaften der kosovo-albanischen „Mafia", die aus rund 7.000 Mitgliedern besteht und sehr eng mit der italienischen „Cosa Nostra" und mit der „Camorra" in Neapel zusammenarbeitet. Die Kosovo-Albaner gehen bei ihren italienischen „Kollegen" regelrecht in die Schule und werden von ihnen als Verbrecher ausgebildet. Teilweise leben sie für Jahre in Italien und sind entsprechende Familienbande eingegangen. Schwerpunkt der Aktivitäten sind der Drogen-, der Waffen- und der Menschenhandel. Die Verbrecherclans (Berisha-Clan; Abazi-Clan; Bovici-Clan, Kapo-Clan; Gashi-Clan und Mamo-Gruppe) waren schon vor dem Krieg die mächtigsten und aggressivsten Gangsterorganisationen auf dem Balkan. In Priština herrscht vor allem der Gashi-Clan. Er war u. a. der Haupt-Waffenlieferant der ehemaligen UÇK und macht seine Geschäfte auch im Zigarettenhandel, er kontrolliert die vielen „Straßenhändler" und ist im Diebstahl von Autos aus Europa, vor allem aus Deutschland, sehr aktiv. Die Mafia schleust illegale Einwanderer über Albanien nach Europa und ist tief ins Geschäft mit der Prostitution verwickelt. Allein in Italien arbeiten etwa 20.000 Prostituierte aus dem Kosovo, die man teilweise aus den Flüchtlingslagern „rekrutiert" hatte, weitere 30.000 im restlichen Europa.

Die Fakten sind bekannt, auch die handelnden Personen; aber die Beweisführung ist angesichts der völlig unzureichenden Rechtssituation und des Mangels an Spezialisten bei der UNMIK-Polizei in kaum einem Fall so wasserdicht zu machen, daß die Verbrecher auch wirklich hinter Gitter kommen. Wir wissen bei KFOR aus bitterer Erfahrung, daß wir einige dieser Gangster bereits festgenommen und der Polizei ausgeliefert haben; am nächsten Tag waren sie wieder auf freiem Fuß.

Heute traf das erste Vorkommando aus Straßburg ein, um mit uns erste Gespräche für eine mögliche Ablösung im Frühjahr 2001 zu führen. Wir müssen vorhalten, auch wenn die Politik mit den Entscheidungen noch hinterherhinkt.

Am Spätabend gebe ich noch ein Interview in den „Tagesthemen" des Ersten Deutschen Fernsehens.

Dienstag, der 14. Dezember 1999; 68. Tag   bedeckt

Ich bin sehr ärgerlich darüber, daß von unseren dringend benötigten Verstärkungskräften, die die Differenz zwischen der Stärke meines Stabes LANDCENT und dem Umfang von KFOR auffüllten, die ersten schon wieder zurückkommandiert werden. Das Pikante daran ist, daß es sich hier fast durch die Bank um Angehörige anderer NATO-Stäbe handelt. Ich interveniere deswegen bei SHAPE, bekomme aber nur wachsweiche Antworten, daß man da wohl nichts machen könne. Und dies, obwohl mein Stab bis heute noch nicht voll aufgefüllt ist.

Es besucht mich Dr. Bruno Lezzi von der „Neuen Zürcher Zeitung", dem ich ein längeres Interview gebe.

Am Flugplatz Priština treffe ich unseren Bundespräsidenten Johannes Rau mit seiner Ehefrau und einer erfreulich kleinen Entourage. Bernard Kouchner und ich erläutern die aktuelle Lage, mögliche Tendenzen für die Zukunft und die nach wie vor brennende Frage der Finanzierung, insbesondere für das KPC. Wir brauchen für den Haushalt 1999/2000 immer noch 20 Mio. DM. Mich berührt eine Bemerkung von Tom Koenigs. Er spricht von den Leistungen der deutschen Soldaten im Kosovo und meint, daß er als grüner Politiker nie ein besonderer Anhänger militärischer Macht gewesen sei; dies habe aufgrund unserer historischen Verstrickung für die Bundeswehr in ganz besonderer Weise gegolten. Hier im Kosovo, so sagt er dem Bundespräsidenten, habe er seine Meinung revidiert, und er sei auf die deutschen Soldaten richtig stolz, da sie so hervorragende Arbeit leisten würden.

Die größte Neuigkeit des heutigen Tages ist, daß Bernard Kouchner schließlich doch noch ein Abkommen für sein Interim Administration Council unter Dach und Fach hat. Er konnte Thaci, Rugova und Qosja davon überzeugen, dem Rat als die ersten drei der vier Mitglieder für das Kosovo beizutreten. Sie haben sich sogar damit einverstanden erklärt, als viertes Mitglied einen Serben zu akzeptieren, sobald dieser ernannt ist. Am wichtigsten ist jedoch, daß sie alle zustimmen, den stellvertretenden Vorsitzenden des Rates nach dem Rotationsverfahren durch die Mitglieder des Kosovo zu besetzen. Jetzt kommt allerdings noch der interessanteste Teil, nämlich, ob die UN in New York dieser Initiative grünes Licht geben wird. Falls die Zustimmung erzielt wird und das Abkommen nicht im letzten Moment doch noch wegen neuer Kapricen von Thaci scheitert, kann die neue Verwaltung am 31. Januar 2000 ihre Arbeit endlich aufnehmen.

Nach seiner Zustimmung zu dem Abkommen aß ich mit Hashim Thaci zu Mittag, und er wiederholte, wie viel Vertrauen er in KFOR und mich persönlich habe. Ich insistierte, daß er nun seine neuen Verpflichtungen einhalten müsse und nicht wieder mit der UNMIK Katz und Maus spielen dürfe. Ich lasse ihn nicht im Zweifel, daß mein Vertrauen in ihn stark angeschlagen ist. Es geht aber nicht um meine Empfindlichkeiten, sondern ausschließlich darum, einen gangbaren und noch akzeptablen Weg für eine bessere politische Zusammenarbeit zum Wohl des Kosovo zu finden. Ich informiere ihn am Ende unseres Treffens über die Kriterien und den derzeitigen Sachstand bei der Auswahl der wichtigsten Führer des Kosovo Protection Corps, zumal dies früher einmal alles „seine" Männer gewesen sind. Thaci ist mit dem Ergebnis durchaus zufrieden.

Am Nachmittag haben wir unsere große „Strategiesitzung". Wir sprechen insgesamt drei Stunden über eine gemeinsame Strategie für UNMIK und KFOR. Es ist das erste Mal, daß die Leiter der vier Säulen von UNMIK ihre Strategie zusammen mit Bernard Kouchner und uns absprechen. Ich habe alle meine Generale mit in die Runde genommen, und wir diskutieren sehr intensiv über alle wichtigen Aspekte der Zusammenarbeit mit unserem Ansprechpartner bei der UNMIK. Es herrscht die einhellige Meinung, daß es eine sehr produktive Sitzung war, der noch weitere Treffen folgen sollten – mindestens einmal im Monat. Jock Covey hebt am Ende der Sitzung die Bedeutung unseres gemeinsamen Ansatzes noch einmal hervor.

Ich glaube, daß sich die Anstrengungen der Vorbereitung für diese „Strategiesitzung" durchaus gelohnt haben. Wir haben zwar keine völlig neuen Punkte aufgebracht, aber wenigstens in den Essentials wie Mitrovica, Trepča, beim Kosovo Protection Corps, bei der Zusammenarbeit mit der Polizei, bei der Universität und einer Reihe anderer Fragen Übereinstimmung erzielt. Es bleibt zu hoffen, daß es nicht wieder bei unverbindlichen Absichtserklärungen bleibt, sondern daß nun gemeinsam umgesetzt wird, was wir heute besprochen haben. Ich hatte daher schon vor der Sitzung meine Planer angewiesen, alle Punkte, zu denen wir eine abgestimmte Position erzielen konnten, in einer Matrix-Übersicht festzuhalten und mit Terminen für deren zeitliche Umsetzung zu koppeln. Wir können dann anhand dieser Übersicht ständig prüfen, was wir bereits erledigt haben bzw. wo wir nachhaken müssen.

Ich schreibe dem Chef des polnischen Generalstabes, Generalleutnant Henryk Szumski, und bitte ihn, die Bezahlung des polnischen

KFOR-Kontingents anzuheben. Die polnischen Soldaten erhalten derzeit deutlich weniger Sold als alle anderen NATO-Soldaten. Sie machen gute Arbeit und sollten im Vergleich zu ihren KFOR-Kameraden nicht viel schlechter gestellt werden.

Bernard Kouchner hat am Abend zu Ehren von Madame Fréchette in seine Residenz zum Abendessen eingeladen.

Mittwoch, der 15. Dezember 1999; 69. Tag   kalt

Das Hauptthema in der heutigen Sitzung des KTC ist die Zusage der UN in New York zur von Bernard Kouchner vorgeschlagenen Vereinbarung einer künftigen gemeinsamen Übergangsregierung; das ist der politische Durchbruch, um den wir so intensiv gerungen haben. Die Vereinbarung wurde heute morgen von Bernard Kouchner, Hashim Thaci, Ibrahim Rugova und Rexhep Qosja unterzeichnet. Auf der anschließenden Pressekonferenz wird die Öffentlichkeit unterrichtet. Bernard Kouchner bietet mir in diesem neuen Regierungsgremium einen Sitz an. Ich freue mich darüber und hoffe nur, daß die Streitigkeiten unter den Albanern die künftige Arbeit des Interim Administration Council (IAC) nicht zu sehr gefährden.

Auch aus Mitrovica gibt es gute Neuigkeiten. Staffan de Mistura hat insgesamt fünfhundert Bergarbeiter von Stari Trg zusammengerufen und ihnen seinen Plan vorgestellt. Die Arbeit in dem Bergwerk soll am 19. Dezember wieder aufgenommen werden. Die Bergarbeiter haben die serbischen Beschäftigten des Pumpbetriebs zum Bleiben aufgefordert, ein gutes Zeichen einer möglichen künftigen Zusammenarbeit. Es scheint, als ob de Mistura mit den Serben auch eine Übereinkunft über die teilweise Öffnung des Krankenhauses für die Albaner erzielen konnte. Staffan de Mistura ruft mich jedenfalls voller Optimismus an und glaubt, einen gangbaren Weg in die Zukunft geöffnet zu haben. Ich wünsche es ihm, vor allem aber der Bevölkerung von Mitrovica und uns.

Ich fliege am Nachmittag zur Kommandoübergabe der MNB (S) nach Prizren. Brigadegeneral Sauer hat seine schwierige Mission gut hinter sich gebracht und nicht nur in Orahovac die Weichen für die Zukunft gestellt. Ich bin ihm und seinem Stab dankbar für ihre sehr solide, vor allem aber auch konsolidierende Arbeit. Sie haben in Prizren Beispielhaftes geleistet: Sie haben mehr als jede andere MNB Häuser wiederaufgebaut, sie haben Prizren vom Müll befreit und in der Stadt die deutsche Straßenverkehrsordnung eingeführt, die angenommen wird. Die kritisch distanzierte, aber dennoch konstruktive Zusammenarbeit mit dem künftigen KPC ist richtungweisend. Ich danke ihm und seinen Männern für die exzellente Zusammenarbeit mit den anderen nationalen Kontingenten der Russen, Niederländer, Türken, Österreicher, Schweizer und Slowenen, die wie ein gutes Team zusammengearbeitet haben. Mein Gruß gilt dem neuen Stab unter Brigadegeneral Roland Kather, der eine schwierige Aufgabe antritt.

Die Frage der Dienstgrade für die Angehörigen des KPC wird immer schwieriger. General Çeku spielt sie zum entscheidenden Kriterium jeglicher weiterer Zusammenarbeit hoch. Ich lehne militärische Dienstgrade mit der gleichen Unnachgiebigkeit ab. Die Führung des KPC möchte uns eine Struktur und Organisationsform abzwingen, die durch die Internationale Gemeinschaft nicht mitgetragen wird. Çeku weiß, das dies ein Punkt ist, der für mich nicht verhandelbar ist, zumal ich ganz persönlich gegen militärische Dienstgrade für eine zivile Hilfsorganisation bin. Der Druck auf mich wird aber deutlich erhöht, da man befürchtet, daß ich durch meine harte Haltung den weiteren Aufbau des KPC gefährden könnte. Vielleicht ist das im Sommer in der Euphorie des Erfolges nicht konsequent genug verhandelt worden; für mich gibt es jedenfalls kein Schwanken. Eher lasse ich es zum Bruch mit Çeku kommen. Er weiß das.

Oliver Ivanović hat mir in einem Brief vorgeworfen, KFOR würde bewußt den Wiederaufbau der Eisenbahnbrücken bei Mitrovica verzögern, die im November durch eine Explosion schwer beschädigt wurden. Ich teile ihm mit, daß die Belastungserprobungen für die beiden Brücken für den 21. Dezember vorgesehen sind und anschließend beide Brücken wieder geöffnet werden sollen.

Zunächst hatten sich die Pioniere des französischen Bataillons der MNB (N) bereit erklärt, die Brücke instand zu setzen. Ihre erste Grobeinschätzung – noch vor einer detaillierten Untersuchung – veranlaßte sie zu der Auffassung, daß die Brücken innerhalb von zwei Wochen zu reparieren seien. Bei näherer Begutachtung kam jedoch das ganze Ausmaß des Schadens und des benötigten Baumaterials zum Vorschein. Der benötigte Zeitansatz für eine Wiederherstellung der Benutzbarkeit und der Sicherheit der Brücken mußte neu berechnet werden. Meine Absicht ist es, den Zugverkehr für die Serben von Kosovo Polje nach Mitrovica, Zvečan und Leposavić noch in diesem Monat wieder aufzunehmen.

Ivanović beklagt auch die Sicherheit im „bosnischen Viertel" hart nördlich des Ibar-Flusses. Ich teile ihm mit, daß ich mir die Lage vor Ort selbst ansehen werde.

Donnerstag, der 16. Dezember 1999; 70. Tag   „Föhn", warm, bedeckt

In der letzten Nacht ereignete sich ein Zwischenfall: Ein US-Gefechtsfahrzeug fuhr auf eine Mine auf. Ein Staff Sergeant der US-Army wurde tödlich verwundet, er starb auf dem Weg ins Krankenhaus. Sein Kamerad erlitt leichtere Verletzungen und wird sich wieder erholen. Der Zwischenfall ereignete sich im russischen Sektor der MNB (E). Die Soldaten waren Angehörige amerikanischer Spezialkräfte, die zur russischen Task Force 13 in Kosovska Kamenica abgestellt sind. Allem Anschein nach wurde die Mine mit der Absicht vergraben, russische Soldaten, die sich in diesem Bereich aufhalten, zu töten, da die Straße, auf der sich der Zwischenfall ereignete, regelmäßig durch russische Patrouillen genutzt wird. Es war für die professionellen Täter nicht vorhersehbar, daß dort amerikanische Soldaten im Einsatz sein würden. Wir führen in der Sache eine Untersuchung durch. Die Attentäter müssen wissen, daß ich jeden Angriff auf einen KFOR-Soldaten als persönlichen Angriff gegen mich ansehe.

Am Morgen besucht mich Matthias Rüb von der „Frankfurter Allgemeinen Zeitung", der als Osteuropa-Korrespondent seiner Zeitung seit längerem in Budapest wohnt. Er kennt sich im Kosovo gut aus und kann mir manchen guten Tip geben.

Es folgt Brigadegeneral „Ric" Sanchez, der als neuer Commander MNB (W) im Stab KFOR seinen Antrittsbesuch macht und in allen Abteilungen in unsere Arbeit sowie in unsere Absichten eingewiesen wird. General Sanchez ist sehr offen und aufgeschlossen, er sprüht vor

Humor. Ich bespreche mit ihm die Situation in seinem Sektor, insbesondere das Problem der Grenzüberwachung zur Sicherheitszone, die mir zu lax erscheint. Ich sage ihm deutlich, ich würde erwarten, daß seine Soldaten den Schwerpunkt weniger auf die Bauaktivitäten für Camp Bondsteel und Camp Monteeth legten als vielmehr auf die intensive Überwachung ihres Verantwortungsbereichs. Ich sage ihm Unterstützung aus anderen Brigadebereichen zu, wenn er dies im Einzelfall für erforderlich hielte. Der Nachmittag gilt dem Besuch beim deutschen Fernmeldebataillon, das aus Fernmeldesoldaten aller drei Teilstreitkräfte speziell für den Einsatz im Kosovo zusammengesetzt wurde. Die Männer sind in der „Milk Factory", einer ehemaligen Molkereieinrichtung südlich von Kosovo Polje, in Containern und Zelten untergebracht. Die meisten der Soldaten leben zusammen mit ihren Fernmeldeeinrichtungen in kleinen Gruppen, angelehnt an die Truppe, für die sie die Verbindung sicherstellen, z. T. aber auch auf sich gestellt weit abgesetzt. Dieses Bataillon hält alle meine wichtigen Verbindungen innerhalb des Kosovo wie auch zu SHAPE, zu den Hauptstädten und zur Luftwaffe in Italien, die uns im Notfall zu unterstützen hat. Es ist bemerkenswert, wie gut die Männer ihren schwierigen Auftrag angenommen und sich zu einem verschworenen Haufen zusammengerauft haben. Ihr Bataillonskommandeur, Oberstleutnant Jörg Dorn, und sein Stellvertreter, Major Wolfgang Schäfer, beide Offiziere der Luftwaffe, haben hier bisher exzellente Führungsarbeit geleistet. Ich sage ihnen, wie stolz ich auf sie bin und wie „klasse" sie ihre Sache machen.

Am Abend besucht mich der Botschafter Japans in Belgrad, Noriaka Owada, der blendend Deutsch spricht und sich bestens informiert zeigt. Er bereitet den Besuch seines Außenministers Yohei Kono vor. Ich bedanke mich beim Botschafter für die ausgezeichnete Arbeit der japanischen NGOs, die insbesondere im schwer geplagten Drenica-Tal eine sehr uneigennützige Aufbauarbeit leisten. Ich wäre froh, wir hätten mehr von diesen japanischen NGOs.

Der jugoslawische Botschafter und Vorsitzende des serbischen „Komitees für die Zusammenarbeit mit der UN im Kosovo", Botschafter Vukičević, hat mich in seine Residenz zum Abendessen eingeladen. Er ist ein sehr zuvorkommender und äußerst liebenswürdiger Gastgeber, der mich beredt, aber ohne aufdringlich zu wirken, auf die Lage der serbischen Minderheit im Kosovo hinweist. Er selbst kommt aus dem Kosovo, scheint aber mit seiner augenblicklichen Position eines „Bittstellers" gegenüber UNMIK nicht gerade glücklich zu sein. Das Komitee hat seinen Ursprung im Artikel 6 des Anhangs 2 zur UN-Resolution 1244 und hat zum Ziel, die Interessen der serbischen Minderheit und die Belange ihrer Sicherheit gegenüber UNMIK zu vertreten. Daneben gibt es, quasi als jugoslawische NGO, das „Center for Peace and Cooperation", das sich auch um die Lage der Serben im Kosovo kümmert, sowie den „Interim Executive Council of Kosovo (IEC)", den Zoran Andjelković, der politische Führer der „Serb National Assembly", leitet. Er versucht, die politischen Interessen von Milošević bei der serbischen Bevölkerung zu vertreten, allerdings ohne großen Erfolg. Die Serben haben fast alle die Nase von Milošević voll. Sie wissen, wem sie ihre Misere zu verdanken haben.

Der SACEUR informiert mich, daß immer noch keine Entscheidung gefallen sei, welcher Stab uns als KFOR 3 ablösen wird. Langsam wird es zeitkritisch.

Freitag, der 17. Dezember 1999; 71. Tag   kalt und bedeckt

Vergangene Nacht gab es drei voneinander unabhängige Anschläge mit Granaten gegen albanische Wohnungen im sogenannten „bosnischen Viertel" im Norden Mitrovicas. Ich ändere daher meine Vorhaben für den heutigen Tag und fahre im Anschluß an ein Interview mit dem griechischen Journalisten Anton Plychronaki und dem kosovo-albanischen Studenten von der Bewegung „FORUM", Triton Zhubi, nach Mitrovica, um mir ein Bild davon zu machen, wie effizient die Gegenmaßnahmen der Franzosen sind.

Ich bin beeindruckt: Was ich dort sehe, gehört zu den professionellsten Einsätzen, die ich seit langem erlebt habe. Die Franzosen machen ihre Sache sehr gut. Das französische Bataillon der Marineinfanterie hat zunächst das gesamte Viertel zusammen mit der französischen Gendarmerie hermetisch abgeriegelt, bevor die Soldaten Haus für Haus durchsuchen. Alle Anstrengung ist umsonst; es wird keine einzige illegale Waffe gefunden.

268

Die Franzosen führen mir nach dieser Operation der Hausdurchsuchung, die rund vier Stunden gedauert hat, die Einheiten vor, die an dem Unternehmen beteiligt waren. Mich interessieren ganz besonders die Männer des „nautischen Einsatzzuges", die mich in das unterirdische Netz der Kanalisation führen und mir die Maßnahmen demonstrieren, die sie gegen Menschen- und Waffenschmuggel ergriffen haben. Ich werde in einen Gummianzug eingepaßt und folge den Männern in die Kloake – Erinnerungen kommen hoch an den „Dritten Mann", nur daß hier keiner die „Harry Lime"-Melodie spielt. Es stinkt unglaublich.

Ich besuche dann den Beobachtungsposten, von dem aus die Patrouillen in der Stadt während der Nacht überwacht werden. Die Ausstattung dieses Postens ist besonders eindrucksvoll, er verfügt über eine ausgezeichnete Tag- und Nachtsichtfähigkeit. Ich kann mich auch von der guten Zusammenarbeit zwischen Militär und Polizei bei Tag überzeugen. Die Operationszentralen der Soldaten und der UNMIK-Polizisten sind räumlich zusammengelegt, und es werden routinemäßig gemeinsame Tages-Patrouillen durchgeführt. Ideal ist hierbei, daß alle die gleichen Funkgeräte benutzen. In der Nacht – so Brigadegeneral Poncet – tritt die Polizei trotz vorheriger Absprache zu den Patrouillen nicht an.

General Çeku besteht nach wie vor auf militärischen Dienstgraden. Er sagt, daß ihm General Jackson und andere hochrangige Offiziere militärische Dienstgrade zugesagt hätten und daß er ohne diese Zusicherung die Abmachungen damals nicht unterschrieben hätte. Er fühlt sich nun hintergangen und erwägt, seine Zustimmung zurückzuziehen. Wir haben ihm alternativ eine Hierarchie auf der Grundlage von Verwendungen/Funktionen vorgeschlagen, aber er lehnt kategorisch ab.

Leider gab es noch viele andere ungeklärte Fragen, die aus dem Verlauf der Verhandlungen vom 20. und 21. September stammen und für die wir nun Antworten finden müssen. Aber das eigentliche Problem liegt in Çekus Verständnis von persönlicher Ehre.

Eine Abordnung von Studenten der Universität hier in Priština hat mich aufgesucht und mich gebeten, einen Demonstrationszug gegen Gewalt über die Boulevards von Priština anzuführen. Die jungen Leute sind wegen der Gewalt und der Kriminalität im Kosovo frustriert; sie sehnen sich nach einem friedlichen Zusammenleben, auch mit den Gruppen der ethnischen Minderheiten. Ich sage zu – auch wenn es in meinem Stab hochgezogene Augenbrauen gibt, daß ich mich dafür hergebe. Ich fahre abends in die Stadt, mehrere Tausend Menschen sind gekommen, darunter u. a. auch Çeku, Surroi und Shala. Wir zünden Kerzen an und marschieren schweigend durch die Straßen.

Samstag, der 18. Dezember 1999; 72. Tag   sonnig

Der Aufmacher in allen heutigen Zeitungen ist der gestrige „Friedensmarsch" durch Priština. Mein Bild mit der Kerze in der Hand ist überall auf der ersten Seite, und man begrüßt, daß ich die Bewegung gegen die Gewalt unter dem Motto „Jede Kerze ist eine Stimme gegen die Gewalt" angeführt habe. Auch der Grundtenor in den hiesigen Radiosendungen ist sehr positiv. Ich habe selten so viele Interviews gegeben wie gestern Abend am Rand des Demonstrationszuges.

Leider sah heute nacht die brutale Wirklichkeit wieder einmal anders aus als es dem Wunsch der Demonstrationsteilnehmer entspricht. Am späten Abend gab es in Orahovac einen Terroranschlag gegen die serbische Minderheit. Ein Café an der Hauptstraße war das Ziel, Granaten und Kleinfeuerwaffen wurden eingesetzt. 12 Menschen waren in dem Café, davon wurden 10 verletzt, einer davon tödlich. Der ganze Spuk dauerte keine dreißig Sekunden und war offenbar gezielt vorbereitet.

Ich fliege sofort nach Orahovac, um mir selbst anzusehen, was dort geschehen ist, und um mir ein Bild von den Maßnahmen zu machen, die unsere Truppen dort ergriffen haben. Soldaten der KFOR waren schon kurz nach dem Vorfall vor Ort; sie bahnten sich einen Weg durch die Menge und sicherten den Ort des Verbrechens, trafen Vorbereitungen für den Abtransport der Verwundeten. Dann wurde der gesamte Ort gesichert und mit der gründlichen Durchsuchung des Gebiets begonnen. Ich spreche mit den Polizisten und unseren Soldaten, die Sorge haben, daß die Schuldigen nicht gefunden werden, da ihnen die örtliche albanische Bevölkerung Schutz gewährt.

Kurz nach dem Anschlag versammelte sich eine aufgebrachte serbische Menschenmenge und behinderte die eintreffenden Rettungsdien-

270

ste. Sie ließ ihre Wut am Fahrzeug der UNMIK-Polizei aus. Nach der Ermordung von zwei Serben vor zwei Wochen ist die serbische Minderheit zutiefst um ihre Sicherheit besorgt.

Die Serben drohen mit ihrem Exodus aus dem Kosovo. Sie sind empört, daß sie nicht besser geschützt werden; aber auch ich sehe keine Chance, mit den mir zur Verfügung stehenden Kräften noch mehr zu tun, als wir derzeit ohnehin bereits an Sicherheitsvorkehrungen für sie getroffen haben. Ich spreche intensiv mit dem amerikanischen Chef der hiesigen UNMIK-Polizei, der die gute Zusammenarbeit mit der Truppe lobt, ein sehr robuster, gestandener Cop aus New York, der darauf brennt, die Verbrecher dingfest zu machen. Ich frage ihn, ob es sinnvoll und möglich sei, alle serbischen Häuser zu durchsuchen, um sicherzustellen, daß sich dort keine serbischen bzw. russischen Kriegsverbrecher verstecken. Er lehnt das rundweg als nicht machbar ab. Die Leute könnten von Haus zu Haus durchschlüpfen. Er befürchtet, daß wir „in ein Hornissen-Nest stoßen" würden, ohne letztendlich etwas zu erreichen. Sicher sei aber, daß wir dann das gerade aufkommende Vertrauen der Serben endgültig verlieren würden. Der niederländische Bataillonskommandeur und der Vertreter von UNMIK sehen das genauso.

Die Serben leben inmitten der Stadt wie in einem Getto, das für einen Fremden gar nicht erkennbar ist, denn es gibt keine Mauern oder Barrikaden, die die verfeindeten Gruppen voneinander trennen. Die Serben sind aber vom normalen Alltagsleben in Orahovac völlig ausgeschlossen. Sie bekommen in den Geschäften nichts, trauen sich dort auch gar nicht erst hin. Sie haben keine Schulen, keine öffentlichen Einrichtungen, kein Krankenhaus. Alles, was sie benötigen, wird von uns zugeführt, einschließlich der regelmäßigen ärztlichen Versorgung durch die Niederländer.

Das kann so nicht bleiben. Ich hatte schon vorher mit Bernard Kouchner gesprochen, daß wir das Getto aufbrechen und die Lebensbedingungen der Serben verbessern müssen. Ich habe auch mit Dennis McNamara verhandelt, um den Serben in Orahovac einen Busverkehr nach Leposavić zu ermöglichen, damit die Menschen aus der Enge ihres Eingeschlossenseins herauskommen; aber er hat immer noch erhebliche Sicherheitsbedenken. Seine Fachleute vor Ort befürchten, daß die Serben dann in der Tat aus der Stadt flüchten. Selbst wenn sie das wollten: Wer sind wir denn, daß wir uns das Recht anmaßen, sie statt dessen in der feindlichen Umgebung eingesperrt zu halten? Ich spreche mit den Serben, die sehr verzweifelt sind, und sage ihnen meine Hilfe zu. Sie wollen die Stadt ja gar nicht verlassen, drängen aber auf menschlichere Lebensbedingungen mit Strom, fließendem Wasser, einer ärztlichen Versorgung und eigenen Geschäften. Außerdem bitten sie, ab und zu die Stadt verlassen zu können.

Das Grundproblem vor Ort bleibt: Die Albaner behaupten, unter den Serben hätten sich serbische und russische Kriegsverbrecher versteckt, die nun versuchten, die Stadt zu verlassen und in die Sicherheit zu flüchten. Daher diese Gettoisierung.

In unserem Gespräch mit Jock Covey – Bernard Kouchner ist derzeit außer Landes – dränge ich erneut auf den Busverkehr aus Orahovac, den unsere Soldaten begleiten müßten. Ich möchte nun rasch Ergebnisse sehen und setze das Jahresende als letzten Termin. Ich kündige an, daß ich die Sache – sollte UNHCR sich weiter verweigern – auch allein durchziehen werde. Außerdem setze ich eine Arbeitsgruppe ein, die zusammen mit der MNB (S) prüfen soll, was wir praktisch tun können, um die Lebensbedingungen der Serben rasch und spürbar zu verbessern.

Ich habe ein Mittagessen mit dem japanischen Außenminister Yohei Kono. Es ist eine sehr interessante Begegnung, bei der ich Minister Kono für die sehr konstruktive Aufbauleistung seines Landes danke. Japan hat 100 Mio. US-$ als Wiederaufbauhilfe für das Kosovo zugesagt; aus diesem Topf sind bereits 10 Mio. US-$ geflossen. Minister Kono sagt zu, er werde sich daheim darum bemühen, daß auch die restlichen Mittel rasch an UNMIK überwiesen werden. Ich bin froh über diese wirklich guten Nachrichten.

Sonntag, der 19. Dezember 1999, 4. Advent; 73. Tag   sonnig, kalt

Die Serben haben gestern das Ultimatum von Staffan de Mistura bezüglich des Krankenhauses in Mitrovica abgelehnt. Sie argumentieren, daß sie die Unterzeichnung derartiger Papiere zur Zusammenarbeit ablehnen werden, bis es eine serbische Vertretung im Interim Administration

Council gebe. Dies ist der geschlossene negative Regelkreis: Die Serben verweigern einerseits mit Verweis auf ihre vielfach miserablen Lebensumstände die politische Mitarbeit und an anderen Stellen die praktische Zusammenarbeit zur Lösung konkreter Probleme, weil sie im IAC nicht dabei sind. Das ist der Irrsinn in Potenz. Eine Erklärung für dieses selbstschädigende Verhalten wäre, daß die Serben in Mitrovica von Belgrad Anweisungen erhalten haben, eine Maßnahme zu behindern, der die Mehrheit der Krankenhausmitarbeiter zustimmen wollte.

Es wäre fatal, wenn diese ablehnende Haltung ein Präzedenzfall wäre für künftige multiethnische Vorhaben; das wird sich in der kommenden Woche zeigen, wenn Stari Trg wieder geöffnet werden soll.

Unsere Generalsrunde am Sonntag beschäftigt sich erneut sehr intensiv mit der Sicherheitslage der serbischen Minderheit. Wir laufen immer wieder gegen die Wand, da alle Bemühungen, praktische Verbesserungen zu erzielen, unterlaufen werden: entweder durch die restriktive Haltung der Mitarbeiter von UNMIK oder durch politische Machenschaften der Serben, vor allem aber durch die Terrormaßnahmen einiger albanischer Extremisten. Wir schnüren ein Maßnahmenpaket für Orahovac, das die von mir eingesetzte Arbeitsgruppe auf Praktikabilität überprüfen soll.

Heute ist „Sava-Tag", der serbische Nikolaustag. Bischof Artemije hat mich daher nach Gračanica eingeladen, zur Teilnahme am traditionellen St. Nikolaus-Essen. Neben dem Bischof Artemije waren die orthodoxen Bischöfe von Sarajevo, von Niš und von Skopje anwesend, die mich in ihren Kreis einschlossen. In Schwarz gekleidete Nonnen bedienen uns mit vielen Verbeugungen und viel Gekicher. Es wird gevöllt und alles aufgefahren, was der Gaumen begehrt. Wir sitzen an einer sehr langen Tafel, an deren Spitze Bischof Artemije residiert, ich zu seiner Linken. Er füllt meinen Teller und mein Glas laufend nach, ist ein ungewöhnlich aufmerksamer Gastgeber und erzählt – wie auch die anderen Bischöfe – Geschichten aus seinem Leben. Bruder Sava übersetzt. Der Bischof klammert die Politik während des Essens völlig aus. Ich bewundere den wunderschönen Raum, dieses mit Fresken aus dem 11. Jahrhundert geschmückte Refektorium, das Gediegenheit und Würde ausstrahlt. Der Bischof hebt nur einmal das Glas, um einen Toast auf KFOR anzubringen. Er sagt in diesem Kreis zum ersten Mal ganz öffentlich, daß die Soldaten von KFOR die einzigen Freunde seien, die die Serben im Kosovo noch hätten. Er dankt mir persönlich für alle Hilfe, die wir den Serben gewährt hätten, sowie für alle Maßnahmen, die wir zu seinem persönlichen Schutz unternommen hätten.

Welch ein Unterschied zu meinem ersten Besuch hier! Wir kommen am Rande des Essens doch noch ins politische Gespräch, denn der Bischof weiß, daß ich gestern in Orahovac war. Ich skizziere ihm grob meine Maßnahmen, um die Lage dort vor Ort zu verbessern, worauf er mir vorschlägt, mit mir gemeinsam Orahovac zu besuchen. Ich sage sofort zu. Wir sprechen auch über die verfahrene Situation in Mitrovica, von der er und Momčilo Trajković, der wie andere serbische Größen auch zum „Sava"-Essen eingeladen ist, sich deutlich distanzieren. Es ist tragisch, daß die Serben im Norden unter Ivanović und die anderen im Restteil des Kosovo so heillos politisch zerstritten sind, aber wahrscheinlich hat Belgrad im Norden noch stärker den Daumen drauf. Bischof Artemije und Trajković erteilen dann der Vorstellung eines serbischen Schutzkorps erneut eine Absage, da sie sich derzeit gut genug beschützt fühlten. Der Bischof beschwert sich bei mir, daß er von Bernard Kouchner bisher nicht aufgefordert wurde, Mitglied des IAC zu werden. Das ist mir völlig neu, denn ich war der Meinung, daß die serbische Seite in die Verhandlungen einbezogen worden sei.

Wir werden aus Deutschland informiert, daß der Besuch der beiden Verteidigungsminister Scharping und Sergeev am 24. Dezember definitiv stattfinden wird.

General Çeku sucht mich auf. Wir wollten heute eigentlich das KPC öffentlich ins Leben rufen, mußten das aber verschieben, weil wir immer noch keine Einigung in der Frage des Tragens militärischer Dienstgrade haben. Çeku wiederholt seine bekannten Argumente, er bewegt sich keinen Millimeter. Für ihn gibt es nur militärische Ränge und dazugehörige Dienstgradabzeichen – oder das „Aus" für das KPC. Er kündigt an, daß er selbst für den Fall, daß seine Mitarbeiter auf militärische Dienstgradabzeichen verzichten würden, sein Amt niederlegen und in die kroatische Armee zurückkehren würde.

Ich informiere den SACEUR, denn diese Frage hat erhebliche politische Bedeutung innerhalb der albanischen Bevölkerung im Kosovo. Çeku ist im Kosovo ein Mann mit sehr hohem Ansehen, er gilt als integer, als Offizier, der keine korrupten Verbindungen pflegt. Inzwischen stehen aber auch mein Name und meine Glaubwürdigkeit auf dem Spiel. General Clark schlägt vor, daß er nach Priština kommt, um Çeku persönlich zu überzeugen, daß es ohne militärische Dienstgrade gehen muß. Ich begrüße das, bitte ihn aber, nicht nach einem Kompromiß zu suchen, der dann doch noch als „militärische" Lösung bewertet werden könnte, denn sonst wären alle unsere diesbezüglichen Bemühungen, an denen wir bisher mit Klauen und Zähnen festgehalten haben, hinfällig.

Ich habe ein gutes Interview mit Carlotta Gall von der „New York Times" und beantworte eine Reihe von kritischen Fragen des Kölner „Expreß". Georgie Anne Geyer vom amerikanischen Magazin „Opinion" hat heute einen sehr schmeichelhaften Artikel herausgebracht. Sie hebt stark darauf ab, daß ich der erste deutsche General bin, der ein derartig großes NATO-Kommando im Einsatz führt, sie kommt zu dem Schluß, daß ich ganz stolz auf meine bisherige Aufgabenerfüllung sein könnte. Dies gelte in gleicher Weise auch für Generalmajor Dr. Olshausen sowie für das ganze deutsche Kontingent.

Montag, der 20. Dezember 1999; 74. Tag   bedeckt, nachmittags Schneefall

Ich habe heute nacht kaum geschlafen und nur Probleme gewälzt. Ich mache mir den Vorwurf, daß ich mit meiner unnachgiebigen Haltung das ganze Problem des KPC an die Wand fahren könnte. Aber auch der SACEUR ist eindeutig gegen die militärischen Dienstgrade; gleiches gilt für alle Staaten der NATO. Ich komme aus dem Dilemma also gar nicht heraus. Wenn es aber schief geht, bleibt es an mir hängen.

Ich habe Çeku von Anfang an immer wieder gesagt, daß das KPC eine zivile Organisation sein muß, daß es demzufolge auch keine militärischen Dienstgrade geben kann. Wir haben ihm jetzt insgesamt sechs verschiedene nicht-militärische Organisationsstrukturen vorgeschlagen und er hat alle abgelehnt. Er will an der alten Dienstgradstruktur der ehemaligen UÇK festhalten.

Seine Hintergedanken sind offensichtlich. Er will sich die Option offenlassen, das KPC wieder in eine Armee umzuwandeln, falls das Kosovo seine Unabhängigkeit erhalten sollte. Gestern abend hat er noch einmal ganz deutlich gesagt, daß er lieber auf alle internationale Hilfe und moralische Unterstützung verzichten wolle, als unsere Bedingungen anzunehmen. Wir sind seiner Meinung nach hier, um die Interessen der albanischen Bevölkerung im Kosovo zu unterstützen. Daher kümmere ihn die Haltung der UN und der internationalen Staatengemeinschaft kaum. Jock Covey und ich haben schwer daran gearbeitet, ihn davon zu überzeugen, daß die internationale Unterstützung für das künftige Wohlergehen seiner Organisation entscheidend sei. Leider hatten wir keinen Erfolg damit.

Çeku will sich nicht dem Gesamtkonzept einer zivilen Organisation fügen. Das ist unser entscheidendes Problem. Er fühlt sich von mir hintergangen. Er erklärt, daß ihm während der abschließenden Verhandlungen im September eine Rolle ähnlich der französischen Sécurité Civile versprochen worden sei. Diese Organisation hat in der Tat eine rein militärische Dienstgradstruktur. Daher war er der Meinung, daß wir diesem Vorbild folgen würden.

Heute hat eine neue albanische Terrorgruppe mit der Bezeichnung „Weiße Adler" (unzufriedene ehemalige Kämpfer der UÇK) die Verantwortung für den Anschlag in Orahovac übernommen. Es handelte sich also um einen Anschlag von Albanern gegen Albaner, um den Friedensprozeß aufzuhalten.

Die letzte Woche war, was die Zahl der Verbrechen angeht, eine der bisher ruhigsten. Dennoch wird in der örtlichen Presse ein sehr düsteres und beunruhigendes Bild gemalt. Viele Meldungen sind einfach falsch und wurden nur geschrieben, um den Eindruck einer sich verschlechternden Sicherheitslage zu geben. Die Hauptursache dafür liegt in den politischen Auseinandersetzungen zwischen den Parteien von Bukoshi und Thaci. Beide wollen ihre Leute in den örtlichen Polizeiapparat von UNMIK einstellen. Wenn sie also eine düstere Lage vorspiegeln, zwingen sie die UN zur raschen Übernahme ehemaliger Polizisten. Gleichzeitig bekommen sie so natürlich die größtmögliche Präsenz in der Berichterstattung der Presse. Wir stellen unsere eigenen guten Nachrichten gegen ihre Kampagnen, ich gebe jeden Tag Interviews. Aber es ist genauso wie daheim: Schlechte Nachrichten verkaufen sich besser

276

als gute. Ich bin überzeugt, daß diese schlechte Pressekampagne aufhören wird, sowie der IAC seine Arbeit konstruktiv aufgenommen
hat.

Im UNMIK-Gebäude ist es gespenstisch leer. Viele der Angehörigen
von UNMIK und der vier Säulen sind über die Feiertage nach Hause
gefahren, auch Bernard Kouchner und die vier „Säulenheiligen", wie
sie allgemein spöttisch genannt werden. Zwei der vier jungen Mitarbeiter von Bernard Kouchner haben mit den Serben in Mitrovica und
Gračanica Verhandlungen über die Frage aufgenommen, wie man die
Serben an der Arbeit der IAC beteiligen kann; ein guter und wichtiger
Schritt, nachdem Bernard selbst bisher nur mit der albanischen Seite
gesprochen hat, was für sich schwierig genug war.

Am Vormittag hatten wir nach einem Telefoninterview mit „BBC
Today" den Besuch des schwedischen Verteidigungsministers Björn
von Sydow, am Spätnachmittag Monsieur Didier François von der französischen Zeitung „Libération", der mich eingehend zur Zukunft des
Kosovo befragte.

Der politische Repräsentant der Bundesrepublik Deutschland, Dr.
Bernd Wulffen, lädt mich mittags zum Essen in das „Deutsche Haus"
ein. Wir haben uns zwischenzeitlich häufig kurz getroffen und arbeiten
eng zusammen, um die deutschen Aktivitäten im Kosovo besser zu koordinieren. Bernd Wulffen ist ein sehr überlegter, gut beschlagener und
aktiver Mann, der die Dinge voranbringen und Erfolge vorweisen will.
Es macht immer wieder Freude, mit ihm zusammenzuarbeiten. Ohne
seine intensive Mithilfe wäre unser Programm mit den sechs Dieselloks
und den Personenwagen für die Eisenbahn von Kosovo sicher nicht gelaufen. Ich bin sehr froh, mir der Unterstützung dieses Mannes mit seiner ausgezeichneten Expertise und seinen guten Verbindungen sicher
sein zu können.

Dienstag, der 21. Dezember 1999; 75. Tag   Schnee

Wir haben unsere wöchentliche Kommandeursbesprechung, erstmalig
mit den beiden neuen Brigadekommandeuren. Einer der zentralen
Punkte ist die Frage, wie wir die Zusammenarbeit zwischen KFOR und

der Polizei noch weiter verbessern können. Die Royal Green Jackets in Priština haben ihre Erfahrungen aus Nordirland umgesetzt und damit eine Art von Modell für eine gemeinsame Operationsführung geschaffen, die ich auch den anderen Brigaden zur Orientierung empfehle bzw. als meine Zielrichtung vorgebe.

Der Schwerpunkt der heutigen Tagung aber ist die Diskussion meiner Frage, wie wir während der Feiertage ein Höchstmaß an Sicherheit für die Bevölkerung, aber auch für unsere eigene Truppe gewährleisten können. Ich will, daß die Bevölkerung noch mehr Zutrauen in unsere Arbeit gewinnt. Die MNBs tragen mir nacheinander die Maßnahmen vor, die sie in diesem Zusammenhang bereits getroffen haben oder in diesen Tagen erst noch umsetzen werden. Ich bin mit den Maßnahmen der MNBs zufrieden, und ich bin sehr froh darüber, daß die schlechte Woche am Anfang des Monats wohl eher die Ausnahme als ein Tendenzhinweis war: Die letzten beiden Wochen hatten die niedrigste Kriminalitätsrate seit unserer Ankunft. Unsere Maßnahmen greifen also. Dennoch wiederhole ich meine Forderungen.

- Ich erwarte, daß unsere Soldaten an den Checkpoints und auf den Patrouillen aktiver werden, daß sie vor allem von den Fahrzeugen absitzen und sich unter die Bevölkerung begeben.
- Dazu gehört, Übeltäter im Zweifelsfall sofort festzunehmen und einzusperren.
- Unser Mandat muß notfalls unter Anwendung von militärischem Zwang umgesetzt werden. Es muß uns durch gezieltes Vorgehen gelingen, den Brandstiftern und Einbrechern das Handwerk zu legen. Dazu müssen wir unser Umfeld sehr genau beobachten, um vorbeugend tätig zu werden bzw. Verbrechen verhindern zu können. Die Aufnahme des Sachverhalts und die Spurensicherung genügen mir nicht. Wir müssen erkennen, wo sich für die Bevölkerung in unserem jeweiligen Verantwortungsbereich Gefahrenmomente aufbauen, und dann sofort tätig werden. Hier gilt es, verstärkt gegen die albanischen Gangster vorzugehen, die alles daransetzen, den Serben die Lebensgrundlage zu entziehen.
- Alle Waffen, die gefunden werden, sind nicht nur zu konfiszieren, sondern für alle sichtbar zu zerstören. Die Waffenhalter sind der Poli-

zei zu übergeben bzw. dort, wo es möglich ist, von uns selbst einzusperren.

- Die Feiertage laden meist dazu ein, die Einsatzbereitschaft auf ein Minimum herabzufahren. Das sei der absolut falsche Weg. Ich fordere die Truppe auf, ab sofort ihre Einsatzbereitschaft zu erhöhen und zusätzlich verfügbare Reservekräfte in Bataillonsstärke pro Brigade vorzuhalten, um während der Feiertage nicht „kalt" erwischt zu werden, sondern im Notfall entschlossen und sehr schnell reagieren zu können.

Ich spreche am Rand der Kommandeursbesprechung mit Oberst Clint Anderson, dem amerikanischen Kommandeur des US-Anteils in der MNB (E), und fordere ihn auf, die Wege ins Preševo-Tal entschiedener zu überwachen und der albanischen Bevölkerung in diesem Bereich unseren Willen nachhaltiger aufzudrücken.

Oberst Dr. Kiselev meldet sich bei mir, um über Orahovac zu sprechen. Er bestätigt, daß Moskau hinsichtlich meines Vorschlags für das weitere Vorgehen noch nicht zu einer Entscheidung gekommen sei. Der russische Generalstab bestehe darauf, daß dies eine Entscheidung sei, die Generalleutnant Evtukovič hier vor Ort selbst treffen könne. Evtukovič sieht diese Frage aber weit oberhalb seiner Entscheidungskompetenz und will daher keine Entscheidung fällen, da dies seiner Meinung nach wegen der politischen Dimension das Problem Moskaus sei. Man tritt also auf der Stelle. Kiselev glaubt, daß der russische Verteidigungsminister Sergeev bei seinem Besuch am Freitag Neuigkeiten mitbringen wird.

Ich verbringe den Nachmittag in dem kleinen Dorf Janjevo, etwa dreißig Kilometer südlich von Priština, es liegt sehr malerisch hingeschmiegt an die steilen Bergabhänge am Ende der Straße. Dieses Dorf ist etwas Besonderes, weil hier Serben, Albaner, Kroaten und Juden noch relativ friedlich zusammenleben, die Kinder in die gleiche Schule gehen und die Bevölkerung bemüht ist, die ethnischen Differenzen nicht in den Vordergrund zu stellen. Man lebt und läßt leben; man sieht die Differenzen, aber der katholische Priester, Vater Matteo, arbeitet mit dem Popen und dem Vertreter der Juden ebenso zusammen wie mit dem Mullah. Die geistlichen Herren laden mich gemeinsam ein, wir sitzen in der Sakristei der katholischen Kirche bei Kaffee, Slibowitz und Cola. Die Atmosphäre ist gelöst, wir kommen sehr schnell und gut ins Gespräch. Natürlich haben die ethnischen Gruppen untereinander Spannungen, aber sie bemühen sich, sie gemeinsam zu lösen. Das Hauptproblem des Ortes ist, daß ihnen die Serben während des Luftkrieges die Wasserzufuhr unterbrochen haben. Ich verspreche ihnen, mich darum zu kümmern, daß sie wieder fließendes Wasser bekommen. Die kleine finnische KFOR-Gruppe unter Sergeant Major Hauttamäki, einem Bären von einem Mann, hat alles sicher im Griff und wird von allen Bevölkerungsgruppen uneingeschränkt anerkannt. Ich bin beeindruckt, diese Exklave der friedlichen Zusammenarbeit zu erleben. Ich möchte ihren positiven Ansatz des friedlichen Zusammenlebens mit einer besseren Wasserversorgung „belohnen" und gebe meinem Stab entsprechende Anordnungen.

Ich dränge bei Jock Covey erneut darauf, einen regelmäßigen Bus-Service für die Serben in Orahovac – nach Mitrovica und nach Leposavić – einzurichten. Covey teilt meine Meinung, weist aber auf die Sicherheitsbedenken von UNHCR hin; fast alle Entscheidungsträger seien im Feiertagsurlaub. Mich interessiert das wenig, denn ich stehe im Wort und werde die Sache gegebenenfalls auch ohne UNHCR durchziehen. Es darf nicht passieren, daß die Bedenkenträger tonangebend werden.

General Stöckmann ruft an und übermittelt den Wunsch des SACEUR, an dem gemeinsamen Besuch der Verteidigungsminister Rußlands und Deutschlands teilzunehmen. General Clark würde sich freuen, wenn er für diesen Besuch eine offizielle Aufforderung bekäme. Ich sehe schwarz, sage aber zu, mich persönlich darum zu kümmern.

Am Abend besucht mich der deutsche Brigadegeneral Günter Wenger, ein alter Bekannter, der das „Amt für Nachrichtenwesen der Bundeswehr" leitet. Er kommt in Nachbereitung meiner Bemerkungen während der Großen Kommandeurtagung der Bundeswehr in Hamburg, wo ich mich doch sehr kritisch zur Leistung der deutschen Nachrichtengewinnung ausgelassen hatte. Er trägt mir seine Verbesserungsvorschläge vor, die ich uneingeschränkt unterstütze. Sollte er seine Vorstellungen umsetzen können, wäre dies ein großer Sprung nach vorn auf diesem sehr sensiblen Gebiet.

Carlotta Gall von der „New York Times" hat einen sehr positiven Artikel über unsere Arbeit als KFOR – insbesondere im Bereich der Zusammenarbeit mit der UNMIK-Polizei – geschrieben. Sie stellt unsere große Umstrukturierung und unsere starken Bemühungen für den Schutz der Minderheiten heraus. Und sie belächelt meine Ungeduld, auf dem wirtschaftlichen Gebiet des Wiederaufbaus schneller zu Ergebnissen zu kommen.

Mittwoch, der 22. Dezember 1999; 76. Tag   starker Schneefall

Es hat die ganze Nacht über geschneit, die Straßen sind zu, der Verkehr ist überall auf ein Minimum reduziert oder zusammengebrochen. Wir arbeiten den ganzen Tag daran, die Hauptverbindungsstraße nach Blace wieder freizubekommen. Der zugesagte Schnee-Räumdienst von UNMIK existiert de facto nicht, die Truppe muß wieder ran. Die Sache ist deshalb sehr schwierig, weil in der Engstelle nach Kacanik eine Reihe von Fahrern ihre Lastwagen einfach verlassen hat; die Lkw blockieren nun alles. Ich beauftrage die MNB (E), die für diesen Bereich zuständig ist, die Straße frei zu räumen und stehengebliebene Fahrzeuge von der Fahrbahn zu räumen. Wir bauen mit der griechischen Militärpolizei und der amerikanischen MP Checkpoints auf, an denen wir jedes Fahrzeug inspizieren, um zu vermeiden, daß sie mit Sommerreifen und ohne Ketten in die Enge hineinfahren und uns erneut den gesamten Verkehr lahmlegen.

Eigentlich sollte der heutige Tag „Besuchshöhepunkt" des Jahres werden. Es hatten sich u. a. angesagt

- der ungarische Ministerpräsident,
- der amerikanische Verteidigungsminister,
- der portugiesische Verteidigungsminister und
- der SACEUR.

Wegen des Wetters mußten drei der Besuche ausfallen, und so nahm der portugiesische Verteidigungsminister Julio de Lemos de Castro Caldas die Spitzenposition auf unserer Liste ein. Er besucht uns schon zum zweiten Mal, denn er ist sehr an der Lage im Kosovo interessiert, da Portugal im kommenden Jahr den Ratsvorsitz der EU übernimmt. Er erkundigt sich nach der möglichen Rückkehr der jugoslawischen Streitkräfte und nach unserer Verbindung zu ihnen. Ich erläutere ihm unsere Zusammenarbeit mit den jugoslawischen Streitkräften über das JIC und mache ihm die Sicherheitsproblematik bei einem auch nur begrenzten Einsatz jugoslawischer Militärs auf dem Boden des Kosovo deutlich. Die albanische Bevölkerung ist noch nicht bereit, jugoslawische Soldaten im Kosovo zu akzeptieren; sie würde diese Männer jagen, und wir müßten für deren Sicherheit erhebliche Kräfte abstellen. Das wiederum würde erhebliche Einschränkungen bei der Erfüllung unseres Hauptauftrages nach sich ziehen. Ich sage dem portugiesischen Verteidigungsminister, daß wir demzufolge derzeit noch nicht in der Lage seien, diesen Teil der internationalen Abmachung zu erfüllen. Dennoch würden wir die Lage unter diesem Gesichtspunkt laufend überprüfen und an die Umsetzung gehen, sowie uns die Sicherheitssituation dies erlauben würde. Der Minister äußert sich sehr wohlwollend über den Einsatz von KFOR. Wir diskutieren dann die Restriktionen für seine Truppen, die ich z. B. in Mitrovica nicht einsetzen kann, da sie den ihnen zugewiesenen Verantwortungsbereich nicht verlassen dürfen. Der Minister hebt daraufhin diese Restriktion auf, wofür ich ihm sehr dankbar bin.

Ich hatte mich mit Uwe Schweifer, dem stellvertretenden Polizeichef der UNMIK-Polizei, verabredet. Wir sprechen die Möglichkeiten der engeren Zusammenarbeit zwischen Polizei und KFOR ab und beauftragen eine kleine Gruppe unserer Fachleute, uns sehr rasch einen praktikablen Vorschlag für eine gemeinsame Strategie auszuarbeiten. Es macht große Freude, mit Uwe Schweifer zusammenzuarbeiten. Wir sind auf der gleichen Wellenlänge und sehen nicht die unterschiedlichen Kompetenzbereiche, sondern suchen nach Möglichkeiten, unsere wenigen Kräfte mit einem deutlich höheren Synergieeffekt einzusetzen.

Ich habe am Nachmittag ein langes Gespräch mit dem DSACEUR auf der „sicheren" Telefonverbindung über den Fortgang der Verhandlungen mit dem KPC. Sir Rupert Smith stärkt mir den Rücken und rät mir, mich durch die Albaner nicht zur „politischen Geisel" machen zu lassen dergestalt, daß sie Zugeständnisse erpressen mit der Drohung, andernfalls alles hinzuwerfen und mir die Schuld für das Scheitern in die Schuhe zu schieben.

Die Russen informieren uns am Abend aus Belgrad, wo sich Marschall Sergeev derzeit befindet, daß sie eine Teilnahme des SACEUR am gemeinsamen Besuch ablehnten. Sergeev will mit General Clark nicht sprechen. Ich teile dem SACEUR diese unschöne Situation mit, in der die Ankündigung Çekus, alles hinzuwerfen, wenn er seine Vorstellungen nicht realisiert bekommt, nicht verbessert wird. Wir gehen einem „show-down" entgegen: „High Noon" am Heiligen Abend!

Anschließend kommt Generalleutnant Gerhard Back, der Kommandeur des deutschen Lufttransportkommandos aus Münster, mit dem ich einige unserer Transport- und Versorgungsprobleme durchspreche, bevor ich in die Stadt fahre. Ich bin von Sonja Nikulić und ihrem Mann eingeladen, mit ihnen und der ganzen Crew von „Radio Contact" zu essen. Es ist eine sehr anregende und wißbegierige Runde. Ich komme kaum zum Essen, werde zu allem, was im Kosovo läuft, befragt. Die Leute glauben, ich hätte die absolute Macht im Kosovo und könne völlig frei über alles, was relevant ist, entscheiden. Sie kennen die politischen Abhängigkeiten vom Willen der Nationen, von der NATO und von UNMIK nicht, können sich das alles gar nicht vorstellen, da sie bisher nur die kommunistische Diktatur kennengelernt haben. Wir haben noch viel Überzeugungsarbeit vor uns.

Die „Neue Zürcher Zeitung" hat heute mit einem großen Artikel mit der Überschrift „Schwierige Durchsetzung von Recht und Ordnung im Kosovo" aufgemacht. Dr. Bruno Lezzi beklagt – völlig zu Recht – den „schleppenden Aufbau der Polizeikräfte" und das Fehlen eines Justiz- und Strafvollzugssystems. Ob dieser Artikel dazu beiträgt, daß eine Änderung dieser Grundmisere in Gang kommt?

Donnerstag, der 23. Dezember 1999; 77. Tag   bedeckt, Schnee

Wir sind jetzt in der Frage der Dienstgradstruktur mit Çeku in der Sackgasse. Es geht hier nicht mehr nur um eine begrenzte Sachfrage, sondern um politische Grundsätze. Wir müssen uns jetzt fragen,

- ob wir unseren Willen den Kosovo-Albanern auferlegen wollen – d. h. Fortsetzung der Umgliederung der ehemaligen UÇK in eine zivile Organisation als Teil eines autonomen Kosovo – oder

- ob wir bereit sind, nachzugeben – und uns dem Willen der Kosovo-albanischen Bevölkerung in ihrem Streben nach Unabhängigkeit zu unterwerfen.

Wenn wir Çeku militärische Dienstgrade mit den Dienstgradabzeichen der ehemaligen UÇK zugestehen – worauf er besteht –, wäre das für ihn ein starkes Signal. Er könnte es so auslegen, daß wir eine militärische Rolle und Struktur des KPC hinnehmen würden. Im Gegenzug würde das KPC sich bereit erklären, einen zivilen Auftrag – vorläufig – zu akzeptieren.

Wenn wir die militärischen Bezeichnungen und Abzeichen nicht zugestehen, könnten wir Çeku verlieren. Ihm würden sicherlich viele seiner Männer beim vorläufigen KPC folgen. Ich bin nicht auf ihn angewiesen und werde notfalls auch einen anderen finden, der den Aufbau des KPC fortsetzt.

Auf der anderen Seite habe ich die Erfahrung gemacht, daß Çeku seine Hand in vielen Angelegenheiten hat, in denen er unsere Seite wählte, nachdem ich ihm unsere Position erklärt habe. Es war das provisorische KPC, das bei allen Veranstaltungen zum Nationalfeiertag einen beruhigenden Einfluß ausübte. (Das KPC war nicht verantwortlich für den Mord an dem serbischen Professor in der Nacht des 29. November.) Çeku ist es, der seine Leute und die ehemaligen UÇK-Mitglieder davon abhält, sich in die Probleme im Preševo-Tal verwickeln zu lassen. Ich weiß aus sehr zuverlässiger Quelle, wie sehr er sich gegen mögliche Aktivitäten im Preševo-Tal ausspricht und wie sehr er unsere Haltung vertritt.

Natürlich versucht er sein möglichstes, neben den weitgehend militärischen Strukturen, die ihm am 20. September für das KPC – leider – genehmigt worden waren, nun auch noch die dazugehörigen Dienstgradstrukturen mit entsprechenden Dienstgradbezeichnungen und Dienstgradabzeichen durchzubekommen. Nachdem ich schon die Strukturen hinnehmen mußte, da sie ausgehandelt worden waren, bevor ich mein Kommando übernommen habe, werde ich jetzt aber auf gar keinen Fall die Hand für den zweiten Teil einer sonst drohenden Militarisierung in Form militärischer Dienstgrade reichen. Hier sehe ich mich der Internationalen Gemeinschaft gegenüber im Wort.

Gibt es einen Ausweg aus dieser Sackgasse? Çeku muß knallhart wissen, daß wir ihm in dieser entscheidenden Frage, in der es letztlich um die Frage geht: Militarisierung des KPC oder nicht?, keine Wahlmöglichkeit lassen. Es gibt nur unsere Position, sonst keine. UNMIK und mir täte es zwar leid, ihn gehen zu sehen, es ist aber besser, jetzt einen Fortgang zu erzwingen, als ständig mit derartigen Auseinandersetzungen leben zu müssen.

Das Thema der militärischen Dienstgrade für das KPC taucht auch in der Presse auf. Die albanische Zeitung „Koha Ditore" hat heute mit dem Thema aufgemacht, sie schreibt: „Die offizielle Feier des KPC ist verschoben worden, weil es zu Meinungsunterschieden zwischen dem KPC und internationalen Vertretern gekommen ist. Eine anonyme Quelle erklärte, daß die Verhandlungen sich in der Sackgasse befinden. Sie sollen am Mittwoch wiederaufgenommen werden, wenn Wesley Clark hier eintrifft. Es wird spekuliert, daß die Meinungsunterschiede auftraten, nachdem das KPC beantragte, militärische Dienstgrade und militärische Uniformen zu erhalten. Obwohl die Albaner militärische Dienstgrade wollen, erklären sie, daß mit dem Auftrag des KPC die von Agim Çeku und General Mike Jackson unterzeichnete Vereinbarung respektiert werde." Dieser Artikel wurde sicher durch Çeku lanciert, um Druck gegen Clark und mich aufzubauen. Übrigens hat ein Telefonanruf bei Mike Jackson ergeben, daß er nie militärische Dienstgrade zugestanden hat.

Meine Planer tragen mir zur Gefechtsübung DYNAMIC RESPONSE 2000 vor, in der wir die strategische Reserve des SACEUR zusammen mit unseren KFOR-Truppen zum Einsatz bringen werden. Ich bin mit dem Grundkonzept des zuständigen Projektoffiziers, Oberstleutnant Katz-Kupke, einverstanden und ordne an, auf dieser Basis nun in die Detailplanung einzusteigen.

Mich besucht der exzellent deutsch sprechende griechische Verteidigungsminister Apostolos Athanassios Tsokatzopoulos, der vom griechischen Generalinspekteur, General Konstantinos Panagiotakis, begleitet wird. Er ist sehr gut informiert, was im Kosovo läuft, und bekräftigt mich in unserer Grundrichtung. Ich teile ihm mit, welch gute Arbeit seine Logistiktruppen unter der Führung von Brigadegeneral Emmanuel Kanavakis für KFOR leisten und wie dankbar ich für seine hervorragenden Militärpolizisten bin. Der Minister sagt mir zu, daß er meiner Bitte nach mehr Militärpolizei, dabei vor allem auch für Einsätze in Mazedonien, folgen werde.

Ich werde mittags ins griechische Camp nach Kosovo Polje eingeladen, wo die gesamte Truppe mit ihrem Minister und ihrem Generalinspekteur feiert; viel folkloristische Musik und Tanz, enorm beladene Teller, großartiges Essen, gute Laune: Man möchte länger bleiben, aber leider ruft der nächste Termin schon wieder. Ich habe mich bei unseren griechischen Freunden sehr wohl gefühlt, ihre menschliche Wärme tut gut. Sie haben mich immer mit offenen Armen aufgenommen, und ich habe es als eine besonders liebenswürdige Geste gesehen, heute anläßlich des Ministerbesuches so intensiv in ihr Programm mit eingebaut worden zu sein.

Es gibt viele Detailabsprachen im Stab für den morgigen Besuchertag zu treffen, ein „Großkampftag" nicht nur für die Protokollabteilung unter der fähigen Führung meines belgischen Oberstleutnants Dirk Verhagen. Fast jeder im Stab ist wegen der Parallelität der Besuche irgendwo mit eingespannt.

Ich habe ein halbstündiges Fernsehinterview mit „BBC World Service"; sie bitten mich um eine erste Zwischenbilanz. Es ist immer wieder erstaunlich, wie intensiv die Pressearbeit mit den britischen Medien ist, die mich viel aggressiver als ihre Kollegen aus anderen Nationen fordern, bisher aber immer sehr sachlich und fair geblieben sind. Es macht Spaß, mit ihnen zusammenzuarbeiten, da sie in der Regel gut vorbereitet sind und wissen, wovon sie sprechen.

Am Nachmittag besucht mich der PR-Unternehmer Moritz Hunzinger mit seinem Assistenten und einem Fotografen von action press. Sie bereiten ein Buch über unseren Verteidigungsminister vor. Dazu sind sie Minister Scharping in das Kosovo vorausgeflogen. Wir sitzen kurz zusammen und tauschen uns aus, haben beim gemeinsamen Abendessen, bei dem Moritz Hunzinger mit seinem Englisch brilliert, mehr Zeit, zu erzählen, womit wir uns derzeit beschäftigen, bevor sich die Herren ins Grand Hotel zurückziehen. Leider habe ich zu wenig Zeit für ihn.

Freitag, der 24. Dezember 1999, Heiliger Abend; 78. Tag

Ein traumhaft schöner Wintertag; aber nur, soweit es das Wetter betrifft. In der Nacht hat es einen Handgranatenanschlag in Orahovac gegeben. Ich beauftrage Brigadegeneral Roland Kather, sich sofort selbst um die Aufklärung zu bemühen.

Die Straße nach Blace ist teilweise wieder befahrbar. Wir haben ein Konvoi-System eingerichtet, um zu vermeiden, daß durch einzelne Fahrer, die sich nicht an unsere Anordnungen halten, die Hauptverbindungsstraße in das Kosovo erneut blockiert wird. Die griechische Militärpolizei faßt an der Grenze alle Fahrzeuge für die Fahrt nach Norden und in der Gegend von Uroševac für die Fahrt nach Mazedonien in größeren Gruppen zusammen, kontrolliert Reifen und Ketten und schleust sie dann durch die Enge von Kačanik. Die Fahrer protestieren und meckern zwar, aber viel wichtiger ist, daß wir damit das schwierige Verkehrsproblem wieder in den Griff bekommen haben.

Ich beginne den Tag nach den üblichen morgendlichen Briefings mit einem Interview für die BBC. Es folgt der Besuch des obersten französischen Militärgeistlichen, Bischof Dubosq, der KFOR seine Weihnachtsgrüße übermittelt. Er ist an einem Meinungsaustausch über die Lage im Kosovo sehr interessiert, ich nehme mir für ihn ausreichend Zeit.

Mario Morcone von der „europäischen Säule" informiert mich, daß das für Kosovo A und B angeforderte schwere Heizöl angeblich nicht eingetroffen ist. Nachdem wir kaum noch Kohle haben, könnte das ein Desaster werden. Ich rufe Jock Covey an und bitte ihn, die Sachlage sofort zu prüfen, damit wir gegebenenfalls noch rechtzeitig reagieren können. Da alle Fachleute bei UNMIK im Urlaub außer Landes sind, wird das ein schwieriges Unterfangen.

Wir werden aus Belgrad angerufen, daß sich der Besuch des russischen Verteidigungsministers verspäten wird. Das wirft unsere gesamte Planung über den Haufen, denn dieser Besuch war minutiös geplant und sollte ja mit dem des deutschen Verteidigungsministers gekoppelt werden. Zusätzlich müssen wir uns um den SACEUR kümmern, der an diesem Besuch zwar nicht teilnehmen wird, aber dennoch kommen will, um die Frage der Dienstgrade mit Çeku ins reine zu bringen.

Der ganze Stab ist in diese Besuche eingebunden, um die Herren am Flugplatz bzw. am Hubschrauberlandeplatz protokollgerecht abzuholen, für den geplanten Ablauf des Besuchs zu sorgen und die Gäste wieder richtig „auszuschleusen". Dies ist am heutigen Tag besonders problematisch, da einige meiner Offiziere, darunter mein Stellvertreter, Generalmajor Mazzaroli, und der Chef des Stabes im Weihnachtsurlaub sind.

Moritz Hunzinger trifft mit seinen beiden Begleitern ein; sie bekommen noch einen Kaffee, wir gehen das gemeinsame Besuchsprogramm für die Minister durch und bringen sie dann an den Hubschrauberlandeplatz, damit sie die Fotos von der Ankunft von Minister Scharping und seiner Begleitung machen können.

Um 10.55 Uhr landet der deutsche Verteidigungsminister, begleitet u. a. vom Leiter des Planungsstabes, Generalleutnant Harald Kujat, vom Stabsabteilungsleiter III im Führungsstab der Streitkräfte, Generalmajor Wolfgang Schneiderhan, und von Brigadegeneral Bernd Hogrefe, dem Leiter des Führungszentrums der Bundeswehr. Ich freue mich, diese alten Bekannten und Mitarbeiter aus früheren Zeiten zu sehen, und bringe sie zu Fuß ins Stabsgebäude. Auf dem Weg dorthin drängen sich viele Soldaten, die den Minister sehen, ihn fotografieren oder mit ihm aufgenommen werden wollen.

Ich weise den Minister und seine Begleitung in fünf Punkte ein:

1. Ich informiere ihn über den Sachstand beim Aufbau des Interim Administration Council und weise auf die politische Problematik hin, daß die Albaner unter sich zerstritten sind und Thaci sehr sprunghaft und unzuverlässig ist. Vor allem aber fehlt nach wie vor eine Beteiligung der serbischen Seite.
2. Ich spreche das immer noch ungelöste und täglich dringlicher werdende Problem des Haushalts an, das sich wie ein schädlicher Grauschleier auf alles legt, was wir anpacken wollen; ich mache keinen Hehl aus den sich daraus möglicherweise ergebenden Konsequenzen und bitte um Hilfe.
3. Der nächste Punkt ist meine Sorge um die Zukunft des KPC. Ich mache dem Minister deutlich, daß im Anschluß an seinen Besuch heute alle weiteren Verhandlungen mit dem KPC platzen könnten

und daß wir auf des Messers Schneide balancieren. Minister Scharping erklärt, daß auch die deutsche Bundesregierung eindeutig gegen militärische Dienstgrade beim KPC ist.

4. Ich informiere den Minister über die deutlich verbesserte interne Sicherheitslage, weise aber auf die Auseinandersetzung zwischen Bukoshi und Thaci hin, die über die Medien eine andere Lage suggerieren, um ihre politischen Ziele zu untermauern.

5. Meine Sorge um Orahovac und den Abzug der niederländischen wie kanadischen Streitkräfte ist mein letzter Punkt, den ich nur noch anreißen kann, da zwischenzeitlich der russische Verteidigungsminister auf dem Flugplatz gelandet ist.

Leider gibt es keine Diskussion mit dem Minister, was ich sehr bedaure, da ich gerne gewußt hätte, welche Position er zu den einzelnen Punkten hat. Auf dem Weg zum Hubschrauberlandeplatz werde ich informiert, daß Verteidigungsminister Sergeev um Haaresbreite einem Landungs-Crash entgangen ist. Der Pilot seiner Maschine hat den Flugplatz von Priština zweimal angeflogen. Er hat nach dem ersten Durchstarten beim zweiten Anflug die Maschine so schräg aufgesetzt, daß die linke Tragfläche den Boden berührte und eine tiefe Furche neben die Runway grub; das Fahrwerk wurde dabei stark beschädigt. Air Commodore Mike Good, der den Minister am Flugplatz begrüßte, sagt mir, es sei ein Wunder, daß nicht mehr passiert sei; der Pilot gehöre sofort abgelöst. So kurz nach dem Flugunfall in den Bergen ist es nicht auszudenken, welche Konsequenzen ein Landeunfall des russischen Verteidigungsministers gerade im Kosovo mit sich gebracht hätte.

Auch der russische Hubschrauber, der den Minister vom Flugplatz zu uns brachte, sieht alles andere als vertrauenerweckend aus. In den Reifen ist kaum Luft, am Auspuff und dahinter ist alles schwarz und voller Öl; ich hätte mit dieser Maschine trotz des eingelegten roten Teppichs nicht fliegen mögen. Der russische Verteidigungsminister läßt sich davon aber nichts anmerken. Er begrüßt mich sehr freundlich und äußert sich auf dem Weg zum Briefing-Raum sehr wohlwollend zur Arbeit von KFOR. Das steht in einem diametralen Gegensatz zu den Äußerungen, die wir gestern nach seiner Pressekonferenz in Belgrad gelesen haben: Dort hatte er KFOR scharf angegriffen.

Marschall Sergeev wird u. a. von den Generalobersten Baluevskij vom Russischen Generalstab, Gennadij Ivanovič Špak, dem Befehlshaber der russischen Luftlandetruppen, Korabalnikov, dem Chef des russischen Nachrichtendienstes, und Ivašov, dem Verantwortlichen für die „Internationale Zusammenarbeit", begleitet. Natürlich ist Generalleutnant Evtukovič mit einer Gruppe seiner Offiziere bei der Begrüßung und beim anschließenden Briefing dabei. Ich habe selbstverständlich auch Jock Covey zu diesem Besuch eingeladen.

Ich trage vor beiden Delegationen in Englisch vor, wobei ich zunächst herausstelle, wie sehr ich mit der Leistung und dem Einsatz des jeweiligen deutschen bzw. russischen Kontingents zufrieden bin und den Ministern für die hervorragende Arbeit ihrer Männer danke. Generaloberst Gennadij Špak umarmt mich nach dem Briefing und dankt mir für meine anerkennenden Worte zu seinen Fallschirmjägern.

Anschließend lege ich die fünf Aufträge dar, die KFOR vom UN-Sicherheitsrat in der Resolution 1244 vorgegeben bekommen hat, und messe daran den Grad unserer Aufgabenerfüllung. Ich hebe die deutlich verbesserte Sicherheitslage heraus, mache aber auch klar, daß mir die Bewegungsfreiheit der Minderheiten große Sorge bereitet. Ich erläutere, wie ich die mir unterstellten Truppen umorganisiert habe, um dem Schutz der Minderheiten so gut als irgend möglich Rechnung zu tragen, und weise auf die mangelnde Toleranz bei der albanischen Mehrheit hin, die unsere Arbeit erheblich erschwert. Ich gehe dann auf den schwierigen Prozeß bei der Demilitarisierung und Umformung der ehemaligen UÇK ein und versichere, daß wir alles getan hätten und weiter tun würden, um daraus eine friedliche, multiethnische und unpolitische Hilfsorganisation zu machen. Eine „Remilitarisierung" würde es mit mir nicht geben. Diese Worte treffen auf sichtbare Zustimmung. Ich stelle die Erfolge von KFOR bei der „winterization" und in der engen Zusammenarbeit mit UNMIK heraus, weise auf den hohen Stellenwert und das enorme Vertrauen hin, das KFOR bei der Bevölkerung genießt, und komme abschließend auf die leidige Haushaltsfrage zu sprechen.

Wegen der Verspätung des russischen Verteidigungsministers sind sowohl meine Ausführungen als auch die anschließende Diskussion stark verkürzt. Marschall Sergeev fragt, ob serbische Flüchtlinge zurückkommen könnten, und bietet die Liste der Flüchtlinge an, die noch in Serbien sind. Ich sage ihm, daß wir diese Liste hätten und selbstverständlich die Rückkehr serbischer Flüchtlinge unterstützen würden, soweit die Sicherheitslage dies zulasse und die Flüchtlinge eine angemessene Unterbringung sowie Arbeit vorfinden würden. Generaloberst Ivašov fragt, ob die Serben, wenn sie wollten, Orahovac verlassen könnten. Ich sage ihm dies ebenso zu wie die erbetene Übersendung einer Übersicht zu unseren Aktivitäten im Rahmen der Grenzsicherung. Anschließend wird mein Briefing-Text einschließlich der graphischen Bilder in russischer und in englischer Sprache an alle Delegationsmitglieder verteilt. Wir haben nichts zu verheimlichen.

Bei der Verabschiedung dankt mir Minister Sergeev für die Leistung von KFOR. Er gratuliert mir persönlich zu meiner Führungsleistung und versichert, daß er seine russischen Truppen nicht abziehen, sondern sie mir weiter anvertrauen werde. Zu Orahovac fällt weiter kein Wort, ich hake auch nicht nach.

Ich bin mit dem Gesamtergebnis dieses Besuches zufrieden. Die beiden Minister setzen ihn im russischen Camp auf dem Flugplatz in Priština gemeinsam noch fort, bevor sich jeder seinem nationalen Kontingent widmet. Ich habe alle Punkte, die mir wichtig waren, anbringen können. Der sehr herzliche Kommentar von Marschall Sergeev nach dem Gepolter gestern in Belgrad spricht für sich. Der deutsche Verteidigungsminister hingegen äußert sich dazu nicht.

Kaum sind die Minister abgeflogen, geht es ohne Zeit zum Durchatmen in die nächste Runde mit Çeku und dem SACEUR. Ich informiere General Clark zunächst kurz über den abgelaufenen Ministerbesuch und weise ihn dann in den Sachstand der Zusammenarbeit mit dem KPC ein. Çeku freut sich offensichtlich, den SACEUR wiederzusehen, und erhofft sich wohl nun den Durchbruch. Gleiches gilt für General Clark, der alle seine Register von der Charme-Offensive über Milošević bis hin zum amerikanischen Präsidenten zieht. Er macht Çeku deutlich, daß er, selbst wenn er es persönlich wollte, dem KPC keine militärischen Ränge und Dienstgradabzeichen zugestehen könnte, da alle Nationen der NATO eindeutig dagegen seien. Wir drehen uns nach kürzester Zeit im Kreis; ich kenne das ja nun schon zur Genüge. Schließlich zieht General Clark erfolglos und frustriert ab, da sein Flugzeug spätestens um 16.00 Uhr starten muß, während Çeku wieder damit droht, alles hinzuwerfen. Er warnt davor, daß dann eine Reihe seiner Leute in den Untergrund abwandern könnten. Frohe Weihnachten!

Ich bin froh, daß der SACEUR hart geblieben ist, zumal ich fest davon überzeugt bin, daß Çeku nur hoch gepokert hat. Er ist an der Führung des KPC viel zu sehr interessiert und wird diese sehr angesehene und im Kosovo wichtige Stelle nicht freiwillig räumen. Er wird nun für die Feiertage nach Zadar zu seiner Familie nach Kroatien fliegen und uns im Unsicheren zurücklassen, aber im neuen Jahr doch zu unseren Bedingungen weitermachen.

Als am späten Nachmittag endlich alle Besucher abgereist sind, feiere ich mit dem verbliebenen Häufchen meiner Kommandeurgruppe ein bißchen Weihnachten bei Glühwein und Stollen. Ich danke jedem meiner engagierten Mitarbeiter, die mich so hervorragend unterstützen und ohne die ich mein Arbeitspensum überhaupt nicht bewältigen könnte, mit einem persönlichen Geschenk und mache mich dann auf den Weg durch den Stab, um überall „frohe Weihnachten" zu wünschen.

Wegen der umfangreichen Vorbereitungen für die heutigen Besuche sind die Vorbereitungen für die interne Weihnachtsfeier etwas zu kurz gekommen; ich jedenfalls hatte mich nicht darum gekümmert. Um so überraschter bin ich, daß in unserem Briefing-Container, wo wir mittags noch die Minister Scharping und Sergeev hatten, am Abend weihnachtlicher Schmuck glänzt, die Kerzen an einem stattlichen Weihnachtsbaum – der Größe des Containers angemessen – brennen und sich sehr viele Soldaten aller Nationen eingefunden haben, um die Christmette zu hören. Der evangelische Militärpfarrer aus Zweibrücken, Pfarrer Alexander Bommarius, der uns hier seelsorgerisch betreut, hatte eingeladen, und alle waren gekommen. Mein Hauptfeldwebel Nickel spielt auf der Posaune, ein britischer Soldat auf der Trompete, ein Amerikaner auf der Gitarre. Wir singen die uns allen bekannten Weihnachtslieder zusammen, jeweils eine Strophe in einer anderen Sprache, ein sehr bewegendes und überzeugendes Bild gelebter Völkerverständigung. Die Stimmung ist ruhig und innerlich bewegt, jeder ist in seinen Gedanken zu Hause, wo sie gerade feiern.

Nach vielem Händeschütteln und gegenseitigen Glückwünschen – es scheint, daß es keinen im Raum gibt, der nicht meine Hand ergreift –, geht es durch den Schnee zum deutschen Element, wohin nicht nur die deutschen und deutschsprachigen Soldaten, sondern auch alle Deutschen von UNMIK und von der Polizei gekommen sind, um zusammen den heiligen Abend zu feiern. Erneut liest Militärpfarrer Alexander Bommarius die Weihnachtsgeschichte – diesmal nur in Deutsch –, anschließend Weihnachtslieder mit Posaune und Gitarre, jeder singt mit, manche Träne wird verstohlen weggewischt.

Draußen brennt ein großes Lagerfeuer, an dem sich die Männer und Frauen in eiskalter Luft unter glasklarem Himmel innerlich festzuhalten scheinen. Das Empfinden von Brüderlichkeit ist zu greifen. Uns alle umgibt ein Gefühl der Gemeinsamkeit, das über nationale Unterschiede hinweg verbindet und auch hierarchische Unterschiede aufzulösen scheint. Ich fühle mich in diesem Kreis gut aufgehoben und von der Woge des Miteinander getragen. Ich bekomme viele kleine Geschenke und bin tief gerührt, wie intensiv sich meine Soldaten auch um mich kümmern.

Unten in Priština ist es ruhig, das befürchtete Schießen in die Luft, das mir aus Sarajevo noch so schauerlich in Erinnerung ist, bleibt glücklicherweise aus. Meine vielen Appelle in allen Medien, Weihnachten zur Demonstration des friedlichen Miteinander zu machen, sind wohl doch auf fruchtbaren Boden gefallen.

Ich gehe in mein Büro und rufe meine Frau und die Söhne in München an, wo sie gemeinsam Weihnachten feiern. Wir tauschen uns kurz aus und wünschen uns ein frohes Fest. Ich bedanke mich für die diversen Päckchen und Briefe, die mir gutgetan haben, und die ich erst jetzt – ganz allein in meinem Dienstzimmer – auspacke. Kurz bevor ich in meinen Container verschwinden will, klopft es an die Tür. Es ist der russische Oberstleutnant Andrej Ermakov, der mir mitteilt, daß sein Minister wegen des defekten Flugzeuges mit dem Auto nach Belgrad zurückfahren mußte. Die russische Maschine blieb hier und muß repariert werden. Marschall Sergeev hat Ermakov beauftragt, mir ausdrücklich nochmals mitzuteilen, wie sehr ihn der Besuch bei KFOR beeindruckt und daß er vollstes Vertrauen in meine Führung habe. Ich freue mich über diese Geste und gehe zur Feier des Tages erstmalig im Kosovo noch vor Mitternacht ins Bett.

Samstag, der 25. Dezember 1999, 1. Weihnachtsfeiertag; 79. Tag

Wir fangen heute erst um 10.00 Uhr mit dem offiziellen Tagesprogramm an, um damit auf unsere Art dem Weihnachtsfest „Tribut zu zollen".

Der deutsche Verteidigungsminister hat gestern genehmigt, gemeinsame deutsch-russische Patrouillen um Orahovac durchzuführen. Das ist ein wichtiger Schritt nach vorn für eine mögliche Stationierung russischer Truppen in dem Raum.

Der Handgranatenanschlag in Orahovac ist vermutlich von Serben gegen Serben verübt worden. Es gab unter ihnen seit längerem kleinere Spannungen. Ich bin mit der schnellen Reaktion der MNB (S) sehr zufrieden. Brigadegeneral Kather konnte durch sein rasches persönliches Auftreten vor Ort die Menschen beruhigen. Dieses sofortige Reagieren auf die Ereignisse ist genau die Vorgehensweise, die ich mir von meinen Kommandeuren wünsche. Es zeigt sich erneut, wie wirksam dieser Ansatz ist.

Im Nachgang zu unserem gestrigen Treffen mit Çeku werde ich kommenden Montag am Weihnachtsempfang des KPC teilnehmen und die Dinge bis zu dieser Veranstaltung ruhen lassen. Meine Botschaft für die Presse lautet, daß wir gute Fortschritte machen, daß jedoch noch einige verwaltungstechnische Dinge geklärt werden müssen. Am Dienstag tritt Çeku seinen Urlaub an und ich werde dann Gespräche mit einigen seiner Untergebenen führen. Ich will mit Ramush Haradinaj, dem Stellvertreter Çekus, aber auch mit Sami Lushtaku, Shaban Shala und „Sultan" Selimi sprechen, um zu sehen, ob es eine personelle Alternative zu Çeku gibt. Ich will bald erneut ein Treffen mit den wichtigsten Führungskräften des KPC durchführen, um sie über die Gründe für die bisherige Verzögerung aufzuklären und einen Ausweg aus der Sackgasse zu suchen. Parallel dazu führen wir eine Informationskampagne durch, in der wir die Öffentlichkeit unterrichten, was wir bisher bereits mit dem KPC erreicht haben und welche nächsten Schritte wir vorhaben.

Lord Robertson ruft mich am Abend an, und wir haben ein längeres Gespräch über die Entwicklung im Kosovo sowie auf dem Balkan insgesamt. Er war voll des Lobes für die Arbeit der KFOR. Ich habe ihn über den Besuch des russischen Verteidigungsministers und über die

Probleme mit Çekus Unnachgiebigkeit informiert. Der Generalsekretär bestätigt, daß der Nordatlantikrat militärischen Dienstgraden niemals zustimmen wird. Ich danke Lord Robertson für seinen freundlichen Weihnachtsanruf und sage ihm, wie sehr ich mich über diese Geste der persönlichen Wertschätzung freue.

Die Lage am Grenzübergang Blace scheint stabil, der Verkehr fließt wieder, wenn auch langsam. Ich will mir morgen vor Ort selbst einen Eindruck verschaffen.

Im Lauf des Tages kommt Oberst Kiselev aus Belgrad zurück. Er hatte seinen Minister dorthin begleitet. Er meldet mir, daß Minister Sergeev ihn beauftragt habe, mir persönlich mitzuteilen, daß er mir jede Hilfe anböte, die ich brauchte – ich solle ihn einfach anrufen. Er ließ mir erneut ausrichten, daß es nach seinem Besuch auf Seiten der Russen kein Interesse mehr daran gebe, ihre Truppen aus dem Kosovo abzuziehen. Es scheint, als sei es gelungen, die Befürchtungen der Russen hinsichtlich der Umsetzung des Auftrags von KFOR abzubauen.

Heute abend haben wir, die Offiziere des Stabes KFOR, einmal die Rollen getauscht und unsere Soldaten beim Essen bedient. Wir wollen ihnen damit unseren Dank für ihre exzellente Arbeit und ihre Unterstützung ausdrücken. Jeder von uns hat seinen Aufgabenbereich: Ich stehe – mit großer weißer Kochmütze ausgestattet – am Beginn der Essensausgabe und schneide je nach Wunsch Pute, Ente, Schwein oder Roastbeef; das Ende macht Jack Schmitt beim Nachtisch. Einige der Offiziere schenken den Wein und andere Getränke aus, jeder ist eingeteilt. Es ist lustig, zu sehen, wie die Männer auf diese ungewohnte Rolle ihrer Vorgesetzten reagieren. Die meisten sagen uns ihren Dank, einige der jungen Damen insistieren auf „besserem" Service, die meisten machen mit Freude mit. Manche kommen um die Kurve am Containereingang, sehen mich stehen, trauen ihren Augen nicht und wollen vor Schreck sofort wieder verschwinden. Wir haben sie dennoch alle „durchgefüttert" – drei Stunden hat es gedauert –, bis wir dann auch noch etwas zum Abendessen bekommen. Ich gehe nachts in die katholische Kirche zur Christmette und finde mich zwischen Rugova, Thaci und anderen albanischen Größen wieder. Das christliche Europa hat auch im Kosovo bei der moslemischen Bevölkerung seine Spuren hinterlassen.

windig, matschig, unfreundlich
Sonntag, der 26. Dezember 1999, 2. Weihnachtsfeiertag; 80. Tag

Ich besuche den Grenzübergang Blace, spreche mit unseren griechischen und polnischen Militärpolizisten, mit den Kosovo-albanischen Zollbeamten, mit deutschen Grenzpolizisten, die dort ihren Dienst tun, und schaue mich um. Die Truppe, die dort eingesetzt ist, um den Verkehr aufrechtzuerhalten, leistet ausgezeichnete Arbeit. Natürlich wird das Verkehrsproblem bei starkem Schneefall ständig erneut auftreten, aber wir sind jetzt besser gerüstet und werden unsere jetzt getroffenen Maßnahmen erst einmal für einige Zeit beibehalten.

Leider gibt es im sogenannten „schwarzen Loch“, einem abgelegenen Parkplatz, auf dem die Lastzüge zollmäßig abgefertigt werden, keine sichtbare Kontrolle. Ich habe weit und breit keinen Zöllner gefunden, der die Fahrzeuge kontrolliert; sie sitzen alle in warmen Stuben und kontrollieren nur nach der Papierlage. Ich beauftrage daher unser polnisches Kontingent, außerhalb der Enge von Kačanik einen zusätzlichen Kontrollpunkt einzurichten, auf dem wir einzelne Lastzüge herauswinken und zur Kontrolle abladen. Wir müssen dem organisierten Schmuggel schärfer entgegentreten. Jock Covey sagt mir zwar, daß UNMIK alles im Griff habe, der Eindruck vor Ort spricht aber dagegen.

Ich besuche dann das Skigebiet von Brezovica unweit von Štrpce. Dieses Gebiet oberhalb der Baumgrenze ist besser als alles, was ich aus Deutschland kenne: exzellente Hänge, ein weit ausgedehnter Liftverbund, hervorragend eingerichtete Hotels, beste Ski- und sonstige Winterausrüstung vor Ort. Leider fehlen die Gäste und die Energie; letztere haben die Albaner ihren serbischen Landsleuten „abgeschaltet“. Mit einigen wenigen Generatoren müßte sich einiges machen lassen. Oberstleutnant Polko, der äußerst dynamische und kluge polnische Bataillonskommandeur, bekniet mich, dieses Gebiet für seine Soldaten zu öffnen, damit sie hier ein bißchen Freizeitvergnügen haben können. Meine Absicht geht weiter, nämlich Brezovica für alle KFOR-Truppen zugänglich zu machen. Ich spreche mit dem serbischen Hotelbesitzer an den Liftstationen, der mir sein Sporthotel, seine Ski- und Schuhausstattung zeigt, alles vom Feinsten. Wir handeln eine Wochenendpauschale für die Soldaten aus, die sich hier oben blendend erholen könnten. Ich bin

296

Feuer und Flamme, brauche aber Energie von UNMIK, da wir von KFOR aus das nicht leisten können. Ich muß mit Bernard Kouchner darüber reden, denn ohne seine Hilfe bewegt sich nichts.

Beim abendlichen Treffen informiere ich Jock Covey über meine Absicht; er ist nicht ablehnend. Ich biete ihm auch an, daß wir von KFOR aus den Flugplatz für den zivilen Verkehr wieder öffnen wollten, nachdem der Unfallbericht uns keine Schuld vorwirft. Hier ist Jock Covey viel skeptischer und verweist auf seine Rechtsfachleute, die er dazu noch eingehend hören müsse. Er ist sehr optimistisch hinsichtlich der angelaufenen Arbeit in Stary Trg. Oberstleutnant Joe Abbott hatte mir gestern zum gleichen Thema vorgetragen; seine Sorge war, daß alles nur sehr kurzfristig und ohne weitere Perspektive angelegt sei. Werde nicht bald ein Geldgeber gefunden, so platze alles wie eine Seifenblase auseinander. Ich setze im Zweifelsfall auf Joe Abbott, dessen Voraussagen bisher immer richtig waren. Auch mit der Universität von Mitrovica-Nord war viel angekündigt worden, aber die UNMIK-Leute haben buchstäblich nichts eingehalten bzw. eingeleitet.

Ich habe am Abend noch ein längeres Interview mit CNN und anschließend eines mit „Kosovar Sot", exklusiv für deren Neujahrsausgabe.

Der SACEUR ist in Sorge wegen möglicher Infiltration in die Sicherheitszone Richtung Preševo-Tal. Seine Sorge ist ein offensives Einsikkern von serbischen Streitkräften, meine Sorge dagegen ist die relativ offene und unzureichend überwachte Grenzzone im amerikanischen Bereich. Hier wird nicht nachhaltig genug dafür gesorgt, daß die albanischen angeblichen „Freischärler", die mit Masse Schmuggler und Banditen sind, davon abgehalten werden, in das Gebiet von Dobrosin zu gehen, um von dort aus Unruhe zu stiften. Die Unruhestifter und Übeltäter sind hier eindeutig die Albaner und nicht die Serben, aber ich bringe das anscheinend nicht rüber. Alles, was albanisch ist, ist gut, alles, was serbisch ist, ist von Übel. Mit dieser Schwarz-Weiß-Politik der „good guys" und der „bad guys" kommt man hier nicht weiter; man muß den Realitäten ins Auge sehen. Und danach sind es einige Albaner, die sich einen neuen Schauplatz für ihre terroristischen Aktivitäten suchen, in die sie uns hineinziehen wollen. Ich werde gegen diese Politik der politischen „Einäugigkeit" angehen.

Montag, der 27. Dezember 1999; 81. Tag kalt, starker Regen

Der Zug von Kosovo Polje nach Mitrovica fährt – endlich! – wieder.

Der offizielle Tag beginnt mit Radiogesprächen mit dem „Hessischen Rundfunk" und mit „BBC 5" sowie mit einem ausführlichen Interview mit der Zeitung „Koha Ditore".

Mich beschäftigt immer noch die Situation an der Sicherheitszone zum Preševo-Tal im Verantwortungsbereich der MNB (E). Ich habe mit Brigadegeneral Sanchez verabredet, daß wir uns zu einer gemeinsamen Geländebesprechung an der Grenze treffen. Ich habe zudem eine Arbeitsgruppe aus den G2- und G3-Abteilungen meines Stabes beauftragt, diese Angelegenheit näher zu prüfen und mir Vorschläge zu machen. Die Männer dieser Arbeitsgruppe werden im wahrsten Sinne des Wortes die gesamte Gegend abgehen, um festzustellen, welche Aufklärungsmittel und -truppen wir noch brauchen. Ich habe diese Aufklärungstruppen und -mittel noch vor Beginn unseres Einsatzes und seitdem wieder und wieder dringend angefordert, aber nie bekommen. Eine Drohnen-Batterie zur Überwachung des Gebiets der Sicherheitszone zum Preševo-Tal, aufklärende Mittel der Artillerie, vor allem aber geschultes Aufklärungspersonal (human intelligence) sind für uns wichtiger als jedes weitere Infanterie-Bataillon.

Ich habe mit Thaci und Çeku mehrmals Gespräche über die Situation im Preševo-Tal geführt, aber keine Anzeichen dafür gefunden, daß sie hinter dem Einsickern der Albaner stehen. Beide streiten dies entschieden ab, und wir wissen, daß Çeku sehr aktiv auf unserer Seite steht. Bei Thaci bin ich mir da nicht so sicher, er ist mir zu glatt und undurchschaubar. Wir wissen, daß eine größere Gruppe von Albanern als zivile Einzelpersonen nach Mazedonien in den Raum um Kumanovo verlegt haben. Mit diesem Ausweichen nach Kumanovo umgehen sie die Grenzkontrollen an der Sicherheitszone ins Preševo-Tal. Sie reisen ganz legal ein, das ist für sie viel einfacher. Waffen besorgen sie sich aus Mazedonien, oder sie schmuggeln sie aus Albanien via Mazedonien ein.

Wir müssen unsere Abschreckung gegenüber einem möglichen Angriff jugoslawischer Streitkräfte zur Rückeroberung des Kosovo auf hohem Niveau beibehalten. Ich habe daher alle nationalen Kontingente

298

angewiesen, regelmäßig Schießübungen anzusetzen und die Gefechts-ausbildung trotz unseres Friedenseinsatzes nicht zu vernachlässigen. Alle Nationen haben ihre eigenen – meistens provisorischen – Schieß-bahnen für Handfeuerwaffen in Standortnähe eingerichtet. So benutzen z. B. die Soldaten der MNB (E) einen ehemaligen Schießstand der jugo-slawischen Streitkräfte in der Nähe von Uroševac. Schießübungen mit Waffen größeren Kalibers werden in Mazedonien auf dem Übungsplatz Krivolac durchgeführt. Wir zahlen für die Nutzung, was aber das üb-liche Verfahren in den meisten Ländern ist. Diese Einrichtung wird ständig durch unsere Truppen genutzt, derzeit führen die skandinavi-schen Bataillone dort Gefechtsschießen mit ihren Panzern und Schüt-zenpanzern durch.

Am Nachmittag besuche ich das griechische Infanterie-Bataillon 501 der MNB (E). Der Kommandeur ist erst vor wenigen Tagen eingetrof-fen und daher noch kaum in der Lage, auch nur eine meiner Fragen befriedigend zu beantworten. Zu allem Überfluß regnet es wie aus Kü-beln. Ich bin trotzdem mit einer griechischen Patrouille in Zugstärke im völlig zerstörten ehemaligen serbischen Dorf Nerodimlje unterwegs. Dieses Dorf wurde von den Albanern nach ihrer Rückkehr aus Mazedo-nien in der Nacht des 16. Juni 1999 total zerstört, die ehemals schönen, z. T. villenartigen Häuser sind ein trauriger und für mich als NATO-General schmachvoller Anblick. Es leben kaum noch Leute hier. Die griechischen Soldaten machen ihre Sache gut, aber ein Patrouillieren in diesem menschenleeren Gebiet lohnt sich nicht. Ich weise das Bataillon an, seine Kräfte dort zu konzentrieren, wo Serben und Albaner in enger Nachbarschaft leben. Außerdem halte ich von den übergroßen Patrouil-len in voller Zugstärke nichts. Eine schwache Gruppe genügt; das ver-schafft der Bataillonsführung höhere Flexibilität. Ich bin mir bei mei-nem Abschied nicht sicher, ob ich verstanden wurde. Ich weiß nur, daß ich bis auf die Haut durchnäßt bin und daß das Wasser in meinen Stie-feln steht. Nach der Rückkehr in „Film-City" rufe ich „Ric" Sanchez an und bitte ihn um enge Dienstaufsicht über dieses Bataillon, das in der taktischen Ausbildung noch Hilfe benötigt.

Am Abend nehme ich mit den meisten meiner Generale am Weih-nachtsempfang des KPC im Grand Hotel teil, das ein Cousin von Çeku führt. Beide sehen sich unglaublich ähnlich. General Çeku empfängt in

einer herausgeputzten „Sonderuniform", neben ihm steht Ramush Haradinaj. Es ist alles da, was im Kosovo Rang und Namen hat – ein Beweis dafür, welchen hohen Stellenwert und welches hohe Ansehen das
KPC bei der hiesigen Bevölkerung hat. Çeku hält eine sehr vernünftige
und moderate Rede, in der er auf unsere aktuellen Probleme mit keinem
Wort eingeht, sondern den bisherigen Verlauf des Umbaus herausstellt
und den zivilen Charakter des KPC mehrmals unterstreicht. Ich nutze
die Gelegenheit, auch meinerseits unsere Botschaft von einem zivilen
Kosovo-Hilfskorps an eine möglichst große Zuhörerschaft weiterzugeben.

Dienstag, der 28. Dezember 1999; 82. Tag   Wärmeeinbruch

Am Morgen habe ich mit Linda Karadaku von der liberalen Zeitung
„Zeri" ein weiteres „Neujahrsinterview". Linda ist eine bildhübsche
Frau und sprüht nur so vor Charme, aber Vorsicht: Sie ist in ihren Fragen knallhart und setzt nach, wenn ich ausweiche. Wir streifen alle
wichtigen Aspekte, und ich versuche, eine positive Zwischenbilanz zu
ziehen. Anschließend gibt es ein Gespräch mit dem „Deutschland-Radio Berlin".

Ich freue mich über den Besuch des portugiesischen Ministerpräsidenten Antonio Guterres. Die Portugiesen haben ein sehr großes
Interesse am Kosovo. So haben sie seit meiner Ankunft bereits vier
unterschiedlich zusammengesetzte Delegationen hierher entsandt. Sie
werden in wenigen Monaten den EU-Ratsvorsitz übernehmen, daher
bin ich an ihrer Unterstützung besonders interessiert. Das Gespräch mit
dem portugiesischen Ministerpräsidenten ist sehr offen, wir gehen gemeinsam alle kritischen Punke durch, wobei ich erneut auf die katastrophale Finanzlage hinweise. Ministerpräsident Guterres sagt mir seine
Hilfe zu.

Wir haben anschließend unsere regelmäßige Kommandeursbesprechung, in der ich dem Kommandeur der MNB (E) für die gute und
rasche Reaktion beim überraschenden Einsetzen der starken Schnee-
fälle danke. Brigadegeneral Sanchez hat nun Schneeräumgeräte bereits
an der Grenze in Blace ausgelagert, um in Zukunft schneller reagieren

zu können. Der Kommandeur der MNB (C) meldet, daß seine Leute im Dezember bisher 18.000 Menschen und knapp 11.000 Fahrzeuge kontrolliert und überprüft hätten, dies mit Masse in Priština. Es würden kaum noch Waffen gefunden, da es sich herumgesprochen hätte, daß wir hier hart vorgehen. Ich fordere erneut zur erhöhten Wachsamkeit anläßlich des Wechsels ins neue Millennium auf und beauftrage die Kommandeure, sich persönlich um die Checkpoints zur Sicherheitszone zu kümmern. Gerade der Jahreswechsel bietet sich für nicht angekündigte Truppenbesuche bei den Soldaten, die gerade im aktiven Dienst stehen, bestens an.

Brigadegeneral Sanchez erläutert mir am Rande der Konferenz seine Überlegungen zur Neuordnung der Überwachung der Sicherheitszone zum Preševo-Tal. Er will die Checkpoints direkt an die Grenze vorverlegen und die Grenzüberwachung durch ein Netz beweglicher Patrouillen auf dem Boden und per Hubschrauber aus der Luft verdichten. Dies ist genau das, was ich erwarte, und ich bitte ihn, seine Absicht so rasch wie möglich umzusetzen. Ich sage ihm auch Kräfte aus den anderen MNBs zu, sollte er zusätzliche Hilfe für die Grenzüberwachung benötigen.

Ich fahre anschließend zum schwedischen Bataillon der MNB (C), das in Ajvalija stationiert ist und eine Abteilung nach Gračanica abgestellt hat. Sie leisten erstklassige Arbeit in ihrem Auftrag, die serbische Minderheit, vor allem aber auch Bischof Artemije zu schützen. Mir hat der Besuch sehr viel Spaß gemacht; das sind großartige Soldaten, die von der serbischen Bevölkerung uneingeschränkt respektiert werden. Die Zusammenarbeit mit der UNMIK-Polizei vor Ort läuft vorbildlich.

Bei meinem Aufenthalt in Gračanica statte ich auch Bischof Artemije einen Überraschungsbesuch ab. Er war gestern in Orahovac und hat von dort leider nur allzu vertraute negative Nachrichten. Die Serben haben Angst um ihre Sicherheit, und sie leben in ärmlichen Verhältnissen. Wir kommen erneut überein, gemeinsam mit Bernard Kouchner Orahovac zu besuchen, um mit der serbischen Bevölkerung zu sprechen. Ich sage ihm zu, daß ich am 31. Dezember 1999 eine Buslinie von Orahovac nach Mitrovica eröffnen werde, und ich versichere ihm, daß die Serben bei der Fahrt mit diesem Bus durch KFOR gut geschützt sein werden.

Zum Abendessen bin ich von Dr. Bernd Wulffen ins Deutsche Haus eingeladen.

Mittwoch, der 29. Dezember 1999; 83. Tag   nasser Neuschnee

Bernard Kouchner ist aus seinem Urlaub zurück. Ich hoffe, daß er mit neuer Frische die ausstehenden Entscheidungen in Angriff nimmt. Ich freue mich schon darauf, ihm einige der Vorstellungen zu erläutern, die wir in den letzten zwei Wochen erarbeitet haben.

Die Sitzung des KTC ist eine der lahmsten, an denen ich bisher teilgenommen habe. Viele Leute reden über Belangloses, das dann in drei verschiedene Sprachen gedolmetscht wird. Ich erläutere die deutlich verbesserte Sicherheitslage, die neue Strategie der engen Zusammenarbeit meiner Truppen mit der UNMIK-Polizei und spreche über unser rasches Eingreifen beim großen Schneefall. Ich bekomme von allen Seiten dankbaren Beifall für die Arbeit von KFOR.

Blerim Shala fordert, verstärkt ehemalige Polizisten zu verpflichten, und beklagt den Stillstand wegen der Auseinandersetzung zwischen Thaci und Berisha.

Mr. Jones vom „Pillar 4" gibt eine kurze Darstellung zur Lage auf dem Energiesektor. Derzeit würden die Kraftwerke Kosovo A und B mit jeweils nur einer Einheit laufen. Es würde derzeit ausschließlich Schweröl, d.h. Masud, verfeuert, das per Eisenbahn aus Mazedonien eingeführt wird. UNMIK sei dabei, sich einen größeren Vorrat an Masud anzulegen, um in einer Krise vom laufenden Transport unabhängiger zu werden.

Kouchner kündigt an, daß ab morgen das Sekretariat des künftigen Interim Administration Council seine Arbeit aufnehmen werde. Die erste Sitzung des IAC selbst sei für den 31. Januar 2000 festgesetzt.

Mein Freund Hans-Peter von Kirchbach, der als Generalinspekteur der Bundeswehr das Jahresende bei den deutschen Truppen in Prizren verbringen wird, besucht mich. Ich sage ihm, daß ich mit dem Einsatz unserer deutschen Soldaten sehr zufrieden sei und sie insgesamt ein stabilisierendes Element in KFOR darstellen würden. Ich erläutere ihm meine Sorge wegen des Abzugs der niederländischen und der kanadi-

302

schen Streitkräfte und bitte ihn, zu prüfen, ob wir hier von deutscher Seite her aushelfen können. Ich denke an die Auslagerung von Artilleriegeschützen und eine entsprechende höhere Bereitschaftsstufe des dazu erforderlichen Personals zu Hause. Die Männer müßten nur im Notfall in das Kosovo eingeflogen werden. General von Kirchbach sagt eine rasche Prüfung zu.

General Çeku hat mir einen Brief geschrieben, eine längere, eher „philosophische" Abhandlung zu den Meinungsverschiedenheiten, die wir seit Monaten haben. Er weigert sich nach wie vor, auch nur ein Jota nachzugeben, und droht damit, aus Kroatien gar nicht mehr zurückzukommen. Ich sehe das in der Zwischenzeit gelassen und werde das KPC auch ohne Çeku aufbauen.

Im Verantwortungsbereich der MNB (E) ist es zu einem weiteren Minenvorfall gekommen, bei dem zwei russische Soldaten verletzt wurden. Beide sind abtransportiert worden. Ihr Zustand ist stabil. Wegen der Witterungsbedingungen und der Dunkelheit haben wir den Ort des Geschehens nur absperren können. Wir werden morgen mit einer umfassenden Untersuchung beginnen.

Es besucht mich der kanadische Militärbischof Thériault, ein sehr lustiger und offener Geistlicher, mit dem zu reden Freude macht.

Am Abend hat Thaci zu einem Neujahrsumtrunk ins Grand Hotel eingeladen. Er ist heute sehr umgänglich und drängt auf enge Kooperation zwischen uns beiden. Er hat wohl nicht erkannt, daß das ständige Wechseln seiner Position unserem Vertrauen erheblichen Abbruch getan hat. Ich bin froh, daß Mr. Fletcher Burton, vorübergehend Ersatzmann für Larry Rossins, mir im Beisein von Thaci und Ramush Haradinaj unmißverständlich erklärt, daß Washington meine robuste Haltung in der Frage der KPC-Dienstgrade voll und ganz unterstützt. Hoffentlich erreicht diese Botschaft auch Çeku, damit er erkennt, daß er nun niemanden mehr hat, der ihm in dieser Frage helfen wird.

Donnerstag, der 30. Dezember 1999; 84. Tag   leichter Schneefall

Wir stehen unmittelbar vor dem Ende des Jahres 1999, und SHAPE hat uns – wie ich es befürchtet hatte – bisher immer noch keine Informationen gegeben, wann oder durch wen wir hier abgelöst werden. Uns war bis Mitte Dezember eine Antwort zugesagt worden, aber nichts ist passiert. Es läuft jetzt bereits die Zeit, die für Ausbildung und Vorbereitung eines Nachfolgestabes von wesentlicher Bedeutung wäre. Zudem haben wir die unerfreuliche Situation, daß meine Soldaten aus ihrem Feiertagsurlaub zurückkehren und ihren Angehörigen nicht sagen konnten, für wie lange sie sich einander jetzt nicht sehen werden. Diese Situation ist inakzeptabel. Die Frauen und Männer fangen an, das Vertrauen zu verlieren, daß die vorgesetzten Hauptquartiere diese Frage noch rechtzeitig lösen werden.

Ich gebe „Anadolu Turkish News" ein Interview.

Das wichtigste Gespräch heute ist eine längere Unterhaltung mit Ramush Haradinaj; mit ihm bespreche ich die Frage der Dienstgrade. Er ist unglücklich mit Çekus starrer Haltung und frustriert, daß Çeku keine Informationen an seine Untergebenen weitergibt, sondern es vorzieht, alle Entscheidungen allein zu treffen. Er hält die Führungsstruktur des KPC für zu schwach und zu unorganisiert. Zudem meint er, daß viele seiner Kollegen im provisorischen KPC inkompetent sind und nicht arbeiten wollen.

Ich schlage ihm vor, die Struktur des KPC unmilitärisch und ohne militärische Dienstgradabzeichen aufzuziehen. Man könne die Hierarchie allenfalls durch die Bezeichnung der jeweiligen Funktion dokumentieren, so z. B. „Führer der Pionier-Einheit". Ramush Haradinaj begrüßt die Vorschläge und ist für meine Vorstellungen empfänglich. Ich möchte ihn jedoch nicht zur Illoyalität gegenüber Çeku verleiten und bitte ihn daher, keine Maßnahmen in dessen Abwesenheit vorzunehmen; aber ich habe sicherlich eine neue Saat ausgesät. Ich werde in der Frage nicht lockerlassen. UNMIK stellt die Bewerber für Schlüsselpositionen nur mit Dienststellungen, nicht aber mit Dienstgraden ein. Damit können wir die eigentliche Streitfrage der Dienstgrade bis in die zweite Januarhälfte zurückstellen.

Ich bitte Ramush Haradinaj auch, alles, was in seiner Macht steht, zu tun, daß die Bewegung für das Preševo-Tal keinen weiteren Zulauf gewinnt. Ich mache ihm sehr deutlich, daß ich in jedem, der sich dort engagiert, einen Feind von KFOR sehen und ihn entsprechend bekämpfen werde. Es müsse alles vermieden werden, was zu neuen Feindseligkeiten zwischen Albanern und Serben führen könnte. Die Albaner könnten in dieser Hinsicht auf keinen Fall mit der Hilfe der Internationalen Gemeinschaft rechnen, ganz im Gegenteil. Ich sage ihm auch, daß ich jedes Mitglied des künftigen KPC, egal, wie hoch seine Stellung auch sein mag, sofort aus dem KPC verweisen und verfolgen würde, sowie ich Anzeichen dafür hätte, daß er die Albaner im Preševo-Tal unterstützt. Ich verweise abschließend auch auf die beiden Minen-Anschläge gegen die Russen im Sektor der MNB (E), die von militärischen Fachleuten, also ehemaligen UÇK-Kämpfern, ausgeführt worden seien. Ich bitte Ramush, auf seine alten Kampfgefährten einzuwirken und ihnen deutlich zu machen, daß ich die Anschläge gegen die Russen als Anschläge gegen mich sehen und deswegen diesbezüglich hart vorgehen würde. Die russischen Soldaten hätten mein vollstes Vertrauen, der albanische Haß gegen sie sei nicht berechtigt. Ramush Haradinaj hat das alles wohl verstanden und sagt mir seine uneingeschränkte Unterstützung zu.

Ich fliege dann nach Camp Bondsteel, um dort den polnischen Staatspräsidenten Aleksander Kwasniewski und den litauischen Verteidigungsminister Valdas Adamkus zu treffen, die gekommen sind, um ihre Truppen zu besuchen. Im polnischen Bataillon ist auch ein litauischer Zug integriert. Brigadegeneral Ric Sanchez und ich tragen den Herren kurz zur Lage vor, und wir bedanken uns für den hervorragenden Einsatz ihrer Soldaten. Ich spreche am Rande des Besuches den polnischen Verteidigungsminister, Dr. Januz Onyszkiewicz, und den Chef des Generalstabes, Generalleutnant Henryk Szumski, auf die Bezahlung der polnischen Soldaten an. Beide versichern mir eine umgehende finanzielle Anpassung.

Mein Stellvertreter bei LANDCENT in Heidelberg und derzeitiger Commander SFOR in Sarajevo, Generalleutnant Ron Adams, wollte mich heute besuchen. Wegen schlechter Witterungsbedingungen kann er leider von Skopje nicht hierherkommen. Er muß seinen Besuch bereits zum dritten Mal absagen.

Dafür schafft es der Oberbefehlshaber der US Army in Europa, General Montgomery „Monty" Meigs, ein langjähriger und sehr vertrauter Freund aus Heidelberg. Unser Hauptthema ist die Überwachung und Kontrolle der Sicherheitszone im amerikanischen Sektor. General

Meigs hat sich den Einsatz seiner Truppen entlang der Grenze selbst angesehen und seine Schlußfolgerungen daraus gezogen. Er sagt zu, daß die amerikanischen Checkpoints in unmittelbarer Nähe zur Sicherheitszone neu angelegt werden würden.

Wir haben stabsintern eine längere Konferenz zur weiteren Auswahl des Führungspersonals für das KPC auf der zweiten Ebene, 460 Kandidaten für rund 140 Dienstposten.

Wir legen die Ausbildungspakete für die Ausbildung der oberen wie der unteren Ebene fest, die ab Ende Januar umgesetzt werden sollen. Uns fehlt für das gesamte Programm bis zur Mitte des Jahres 2000 immer noch ein Betrag von rund 10 Mio. US-$.

Ein unerfreuliches Ergebnis hat das heutige Treffen mit Bernard Kouchner: Er ist strikt gegen eine Öffnung des Flugplatzes von Priština vor Vorlage des Abschlußberichts der Internationalen Luftfahrtbehörde IAO. Noch schlimmer ist, daß er mir mitteilt, daß Staffan de Mistura am 8. Januar 2000 seine Aufgabe in Mitrovica aufgeben und an seiner Stelle Mario Morcone das Amt zwischenzeitlich kommissarisch übernehmen wird. Mit dem abrupten Rückzug von de Mistura – noch bevor die von ihm in Angriff genommenen Dinge wirklich auf den Weg gebracht worden sind – sind meine schlimmsten Befürchtungen noch übertroffen. Unsere Glaubwürdigkeit schwimmt den Ibar-Fluß endgültig hinunter.

dickes
Freitag, der 31. Dezember 1999, Silvester; 85. Tag   Schneetreiben

Ich habe vormittags mit „UNMIK-Radio" und „Radio 21" Interviews, bevor ich den Kompaniefeldwebel des deutschen Elements, Oberstabsfeldwebel Fischer, vor seiner Rückreise nach Heidelberg für seine herausragende Leistung mit meiner Ehrenmedaille auszeichne.

Brigadegeneral Kather ruft mich an und meldet, daß trotz des Widerstands von UNHCR der Bus von Orahovac nach Mitrovica – wenn auch mit erheblicher Verspätung – abgefahren ist. 36 Serben haben von dieser Möglichkeit Gebrauch gemacht, wir haben unser Versprechen eingehalten.

Ich habe von Dr. Rexhepi, dem „Bürgermeister" von Süd-Mitrovica, ein Schreiben bekommen, in dem er sich über die Ineffizienz der UNMIK-Verwaltung in der Stadt bitter beschwert. Er wirft ihr vor, viel versprochen und bisher fast nichts gehalten zu haben. Seine Bedenken sind berechtigt, und ich habe seinen Brief daher zuständigkeitshalber direkt an Bernard Kouchner weitergeleitet. In meinem Anschreiben dazu drücke ich erneut meine Enttäuschung angesichts der Situation in Mitrovica aus, die sich durch den vorzeitigen Weggang von Staffan de Mistura noch mehr verschlechtern wird. Ich bitte Bernard Kouchner, sofort die dringend erforderlichen und lange abgesprochenen Maßnahmen zur Lösung des Problems anzupacken.

Ich bin über das, was in Mitrovica geschehen ist (oder besser gesagt: was nicht geschehen ist) äußerst besorgt. Wir hatten so viele gemeinsame Ideen und Vereinbarungen, UNMIK hat so viele Zusagen gemacht, und doch hat sich vor Ort bisher nichts bewegt. Unser Enthusiasmus für die verschiedenen Vorhaben, die wir geplant haben (Krankenhaus, Batteriefabrik, Bäckerei, Zementwerk, PTT und Universität), ist ins Leere gelaufen, nichts von alledem ist bisher in die Tat umgesetzt worden. Und dies gilt leider so nicht nur für Mitrovica.

Dort war Sir Martin Garrod zu krank, um die schwierige Lage in den Griff zu bekommen. Sein Nachfolger, Staffan de Mistura, hat nach seinem Eintreffen zwar sehr viel Wirbel und große Versprechungen gemacht, verschwindet aber jetzt nach kürzester Zeit. Der neue Mann des Übergangs (für wie lange?), Mario Morcone, muß sich in die ihm unbekannte Aufgabe noch hineinfinden; es wird für ihn sehr schwer werden. Ich habe Bernard Kouchner immer wieder gedrängt, eine Persönlichkeit von „schwererem Kaliber" zu suchen, einen Administrator, der von dieser Aufgabe etwas versteht und der auch lange genug bleibt, um etwas zu bewirken.

Am Nachmittag habe ich erneut ein Interview mit Reuters. Eine der Fragen lautet, wie lange der Einsatz im Kosovo wohl dauern wird. Ich antworte unter Hinweis auf ähnliche Einsätze im Libanon, in Zypern, auf dem Sinai und in Nordirland, daß dies fünf, zehn oder auch fünfzehn Jahre dauern könne. Es hängt nicht von KFOR ab, sondern vom Lernprozeß der hiesigen Bevölkerung hin zur Toleranz als Grundlage für ein multiethnisches Zusammenleben. Wir können erst dann abziehen, wenn die Minderheiten nicht mehr Gefahr laufen, von der Mehrheit verfolgt oder gar umgebracht zu werden. Die Sicherheit für die Minderheiten ist das für mich entscheidende Kriterium.

Für die Feier ins neue Millennium haben sich die Soldaten eine Menge einfallen lassen. Im provisorischen Offiziersheim, bei den Unteroffizieren und Mannschaften sowie im Briefing-Raum ist eine Menge vorbereitet. Man erwartet, daß ich überall auftauche, ein nächtlicher Zug durch das Hauptquartier. Nach dem gemeinsamen Abendessen – das beste, was uns bisher serviert wurde – beginne ich bei den Unteroffizieren. Wenn ich all das Bier und den Sekt trinken würde, der mir da angeboten wird, würde ich wegen Alkoholvergiftung tot umfallen. Dennoch geht es hoch und sehr ausgelassen her. Es gibt viele Bitten um gemeinsame Fotos, viel Händeschütteln und Schulterklopfen, Umarmungen und gute Wünsche für das neue Jahr. Ich werde wieder und wieder auf unterschiedlichsten Unterlagen um Autogramme gebeten und flüchte dann zu den Offizieren, wo es auch nicht gerade ruhig zugeht. Von dort aus ziehe ich von Zimmer zu Zimmer im Stab, um den verschiedenen Diensthabenden zum neuen Jahr zu gratulieren. Letzte Station ist das Joint Operation Center im Keller, wo hohe Anspannung herrscht. Glücklicherweise melden alle Brigaden eine ruhige Nacht ohne Schießerei und ohne Gewalt.

Vergeblich versuche ich, irgendein Mitglied meiner Familie ans Telefon zu bekommen: Die Leitungen sind völlig überlastet. Ich weiche auf E-Mail aus und werde auch so meine Glückwünsche für das Jahr 2000 los.

Es schneit ununterbrochen in dicken Flocken, als wir kurz nach Mitternacht mit unserem Auto in die Stadt fahren, um die Checkpoints meiner Männer abzufahren. Ohne Schneeketten geht nichts mehr. Am ersten Checkpoint melden mir die jungen Briten, daß sie gerade einen Mann festgenommen hätten, der auf dem Balkon in die Luft gefeuert hat. Der Festgenommene sei der Bruder von Thaci.

In Priština ist es dunkel und friedlich, auf den Boulevards ist mit dem Auto kein Durchkommen. Mein Adjutant und ich, wir mischen uns unter die Zehntausende von Menschen, die dick vermummt durch die Straßen laufen und sich gegenseitig ein „Gutes neues Jahr" wünschen. Es ist dunkel, die Stromversorgung ist zusammengebrochen, aber das beeinträchtigt die gute Laune nicht. Ich werde auf der Straße erkannt.

Sofort bildet sich eine große Traube, die Leute küssen mich und wollen ihrer Dankbarkeit dafür Ausdruck verleihen, daß sie erstmalig seit vielen Jahren das Neujahrsfest in Freiheit begehen können. Die Menschen bilden eine Schlange, um sich mit mir fotografieren zu lassen. Ich komme nicht mehr voran, werde durch die Menschenmenge geschoben, man greift nach mir, immer wieder werde ich umarmt. Ich habe so etwas noch nie erlebt, die Leute sind wie elektrisiert, ganz aus dem Häuschen. Wir stoßen auf einen Kontrollposten der russischen Polizei; die Jungs sollen mir helfen, aber auch sie wollen nur gemeinsame Fotos fürs Familienalbum. Die Stimmung ist ausgelassen, wie auf einem Jahrmarkt, die Menschen sind einfach glücklich und dankbar und wollen mit mir feiern. Es dauert fast drei Stunden, bis ich meine Runde gemacht und alle Checkpoints besucht habe.

Zurück in „Film-City" ziehen wir zum Briefing-Raum, wo eine Live-Band spielen sollte. Wegen des vielen Schnees kamen die Jungs nicht durch, so daß nun eine wilde Disco-Nacht angesagt ist. Die Bässe wummern von weitem, ich öffne – noch in voller Kriegsbemalung und dick vermummt – vorsichtig die Tür, um zu sehen, was da drin abgeht, als mich schon einige Hände packen und in die Menge ziehen. „Come on, General, dance with us!" – und ab geht die Post. Ich erkenne niemanden, die Brille ist angelaufen, aber ich stoße wie meine Mit-Tänzer wilde Schreie aus, werfe die Hände gegen die Decke, bewege die Beine im Stakkato-Rhythmus und werde von einem zum anderen weitergereicht. Ich möchte den Feldparka mit dem Futter ausziehen, keine Chance. Eine freundliche Seele reicht mir ein kaltes Bier, um mich herum die Soldaten im Fleckentarnanzug, wie Indianer beim Tanz um den Totempfahl, heulend, stampfend, johlend, ich in der Mitte des Kreises.

Nach etwa zwanzig Minuten bin ich durchgeschwitzt, ich bitte um eine Pause, die mir gewährt wird. Erneut gibt es viele Freundschaftsbeweise, Fotos und Schulterklopfen. Jeder möchte mir ein Bier spendieren, aber gegen 04.00 Uhr ziehe ich dann doch reichlich müde ab in meinen Container. Dort finde ich – unter der Tür durchgeschoben – den folgenden Brief des russischen Verteidigungsministers Sergeev.

General Klaus Reinhardt   31. 12. 1999
Befehlshaber KFOR · Priština

Sehr geehrter Herr General,

bei unserem Treffen vor kurzem anläßlich meines Besuchs im KOSO-
VO habe ich einen äußerst positiven Eindruck gewonnen. Wir sind sehr
zufrieden damit, daß die multinationalen Truppen unter Ihrem Kommando auf eine einwandfreie Durchführung der übertragenen Aufgaben
Wert legen und dies in aktiver Zusammenarbeit mit den internationalen
Organisationen tun, die für eine Normalisierung der Lebensumstände
im Kosovo arbeiten. Gleichwohl kann die derzeitige Lage im Kosovo
nicht als friedlich bezeichnet werden. Es gibt eine ständige Bedrohung
für die Sicherheit der Bevölkerung, und die Probleme der Entwaffnung
der örtlichen Bevölkerung und der „Transparenz" der Grenzen sind
noch ungelöst. Sie begehen den Jahrtausendwechsel an dem heißesten
Ort Südosteuropas. Die Zukunft des gesamten Kontinents wird in großen Teilen hier entschieden. Ich hoffe, daß Ihr Einsatz als Befehlshaber
der KFOR spürbare Ergebnisse bringen wird bei der Umsetzung des
Hauptgedankens der Resolution 1244 des UN-Sicherheitsrates, d. h. der
Erhaltung der Integrität der Bundesrepublik Jugoslawien, der Gewährleistung von Sicherheit für alle Bürger. Ich hoffe ebenso, daß Ihre
Maßnahmen die Bedingungen schaffen werden für eine Rückkehr der
Flüchtlinge und der Einheiten der VJ. Ich bin sicher, daß die fruchtbare
Zusammenarbeit der Truppen unter Ihrem Kommando mit dem Stab
des russischen Militärkontingents zu einer wirksamen Lösung der oben
angeführten Probleme sowie anderer schwieriger Fragen im Zusammenhang mit einer Lösung für das Kosovo führen wird.

   An diesem Silvesterabend wünsche ich Ihnen alles Gute, Gesundheit,
Glück und Wohlergehen. Ich bitte Sie, meine aufrichtigsten Glückwünsche und besten Wünsche an Ihre Familie und Ihre Nächsten
weiterzugeben.

Mit freundlichen Grüßen

I. Sergeev,
Marschall, Verteidigungsminister der Russischen Föderation

Welch ein Start ins neue Millennium! Ich falle todmüde ins Bett.

Samstag, der 1. Januar 2000, Neujahr; 86. Tag kalt, dicker Schnee

Wir hatten in der ganzen Provinz eine sehr ruhige und friedliche Nacht, obwohl alle Ausgangssperren aufgehoben worden waren, um es den Menschen zu ermöglichen, in dieser Neujahrsnacht ins neue Millennium hinein wieder in Freiheit zu feiern. Die MNBs hatten alle erforderlichen Vorsichtsmaßnahmen getroffen. Nur sehr vereinzelt konfiszierten wir Waffen, und es gab aus Anlaß der Feiern nur sehr wenige Gewehr- und Pistolenschüsse. Fast überall im Kosovo wurden die Soldaten, die auf den Checkpoints als Wachen Dienst taten, von den Menschen umarmt. Sie erklärten den Soldaten, wie dankbar sie ihnen für ihren Friedensdienst seien.

Die MNBs waren die ganze letzte Nacht und den größten Teil des heutigen Tages damit beschäftigt, unter großem Einsatz alle Hauptstraßen im Kosovo und in den größeren Städten von Schnee und Eis zu räumen. Der Durchgangsverkehr läuft.

Bernard Kouchner sucht nach einem Manager für Trepča. Der Ansatz ist zwar richtig, aber ohne einen großzügigen Geldgeber, der hier erst einmal massiv investiert, von vornherein zum Scheitern verurteilt.

Die beiden albanisch schreibenden liberalen Zeitungen „Zeri" und „Koha Ditore" machen mit meinen beiden großen Interviews zum neuen Jahr auf. Hier hat sich für mich eine exzellente Möglichkeit eröffnet, meine Botschaft von der Notwendigkeit des friedlichen Zusammenlebens der ethnischen Gruppen ungefiltert an eine breite Öffentlichkeit loszuwerden.

Der Großteil des Tages ist interner Stabsarbeit und dem Aufräumen des Schreibtisches gewidmet. Außerdem braucht auch ein General ab und zu einmal eine „Putz- und Flickstunde", um den Container und die Klamotten in Ordnung zu bringen. Dies war in der ungemeinen Hektik der Feiertage zu kurz gekommen – zumal auch mein Hauptgefreiter Klinger im Heimaturlaub ist.

Sonntag, der 2. Januar 2000; 87. Tag

Ich fahre zum französischen Element quer durch das tief verschneite Priština. Wie schön ist diese Stadt, wenn der Schnee den unglaublichen Dreck mit einer dicken weißen Decke kaschiert. Die Kinder rutschen auf Schlitten und Skiern über die Hügel, es ist wie daheim. Sie sind glücklich, winken uns zu und laufen neben dem Auto her – nicht ganz ungefährlich, wegen der eisglatten und nicht gestreuten Straßen. Mein Fahrer, Stabsunteroffizier Jörg Pohl, paßt gut auf, daß nichts passiert.

Ich treffe mich mit dem französischen Verteidigungsminister Alain Richard, der mit großem Gefolge angereist ist. Er ist gut befreundet mit Bernard Kouchner, der ihn sehr herzlich begrüßt. Wir haben einen sehr intensiven Dialog über die Lage im Kosovo. Dabei spreche ich sehr gezielt und bewußt die serbischen Sicherheitskräfte in Nord-Mitrovica, die sogenannten „bridge-watchers" an, die mir zunehmend Sorgen machen. Sie sind gegen unsere ausdrückliche Weisung tätig und sollten daher – nicht zuletzt, um unsere Entschlossenheit zu demonstrieren – durch die französischen Truppen aufgelöst werden, bzw., wenn sie dieser Aufforderung nicht nachkommen, durch diese eingesperrt werden. Sie sind zwar nicht immer gewalttätig, aber sie verhindern schon allein durch ihre Anwesenheit an der Nordseite der Ibar-Brücken rund um das Café „Dolce Vita" den freien Zugang der Albaner in den Nordteil der Stadt.

Minister Alain Richard greift diesen Gedanken nicht auf. Entweder kennt er die Problematik, die ich hier anspreche, nicht, oder er will bewußt nicht darauf eingehen. Brigadegeneral Poncet schaut mich achselzuckend an, als wollte er sagen: „Ich habe Dir ja schon immer gesagt, daß ich hier nicht tätig werden kann."

Ich komme nicht weiter und werde buchstäblich ausgesessen. Was bringt diese Art von Besprechungen? Jedes Mal spulen wir unsere übliche Botschaft ab, daß wir mehr Polizisten, mehr Richter, mehr Staatsanwälte, mehr Ermittler und – natürlich – mehr Geld brauchen. Jedes Mal bekommen wir Versprechungen und Zusicherungen. Und fast jedes Mal passiert anschließend nichts. In diesem Fall werden für unsere Operationsführung entscheidende Punkte einfach ausgeklammert oder nicht zur Kenntnis genommen. Am Nachmittag besuche ich das belgische Bataillon im Verantwortungsbereich der MNB (N) in der Gegend von Leposavić. Anfang Dezember war Kontingentwechsel, der neue Kommandeur ist eine fähige und dynamische Führungspersönlichkeit. Die Checkpoints werden jetzt professionell betrieben und die Fahrzeuge gründlich durchsucht. Neben den ortsfesten gibt es nun auch bewegliche Checkpoints in der Tiefe des Raumes. Die vorgeschobenen Stellungen sind dem Gelände gut angepaßt und so vorbereitet, daß sie eine „aggressive Verzögerung" erlauben. Das Bataillon führt mir einen guten dynamischen Gefechtsdrill vor, bei der Kampfpanzer und Panzergrenadiere ihre vorgeschobenen Stellungen beziehen, um das Tal nördlich von „Gate 1" zu sichern. Anschließend gehe ich mit den Männern der „Ardennen-Jäger", die am grünen Barett einen Eberkopf tragen, einen Spähtrupp zu Fuß durch zwei rein serbische Dörfer. Die Menschen sind freundlich-zurückhaltend, kleine Gespräche kommen auf, man nimmt die Hilfe der Belgier gern und dankbar an.

Der SACEUR ruft an und wünscht KFOR und mir alles Gute für das neue Jahr. Er dankt uns für unsere Arbeit und sagt, daß er mit unserem bisherigen Ergebnis sehr zufrieden ist.

Die „Süddeutsche Zeitung" schreibt: „Die Neujahrsfeiern im Kosovo sind als erster Festtag seit dem Einmarsch der Friedenstruppe KFOR ohne Zwischenfälle verlaufen." Und Matthias Rüb von der FAZ meint unter der Überschrift „Die internationale Friedenstruppe im Kosovo muß mehr und mehr zivile Aufgaben übernehmen", daß die Zahl aller Gewaltverbrechen deutlich zurückgegangen sei und die Aufgaben von KFOR „weit über das Militärische" hinausgehen würden. Er bescheinigt uns eine gute Zwischenbilanz.

Montag, der 3. Januar 2000; 88. Tag   bedeckt, kalt

Ich fliege nach einem morgendlichen Interview mit „Turkish NTV" zur MNB (E) in Camp Bondsteel. Brigadegeneral Sanchez und sein Stab weisen mich sehr detailliert in ihre Vorhaben ein. Die Bauarbeiten in den Lagern gehen mit außergewöhnlicher Geschwindigkeit voran. Es sind über 5.000 Leute von zivilen Vertragsfirmen, vor allem von der amerikanischen Firma „Brown and Root", im Einsatz, d. h. auf jeden Soldaten kommen fast zwei zivile Arbeiter. Ich besuche auch das dortige Gefängnis; die Lebensbedingungen für die dort Inhaftierten sind angemessen. Die 86 derzeitigen Häftlinge – Albaner wie Serben – sind in ordentlicher Verfassung. Viele wollen mich sprechen, fast alle sind „unschuldig". Ich rede zwar mit ihnen, lasse mich auf Einzelfälle aber nicht ein, da ich ja die Hintergründe gar nicht kenne. Manche der Männer sind aber bereits über neunzig Tage eingesperrt, ohne daß ihnen der Prozeß gemacht wurde, d. h. wir müssen sie nun aufgrund der Rechtsbestimmungen wieder freilassen. Um so wichtiger ist es, endlich Richter und Staatsanwälte in entsprechender Anzahl zu bekommen, damit wir sicherstellen können, daß diese Leute einen fairen Prozeß bekommen und gegebenenfalls die angemessene Bestrafung erhalten. KFOR hat bisher über 4.000 Verdächtige festgenommen, von denen nur 200 eingesperrt wurden. Von diesen sitzt heute kaum noch einer im Gefängnis.

Wir fahren anschließend an zwei Bereiche am Rande der Sicherheitszone, wo an neuen US-Checkpoints in unmittelbarer Nähe zur Grenze gearbeitet wird. Am wichtigsten ist der an der Zufahrtsstraße nach Dobrosin, der größten albanischen Gemeinde in diesem Bereich der Sicherheitszone, die wir unmittelbar vor uns liegen sehen. Ich gebe Brigadegeneral Sanchez erneut die Anweisung, jeden, der ohne Aufenthaltsberechtigung in die Sicherheitszone möchte, zurückzuweisen und, wenn er sich nicht fügt, festzunehmen und einzusperren. Dies gilt auch für Angehörige der ehemaligen UÇK sowie für Mitglieder des KPC, unabhängig von deren Stellung. Hier darf es keine falsch verstandene Kameradschaft geben, sondern wir müssen mit Nachdruck durchgreifen. Mögliche Ausbildungslager sind sofort zu zerstören, gefundene Waffen ebenfalls. Wir sind uns einig, daß wir alles daransetzen müssen, ein erneutes Aufflammen von Feindseligkeiten der Albaner gegenüber den Serben in der Sicherheitszone sowie im Preševo-Tal zu unterbinden. Entscheidend wird sein, ihnen ihre logistische Basis im Kosovo abzuwürgen und öffentlich deutlich zu machen, daß wir derartige Aktionen nicht akzeptieren, sondern sie vielmehr als „gegen KFOR gerichtet" ansehen würden.

In unserer Abendrunde besprechen wir mit Bernard Kouchner die

Lage in Mitrovica und Trepča. Dank der intensiven Vorarbeit der Oberstleutnants Joe Abbott und Benoit Houssay mit der schwedischen Firma Boliden können wir Dr. Kouchner überzeugen, eine unabhängige Firma, die im Bergwerk-Bereich Erfahrungen hat, hinzuzuziehen und sich der ganzen Frage anzunehmen. Wir haben einfach weder bei UNMIK noch bei KFOR den Sachverstand und die Erfahrung, die für eine Lösung der Probleme erforderlich ist. Nach ersten Aussagen brauchen wir mindestens 10 Mio. US-$, um die uns zunächst interessierenden Teile von Trepča wieder zum Laufen zu bringen. Bernard Kouchner denkt an den Schweden Engström von Boliden, an den Griechen Mytilineus, der zur Zeit der serbischen Herrschaft an Trepča finanziell bereits beteiligt war, oder an den Franzosen Jean Pierre Roseau. Mir ist egal, wer zum Zuge kommt, ich kenne sie alle nicht. Entscheidend wird sein, daß überhaupt einer diese Aufgabe endlich anpackt.

Mitrovica ist ein sehr ermüdender Prozeß, mal geht es einen Schritt vorwärts, dann wieder zwei zurück. Was auch immer wir beschließen, es folgen nie entsprechende Maßnahmen der zivilen Seite; es ist, als wolle man einen Pudding an die Wand nageln. Aber was soll's: Wir werden dranbleiben und weiter drängen.

MNB (C) meldet, daß ein Zug mit rund zwanzig Kesselwagen auf dem Bahnhof von Priština steht, für den sich niemand zuständig fühlt. Es stellt sich heraus, daß dies der Zug ist, der das Masud geladen hat, das wir für die Kraftwerke Kosovo A und B benötigen. Es ist eigentlich nicht zu glauben, denn alle dafür verantwortlichen Fachleute von UNMIK sind in den Urlaub gegangen, ohne irgendjemanden zu informieren oder dafür zu sorgen, daß der Zug von anderen übernommen und abgeladen wird. Was ist die Konsequenz? KFOR übernimmt den Zug und liefert das Schweröl an den Verbraucher. Dabei wurde festgestellt, daß findige Gangster schon vor uns tätig waren und sich aus dem seit Tagen unbewacht herumstehenden Zug großzügig bedient und abgetankt haben. 600 Tonnen (30 Lkw-Ladungen) Betriebsstoff, die für Kosovo A bestimmt waren, sind gestohlen worden. Die italienischen Carabinieri unter Oberst Enzo Coppola nehmen zwar sofort die Fahndung auf und untersuchen den Vorfall, aber die Räuber sind wahrscheinlich längst über alle Berge und der Sprit als billiger Diesel in den hiesigen Tankstellen.

Das Auswärtige Amt bittet mich für den 17. Januar 2000 zu einer Besprechung über die weitere Entwicklung im Kosovo nach Berlin, und auch der deutsche Verteidigungsminister läßt mich informieren, daß er mich bei dieser Gelegenheit in Deutschland sprechen möchte. Ich werde diese Reise verbinden mit einem Termin, an dem teilzunehmen ich meinem Freund, dem US-General John Jumper, Befehlshaber der NATO-Luftstreitkräfte Europa-Mitte, seit langem zugesagt habe: seiner Kommandoübergabe am 13. Januar in Ramstein.

Dienstag, der 4. Januar 2000; 89. Tag   Sonne, kalt

Wir treffen uns zur Kommandeursbesprechung heute in Camp Bondsteel bei der MNB (E). Unser wesentlicher Besprechungspunkt ist die persönliche Verantwortung der Brigadekommandeure für den Fortgang beim Aufbau des Kosovo Protection Corps. Ich erwarte hier nicht vornehme Zurückhaltung, sondern volles Engagement, denn dies ist ein ganz wichtiger Faktor für die weitere Entwicklung des Kosovo. Die diesbezügliche Informationspolitik der Brigaden überzeugt mich überhaupt nicht, und ich kritisiere ihr unzureichendes Engagement auf diesem Sektor. Ich nehme die Brigadekommandeure ganz persönlich in die Verantwortung für die Aufsicht und die Kontrolle über die Entwicklung des Kosovo Protection Corps. Wir haben zwar Offiziere der Joint Implementation Commission im Stab jeder Brigade, es gibt auch KFOR-Verbindungsoffiziere bei jedem Regionalkommando des KPC, und wir haben dort sogar Ausbildungs- und Beraterteams; und dennoch bekommen wir im Stab in Priština so gut wie kein Feedback. Wir müssen unseren Einfluß verstärken, wenn wir vorhaben, das Kosovo Protection Corps am 1. Februar 2000 offiziell in den Dienst zu stellen. Die Brigadekommandeure müssen sich mehr ins Zeug legen.

Wir haben ein Problem mit Sami Lushtaku, der mehr und mehr versucht, wieder auf Verfahrensmuster der UÇK zurückzuschwenken. So hat er sich in den Stadtrat von Srbica wählen lassen und versucht aus dieser Position heraus, massiv politischen Einfluß auf den Lauf der Dinge in diesem Bereich zu nehmen, und dies, obwohl den Mitgliedern des Kosovo Protection Corps politisches Handeln eindeutig untersagt ist. Ich frage Brigadegeneral Poncet, warum er hier noch nicht einge-griffen hat, und fordere ihn auf, endlich tätig zu werden. Das gilt übri-gens auch für Bernard Kouchner, der Lushtaku im City Council von Srbica erlebt, aber nichts getan hat. Lushtaku untersteht schließlich UNMIK, nicht KFOR.

Brigadegeneral Poncet ließ es auch gestern an einer Reaktion fehlen, als zehn junge Serben auf einen französischen Checkpoint in Mitrovica zustürmten. Der Vorfall ereignete sich, als die Soldaten gerade ein Auto mit Albanern überprüften. Ich frage Brigadegeneral Poncet, wie es pas-sieren kann, daß seine Soldaten abgezogen sind, ohne einen der Serben festzunehmen. Dies sei für mich untragbar. Poncet windet sich um eine klare Antwort und reagiert ungehalten, daß ich ihn zurechtweise. Er gibt mir den Eindruck, als gehe er einer Konfrontation mit den Serben offensichtlich aus dem Weg und wolle ihnen gegenüber nicht zu hart auftreten.

Heute nachmittag bereiten sich Bernard Kouchner, meine Fachleute und ich auf unseren Besuch mit Bischof Artemije in Orahovac vor. Ich bin sehr froh darüber, daß Bernard bereit ist, sich an dieser Planung zu beteiligen, damit wir der Bevölkerung ein konkretes Maßnahmenpaket zur Verbesserung ihrer Lage vorschlagen können. In diesem Zusam-menhang kündigt Bernard Kouchner an, zur Ahndung der Kriegsver-brechen im Kosovo einen „Internationalen Gerichtshof" einzurichten. Dies könnte die verfahrene Lage in Orahovac deutlich entspannen und ein wichtiges psychologisches wie politisches Zeichen setzen. Die Fra-ge wird sein, ob die Staaten der Internationalen Gemeinschaft eine aus-reichende Anzahl erfahrener Staatsanwälte und Richter sowie das dazugehörige Unterstützungspersonal einschließlich der Dolmetscher bereitstellen werden. Ich habe da nach der bisherigen Erfahrung meine Zweifel.

Ich bringe zur Sprache, daß wir in Gnjilane seit Wochen keinen UNMIK-Administrator mehr haben, ein unhaltbarer Zustand. Außer-dem brauchen wir dringend Heizöl für die Schulen in Prizren. Bernard Kouchner sagt schnelle Hilfe zu. Er kündigt für Mitte der Woche den Besuch von Chris Patten an und hofft, über ihn einen Manager für Trep-ča und finanzielle Mittel für den wirtschaftlichen Wiederaufbau zu bekommen.

Mittwoch, der 5. Januar 2000; 90. Tag   sehr kalt und windig

Ich fliege nach drei morgendlichen Radio-Interviews für örtliche Sender im Kosovo auf den höchsten Punkt, an dem Soldaten von KFOR stationiert sind. Auf dem 1.653 Meter hohen Berg Ramno hält eine Gruppe deutscher Fernmeldesoldaten unmittelbar hinter der Grenze zu Mazedonien auf dem wohl entlegensten und kärgsten Standort in meinem Kommandobereich die strategische Richtfunkverbindung aus dem Kosovo nach Mazedonien. Ich finde hier oben ein Hägglunds BV 206 Fahrzeug vom Hochgebirgsjägerzug des Mittenwalder Gebirgsjägerbataillons, den ich Mitte der 60er Jahre geführt habe. Da werden viele Erinnerungen an alte Zeiten wach. Die Männer leben in tief eingeschneiten Containern, die Zivilisation ist sehr weit weg, fast alles muß per Hubschrauber eingeflogen werden. Und dennoch wollen sie ausnahmslos hierbleiben, eine verschworene kleine Kampfgemeinschaft, die sich ihrer Bedeutung sehr bewußt ist. Sie haben für meinen Besuch extra Kuchen gebacken und erzählen ihre Geschichten von den mazedonischen Grenzern von nebenan. Es macht Freude, mit den Soldaten zusammenzusitzen. Sie haben das Beste aus ihren Umständen gemacht, sie sind alle gut in Form, die Moral ist unvermindert gut.

Ramush Haradinaj besucht mich erneut. Ich versuche, ihn stärker unter die Fittiche zu nehmen. Wir besprechen die Einzelheiten für die nächsten Schritte bei der weiteren Entwicklung des Kosovo Protection Corps und werden uns in allen Punkten einig. Auf die Frage nach den Dienstgradabzeichen will er sich nicht einlassen; er erklärt, daß er Çeku gegenüber nicht illoyal werden wolle. Es ist offensichtlich, daß er nicht so unbeweglich ist wie sein Chef. Ramush ist mit jeder der Lösungen einverstanden, die wir Çeku als mögliche Alternativen vorgeschlagen haben. Wir legen den 19. Januar als den Termin fest, an dem wir das Führungspersonal des KPC öffentlich einschwören.

Wir kommen erneut auf meine Sorge bezüglich des Preševo-Tals zu sprechen. Ich sage ihm sehr ungeschminkt, das Kosovo Protection Corps werde jede internationale Unterstützung verlieren, wenn es in die Vorgänge dort verwickelt sei. Ramush versichert mir, daß er in dieser Frage voll hinter mir stünde. Dies hat uns auch unser britischer Chef des Stabes beim Kosovo Protection Corps wieder und wieder bestätigt. Ra-

318

mush verspricht, es nicht zuzulassen, daß einer seiner jetzigen Leute oder ihm früher unterstellte Angehörige der ehemaligen UÇK dort verwickelt werden.

Ein zusätzliches Problem hat sich aus dem überzogenen Anspruch des Kosovo Protection Corps auf hochwertige und in den Städten gut gelegene Infrastrukturobjekte ergeben. Unser Drängen auf mehr Bescheidenheit trifft nicht auf Gegenliebe, ganz im Gegenteil. Die Führung des Kosovo Protection Corps hat begonnen, mit Geldern, deren Quellen uns nicht überall klar sind, einige dieser Objekte bereits für den eigenen Bedarf neu herzurichten. Ich hatte General Çeku bereits mehrmals vorgehalten, seine finanziellen Schwerpunkte falsch zu setzen. Er beklagt, daß seine Männer nicht gut genug bezahlt werden, baut dann aber die Infrastruktur aus, bevor wir darüber überhaupt befunden haben. Die endgültige Zustimmung liegt beim Chef der Säule zwei für den administrativen Aufbau, Tom Koenigs, mit dem ich am Nachmittag übereinkomme, daß wir weiter sehr restriktiv vorgehen – zumal er befürchtet, das KPC könne sich die „Filetstücke" in den Städten herauspicken und sich somit eine ihm nicht zukommende Machtposition aufbauen. Wir gehen Objekt für Objekt gemeinsam durch und treffen eine recht detaillierte Vorauswahl, die in manchen Punkten erheblich von den Vorstellungen des Kosovo Protection Corps abweicht; dies gilt auch für die sogenannte „Akademie für die Ausbildung der Führungskader", die rein räumlich an die Universität angelehnt ist. Koenigs befürchtet einen möglicherweise negativen Einfluß der Männer des Kosovo Protection Corps auf die Studenten der Universität, ich sehe das genau umgekehrt: Die Studenten werden die Führungskader des Kosovo Protection Corps positiv beeinflussen. Wir einigen uns, die Akademie – nicht zuletzt mangels einer Alternative – erst einmal anlaufen zu lassen und nach zwei Jahren zu überprüfen.

Wir stimmen auch darin überein, daß wir dringend Anti-Terror- und Anti-Drogen-Spezialisten bei der UNMIK-Polizei benötigen. Tom Koenigs will diesbezüglich in den europäischen Hauptstädten auf „Heldenklau" gehen.

Ein wichtiger Besucher war heute der amerikanische Generalmajor John P. Abizaid, Kommandeur der 1. (US-) Infantry-Division, mit ihm habe ich das Problem der Grenzsicherung zur Sicherheitszone durch die amerikanischen Truppen eingehend durchgesprochen. Er hat vollstes Verständnis für meine Forderung, hier den Sack nun wirklich zuzumachen.

Donnerstag, der 6. Januar 2000; 91. Tag   Sonne, klar

Der SACEUR ist weiterhin beunruhigt, daß serbische Streitkräfte in die Sicherheitszone einsickern könnten. Er bietet Infanteriekräfte zur Verstärkung an; ich brauche aber Aufklärungsmittel, um zu wissen, was ich diesem Abschnitt, in den ich mit eigenen Kräften nicht hineindarf, wirklich los ist. Wir patrouillieren zwar mit Hubschraubern und illuminieren den Grenzbereich bei Nacht, aber das genügt bei einem so gebirgigen, unübersichtlichen Gelände nicht. Angeblich sind serbische Hubschrauber in der Luft-Sicherheitszone gesichtet worden. Alle unsere Rückfragen nach einer konkreten Bestätigung oder nach Video-Aufnahmen von den serbischen Hubschraubern, die wir nutzen könnten, um uns bei der serbischen Militärführung zu beschweren, laufen leider ins Leere. Es könnte sein, daß die jugoslawischen Streitkräfte auf unsere Hubschrauber-Einsätze der MNB (E) reagieren und ihrerseits eine Erkundung der Grenze vornehmen. Unsere Maßnahmen scheinen Belgrad große Sorgen zu machen, und man hat mehrfach hier nachgefragt, um festzustellen, was vorgeht.

Beim Besuch des dänischen Bataillons in der MNB (N), das in einem besonders schönen Landesteil nördlich von Mitrovica stationiert ist, beeindrucken mich die Soldaten wieder mit ihren professionellen und robusten Einsatzverfahren. Die Truppe zeigt eine großartige Moral, die Soldaten sind offen und freimütig in ihren Aussagen mir gegenüber – dafür bin ich dankbar. Alles in allem ein guter Besuch bei den „Wikinger"-Soldaten, der sich gelohnt hat.

Bernard Kouchner informiert uns, daß der griechische Außenminister Papandreou angeboten habe, Strom in das Kosovo zu exportieren. Leider hat er nicht gesagt, wie das technisch laufen soll, da die entscheidenden Überlandleitungen, die über Mazedonien laufen, infolge der Lufteinsätze zerstört sind. Eine Umleitung über Niš macht uns dagegen vom Wohlwollen Serbiens abhängig.

Thaci ruft an und bietet an, wieder zu den früheren guten Beziehungen zwischen uns zurückzukehren. Ich sage zu, wenn uns dies in der politischen Weiterentwicklung der Provinz hilft. Ich treffe mich am frühen Abend mit Dennis McNamara, um einige Animositäten, die sich zwischen KFOR und UNHCR um die Rückkehr serbischer Flüchtlinge aufgebaut haben, gemeinsam aus der Welt zu schaffen. Es ist ein sehr positives und von Freundschaft getragenes Gespräch, in dem wir alle Fragen zur gemeinsamen Zufriedenheit lösen können.

Wir fahren anschließend in das Lokal „Antika" in Priština, wohin Jolly Dixon alle vier „Pillar-Heads", Bernard Kouchner und mich zum Abendessen in kleiner Runde ohne Begleitung eingeladen hat. Mir sind die Wirtsleute und die Räumlichkeiten schon bekannt, da ich mit Thaci, Kouchner und meiner POLAD hier war. Das Restaurant ist für seine gute heimische Küche bekannt, ein Essen kostet im Schnitt etwa fünfundzwanzig Mark. In dieser Zusammensetzung und dieser Umgebung wären wir das beste Ziel für Terroristen, aber alles bleibt ruhig und freundlich. Dieses informelle Abendessen bietet die Chance, uns in kritischen Fragen abzustimmen, aber auch, einfach ohne Druck zusammenzusitzen und miteinander zu „ratschen". Ich genieße diesen Abend und bin Jolly Dixon für seine Initiative dankbar.

Freitag, der 7. Januar 2000; 92. Tag   naßkalt

Es hat sich herausgestellt, daß die angeblich jugoslawischen Hubschrauber, die in der Nähe der Luftsicherheitszone gemeldet wurden, unsere eigenen Maschinen waren. Ich hatte die Meldungen gestern noch einmal genau gegenprüfen lassen, es hat eine Menge an Fehlern gegeben. Ich bin sehr ärgerlich über diese miese Arbeit; das hätte uns nicht passieren dürfen.

Veton Surroi, der Chefredakteur von „Koha Ditore", besucht mich. Seine Hauptsorge gilt weiterhin der Lage in Mitrovica. Er empfiehlt, Mitrovica zur „freien Stadt" zu erklären und sie unter ausschließliche Kontrolle der KFOR zu stellen. Politische Ankündigungen und Absichtserklärungen einerseits und tatsächlich realisierte Schritte zu einem Neuanfang andererseits würden eklatant auseinanderklaffen; das

Fehlen einer effektiven UNMIK-Administration in der Stadt, der Stillstand bei Trepča sowie die enorm hohe Arbeitslosigkeit – all dies seien Faktoren, die kaum länger akzeptiert werden würden. Er befürchtet Unruhen und Gewalt, wenn sich die Situation nicht umgehend bessert. Ich teile Surrois Lagebeurteilung; nur bin ich leider nicht in der Lage, die sich daraus ergebenden Konsequenzen mit eigenen Mitteln umzusetzen. Ich versuche, ihm dies sehr schonend und ohne Vorwurf an andere klarzumachen, aber das interessiert ihn wenig. Für ihn ist KFOR der entscheidende Machtfaktor. Er erwartet, daß wir die Dinge, wenn sie aus dem Ruder zu laufen drohen, notfalls in die eigene Hand nehmen.

Ich bespreche diesen Punkt beim anschließenden Besuch des SACEUR, der den amerikanischen Senator John Warner, den Vorsitzenden des Armed Services Committee des US-Senates, auf seiner Reise im Kosovo begleitet. General Clark kennt die Problematik aus meinen täglichen abendlichen E-Mails sehr genau und hat vor, das Thema seinerseits mit Bernard Kouchner anzusprechen.

Senator Warner ist ein sehr energischer und immer noch dynamischer, erfahrener „alter Hase" in der Politik, der gekommen ist, um zu sehen, wo sein Land bei der weiteren Entwicklung des Kosovo helfen kann. Ich stelle ihm die deutlich verbesserte Sicherheitssituation vor, verweise aber auf die unzureichenden finanziellen Mittel und auf das fast völlig fehlende Justizsystem sowie auf die zu geringen Polizeikräfte. Mir fehlten die dringend notwendigen Aufklärungsmittel und Aufklärungstruppen, um besser Bescheid zu wissen, was innerhalb des Kosovo und an seinen Randgebieten wirklich abläuft.

Bernard Kouchner unterstreicht die unzureichende Hilfe der Internationalen Gemeinschaft bei der Beschaffung von Geld, bei der Bereitstellung von Richtern und Staatsanwälten sowie bei der Polizei. Er fühlt sich im Stich gelassen und weist Senator Warner darauf hin, daß wir dringend Anti-Terror- und Anti-Drogen-Polizeispezialisten benötigen. Er beklagt – völlig zu Recht –, daß wir wieder und wieder die dazu erforderlichen Anforderungen gestellt und Bitten vorgetragen hätten, was jedoch weitgehend ohne Reaktion geblieben sei. Senator Warner verspricht, sich im US-Congress um diese Dinge zu kümmern und sagt seine Hilfe zu. Er zeigt sich sehr beeindruckt von der Leistungsbilanz der multinationalen KFOR-Streitkräfte.

Ich spreche den SACEUR darauf an, daß wir für die britischen Angehörigen der Royal Air Force, die für die Abwicklung des Flugbetriebes in Priština verantwortlich sind, umgehend Ersatz benötigen, da die Briten diese Kräfte im Juni abziehen werden.

Die Italiener zeigen ein gewisses Interesse, da sie bereits einen eigenen kleinen Flugplatz bei Djakovica betreiben. Eine Entscheidung wird bald benötigt, um die Übergabe einer so weitreichenden Verpflichtung zu regeln.

Im Nachgang zur Festnahme von Thacis Bruder hat es beträchtlichen Ärger gegeben. Bei der Durchsuchung seiner Wohnung wurden erhebliche Geldbeträge – man spricht von über einer Million DM – gefunden, die wohl aus zweifelhaften Geschäften herrühren. Unnötigerweise hat sich die UNMIK-Polizei darangemacht, auch die Parteizentrale und die Wohnung Thacis überprüfen zu wollen, was dazu führte, daß Thaci völlig ausrastete, alle Zusammenarbeit mit UNMIK und KFOR aufkündigte und Bernard Kouchner erneut den Fedehandschuh hinwarf. Er beschuldigt die Internationale Gemeinschaft der „Sippenhaftung" und besteht auf einer Ehrenerklärung für seine Partei und den Rest seiner Familie. Er kommt am Nachmittag in unsere Routinesitzung und stellt Bernard Kouchner praktisch ein Ultimatum. Er kocht und ist Argumenten kaum noch zugänglich, droht, alles endgültig hinzuwerfen. Ich versuche zu vermitteln und beruhigend einzuwirken, aber ohne großen Erfolg. Die Emotionen schlagen hoch, es gilt, die Situation, die völlig aus der Hand zu gleiten droht, noch zu retten. Unglücklicherweise sitzt Kouchner am kürzeren Hebel, da seine Polizei nicht sehr klug vorgegangen ist. Wir setzen uns daher zusammen und formulieren gemeinsam eine Presseerklärung mit einer Entschuldigung für das Vorgehen der Polizei. Nach langer Überlegung unterschreibe auch ich das Papier, obwohl KFOR hiervon überhaupt nicht betroffen war. Einige Herren meines Stabes machen mir deswegen – wahrscheinlich zu Recht – Vorwürfe, aber mir geht es jetzt vor allem um die Solidarität mit Bernard Kouchner, den ich in dieser für ihn äußerst prekären Lage nicht alleinlassen möchte. Thaci muß wissen, daß ich voll zu Kouchner stehe. Natürlich werden wir uns diesbezüglich böse Bemerkungen bei der Presse einhandeln, aber wir können in der Tat wegen eines Fehlers, den der Bruder gemacht hat, nicht die ganze Familie Thaci und seine Partei in den Fall einbeziehen, solange wir keine konkreten Hinweise über deren Mittäterschaft haben; und die fehlen völlig.

Nach diesem sehr dramatischen Nachmittag verabschieden wir – mit Bernard Kouchner – am Abend meinen französischen Stellvertreter, Generalmajor Jean-Claude Thomann. Jean-Claude Thomann ist mir ein sehr loyaler, ein besonders vertrauter und damit überaus wichtiger Mitarbeiter geworden, auf dessen Rat ich mich jederzeit uneingeschränkt verlassen habe. Er ist ein Mann der klugen Analyse, der scharfen Beobachtung und eines hohen Intellekts, der die richtigen Schlußfolgerungen zu ziehen vermag. Ich habe seine Selbständigkeit ganz besonders geschätzt. Er war dauernd auf Achse, fragte nicht viel, handelte und trug dann die Ergebnisse vor. Er ist ein Mitarbeiter auf höchster Ebene, wie man ihn sich nicht besser wünschen kann. Seine Arbeit in der Strategischen Arbeitsgruppe war initiativ – letztendlich unbezahlbar. Er wird mir mit seinem klugen Rat, mit seinem enormen Wissen von den Dingen im Kosovo sowie mit seinen blendenden Verbindungen zu allen relevanten Gruppen sehr fehlen. Jean-Claude Thomann wird in Nantes einen Divisionsstab übernehmen.

Samstag, der 8. Januar 2000; 93. Tag dicker Nebel, sehr hohe Luftfeuchtigkeit

Der Vormittag ist der sonst erst am Sonntag üblichen Generalrunde mit dem Thema „Weiterentwicklung des Kosovo Protection Corps" gewidmet. Ich hatte dafür den Leiter der Joint Implementation Commission, Brigadegeneral von Senden, beauftragt, uns seine Überlegungen für die nächsten Schritte der Aufstellung und der Ausbildung des KPC vorzutragen. Wir alle stimmen letztlich seinem Ansatz zu. Es ist uns klar, daß vor der Rückkehr Çekus nicht viel laufen wird, daß wir dann aber höllisch Dampf machen müssen, um die von uns gesetzten Termine noch einzuhalten.

Ich fliege am Nachmittag zur MNB (S), um mich vom neuen Team des Brigadegenerals Kather in die Lage einweisen zu lassen. Oberst i. G. Hans-Lothar Domröse, der junge Chef des Stabes, trägt sehr konzentriert und überzeugend vor. Ich bin beruhigt zu sehen, daß die „Neuen" die Sache bereits fest und sicher im Griff haben. Wir marschieren

324

etwa zwei Stunden mit einem Spähtrupp durch die Stadt Prizren, die einen ordentlichen Eindruck macht. General Kather und ich besuchen das Regionalkommando 2 des KPC unter Vesseli, der keinen sehr starken Eindruck hinterläßt. Ich wiederhole zum x-ten Mal meine Botschaft an das KPC: Es genüge nicht, zurückzusehen und sich in Erinnerungen an die „guten Zeiten" der UÇK zu ergehen, sondern wir müßten gemeinsam eine völlig neue Organisation aufbauen, die zivil strukturiert sei und zivile Aufgaben im Wiederaufbau und im Umweltschutz erhalte. Ich verweise auf die Abmachung, die jegliche Beteiligung des KPC in Fragen von Recht und Ordnung untersage, und mache deutlich, daß nur die strikte Umsetzung dieser Punkte die erforderlichen Mittel durch die Internationale Gemeinschaft aufkommen lasse. Die Fragen der jungen Männer zeigen leider immer noch, wie wenig sie über diese Grundsatzfragen informiert sind, wie sehr sie stattdessen alten Ideen anhängen. Wir haben noch viel Überzeugungsarbeit zu leisten.

In der Besprechung mit UNMIK heute abend gehen wir die weiteren Schritte für die Koordinierung der Aufstellung und der Ausbildung des Kosovo Protection Corps durch, die wir heute vormittag verabschiedet hatten. Wir werden uns in allen wichtigen Punkten einig und akzeptieren den von den Männern der Joint Implementation Commission erarbeiteten Ablaufplan als weitere Grundlage.

Ich habe Interviews mit Johannes Dieterich von der „Woche", mit der „Bunten" und mit dem hiesigen albanischen Magazin „Nin".

Zum Abendessen fahre ich nach Podujevo, wo mich die „1st The Queens Dragoon Guards" zum Regimental Dinner eingeladen haben. Es ist bemerkenswert, mit welcher Gelassenheit die Briten auch hier unter eher widrigen Umständen ihre langjährige Tradition pflegen und wie offen und unbefangen die jungen Offiziere mit mir diskutieren. Sie nehmen mich in ihre Mitte, ich fühle mich als einer der ihren. Gott sei Dank hält der Kommandeur, Lieutenant Colonel Patrick Andrews, keine Rede, sondern zelebriert das festliche Abendessen in lockerer Form. Es ist ein wunderbarer Abend, allerdings ist die Rückfahrt ein Alptraum. Der Nebel ist so dick, daß zeitweise einer meiner Begleiter vorwegläuft, damit wir nicht von der Straße abkommen. Für die rund dreißig Kilometer brauchen wir mehr als drei Stunden; entsprechend sind alle ziemlich kaputt, als wir endlich gegen 02.00 Uhr unsere Container erreichen.

Ich habe zu einer erweiterten Besprechung zum Generalthema Orahovac eingeladen. Es kommen alle Fachleute, so der Kommandeur der MNB (S), der neue Kommandeur des niederländischen Bataillons, Oberstleutnant Jan Maernen, der Regionaladministrator der UNMIK für Orahovac und Prizren, Mr. Kharass Kane aus Mauretanien, der Vertreter der OSZE, Mr. Anthony Thompson, die Vertreterin von UNHCR, Astrid van Geldern, und noch weitere dort eingesetzte Spezialisten. Es erscheint kaum glaubhaft, aber die meisten aus diesem Kreis hatten sich bis zum heutigen Tag noch nicht gesehen, und dies, obwohl sie es sind, die sich von Amtes wegen um die Menschen in Orahovac zu sorgen haben und deswegen ihre Aktivitäten eng miteinander abstimmen müßten. Orahovac ist dabei nur ein Symptom für unsere Gesamtlage. Wenn wir heute nur erreicht hätten, daß sich diese Leute endlich zusammensetzen und in ihren Vorhaben abstimmen, dann würde ich das Treffen schon als Erfolg ansehen. Wir erreichen aber viel mehr.

Wir erarbeiten den Plan für einen gemeinsamen Besuch mit Bischof Artemije am 19. des Monats. Hier geht es vor allem um die Verbesserung der Bewegungsfreiheit der Serben in der Stadt und in Velika Hoča, um ein Aufbrechen der Isolation durch den Bustransport, um Verbesserungen in der Wasser- und Stromversorgung, um Unterstützung beim Aufbau serbischer Geschäfte, um eine bessere medizinische Versorgung und um ein Büro von UNMIK, das bei auftretenden Problemen als erste Ansprechstelle rund um die Uhr offen sein soll. Außerdem sollen die Schulsituation für die Serben verbessert und die Informationspolitik offensiver gestaltet werden. Wir einigen uns in allen Punkten.

Schließlich trägt Brigadegeneral Schmitt die nächsten Schritte unserer Bemühungen vor, die russischen Streitkräfte in die Nähe der Stadt zu bringen; allerdings werden wir keinen dieser Schritte vor Ende des Monats umsetzen. Grund für diese Verzögerung ist, daß wir die gut angelaufenen Gespräche am runden Tisch, die wir zwischen den Serben und den Albanern arrangiert haben, nicht mit vollendeten Tatsachen belasten wollen.

Der so lange und heftig umstrittene Bustransport, den ich dann auf meine Kappe genommen und einseitig durchgesetzt hatte, wird in der

Zwischenzeit angenommen. Die Befürchtungen, daß er als Mittel für einen Exodus der Serben umfunktioniert werden könnte, haben sich als haltlos erwiesen. Fast alle Serben, die für ein paar Tage aus Orahovac weggefahren sind, sind zurückgekehrt.

Die Katastrophenmeldung am Abend bringt Bernard Kouchner: Kosovo A läuft überhaupt nicht mehr, Kosovo B ist kurz vor dem Kollaps. Die von uns mehrfach geforderte Emergency Group existiert nicht, jeder zieht seine eigenen Stränge. Ich biete sofort unsere Hilfe an, um Joan Pears zu unterstützen. Die Frage ist, ob wir überhaupt noch genügend Brenndiesel haben.

Jolly Dixon hat mich zum Abendessen in seine Villa eingeladen. Wir kauen die unbefriedigende Lage beim Wiederaufbau und bei der Energieproduktion durch, wir reden über Trepča und die Notwendigkeit, dort einen Hauptverantwortlichen einzusetzen. Ein Geldgeber hat sich immer noch nicht gefunden, die Aussichten sind grau. Gegen 22.00 Uhr stößt die völlig erschöpfte Joan Pears zu uns, hungrig wie ein Wolf und ausgepowert. Sie kommt aus der Sitzung, in der es um Kosovo A gegangen war. Auf meine Frage, was nun entschieden worden sei und ob noch Diesel vorhanden wäre, kam die lakonische Antwort: „Ihre Jungs von KFOR kümmern sich darum!"

Montag, der 10. Januar 2000; 95. Tag   eiskalt

Ich habe heute dem SACEUR wegen unserer Ablösung einen Brief geschrieben und auf eine rasche Entscheidung gedrängt. Uns läuft die Zeit davon; ich bin ja voll einverstanden, daß ich mit einigen Männern des Schlüsselpersonals für ein Jahr hier bleibe, aber manche werden nicht bleiben können, so mein Chef des Stabes, der in den Ruhestand versetzt wird, oder Brigadegeneral Schmitt, den die US-Army zurückfordert. Entscheidend ist aber unser Versprechen, das wir den Männern und Frauen meines Stabes gegeben haben, nämlich Ostern wieder daheim zu sein. Wir müßten jetzt bereits mit unseren Nachfolgern Kontakte knüpfen und mit ihnen die Übergabe absprechen, dabei wissen wir noch gar nicht, wer uns wirklich ablösen wird. Natürlich weiß ich, daß nicht SHAPE blockiert, sondern daß zwei Nationen aus der Südregion ihr

Veto gegen das EUROKORPS eingebracht haben, aber langsam wird es eng. Ich möchte dieses Thema mit dem Bundesverteidigungsminister Scharping anläßlich meiner bevorstehenden Reise nach Deutschland besprechen, denn schließlich ist Deutschland beim derzeitigen Einsatz immer noch „Lead Nation."

Sehr aufschlußreich ist der Besuch von Adem Demaci, dem „Nelson Mandela des Kosovo". Er ist ein glühender Vertreter eines unabhängigen Kosovo, dem er alles opfern will. Es entwickelt sich ein interessantes Treffen, allerdings mehr aus analytischer als aus operativer Sicht. Für Demaci ist die Lage eindeutig: Die Mitglieder der derzeitigen politischen Klasse im Kosovo sind ausnahmslos Verbrecher; sie gehörten alle abgesetzt und eingesperrt, wir sollten ihnen den Prozeß machen. Das Kosovo brauche für eine Übergangzeit von etwa fünf Jahren einen „Polizeistaat", der für Ruhe und Ordnung zu sorgen habe und den UNMIK führen solle. Während dieser Zeit könnte die Staatengemeinschaft die gesamte Infrastruktur wieder aufbauen: neue Kraftwerke, neue Industrien, alles neu. Geld dafür sei ausreichend vorhanden, Europa solle dafür zahlen.

Außerdem solle KFOR ein Netz albanischer „Kollaborateure" oder Spione aufbauen. Diese sollten als „Blockwarte" in den Häusern und unter der Bevölkerung leben, uns alle relevanten Trends melden und jegliche Information heranschaffen, die wir bräuchten. Jeder Dissident würde ins Gefängnis geworfen. Nach diesen fünf Jahren der politischen „Reinigung" würde das Land als demokratische Gesellschaft neu „geöffnet", und die politische Macht könnte dann an die lokale Bevölkerung zurückgegeben werden. Es versteht sich unter diesen Umständen von selbst, daß für Serben und einige der anderen ethnischen Minderheiten in diesem unabhängigen albanischen Kosovo kein Platz mehr wäre; aber sie könnten laut Demaci ja rechtzeitig „auswandern". Soweit zum Thema „Elder Statesman des Kosovo". Die lange Zeit in serbischen Gefängnissen hat seinen persönlichen Demokratisierungsprozeß sicherlich nicht beflügelt.

Ich fliege anschließend zum Stab der MNB (W) und werde dort in die derzeitige Lage bezüglich der Zusammenarbeit mit dem KPC, über die örtliche Sicherheit sowie über die serbische Minderheit in Goraždevac eingewiesen. Wir habe Glück mit dem Wetter, denn die Piloten haben die beiden einzigen Wolkenlöcher gefunden, um von „Film-City" aus zu starten und in Peć zu landen. Die gerade neu eingetroffenen spanischen Offiziere beteiligen sich bereits voll am Lagevortrag und machen dies schon wie „alte Hasen". Die Sprache wird in einem Stab ohne englische Muttersprachler stets eine Herausforderung bleiben. Aber unter der starken Führung von Brigadegeneral Giuseppe Gay machen sie das ausgezeichnet.

Der Nachfolger von Generalmajor Thomann als DCOM OPS, Generalmajor Louis Le Mière, traf heute ein. Er ist Panzeraufklärer und verfügt aus einer Verwendung im Büro des Premierministers über reichliche praktische Erfahrung auf dem Gebiet der Politik. Die wird er auch brauchen. General Le Mière ist ein älterer, vertrauenerweckender General, der die für ihn neue Aufgabe eigentlich sehr gern übernimmt, der aber befürchtet, wegen seiner Englischkenntnisse seinen Posten nicht gut genug ausfüllen zu können. Ich mache ihm Mut und denke, daß wir uns nach einem ersten „Beschnuppern" gut verstehen werden. Ich freue mich jedenfalls auf die Zusammenarbeit mit ihm.

Die lange Geschichte der Stromversorgung geht weiter. Nach den Recherchen der italienischen Carabinieri sieht es so aus, daß ein großer Teil des als „gestohlen" gemeldeten Betriebsstoffes tatsächlich in dem Kraftwerk verbrannt wurde, für das er bestimmt war. Der tägliche Verbrauch in Kosovo A und B ist wohl viel höher, als man bei UNMIK bisher angenommen hatte. Vielleicht wird oder wurde der Diesel auch von dort weiter verschoben, da es vor Ort in den Kraftwerken keine Dienstaufsicht gibt. Keiner kann uns dort wirklich genau sagen, wieviel Betriebsstoff sie geliefert bekommen und wieviel sie verbraucht haben.

In Mitrovica haben wir vor ein paar Tagen festgestellt, daß im Bereich der Batterie-Fabrik die großen Behälter, die Ammoniak und andere giftige Chemikalien enthalten, durchgerostet sind. Ammoniak tropft ins Grundwasser. Mario Morcone, der neue UNMIK-Administrator, hat daher italienische Feuerwehrspezialisten aus Maestre besorgt, die diese Umweltbombe beseitigen und die Chemikalien per Kesselwagen abtransportieren sollen. Noch wissen wir allerdings nicht, wohin mit dem giftigen Zeug.

Außerdem sind die elektrischen Pumpen in Stari Trg ebenso ausgefallen wie der Förderaufzug, der aus Sicherheitsgründen nicht mehr genutzt werden kann. Von den drei Haltekabeln sind zwei gerissen, die Kabine hängt buchstäblich an nur noch einem Faden. Wir brauchen dringend Geldgeber, um die erforderlichen Sicherheitsminima herzustellen, sonst könnte es in diesem über 2000 Jahre alten Bergwerk leicht Tote geben.

Ich habe ein sehr trauriges und mich bedrückendes Gespräch, zu dem ich mich gegen den Rat meiner Fachleute bereiterklärt habe. Mich besuchen zwei junge serbische Mädchen im Teenageralter und eine serbische Frau. Den Mädchen ist der Vater, der Frau der Ehemann gekidnappt worden. Beide Männer sind Lehrer aus Štrpce, die am 22. September 1999 zur Schulleitung nach Uroševac gebeten wurden – und seitdem verschwunden sind. Ich erinnere mich an diesen Vorfall, da ich an diesem Tag bei der MNB (E) meinen ersten Besuch machte und diese Entführung in den Besuch hinein gemeldet wurde; Brigadegeneral Peterson hatte damals sofort reagiert und eigene Kräfte angesetzt, um die ganze Gegend abzusperren und nach den Vermißten zu suchen, damals und seither aber ohne Erfolg. Seit dieser Zeit wird ermittelt; ich habe mich mit dem Fall sehr intensiv und x-mal befaßt. Wir wissen, wer der albanische Schulleiter war, bei dem sich die verschwundenen Männer gemeldet haben. Der Schulleiter wurde sogar für längere Zeit festgenommen und saß in Camp Bondsteel ein, mußte aber aus Mangel an Beweisen wieder auf freien Fuß gesetzt werden.

Ohne neue Fakten können ihn die Amerikaner nicht wieder einsperren. Die Ehefrau des einen und die Töchter des anderen Vermißten sind verzweifelt und werfen KFOR vor, nicht genug für die Aufklärung getan zu haben, da ihre Männer ja „nur" Serben seien. Mich trifft diese Anklage schwer, denn beide Brigadekommandeure, die Brigadegenerale Peterson und Sanchez, der amerikanische Bataillonskommandeur in Uroševac, Lieutenant Colonel Mike Ellerbee, der am heutigen Gespräch teilnimmt und ebenso betroffen ist wie ich, meine Rechtsberater, die amerikanische Militärpolizei und auch ich selbst – wir alle haben uns seit Monaten intensiv um die Aufklärung dieses traurigen Falls bemüht, leider ohne jeden Erfolg. Ich habe im Gespräch mit den Frauen, die mir unsagbar leid tun und deren Männer Schicksal mir sehr naheigeht, ein sehr ungutes Gefühl. Die Frauen, vor allem die Ehefrau, die völlig verzweifelt ist und kurz vor dem Wahnsinn steht, verstehen die Welt nicht mehr und machen uns bittere Vorwürfe. Ich verstehe das aus ihrer Sicht sehr wohl und würde wohl ähnlich reagieren. Ich fühle mich elend, weil ich nicht helfen kann.

Dienstag, der 11. Januar 2000; 96. Tag   kalt

Wir haben heute im Internet herausgefunden, daß Senator John Walker, der uns kürzlich zusammen mit dem SACEUR besucht hat, ein großer Anhänger der „Albanian American Civic League" ist. Diese Organisation „ist gegen die Bemühungen der UN-Administration, ein sogenanntes multikulturelles Kosovo zu schaffen". Diese Organisation ist gegen die Demilitarisierung der UÇK und behauptet, Multi-Ethnizität sei „obszön und absurd". Sie fordert die politische Unabhängigkeit des Kosovo innerhalb eines Großkosovo. Ein toller Gast, dieser Senator, der sich so nachhaltig für unsere Sache einzusetzen versprach!

Unsere Kommandeursbesprechung befaßt sich wieder einmal hauptsächlich mit der Überwachung und der Unterstützung des Kosovo Protection Corps. Wir haben zudem über die logistischen Anstrengungen gesprochen, die für die Gewährleistung eines sicheren Betriebs von Kosovo A und B erforderlich sind. UNMIK ist bei diesem Auftrag überfordert; es scheint hoffnungslos, sich auf diese „Fachleute" verlassen zu wollen. Wir müssen deren Unzulänglichkeiten ständig ausbügeln. Ein Desaster ist bisher nur dadurch vermieden worden, daß KFOR immer wieder als „Feuerwehr" einspringt.

Brigadegeneral Poncet meldet, daß alle UNMIK-Fahrzeuge in Mitrovica „gestrandet" seien. Die Tanks seien leergefahren, da es bei UNMIK keinen Sprit mehr gibt. Damit kann sich auch die UNMIK-Polizei nur noch zu Fuß bewegen. Der für Sprit Zuständige ist wie alle anderen Leute der örtlichen UNMIK-Vertretung in Urlaub gefahren. Natürlich helfen die Franzosen aus, um die Polizei wieder rollfähig zu machen.

Noch unglaublicher ist, daß der japanische UNMIK-Verantwortliche in Srbica, Ken Inway, Sami Lushtaku im City Council, in dem dieser von Rechts wegen gar nicht sitzen darf, aus Mitteln von UNHCR

15.000 DM zur Verfügung gestellt hat, um Transporte für UNHCR zu übernehmen, nachdem die Bevölkerung den an sich kostenlosen Transport durch die dort stationierten Russen weiter blockiert. Damit wird ein untragbares Verhalten der albanischen Bevölkerung im Drenica-Tal letztendlich belohnt, ein Verhalten, hinter dem aller Wahrscheinlichkeit Sami Lushtaku selbst steht; uns fehlen allerdings noch die Beweise, er leugnet alles ab. Wir hatten uns mit UNHCR vorher geeinigt, hier im Interesse der Russen hart zu bleiben. Wenn die Leute nichts von den Russen nehmen wollen, dann sollten sie auch von anderen nichts bekommen. Nun passiert dieser organisierte Irrsinn, der alles konterkariert, was KFOR in diesem Bereich zu regeln versucht.

Die amerikanische Brigade MNB (E) informiert uns über zunehmende Gewalt innerhalb der albanischen Bevölkerung in Vitina sowie gegen die serbische Minderheit in und um in Gnjilane. Wir können allerdings keine direkte Verbindung zu den Vorgängen entlang der Sicherheitszone herstellen; die Amerikaner sind aber unruhig, denn bisher gab es in ihrem Sektor die wenigsten Vorfälle.

Am Nachmittag besucht uns der amerikanische Kongreßabgeordnete Jerry Lewis. Mir ist schleierhaft, warum er überhaupt gekommen ist, denn er hat kein Interesse, keine Zeit und keine Ahnung, was hier überhaupt läuft. Wir sind wohl nur ein Punkt für die Presseberichterstattung.

Ich nehme mir viel Zeit für ein langes Gespräch mit Ramush Haradinaj, den ich auch zum Abendessen mit der Generalsrunde mitnehme, wodurch er sich sehr geehrt fühlt. Unsere Unterhaltung ist sehr substantiell und konstruktiv, wir liegen auf einer Wellenlänge. Mit ihm könnten wir nun alle noch offenen Fragen für den weiteren Aufbau des Kosovo Protection Corps problemlos und in gegenseitiger Übereinstimmung durchziehen. Entscheidend bleibt die Frage, wie Çeku nächste Woche reagieren wird, wenn er aus Kroatien zurückkommt. Ich hatte ihm auf seinen Brief bewußt nicht geantwortet und seitdem von ihm nichts mehr gehört.

Bernard Kouchner hat es geschafft, die ersten sieben Ressorts seiner künftigen gemeinsamen Übergangsregierung (IAC) auf die Beine zu stellen; zwei gehen an Rugova, zwei an Thaci, zwei an Qosja, eins an die Unabhängigen – kein schlechter Anfang.

Ich gratuliere ihm zu diesem Erfolg, stelle dem aber dann etwas sarkastisch die Situation in Mitrovica, in Srbica und Gnjilane entgegen, worüber Bernard gar nicht lachen kann. Leider fehlt auch immer noch der Notplan für die Energie- und die Wasserversorgung, auf dessen Aufstellung wir uns bereits am 17. November und dann erneut am 4. Dezember 1999 geeinigt hatten. Angesichts der Anfälligkeit von Kosovo A und B sowie der damit verbundenen Wasserversorgung brauchen wir einen solchen Katastrophenplan und einen dafür Verantwortlichen bei UNMIK, aber es gibt nur „Fehlanzeige".

Ich lade zum heutigen Abendessen meiner Generalsrunde den deutschen Botschafter bei UNMIK, Dr. Klaus Bönnemann ein, der gerne an unseren Strategiesitzungen teilnehmen möchte, um besser informiert zu sein, was dort mittel- und langfristig geplant wird. Ich sage ihm dies von unserer Seite aus gern zu.

Mittwoch, der 12. Januar 2000; 97. Tag   winterlich kalt

Oberleutnant d. Res. Jan Marberg von der „Truppenpraxis" kommt zum Interview über die Lage im Kosovo und über die Situation bei den deutschen Truppen im besonderen.

Ihm folgt der deutsche evangelische Militärbischof Löwe, mit dem ich zusammen Kaffee trinke. Seine Fragen zeigen mir, wie intensiv er sich auf seinen Truppenbesuch in Prizren vorbereitet hat. Bischof Löwe ist bemerkenswert gut informiert und quetscht mich zur weiteren Entwicklung aus. Es macht einfach Freude, mit Besuchern zu sprechen, die sich auskennen und die wirklich interessiert sind. Manche benutzen uns eher als „Durchlauferhitzer", wie meine Männer vom Protokoll dies wenig amüsiert nennen. Er bringt mir geistige Literatur mit, über die ich mich sehr freue.

Ich fliege nachmittags nach Skopje, um mir für den dortigen Teil meines Stabes ausreichend Zeit zu nehmen und mich um dessen Probleme zu kümmern. Derzeit steht glücklicherweise nichts an, wo ich sofort tätig werden müßte, zumal der Commander KFOR Rear in den vergangenen Tagen mehrmals in Priština war, wo wir die notwendigen Dinge absprechen konnten. Ich lasse mir dennoch einen ausführlichen Lagevortrag geben, um mit den Offizieren des Stabes in Skopje besser ins Gespräch zu kommen und sie näher kennenzulernen. Sie sollen nicht den Eindruck gewinnen, ich hätte an ihrer Arbeit kein Interesse, ganz im Gegenteil: Sie liefern mir in Skopje die Basis, auf der ich in Priština aufbauen kann. Ich habe den Eindruck, daß Oberst i.G. Helms, der Chef des Stabes, seine Männer gut einsetzt und genau weiß, was in seinem Stab vorgeht. Ich bin froh, ihn an dieser exponierten Stelle zu wissen.

Ich fliege am Spätnachmittag nach Frankfurt und komme gegen 22.00 Uhr in meinem Appartement in Heidelberg an.

Donnerstag, der 13. Januar 2000; 98. Tag   in Deutschland

Ich fahre am Vormittag nach Ramstein, um am Kommandowechsel von General John Jumper zu General Greg Martin teilzunehmen. John Jumper ist ein sehr kritischer, ausgesprochen intellektuell veranlagter Offizier der US Air Force, zu dem ich einen guten Draht gefunden hatte. Wir haben von beiden Seiten aus alles darangesetzt, das Verhältnis zwischen den Land- und den Luftstreitkräften zu verbessern und die geistigen Trennmauern einzureißen, die unsere beiden Teilstreitkräfte immer noch voneinander abschotten. Wir haben in Deutschland viele Stunden über die Möglichkeiten der engeren Zusammenarbeit diskutiert und Wege beschritten, die im nachgeordneten Bereich nicht immer akzeptiert worden waren, da man dort noch nicht so weit zur Kooperation bereit war wie wir. John und ich sind in diesen langen Besprechungen, in unseren gemeinsamen Übungen und im gemeinsamen Vorgehen gegen manch anderen zu guten Freunden geworden. Ich sehe ihn ungern gehen und hoffe, mit General Greg „Speedy" Martin einen ähnlichen Partner zu finden, um auf der bisher geschaffenen Basis von Gemeinsamkeiten weiterzuarbeiten.

Der ganze Nachmittag und der nächste Tag gehören dem Stab in Heidelberg.

Freitag, der 14. Januar 2000; 99. Tag   in Deutschland

Ich spreche eine Reihe wichtiger Fragen mit dem Stab in Heidelberg durch und stimme mit Generalmajor Geert Bastiaans, meinem Chef des Stabes, die wichtigsten Vorhaben für die Zeit nach unserer Rückkehr ab.

Am Nachmittag Heimfahrt mit der Bundesbahn nach Koblenz.

Samstag, der 15. Januar 2000; 100. Tag   in Deutschland

Ich feiere meinen 59. Geburtstag im Kreise der Familie und mit wenigen Freunden.

Sonntag, der 16. Januar 2000; 101. Tag   in Deutschland

Urlaubstag daheim. Ich stelle fest, daß ich nicht abschalten kann. Es ist für mich fast so, als ob ich in eine irreale Welt versetzt worden wäre, wenn ich erlebe, wie sich die Menschen hier in den Aktivitäten des Karnevals ergehen und die Sorge haben, ob sie auch das richtige Kostüm ausgewählt haben, während wir dort unten in einer völlig anderen Welt leben.

Montag, der 17. Januar 2000; 102. Tag   in Deutschland

Vormittags fliege ich von Frankfurt nach Berlin, um ab 15.00 Uhr an einer Staatssekretärrunde im Auswärtigen Amt teilzunehmen. Vor dem Treffen sehe ich den Staatssekretär im Bundesministerium der Verteidigung, Dr. Wichert, der mir auf meine Bitte rund 10.000 alte Arbeitsanzüge für die Männer des Kosovo Protection Corps spontan zusagt: Endlich eine positive Reaktion, ich freue mich sehr.

Staatssekretär Ischinger begrüßt Dr. Bernd Wulffen, der ebenfalls aus dem Kosovo angereist ist, und mich sehr freundlich. Ich trage zur Sicherheitslage und zum Sachstand beim Aufbau des KPC vor, Bernd

Wulffen zur wirtschaftlichen Situation. Wir machen beide glasklar, daß wir ohne ausreichende finanzielle Mittel unseren bisherigen Erfolg verspielen würden. Es ist interessant, daß im weiteren Verlauf der Debatte weniger die Frage der Hilfe für das Kosovo als vielmehr die der finanziellen Zuständigkeiten der jeweiligen Ressorts im Vordergrund steht. Man einigt sich schließlich darauf, die in diesem Jahr für das Kosovo erforderlichen Gelder zur Weiterführung der Arbeiten der Bundeswehr und des Technischen Hilfswerkes aus den von Deutschland für den „Stabilitätspakt" bereitgestellten Mitteln abzuzweigen. Das geht m. E. aber nicht, da die Mittel des „Stabilitätspaktes" ausschließlich zu Stabilisierung der Länder der Region um Jugoslawien herum bestimmt sind. Man scheint wohl nicht ausreichend informiert zu sein, daß das Kosovo völkerrechtlich immer noch ein Teil der ehemaligen Republik Jugoslawiens ist, für die die Wohltaten des „Stabilitätspaktes" gar nicht vorgesehen sind. Dementsprechend sind sie auch nicht für das Kosovo zu verwenden.

Ich wundere mich über diese Kenntnislage und mache sie in der anschließenden Pressekonferenz zum Thema. Ich werde gefragt, wie oft ich bereits mit Bodo Hombach, dem Koordinator des Stabilitätspaktes zusammengekommen sei. Meine knappe Antwort lautet, daß ich Bodo Hombach „nicht kenne und ihn noch nie gesehen habe". Noch am gleichen Abend habe ich eine Agenturmeldung von Reuters auf dem Tisch, wonach ich Bodo Hombach „scharf kritisiert" hätte. Nichts lag mir ferner als das, denn ich kenne Bodo Hombach überhaupt nicht. Ich wollte mit meiner Äußerung nur deutlich machen, daß wir im Kosovo mit Mitteln des „Stabilitätspaktes" nicht rechnen könnten, sondern daß die dringend erforderlichen Mittel aus anderen Quellen kommen müßten.

Dienstag, der 18. Januar 2000; 103. Tag   Berlin

Verteidigungsminister Rudolf Scharping hat mich in sein Büro zum Frühstück eingeladen. Er ist über meine Bemerkung zu Hombach und über die Überschrift in der Zeitschrift „Die Woche" gar nicht glücklich, denn da heißt es: „Abenteuerlich dumm. KFOR-Kommandant Klaus Reinhardt über die Versäumnisse des Westens im Kosovo". Ich versuche, dem Minister den Hintergrund des Gesprächs und meiner tiefen Sorgen zur weiteren Entwicklung des Kosovo deutlich zu machen, habe dabei aber wohl keinen großen Erfolg. Wir sprechen dann über grundsätzliche Fragen zu weiteren Ausrüstungs- und Finanzhilfen für das Kosovo, hier insbesondere für das Kosovo Protection Corps, sowie über die Notwendigkeit einer baldigen Entscheidung zum Kontingentwechsel durch das EUROKORPS und zu der damit verbundenen Ablösung meines Stabes. Ich reiße im Gespräch mit dem Generalinspekteur die gleichen Themen an. Mir wird sehr deutlich, daß das Kosovo auf der deutschen Tagesordnung nicht mehr ganz oben steht.

Der Verteidigungsminister war so freundlich, mir eine Maschine der Flugbereitschaft der Bundeswehr für den Rückflug von Berlin nach Skopje zur Verfügung zu stellen, so kann ich am frühen Nachmittag in Priština das zweite UNMIK/KFOR-Strategieseminar leiten.

Die heutige Runde befaßt sich primär mit der Struktur des künftigen Interim Administration Council und mit den Auswirkungen bei Nichteinhaltung der politischen Vorgaben. Die entscheidende Frage lautet, was wir tun, wenn Thaci oder Rugova die bestehenden politischen Strukturen ihrer bisherigen „Regierungen" nicht auflösen sollten. Der wichtigste Bereich, um den wir uns Sorgen machen, das sind die „Polizeikräfte" von Thaci und Bukoshi. Wir wollen aus diesem Bereich insgesamt rund 600 ehemalige Polizisten auswählen. Wir beschließen, eine gemeinsame UNMIK/KFOR-Planungsgruppe einzurichten, die sich mit diesen Fragen eingehend befaßt und einen „Sanktions-Katalog" erstellt.

Für jedes Department (Ministerium) wollen wir eine Doppelspitze, bestehend aus einem Fachmann von UNMIK und einem örtlichen Politiker/Fachmann, einrichten; für fünfzehn der insgesamt neunzehn Departments ist die Personalfrage weitgehend gelöst. Die vier Ministerien, die durch die Vertreter der Minderheiten besetzt werden sollen, sind noch offen.

Bei der anschließenden UNMIK-Besprechung haben wir eine längere Diskussion über das Kosovo Protection Corps. Çeku ist aus seinem Urlaub zurückgekehrt und hat eine Reihe neuer Vorstellungen. Wir haben daher noch für den späten Abend eine weitere Besprechungsrunde bei Bernard Kouchner mit Jock Covey, General Çeku und Ramush Haradinaj festgesetzt. Ich kann Çeku schließlich überzeugen, auf die militärischen Dienstgrade endgültig zu verzichten und die von uns neu entworfenen Funktionsabzeichen zu akzeptieren. Es scheint, als hätten wir eine Schlüsselfrage geklärt.

Während meiner Abwesenheit ist in Vitina ein albanisches Mädchen von einem amerikanischen Soldaten vergewaltigt und anschließend getötet worden. Generalmajor Mazzaroli hat in meinem Auftrag der Familie des getöteten albanischen Mädchens einen Beileidsbesuch abgestattet. Ein bemerkenswerter Besuch, denn der Vater entschuldigte sich dafür, daß die Familie nicht in der Lage sei, ihn in würdigerer Weise zu empfangen. Er erklärte, daß die KFOR das Leben von so vielen Kindern gerettet habe, daß der Verlust eines einzigen Kindes dagegen nicht so schwer wiege. Auch wenn wir dieses Denken nicht nachvollziehen können – es hat uns wahrscheinlich vor einer Katastrophe in der Akzeptanz von KFOR bei der hiesigen Bevölkerung bewahrt, da die Presse nun keinen Grund mehr sieht, sich auf uns zu stürzen.

Mittwoch, der 19. Januar 2000; 104. Tag　　　　　　　　bedeckt

Im Rahmen unserer Kommandeursbesprechung melden alle Kommandeure der MNB eine Zunahme der Gewalt über das letzte Wochenende. Ich hoffe, daß es sich dabei lediglich um einen weiteren Ausreißer in der Kurve handelt, so wie es Anfang Dezember der Fall war. Es wird nun wieder Wochen dauern, bis wir eine stabile Tendenz aus den Zahlen ablesen können.

Nach der gestrigen Einigung mit Çeku legen wir heute fest, am kommenden Freitag vierundvierzig Anwärter für Schlüsselpositionen des KPC durch Bernard Kouchner zu vereidigen. Die 462 Anwärter für Dienstposten der mittleren Hierarchieebene werden am 01. Februar und die 4.100 übrigen Männer am 01. März vereidigt. Im Gegenzug zu Çekus Kompromißbereitschaft in der Frage der Dienstgrade stimme ich zu, daß mit „Sultan" Selimi ein weiterer Stellvertretender Kommandeur ernannt wird. Wir haben heute herausgefunden, daß etwa dreißig Prozent der vorgeschlagenen Bewerber nicht an dem vollständigen Prüfverfahren der IOM teilgenommen haben. Ich weise Çeku darauf hin, daß alle diese Leute den formalen Verfahrensweg noch durchlaufen müssen. Er ist alles andere als begeistert.

Während ich in Deutschland war, gab es einen Vorfall mit zwei angetrunkenen russischen Soldaten. Die Russen waren außer Dienst und fuhren mit einem Schützenpanzer vom Typ BTR-80 durch einen Fahrzeug-Checkpoint. Als sie dann schließlich von zwei Soldaten des FINBAT (des finnischen Bataillons) festgenommen wurden, stellte sich heraus, daß sie in ihrem Schützenpanzer zwei serbische Jugendliche beförderten. Die psychologische Wirkung bei der albanischen Bevölkerung ist schlimm, denn sie bestätigt die Vorurteile, alle Russen seien Freunde der Serben.

Generalleutnant Evtukovič meldet sich deshalb heute bei mir und entschuldigt sich für seine Männer. Er nimmt den Vorfall sehr ernst, und ich habe keinen Zweifel, daß die Sache für die Soldaten ein unerfreuliches Nachspiel haben wird.

Der Präsident des deutschen Bundesnachrichtendienstes hat mich gebeten, nach München zu kommen, um dort einen Vortrag über die Lage im Kosovo zu halten.

Meine Bemerkungen über Bodo Hombach waren gestern und heute der Aufmacher in vielen deutschen Tageszeitungen. Ich rufe noch in der Nacht Bodo Hombach an, der sich derzeit in Wien befindet, und stelle die Sache klar. Mir ist wichtig, daß er weiß, daß ich ihn nicht angreifen oder gar bloßstellen wollte.

Allerdings ist die Presseberichterstattung nicht nur negativ. Die Presse greift meine Argumente auf und macht sie sich zu eigen. So heißt es in der „Süddeutschen Zeitung" unter der Überschrift „Der gerechte Zorn des Generals": „Auf spektakuläre Weise verpaßt der General derzeit all jenen eine Breitseite, die von außen viel über den Wiederaufbau reden, aber bislang zu wenig getan haben. Als ‚abenteuerlich dumm' kritisiert er die Haltung des Westens, erst Milliarden im Krieg gegen Jugoslawien zu verbomben und dann bis jetzt nur ein paar Millionen für den Wiederaufbau zu überweisen … Unter solchen Umständen (kann man) leicht das Gefühl bekommen, von draußen hängengelassen zu werden. Da kann einem schon mal der Uniformknopf platzen." In der Tat. Vom Hemdkragen nämlich.

Generalleutnant Evtukovič sucht mich auf und meldet, daß die beiden fraglichen russischen Soldaten bereits nach Tschetschenien versetzt worden seien; keine sehr reizvolle Alternative zum Kosovo, sondern sehr harte Bandagen.

Er informiert mich, daß der russische Generalstab plane, das russische Kontingent im Kosovo wegen Haushaltsbeschränkungen auszudünnen. Insgesamt werde man jedoch die eingegangenen Verpflichtungen weiter erfüllen. Er äußert sich sehr zufrieden über die deutlich verbesserte Zusammenarbeit zwischen seinen Verbindungsoffizieren und dem KFOR-Stab, aber auch mit den MNBs und mit den Einsatzverbänden. Darüber hinaus stimmt er mir zu, daß es für eine Lösung des Problems in Orahovac derzeit keinen Zeitdruck gebe. Ich teile ihm mit, daß ich die Absicht habe, ab Anfang Februar mit der Bevölkerung von Orahovac die zwischenzeitlich unterbrochenen Gespräche über eine schrittweise Dislozierung des russischen Bataillons im Raum westlich der Stadt wiederaufzunehmen.

Ich habe ein sehr ausführliches Hintergrundgespräch mit zwei in Priština fest stationierten und besonders engagierten jungen Journalisten, Andrew Grey von Reuters und Peter Hiders von Agence France Press. Wir gehen alle kritischen Punkte durch; ich bin sehr offen in meiner Kritik, daß uns die Internationale Gemeinschaft bei der Fortführung des klar erkennbaren und allseits akzeptierten Erfolgs zu wenig unterstütze. Wir brauchen unbedingt sichtbare Hilfe beim wirtschaftlichen Wiederaufbau der mittelständischen Industrie und der Kleinbetriebe, insbesondere im Raum Mitrovica, und bei der zerstörten Landwirtschaft. Auch die psychologisch so kritische Entwicklung des Kosovo Protection Corps ist eng mit Geld verbunden, da die Männer eingekleidet, bezahlt und ausgebildet werden müssen. Außerdem brauchen sie Fahrzeuge und Gerät, mit dem sie ihre neuen Aufgaben ausführen können. Hier fehlt es gewaltig. Leider bewegt sich fast gar nichts. Es ist bemerkenswert, wie weitgehend die beiden Journalisten, die bereits länger hier sind als ich und sich im Kosovo gut auskennen, meine Lagebeurteilung teilen.

In Prizren hat das Rechtssystem einen guten Schritt nach vorn getan.

Fünfzehn Albaner sind gestern als Richter vereidigt worden; sie werden ihre Arbeit unverzüglich aufnehmen. Nicht ganz so schnell geht es in Mitrovica, wo die Vereidigung von sechs serbischen Richtern auf den 25. Januar verschoben wurde.

Am Abend findet unser KFOR-Neujahrsempfang in Priština statt. Wir haben mehr als 600 Menschen aus allen Lebensbereichen des Kosovo eingeladen, und alle sind sie gekommen. Wir können mit Stolz von einem wahrlich multiethnischen Auditorium sprechen.

Ich erläutere in meiner sehr kurzen Ansprache, die parallel in Albanisch und in Serbisch übertragen wird, die insgesamt verbesserte Sicherheitslage: Wir sind täglich mit etwa 750 Patrouillen unterwegs und besetzen 550 Checkpoints. Wir haben über 6.000 Waffen und mehr als eine Millionen Schuß Munition konfisziert, die wir sämtlich vernichtet haben. Kosovo ist heute viel sicherer als Anfang Oktober. Ich warne aber vor der Entwicklung im Preševo-Tal und mache deutlich, daß sich die Aktionen dort im Endeffekt auch gegen uns richteten und daher von KFOR bekämpft werden würden.

Ich gehe dann auf die sehr komplexen Fragen rund um den Aufbau des Kosovo Protection Corps ein. Es wird morgen offiziell in Dienst gestellt. Schließlich skizziere ich unsere Leistungen auf dem humanitären Sektor. Ziel meiner Ansprache ist es, Optimismus für das neue Jahr zu wecken. Ich gebe daher einen Ausblick auf unsere Vorhaben für das Jahr 2000 und fordere unter Rückgriff auf Beethovens 9. Sinfonie mit dem Chor „Alle Menschen werden Brüder" die verfeindeten Volksgruppen auf, mehr Toleranz zu zeigen.

Ich hatte bei Bernd Wulffen die Professorin Besa Shema kennengelernt, eine junge Musikerin, die Konzerte geben will. Ich hatte mich mit ihr geeinigt, daß sie mir für den Neujahrsempfang ein klassisches Konzert zusammenstellt, das natürlich von der Verfügbarkeit der Musiker und von deren Repertoire abhängig sein würde.

Besa Shema hat sechs junge Musiker gefunden, die uns ein kurzes, aber sehr eindrucksvolles Konzert darbieten, das – wie auch meine Rede – im hiesigen Fernsehen live übertragen wird. Das Programm spannt sich von Beethoven-Liedern, gesungen von der hinreißenden albanischen Mezzo-Sopranistin Alma Bektashi, über Ravels „Tzigane" bis hin zur Etüde von Paganini/Liszt, gespielt von der exzellenten Pianistin Valbona Pula-Petrovici. Es ist für das Kosovo eine kleine Sensation, daß Soldaten, die hier immer unter der Kategorie „Repressionsapparat" gefaßt werden, sich für Musik interessieren und kulturelles Leben zurückbringen.

Es hat uns sehr viel Mühe gekostet, den „Roten Saal" zu reinigen, einigermaßen zu beheizen und die Stromversorgung sicherzustellen, die Absicherung zu koordinieren und die Einladungen ohne vorhandenes Postsystem zu verteilen. Aber es hat sich gelohnt. Lieutenant Colonel Larry Phelps hat es mit seinen Männern wieder einmal möglich gemacht. Die Zuhörer sind hellauf begeistert, der anschließende Empfang zieht sich lange hin. Immer wieder kommen die Leute auf uns zu, um KFOR für das zu danken, was wir im Kosovo getan haben. Alles in allem eine erstklassige Veranstaltung, und ich bin mir sicher, daß wir die Früchte des guten Willens noch ernten werden, der bei solchen Anlässen gefestigt wird.

Ich erhalte am Rand des Neujahrsempfangs Informationen, daß es in Mitrovica zu gewaltsamen Demonstrationen kommen soll. Diese geplanten Demonstrationen sollen um das Gerichtsgebäude herum stattfinden, als Reaktion auf die Ernennung der Richter. Denn alle neuen Richter sind Albaner, was die Serben nicht hinnehmen wollen. Ich nehme in einer ruhigen Ecke den neuen UNMIK-Administrator, Mario Morcone, den Serbenführer Oliver Ivanović und seinen albanischen Gegenspieler, Dr. Rexhepi, zusammen, und wir suchen gemeinsam nach einem Ausweg. Es ist eindrucksvoll, wie sehr sie alle an einem Strang ziehen und sich um eine friedliche Lösung bemühen. Es scheint, daß wir einen Weg gefunden haben, mit dem Problem fertigzuwerden. Wieder einmal haben wir bewiesen, daß ein rechtzeitiges Eingreifen und ein Miteinandersprechen Ausbrüche der Gewalt verhindern können.

Freitag, der 21. Januar 2000; 106. Tag   bewölkt

Das wichtigste Ereignis des Tages ist heute die Vereidigung des Führungspersonals des Kosovo Protection Corps. Die Zeremonie wurde in letzter Minute fast noch gekippt, da Çeku und seine Männer darauf be-

stehen, im Festsaal die Flagge mit dem albanischen Doppeladler aufzu-
hängen. Ich drohe in diesem Fall mit meiner Absage. Die Zeremonie
läuft dann vollkommen nach Plan ab. Es sieht aus wie bei einer Ab-
iturfeier. Alle sind fein angezogen und haben ein ernstes Gesicht aufgesetzt. Jeder einzelne wird von Bernard Kouchner aufgerufen und auf
seine neue Funktion vereidigt. Sichtlich bewegt und stolz nehmen sie
aus seiner und meiner Hand ihre Ernennungsurkunden entgegen.

Ich gehe in meiner Ansprache auf die schwierige psychologische
Situation der Transformation von einer Befreiungsarmee hin zu einer
zivilen Hilfsorganisation ein. Sie hätten sich in der Geschichte des Kosovo als UÇK ihren Platz gesichert. Nun aber gelte es, das Land wiederaufzubauen und die Grundlagen für eine bessere Zukunft für die Kinder
des Kosovo zu legen. Die militärische Gewalt läge bis auf weiteres ausschließlich bei KFOR, während sich das Kosovo Protection Corps im
Wiederaufbau, im Katastrophenschutz und beim dringend erforderlichen Umweltschutz zu engagieren habe, um das total verschmutzte
Wasser und den Boden für die nachfolgenden Generationen wieder besser nutzbar zu machen.

Ich habe im Anschluß daran ein sehr eingehendes Gespräch mit dem
Hohen Kommissar der Europäischen Union, Javier Solana, der zur derzeitigen Sicherheitslage informiert werden möchte. Ich trage ihm zu
meiner Sorge über die Entwicklung im Preševo-Tal vor, wovon er bisher keine Kenntnis hatte – ich muß ihm sogar auf der Karte zeigen,
wovon wir sprechen. Ich befürchte, daß uns hier unzufriedene Albaner
sehr gezielt in einen neuen Konflikt mit Serbien hineinziehen wollen.
Sie legen es bewußt darauf an, daß es im Preševo-Tal Opfer gibt, was
dann erneut einen „CNN-Effekt" dergestalt auslösen könnte, daß sich
die westliche Gemeinschaft moralisch verpflichtet fühlt, dort auf Seiten
der Albaner einzugreifen. Dies müsse unter allen Umständen verhindert
werden. Ich schlage vor, daß Beobachter der EU oder der OSZE vor Ort
geschickt werden sollten, um sich ein besseres Bild machen zu können.
Wir bitten ihn um zusätzliche Polizeikräfte – insbesondere Sonderpolizei zur Bekämpfung des Drogenschmuggels und des organisierten Verbrechens – da wir nicht über ausreichende Mittel verfügen, um damit
fertig zu werden. Natürlich komme ich auch wieder auf die Finanzsitua-
tion zu sprechen und bitte um rasche Hilfe. Javier Solana war sehr inter-

essiert und sagte zu, diese Fragen zu prüfen. Frankreich hat sich bereit erklärt, als sogenannte „role specialized nation", d. h. als eine Nation, die zugesagt hat, eine bestimmte Unterstützungsfunktion für alle anderen Nationen im Einsatzraum mit wahrzunehmen, die Betriebsstoffversorgung für alle Nationen von KFOR sicherzustellen. Ich besuche daher die französischen Soldaten, die diese Aufgabe auf dem zerbombten Teil des Flughafens von Priština für alle KFOR-Kontingente wahrnehmen. Sie sind wirklich die bedauernswerten Jungs bei KFOR, denn ihre Aufgabe ist anspruchsvoll, wiederholt sich ständig und wird kaum zur Kenntnis genommen. Sie leben völlig abseits in zugigen Containern und lausigen Zelten. Dennoch ist ihre Stimmung gut. Sie wissen, daß ihr Auftrag für einen Erfolg des KFOR-Einsatzes absolut wichtig ist, und führen ihn sehr zuverlässig aus. Sie bringen mich auch an die Eisenbahn-Verladestation, wo sie den Sprit aus Kesselwagen umladen, bei der lausigen Kälte eine sehr anstrengende und vor allem schmutzige Arbeit. Ich danke jedem einzelnen von ihnen und überreiche jedem meine Medaille.

Am Nachmittag sucht mich Nick Thorn vom „UN Advisory Committee on Administration and Budget Questions" auf. Er ist für Budgetfragen bei der UNO zuständig, Wendy Gilmore und ich „nehmen ihn in die Zange". Wir legen ihm die Haushaltslage in aller Offenheit dar, sagen, was wir benötigen und wo die Defizite sind. Wir fordern mehr Polizeikräfte für UNMIK und eine bessere Bezahlung der Menschen, die für die Regierung arbeiten, dazu kommt natürlich auch das Kosovo Protection Corps. Nick Thorn hört sehr aufmerksam zu. Er kennt die Materie, zieht sofort seine Schlußfolgerungen und Querverbindungen und verspricht, uns rasch zu helfen. Ob das wieder nur ein Strohfeuer wird?

General Stöckmann ruft mich an. Zur Ablösung meines Stabes gibt es immer noch keine Entscheidung. Der SACEUR arbeitet an alternativen Modellen; Nationen aus dem Südbereich mauern weiter gegen den Einsatz des EUROKORPS. Und uns läuft die Zeit davon. Die Mitarbeiter der Joint Implementation Commission laden mich zu einem Umtrunk ein. Sie haben allen Grund, stolz zu sein, denn mit der heutigen Vereidigungszeremonie ist uns beim Kosovo Protection Corps ein entscheidender Durchbruch gelungen. Nun gibt es kein Zurück mehr.

Die heutigen lokalen Zeitungen sind voll des Lobes über unsere gestrige Neujahrsfeier, viele Bilder und immer noch großes Staunen über das gelungene Konzert.

Samstag, der 22. Januar 2000; 107. Tag   Sonne, kalt

Dieser Tag ist dem Besuch von Bernard Kouchner, Bischof Artemije und mir bei den Serben in Orahovac gewidmet. Bernard kommt mit einem sehr großen Aufgebot, es ist fast wie beim Wahlkampf. Wir besuchen das serbische Viertel, wo der Bischof und Bernard kurz zu der Bevölkerung sprechen. Ich werde auch dazu aufgefordert, lasse es aber sein, denn die Leute sind nicht gekommen, um Reden zu hören, sondern um mit uns zu sprechen. Die Serben sind in ihrer eigenen Stadt eingesperrt, können sich nur in ihrem kleinen Viertel bewegen. Sowie sie rauswollen, laufen sie Gefahr, von den Albanern verfolgt zu werden. Es ist uns in der Zwischenzeit wenigstens gelungen, die Straße von Velika Hoča nach Orahovac für die Serben sicher zu machen; hier können sie sich frei bewegen.

Der Bischof spricht in seinen kurzen Worten die schlimme Lage an, versucht aber auch, Hoffnung zu machen. Es ist bewegend für mich, als er plötzlich neben mir steht, mir den Arm um die Schultern legt und zu seinen Landsleuten sagt: „COMKFOR ist unser bester Freund im Kosovo." Welch ein Unterschied zu unserem ersten Zusammentreffen! Die Serben spüren, daß es uns mehr um menschliche Hilfe als um ethnische Gruppen geht. Es geht unglaublich zu, überall wird geschoben, angefaßt, gedrängelt; die Besucherschlange zieht vorbei an schäbigen, grauen Häusern und gelangt schließlich vor einen kleinen Raum, der künftig Tag und Nacht als Büro von UNMIK besetzt sein soll. Die Leute kommen wieder und wieder auf mich zu und fragen nach Details, wie wir ihnen helfen werden. Ich stelle ihnen einen Arzt vor, der ausschließlich für sie da sein soll, aber noch gibt es „administrative" Schwierigkeiten.

Wir fahren dann in das Kloster von Velika Hoča, dort ist großes Mittagessen mit vielen Reden, meistens Anklagen gegen die Albaner. Auf dem Weg dorthin müssen wir durch den albanischen Sektor, unsere

345

Soldaten bilden einen Korridor durch den grölenden albanischen Mob, der sich unglaublich aufführt. Auf das Auto des Bischofs Artemije werden faule Eier geworfen, der Bischof will den Besuch abbrechen. Wir überreden ihn, dennoch zu bleiben, und haben dann ausführliche Gespräche mit den serbischen Ortsvorständen und gewählten Repräsentanten, die um Hilfe für die Schule, in der Energie- und Wasserversorgung sowie im Bereich der ärztlichen Unterstützung bitten. Ich erläutere ihnen, was wir gemeinsam mit dem deutschen Technischen Hilfswerk vorhaben, und stoße auf breite Zustimmung. Ich mache aber auch deutlich, daß unsere Hilfe für alle Volksgruppen gilt und wir keine Seite bevorzugen werden. Sofort kommt die alte Litanei der Vorwürfe. Es ist wie bei einer ausgeleierten Gebetsmühle. Keiner der ihrigen ist schuld, immer nur die anderen. Jeder der Menschen, die man trifft und mit denen man spricht, ist für sich als Individuum freundlich und offen – aber wehe, sie treten in Gruppen auf. Dies gilt übrigens für alle Seiten.

Es ist deprimierend, zu sehen, wie mies die Menschen hier leben und wie sehr sie jetzt von den Albanern schikaniert werden, die sie ihrerseits früher schikaniert und böse verfolgt haben. Wohl in keiner Stadt hat die albanische Bevölkerung unter den Serben so gelitten wie in Orahovac. Ich sage dies den Serben auch in aller Offenheit. Meist folgt betretenes Schweigen, oder es wird alles in Abrede gestellt. Dennoch, es muß und wird geholfen werden, und wir werden unser abgestimmtes Programm zum Wohl der hiesigen Menschen durchziehen.

Bernard Kouchner und ich treffen auch mit den örtlichen albanischen Führern zusammen, die sich über die Unfähigkeit der UNMIK zur Lösung der Probleme in ihrem Bereich beschweren. Dennoch erklären sie ihren Wunsch nach einem friedlichen Zusammenleben der Albaner und der Serben in Orahovac. Ein Bekenntnis, das ich sofort aufgreife und mit unseren Vorhaben verknüpfe: Unsere Hilfe kommt nur, wenn die Bevölkerung beginnt, friedlich zusammenzuleben.

Ich bin froh darüber, daß dieser Besuch endlich zustande gekommen ist, da er das Bild einer geeinten und entschlossenen Front von UNMIK und KFOR mit allen Unterorganisationen sowie eines echten Bestrebens zur gemeinsamen Lösung der Probleme widerspiegelt. Ich trete die Rückreise mit einer kleinen Hoffnung an, daß die Menschen in dieser Stadt ihre Meinungsverschiedenheiten hinter sich lassen können und lernen werden, in Frieden zu leben. Unser Eintreten für die albanische Bevölkerung im Zusammenhang mit der möglichen Stationierung der Russen hat uns sehr viel Kredit eingebracht: Die Menschen haben Vertrauen zu uns, sie setzen auf uns, unser Wort findet Gehör und wiegt schwer, zumal wir in dieser Stadt bisher nichts angekündigt haben, was wir nicht anschließend auch durchgesetzt hätten.

Am Abend informiert mich mein Stab eingehend zur Lage und zu unseren möglichen Reaktionen auf die albanischen Aktivitäten im Preševo-Tal; die Gruppen haben in Dobrosin sprunghaft gestiegenen Zulauf bekommen. Die Rebellen nennen ihre Bewegung jetzt „UÇPMB" nach den Orten Preševo, Medveda und Bujanovac in Südserbien (Ushtria Çlirimtare e Preshevë, Megjvedje, dhe Bujanovc bzw. Liberation Army of Preševo, Medveda and Bujanovac). Sie tragen Abzeichen mit dieser Aufschrift, in der Aufmachung denen der ehemaligen UÇK nachempfunden.

Der Versuch, uns in diese Auseinandersetzungen hineinzuziehen, ist offensichtlich. Wir kommen zu dem Schluß, daß wir die Bewegung austrocknen, sie von ihrer logistischen Basis im Kosovo abschneiden und die angeblichen Rebellen immer dann festnehmen müssen, wenn sie die Sicherheitszone Richtung Kosovo verlassen. Wenn wir gegen diese Leute nicht sehr schnell und massiv vorgehen, baut sich hier eine neue Front auf, die den weitgehend rechtsfreien Raum in der Sicherheitszone nutzen wird, um ihr – meist illegales und z. T. verbrecherisches – Unwesen ungestört zu betreiben. Trnovac bei Bujanovac ist die Hochburg des albanisch kontrollierten Drogenhandels auf dem Balkan, hier laufen die Fäden zusammen. Die Aktivitäten werden vermehrt in die Sicherheitszone verschoben, wobei nach außen die Propagandatrommel der humanitären Hilfe für die in Südserbien angeblich unterdrückten Albaner geschlagen wird, weil man weiß, daß die Internationale Gemeinschaft auf diesem Gebiet bisher noch immer sofort reagiert hat. Man fragt sich, warum das gerade jetzt passiert, nachdem die rund 80.000 Albaner, die seit 1949 im Preševo-Tal leben, sich bisher noch nie gerührt haben.

Am Abend besucht uns der stellvertretende Kommandierende General der italienischen Carabinieri mit dem schönen Namen Virgillo Chirieleison. Der Kommandeur der Carabinieri, Oberst Enzo Coppola, gibt ihm zu Ehren ein typisch italienisches Abendessen, zu dem er alle Abteilungsleiter und Generale des KFOR-Stabes eingeladen hat. Wir alle genießen diesen Abend im großen Zelt, das Essen ist rundum „spitze", und wir einigen uns unschwer darauf, daß für derartige Anlässe italienische Carabinieri-Generale häufiger in das Kosovo kommen dürfen.

Sonntag, der 23. Januar 2000; 108. Tag   Schneetreiben

Am Vormittag findet im UNMIK-Gebäude eine Gedenkfeier für David Riley statt, den Stellvertreter von Dennis McNamara bei UNHCR, der völlig überraschend gestorben ist. Ich habe mit ihm sehr gern zusammengearbeitet, da er offen, kompetent und immer ansprechbereit war.

Der Schnee hat meine Reisepläne für heute durchkreuzt; so arbeite ich in meinem Büro Liegengebliebenes auf und gehe durch den Stab, um mit meinen Männern zu sprechen. Die Stimmung ist gut und aufgeschlossen, eine verschworene Gemeinschaft.

Bernard Kouchner teilt mit, daß er Renzo Davidi, einen sehr dynamischen und guten Mann aus dem Bereich von Jolly Dixon, als seinen Manager für Trepča eingesetzt hat. Dies ist eine gute Maßnahme, bringt aber leider noch nicht die Mittel ins Land, die wir brauchen, um die Arbeit bzw. die Produktion wieder anlaufen zu lassen. Oberstleutnant Joe Abbott informiert mich dahingehend, daß vor Ort alle von Staffan de Mistura eingeleiteten Aktivitäten zum Stillstand gekommen sind. Ohne Geldgeber von außen läuft in absehbarer Zeit nichts mehr.

Oberst Gerhard Klose meldet sich als neuer Chef der Pioniere; sein Vorgänger, der sehr tatkräftige und umsichtige Oberst Horst Gohrke, wurde zur NATO nach England zurückbefohlen.

Am Abend informiere ich die deutschen Offiziere im Stab über meinen Besuch im Auswärtigen Amt und beim Minister, damit sie darüber informiert sind, was daheim läuft.

Montag, der 24. Januar 2000; 109. Tag   viel Schnee, sehr kalt

Ich bin sehr enttäuscht über einen Artikel in der „Washington Post" – „Actions of GIs in Kosovo probed" (Handlungen der US-Soldaten im Kosovo werden untersucht). Dieser Artikel erweckt wieder all die Probleme zum Leben, die durch den Mord an dem albanischen Mädchen in Vitina verursacht wurden. Wir hatten es gerade geschafft, alles unter Kontrolle zu halten. Die örtliche Presse hatte das Thema fallengelassen, und ich habe mit Brigadegeneral Ric Sanchez bis ins Detail über die Art und Weise gesprochen, wie die US-Soldaten in Vitina ihren Job ausführen und ihrem negativen Ruf abhelfen können. Dieser Artikel in der „Washington Post" zerrt nun alles wieder in die Öffentlichkeit, was die schwierige Lage der US-Soldaten vor Ort in Vitina und Gnjilane mit Sicherheit verschärfen wird.

Ich nehme an der Eröffnungsfeier der Micro Enterprise Bank (MEB) teil. Diese Bank wurde auf Initiative einer Reihe europäischer Finanzinstitute gegründet; sie ist die erste international zugelassene Bank, die im Kosovo ihre Türen öffnet; dies ist ein wichtiger und großer Schritt auf dem Weg des Wiederaufbaus. Jetzt wird es erforderlich sein, schnell weitere Filialgründungen in den anderen Städten des Kosovo folgen zu lassen. Die Commerzbank ist an der Gründung ebenso beteiligt wie die deutsche Kreditanstalt für Wiederaufbau.

Ich bin im Vorfeld des Aufbaus der Bank mehrmals von der Commerzbank gebeten worden, beim Transport der Geldmittel zu helfen. Im Kosovo ist die Deutsche Mark das Zahlungsmittel. Es mußten also für die Bank buchstäblich tonnenweise Deutsche Mark aus Deutschland eingeflogen werden. Wir übernahmen daher den Weitertransport im Kosovo mit gepanzerten Fahrzeugen oder auch vom Flugplatz Skopje mit Hubschraubern, um zu vermeiden, daß diese Gelder auf dem Weg hierher geraubt werden.

Der irische Verteidigungsminister Michael Smith besucht heute seine Truppen in Lipljan und bittet mich, dazuzukommen. Ich soll die Iren, die vor dem Abschluß ihres Einsatzes stehen, mit der NATO-Einsatz-Medaille auszeichnen, was ich natürlich sehr gern mache. Diese Soldaten haben ausgezeichnete Arbeit geleistet. Es ist für mich eine große Freude, an ihrem Appell teilzunehmen. Der irische Verteidigungsminister erneuert die Verpflichtung seines Landes für die KFOR. Ich bitte ihn bei unserem Gespräch, dafür zu sorgen, daß die irische Regierung weitere Polizisten für UNMIK abstellt.

Am Abend bin ich Gastgeber des zweiten Abendessens für die Leiter der Missionen/Vertretungen, David Slinn (UK), Gerald Wolf (er vertritt Bernd Wulffen, der noch in Deutschland ist), Jacques Sturm (FR) und Larry Rossin (US). Diese Art Veranstaltung ist eine ausgezeichnete Gelegenheit für den Austausch von Meinungen und Vorstellungen und gewährleistet eine wirkungsvolle Weitergabe von Informationen. Unser Hauptthema ist erneut der Fortgang der Arbeit beim Kosovo Protection Corps, es geht um die dafür noch ausstehenden Mittel und natürlich um Mitrovica sowie Trepča. Ich gebe einige Eindrücke von unserem Besuch in Orahovac wieder und informiere über die Ergebnisse eines langen Arbeitsgesprächs heute morgen, als mir meine Männer der Joint Implementation Commission zusammen mit Pasquale Lupoli, dem Vertreter der Internationalen Organisation für Migration (IOM), die gemeinsam erarbeiteten Ausbildungspläne für das Kosovo Protection Corps vortrugen. Diese Pläne sind auch mit der Führung des Kosovo Protection Corps sowie mit UNMIK abgestimmt. Sie gliedern sich in die Ausbildung des Führungs- und Funktionspersonals, in die Ausbildung der Ausbilder und schließlich in die fachliche Detailausbildung der einzelnen Angehörigen des KPC. Wir wollen dabei auch eine ganze Reihe von Ausbildungsabschnitten ins Ausland verlegen, so z. B. die Ausbildung der künftigen Feuerwehrleute oder die sehr anspruchsvolle Ausbildung in den chemischen Grundkenntnissen für den Umweltschutz. Der Ausbildungskatalog ist sehr anspruchsvoll. Er hat kein einziges militärisches Thema auf der Agenda. Alles steht bzw. fällt natürlich mit der Bereitstellung der dafür erforderlichen finanziellen Mittel und der diesbezüglichen Ausbildungsplätze.

Die Leiter der Missionen sagen mir zu, daß sie sich dementsprechend an ihre Regierungen wenden und um Ausbildungsunterstützung ersuchen werden.

Bernard Kouchner und ich sind vom Generalsekretär der Vereinten Nationen, Kofi Annan, nach New York eingeladen worden, um in einer Sitzung des UN-Sicherheitsrates Anfang März zur Lageentwicklung im Kosovo vorzutragen. Es wird das erste Mal sein, daß ein Kommandeur aus dem Einsatz heraus vor dem Sicherheitsrat der Vereinten Nationen vorgetragen wird. Ich melde dies dem SACEUR und bitte ihn, den Generalsekretär der NATO zu informieren. Ich gehe davon aus, daß ich auf dem Weg nach New York vorher noch den NATO-Rat unterrichten muß.

Dienstag, der 25. Januar 2000; 110. Tag   sonnig, sehr kalt

Dies ist ein wichtiger Tag für das Kosovo, denn heute findet die erste Sitzung des Interim Administration Council (IAC) statt, zu der mich Bernard Kouchner eingeladen hat. Ich bleibe für heute stiller Zuhörer und beobachte, wie sich die Sache anläßt. Die Sitzung findet in Kouchners Büro statt. Es nehmen neben Kouchner nur Rugova, Qosja, Thaci, Jock Covey, Tom Koenigs, Jolly Dixon, die Vertreter von McNamara und Everts sowie die Sekretäre Skender Hyseni, ein Mann Rugovas, und Axel Dittmann, ein junger deutscher Diplomat und Berater Bernard Kouchners, teil. Sie haben das Protokoll zu schreiben.

Kouchner führt einleitend aus, daß er aufgrund eines gestrigen Gesprächs die Hoffnung habe, daß sich auch die Serben an der Regierungsarbeit beteiligen könnten. Er kündigt an, daß UNMIK – wie gerade in Orahovac geschehen – örtliche „Gemeinde-Büros" einrichten wolle, um den Minderheiten schnelleren und direkten Zugang zu den Einrichtungen der Internationalen Gemeinschaft zu verschaffen.

Hiergegen laufen die drei Albaner Sturm. Qosja befürchtet, dies führe zur „Kantonisierung" der Serben innerhalb des Kosovo. Es folgt eine scharfe Diskussion über die Frage der bevorstehenden Registrierung der Bewohner des Kosovo. Hier geht es darum, zu klären, wer überhaupt das Recht hat, im Kosovo zu leben und dementsprechend einen Paß zu bekommen sowie wählen zu dürfen. Infolge der Zerstörung und Vertreibung sind viele Ortsregister zerstört, Besitzverhältnisse nicht mehr nachzuvollziehen, persönliche Dokumente wie Pässe und Besitzurkunden weggenommen worden oder verlorengegangen. So ist eine große Zahl von Albanern aus Albanien ins Land gekommen, die nie vorher hier gelebt haben und demzufolge im Kosovo eigentlich nichts zu suchen haben. Sie sind in das Vakuum der Unsicherheit und Gesetz-

losigkeit gestoßen, um sich leerstehenden Besitz widerrechtlich anzu-
eignen und sich zu Lasten der ohnehin Geschädigten zu bereichern.

Tom Koenigs schlägt vor, die Registrierung innerhalb der Grenzen
der bestehenden Regierungsbezirke (Opštinas oder municipalities)
durchzuführen, was für den Kreis „Mališevo" sofort zu heftigem Widerstand führt. Dieser Regierungsbezirk war durch die Serben nach
dem Ende der Autonomie errichtet worden; dort wohnen jetzt – so Rugova – kaum noch Serben, man solle den Landkreis wieder auflösen.
Thaci stellt sich massiv gegen die Beibehaltung der bisherigen administrativen Strukturen. Sie sollten vielmehr völlig neu geschaffen werden
und sich deutlich vom Bisherigen abheben.

Kouchner macht klar, daß dies in dem geplanten Zeitrahmen gar
nicht möglich sei. Er verweist diese Frage weiter an die gemeinsam
besetzte Arbeitsgruppe, welche die Registrierung vorbereitet, unterstreicht aber gleichzeitig, daß die Sache sehr zeitkritisch sei, da mit der
dringend erforderlichen Registrierung endlich begonnen werden müsse.

Er geht dann mit Nachdruck darauf ein, daß mit Stichtag 31. Januar
alle bisherigen Regierungseinrichtungen und Funktionen der Regierungen Rugovas und Thacis eingestellt werden müßten und ab diesem Zeitpunkt nur noch die Einrichtungen des IAC gelten werden. Bis dahin
müßten auch alle offenen Personalfragen für die Leitung der Departments sowie deren Unterbringung geklärt sein. Hier beginnt sofort wieder das Hickhack, denn diese Regelung bedeutet, daß Rugovas und
Thacis Leute umgehend ihre Büros räumen und für die Administration
des IAC Platz machen müssen.

Es beginnt eine heftige Diskussion, ob die Infrastruktur, vor allem
aber das Personal der bisherigen Schattenressorts nicht in die neue
Struktur einbezogen werden könnten. Hashim Thaci schlägt vor, daß
seine Leute in den Ressorts die Führung übernehmen und UNMIK sich
aus den Departments völlig zurückziehen sollte; seine früheren Mitarbeiter seien auf all diesen Gebieten ausgewiesene Fachleute. Nur sie
würden die Rahmenbedingungen im Kosovo und die Bedürfnisse der
Bevölkerung wirklich kennen, daher müßten sie auch das Sagen haben.
Das bringt sofort Rugova auf den Plan, der ähnliche Argumente anführt. Natürlich ist dies eine für die politische Einflußnahme ganz entscheidende Frage, es geht aber auch um die Unterbringung und die Ver-

sorgung der eigenen Leute. So arbeiteten in Thacis Bildungs- und Schulministerium über 350 Leute, während dieses Ressort in Zukunft maximal dreißig Mitarbeiter haben soll.

Thaci behauptet, daß seine Partei PPDK weitaus schlechter behandelt werden würde als Rugovas Partei LDP. Auch sei die Transformation des KPC falsch gelaufen. Die Männer würden zu wenig Geld bekommen, zu wenige würden übernommen werden, zu viele blieben arbeitslos auf der Straße. Er sei während der Verhandlungen über die Zukunft der UÇK Ende September von ganz anderen Rahmenbedingungen ausgegangen. Er droht, die gerade erst begonnene Mitarbeit im IAC aufzukündigen, wenn seine Vorstellungen nicht stärker berücksichtigt würden, und kündigt an, in der nächsten Sitzung des IAC die desolate Situation in Mitrovica zum Thema zu machen.

Bernard Kouchner besteht darauf, die Ressorts nur gemeinsam zu führen. Er erteilt allen Vorstellungen, einen Mix aus Altem und Neuem aufzubauen, eine klare Absage, wobei selbstverständlich sei, daß einige wenige Schlüssel-Fachleute in die neue Regierung übernommen werden sollen. Grundsätzlich aber gelte es, die bisherigen Wasserköpfe abzubauen und eine schlanke und überparteiliche Administration neu aufzubauen.

Obwohl es noch sehr früh für eine wertende Aussage ist, glaube ich, daß es sehr schwierig sein wird, irgend etwas Produktives aus diesem Gremium herauszuholen, solange die Akteure ihre bisherigen Verhaltensmuster beibehalten. Es ist schon frustrierend, mitanzusehen, wie sie, Marktweibern gleich, in jede Einzelheit einsteigen, anstatt sich zu bemühen, zuerst einmal die großen, übergeordneten Fragen zu lösen. Bernard Kouchner versucht mit viel Geduld, sie immer wieder auf die richtige Spur zu bringen. Es wird ein ständiges Bemühen bleiben.

Beim Verlassen des Gebäudes werde ich von den örtlichen Pressevertretern geradezu „überfallen"; sie wollen mich nach meinen Eindrücken und meiner Bewertung dieser wichtigen Sitzung befragen. Ich verweise auf die Zuständigkeit von Kouchner sowie der politischen Vertreter und gebe keinen Kommentar.

In unserer heutigen Kommandeursbesprechung behandeln wir die Preševo-Frage. Mein Stab trägt zu unseren Erkenntnissen und Plänen zum weiteren Vorgehen vor, die uneingeschränkte Zustimmung finden.

Wir müssen die Grenze entlang der Sicherheitszone nachhaltiger zumachen und die „Rebellen" festnehmen sowie logistisch austrocknen. Ich habe vor, unsere geplanten Maßnahmen dem SACEUR, der uns in zwei Tagen besuchen will, vorzutragen. Wir brauchen Entscheidungen, vor allem auch, ob und unter welchen Umständen Angehörige der KFOR in die Sicherheitszone hineindürfen, um dort notfalls tätig zu werden, obwohl sich dort keine serbischen Truppen befinden. Alle unsere diesbezüglichen Anfragen sind von den NATO-Gremien bisher ausweichend oder gar nicht beantwortet worden.

Wir haben unser „Key Leaders Seminar" für die Übung DYNAMIC RESPONSE 2000 begonnen. Ich spreche mit den Führern der Strategischen Reserve, die während dieser Übung in das Kosovo verlegen und mit uns gemeinsam operieren werden. Ich weise sie in meine Planung für den Übungsablauf und die damit verbundene politische Absicht der Demonstration eigener Stärke ein. Die Männer werden morgen mit den Verantwortlichen der MNBs ihre Erkundungen durchführen und darauf aufbauend ihre Operationspläne entwickeln, die wir dann gemeinsam besprechen werden, bevor ich sie billige.

General Sir Rupert Smith, der DSACEUR, besucht mich, um die Probleme des Kontingentwechsels abzusprechen. Es sieht nun doch so aus, als würde alles auf das EUROKORPS zulaufen. Das bedeutet dann aber auch, daß weder ich selbst noch einige meiner besonders wichtigen Leute länger als der Rest des Stabes hierbleiben werden, da das EURO-KORPS in der Lage ist, alle Funktionen sofort zu besetzen.

Natürlich besprechen wir die Situation im IAC, in Mitrovica, in Orahovac, vor allem im Preševo-Tal bzw. in der dortigen Sicherheitszone. Mein Eindruck verstärkt sich, daß die amerikanische Regierung sehr zurückhaltend agiert und ihre KFOR-Truppen am ganz kurzen Zügel führt, nach dem Motto: „Keine Auseinandersetzung mit den Kosovo-Albanern." Ich bin auch zunehmend beunruhigt über die „Zurückhaltung" der Franzosen bei der Festnahme der serbischen „Brigde-Watcher" an den Ibar-Brücken, die eine wandelnde Provokation für die Albaner, aber auch für KFOR sind.

Wir sind beide zu David Slinn – er ist der jugendliche und sehr kluge Leiter der britischen Mission – zum Abendessen in dessen Residenz eingeladen, wo wir unsere Gespräche fortsetzen.

354

Heute tagt der Kosovo Transitional Council und beschließt, sich nach der Konstituierung des IAC neu zu organisieren. Nach dem neuen System wird er mehr die Aufgabe eines Übergangsparlaments wahrnehmen. Er wird daher auf alle gesellschaftlich, politisch, ethnisch und religiös relevanten Gruppen erweitert und künftig fünfunddreißig Personen, dabei eine Reihe von Frauen, umfassen. Trotz dieser neuen Zusammensetzung gibt es immer noch kein eindeutiges Zeichen dafür, daß die Serben in das Gremium zurückkehren werden. Ich bin gespannt, wie sich das Verhältnis zwischen dem Kosovo Transitional Council und dem Interim Administration Council in den kommenden Monaten entwickeln wird. Ich befürchte, daß die beiden Gremien für sich hart um Entscheidungen ringen werden, da sie so unterschiedliche Interessen zu vereinen haben. Die Koordinierung von Fragen zwischen den beiden wird praktisch sehr problematisch werden.

Der Police Commissioner Svend Frederiksen trägt vor, daß er in der kommenden Woche nach New York reisen wird, um die Vereinten Nationen über die unhaltbare Lage auf dem Polizeisektor zu informieren. Wir haben nach seinen Angaben derzeit nur 1.978 UNMIK-Polizisten, wir sollten aber 4.700 haben.

Eine meiner größten Sorgen bleibt das völlig unzureichende Rechtssystem, das uns immer noch nicht erlaubt, überführte Verbrecher auch festzusetzen. Wir sind zwar deutlich besser geworden, die Verbrecher aufzuspüren und sie vorläufig festzunehmen, aber wir können sie dann – mangels entsprechender Gefängniseinrichtungen und Gefängnispersonals – nicht inhaftieren. Die MNB (C) hat Statistiken erarbeitet, aus denen hervorgeht, daß die durchschnittliche Dauer der Inhaftierung für illegalen Waffenbesitz bei 36 Minuten liegt. Verbrecher, die Mädchen entführt und zur Prostitution gezwungen haben, wurden von uns festgenommen und an die Polizei übergeben. Sie wurden sofort wieder freigelassen, da sie bei der Zuweisung von Haftplätzen eine niedrigere Priorität haben als Mörder, für die wir bereits einfach nicht genug Haftplätze haben.

Ich habe ein gutes Gespräch mit General Çeku zu den nächsten Schritten im Auswahlverfahren. Wir erzielen in allen Punkten Übereinkunft, insbesondere bei der Auswahlliste für das Führungspersonal auf der mittleren Ebene – ich bin froh darüber, daß dieser Schritt vergleichsweise einfach zu gehen war. Çeku versichert mir noch einmal, sich persönlich darum zu bemühen, auch Minderheiten in das Kosovo Protection Corps aufzunehmen. Gleichzeitig weist er aber auf das Problem hin, daß er und seine Männer darin sähen, daß ihre persönlichen Angaben auf den Dienstausweisen des Kosovo Protection Corps von uns auch in serbischer Sprache abgedruckt wurden. Ich sage ihm, daß er damit leben muß.

Wir haben heute eine genau vorbereitete und abgesprochene Public-Relations-Aktion gestartet, um das Kosovo Protection Corps in seiner neuen Funktion der Öffentlichkeit Prištinas vorzustellen. Unmittelbar nach Beendigung des Kosovo Transitional Council beginnen Hunderte von Männern des Kosovo Protection Corps, die Straßen und Gehwege der Hauptstadt von Schnee und Eis zu befreien, wofür sie demonstrativen Beifall von der Bevölkerung bekommen. Ich nutze die Gelegenheit, der sofort herbeigeeilten Presse die künftige Rolle des Kosovo Protection Corps zu verdeutlichen und der Öffentlichkeit im Kosovo mitzuteilen, wie gut wir beim Aufbau des KPC vorankommen.

Auch der KFOR-Stab tut das Seine für die Öffentlichkeitsarbeit: Wir alle spenden Blut für die hiesigen Krankenhäuser.

Am Nachmittag besuchen mich der Generalsekretär der Organisation CARE International, Mr. Toussignant und mit ihm sein Stellvertreter, Mr. Bell, um mit uns die weitere Zusammenarbeit in der Unterstützung der Bevölkerung abzusprechen. Beide Herren sind voll des Lobes für die Unterstützung, die sie durch KFOR bisher erhalten haben. Ich sage dies natürlich auch für die Zukunft zu.

Sie laden am Abend zu einem Empfang ins Grand Hotel ein, den ich gerne nutze, um Randgespräche zu führen. Auf diesen Empfängen findet sich alles ein, was gesehen werden will. Hier treffe ich meist die Leute, die wir mangels existierender Post- und Telefonverbindungen sonst kaum erreichen können, und nutze die Gelegenheit für die erforderlichen Absprachen.

Donnerstag, der 27. Januar 2000; 112. Tag   sonnig

Gestern sind in Dobrosin in der Sicherheitszone zwei Albaner, Vater und Sohn, erschossen worden. Die Täter waren mit hoher Wahrscheinlichkeit Serben. Dieser unsägliche Mord wird den Strom junger Albaner hin zu den Extremisten in der Sicherheitszone sicher rasch verstärken, die nationale Trommel wird in den Medien bereits gerührt.

Ich lese heute in einem Interview der amerikanischen Außenministerin Madeleine Albright, daß sie fordert, endlich ausreichende Mittel für den Wiederaufbau des Kosovo bereitzustellen. Versprechen allein seien nicht genug. Sie spricht mir aus dem Herzen und hat völlig recht, nur: Die USA beteiligen sich am wirtschaftlichen Wiederaufbau nur sehr begrenzt. Die US-Regierung hat bisher immer argumentiert, daß dies die alleinige Verantwortung und Aufgabe der Europäer sei, nachdem die USA ihrerseits den Großteil der Mittel für die Luftoperationen aufgebracht hätten. Eine stringente, wenn auch fatale Logik.

Wir haben erneut hohen Besuch. General Clark kommt und läßt sich eingehend über Preševo unterrichten. Ich hoffe, daß es mir endlich gelungen ist, ihn davon zu überzeugen, daß für uns in diesem Fall die Albaner die Gefahr darstellen, da sie uns erneut in eine militärische Auseinandersetzung hineinzuziehen versuchen. Die Serben haben sich bisher weitgehend korrekt an die Buchstaben unserer Abmachung zur Sicherheitszone gehalten; es gibt keine Hinweise, daß sie mit Streitkräften oder Geheimpolizei (MUP) in diese Zone eingesickert wären oder gar ganze Einheiten dorthin verlegt hätten. Der SACEUR billigt unsere Empfehlungen, gegen die Rebellen scharf vorzugehen und sie, wo immer wir sie im Kosovo stellen können, festzusetzen. Er weist allerdings darauf hin, daß ein Einrücken unsererseits in die Sicherheitszone, um dort gegen die albanischen Aufständischen vorzugehen, ohne ausdrückliche Zustimmung durch den NATO-Rat weiterhin untersagt bleibt.

Er bestätigt die telefonische Mitteilung von General Stöckmann von heute morgen, der ankündigte, daß die Ablösung meines Stabes durch das EUROKORPS nun verbindlich beschlossen worden sei. Endlich! Damit können wir nun sofort beginnen, alle erforderlichen Maßnahmen in enger Abstimmung mit dem EUROKORPS einzuleiten.

Oberst Kiselev informiert mich, daß die russischen Mittel für den Einsatz der russischen Truppen im Rahmen von KFOR nur noch bis Oktober 2000 reichten. Die Personalflüge, die wir derzeit auf dem Flugplatz in Priština wahrnehmen und die schon wieder an anderer Stelle zu weit hergeholten Befürchtungen führen, seien Urlauberflüge. Die Russen sind für ein Jahr im Kosovo und würden nunmehr verstärkt Urlauberflüge durchführen.

Ich fliege am Nachmittag mit meinem Military Assistant, Oberstleutnant i. G. Jürgen Steinberger, zu einem dienstlichen Vortrag über Skopje nach München.

Freitag, der 28. Januar 2000; 113. Tag   im sonnigen München

Vormittags halte ich in München beim Bundesnachrichtendienst einen Vortrag zur Lage und zur möglichen weiteren Entwicklung im Kosovo.

Wegen der schwierigen Flugverbindungen ist es nicht möglich, am Nachmittag oder am Abend nach Mazedonien zurückzufliegen.

Samstag, der 29. Januar 2000; 114. Tag

Wir fliegen früh über Wien nach Skopje und treffen um 13.00 Uhr wieder in „Film-City" ein. Während meiner Abwesenheit ist im Kosovo alles ruhig geblieben.

Die Nominierung des EUROKORPS hat sich im Stab in Windeseile herumgesprochen. Es gibt viele glückliche Gesichter, da die Frauen und Männer nun wissen, woran sie sind. Nun können sie die gute Nachricht nach Hause übermitteln und mit ihren Familien für die Zeit nach der Rückkehr planen. Es ist immer wieder frappierend, was man den Männern alles abverlangen kann, solange sie nur wissen, was auf sie zukommt und wie lange es dauert. Unruhe schafft erst die nagende Ungewißheit.

Die Angehörigen des EUROKORPS haben gestern bereits mit uns Verbindung aufgenommen und brennen darauf, zur ersten offiziellen Erkundung vom 1. bis zum 5. Februar nach Priština zu kommen.

358

Brigadegeneral von Senden hat mit General Çeku eine wichtige Vor-
vereinbarung zur Auswahl der Führungspositionen auf der mittleren
Ebene getroffen. Unsere Beziehungen zum KPC sind seit der Vereidigung der oberen Führer sehr viel entspannter geworden. Wir hatten ihnen zu lange immer wieder sagen müssen, was sie nicht tun durften, so
daß die Belastung des Verhältnisses immer mehr zunahm. Jetzt, wo wir
ihnen sagen, was sie tun dürfen und wie wir ihnen dabei helfen können,
ist die Sache natürlich viel einfacher.

Ich habe inzwischen das offizielle Schreiben erhalten, in dem Bernard Kouchner und ich nach New York eingeladen werden. Das geplante Datum ist der 13. März 2000. Die Einladung umfaßt ein Treffen
mit dem Generalsekretär, einen Vortrag vor dem Sicherheitsrat der Vereinten Nationen und eine Reihe informeller Treffen am Rande des
Besuchs.

Dieser Abend klingt sehr fröhlich aus. Die Briten haben zur „Burns-
Night" eingeladen, in der sie mit viel Whisky und Haggis (eine schotti-
sche Spezialität, sieht ähnlich aus wie der „Pfälzer Saumagen" und
schmeckt auch so) den schottischen Dichter Robert Burns (1759 bis
1796) feiern. Durch den Abend führt unser britischer Command Sergeant Major Martin Bird mit straffer Hand und durchdringender Stimme. Er scheint Burns besser zu kennen als jeder andere, auch wenn fast
jeder der anwesenden Briten Passagen von Burns zu zitieren weiß. Die
Begeisterung geht beinah mit ihnen durch. Wer hätte das von den küh-
len Briten erwartet? Plötzlich erinnern sich auch einige unserer Kanadier und Amerikaner, daß sie eigentlich schottischen Ursprungs sind, so
auch Wendy Gilmore, die ihren Burns zu kennen scheint. Es ist ein sehr
ausgelassener Abend, wozu die Kunde von der Ablösung durch das
EUROKORPS sicherlich das Ihre beisteuert. Ich weiß nicht mehr,
wann ich ins Bett gekommen bin.

Sonntag, der 30. Januar 2000; 111. Tag   sonnig

Mich ruft kurz nach 06.00 Uhr der SACEUR an und informiert mich,
daß er an Grundsätzen für unseren Einsatz bezüglich des Preševo-Tals
und innerhalb der Sicherheitszone arbeitet. Er untersagt jegliche Aktion

in der Sicherheitszone, solange er noch kein mit Brüssel koordiniertes Ergebnis erzielt habe. Preševo ist auch das zentrale Thema unserer sonntäglichen Generalsbesprechung. Wir sind uns einig, was wir machen müssen, wissen aber nicht, ob bzw. wann wir die dazu erforderliche politische Zustimmung bekommen.

Am Nachmittag fliege ich auf den Mount Goleš (1.018 Meter), auf dem wir unsere Richtfunk-Übertragungsanlagen eingerichtet haben, mit denen wir die Verbindung zu den MNBs, aber auch nach Mazedonien, Albanien, Griechenland, zu SHAPE und zu den Hauptstädten zu halten. Drei Nationen (GE, UK und CA) betreiben diese exponierte Station, und eine ungarische Wachtruppe sichert die Anlage. Der Sturm hier oben ist so stark, daß unser Hubschrauber dreimal anfliegen muß, bis er endlich gegen den Wind auf der kleinen Plattform landen kann.

Die Sicht ist grandios, das gesamte Becken des Kosovo liegt wie ein Geländerelief unter uns. Der Blick reicht von den tief verschneiten Sar-Planina-Bergen im Süden, die mit einer Höhe von bis zu 2.600 Metern Mazedonien vom Kosovo trennen, bis zu den bis 2.300 Meter hohen Mokra-Gora-Bergen hinter Mitrovica und Istok im Norden – eine sehr natürliche und fast unüberwindliche Grenze zu Montenegro. Im Westen scheinen im leichten Dunst die hohen, weiß leuchtenden albanischen Prokletije-Berge (bis zu 2.700 Meter), davor liegt Peć. Fast nicht mehr auszumachen ist Prizren im Südwesten, während sich Glogovac unter uns ausbreitet. Ich erkenne das kanadische Camp und die zerbombte Aluminium-Fabrik. Die Kraftwerke Kosovo A und B verpesten im Osten sichtbar das ganze Tal von Mitrovica bis südlich von Priština. Die Städte sind in dem dicken braun-grünlichen Kohle-Dunst nicht mehr zu erkennen. Der Südwind staut den Smog etwa auf der Höhe von Gračanica wie eine dicke Mauer, südlich davon ist der Blick wieder frei bis Mazedonien. Von dort, nahe Bresovica, grüßt mein Lieblingsberg, der Ljuboten, der mit seinen 2.499 Metern in Form einer Pyramide stark an die Alpspitze bei Garmisch-Partenkirchen erinnert. Silvio Mazzaroli und ich haben beschlossen, den Ljuboten in einer Frühjahrs-Skitour zum Abschluß unseres Einsatzes im Kosovo zu besteigen. Die Skiabfahrten über die weiten freien Berghänge müssen traumhaft sein.

Insgesamt hausen auf diesem sehr unwirtlichen, völlig kahlen und jeder Witterung ausgesetzten Berg Goleš direkt oberhalb des Flugplatzes, auf dem sich noch die zerstörten Reste der Fernmeldeübertragungsanlagen der jugoslawischen Post und der jugoslawischen Streitkräfte befinden, etwa fünfzig Soldaten. Ich bin enttäuscht über die mangelnde Zusammenarbeit zwischen den Nationen; jeder bringt nur seine eigenen Leute unter. So leben die Kanadier in einfachen Zelten, die Deutschen in Großzelten, die Briten in einer eher komfortablen Container-Siedlung. Ich dränge nach meiner Rückkehr meinen Chef des Stabes, sich darum zu kümmern, daß dort oben alle gleich gut untergebracht werden. Der Rückflug war wegen des Sturms aus Sicherheitsgründen nicht mehr möglich, wir mußten das Auto nehmen. Wieder einmal hat mein Adjutant, Hauptmann See, flexibel und rasch reagiert, um mich schnell in mein Hauptquartier zurückzubringen.

In „Film-City" erwartet mich bereits der finnische Verteidigungsminister Jan-Erik Enestam. Wir haben ein längeres Gespräch über die Lage, und ich danke ihm für seine hervorragenden finnischen Soldaten, die mit einigen Stabsoffizieren zwischenzeitlich auch meinen Stab verstärkt haben.

Am Abend verabschieden wir in der Kommandeursrunde Brigadegeneral Henri Poncet, den Kommandeur der MNB (N), sowie Brigadegeneral Peter Pearson von der MNB (C) mit einem festlichen Abendessen. Henri Poncet verläßt uns am 2. Februar und wird mit seinem Brigadestab zurück nach Toulouse verlegen. Peter Pearson bleibt uns noch ein paar Tage und wird ab dem 20. Februar als Abteilungsleiter zum britischen HQ LAND Command versetzt. Ich habe Generalleutnant Evtukovič und Generalleutnant Çeku bewußt zu diesem Abendessen mit eingeladen. Es ist bemerkenswert, aber auch amüsant, wie der Russe und der ehemalige UÇK-Kämpfer einander anfänglich aus dem Weg gehen. Jeder hält den anderen für die Inkarnation des Bösen. Im Lauf des Abends tauen sie beide auf, werden locker und genießen schließlich auch die kameradschaftliche Atmosphäre mit den anderen Generalen und Obristen. Bei der Verabschiedung sagt mir Evtukovič, er sei von Çeku sehr beeindruckt. Ich hoffe, daß wir damit einige der Vorurteile der Russen gegenüber dem KPC, mehr aber noch das böse Mißtrauen der Albaner gegenüber den Russen abbauen konnten. Ich würde viel darum geben, den nächsten Bericht Evtukovičs nach Moskau lesen zu können.

Montag, der 31. Januar 2000; 116. Tag   sonnig und warm

Ich fliege nach einem morgendlichen Interview mit Blerim Shala, dem Herausgeber der liberalen Zeitung „Zeri", zur spanischen Task Force TIZONA in der Stadt Istok im westlichen Kosovo. Die neue Truppe ist erst seit zwei Wochen in diesem sehr flachen und stark agrarisch strukturierten Gebiet, doch sie hat sich bereits gut eingelebt. Die spanischen Fallschirmjäger sind, genau wie die jeder anderen Nation, ein zäher Haufen. Mir gefällt, wie entschlossen und energisch sie vorgehen. Ich kontrolliere ihre Arbeit an zwei Checkpoints und fahre mit einer Patrouille über Land. Die Männer verhalten sich korrekt und höflich, aber bestimmt – genau die Eigenschaften, die ich mir von den KFOR-Soldaten erwarte. Die Bevölkerung respektiert die Spanier, die sich in diesem Teil des Kosovo auch mit humanitärer Hilfe hervorgetan haben. Sie zeigen mir eine große Halle voll mit neuer Bekleidung und Schuhen sowie Schulsachen, die sie gerade an die Bevölkerung verteilen. Ich denke nicht, daß dieses Bataillon während seiner Einsatzdauer größere Probleme haben wird.

In dem UNMIK-Treffen sprechen wir über das Problem, immer noch existierende Parallelstrukturen im administrativen wie im politischen Bereich abbauen zu müssen. Es scheint, daß diese Frage doch kein so großes Problem ist, wie wir dies eingangs befürchtet haben. Der Sprecher von Hashim Thaci, Bilall Sherifi, informierte heute Jock Covey, daß er gerade eine Pressemitteilung herausgegeben habe, wonach Thaci nicht mehr Premierminister sei, und daß auch alle seine bisherigen Ressorts aufgelöst worden seien.

Ich schlage dem Hauptquartier SHAPE für die Übergabe von KFOR 2 an KFOR 3 vor, die Masse des Stabes EUROKORPS erst nach der Übung DYNAMIC RESPONSE 2000, d. h. also nach dem 4. April 2000, schrittweise in das Kosovo zu verlegen. Wir könnten dann den Rest des Monats für eine detaillierte Übergabe nutzen. Ich schlage als möglichen Termin des Unterstellungswechsels und der Kommandoübergabe das letzte Wochenende im April, d. h. Samstag, den 29., oder Sonntag, den 30. April 2000, vor.

Für den Abend hat das niederländische Stabskontingent zur Geburtstagsfeier der niederländischen Königin Beatrix ins „Bat Cave" eingeladen. Oberst Peter Gorrison hält eine kurze und launige Ansprache, dann geht es zu Heringen, Käsehappen und härteren Dingen über.

Die sehr reißerische rechtsradikale Albanerzeitung „Bota Sot" hat heute mit einer Meldung aufgemacht, wonach Çeku gesagt haben soll: „Das KPC ist ein Embryo für eine künftige Armee."

Ich schreibe an Çeku sofort einen Brief mit folgendem Inhalt: „Erklärungen wie die vorstehende Aussage sind kontraproduktiv für die Fortführung der herausfordernden Aufgaben des Umwandlungsprozesses. Sie nähren falsche Erwartungen unter Ihren Mitgliedern und verstärken zugleich eine falsche Wahrnehmung des KPC und seines Auftrages. Es ist von wesentlicher Bedeutung, daß Sie auch weiterhin ein konsequentes und genaues Bild des KPC fördern – das Bild von einem diszipliniertem, professionellen und vor allem zivilen Notfallkorps. Diese Botschaft muß klar verstanden werden, nicht nur vom KPC selbst, sondern auch von den Menschen im Kosovo und von der Staatengemeinschaft. Ich war demgegenüber sehr erfreut, als ich in dem gleichen Artikel der ‚Bota Sot', daß Sie mit der Aussage zitiert wurden, das KPC ist ‚kein politisches Thema'. Genau das ist die Art von Botschaft, die wir verkaufen müssen."

Dienstag, der 1. Februar 2000; 117. Tag   sonnig

Ich habe mein Dienstzimmer kaum gesehen – „Hektik" ist eine milde Umschreibung des Tages.

Heute ist wieder eine Sitzung des Interim Administration Council. Es geht sehr hoch her, da Bukoshi und auch das bisherige Schattenparlament gestern am späten Abend erklärt haben, die bisherigen Strukturen nicht – wie vereinbart – aufzulösen, sondern bis zu den Wahlen für die gesamte Provinz im Amt bleiben zu wollen. Diese Erklärung führt zu scharfen Angriffen Thacis und Qosjas auf Rugova: Sie werfen ihm vor, die Vereinbarung des IAC bezüglich der Auflösung aller politischen Strukturen/Organisationen sowie die Abmachungen von Rambouillet gebrochen zu haben. Rugova sitzt da wie ein Buddha und verteidigt sich nicht einmal. Die Sitzung wird schließlich nach weiteren wüsten Beschimpfungen durch Jock Covey, der heute in Abwesenheit Kouchners die Leitung übernommen hat, abgebrochen. Covey ist unglaublich geladen und macht Rugova klar, daß er von ihm noch heute eine offizielle positive Stellungnahme zur Auflösung erwarte, da sonst die weitere Zusammenarbeit im IAC in der Tat keinen Sinn mehr mache.

Rugova wird bis Freitag Zeit gegeben, Regierung und Parlament aufzulösen und auf die Präsidentschaft zu verzichten. Hält er diese Frist nicht ein, so drohen Thaci und Qosja, die Zusammenarbeit aufzukündigen und den IAC endgültig zu verlassen. Die Lage ist sehr dramatisch, da Rugova seit langem mit Bukoshi politisch gebrochen hat. Er kann daher weder über ihn noch über das Schattenparlament unmittelbar bestimmen.

Bei all diesen negativen Trends wurde kaum noch wahrgenommen, daß das europäische Parlament 65 Mio. DM als Soforthilfe für das Kosovo bewilligt hat, endlich ein Lichtblick.

Die UNMIK-Sitzung heute abend findet hinter verschlossenen Türen statt. Wir versuchen, einen Weg aus der Situation zu finden. Ich habe die meisten meiner Termine für die nächsten zwei Tage abgesagt, um mit Thaci, Rugova, Bukoshi oder Qosja Gespräche zu führen. Hoffentlich finden wir einen Weg, den Karren wieder aus dem Dreck zu ziehen.

Am Nachmittag ist die Kommandoübergabe bei der MNB (N) in der französischen Kaserne in Mitrovica. Brigadegeneral Poncet übergibt an Brigadegeneral Pierre Saqui de Sannes. Gleichzeitig mit dem Brigadekommandeur wechseln der gesamte Stab und das für Mitrovica-Nord verantwortliche französische Bataillon. Ich halte von diesem gleichzeitigen Wechsel nichts, da hierdurch sehr leicht die Erfahrung und die praktischen Kenntnisse der örtlichen Verhältnisse, vor allem aber das Wissen über die handelnden Personen vor Ort, abreißen. Dies ist aber eine nationale Entscheidung, auf die wir kaum Einfluß haben.

Brigadegeneral Saqui de Sannes ist Panzeraufklärer und hat im Libanon sowie lange Zeit in Afrika gedient, auch in Somalia. Ich freue mich auf die Zusammenarbeit mit ihm. Ich habe einige Ideen für Mitrovica, ich hoffe, sie mit diesem neuen Kommandeur endlich umsetzen zu können. So müssen wir endlich schärfer gegen die serbischen „Bridge Watchers" vorgehen und den Willen von KFOR in beiden Teilen der Stadt mit größerem Nachdruck umsetzen. Vor allem müssen wir die Zugangswege über die beiden Brücken wieder stärker für den öffentlichen Durchgangsverkehr öffnen. Der fatale Eindruck der Teilung, der sich auf beiden Brücken durch Stacheldraht und spanische Reiter vermittelt, muß abgebaut werden. Alle meine Versuche, in diesem Sinn auf die französische Führung Einfluß zu nehmen, sind ins Leere gelaufen. Mir ist immer noch nicht ganz klar, ob das eine Frage der Politik oder des taktischen Verhaltens des scheidenden französischen Kommandeurs ist. Fakt ist, daß meine diesbezüglichen Anweisungen bisher nicht umgesetzt wurden.

Unmittelbar nach der Kommandoübergabe haben wir unsere Kommandeursbesprechung in Mitrovica. In allen Brigadebereichen war eine bemerkenswert ruhige Woche zu verzeichnen; alle MNB meldeten abfallende Verbrechensquoten. Dabei wird erneut das Problem begrenzter Haftkapazitäten angesprochen; die kurzen Inhaftierungszeiten führen bei den Soldaten vor Ort zu immer mehr Frustration: Sie nehmen die Verbrecher konsequent und mit großem Einsatz fest und bringen sie zur Polizei. Dort werden sie nach kurzer Zeit wieder freigelassen. Übereinstimmend berichten die Kommandeure auch von der unzureichenden Zusammenarbeit mit den örtlichen UNMIK-Administratoren, die sehr häufig physisch gar nicht anwesend sind. Es scheint in den regionalen Bereichen allenfalls ein Minimum an Koordination zu geben. Ausgenommen davon ist nur die Zusammenarbeit mit den UNMIK-Polizeikräften, die allgemein für gut befunden wird. Hier kommen unsere Absprachen zu einer Strategie der Kooperation glücklicherweise voll zum Tragen.

Brigadegeneral Roland Kather, der Kommandeur der MNB (S), hat enorm daran gearbeitet, im Nachgang zu unserem Besuch in Orahovac die Lebensumstände der serbischen Minderheit zu verbessern. Er ist dabei, in enger Abstimmung mit dem deutschen Technischen Hilfswerk die Wasserversorgung und die Straßenbeleuchtung in der gesamten Stadt und damit auch im serbischen Viertel spürbar zu verbessern. Ich bin sehr froh, ihn als Brigadekommandeur hierzuhaben. Er ist sehr initiativ, erkennt die wichtigsten Punkte und nimmt sie mit der ganzen Kraft seiner Persönlichkeit in Angriff. Auch aus meinem Stab höre ich vermehrt, wie sehr sie in Brigadegeneral Kather einen „starken Kommandeur" sehen. Die Jungs haben dafür ein unglaublich feines, geradezu untrügliches Gespür.

Mittwoch, der 2. Februar 2000; 118. Tag sonnig, warm; später Nebel

Wir haben heute am Abend einen sehr schweren Vorfall, als eine Panzerabwehrrakete auf einen vom UNHCR betriebenen zivilen Bus gefeuert wurde, der auf der Straße von Mitrovica nach Istok fuhr und von einer französischen Patrouille begleitet wurde. Zwei Menschen wurden getötet und fünf schwer verletzt. Die Verletzten wurden in das Krankenhaus von Mitrovica gebracht. Theoretisch ist das ein multiethnischer Bus, tatsächlich jedoch wird er nur von Serben genutzt; er verkehrt ständig unter KFOR-Begleitschutz. Unter den gegebenen Umständen sieht alles danach aus, als sei dies ein ethnisch motivierter Anschlag albanischer Terroristen.

Mir wird mitgeteilt, daß die Verletzten alle noch unter Schock stehen und ich sie daher heute nicht mehr besuchen kann. Ich werde mir morgen vor Ort ein Bild von der Lage machen, zumal wir zu dieser Zeit dichten Nebel haben, die Sicht ist gleich null. Ich befürchte drastische Reaktionen der Serben in Mitrovica und rufe General Saqui de Sannes an, um ihn zu warnen. Leider sind seine Truppen völlig neu in der Stadt und kennen sich noch wenig aus. Ich befürchte, daß dieser Terror-Anschlag meine Bemühungen, mit dem neuen französischen Brigadekommandeur gemeinsam nach Wegen für mehr Normalität zwischen den Volksgruppen in Mitrovica zu suchen, an die Wand fahren wird.

Associated Press meldete, daß es gestern den moderaten Führern der Serben, Bischof Artemije und Momčilo Trajković, in Mitrovica nicht gelungen ist, die Hardliner im Norden davon zu überzeugen, daß die Serben wieder in den KTC zurückkehren sollten. Die Serben haben sich aber geeinigt, UNMIK-Gemeinschaftsbüros zu akzeptieren, die Teil des von Bernard Kouchner initiierten Plans für ein engeres Zusammenleben der Ethnien sind.

Nach den gestrigen Problemen im IAC hat sich die Lage dahingehend verbessert, daß heute sowohl Rugova als auch der Präsident des Schattenparlaments Erklärungen unterzeichnet haben, wonach ihre Regierungsstrukturen und Schattenorganisationen aufgelöst worden sind. Damit sind die Grundvoraussetzungen für die Fortsetzung der Arbeit des IAC gegeben, und die Bedingungen, die Covey, Thaci und Qosja gefordert haben, formal erfüllt.

Am Nachmittag habe ich ein langes Gespräch mit Dr. Bukoshi, der mir bestätigt, daß seine Regierung sowie seine ehemaligen Militär- und Polizeikräfte ab sofort ersatzlos aufgelöst worden seien. Er bietet erneut an, die Mittel aus dem Fonds seiner ehemaligen Regierung in die von den UNMIK geführten Fonds für die humanitäre Hilfe der Menschen im Kosovo zu überführen. Bei den Geldern seines Fonds in Höhe von knapp 60 Millionen DM handelt es sich um Spenden von Albanern in der Diaspora, d. h. von Albanern, die im Ausland leben, etwa in Deutschland, in der Schweiz oder in den USA, für ihre Landsleute daheim im Kosovo. Bukoshi besteht daher darauf, daß er bei deren Ausgabe ein Mitspracherecht darüber hat, wofür sie verwendet werden. Auf gar keinen Fall dürften sie für die Verwaltung der UNMIK genutzt werden. Ich danke Bukoshi für sein Angebot und sage ihm zu, seine Nachricht an Bernard Kouchner weiterzugeben.

Das Erkundungskommando des EUROKORPS ist eingetroffen. Ich habe ein langes Gespräch mit dem Stellvertretenden Kommandierenden General des EUROKORPS, dem französischen Generalmajor Wirth, und erläutere ihm unsere Vorstellungen für eine reibungslose Übergabe.

Am Abend bin ich vom Kommandeur der MNB (C) zum Abschiedsessen für den scheidenden Chief of the British Army, General Sir Roger Wheeler, eingeladen. Natürlich nehme ich gern an, zumal Sir Roger über die Jahre ein enger Freund geworden ist; wegen der Lage in Mitrovica sitze ich aber wie auf glühenden Kohlen.

Donnerstag, der 3. Februar 2000, 115. Tag   bedeckt

Ich habe aus Unruhe kaum geschlafen und sitze bereits sehr früh wieder am Schreibtisch.

Gestern nacht hat sich erneut ein ernster Vorfall im russischen Sektor der MNB (E) ereignet. Soldaten der russischen Task Force 13 griffen bei einer gewaltsamen Auseinandersetzung zwischen Albanern ein. Die streitenden Albaner richteten sich daraufhin gemeinsam gegen die Russen, und einer der Soldaten wurde verletzt. Als die Albaner dann in einem Fahrzeug zu entkommen versuchten, eröffneten die Russen das Feuer. Bei dem Schußwechsel wurden einer der Leute in dem Fahrzeug und ein Russe verletzt, der im russischen Krankenhaus operiert werden muß. Im Laufe des heutigen Tages haben sich rund siebenhundert Albaner in Kamenica versammelt, um gegen diesen Vorfall zu protestieren. Die Demonstration verlief friedlich. Ich berate mich mit Brigadegeneral Ric Sanchez und weise ihn ebenso wie Oberst Kiselev an, diesen sehr heiklen Vorfall persönlich zu untersuchen.

Im Nachgang zu seinem gestrigen Besuch bei mir suchte Dr. Bukoshi anschließend Jock Covey auf. Er unterzeichnete dort ein Schreiben, mit dem er die Auflösung des Parlaments und aller paralleler Regierungsstrukturen befürwortet. Er erklärte sich außerdem bereit, die Bücher des Kosovo-Fonds für eine unabhängige Prüfung zu öffnen und diese Mittel für Vorhaben freizugeben, von denen alle Kosovaren profitieren können.

Hashim Thaci teilt mir in einem kurzen Gespräch mit, daß für ihn dieser Schritt „unzureichend" sei. Er verspricht aber, dennoch am morgigen Treffen des IAC teilzunehmen. Gleichwohl droht er erneut, das Gremium zu verlassen, falls seine Forderungen nicht erfüllt werden sollten. Ich rufe Jock Covey an und rate ihm, Thaci nicht in allen Punkten nachzugeben, da ansonsten nur noch ein einziger albanischer Politiker im IAC bleiben wird, nämlich Hashim Thaci, und dies bedeutet für das Land nichts Gutes.

Zusammen mit Dennis McNamara, dem Leiter von UNHCR, fliege ich so früh wie möglich an den Ort des gestrigen Raketenanschlages, um mir vor Ort ein Bild zu machen. Das Panzerabwehrgeschoß wurde – angeblich aus einem Minenfeld heraus – aus einer Entfernung von ca. fünfzig Metern abgefeuert. Der Abschußort befindet sich oberhalb der Straße in einem steilen Hohlweg und war so gewählt, daß ein Treffer in der Längsseite des Busses ermöglicht wurde, als dieser eine sehr enge und sehr steile Haarnadelkurve – wahrscheinlich im ersten Gang – durchfuhr. In dieser Kurve liegen noch andere zerstörte Fahrzeuge, die während der Kriegshandlungen hier abgeschossen wurden. Die Leute, die diesen Terrorakt begangen haben, waren Profis. Ich gehe an die Abschußstelle. Man sieht, daß sich die Terroristen hinter Büschen versteckt hatten, um den Bus abzuwarten. Essensreste und zwei Coladosen liegen noch herum. Die Täter haben sich durch das Buschwerk einen Beobachtungs- und einen Schießkanal geschnitten. Nach dem Abschuß der Panzerfaust haben sie sich dann sofort durch ein verschneites Bachtal in den dahinterliegenden Wald zurückzogen. Ich folge den Spuren etwa einen Kilometer, verliere sie dann auf einem Weg. Es wird bei näherer Untersuchung auch sofort klar, daß sich die Abschußstelle nicht in einem wirklichen Minenfeld befindet, sondern die Verbrecher nur zwei Schilder mit der Aufschrift „Minen" in den Schnee gesteckt haben, um damit eine Verfolgung durch die begleitenden KFOR-Soldaten zu verhindern. Das ist ihnen ja auch gelungen. Die serbischen Passagiere im Bus hatten keine Chance. UNMIK-Polizei und französische Gendarmerie führen die Ermittlungen durch und haben mir für morgen einen ersten Bericht zugesagt. Der neue französische Brigadekommandeur ist entsetzt, was ihm hier gleich zu Beginn seiner Amtsübernahme vorgesetzt wird. Auch ich bin über die Kaltblütigkeit dieses von langer Hand vorbereiteten Terroraktes empört und mache vor der uns begleitenden internationalen Presse keinen Hehl aus meinem Abscheu über diese feige Tat gegenüber Zivilisten, die sich unter den Schutz von UNHCR und KFOR begeben hatten. Ich bin empört und befürchte Folgemaßnahmen. Ich warne Brigadegeneral Saqui de Sanne erneut vor möglichen Racheakten der Serben und weise ihn an, in Mitrovica höchste Alarmstufe auszulösen.

Ich fliege dann zum „Royal Canadian Regiment", das seit zwei Monaten in Glogovac stationiert ist. Es stellt das letzte Kontingent der Kanadier im Kosovo dar – Kanada wird seine Kräfte auf dem Balkan ausschließlich im Bereich von SFOR konsolidieren. Die Soldaten haben enge Beziehungen zur UNMIK-Polizei aufgebaut, und ihre gemeinsame Strategie hat sich gut entwickelt. Ich spreche den Kommandeur auf einen potentiellen Einsatz seiner Kompanien in Mitrovica an, und er ist zuversichtlich, daß sich Kanada an der Rotation multinationaler Truppen zu Unterstützung der Franzosen beteiligen wird. Er glaubt, daß das nicht mehr problematisch sei.

Bernard Kouchner war dieser Tage in Japan, um dort zusätzliches Geld für sein Budget aufzutreiben. Es sieht so aus, als sei er erfolgreich gewesen. So sagte ihm die japanische Regierung 10 Mio. US-$ für die städtische Müllentsorgung in der Hauptstadt zu. Dieser Betrag kommt also zu den 65 Mio. DM hinzu, die von der EU für Gehälter der von UNMIK beschäftigten Kosovaren zugesagt wurden.

Ich spreche erneut mit Brigadegeneral Sanchez über die Ermittlungen wegen der beiden in Uroševac verschleppten serbischen Lehrer. Er hat der Lösung dieses Falls höchste Priorität eingeräumt und ein völlig neues ziviles Ermittlungsteam angesetzt.

Freitag, der 4. Februar 2000; 120. Tag   sonnig

Ich hatte gerade meine Tagebuchnotizen abgeschlossen und war auf dem Weg zu meinem Container, als die Nachricht einschlug, daß in Mitrovica am späten Abend die Lage explodiert ist. Es hat vier Tote und etwa zwanzig Schwerverletzte gegeben. Die Situation ist außer Kontrolle geraten, Serben und Albaner bekämpfen sich im Nordteil der Stadt. Ich ordne sofort eine Ausgangssperre an und eine „Sicherungszone" entlang des Ibar-Flusses beiderseits der Brücken, die nur nach Kontrolle durch KFOR betreten oder verlassen werden kann. Ich fliege dann ins französische Brigadekommando nach Mitrovica, kurz darauf trifft auch Bernard Kouchner ein. Serben haben wegen eines zunächst nichtigen Anlasses in der Bar „Bel Ami" Albaner angegriffen, die sofort zurückgeschlagen haben. Der gesamte Frust der Bevölkerung entlädt sich in Haß und Gewalt. Die UNMIK-Polizei ist nicht mehr Herr der Lage, die neuen französischen Soldaten haben erhebliche Zeit gebraucht, sich in der ihnen noch weitgehend unbekannten Stadt bei Nacht zurechtzufinden und die Kontrolle zurückzugewinnen.

Brigadegeneral Saqui de Sannes kann immer noch nicht glauben, was da heute nacht in seinem Sektor passiert ist. Er ist sehr deprimiert und abgespannt. Er trägt sichtbar schwer an seiner Verantwortung. Ich verstehe das und versuche erst einmal, ihn wieder aufzurichten, was alles andere als leicht ist.

Wir sprechen mit dem serbischen Führer Oliver Ivanović, der von dem Ausbruch der Gewalt selbst überrascht wurde. Auch er ist schwer erschüttert über das, was in den letzten Stunden passiert ist. Er ist stark abgespannt und von den nächtlichen Vorfällen sichtbar gezeichnet. Er räumt ein, daß ihm die Kontrolle über die Serben zeitweilig aus der Hand geglitten ist. Er stimmt einer rigorosen Ausgangssperre ab

370

20.00 Uhr bis auf weiteres zu und verspricht, alles ihm mögliche zu tun, um der Gewalt Einhalt zu gebieten.

Wir sprechen dann mit Dr. Bajram Rexhepi, der der albanische De-facto-Bürgermeister des Südteils der Stadt ist, und mit dem Führer des Regionalbereichs 4 des KPC, Rrahman Rama. Beide haben ihre ganze persönliche Autorität eingesetzt, um sofortige Racheakte der Albaner zu verhindern. Ich danke ihnen für ihre sehr besonnene Haltung, insbesondere Rama, der durch seine hohe Autorität bei der albanischen Bevölkerung wahrscheinlich noch Schlimmeres verhindert hat. Auch Rama und Rexhepi stimmen der Ausgangssperre und dem massiven Einsatz der französischen Truppen in der Stadt für die nächste Zeit zu. Noch in der Nacht flieht eine erhebliche Zahl von Albanern – man spricht von etwa 400 – aus dem Nordteil der Stadt in den Süden, wo wir sie erst einmal notdürftig unterbringen müssen.

Wir fahren dann ins UNMIK-Gebäude direkt am Ibar-Fluß, in dem sich fast alle Angehörigen von UNMIK, UNHCR, OSZE und der zivilen Hilfsorganisationen versammelt haben. Der Schrecken über das, was sie gerade miterlebt haben, und die Angst sind ihnen noch ins Gesicht geschrieben, jeder will seine Geschichte loswerden. Es gibt böse Vorwürfe gegen die Truppe, die nicht vor Ort gewesen sei und kaum eingegriffen habe. Brigadegeneral Saqui de Sanne stellt daraufhin klar, was seine Männer in der Nacht getan und wie schnell sie reagiert haben, aber sie konnten in der großen Stadt auch nicht an allen Brennpunkten gleichzeitig sein. Die Serben hätten, sowie die französischen Soldaten eingetroffen waren und eingegriffen haben, ihr Aktionsfeld sofort gewechselt und seien in andere Stadtviertel ausgewichen. Bernard Kouchner und ich stellen die Maßnahmen der Ausgangssperre und der verstärkten militärischen Präsenz, aber auch der nur für kurze Zeit vorgesehenen massiven Personenkontrolle auf den beiden Brücken dar, um der Gewalt erst einmal die Grundlage zu entziehen. Es bleibt aber offenkundig, daß die Angst der zivilen Mitarbeiter der Internationalen Gemeinschaft tief sitzt. Die meisten von ihnen möchten so schnell wie möglich aus dieser Stadt weg.

Ich fahre ins französische Krankenhaus und suche dort die albanischen Verletzten auf, ein trauriges und deprimierendes Bild, denn diese Menschen haben für den ethnischen Haß schlimm bezahlen müssen.

371

Die serbischen Opfer sind – mit Ausnahme einer jungen Frau, der das Bein amputiert werden mußte, weshalb ich sie jetzt nicht besuchen kann – alle wieder daheim. Mein Weg führt mich dann zu den französischen Checkpoints, um – falls erforderlich – die Männer zu stabilisieren. Die Stadt ist völlig dunkel und gespenstisch leer, außer den französischen Patrouillen und Checkpoints ist niemand zu sehen. Ich spreche mit vielen, vielen französischen Soldaten und krame dazu mein verschüttgegangenes Französisch wieder aus; glücklicherweise klappt es noch ganz gut. Die Männer begrüßen mein Auftauchen und reden sich ihre Eindrücke von der Seele, aber sie machen insgesamt einen entschlossenen und gefaßten Eindruck. Sie sind überzeugt, daß sie kein zweites Mal überrascht werden, und haben alle nötigen Vorsichtsmaßnahmen getroffen, die Stadt unter Kontrolle zu halten.

Bei Morgengrauen fliege ich nach Priština zurück, todmüde nach der wohl schlimmsten Nacht meiner Laufbahn. Ich weise den Stab an, sofort unsere Planung umzusetzen, Truppenteile aus anderen Brigaden nach Mitrovica zu verlegen. Es geht mir zum einen darum, den Konflikt zu „internationalisieren", aber auch darum, die Franzosen dergestalt zu entlasten, daß sie ihre Truppenpräsenz im Nordteil der Stadt sofort für jeden sichtbar erhöhen können. Erste Truppenteile der Finnen und der Norweger werden noch am gleichen Tag nach Mitrovica verlegt und dort der MNB (N) als Verstärkungskräfte für den Einsatz unterstellt.

Ich glaube zwar, daß es uns gelungen ist, die Lage oberflächlich zu stabilisieren, gleichzeitig befürchte ich aber, daß es in Mitrovica jetzt erst richtig losgehen wird. Die Albaner, die aus ihrem Frust über den Stillstand in der Stadt keinen Hehl machen, werden die psychologische Lage nutzen, nun ihrerseits zuzuschlagen. Die albanischen Hardliner haben ja wieder und wieder angekündigt, daß sie in Mitrovica die Dinge selbst in die Hand nehmen wollen, wenn UNMIK und KFOR nicht genug tun, um die De-facto-Teilung zu überwinden. Nach der heutigen Nacht wird die Teilung eher vertieft werden, was der albanischen Seite den gewünschten Vorwand liefert, jetzt aktiv zu werden.

Die Bestätigung für meine Einschätzung bekomme ich in der heutigen Sitzung des IAC, in der Thaci und Qosja über uns herfallen und uns die Schuld für den Gewaltausbruch in Mitrovica in die Schuhe zu schieben versuchen. Sie machen das IAC zum Forum der Anklage für all das, was ihnen nicht paßt. Ich halte dagegen, daß letztlich der Anschlag auf den UNHCR-Bus und der damit verbundene Mord an den Serben das auslösende Element für die Gewalt in Mitrovica gewesen ist – was Thaci sofort umdreht: Die Serben hätten den Terroranschlag bewußt selbst auf die eigenen Leute ausgeführt, um einen Anlaß zu haben, nun in Mitrovica loszuschlagen. Er fordert, der Gewalt nicht nur eine Absage zu erteilen, sondern vielmehr sicherzustellen, daß derartiges wie heute nacht in Mitrovica nie wieder passieren könne. Jock Covey und ich machen die Maßnahmen deutlich, die wir zum Schutz der Bevölkerung getroffen haben, und ich unterstreiche erneut, daß nicht UNMIK oder KFOR, sondern die haßerfüllte Bevölkerung die Verantwortung für die Massaker trage. Ich weigere mich, die einseitigen Beschuldigungen weiter hinzunehmen und fordere die Politiker auf, mit uns gemeinsam nach einem Ausweg aus der schlimmen Situation zu suchen. Andernfalls würde ich ohne irgendwelche Abstimmung genau das tun, was wir bei KFOR für richtig hielten. Man solle dann aber nicht kommen, um uns vorzujammern, daß man an wichtigen Weichenstellungen nicht beteiligt worden sei.

Qosja lenkt ein, weist aber darauf hin, daß dies alles das Werk serbischer Paramilitärs sei. Den Serben könne man ohnehin nicht trauen, eine Zusammenarbeit mit ihnen brächte nichts als Frust. Die Mitglieder des IAC einigen sich darauf, das Thema Mitrovica heute nicht weiterzuverfolgen, sondern auf die Tagesordnung des nächsten Treffens zu setzen.

Thaci greift dann Rugova an und sagt, daß ihm die bisherigen Aussagen zur Auflösung der bestehenden Strukturen nicht ausreichen würden. Er versucht offensichtlich, Rugova politisch auszuhebeln und als „nicht vertrauenswürdig" hinzustellen. Er macht das sehr geschickt und demagogisch: Er fordert Klarheit über die Verwendung des Fonds von Bukoshi und will die Papiere sehen, die Bukoshi bei Covey unterschrieben hat. Der IAC einigt sich schließlich, ein kleines Gremium einzusetzen, das diese finanziellen Fragen im einzelnen durchleuchten und Vorschläge für das weitere Vorgehen machen kann.

Wir beschließen dann

- die Verordnung zur Durchführung der Registrierung der Bevölkerung des Kosovo,
- die Verordnung für die Aufstellung einer Kommission zur Vorbereitung zentraler Wahlen,
- die Verordnung zur Registrierung politischer Parteien.

Am Ende der Sitzung bricht die Auseinandersetzung nochmals heftig auf, als Thaci sich weigert, die Namen seiner Parteivertreter mitzuteilen, die den der PPDK zugewiesenen Ministerien vorstehen sollen. Damit boykottiert er die Regierungsarbeit an wichtiger Stelle, da diese Ressorts ohne politische Führung ihre Arbeit nicht aufnehmen können.

Bei meiner Rückkehr in „Film-City" wartet dort bereits Christoph Schwennicke von der „Süddeutschen Zeitung" auf ein Interview. Ich weiß danach nicht, wie ich durch das Interview gekommen bin und lege mich anschließend erst einmal für zwei Stunden in meinen Container: Vor lauter Übermüdung habe ich Schwierigkeiten, klar zu denken. Ich verzichte daher auf die Teilnahme an der „Internationalen Konferenz zum Balkan" im Grand Hotel und ziehe eine kurze Ruhepause vor.

Am Abend bin ich wieder fit und besuche eine sehr eindrucksvolle Ausstellung albanischer Künstler, zu der Tom Koenigs in seine Räume eingeladen hat. Wie schön ist es – und wie unwirklich mutet es an, daß neben all dem Haß und den politischen Finessen auch die Kunst ab und zu noch ihre Chance bekommt.

Der 4. Februar wird jedenfalls ein Tag bleiben, den ich so schnell nicht vergessen werde.

Samstag, der 5. Februar 2000; 121. Tag   sonnig, klar

Die Lage in Mitrovica ist zunächst wieder unter Kontrolle. Die abendliche und nächtliche Ausgangssperre wurde von beiden Seiten der Stadt eingehalten. Im Verlauf des Tages versammelten sich mehrmals kleinere Menschenmengen von einhundert bis zweihundert Personen an den Auffahrten auf beiden Seiten der Brücke am UNMIK-Gebäude; es blieb jedoch vergleichsweise ruhig, wenn auch sechs französische Sol-

374

daten von Albanern provoziert wurden. Die Gewalt kann jederzeit wieder ausbrechen. Wir haben es noch nicht geschafft. Die neuen Truppenteile sind von der MNB (N) nur im Süden der Stadt eingesetzt worden, um im Norden einheitlich mit französischen Truppen führen zu können. Dies ist klar gegen meine Anweisung, denn mir kommt es gerade darauf an, im problematischen Norden der Stadt die Soldaten anderer Nationen zusammen mit den Franzosen sichtbar einzusetzen, um dadurch die Lage besser beruhigen zu können.

Am Nachmittag gab es einen Vorfall bei der MNB (E), als ein Checkpoint des russischen Bataillons mit Handfeuerwaffen beschossen wurde. Es gab keine Verletzten, und – was sehr erstaunlich ist – die Russen erwiderten das Feuer nicht. Die Bereitschaftskräfte durchsuchten sofort die ganze Gegend, wobei sie von zwei Kampfhubschraubern „Apache" der amerikanischen Task Force FALCON unterstützt wurden. Die Suche brachte jedoch kein Ergebnis.

Ich habe den deutschen Einsatzverband Prizren der MNB (E) besucht, um mir die gemeinsame Arbeit mit der UNMIK-Polizei anzusehen. Das deutsche Bataillon und die Polizei haben einen gemeinsamen Sicherheitsausschuß eingerichtet, der die Bemühungen der Beteiligten in den Bereichen Verkehr, Energie, Versorgung, Kommunikation, Minderheiten und Grenzen koordiniert. Ich bin mehr als nur zufrieden darüber, wie gut die Zusammenarbeit hier klappt und wie gekonnt dieses Bataillon seinen Sicherungsauftrag für die Stadt Prizren umsetzt. Ich gehe erneut auf einer Patrouille durch die Stadt mit und werde überall von der Bevölkerung angehalten: Man dankt mir, wie gut hier alles läuft.

Ich suche auch noch einmal den Kommandeur des Regionalkommandos 2 in Prizren, Sali Vesseli auf, der die Abstimmung mit der MNB (S) lobt und bittet, mit seinen Männern des KPC am Wiederaufbau der örtlichen Infrastruktur mitwirken zu dürfen. Er dankt mir für alles, was KFOR für das Kosovo getan hat und versichert mir, wie gern er und seine Männer mit uns im Sinne des neuen zivilen Auftrages zusammenarbeiten würden. Wir werden sehen, denn bei diesem Bekenntnis scheint es mir eher um eine Zweckbehauptung zu gehen.

Leider muß mein Stellvertreter in Mazedonien, Generalmajor Bob Ruth, aus gesundheitlichen Gründen vorzeitig nach Hause. Ich habe noch keine Ahnung, wer für ihn als Nachfolger kommen wird – und wann! Dieser Dienstposten ist viel zu wichtig, um ihn länger unbesetzt zu lassen. Ich habe vor, morgen nach Skopje zu fliegen, um Bob Ruth dort zu verabschieden.

Die Grünen-Abgeordnete Angelika Beer besucht mich. Sie ist bemerkenswert gut informiert und fragt mich nach den Auswirkungen des Abzugs des niederländischen Bataillons auf den deutschen Sektor. Sie bohrt bei der Entwicklung im Preševo-Tal hartnäckig und völlig zu Recht nach und bittet mich, einen Blick in die Zukunft zu werfen. Ich gebe ihr einen ungeschminkten Lagebericht.

Sonntag, der 6. Februar 2000; 122. Tag   bedeckt, warm

Es ist im Verantwortungsbereich alles ruhig, einschließlich Mitrovica. Die morgendliche Diskussionsrunde am Sonntag mit meinen Generalen ist erneut der Lage in Mitrovica und im Preševo-Tal gewidmet. Wir suchen nach neuen, anderen und vielleicht auch besseren Ansätzen, die uns helfen können, die Lage vor Ort sicherer in den Griff zu bekommen, aber uns fällt trotz aller Anstrengung nichts Neues ein. Wir kommen vielmehr übereinstimmend zu der Überzeugung, daß es notwendig ist, endlich die wieder und wieder diskutierten Programmpunkte aufzugreifen und in die Praxis umzusetzen. Die Menschen müssen sehen, daß wir es ernst meinen, daß sich etwas in ihrem Sinn bewegt, daß der Stillstand überwunden wird. Mein Ziel bleibt es nach wie vor, den früheren Zustand wiederherzustellen, d. h. den Albanern die Rückkehr in ihre Häuser im Norden zu ermöglichen und die angedachten Projekte zur Schaffung von Arbeitsplätzen in der Zementfabrik, in der Bäckerei, in der Batteriefabrik und im Telefonbetrieb endlich zu realisieren.

In Mitrovica haben sich zeitgleich mit unserer Diskussion rund 1.500 Menschen zu einer friedlichen Demonstration versammelt. Bernard Kouchner ist hingefahren, um mit ihnen zu sprechen. Hoffentlich kann er ihnen eine Perspektive aufzeigen, die dann auch eingehalten wird.

Ich bin sehr sauer, daß in Brüssel ein hoher NATO-Beamter den Zeitrahmen sowie unsere operative Gedanken für die Übung DYNAMIC RESPONSE 2000 an die Presse weitergegeben hat. Jetzt schlägt die

Propagandamaschine Belgrads voll auf uns ein und wirft KFOR Kriegstreiberei vor. Die psychologischen Konsequenzen sind schlimm. Wir werden alle Hände voll zu tun haben, dies wieder „glattzubügeln". Es zeigt sich wieder einmal, daß man keine Feinde braucht, wenn man daheim solch „gute Freunde" hat. Ich weiß nicht, wer der Schuldige ist, aber er hat der NATO und vor allem KFOR mit Sicherheit einen sehr schlechten Dienst erwiesen.

In einem ausgedehnten Interview mit Jeffrey Smith von der „Washington Post" kommen auch die immer noch zu weit von der Sicherheitszone abgesetzten amerikanischen Stützpunkte zur Sprache. Vor allem aber geht es mir in diesem Interview darum, meinen französischen Soldaten den Rücken zu stärken und dem Vorurteil entgegenzutreten, die Franzosen würden sich zu wenig engagieren oder stünden gar auf der Seite der Serben. Diese Behauptungen sind nicht gerechtfertigt; die französischen KFOR-Soldaten stehen ihren Mann wie die Soldaten aller anderen Kontingente auch.

Dr. Constanze Stelzenmüller von der „Zeit" möchte wissen, welche Empfehlungen ich dem Bundesminister für Verteidigung und der Kommission zur „Gemeinsamen Sicherheit und Zukunft der Bundeswehr" hinsichtlich Zusammensetzung und Ausrüstung unserer künftigen Reaktionskräfte gegeben habe. Ich teile ihr mit, daß mich dazu niemand befragt habe, denn man habe zu Hause wohl genügend Fachleute, die zu diesen Themen Aussagen machen können.

Anschließend berate ich mich mit General Çeku über die Lage in Mitrovica. Er stimmt zu, daß wir die wirtschaftliche Entwicklung endlich ankurbeln müßten, um den Menschen eine bessere Perspektive zu geben. Wir wissen, daß einige seiner ehemaligen Kameraden aus den Reihen der UÇK dabei sind, die extreme albanische Position eines „serbenfreien" Mitrovicas ggfs. auch mit Gewalt zu erzwingen. Sie wollen aus der jetzigen Lage politisches Kapital schlagen und die rein albanisch-nationale Schiene fahren. Ich nenne Çeku einige Namen und bitte ihn, mit diesen Männern in unserem Sinn zu sprechen. Wir dürfen jetzt kein Benzin ins Feuer gießen, sondern müssen alles daransetzten, die aufgewühlten Emotionen wieder zu beruhigen. Çeku versteht die Brisanz der Lage und verspricht mir, sich persönlich für eine Beruhigung der Lage einzusetzen.

Am Nachmittag sucht mich der serbische Botschafter Vukičević auf um mir mitzuteilen, wie sehr er über die Situation in Mitrovica besorgt sei. Er habe Kenntnisse, daß albanische Hardliner mit Waffengewalt den Nordteil Mitrovicas in ihren Besitz bringen wollten. Er versichert mir, daß er alles tun werde, um die Serben zu beruhigen, aber seine Landsleute hätten panische Angst vor möglichen nächtlichen Angriffen der Albaner. Ich weise ihn auf die massive Truppenverstärkung unseres KFOR-Kontingents im Nordteil der Stadt sowie auf die Ausgangssperre hin, an die sich bisher beide Seiten gehalten hätten; aber auch ich bin besorgt, da ich nicht wirklich weiß, wo die Hardliner aufzuspüren sind. Wir wissen zwar viel, sind aber nur begrenzt in der Lage, die Leute festzunehmen, da wir ihnen nichts Konkretes nachweisen können. Wir können sie nur sehr eng überwachen und beobachten, und genau das tun wir.

Ich besuche kurz den französischen Brigadestab, der mir einen kurzen Lagevortrag gibt, mit dessen Lagebeurteilung ich im Grundsatz übereinstimme. Ergänzend befehle ich, verstärkt international gemischte Patrouillen zu Fuß durch die Stadt zu schicken. Jeder Truppenteil soll seinen eigenen Aktionsbereich festgelegt bekommen, in dem er die dort lebenden Menschen und deren Verhaltensweisen genau beobachten und kennenlernen kann. Der persönliche Bezug zur Bevölkerung ist unbedingt erforderlich und hat Vorrang gegenüber einer schnellen Ablösung durch andere Truppenteile.

Darüber hinaus stelle ich in einer schriftlichen Weisung an den Kommandeur der MNB (N) zum Einsatz der französischen Soldaten im Nordteil Mitrovicas fest: „Ich mache mir Sorgen über das Ungleichgewicht des Kräfteansatzes beiderseits des Ibar. Bei den Kräften an der ‚Austerlitz-Brücke' (d. h. der Brücke am UNMIK-Gebäude in Stadtmitte) gibt es zwar am Südrand eine starke Sicherung, nicht jedoch am Nordrand. Das mag angesichts der unterschiedlichen Absichten der beiden Seiten verständlich sein. Aber ich denke, daß wir durch eine ständige Sicherung im Norden unsere Fähigkeit erhöhen können, Provokationen von beiden Seiten besser zu kontrollieren. Zudem verfügen wir auf diese Weise über eine Möglichkeit, sofort zu reagieren für den Fall, daß Albaner versuchen sollten, in Massen die Brücke zu überqueren, was eine Katastrophe bedeuten würde. Ich wünsche daher, daß Sie Ihre

Operationen im Norden der Brücke ausweiten und dort eine ständige Präsenz einrichten, zugleich jedoch Ihre Operationen im Süden fortsetzen. Damit werden Sie in der Lage sein, auch die Zugänge zu der Brücke zu kontrollieren, Aufklärung zu betreiben, Aktivitäten bereits im Anfang festzustellen und die Bewegungsfreiheit derjenigen einzuschränken, die als ‚serbischer Sicherheitsdienst‘ den Zugang zur Brücke im Norden kontrollieren wollen. Obwohl sich KFOR des serbischen Wunsches nach Sicherheit für die eigene Gemeinde bewußt ist, dürfen wir nicht hinnehmen, daß ein ‚serbischer Sicherheitsdienst‘ aktiv tätig wird. Es ist nicht hinnehmbar, daß diese Leute eine Art von Uniform tragen oder Waffen mitführen, seien es Schußwaffen oder Schlaghölzer. Sie müssen unverzüglich auf jede Art von Verstoß reagieren und die Leute, sowie sie sich unseren Anordnungen widersetzen, festnehmen …

Ich erachte die Verbindung zwischen Zvečan und Mitrovica für die bei weitem wichtigste Verbindungslinie der serbischen Aktivitäten in der Stadt und bei der Brücke. Daher ist es von entscheidender Bedeutung, daß Sie Ihre Präsenz auf dieser Verbindungslinie weiterhin aufrechterhalten und sicherstellen, daß mit gut koordinierten Maßnahmen jegliche Verstärkung der Serben aus dem Norden unterbunden wird, wenn die Aggression in der Stadt wieder zunehmen sollte …

Vergessen Sie nicht, daß die gegenwärtige Ausgangssperre eine vorübergehende Maßnahme ist. Ich sehe diese zum jetzigen Zeitpunkt als ein produktives und stabilisierendes Mittel an; gleichwohl bin ich der Meinung, daß diese Maßnahme kontraproduktiv wird, wenn sie routinemäßig angewandt wird …“

Ich gebe eine weitere Weisung wegen Preševo heraus, in der ich dem Kommandeur der MNB (E) befehle, bei illegalen Grenzüberschreitungen in die Sicherheitszone sofort zuzuschlagen und die Betroffenen festzusetzen. Ich fordere eine verstärkte militärische Präsenz durch „Herstellung ständiger Präsenz (durch Checkpoints bzw. Patrouillen) entlang der Grenze zur Bundesrepublik Jugoslawien“, entlang der Wege in die Sicherheitszone, dabei insbesondere entlang der Straße nach Dobrosin.

Am Abend fahre ich nach Skopje, um dort meinen Stellvertreter Bob Ruth zu verabschieden, der seinen Posten nur sehr ungern verläßt. Ich danke ihm für seinen hohen persönlichen Einsatz und wünsche ihm, daß er gesundheitlich bald wieder voll hergestellt sein wird.

Nach der Verabschiedung sitze ich mit dem Chef des Stabes KFOR REAR, Oberst Götz-Dieter Helms, und dem NATO-Botschafter Hansjörg Eiff sowie meinem POLAD zusammen; wir bereiten uns auf unser morgiges Treffen mit der mazedonischen Regierung vor. Es zeigt sich wieder einmal, wie unschätzbar wertvoll das Wissen von Botschafter Eiff und seine profunde Kenntnis der handelnden Personen für uns ist. Ich bin sehr dankbar, daß ich mich auf seinen Rat stützen kann.

Montag, der 7. Februar 2000; 123. Tag sonnig

Der gesamte Tag ist Gesprächen mit Mitgliedern der mazedonischen Regierung gewidmet. Wir beginnen beim Verteidigungsminister Nikola Klusev, der ebenso wie alle nachfolgenden mazedonischen Gesprächspartner über die Lage in Mitrovica und in der Sicherheitszone zum Preševo-Tal sehr beunruhigt ist. Er befürchtet eine Ausweitung der Umtriebe auf mazedonisches Gebiet bei Kumanovo. Ich lege meinerseits die Sicherheitslage im Kosovo und unsere für die nächsten Wochen diesbezüglich geplanten Maßnahmen dar. Auch unsere Pläne zur Verteidigung unserer Truppen in Mazedonien im Raum Kumanovo und mögliche Verstärkungen werden erläutert, außerdem die bereits laufenden Aktivitäten im Rahmen der gemeinsamen Grenzsicherung entlang der mazedonischen Grenze zum Kosovo, über die sich der Verteidigungsminister positiv äußert.

Minister Nikola Klusev ist ein älterer Mann, der viel in Deutschland war und von Deutschland schwärmt; von Haus aus ist er Naturwissenschaftler. Er steht in seiner Regierung unter großem Druck, ja, er ist in Gefahr, seinen Posten zu verlieren. Er fragt uns nach technischen Einzelheiten eines amerikanischen Hilfsprogramms, von dem wir keine Ahnung haben. Eine ziemlich peinliche Situation, denn das gesamte Paket wurde direkt zwischen den USA und Mazedonien verhandelt; die NATO war davon nicht unterrichtet.

Auch die Besuche beim Premierminister Ljubco Georgievski, bei der sehr resoluten Innenministerin Dosta Dimovka, beim Verkehrsminister

Dmitrov und beim Außenminister Kerim, der gut Deutsch spricht, gelten primär der inneren Lage im Kosovo und den möglichen Auswirkungen auf Mazedonien. Es werden aber auch die immer noch ausstehenden Mittel der einzelnen Nationen angemahnt: Die für die Stationierung der Truppen auf mazedonischem Territorium angefallenen Kosten wurden noch nicht oder nur zum Teil beglichen.

Nach einem Mittagessen in einem militärischen Club, das der Verteidigungsminister Klusev uns zu Ehren gibt, suche ich den Führer der wichtigsten albanischen Partei (Democratic Party of Albanians, DPA), Arban Xhaferi, in seinem Büro auf. Er ist ein sehr freundlicher, aber eher zurückhaltender Mann, der sehr gut Englisch (mit amerikanischem Akzent) spricht. Er scheint sehr krank zu sein und hat große Mühe, zu sprechen. Seine Stimme ist sehr heiser, und er bewegt sich nur sehr langsam. Er philosophiert über die Lage der Albaner auf dem Balkan, spricht sich aber sehr nachdrücklich gegen ein „Großalbanien" oder ein erweitertes Kosovo aus. Meinen Fragen nach seiner Einschätzung der Vorgänge im Preševo-Tal weicht er vorsichtig aus und läßt nicht erkennen, wo er wirklich steht. Er äußert sich zur Lage seiner Landsleute in Mazedonien, die noch erheblich zu wünschen übriglasse; insbesondere nennt er die Universität in Tetovo, der die Anerkennung immer noch versagt bleibe. Generell spricht sich Xhaferi aber für eine friedliche und schrittweise Veränderung der von ihm angesprochenen Mißstände aus. Er stellt seine enge Verbindung zu Hashim Thaci heraus, den er etwa alle zehn Tage sehe, und betont, daß er auf eine friedliche Weiterentwicklung des Kosovo in Richtung eines künftig unabhängigen albanischen Staates setze.

Abschließend treffe ich im Parlamentsgebäude den ehemaligen mazedonischen Verteidigungsminister und heutigen Oppositionsführer, Laze Kitanovski, der sehr frustriert und verbittert zum Rundumschlag gegen die derzeit Herrschenden ausholt. Die seien alle korrupt und käuflich, das sei vorher besser gewesen. Er ist stolz auf seine Bekanntschaft mit General Clark und anderen NATO-Größen, mit denen er während der Zeit der Luftoperationen der NATO sehr eng zusammengearbeitet habe. Seine Ausführungen haben keine Perspektive.

Den langen Tag mit vielen politischen Gesprächen, aber ohne wirklich neue Erkenntnisse, beschließt ein gemeinsames Abendessen, das

Botschafter Eiff im Hotel „Alexander Palace" gibt. Dazu hat er die in Mazedonien akkreditierten Botschafter der USA, Großbritanniens, Frankreichs und Italiens eingeladen. An diesem Abendessen nimmt auch Brigadegeneral Larry Lust teil, der von USAREUR in Heidelberg abgestellt ist, um in einer Interimsphase den Posten meines Stellvertreters in Mazedonien solange wahrzunehmen, bis die USA mir einen wirklichen Nachfolger für Generalmajor Bob Ruth schicken können.

Dienstag, der 8. Februar 2000; 124. Tag

Der SACEUR hat mich beauftragt, anläßlich der Übung SHAPEX im Hauptquartier SHAPE zur derzeitigen Lage im Kosovo vorzutragen. Ich fliege daher über Zürich nach Frankfurt und fahre abends nach Heidelberg.

Mittwoch, der 9. Februar 2000; 125. Tag

Der ganze Tag ist stabsinternen Gesprächen im HQ LANDCENT gewidmet. Außerdem treffe ich mich mit Generalleutnant Ortuño, um mit ihm die Einzelheiten der Übergabe anzusprechen.

Generalmajor Milne meldet mir aus Priština, daß ab heute die britischen „Royal Green Jackets" in Mitrovica das Kommando an der „Austerlitz-Brücke" übernommen haben, eine Meldung, über die ich sehr froh bin. Insgesamt sei die Lage in der Stadt weiter ruhig. Es gebe aber klare Anzeichen, daß Albaner quasi als „Familienangehörige" in albanische Familien im Norden einsickerten, um bei kommender Gelegenheit zuzuschlagen. Wir können diese Information nur begrenzt nutzen, um unsere Quellen nicht zu gefährden, warnen aber die Franzosen, damit sie in den albanischen Bereichen Nord-Mitrovicas ihre Wachsamkeit erhöhen.

Es sieht nicht so aus, als ob wir in Mitrovica schon wieder zur Tagesordnung übergehen könnten. Ich rufe meinen Stellvertreter, Generalmajor Louis Le Mière an, und bitte ihn, selbst nach Mitrovica zu fahren, um mit dem Kommandeur der MNB (N) alle erforderlichen Einzelheiten abzusprechen und sicherzustellen, daß die Maßnahmen meiner Weisung auch umgesetzt werden. Ich bin unruhig und gar nicht glücklich, weit weg von Priština zu sein.

Ich fahre am Abend nach Koblenz, um wenigstens ein paar Stunden mit meiner Frau und unserem Sohn Florian zu haben, bevor es morgen in aller Frühe nach Mons geht. Ich will für einen kurzen Moment Kosovo und Mitrovica und Preševo hinter mir lassen, um mich ganz der Familie zu widmen – aber die Räder drehen sich weiter, und ich kann nur sehr begrenzt abschalten. Die Ereignisse dort unten lassen mich nicht los.

Donnerstag, der 10. Februar 2000; 126. Tag Mons

Ich fahre um 05.30 Uhr in Koblenz wieder los, um rechtzeitig bei SHAPE einzutreffen. Am Rand von SHAPEX besprechen der SACEUR, Admiral Ellis, der Oberbefehlshaber der NATO-Streitkräfte Süd in Neapel, und der Stellvertreter der amerikanischen Streitkräfte in Europa die weiteren Schritte unseres Vorgehens im Preševo-Tal. Ich halte erneut fest, daß die Gefahr von den Albanern und nicht von den Serben ausgeht, was immer noch nicht so richtig geglaubt wird. Ich weise auf die Agitation der beiden albanisch-nationalistischen Parteien LKÇK und LPK hin, die ihre Leute nach Mazedonien in den Raum um Kumanovo und in die Sicherheitszone einschleusen.

General Clark sagt mir Aufklärungsdrohnen zu und empfiehlt mir, noch enger mit den mazedonischen Streitkräften zusammenzuarbeiten – was wir ohnehin bereits tun. Er verspricht, sich um eine baldige Entscheidung im NATO-Rat über mögliche Aktionen von KFOR in der Sicherheitszone zu kümmern. De facto bedeutet das für mich die Beibehaltung des Status quo, eine ausgesprochen unbefriedigende Situation.

Die weiteren Themen von SHAPEX haben für meinen Einsatz im Kosovo keine Bedeutung.

Freitag, der 11. Februar 2000; 127. Tag   Mons und Brunssum

Ich trage zu meinen Erfahrungen im Kosovo und zu unseren weiteren Schritten vor. Auch Generalleutnant Ron Adams spricht über seine Erfahrungen bei SFOR. Ich gewinne aus der nachfolgenden breiten und sehr lebhaften Diskussion keine neuen Erkenntnisse.

General Jochen Spiering hatte mich gebeten, auch vor seinem Stab zur Lage im Kosovo vorzutragen, so daß ich im Anschluß an SHAPEX zum Stab AFCENT in Brunssum fahre, bevor es dann am Abend zurück nach Koblenz geht.

Ich genieße nochmals die wenigen Stunden daheim, bevor es zurückgeht. Die Unsicherheit der augenblicklichen Lage drängt mich aber Richtung KFOR; ich will das Kommando wieder in die Hand nehmen.

Samstag, der 12. Februar 2000; 128. Tag   sonnig

Um 04.30 Uhr fahre ich in Koblenz los, fliege über Frankfurt und Ljubljana und bin um 14.30 Uhr wieder in Priština.

Unmittelbar nach meiner Ankunft fliege ich vom Flugplatz aus direkt zu einem seit längerem zugesagten Besuch nach Orahovac, um mich dort auf den neuesten Stand der Dinge bringen zu lassen. Ich treffe die Vertreter der örtlichen albanischen Bevölkerung, um mir ihre Ansichten und Meinungen anzuhören. Sie sind sehr scharf mit ihrer Kritik an den Serben und scheinen nicht willens zu sein, gemeinsam Brücken zu bauen. Angeblich haben sich die Serben in ihrem Getto selbst eingesperrt. Die albanischen Führer der Stadt fordern, daß alle „Kriegsverbrecher" festgenommen werden und daß sich die Serben der Stadt öffentlich für die Verbrechen ihrer Landsleute an den Albanern entschuldigen. Sie erklären mir, daß es noch nicht möglich sei, die Russen in ihrem Gebiet zu stationieren. Sie ziehen Parallelen zu Grozny und Mitrovica und drohen, ihre Blockaden sofort wieder aufzubauen, wenn sie den Eindruck hätten, daß es Pläne für eine Rückkehr der Russen gebe. Sie warnen mich, daß sie, wenn die Russen nach Orahovac verlegt werden würden, den Ort zu einem zweiten Mitrovica machen würden. Ich versichere ihnen, daß sie von mir persönlich über eine mögliche Verlegung der Russen vorab informiert werden würden, und warne sie, an ihrer unnachgiebigen Haltung gegenüber den Serben festzuhalten, da ich in diesem Fall unsere praktische Unterstützung in der Energie- und Wasserversorgung wieder stoppen würde. Sie bitten sich Bedenkzeit aus und fordern mich auf, bald wiederzukommen. Ich sage zu, aber nur unter der Bedingung, daß wir uns dann auf die Schritte in die Zukunft konzentrieren; damit, mir ihre Wehklagen über die Vergangenheit erneut anzuhören, wären meine Kräfte zugleich überfordert und vergeudet.

Zur Lage in Mitrovica: In den letzten Tagen ist es dort zu sehr wenigen Vorfällen gekommen, obwohl sich an der „Austerlitz-Brücke" täglich Demonstranten eingefunden haben. Es scheint, als seien die albanischen Demonstrationen aus einer Hand koordiniert, obwohl das genaue Maß der Koordinierung nicht ganz klar ist. Die verstärkte multinationale Präsenz vor Ort scheint zu funktionieren. Damit haben wir erreicht, daß die Einheimischen und die Presse ihre Frustrationen nicht ausschließlich auf die Franzosen konzentrieren können. In der Stadt liegen jetzt neben dem französischen Infanterie-Bataillon drei weitere Kompanien: jeweils eine britische aus den Bereichen der MNB (C) und eine italienische von der MNB (W) sowie eine zusätzliche französische Kompanie, die als Verstärkung kurzfristig eingeflogen wurde. Obwohl wir anscheinend alles unter Kontrolle haben, gibt es keinen Zweifel daran, daß die Stadt ein Pulverfaß ist, das beim kleinsten Funken in die Luft gehen kann. Ich werde morgen nach Mitrovica fahren und mir aus erster Hand einen Eindruck von der gegenwärtigen Lage verschaffen. Ich möchte wissen, wie es den albanischen Flüchtlingen geht, deren Zahl in der Zwischenzeit auf 450 Personen angewachsenen Zahl ist. Außerdem beschäftigen mich folgende Fragen: Was macht die MNB (N) mit den Leuten, die die Ausgangssperre nicht einhalten? Wie viele Festnahmen hat es beim „serbischen Sicherheitsdienst" bisher gegeben? Wie werden die nicht-französischen Einheiten eingesetzt? Welche Erkenntnisse hat die MNB (N) über albanische Extremisten im Norden der Stadt? Wissen wir, wie die Studenten reagieren? Wie stark ist die UNMIK-Polizei, wie stark das Justiz-System? Sind sie in der Lage, gegen Rechtsbrecher kurzfristig vorzugehen? Morgen werde ich hoffentlich die Antworten bekommen.

Ich brauche am Abend viel Zeit, um mich mit dem Stab zu besprechen und mich wieder auf den neusten Stand bringen zu lassen.

Bernard Kouchner kommt noch spät, um mich über seine Eindrücke aus Mitrovica zu unterrichten. Er will nächste Woche die Zahl der Polizisten in Mitrovica von derzeit achtzig auf einhundert erhöhen. Sein Assistent Eric Chevalier wird am Montag mit den Studentenführern in Mitrovica verhandeln. Bernard Kouchner selbst will mit den Bergleuten aus Stari Trg sprechen, die sauer sind, daß dort nichts mehr läuft. Ansonsten an Erkenntnissen nichts Neues gegenüber den Informationen aus meinem Stab.

Sonntag, der 13. Februar 2000; 129. Tag   warm und bedeckt

Ich fliege am frühen Vormittag nach Mitrovica, um mich eingehend über die Situation zu informieren. Beim Landen in der französischen Kaserne höre ich unten in der Stadt eine wüste Schießerei. Brigadegeneral Saqui de Sannes empfängt mich mit der Nachricht, daß albanische Heckenschützen den französischen Checkpoint am Nordufer der östlichen Autobrücke, die die Franzosen mit „Cambronne" bezeichnen, angegriffen und beschossen hätten. Die Auseinandersetzung habe mit einer Explosion im Albaner-Viertel „Little Bosnia" begonnen und sich sofort wie ein Buschfeuer ausgebreitet. Angeblich wurde in eine vor einem Bäckerladen wartende Menschenschlange eine Handgranate geworfen, bei der eine Person getötet und mehrere verwundet wurden. Dies löste dann sofort gewaltsame Reaktionen aus.

Brigadegeneral Saqui de Sannes ist mit seinen Nerven ziemlich runter, er will am liebsten alles hinwerfen. Ich möchte nach vorn zur Truppe, aber er will mich in seinem Stab festnageln. Er hat große Angst, daß mir etwas passieren könnte. Dennoch fahren wir zu seinen französischen Soldaten, die aussagen, daß sie eindeutig von einem benachbarten albanischen Haus urplötzlich angegriffen wurden. Sie haben sofort zurückgeschossen und dabei einen der Angreifer getötet sowie mehrere verletzt. An anderer Stelle haben Serben auf Albaner geschossen, aber auch auf die Briten und die Italiener wurde gefeuert. Wir fahren im gepanzerten Mercedes-Geländewagen an die „Austerlitz-Brücke", um die herum auch geschossen wird. Dabei beobachten wir etwa fünf bis acht Männer, die vom Südufer des Flusses mit über den Kopf gehobenen Gewehren versuchen, den Ibar nach Norden zu durchwaten. Ich weise die am Nordrand der Brücke stationierten Briten an, sofort vor die Angreifer ins Wasser zu schießen. Dabei ist es mir völlig einerlei, daß wir nicht identifizieren können, welcher ethnischen Gruppe die Männer angehören. Als die Angreifer durch die kleinen Wasserfontänen vor sich erkennen, daß auf sie geschossen wird, kehren sie sofort um. Plötzlich reißt mich ein britischer Soldat an meiner Splitterschutzweste hinter seinen Schützenpanzer. Ich rappele mich wieder vom Boden auf und bekomme jetzt erst mit, daß auf uns geschossen worden ist und es immer noch sehr nah vorbeipfeift.

Kurz danach treffe ich mich mit Rama im UNMIK-Gebäude, der erneut alles daransetzt, die Schießerei zu stoppen. Angeblich sind unter den Angreifern auch ehemalige Angehörige der UÇK, der Gefallene soll sogar einer ihrer Brigadekommandeure gewesen sein. Ich mache Rama klar, daß ich auf jeden zurückschießen lasse, der gegen KFOR-Soldaten vorgeht. Ich fordere ihn auf, auf seine ehemaligen Kameraden einzuwirken, den Kampf sofort einzustellen und die Waffen niederzulegen. Am frühen Nachmittag flaut die Schießerei ab. Die Bilanz sind zwei Tote und mindestens fünfzehn Verletzte. Die Franzosen haben dreißig Personen festgenommen, die meisten davon sind Albaner.

Ich verhänge eine auf 18.00 Uhr vorgezogene Ausgangssperre bis morgens 06.00 Uhr, richte in der gesamten Stadt zusätzliche Checkpoints ein und lasse alle Zufahrtswege von außen in die Stadt hinein mit weiteren bewaffneten Kontrollposten überwachen. Ich möchte damit verhindern, daß sich die Albaner aus anderen Teilen des Kosovo verstärken.

Am Nachmittag spreche ich im französischen Hospital mit zwei verwundeten französischen Soldaten, von denen es einen schwer erwischt hat. Beide bestätigen übereinstimmend die Version ihrer Kameraden vom Vormittag, daß nämlich die Albaner sie völlig überraschend angegriffen hätten.

Nach der Rückkehr nach „Film-City" berate ich mit meinem Stab zum weiteren Vorgehen. Wir beschließen einen Katalog von Maßnahmen, an dem meine Fachleute unter Leitung der Oberstleutnants Joe

Abbott und Benoit Houssay den ganzen Tag mit Leuten von UNMIK gearbeitet haben, um die Lage in Mitrovica wieder zu stabilisieren. Ich stimme diesen Katalog noch in der Nacht mit Bernard Kouchner ab, um ihn morgen sofort der Öffentlichkeit bekanntzugeben. In diesem Positionspapier legen wir u. a. folgendes gemeinsam fest.

„Die verbesserte Sicherheitslage und die fühlbaren politischen Fortschritte, die in den vergangenen Monaten im Kosovo erzielt werden konnten, sind offenbar in Gefahr. Das erneute Abgleiten des Kosovo in eine Spirale der interethnischen Gewalt stellt eine ernsthafte Herausforderung dar für den Frieden und den Erfolg des Auftrags von KFOR und UNMIK. Darüber hinaus sind seit dem Ausbruch der jüngsten Krise mehr als 400 Albaner aus dem Nordteil der Stadt vertrieben worden. Die Sicherheitslage der Serben in den Enklaven der Region Mitrovica ist prekär geworden. Eine neue humanitäre Krise droht dem Kosovo; sie wird wieder einmal die verwundbaren Minderheiten treffen.

Für die Staatengemeinschaft ist dies ein kritischer Wendepunkt. Die Lage in Mitrovica erfordert eine Strategie der systematischen Prävention auf der Grundlage robuster Maßnahmen zur Wiederherstellung der Sicherheit und zum Aufbau der Bedingungen für eine friedliche Koexistenz. Die Staatengemeinschaft ist entschlossen, Recht und Ordnung wiederherzustellen, die Minderheiten zu schützen und eine weitere Eskalation der Krise zu verhindern.

Die Lage in Mitrovica erfordert außergewöhnliche Sicherheitsmaßnahmen auf der Grundlage geltender Gesetze und – wo immer erforderlich – zusätzlicher von der UNMIK erlassener Vorschriften … Um eine erfolgreiche Umsetzung der erhöhten Sicherheitsmaßnahmen sicherzustellen, ist ein gemeinsames Vorgehen von UNMIK, KFOR und der betroffenen Stellen des Gerichtswesens von wesentlicher Bedeutung.

Dieser Ansatz zieht folgende Maßnahmen nach sich:

• Die UNMIK-Polizei und KFOR verstärken ihre Zusammenarbeit bei der Wiederherstellung und der Aufrechterhaltung von Recht und Ordnung in der Stadt durch gemeinsame Sicherheitseinsätze. Diese gemeinsamen Einsätze sollen den gesamten Bereich des Vollstreckungsapparates und der öffentlichen Ordnung für Mitrovica abdecken.

- Die UNMIK-Polizei erhöht ihre Präsenz in Mitrovica drastisch. Dazu werden baldmöglichst 300 zusätzliche Polizisten in die Stadt verlegt, wodurch die Gesamtstärke in der Region auf ca. 600 Polizisten anwächst. Sondereinheiten der Polizei, die auf Einsätze bei Unruhen und Massenversammlungen spezialisiert sind, werden so bald wie möglich nach ihrem Eintreffen hierher verlegt.
- Zur Stärkung des Gerichtswesens in Mitrovica werden Sofortmaßnahmen durchgeführt, um die Kriminalität zu bekämpfen und zu verhindern, daß Verbrecher ihrer Strafe entgehen. Zu diesen Maßnahmen zählen u. a. die Ernennung von internationalen Staatsanwälten und Richtern sowie verbesserte Maßnahmen zum Schutz von Personen, die im Gerichtswesen tätig sind.

Damit UNMIK und KFOR in Mitrovica wieder Recht und Ordnung herstellen können, werden die folgenden robusten vorübergehenden Maßnahmen umgesetzt:

- Die zur Zeit aktivierte „Sicherungszone" entlang des Ibar-Flusses wird ausgedehnt, und in der Stadt werden darüber hinaus Bereiche mit eingeschränktem Zugang eingerichtet.
- In der gesamten Stadt werden zusätzliche Checkpoints eingerichtet, um Personen, insbesondere extremistischen Elementen, Waffen abzunehmen. Intensive Durchsuchungen von Häusern, Grundstücken, Fahrzeugen und auch Personen nach Waffen und Munition werden im gesamten Stadtgebiet durchgeführt.
- Zur Durchsetzung der Ausgangssperre werden strikte Maßnahmen ergriffen, die solange angewendet werden, wie dies nötig ist.
- Einschränkungen des öffentlichen Versammlungs- und Demonstrationsrechts, einschließlich der Pflicht zur vorherigen Anmeldung, werden strikt durchgesetzt. Es wird ein Verbot öffentlicher Demonstrationen in bestimmten anfälligen Bereichen entlang des Flusses erlassen, um für alle Gemeinschaften Sicherheit zu gewährleisten.
- Bei Bedarf wird Fahrzeugen und Personen der Zugang nach Mitrovica verwehrt, um Bedrohungen des öffentlichen Friedens und der Sicherheit zu verhindern. Insbesondere extremistische Elemente – aus beiden ethnischen Lagern – werden keinen Zugang zu der Stadt erhalten.

- Ermittlung, Strafverfolgung und Prozesse gegen verdächtige Kriminelle werden beschleunigt durchgeführt, darunter fällt u. a. die sofortige Ernennung von internationalen Staatsanwälten und Richtern, die das Gerichtswesen unterstützen.
- Darüber hinaus werden extremistische Elemente und andere Personen, die den öffentlichen Frieden und die Ordnung gefährden, aus der Stadt verwiesen bzw. sie erhalten keinen Zugang zu der Stadt.

Im Zusammenhang mit den o. a. Sofortinitiativen zur Wiederherstellung von Recht und Ordnung ist es ebenso notwendig, nachhaltige Maßnahmen zu unternehmen, um längerfristig die Bedingungen für eine friedliche Koexistenz zu schaffen …

Die Wiedererlangung des Vertrauens aller in Mitrovica ansässigen Gemeinschaften ist für den Erfolg der neuen Strategie von essentieller Bedeutung. Dazu muß die UNMIK-Verwaltung gestärkt werden: UNMIK wird in naher Zukunft eine große Anzahl zusätzlicher Mitarbeiter in Mitrovica einsetzen, um die Fähigkeit der internationalen Verwaltung zur Überwindung der großen Probleme, mit denen sich alle Gemeinschaften konfrontiert sehen, zu verstärken. Für Mitrovica wird schon bald ein Verwalter mit dem Status eines internationalen Sonderbeauftragten ernannt, der dem Sonderbeauftragten des Generalsekretärs unmittelbar unterstellt sein wird. Dessen Aufgabe wird die Mitwirkung an der Umsetzung der Strategie sein, mit der in Mitrovica Recht und Ordnung wiederhergestellt werden und die Bedingungen für eine friedliche Koexistenz geschaffen werden sollen.

Die Festlegung und Verwirklichung von Programmen zur Förderung der wirtschaftlichen Entwicklung und Wiedereingliederung sind ebenso Bestandteile dieser neuen Strategie zur Schaffung der Bedingungen für eine friedliche Koexistenz. Die Mobilisierung der internationalen Geber wird dringend benötigt für die Aufstellung eines zielgerichteten Pakets für die Förderung des wirtschaftlichen Wiederaufschwungs und der Entwicklung in Mitrovica. Daneben sollte schon bald ein internationaler Manager für den Bergwerkskomplex in Trepča benannt werden, da dieser Bereich von großer Bedeutung und politischer Sensibilität ist.

Eine wirkliche Aussöhnung und vollständige Wiedereingliederung ist für alle Gemeinschaften in Mitrovica nur möglich, wenn der künftige politische Status des Kosovo geregelt und eine allgemeine Verbesserung der politischen Lage in der Region herbeigeführt werden. Unser wichtigstes Ziel in der Region bleibt ein geeintes Mitrovica in einem geeinten Kosovo. Es wird aber noch Zeit brauchen, bis die Wunden der Konflikte zwischen den ethnischen Gruppen und der gesellschaftlichen Spaltungen heilen … Es gibt in Mitrovica keine einfachen oder raschen Lösungen. Die Staatengemeinschaft hat jedoch die Verantwortung und Pflicht, das Vertrauen zwischen allen Gemeinschaften wieder aufzubauen. Dazu sind die Wiederherstellung von Recht und Ordnung und eine friedliche Koexistenz (aller Ethnien) unverzichtbar."

Wir glauben, mit diesem Programm mit UNMIK gemeinsam eine Plattform gefunden zu haben, auf der wir die weiteren Maßnahmen aufbauen können. Grundvoraussetzung aber ist, daß dies alles nicht leere Worte bleiben, sondern daß die Ankündigungen schnellstmöglich realisiert werden.

Spät in der Nacht treffe ich noch Hashim Thaci, der einen sehr abgespannten und müden Eindruck macht. Er versichert mir, daß die Albaner kein Interesse daran hätten, KFOR anzugreifen. Er distanziert sich von den Vorfällen, weist aber gleichzeitig auf seine eingeschränkten Möglichkeiten hin, auf Extremisten einzuwirken. Dennoch verspricht er, während der Nacht alles zu versuchen, um die Situation wieder zu stabilisieren. Er scheint selbst erschrocken zu sein, was sich in Mitrovica abgespielt hat.

Montag, der 14. Februar 2000; 130. Tag   leichter Regen

In Mitrovica war es die Nacht über ruhig. MNB (N) hat noch gestern Nachmittag eine Durchsuchung von Häusern im Norden der Brücken begonnen, die sie die ganze Nacht hindurch fortsetzte. Bisher wurde lediglich ein Sturmgewehr AK-47 gefunden. Heute haben die Franzosen mit der Befragung von insgesamt siebenunddreißig albanischen Festgenommenen sowie eines Serben, eines Montenegriners und eines Bosniers begonnen. Wir haben derzeit noch keine Anhaltspunkte, wer hinter dem albanischen Anschlag von gestern steckt. Çeku weist jegliche Verbindung zu dem Anschlag von sich, was ich ihm auch glaube.

Natürlich war Mitrovica das Thema der heutigen Ad-hoc-Sondersitzung des IAC. Bernard Kouchner und ich stellen unseren gemeinsam erarbeiteten Katalog der für Mitrovica erforderlichen Maßnahmen vor, der breite Zustimmung findet. Ich trage zu den gestrigen Vorfällen und meinen Erkenntnissen vor Ort vor, die von Thaci sofort in Frage gestellt werden. Er hat über Nacht zu seiner alten Aggressivität zurückgefunden und behauptet, daß dies alles Machenschaften und Provokationen der Serben gewesen seien. Die Albaner hätten damit nichts zu tun. Belgrad habe hier die Hand im Spiel, die Angriffe seien das Werk serbischer Paramilitärs. Er fordert, die Grenzen nach Serbien noch schärfer zu kontrollieren, und klagt KFOR der unnötigen „Brutalität gegenüber unschuldigen Albanern" an. Er verlangt, alle albanischen Festgenommenen sofort wieder freizulassen. Ich weise diese Vorwürfe zurück und halte fest, daß wir die Verhafteten erst dann wieder freiließen, wenn ihnen nichts nachzuweisen sei. Den Tod des erschossenen Albaners würden wir eingehend untersuchen; es sei jetzt zu früh, hier schon Bewertungen abzugeben. Rugova ist der einzige, der ein Wort des Bedauerns für die verletzten französischen Soldaten findet.

Ich bestehe darauf, daß der IAC die gegen KFOR angewandte Gewalt verurteilt. Wir einigen uns auf folgenden Text: „Der IAC verurteilt scharf den Teufelskreis der jüngsten Gewaltausbrüche. Insbesondere sind Angriffe auf die Soldaten der KFOR nicht hinzunehmen. Eine gründliche Untersuchung der Vorfälle wird so rasch wie möglich erfolgen, die Verantwortlichen müssen unverzüglich der Justiz zugeführt werden.

Die Mitglieder des IAC haben die vom Sonderbeauftragten des Generalsekretärs vorgeschlagenen außerordentlichen Sicherheitsmaßnahmen gebilligt, die von UNMIK und der KFOR durchgeführt werden, um die Sicherheit und die Bewegungsfreiheit aller Gemeinschaften in Mitrovica sicherzustellen und das Eigentum der gewaltsam Vertriebenen zu schützen und ihr Recht auf Rückkehr zu wahren …

Die Mitglieder des IAC sind sich einig darin, daß es in einem zweiten Schritt von großer Bedeutung ist, die Bedingungen für eine friedliche Koexistenz aller Gemeinschaften zu schaffen. Dies soll durch konkrete politische, humanitäre, administrative und wirtschaftliche Maßnahmen erfolgen, mit denen der Grundstein gelegt werden soll für eine echte Aussöhnung und vollständige Reintegration eines vereinten Mitrovica in einem vereinten Kosovo."

Wir wollen der Stadt einen besonderen Status geben, um den bestehenden Stillstand überwinden zu können. Dafür ist es erforderlich, für den gesamten Nordteil des Kosovo einschließlich Mitrovica einen umfassenden neuen strategischen Ansatz zu entwickeln, der die Grundlage für ein besseres friedliches Zusammenleben der Ethnien legen soll. Kouchner sagt zu, diesen neuen Ansatz zu erarbeiten. Ich biete unsere Mitarbeit an.

Nach der Rückkehr ins Hauptquartier trägt mir Oberst Kiselev die Entscheidung des russischen Generalstabes vor, wonach man das Bataillon vom Flugplatz Priština abziehen werde, falls bis Anfang März kein Ergebnis erreicht wird. Ich berichte Kiselev von meinem Treffen mit den Vertretern der albanischen Bevölkerung von Orahovac am Samstag. Ich sehe nach diesem Gespräch derzeit keine Möglichkeit, die Russen in den Raum westlich der Stadt zu verlegen. Kiselev stimmt dem zu und erklärt, daß es angesichts der derzeitigen Lage in Mitrovica keinen Sinn mache, an der Verlegung russischer Truppen zum jetzigen Zeitpunkt festzuhalten.

Ich sehe dann General Montgomery Meigs, der mir die neuen Grenzsicherungsmaßnahmen der amerikanischen Streitkräfte entlang der Sicherheitszone erläutert. Er war selbst vor Ort und hat die dazu erforderlichen Anweisungen gegeben; nun müßte es endlich laufen. Ich bin ihm sehr dankbar dafür.

Heute kommt endlich auch das Treffen mit dem politischen Führer der sehr national ausgerichteten Partei LPK (Lëvizja Popullare e Kosovës), Emrush Xhemajli, zustande. Xhemajli war Offizier in der jugoslawischen Armee, er tritt sehr korrekt und überzeugend auf, ein Gentlemen vom Scheitel bis zur Sohle. Seine Partei war 1982 mit Hilfe des damaligen albanischen Staatspräsidenten Enver Hoxha als kommunistisch-marxistische Splittergruppe in der Schweiz, in der Xhemajli für zwölf Jahre lebte, gegründet worden. Das Ziel seiner Partei, deren Namen man mit „Volksbewegung für Kosovo" übersetzen könnte, ist eindeutig auf ein Großalbanien gerichtet. Sie wandte sich in den Gründerjahren sehr stark an die albanische Studentenbewegung in Priština; in der LPK gründeten Hashim Thaci, Bardyl Mahmuti und eine Reihe späterer Führer der UÇK erste Untergrundzellen, aus denen heraus sie gegen die serbische Herrschaft agierten. Ich habe mit Emrush Xhemajli ein einstündiges Gespräch. Er spricht mit Nachdruck über die Unabhängigkeit des Kosovo als der einzig möglichen Zukunft für die Provinz; auch will er aus dem KPC wieder eine bewaffnete Armee machen. Ich spreche das Preševo-Tal an, aber Xhemajli behauptet, daß seine Leute mit den dortigen Aktivitäten nichts zu tun hätten. Wir haben eindeutig andere Erkenntnisse, die ich Xhemajli auch vorhalte; er streitet das aber alles ab. Ich sage ihm, daß ich ihm angesichts unserer Informationslage nicht glauben könne. Wir wüßten, daß seine Partei im mazedonischen Raum um Kumanovo Kräfte gegen Südserbien versammle. Erneut: Xhemajli behauptet, damit nichts zu tun zu haben. Ein sehr interessantes und aufschlußreiches, aber leider nicht weiterführendes Gespräch.

Gegen Mittag meldet sich der amerikanische Generalmajor John Deyermond, mein neuer COMREAR in Skopje. Mein erster Eindruck ist sehr positiv. Generalmajor Deyermond ist sehr offen und ein intellektuell geprägter Offizier, der sich auf seine neue und für ihn völlig überraschende Verwendung allerdings kaum vorbereiten konnte. Ich weise ihn ausführlich in die Lage im gesamten KFOR-Bereich ein und bitte ihn, möglichst rasch bei der mazedonischen sowie der albanischen Regierung seine Antrittsbesuche zu machen. Wir werden in den kommenden beiden Monaten sicher gut miteinander auskommen. Ich bin dankbar, daß mir die US Army einen General dieses Kalibers in mein Team geschickt hat.

Am Nachmittag treffe ich erneut den japanischen Botschafter in Belgrad, Herrn Noriaka Owada, der vom stellvertretenden Direktor der Abteilung für Mittel- und Osteuropäische Angelegenheiten des Außenministeriums begleitet wird. Sie erkundigen sich nach der Lage in Mitrovica und wollen wissen, wie wir insgesamt weiter vorgehen wollen. Ziel ihrer Reise sei, die nächste Konferenz der G8, die unter dem Vorsitz der japanischen Regierung stattfinden wird, vorzubereiten und dazu Informationen aus dem Kosovo aus erster Hand zu bekommen. Die Japaner haben für das Kosovo zwischenzeitlich bereits 240 Mio. US-$

bereitgestellt; die Hälfte des Geldes ist schon ausgegeben. Botschafter Owada erklärt, daß sein Land bereit sei, künftig weitere Gelder für das Kosovo bereitzustellen. Er lobt das gute Verhältnis und die Unterstützung der KFOR für die japanischen nicht-staatlichen Hilfsorganisationen, was ich meinerseits nur positiv bestätigen kann. Ich erkläre dem Botschafter, daß kaum eine der NGOs so nutzbringend arbeiten würde wie die Japaner, und danke ihm sehr für die Zusage weiterer Mittel für den Wiederaufbau der Provinz.

Am späten Nachmittag verunglückt bei Vučitrn ein Krankenwagen der NGO „CESVI-Mission im KOSOVO", als er mit Blaulicht über die Hauptstraße von Priština nach Mitrovica rast. Bei der Überprüfung stellen wir fest, daß der Krankenwagen aus dem Krankenhaus in Glogovac gestohlen wurde und gar keine Verletzten oder Kranken, sondern 13 Raketenwerfer, 180 Granaten und Munition transportierte. Die Täter sind, als die UNMIK-Polizei eintrifft, längst verschwunden, aber es ist offensichtlich, daß dies ein Versuch der albanischen Extremisten ist, Waffen und Munition durch unsere Checkpoints nach Mitrovica zu schmuggeln. Dies ist ein deutlicher Hinweis, daß die Albaner ihren Kampf in der Stadt fortführen werden.

Die britischen Royal Green Jackets haben mich zu einem Empfang mit anschließendem Abendessen eingeladen. Sie üben am Rand der Veranstaltung harsche Kritik an der Zusammenarbeit in Mitrovica, und Oberstleutnant Nick Carter, der von mir sehr geschätzte britische Bataillonskommandeur, meint, es sei unter diesen Umständen sehr gut, daß sein Bataillon demnächst abgelöst und zurückverlegt würde: Sonst hätte es Ärger gegeben. Ich habe anschließend am späten Abend – eigentlich bin ich jetzt nur noch todmüde – ein sehr ausführliches Fernseh- und Radiointerview mit dem serbischen Oppositionssender B 92. Hier eröffnet sich die Chance, unsere Botschaft ungefiltert an die serbische Bevölkerung in Serbien zu übermitteln. Wer sind wir, was wollen wir, was sind unsere Ziele mit KFOR, wie sehen unsere Lösungsansätze aus? Alles Fragen, die sehr kritisch und direkt angesprochen werden. Gut, daß ich mich darauf mit meinen Presseoffizieren sehr intensiv vorbereitet habe.

Eine positive Nachricht zum Preševo-Tal: Die deutsche Militärführung hat zugesagt, die neue Aufklärungsdrohne LUNA sofort in das

Kosovo zu bringen, so daß wir bald die Ergebnisse unserer Aufklärung über dem bewaldeten Mittelgebirge der Sicherheitszone aus der Luft verdichten können.

Dienstag, der 15. Februar 2000; 131. Tag   sonnig

Wieder blieb es ruhig in Mitrovica. Brigadegeneral Saqui de Sannes informiert mich, daß wir nur sehr wenig konkrete Beweise gegen die am Sonntag festgenommenen Personen haben. Achtzehn Männer mußten aus Mangel an Beweisen wieder auf freien Fuß gesetzt werden, dreißig weitere werden zur Zeit noch verhört. Ich weise Generalmajor Andrzej Ekiert, meinen stellvertretenden Operationschef, an, nach Mitrovica zu fahren und jeden der Checkpoints, die die Zugänge zur Stadt kontrollieren, auf Zweckmäßigkeit und Wirksamkeit zu überprüfen. Wir müssen sicherstellen, daß sie nicht einfach umgangen werden. Heute rücken in Mitrovica erstmalig amerikanische Truppen ein. Sie werden von der albanischen Bevölkerung freudig begrüßt. Die Durchsuchung der Häuser im Norden der Stadt geht systematisch weiter.

Wir haben heute schon wieder eine Sitzung des IAC, diesmal planmäßig. Hauptthemen sind die Verwaltung und die Wählereinschreibung für die Wahlen. Es ist fast atemberaubend, wie eng und freundlich die drei albanischen Führer zusammenarbeiten können, wenn sie gemeinsame Interessen verfolgen.

Thaci kommt auf die Vorfälle von Mitrovica zurück und behauptet, die albanische Bevölkerung werde durch die französischen Soldaten völlig verängstigt. Ich kann da nur lachen und empfehle ihm, selbst nach Mitrovica zu fahren und mit den Leuten auf der Straße zu reden, um sich vor Ort ein eigenes Bild von der wirklichen Lage zu machen.

Der Nachmittag ist der Kommandeursbesprechung gewidmet, in der es primär auch wieder um Mitrovica geht. Wir koordinieren die unterstützenden Einsätze der anderen Nationen für Mitrovica, und ich stelle unser Konzept für die Weiterentwicklung vor. Glücklicherweise haben die Vorfälle mit dem Bus und in Mitrovica selbst auf den Restteil der Provinz nicht übergegriffen, wie ich es im „worst case" befürchtet

396

hatte, sondern es ist in allen anderen Bereichen der MNBs bemerkenswert ruhig geblieben.

Anschließend sucht mich der ukrainische Botschafter in Belgrad, Volodymir Furkalo, auf. Er will sich einen strategischen Überblick über die allgemeine Lage im Kosovo verschaffen und seine ukrainischen Truppen besuchen. Ein freundliches Routinegespräch ohne weitere Auswirkungen.

Ich hatte heute vier Termine mit unterschiedlichen Medien (ZDF-Morgenmagazin, französische Journalisten im „Französischen Haus", ARD und eine Pressekonferenz im „Bat Cave" mit vierzig Pressevertretern aller Couleur) anberaumt, um breit zu erläutern, wie wir die Lage in Mitrovica stabilisieren wollen, damit wir so schnell wie möglich wieder zur Normalität zurückkehren können. Ich hebe dabei überall hervor, daß die Franzosen in Mitrovica ausgezeichnete Arbeit leisten, daß es keinen Grund für Beschwerden gibt und daß sie mein volles Vertrauen haben. Ich gehe dann – besonders in der Pressekonferenz am Abend – auf den Katalog der von uns geplanten Maßnahmen ein, erläutere die wichtigsten Schritte dazu und fordere alle ethnischen Seiten zur Mäßigung auf. Nicht Gewalt, sondern Zusammenarbeit müsse das Motto für die Zukunft sein. Viele Pressevertreter beglückwünschen mich zu unserer schnellen und weitreichenden Reaktion auf die Vorfälle in Mitrovica.

Wir arbeiten weiter daran, Bischof Artemije dazu zu bewegen, dem IAC beizutreten, wenn auch nur als Beobachter. Der Bischof hat allen Papieren/Beschlüssen, die bisher vom IAC unterzeichnet worden sind, zugestimmt – aber er scheint Angst vor seinen serbischen Landsleuten zu haben. Wir bemühen uns immer noch um ihn und hoffen, daß wir ihn vielleicht doch noch für die Sache gewinnen können.

Der SACEUR fordert mich auf, den Norden Mitrovicas noch stärker zu kontrollieren. Ich meine, viel mehr ist militärisch nicht zu machen. Außerdem müssen wir höllisch aufpassen, nicht durch falsches Verhalten plötzlich in einen Häuser- und Ortskampf verwickelt zu werden, den wir gar nicht eingehen wollen – und zudem nur schwer durchstehen können, wenn er uns aufgezwungen würde. Entscheidend ist, endlich nicht mehr nur an den Symptomen zu kurieren, die zum Frust der Bevölkerung und zu deren Aggressivität führen. Und dies gelingt uns nicht mit mehr Militär, sondern nur durch eine wirkliche politische und wirtschaftliche Verbesserung der Grundsituation. Die Menschen brauchen Arbeit und eine Perspektive, auf der sie persönlich aufbauen können.

Mittwoch, der 16. Februar 2000; 132. Tag sonnig

Mich besucht Brigadegeneral Wolf-Dieter Löser, der als Kommandeur der Infanterieschule in Hammelburg für die Auslandsausbildung unserer deutschen Soldaten verantwortlich ist. Wir kennen uns seit unserer gemeinsamen Zeit im Stab der 1. Gebirgsdivision in Garmisch-Partenkirchen, wo er G2 war und ich G3. Er will wissen, was im Kosovo los ist, ich, was daheim so alles läuft. Leider haben wir nur sehr wenig Zeit füreinander.

Im Anschluß daran habe ich ein Radio-Interview mit der BBC, bevor ich zum Regionalkommando 6 des KPC nach Gnjilane fliege. Der dortige Führer ist Shaban Shala, ein ehemaliger Lehrer, der leider kein Wort Englisch spricht, aber sonst wohl einer der klügsten Köpfe im Führungscorps des KPC ist. Er liegt auf meiner Wellenlänge, ist offen und geht ernste Probleme sehr vernünftig an. Wir sprechen über Bezahlung und Ausrüstung sowie über die Frage, wie wir die Minderheiten dazu bringen könnten, sich am KPC zu beteiligen. Shala beschreibt mir, wie schwierig es ist, zu den Serben Verbindung aufzunehmen, da sie alle von Belgrad ins Visier genommen werden. Er habe einen guten serbischen Freund, der mit ihm heute nicht mehr Verbindung halten könne, ohne Gefahr zu laufen, eingesperrt zu werden. Mein wichtigster Punkt ist Preševo. Shala kommt selbst von dort, gibt aber vor, wenig über die aktuellen Vorgänge zu wissen, was ich ihm nicht recht glaube. Er bietet mir aber all seine Unterstützung an und will seinen Einfluß geltend machen, um die Extremisten von Aktionen dort abzuhalten. Ich warne ihn und die Männer seines Stabes, daß ich gegen jeden unnachgiebig vorgehen würde, der sich der UÇPMB anschließt, da diese Männer von KFOR als Gegner angesehen werden, die wir bekämpfen würden. Ich drohe, jedes Mitglied des KPC sofort zu entlassen und rechtlich zu verfolgen, das mit der UÇPMB gemeinsame Sache

398

mache. Ich habe den Eindruck, daß diese Botschaft durchaus angekommen ist.

Ich besuche dann den Checkpoint CP 65, den die Amerikaner derzeit in unmittelbarer Nähe zur Sicherheitszone aufbauen. Hier wird sehr gute Arbeit geleistet. Von der ausgedehnten Baustelle aus können die GIs mit ihren Panzern und Schützenpanzern das ganze Vorfeld bis zur albanischen Ortschaft Dobrosin, die bereits in der Sicherheitszone liegt, überwachen und den Zugang in die Sicherheitszone kontrollieren. Ich beabsichtige, analog zu Mitrovica auch diese Grenze vermehrt „international" zu besetzen, worüber sich die MNB (E) gar nicht so begeistert zeigt. Sie wollen „fremde" Truppen eher in der Tiefe ihres Verantwortungsbereichs einsetzen, um damit eigene US-Kräfte freizubekommen, mit denen sie die Grenzsicherung verdichten können. Mir ist dieser Ansatz als erster Einstieg durchaus recht, mittelfristig aber möchte ich auch die Truppe an der Grenze multinational mischen. Dazu brauchen wir aber noch die Zusage der einen oder anderen Nation.

Die Gruppe der politischen Direktoren der Auswärtigen Ämter Frankreichs, Italiens, Deutschlands, des Vereinigten Königreichs und der Vereinigten Staaten von Amerika, die sogenannte Fünfergruppe QUINT, besucht uns am Nachmittag, um sich im Auftrag ihrer Regierungen über den aktuellen Sachstand und die weiteren Perspektiven für das Kosovo aus erster Hand zu informieren. Ich freue mich, dabei als die deutschen Vertreter Klaus Schariot, den Abteilungsleiter 2 des Auswärtigen Amts, und seinen für das Kosovo zuständigen Referatsleiter Johann Heindl wiederzusehen. Die Ansichten einiger der politischen Direktoren sind offenbar stark durch die Medienberichterstattung in den letzten Wochen beeinflußt worden. Sie sind mit der Vorstellung gekommen, daß die Lage im gesamten Kosovo höchst gefährlich und angespannt sei und daß es für KFOR schwer werde, die Provinz überhaupt wieder unter Kontrolle zu bekommen. Ich versichere ihnen nachdrücklich, daß dies so nicht der Fall sei. Unser entscheidendes Handicap sei die unzureichende Finanzierung; gerade die Frage der Gelder müsse durch die fünf Länder, die sie vertreten, dringend aufgegriffen werden. Daneben spreche ich das Problem fehlender Richter und Staatsanwälte an. Auch hier benötigten wir aus ihren Ländern dringend entsprechendes juristisches Fachpersonal, um Verbrecher endlich aburteilen und einsperren zu können. Ich hoffe, daß die Diplomaten meine Botschaft verstanden haben und ihren Regierungen ein richtiges Bild von den Problemen der Provinz und den möglichen Auswegen zeichnen.

Ich bespreche mit Çeku seine Vorstellungen zur künftigen Infrastruktur des Kosovo Protection Corps. Hier zeichnet sich ein neuer Machtkampf ab, da er die von uns vorgegebenen Einschränkungen nicht hinnehmen will. Wahrscheinlich hat er sich seinen Unterführern gegenüber bereits zu weit aus dem Fenster gelehnt und gebunden. Wir können uns nicht in allen Punkten einigen. Ich gebe ihm daher meine Liste der Infrastrukturobjekte für das Kosovo Protection Corps einschließlich unserer Bewertung mit und bitte ihn, mir dazu bis zum Monatsende seine Kommentare einzuarbeiten. Damit kann Çeku zunächst leben. Er weiß jetzt genau, wie weit er mit uns gehen kann.

Am Spätnachmittag meldet MNB (N) zwei Anschläge mit Panzerfäusten auf die albanischen Hochhäuser am Nordufer des Ibar-Flusses in Mitrovica. Glücklicherweise wurde niemand verletzt, aber die Aufregung ist natürlich enorm. Wir ermitteln, von wo aus geschossen wurde, weil wir dann eher Gewißheit haben, welche Seite dahintersteckt. Derzeit beschuldigen sich die Serben und die Albaner gegenseitig. Weitere Albaner verlassen aus Angst den Nordteil der Stadt und fliehen in den albanischen Süden.

Unser größtes Problem in Mitrovica besteht jedoch darin, daß wir dort keine funktionierende Staatsanwaltschaft haben. Der Kanadier, der dort als Staatsanwalt eingesetzt war, ist von seinem Amt zurückgetreten, da ihm seine Frau nicht erlaubt hat, in die Stadt zu gehen. Dafür haben wir einen schwedischen Richter, der heute vereidigt wurde. Wie lange wird er bleiben? Der bisherige französische Polizeichef wurde durch einen Dänen ersetzt, der sich hoffentlich durchsetzen kann. Ich habe der MNB (N) eine besondere Weisung für den Einsatz im Nordteil der Stadt gegeben, mit der ich die Sicherheit erhöhen möchte.

Der Kommandierende General des EUROKORPS, Generalleutnant Juan Ortuño Such, trifft am Abend zu seiner ersten persönlichen Erkundung ein. Wir haben für ihn ein sehr eingehendes Besuchsprogramm ausgearbeitet, das ihm helfen wird, die wichtigsten Persönlichkeiten und die schwierigsten Fragen, die wir noch zu lösen haben, kennenzulernen.

400

Wir fangen damit sofort an, und ich nehme ihn dazu gleich zur Eröffnungsfeier des neuen kosovarischen Fernsehsenders RTK mit. Sie wird mit großem Aufwand zelebriert. Jeder, der im Kosovo etwas zu sagen hat oder glaubt, wichtig zu sein, ist mit von der Partie; fast jeder hält eine Rede. Es ist grausam für die Zuhörer, aber Generalleutnant Ortuño bekommt dadurch seine ersten und sehr konkreten Eindrücke. Ich stelle ihm Thaci, Rugova, Qosja, die vier „Säulenheiligen" und natürlich Bernard Kouchner und Jock Covey vor, aber auch viele andere Anwesende.

Donnerstag, der 17. Februar 2000; 133. Tag   bedeckt

Wir haben eine Menge unbestätigter Meldungen über ehemalige Mitglieder der UÇK und noch nicht zugelassene/ausgewählte Mitglieder des KPC, die sich angeblich für einen Angriff auf Nord-Mitrovica vorbereiten, um so die Stadt „von den Serben zu befreien". Der starke Exodus der Albaner aus dem Norden stehe damit in engem Zusammenhang, da sie sich in Sicherheit bringen wollen. Frauen und Kinder sollen aus der möglichen Kampfzone herausgebracht werden. Es scheint, daß die meisten albanischen Männer geblieben sind. Es rächt sich wieder einmal ganz dramatisch, daß wir keine eigenen Aufklärungskräfte in Form von „human intelligence" vor Ort haben und damit auf die Spekulationen anderer angewiesen sind. Es ist, als müßte man mit verbundenen Augen kämpfen.

Ich habe daher die wichtigsten Führer des Kosovo Protection Corps, nämlich Çeku, Rama, Remi, „Sultan" Selimi und Ramush Haradinaij zu mir gebeten, um mit ihnen die Situation in aller Offenheit zu diskutieren. Ich mache ihnen klar, daß, wenn es zu einem Angriff albanischer Extremisten auf den Nordteil von Mitrovica kommen würde, die Internationale Gemeinschaft wahrscheinlich ihre Unterstützung für das Kosovo einstellen würde und alles, was wir bisher gemeinsam aufgebaut haben, wieder zusammenstürzen würde. Ich ziehe alle Register und merke, daß die Männer sehr betroffen werden. Sie wissen mehr, als sie mir sagen. Vielleicht sympathisieren sie mit den Extremisten oder unterstützen sie gar heimlich. Ich spreche dies ungeschminkt an, mache sie aber auch auf die möglichen Konsequenzen aufmerksam. Es ist das erste Mal, daß in einer solchen Runde nicht nur Çeku spricht, sondern auch die anderen ihre Besorgnis äußern. Ich spreche jeden einzelnen von ihnen ganz persönlich an und beschwöre sie, sich aus möglichen Unruhen herauszuhalten und statt dessen all ihren Einfluß zu nutzen, um die sehr angespannte Lage zu beruhigen. Alle geben ihrer großen Besorgnis Ausdruck und versprechen mir ihre Hilfe.

Ich treffe mich dann mit Hashim Thaci zu einem weitgehend gleich verlaufenden Gespräch. Auch er hat Angst, daß die Lage in Mitrovica außer Kontrolle geraten könnte, und sagt zu, auf die Albaner in der Stadt dämpfend einzuwirken.

Wir haben unsere Kräfte auf beiden Seiten des Ibar in einem dazu extra festgelegten Sicherheitsbereich erheblich verstärkt, das gesamte bisherige Dispositiv neu gegliedert und die Stadt von allen Zufahrten abgeriegelt. Das ist alles nur um Haaresbreite von einem Ausnahmezustand entfernt, den ich aber nicht ausrufen möchte, da dies negative Auswirkungen auf den Rest der Provinz haben könnte.

Wir verstärken die französischen Truppen in und um die Stadt aus den Kontingenten der anderen MNBs und haben jetzt fast vier Bataillonsäquivalente in diesem Raum. Das ist das Höchstmaß an Verstärkung, das ich mir erlauben kann, ohne die Sicherheit in anderen Räumen zu gefährden. Ich hoffe, daß alle diese für jeden sichtbaren Maßnahmen, und mehr noch, daß meine heutigen Gespräche dazu führen, daß es nicht zum großen Showdown kommen wird. Auf alle Fälle sind wir vorbereitet und gerüstet.

Ich dränge Bernard, morgen mit mir zusammen Mitrovica zu besuchen und der Bevölkerung unsere langfristige Strategie zu erläutern. Vielleicht können wir damit die Krise politisch entschärfen, zumal sie durch militärische Mittel allein nicht zu lösen ist. Mario Morcone ruft mich an und bedankt sich für unsere umfassenden Maßnahmen. Er glaubt, daß wir damit das Schlimmste eingefangen haben. Ich hoffe, er hat recht.

Bernard Kouchner informiert mich noch spät, daß verschiedene Gruppen von Albanern für Montag, den 21. Februar, einen Protestmarsch von rund 30.000 Personen nach Vučitrn planten, um damit gegen ein geteiltes Mitrovica zu protestieren. Die Planung ist, die rund dreißig Kilometer bis Vučitrn zu laufen und von dort mit Bussen in die Hauptstadt zurückzufahren. Gleichzeitig wollen die albanischen Studenten von Mitrovica in der Stadt demonstrieren.

Ich rate Bernard Kouchner, diese Demonstrationen unter Anwendung seiner neu herausgegebenen Verordnungen zu verbieten, da wir nicht die Gewißheit hätten, daß dies alles friedlich ablaufe. UNMIK hat gerade die rechtlichen Voraussetzungen getroffen, derartige Demonstrationen zu untersagen. Die Demonstrationen könnten, wenn sie gewaltsam werden, alle unsere bisherigen Maßnahmen in Frage stellen und das Tüpfelchen auf dem i sein, das die gerade erst sehr mühsam erzielte Konsolidierung der Lage wieder zunichte macht. Als langjähriger Anführer von Demonstrationen sieht Bernard Kouchner das deutlich anders. Er beruft sich auf das Grundrecht auf Demonstration und glaubt nicht, daß meine Befürchtungen berechtigt sind. Wir stimmen aber beide überein, daß die Franzosen das Café „Dolce Vita" am Nordrand der „Austerlitz-Brücke", das der Stützpunkt der serbischen „Bridge Watchers" ist, nun endlich ausräumen und schließen sollten, denn es ist eine ständige Provokation für KFOR, aber auch für die Albaner. Schon Brigadegeneral Poncet hatte hier nur Bedenken und ist meiner Weisung nicht nachgekommen; ich bin skeptisch, wie der neue Brigadekommandeur weiterhin reagieren wird. Den Befehl dazu habe ich ihm bereits am 08. Februar schriftlich gegeben, passiert ist bisher aber noch nichts.

Freitag, der 18. Februar 2000; 134. Tag   kalt, Neuschnee

Es war heute ein sehr langer und streßreicher Tag.

Er beginnt mit der regulären Freitagssitzung des IAC. Das Hauptthema ist – natürlich – erneut Mitrovica. Ich erläutere den albanischen Führern nach einer kurzen Darstellung der Sicherheitslage in Mitrovica die große Angst der Serben im Nordteil der Stadt, aus dem Kosovo vertrieben zu werden. Diese Angst führe immer wieder zu Überreaktionen. Es wäre daher sehr hilfreich, wenn die albanischen Führer eine unmißverständliche politische Erklärung abgeben würden, wonach sie es befürworten würden, daß die Serben in Mitrovica bleiben können.

Dies würde einen Teil der serbischen Angst und der damit verbundenen Spannungen abbauen. Wider Erwarten unterzeichnen die albanischen Politiker eine derartige Resolution.

Es geht dann um die Großdemonstration in der kommenden Woche. Ich versuche vergebens, das Gremium zu überzeugen, daß wir hier stoppend eingreifen müssen. Ich habe es bei Bernard Kouchner, Tom Koenigs und Daan Everts mit Männern zu tun, für die das Demonstrationsrecht aus den Erfahrungen ihrer jungen Studentenjahre „heilig" ist und die in rückwärtsgerichteter Verklärung ihrer Sturm- und Drangzeit nicht gewillt sind, die Demonstration zu kippen. Ich bin sehr ärgerlich über diese starre Position, die uns nächste Woche in große Schwierigkeiten bringen könnte. Im Gegensatz dazu unterstützen alle drei albanischen Politiker meine Argumentation vehement. Sie erklären übereinstimmend, daß sie diese Demonstration nicht unterstützen werden. Sie sind aus politischen Gründen dagegen, zumal die Demonstration nicht von „ihren" Leuten organisiert wird, sondern von den politischen Anhängern der radikalen Parteien LPK und LKÇK, mehr aber noch aus Erwägungen der inneren Sicherheit.

Nach dem Treffen fliege ich mit Bernard Kouchner ins Hauptquartier der MNB (N) nach Mitrovica. Wir treffen dort den neuen Polizeikommissar der Stadt, Sven Larsen, ein kluger und offensichtlich entschlossener Mann, der mir gut gefällt. Er erklärt uns, daß er mit den neu eintreffenden Polizeikräften gute Fortschritte mache. Er unterstreicht, daß man nun endlich mit KFOR eine gemeinsame Streifentätigkeit aufgenommen habe.

Uns trägt dann Brigadegeneral Saqui de Sannes Einzelheiten seiner künftigen Operationsplanung vor. Er macht einen wieder stabilen und gefaßten Eindruck. Er beabsichtigt, bis auf weiteres die Stadt nach außen an sechs Checkpoints mit Kräften eines Bataillons abzusperren und parallel dazu die Durchsuchungsaktion in der gesamten Stadt mit Kräften fortzuführen, die knapp drei multinationalen Bataillonen äquivalent sind. Die MNB (N) wird in beiden Teilen der Stadt nach Waffen und Menschen suchen, die dort nichts zu suchen haben, d.h. nach „Extremisten" von beiden Seiten. Ich billige diesen Ansatz.

Leider sind bei den Befragungen der am Sonntag Festgenommenen bisher keine verwertbaren neuen Informationen zu Tage getreten; die meisten dieser Männer weigern sich, irgendwelche Aussagen zu machen.

Wir treffen dann die politischen Vertreter der verschiedenen ethnischen Gruppen. Meine Botschaft ist an Albaner wie an Serben die gleiche: Ich fordere sie erneut auf, sich in Zurückhaltung zu üben und mit KFOR bzw. UNMIK zusammenzuarbeiten. Nur gemeinsam könnten wir die Sicherheit wiederherstellen und einen neuen politischen Prozeß in Gang bringen. Bernard Kouchner bittet beide Seiten, sich an einer gemeinsamen städtischen Verwaltung zu beteiligen, sobald die Sicherheitslage wieder stabil sei. Ich lege dann unseren Aktionsplan für die kommenden Wochen dar und erläutere meine Absicht, die Stadt zu durchsuchen und die Unruhestifter zu entfernen. Beide Seiten reagieren durchweg positiv auf diese Ankündigungen und sichern mir zu, mit KFOR zusammenzuarbeiten – wenngleich ihre Gründe dafür sehr unterschiedlich sein dürften.

Die albanische Delegation wird von Dr. Rexhepi angeführt und besteht aus Vertretern fast aller politischen Parteien (LDK, LBD, LKÇK, PPDK, PDsH). Dr. Rexhepi äußert sich geradezu begeistert über den neuen Kräfteansatz von KFOR und unterstreicht die Verpflichtung seiner politischen Freunde, mit KFOR bei der Entfernung der „Extremisten" eng zusammenzuarbeiten. Er stimmt mit mir darin überein, daß dieser Prozeß auf beiden Seiten stattfinden müsse. Er befürchtet aber, daß wir das Problem zunächst nicht befriedigend lösen werden, solange Belgrad auf parallelen administrativen städtischen Strukturen – im Norden serbisch, im Süden albanisch – bestehe. Aber gerade hier – so Bernard Kouchner – wollen wir ansetzen, um möglichst rasch eine gemeinsame Stadtstruktur zu schaffen.

Die Serben bieten ein völlig anderes Bild. Angeführt von Oliver Ivanović sehen sie sich selbst als die Geschlagenen und Resignierten, die sich in das Schicksal ergeben müssen, die ganze Wucht der Durchsuchungen und Festnahmen zu ertragen. Ich mache deutlich, daß dies in keiner Weise den Tatsachen entspräche und daß wir im Süden der Stadt in gleicher Weise Durchsuchungen vornähmen. Bernard Kouchner richtet dann eine beeindruckend formulierte Bitte an die Serben, mit UNMIK und den albanischen Behörden zusammenzuarbeiten und damit zu ermöglichen, daß es in der Region bald einen wirtschaftlichen und politischen Aufschwung gibt. Er bietet darüber hinaus finanzielle Hilfen an, mit denen UNMIK das Ungleichgewicht der praktischen Unterstützung zwischen dem Norden und dem Süden ausgleichen möchte.

Wir versichern den Serben, daß es keine Planungen gibt, sie aus dem Kosovo zu vertreiben, sondern daß wir mit dem massiven Einsatz von KFOR gerade sicherstellen wollen, daß alle Kosovaren, Serben wie Albaner, wieder in ihre Häuser zurückkehren und ein normales Leben führen können. Dr. Jaksić, der Führer der SNA in Mitrovica, gibt eine sehr emotionale Erklärung ab, in der er die realen Ängste der serbischen Gemeinde darstellt. Er behauptet, daß der Tag kommen werde, an dem die verbleibenden Serben gezwungen werden würden, das Kosovo zu verlassen, weil es die Absicht der Albaner sei, die „ethnische Säuberung der Provinz" zu vollenden. Schließlich räumen die Serben aber auch ein, daß sie KFOR nicht bekämpfen wollen, da sie gegen uns ohnehin nicht gewinnen könnten. Ich versuche ihnen erneut – wie schon bei Bischof Artemije – deutlich zu machen, daß gerade wir von KFOR die für ihre Existenz im Kosovo wichtigste Rückversicherung seien. Ohne uns hätten sie keine Chance, hier zu bleiben, sondern würden durch die Mehrheit der Albaner vertrieben. Dies sehen die Serben auch so.

Mit etwas Glück haben wir mit unserem heutigen Treffen in Mitrovica den Mut der Albaner, aktiv zu werden und den Fluß nach Norden zu überqueren, um die Einheit der Stadt mit Gewalt wiederherzustellen, etwas abgekühlt. Ich hoffe, daß unsere Art der deutlich sichtbaren Strategie einer lokalen Abschreckung seine Wirkung auf die albanischen Heißköpfe nicht verfehlen wird. Auf der anderen Seite sind die Serben jetzt vielleicht etwas sicherer in ihrem Wissen, daß KFOR sie beschützen wird.

Nach diesen politischen Begegnungen mit den albanischen und den serbischen Führern geben Bernard Kouchner und ich im Kulturzentrum von Mitrovica eine große Pressekonferenz, auf der wir unsere weiteren Absichten eingehend erläutern und das Ergebnis unserer heutigen Gespräche grob umreißen. Ich gebe anschließend ein ausführliches und breitangelegtes Interview für einen privaten unabhängigen Sender in Mitrovica. Ich versuche, die Chance zu nutzen, durch offene Information, aber auch mit der bewußten Drohung, nötigenfalls alle mir zur Verfügung stehenden militärischen Machtmittel einzusetzen, auf die Bevölkerung Mitrovicas auf beiden Seiten des Ibar-Flusses beruhigend einzuwirken.

Am Abend wird dem Chef einer russischen KFOR-Kompanie der 13th Task Group in beide Beine geschossen. Es heißt, daß er auf dem Weg zur Dienstaufsicht bei seinen Wachsoldaten war, als das Fahrzeug liegenblieb. Ein oder mehrere unbekannte Täter hätten ihn dann in beide Beine geschossen. Mir kommt es etwas komisch vor, daß gerade dort, wo das Fahrzeug aufgrund einer Panne unvorhergesehen ausgefallen ist, plötzlich Gewehrschützen auftauchen, die auch noch so gut sind, mitten in der Nacht „nur" in die Beine zu treffen. Hier werden wir nachhaken müssen.

Samstag, der 19. Februar 2000; 135. Tag   sonnig

Heute ist es im gesamten Verantwortungsbereich ruhig geblieben. Leider sind gestern am Spätabend zwei Serben beim Holzholen im Wald umgebracht worden. Die finnischen KFOR-Soldaten haben die ersten Ermittlungen mit Spürhunden aufgenommen. Sie sind überzeugt, die albanischen Täter gefunden zu haben. Die Beschuldigten wurden einem albanischen Staatsanwalt übergeben, der sie aus Angst vor Racheakten gleich wieder freiließ. Es ist zum Verzweifeln: Wir werden es auf diese Weise nicht schaffen, ein funktionierendes und vor allem abschreckendes Rechtssystem aufzubauen.

Ich habe am Morgen mit UNMIK-TV und mit BBC World Service Interviews. Dann ist der Oberbefehlshaber der französischen Streitkräfte, General Jean-Pierre Kelche, zu Besuch. Er ist hier, um seinen Truppen in diesen schwierigen Tagen beizustehen. Ich sage ihm, wie gut sich seine Männer bisher geschlagen hätten und begrüße die zusätzliche französische Kompanie. In meiner Beurteilung der Lage gehe ich auf die Situation im gesamten Kosovo sowie auf die Besonderheiten in Mitrovica ein. Ich erläutere ihm meinen Ansatz der „Internationalisierung" von Mitrovica und die dabei auftretenden praktischen Schwierigkeiten in der unmittelbaren Zusammenarbeit der nationalen Kontingente. Ich spreche bewußt meine Weisung an die MNB (N) an, das Café „Dolce Vita" zu schließen und klar erkennbare Angehörige des „serbischen Sicherheitsdienstes" festzunehmen. General Kelche spricht sich nicht dagegen aus.

Es ist eine Freude, mit dem französischen Oberbefehlshaber zu diskutieren. Er ist sehr offen und direkt, faßt schnell auf, fragt nach, ist gut informiert. Er stimmt meiner Lagebeurteilung uneingeschränkt zu und dankt mir dafür, daß ich mich in den letzten Tagen vor seine französischen Soldaten gestellt habe, als sie in der Öffentlichkeit angegriffen wurden.

Der Direktor der Kunstakademie von Priština, Professor Luan Mulliqi, hat mich gebeten, ihn zu besuchen. Er ist ein begnadeter Bildhauer, der viele Jahre in Chicago und New York gearbeitet und mit gutem Erfolg ausgestellt hat. Jetzt hat er sich entschlossen, zwei Jahre seines aktiven Künstlerlebens zu opfern, um in dieser Zeit als Leiter der Kunstakademie diese wiederzubeleben und die bildenden Künste im öffentlichen Leben des Kosovo wieder zu verankern. Er führt mich durch seine reichhaltige Kunstsammlung und erläutert mir viele herrliche Bilde kosovarischer Künstler. Leider verfolgen uns das Fernsehen und die Fotografen, die er für diesen Besuch bestellt hat, auf Schritt und Tritt. Der Hauptgrund seiner Einladung ist die Absicht, mit KFOR eine gemeinsame Kunstausstellung zu organisieren. Ich bin sofort dabei. Es gibt viele Soldaten, die ihren Eindrücken und Empfindungen in Öl oder mit Zeichnungen Ausdruck gegeben haben; sie würden sich bestimmt freuen, ihre Werke ausstellen zu können. Wir einigen uns, an die Soldaten von KFOR und an die Künstler im Kosovo heranzutreten und sie zu einer gemeinsamen Ausstellung aufzurufen. Professor Mulliqi zeigt mir einige seiner sehr ausdrucksstarken Skulpturen, die mich in ihrer Eleganz und Kraft sehr beeindrucken. Er schenkt mir zum Abschied ein in kräftigen Gelb- und Rottönen gehaltenes Ölbild des albanischen Künstlers Arian Berisha mit dem Titel „NATO Air Welcome".

Ich hatte meinen Stab beauftragt, sich über unseren künftigen Kräfteansatz Gedanken zu machen. Zum jetzigen Zeitpunkt sehen wir keinen Bedarf an zusätzlichen Ressourcen für KFOR – abgesehen von den finanziellen Mitteln für das Kosovo Protection Corps sowie von Aufklärungskräften, die wir seit langem angefordert haben. Mein Stab trägt mir zur Bewertung der Kapazitäten der Truppe vor, die erforderlich sind für die täglichen Aufgaben im Rahmen der Friedensunterstützung, für die anhaltende Verstärkung der MNB (N) und für womöglich zusätzliche Einsätze im Rahmen der Entwicklung im Preševo-Tal. Danach könnten wir unter den Bedingungen, daß die derzeit laufenden Operationen in Mitrovica über einen längeren Zeitraum hinweg aufrechterhalten werden müssen, gezwungen sein, um Unterstützung durch einen Bereitschaftstruppenteil der strategischen Reserve des SACEUR nachzusuchen – um zu schnellen Reaktionen fähig, vor allem aber, um besser durchhaltefähig zu sein. Noch ist dies aber nicht der Fall, und wir wollen versuchen, mit den Kräften, die uns unterstehen, auszukommen.

Die Verlegung der Truppenteile der anderen MNBs zur Verstärkung der MNB (N) in und um Mitrovica sind angelaufen. Ich fliege trotz heftigen Schneesturms in die Stadt und überprüfe alle Checkpoints und Patrouillen, spreche mit den Soldaten und erläutere ihnen die Absicht unseres Vorgehens. Bislang scheint die Operation wie geplant zu verlaufen. Der Brigadestab der MNB (N) trägt mir seine Operationsplanung für die nächsten Tage vor, nach der morgen früh ab 07.00 Uhr mit der Durchsuchung jedes einzelnen Gebäudes in den Bezirken der Stadt, über die wir die Ausgangssperre verhängt haben, begonnen wird. Ziel ist es, Waffen sicherzustellen und Kriminelle oder Mitglieder illegaler Organisationen festzunehmen, um mittelfristig die Sicherheit in Mitrovica zu erhöhen.

Wir haben auch vor, zusammen mit UNMIK die Registrierung der Bürger Mitrovicas vorzuziehen, die im Sicherungsbereich beiderseits des Ibar wohnen. Mit Hilfe neuer Ausweise können wir dann besser kontrollieren, wer dort wirklich wohnt. Wir wollen damit ein weiteres Einsickern albanischer Extremisten unterbinden.

Nachdem UNMIK beschlossen hat, in der nächsten Woche 300 zusätzliche internationale Polizisten nach Mitrovica zu bringen, hat die Brigade mit der UNMIK-Polizei ein neues Konzept für gemeinsame Sicherheitseinsätze entwickelt. Kern der Überlegung ist eine mit Soldaten von KFOR und mit UNMIK-Polizisten gemeinsam besetzte Einsatzzentrale, die alle diesbezüglichen Operationen leitet und kontrolliert. Auch die Patrouillen sollen gemeinsam durchgeführt werden, wobei die Soldaten für die äußere Sicherheit zuständig sind, während die Polizisten die Verantwortung für die Ermittlung und die Durchsuchung übernehmen. Die Brigadeführung geht davon aus, daß sich mit der Umsetzung dieses Konzeptes die Koordination zwischen der KFOR und der UNMIK-Polizei sichtbar erhöhen läßt und damit eine Verbesserung der Sicherheitslage in der Stadt erzielt werden kann. Ich begrüße diesen Ansatz.

Ich komme zu einem Interview mit dem ZDF kurz nach Priština zurück, informiere meinen Stab über meine Eindrücke aus Mitrovica und fahre dann ins russische Krankenhaus nach Kosovo Polje, um den Offizier zu besuchen, der gestern nacht angeschossen wurde. Er hat beide Beine in Gips, aber es geht ihm den Umständen entsprechend gut, sein Zustand ist stabil. Er muß – so der behandelnde Arzt – zur Weiterbehandlung nach Moskau geflogen werden. Auch nach dem Gespräch mit dem jungen Hauptmann habe ich Zweifel an dessen Darstellung, denn die einzelnen Teile dieses Puzzles passen irgendwie nicht zusammen.

Wir fahren durch dichtes Schneetreiben über völlig leere und verschneite Straßen erneut nach Mitrovica, wo ich die Nachtaufstellung unserer Checkpoints in der Stadt sowie auf allen Zugängen überprüfe. Ich rede mit den Männern, die erfahrungsgemäß in der Dunkelheit des frühen Morgens leichter aus sich herausgehen und sagen, wo sie der Schuh drückt. Insgesamt macht die Truppe einen stabilen und gefaßten Eindruck. Ich weiß, daß ich mich auf die Männer verlassen kann.

Die „Süddeutsche Zeitung" verleiht mir heute den Titel „General Sisyphos". Der große französische Schriftsteller und Philosoph Albert Camus hat am Ende seiner Schrift des „Mythos von Sisyphos" geschrieben: „Wir müssen uns Sisyphos als einen glücklichen Menschen vorstellen." In diesem Sinn ist die Bezeichnung „General Sisyphos" gar nicht schlecht gewählt, denn auch ich strecke mich manchmal vergeblich nach dem Ziel und merke immer wieder, wie mir der Felsen aus den Händen zu gleiten droht. Und dennoch: Wir sind im Kosovo insgesamt auf einem guten Weg vorangekommen, auch wenn wir noch eine große und schwierige Strecke vor uns haben.

Brigadegeneral Saqui de Sannes meldet mir telefonisch, daß die Durch-suchungsoperationen gut angelaufen sind. Franzosen, Briten, Deutsche und Amerikaner beteiligen sich an der Aktion.

Ich fahre zur Kommandoübergabe bei der MNB (C). Die Zeremonie läuft sehr nüchtern und ohne großes Antreten des Stabes und der Trup-pe ab. Brigadegeneral Peter Pearson freut sich, sein Kommando abge-ben zu können und in Großbritannien eine neue Aufgabe zu überneh-men. Er hat seinen Auftrag hier blendend erledigt und war für mich eine wichtige Stütze sowie ein General, dessen Rat ich immer wieder ge-sucht habe. Sein Nachfolger, Brigadegeneral Richard „Ard" Shirreff, kommt aus Deutschland, wo er die 7. (UK) Brigade führt. Er ist sehr drahtig und jugendlich, er brennt darauf, zu zeigen, was er kann. Ein Glas Sekt besiegelt die Übergabe.

Ich habe mir für den Vormittag ausreichend Zeit genommen, meinen Nachfolger, Generalleutnant Juan Ortuño weiter einzuweisen und mit ihm die Details der Übergabe abzusprechen, denn er muß heute wieder zurück nach Straßburg.

Mitten in diese Besprechung hinein platzt die Nachricht des französi-schen Brigadekommandeurs, daß die Serben die amerikanische Kom-panie angegriffen hätten und diese sich daraufhin zurückgezogen hätte. Dies kann erhebliche politische Konsequenzen haben. Ich lasse daher alles stehen und liegen und fliege sofort nach Mitrovica, um zu sehen, was wirklich vorgefallen ist.

Bei meiner Landung ist nur der Stellvertretende französische Briga-dekommandeur, Brigadegeneral Jean Bernard Humand, vor Ort, da Sa-qui de Sannes gerade mit Oliver Ivanović verhandelt. Der Chef des Sta-bes der Brigade, Oberst Alain Boulinois, trägt kurz zum Sachverhalt vor. Danach war die amerikanische Kompanie für diesen speziellen Einsatz einem französischen Bataillon unterstellt, das den Amerikanern einen eigenen Bereich zugewiesen hatte, den die GIs zu durchsuchen hatten. Sehr schnell beschwerten sich die Serben wegen eines angeblich brutalen Vorgehens der Amerikaner und rotteten sich vor ihren Häusern zusammen. Einzelne von ihnen begannen Schneebälle, manche auch Steine zu werfen, konnten die Amerikaner damit aber nicht davon abhalten, ihren Auftrag weiter durchzuführen. Die Lage eskalierte urplötzlich, als ein amerikanischer UNMIK-Polizist durch sein Vorgehen die Serben so provozierte, daß einer von ihnen sein Messer zog. Der Kommandeur des französischen Infanteriebataillons sowie der amerikanische Lieutenant Colonel Mike Ellerbee, der Kommandeur des 504th (US) Airborne Battalions, von dem die amerikanische Kompanie stammt, waren beide unmittelbar am Ort des Geschehens und befürchteten, daß die sehr aufgeheizte Situation außer Kontrolle geraten könnte. Sie entschieden daher, die Lage dadurch zu deeskalieren, daß sie die Amerikaner zurückzogen. Der Kommandeur der MNB (N), der sofort zur Hilfe kam, billigte diesen Entschluß.

Die amerikanische Kompanie ist in einer aufgelassenen Maschinenfabrik in der Flußschleife des Ibar untergebracht. Fast alle Männer schlafen, als ich dort eintreffe. Vor dem Eingang des Tores warten einige amerikanische Journalisten auf eine Story. Ich setze mich mit Mike Ellerbee zusammen, der mir seinerseits den Vorfall schildert. Er war als Bataillonskommandeur vor Ort, um möglicherweise auftretende Probleme seiner Kompanie mit dem französischen Kommandeur unmittelbar absprechen zu können. Er äußert sich positiv über die Zusammenarbeit mit den Franzosen und hält an der Richtigkeit seines Entschlusses, die Operation aus Sicherheitsgründen abzubrechen, weiterhin fest. Ich bestätige ihn darin, sage ihm aber auch, daß seine Kompanie morgen früh wieder im Einsatz sein müsse, um negative psychologische Folgen zu vermeiden. Dies könne nur ein taktischer Rückzug gewesen sein, die Operation müsse morgen weiter durchgeführt werden. Er stimmt sofort zu und gibt mir zu verstehen, daß dies ohnehin seine Absicht gewesen sei. Ich rufe dann in seinem Beisein seinen Kommandeur, den amerikanischen Brigadegeneral Ric Sanchez an, schildere ihm den Sachverhalt und den Befehl, den ich Lieutenant Colonel Ellerbee eben gegeben habe. Ric Sanchez ist damit einverstanden.

Es geht dann zurück ins Hauptquartier der MNB (N), das ich ebenfalls informiere und dem ich befehle, mit den angefangenen Operationen morgen früh fortzufahren. Dabei verweise ich ausdrücklich noch einmal auf meinen Befehl, das „Dolce Vita" zu schließen und die Männer des „serbischen Sicherheitsdienstes" festzunehmen. Ich erwarte,

412

daß mein diesbezüglich bereits vor zwölf Tagen gegebener Befehl endlich ausgeführt wird. Der stellvertretende französische Brigadekommandeur bestätigt dies; ich habe den Eindruck, daß er mich sehr wohl verstanden hat.

Ich drehe noch eine Runde über die anderen kritischen Punkte Mitrovicas und spreche mit den Soldaten, die alle mit Sorge dem morgigen Tag der Demonstrationen entgegensehen. Keiner der Männer versteht, warum man die Demonstrationen nicht einfach verboten hat. Ich kenne zwar den Grund, kann die Entscheidung aber gerade deswegen noch weniger nachvollziehen und halte sie für falsch. Auch die deutsche Kompanie vom Panzergrenadierbataillon 371, die bei der Batteriefabrik südlich der „Cambronne-Brücke" behelfsmäßig in Zelten untergezogen ist, macht sich Sorge über die weitere Entwicklung, auch wenn die Männer einen insgesamt sehr stabilen Eindruck machen. Ihr Bataillonskommandeur, der tüchtige und ungemein zuverlässige Oberstleutnant Michael Uhrig – Markenzeichen: gezwirbelter Schnauzbart –, ist vor Ort, um seinen Männern notfalls den Rücken zu stärken. Wir gehen gemeinsam seinen Auftrag in Mitrovica durch und sprechen über die Zusammenarbeit der deutschen Truppen mit dem französischen Brigadestab, die Uhrig für angemessen hält.

Anschließend geht es auf völlig leergefegten, verschneiten Wegen zurück in die Hauptstadt; unsere Kontrollmaßnahmen scheinen zu greifen, die befürchtete Verstärkung der Albaner in Mitrovica ist bisher ausgeblieben.

Ich komme spät nachts ins HQ KFOR und rufe zunächst den SACEUR an, um ihn über die Situation bei der amerikanischen Kompanie zu unterrichten, deren Verhalten ich voll mittrage. Ich beauftrage dann meinen Stellvertreter, Generalmajor Louis Le Mière, die Operationen in Mitrovica morgen persönlich vor Ort zu überwachen und dabei vor allem dafür zu sorgen, daß das „Dolce Vita" endlich geschlossen wird. Die Briten hatten mich heute nachmittag anläßlich meines Besuches an der „Austerlitz-Brücke" gebeten, ihnen diesen Auftrag zu überlassen, aber ich möchte in die Entscheidungskompetenz des Brigadekommandeurs nicht eingreifen, möchte sie noch weniger unterlaufen.

Die Nacht vom 20. zum 21. Februar ist ruhig geblieben. Die amerikanische Kompanie ist seit heute 06.00 Uhr wieder im Einsatz.

Am Vormittag besucht uns der SACEUR. Ich trage ihm vor zur aktuellen Lage in Mitrovica, zum Einsatz der amerikanischen Kompanie und zur weiteren Operationsplanung; diese billigt General Clark. Eines meiner Hauptprobleme ist, die derzeitige Truppendichte in und um Mitrovica über einen längeren Zeitraum aufrechtzuerhalten, da sich mehrere NATO-Nationen gegen einen Einsatz ihrer Kontingente im Bereich der MNB (N) ausgesprochen haben. Dadurch wird meine taktische Flexibilität, die Zusatztruppenteile für Mitrovica nach einigen Tagen durchzuwechseln, stark eingeschränkt. Ich bitte den SACEUR daher erneut, sich bei den Nationen darum zu bemühen, daß diese nationalen Restriktionen wegfallen. Ohne die derzeit noch gültigen Einschränkungen wären wir in der Lage, mit den Truppenteilen, die mir schon unterstehen, unseren Auftrag auszuführen. Erforderlich sei allenfalls, bei einer weiteren Eskalation der Gewalt – insbesondere im Bereich des Preševo-Tals –, rasch auf Teile der Strategischen Reserve des SACEUR zurückgreifen zu können, die mit ersten Teilen innerhalb von vier Tagen im Kosovo einsatzbereit sein würden. General Clark sagt mir zwar seine Hilfe zu, teilt mir aber gleichzeitig mit, daß die amerikanische Regierung entschieden habe, die US-Kompanie so zurückzuziehen, daß die Soldaten mit all ihrer Ausrüstung bis Mittwoch, den 24. Februar 2000, 08.00 Uhr in ihren Quartieren in Uroševac zurückverlegt haben. Ich könnte in Zukunft nur noch im Notfall und auf speziellen Antrag hin amerikanische Truppenteile außerhalb der MNB (E) einsetzen. Soweit zum Thema meiner höheren Flexibilität … Das „Somalia-Syndrom", unter dem ich mit meinen Männern schon in Belet Huen und Mogadischu gelitten habe, grassiert wieder. Ein Glück, daß es die Neutralen gibt, die ihren Kontingenten keinerlei Einsatzbeschränkungen auferlegt haben. Der SACEUR ist alles andere als glücklich über diese Entwicklung. Er meint, daß er die zunehmende Zurückhaltung der Nationen sehr deutlich im Military Committee der NATO ansprechen müsse, da wir es sonst bald so machen würden wie die UNO. Auch Bernard Kouchner, den ich zu unserer Sitzung eingeladen

414

habe, beklagt das mangelnde Engagement der Internationalen Gemeinschaft. Wir sind uns einig, daß die gemeinsame Strategie und das langfristige politische Konzept fehlen, wie das hier eigentlich weitergehen soll.

Mein nächstes Thema ist das Preševo-Tal und unsere ersten Überlegungen, auch diesen Bereich durch Unterstellung von Kontingenten anderer MNBs zu „internationalisieren". Wir tragen die Kräfteverhältnisse und unterschiedliche Alternativen zum Vorgehen vor. Dabei weise ich erneut auf die dringliche Notwendigkeit hin, den Bereich besser aus der Luft mit Hilfe von Drohnen zu überwachen, vor allem aber die Zugänge in die Sicherheitszone wirklich zu schließen sowie die Angehörigen der UÇPMB, wenn wir sie im Kosovo antreffen, festzunehmen und einzusperren. Ich bitte den SACEUR, an den NATO-Rat heranzugehen, damit sowohl die NATO als auch die einzelnen Hauptstädte der Gewalt im Preševo-Tal eine unmißverständliche Absage erteilen. Die albanischen Extremisten müßten wissen, daß sie in keinem Fall auf die Hilfe der NATO rechnen und uns nicht in neue Operation gegen die Serben hineinziehen können. Wir müßten ihnen vielmehr klarmachen, daß wir in ihnen eine Gefahr für den Frieden in der gesamten Region sehen und sie demzufolge als Gegner betrachten. General Clark stimmt diesem Ansatz uneingeschränkt zu und versichert mich seiner Unterstützung.

Ich habe General Çeku und die Führer der Regionalkommandos des Kosovo Protection Corps eingeladen, um dem SACEUR die Gelegenheit zu geben, unmittelbar auf sie einzuwirken. Ich weise ihn vor diesem Treffen darauf hin, daß wir mit der Organisation und Ausbildungsstruktur „gut auf Schiene sitzen", daß uns aber immer noch das Geld fehlt, die Gehälter und Ausbildungskosten ab Juni 2000 zu bezahlen; ab diesem Zeitpunkt sind wir – soweit es das Kosovo Protection Corps betrifft – pleite.

General Clark sagt den Führern des Kosovo Protection Corps, wie froh er und die Internationale Gemeinschaft seien, daß der Prozeß der Transformation bisher so gut abgelaufen ist. Er bittet die Männer, auf diesem Weg weiterzumachen, und fordert sie mit sehr eindrücklichen Worten auf, all ihren Einfluß geltend zu machen, um die Aktionen der Extremisten in Mitrovica und im Preševo-Tal zu unterbinden. Keiner dieser Extremisten könne mit der Unterstützung der NATO rechnen, ganz im Gegenteil: Wir würden diese Männer bekämpfen, weil sie den so gut angelaufenen Friedensprozeß in Gefahr brächten. Die Führer des Kosovo Protection Corps sind sichtbar betroffen. Clark sagt ihnen, daß er voll und ganz hinter allem stehe, was ich als COMKFOR dazu bisher gesagt und getan hätte. Er spricht dann jeden einzelnen unmittelbar an und fragt ihn, ob er unsere Position unterstützen würde. Alle sagen dies uneingeschränkt zu. Es ist fast wie beim Besuch des Schulrats: Alle wollen einen guten Eindruck machen und versprechen, sich in unserem Sinn zu engagieren.

Wir gehen noch kurz auf die Übung mit der Strategischen Reserve DYNAMIC RESPONSE 2000 ein, deren Vorbereitungen planmäßig laufen und die wir sicher im Griff haben.

Während der Besprechung mit dem SACEUR ziehen seit den frühen Morgenstunden unzählige Menschen auf der Straße unterhalb von „Film-City" mit Tausenden von albanischen Fahnen auf dem Weg nach Vučitrn vorbei. Ich frage mich, wann diese Massen endlich durch sind; ganz Priština scheint auf den Beinen zu sein, der Menschenstrom fließt ohne Unterbrechung an uns vorbei; ein beinah unheimliches Schauspiel, wie die da ruhig und zielbewußt durch den Schnee nach Norden ziehen.

Der SACEUR ist gerade abgeflogen, als uns der spanische Verteidigungsminister Eduardo Serra Rexach seinen Besuch abstattet. Ich freue mich, ihn wiederzusehen, denn ich habe ihn während meiner Zeit als Adjutant bei Verteidigungsminister Dr. Manfred Wörner kennengelernt. Serra war damals Staatssekretär im spanischen Verteidigungsministerium. Ich berichte ihm von meinen guten Eindrücken beim spanischen Bataillon und den spanischen Offizieren im Stab der MNB (W). Ich erläutere ihm die Gesamtlage und die besonderen Bedingungen in Mitrovica, für die ich eine höhere taktische Flexibilität benötige. Der spanische Minister hebt daraufhin sofort die Einsatzbeschränkungen für seine Truppen auf, eine Entscheidung, für die ich sehr dankbar bin, denn sie bedeutet für uns einen großen Sprung nach vorne.

In das Ende dieser Besprechung platzt eine Hiobsbotschaft aus Mitrovica: Brigadegeneral Saqui de Sannes ruft mich sehr aufgeregt an, daß die Demonstration der etwa 5.000 albanischen Studenten innerhalb der Stadt bis an den Südrand der „Austerlitz-Brücke" durchgebrochen sei. Agitatoren würden versuchen, die noch weitgehend friedliche Demonstration in ein gewaltsames Vorgehen umzufunktionieren. Noch viel schlimmer aber sei, daß die große Demonstration aus Priština nicht – wie ursprünglich geplant – in Vučitrn beendet wurde, sondern sich derzeit voll nach Mitrovica ergieße. Alle Checkpoints würden von den Menschenmassen entweder umgangen oder überrollt, die Menschen kämen über die Felder, auf jedem Weg und auf den großen Straßen. Immer mehr Menschen kämen auch aus den anderen Bereichen des Kosovo mit ihren Autos, die sie, wenn es nicht mehr weitergeht, einfach stehenließen, um sich dem Protestmarsch anzuschließen. Es sei, so Saqui de Sannes, das absolute Chaos. Er scheint sehr dünnhäutig zu sein und bittet um sofortige Hilfe.

Ich lasse alles stehen und liegen und fliege mit zweien meiner Feldjäger sowie Wendy Gilmore sofort los. Ich verschaffe mir zunächst ein Lagebild aus der Luft. Das Bild unter uns: ein Chaos. Die Straße nach Vučitrn ist voller Menschen, es geht nichts mehr. Die Busse, die die Demonstranten am Endpunkt ihres Marsches abholen und wieder heimbringen sollen, sind hoffnungslos in der Menschenmenge eingeschlossen, dazwischen Hunderte einfach stehengelassener Pkw. Die Menschen frieren, es ist kalt, es gibt nichts zu essen und zu trinken, die Organisation der Demonstration ist total zusammengebrochen, die begleitende UNMIK-Polizei hilflos. Als die Leute erkennen, daß die Busse, die sie abholen sollen, gar nicht da sind, marschieren sie einfach nach Mitrovica weiter.

Wir kreisen über Mitrovica. Unter mir ein Alptraum, wie ich ihn mir in meinen schlimmsten Befürchtungen nicht vorgestellt habe: Ein riesiger Ameisenhaufen, auf dessen Straßen sich aus dem Süden und Westen unzählige kleine schwarze Punkte konzentrisch Richtung „Austerlitz-Brücke" bewegen, dazwischen viele rote Punkte: die albanischen Fahnen. Die Brücke dicht gepackt mit Soldaten, auf der Nordseite eine riesige Menschenmenge, die sich in die Straßen zurückstaut: Serben, die Angst haben, wie sich das weiter entwickelt. Auf der Südseite eine unübersehbare Menschenmenge mit der Spitze an der Brücke, darüber Rauch und Qualm, wahrscheinlich Tränengas. Ich habe nicht die geringste Ahnung, was wir tun können. Ich weiß nur: Dies ist kein Kino, kein Fernsehen, dies ist die unfaßbare Realität, für die ich die Verantwortung trage.

Wir landen in der französischen Kaserne, wo mir der Brigadekommandeur im Beisein seines Stabes den Vorwurf macht, ihn und seine Männer in diese schwierige Lage gebracht zu haben. Ich verbitte mir erst einmal seine persönlichen Angriffe und versuche, ihn wieder zu beruhigen. Ich rufe Bernard Kouchner an, der im UNMIK-Hochhaus ist und mir mitteilt, daß sich die Lage an der Brücke dramatisch zugespitzt habe. Er sorgt sich um seine und seiner Mitarbeiter Sicherheit, wenn die Demonstranten das UNMIK-Hochhaus stürmen sollten. Ich spreche telefonisch mit General Çeku, der sich im Hauptquartier Ramas in Mitrovica aufhält, und bitte ihn, sich sofort mit Kouchner und mir im UNMIK-Hochhaus zu treffen, aber er meint, das sei nicht mehr möglich. Er habe es bereits versucht, sei aber wegen der Menschenmasse nicht durchgekommen. Ich bitte ihn, einen erneuten Versuch zu wagen und ziehe selbst trotz des lautstarken Protestes von Brigadegeneral Saqui de Sannes, der sich sehr um meine Sicherheit sorgt, zu Fuß los.

Wir kommen kaum aus dem Tor der Kaserne raus, weil die Menschen davor so dicht gedrängt sind. Meine Feldjäger versuchen, mir eine Gasse zu bahnen, aber vergeblich, wir stecken in der Menge fest. Plötzlich werde ich erkannt, die Menschen beginnen wie wild zu schreien und rufen „Reinhardt, Reinhardt". Unzählige Hände greifen nach mir, als ob die Menschen Krakenarme bekommen hätten, ich werde gedrängt, geschoben, geschubst, an meinen Armen wird gezerrt, bärtige Gesichter küssen mich, ich bekomme Angst. Die Leute um mich herum gebärden sich wie besessen. Alle schreien, der Ruf „Reinhardt, Reinhardt" wird von der Menge aufgenommen und hallt von den Häusern zurück. Ich werde hochgehoben und über die Schultern der Masse nach vorne geschoben, bin der Ekstase völlig hilflos ausgeliefert. Meine Feldjäger und Wendy Gilmore sind weg, ich werde „weitergereicht". Schließlich bekomme ich doch wieder Boden unter die Füße und versuche, mich verständlich zu machen. Ich will an die Brücke, die Leute um mich herum auch. Es bildet sich eine kleine Gruppe Bärtiger, die ein Mullah mit Turban, braunen Zähnen und stechendem Blick anführt. Er schreit in schrillen Tönen mir Unverständliches, aber das Meer der

Menge öffnet sich, wir werden vorangedrückt. Die „Reinhardt"-Schreie gehen weiter, auch oben von den Hausdächern, auf denen die Menschen dicht gedrängt stehen und mir zuschreien und zuwinken. Ich kann nicht zurückwinken, weil ich völlig eingekeilt bin und mich gegen den erregten Mullah zu wehren versuche, der mit seinen schweißnassen Händen immer wieder mein Gesicht ergreift und mich küßt.

Wir hatten vor der Demonstration gehört, daß albanische Extremisten sie dazu nutzen wollen, um aus der Menge heraus Terroranschläge zu begehen. In meinem Kopf drehen sich die Gedanken: „Was passiert, wenn jetzt jemand schießt und die Menge in Panik gerät? Was passiert, wenn die mir gegenüber positive Stimmung kippt? Werde ich dann zertrampelt werden?" Ich bin fatalistisch und hoffe, daß es gutgehen wird, lache zurück und versuche, trotz der Gefahr und Angst davor, wie das ausgehen wird, Gleichmut zu demonstrieren, während die Menschen dabei sind, mir die Arme auszureißen. Das Barett ist schon weg, so erkennt man mich mit meinen weißen Haaren besser. Nach knapp zwei Stunden werde ich an das Gitter des UNMIK-Gebäudes gespült; normalerweise hätte es allenfalls zehn Minuten gedauert. Vor dem Tor werde ich noch einmal von „meinem" Mullah und anderen geküßt, dann bin ich endlich durch das Tor durch.

Ich taste mich ab und prüfe, ob noch alles an mir dran ist. Die Taschen meines Kampfanzuges sind aufgerissen, die Schulterklappen sind weg, die Pistolentasche ist kaputt, die Pistole fehlt. Wahrscheinlich hat sie mir einer meiner albanischen „Begleiter" als Souvenir geklaut. Bis heute hatte ich jeden Tag die Pistole mit einer Kordel, die mit Hilfe eines Springrings mit dem Pistolengriff verbunden war, um den Hals gesichert. Dieser Ring war mir heute früh, als ich die Pistole aus meiner Kiste nahm, gebrochen. Mein Hauptgefreiter hatte mir einen neuen Ring besorgt und auf meinem Schreibtisch gelegt. In der Hektik des überraschenden Aufbruchs hatte ich ihn aber übersehen und erst im Hubschrauber gemerkt, daß die Kordel fehlt. Da war es aber bereits zu spät. Ich behielt daher zunächst die Hand an der Pistolentasche, die mir dann aber in der Menge immer wieder weggerissen wurde. Im Grunde bin ich froh, daß nur die Pistole weg ist, ich aber sonst alles heil überstanden habe.

Ich treffe oben Bernard Kouchner mit der gesamten UNMIK-Mannschaft und sage ihnen, daß sie sich keine Sorgen machen sollten. Wir bekämen das schon hin. Aber eigentlich weiß ich nicht, wie. Vom großen Panorama-Fenster des zehnten Stockwerks kann ich endlich sehen, was da unten wirklich läuft.

Am Nordrand der Brücke sperren französische Infanteristen – in fünf Reihen tief gestaffelt – mit Gewehr in Vorhalte die Serben ab, die nach Süden drängen. Hinter den Franzosen die Dänen in ihrer Anti-Riot-Ausstattung, auch sie tief gestaffelt und nach Norden orientiert. Fast Rücken an Rücken dann die nach Süden ausgerichteten Reihen, erneut die Dänen, vor sich französische Gendarmerie, dann französische Infanteristen. Den Zugang zur Brückenauffahrt sperren die Briten mit ihren schweren Panzern vom Typ CHALLENGER, die so eng stehen, daß kein Durchkommen ist, allenfalls über die Kampfpanzer. Auf denen stehen aber Nick Carter und die Männer der Royal Green Jackets, die heute keinen Spaß verstehen. Mit Schlagstöcken und Gewehrkolben wehren die Briten die albanischen Studenten ab, die immer wieder versuchen, einzeln nach Norden durchzubrechen. Vor den Panzern eine wütende Menge albanischer Studenten, die aufgeputscht und aggressiv sind. Es war gut, ihnen in der ersten Reihe die Briten entgegenzustellen. Aus der dritten Gefechtsreihe poppen immer wieder über die Briten hinweg Tränengas-Patronen unter die Albaner, um sie davon abzuhalten, zu rabiat zu werden.

Die Franzosen haben in Vorbereitung auf den heutigen Tag die Schleusen der Stauwerke des Ibar oberhalb Mitrovicas geöffnet, so daß es heute Hochwasser gibt und die Heißsporne daran gehindert werden, durch das Wasser nach Norden zu waten.

Hinter den albanischen Studenten drängt sich – an den vielen albanischen Fahnen erkennbar – auf immer enger werdendem Raum die Spitze des großen Demonstrationszuges aus Priština. Da die Menschen von hinten nachdrücken, laufen die Leute vorn Gefahr, erdrückt zu werden, da es in Richtung Brücke und auf die Seite wegen der Hochhäuser kein Ausweichen gibt. Wir müssen etwas tun, sonst kommt es zur Katastrophe.

Ich schlage Bernard Kouchner vor, daß wir von der Terrasse des Polizeigebäudes, das etwa einhundert Meter vom UNMIK-Gebäude entfernt ist, mit der Menschenmenge reden. Ich weiß zwar nicht, was

420

ich denen sagen soll, hoffe aber, daß mir die richtigen Worte einfallen.

Das Tor hat sich noch nicht richtig geöffnet, als mich mein Mullah schon wieder in den Clinch nimmt und seine schrillen Laute ausstößt. Die Menge antwortet und brüllt wieder meinen Namen, wir stoßen und drängeln uns Schritt für Schritt zum Polizeigebäude, und ich bin glücklich, meinen Begleitern zum zweiten Mal unversehrt entkommen zu sein.

Wir finden bei der Polizei ein Megafon, und schon geht es los. Ich spreche in Englisch, nach jedem Satz tosender Beifall und „Reinhardt"-Geschrei, dann die Übersetzung. Meine Botschaft ist sehr kurz. „Ihr seid von Priština vierzig Kilometer hierher gelaufen, eine tolle Leistung, für die ich euch bewundere. Eine solche Anstrengung nehmen nur Patrioten auf sich, die um ihr Land besorgt sind. Ihr habt Angst, daß Mitrovica geteilt wird. Ich verstehe das. Ich bin in einer Stadt geboren, die lange geteilt war. Ich bin in einem Land großgeworden, das lange geteilt war. Heute ist Berlin wiedervereinigt. Heute ist Deutschland wiedervereinigt. Ich verspreche euch, alles zu tun, daß auch Mitrovica wieder vereint wird, daß auch Kosovo geeint bleibt. Ihr habt heute mit eurem langen und friedlichen Marsch der Welt gezeigt, wie ernst es euch mit Mitrovica ist. Bernard Kouchner und ich vertreten die Internationale Gemeinschaft. Wir haben euch verstanden. Gebt mir euer Vertrauen. Viele von euch waren in Deutschland, viele von Euch kennen die Deutschen und wissen, daß wir zu unserem Wort stehen. Ihr seid nicht allein. Wir helfen euch. Gemeinsam schaffen wir es. Und jetzt geht heim, bevor es dunkel wird." Langer, tosender Beifall. Bernard Kouchner und General Çeku, der sich doch noch zu uns durchgeschlagen hat, greifen dann zum Megafon und sprechen zu den Massen. Auch hier großer Beifall, aber die Leute gehen nicht heim.

Ich gehe daher noch einmal ans Megafon und sage: „Es wird gleich Nacht. Eure Frauen und Kinder machen sich Sorgen, weil ihr noch nicht zurück seid. Die Busse stehen am Stadtrand bereit. Geht nach Hause, und seid stolz auf das, was ihr heute erreicht habt. Auch wir fahren jetzt heim. Ich wünsche euch eine gute Heimreise."

Das Unglaubliche passiert: Die Leute drehen sich um und ziehen ab. Die Krise ist vorbei, wir haben sie entschärft, eine Zentnerlast fällt von meinen Schultern. Im Gebäude umringen mich die Polizisten, eine junge Beamtin küßt mich und meint, wir hätten ihnen das Leben gerettet. So schlimm war es sicher nicht, aber wir alle sind froh, daß wir es geschafft haben. Inzwischen sind auch Wendy Gilmore und meine Feldjäger wieder zu uns gestoßen, um die ich mir schon große Sorgen gemacht habe. Gemeinsam mit ihnen gehe ich an die Brücke, klettere auf die Panzer und bedanke mich bei den Briten für ihren Mut und ihre Kaltblütigkeit. Sie haben mit ihren Reaktionen nie überzogen und damit Schlimmeres verhindert.

Ich bahne mir dann den Weg durch die Franzosen und Dänen bis an den Nordrand der Brücke, um jedem von ihnen persönlich zu danken und ihnen meine Anerkennung für ihre enorme Standfestigkeit zu sagen. Die Serben beobachten mich schweigend und kritisch. Ich gehe auf sie zu und sage: „Ihr könnt jetzt wieder nach Hause gehen, das Schlimmste ist vorbei. KFOR ist heute auf der Brücke aufmarschiert, um euch Serben zu helfen, in Mitrovica bleiben zu können. Wir wollen nicht, daß ihr von hier vertrieben werdet. Wir sind hier auch für eure Sicherheit, und wir haben es heute geschafft, daß alles friedlich geblieben ist. Ihr braucht euch keine Sorgen zu machen. Ich bin hier, um euch zu helfen." Plötzlich Rufe, erst vereinzelt, dann immer lauter. Ich werde umringt, die Serben klopfen uns auf die Schultern, eine Flasche Slibowitz kreist, auch ich bekomme einen Schluck ab. Der Höhepunkt ist ein Espresso im „Dolce Vita", wo ich den serbischen „bridge watchers" ankündige, daß sie hier in den nächsten Tagen rausfliegen. Das wüßten sie schon, sagen sie, da könne man halt nichts machen, KFOR sei zu stark für sie.

Wir laufen dann zurück zum französischen Hauptquartier, wobei wir kaum vorankommen, da wir immer wieder von den Leuten aufgehalten und angesprochen werden, meistens, um uns etwas Freundliches zu sagen. Die französische Brigade stellt uns einen „Puma"-Hubschrauber zur Verfügung, mit der wir zurückfliegen können. Unter uns, entlang der Hauptstraße, aber auch auf allen Nebenstraßen ein ununterbrochener Bandwurm von Fahrzeugscheinwerfern, die sich nach Süden bewegen. Erneut das totale Chaos.

Wir kommen etwa eine Stunde nach Mitternacht in „Film-City" an, wo ich erst einmal meine Operationszentrale in die Lage einweise. Die Jungs sind froh, mich wieder zurück zu sehen, und der Leiter des Joint

Operation Centers, der enorm tüchtige und sehr fähige italienische Oberst Piero Constantino sagt mir, welche Sorgen sie heute um uns gehabt hätten. Ich gebe die Anweisung, alle Feldjägerkräfte der MNB (C) zu alarmieren und in Priština einzusetzen, um den Verkehrspfropf aus Richtung Mitrovica aufzulösen und dafür zu sorgen, daß die Fahrzeuge in der Stadt abfließen können.

Wir bräuchten jetzt alle etwas Ruhe. Der Stab der MNB (N) ist seit seiner Amtsübernahme in Mitrovica aus dem Streß noch gar nicht herausgekommen. Die Briten sind dort seit zwölf Tagen ununterbrochen im Einsatz, die Deutschen kamen nur wenig später. Alle sind erschöpft und ausgelaugt, bei vielen liegen die Nerven blank, manche sind am Ende ihrer physischen Kraft. Und dennoch können wir sie noch nicht ablösen, da wir für den morgigen Tag in Mitrovica mit einer Demonstration von 5.000 Bergarbeitern rechnen müssen, die gegen die Lage in Trepča auf die Straße gehen wollen.

Ich gehe noch in der Nacht vor alle lokalen Fernsehsender und Radio-Mikrofone, um die Kumpels aufzufordern, morgen besser daheim zu bleiben, Bernard Kouchner will die Führer der Bergarbeiter im gleichen Sinn bearbeiten. Wir müssen also morgen früh die Situation neu beurteilen und werden – je nachdem, wie sich die Lage mit den Bergleuten entwickelt – die Durchsuchungen ggfs. erst morgen nachmittag wieder aufnehmen. Wir planen, bis Mittwoch mit den Durchsuchungen fortzufahren und erst dann die Operation einzustellen sowie die Kompanien auszutauschen. In der kommenden Woche werden wir die Operation erneut aufnehmen.

Es ist jetzt bereits der 22. Februar morgens, 03.30 Uhr. Ich bin todmüde und dankbar, daß ich am Ende eines kritischen Tages noch in der Lage bin, diese Tagebucheintragungen machen zu können.

Dienstag, der 22. Februar 2000; 138. Tag   bewölkt und sehr kalt

Nach der Aufregung von gestern gibt es heute einen erfreulicherweise friedlichen Tag in der Provinz. In Mitrovica bleibt es weitgehend ruhig, obwohl die Bergleute vor dem Gebäude der UNMIK demonstrieren. Wir haben dort die US-Kompanie eingesetzt, die ihre Aufgabe ausgezeichnet löst. Die Kumpels begrüßen die Amerikaner wie alte Freunde. Die Spannung ist weg, die GIs überreden die Demonstranten, die Versammlung wieder aufzulösen. Und die tun das auch, Gott sei Dank. Denn noch so ein Abend wie gestern, das wäre zu viel geworden.

Ich eröffne heute morgen die Ausbildungsakademie für die Inhaber von Schlüsselpositionen des Kosovo Protection Corps. Alle fünfundvierzig Lehrgangsteilnehmer sind erschienen, ein vielversprechender Anfang. Çeku ist nach stundenlanger nächtlicher Rückfahrt über die total verstopften Straßen gerade aus Mitrovica eingetroffen. Er hält eine sehr gute Eröffnungsansprache und legt dar, was er von jedem einzelnen Mitglied des Kosovo Protection Corps erwartet. Da er voll auf unserer Linie liegt, kann ich mir sparen, diese Grundprinzipien zu wiederholen. Ich nehme daher die Gelegenheit wahr, Çeku und Rama vor versammelter Mannschaft und damit vor aller Öffentlichkeit für ihren gestrigen Mut und für ihre Entschlossenheit zu danken. Sie hätten dem Namen des Kosovo Protection Corps alle Ehre gemacht und in der Tat bewiesen, daß sie jetzt für den Schutz und den Wiederaufbau des Kosovo verantwortlich sind. Sie hätten durch ihre Besonnenheit die drohende Gefahr einer inneren Auseinandersetzung abgewendet. Dafür gebühre ihnen unser aller Dank.

Es schließt sich die Sitzung des IAC an. Nach den Ereignissen von gestern konnte man erwarten, daß es eine Menge Diskussionsstoff geben würde. Die drei Albanerführer sprechen sehr positiv über die Reaktion der KFOR vom gestrigen Tag – das gleiche gilt für die örtlichen Medien –, und Rugova umarmt mich, um mir für das, was ich gestern für das Kosovo getan habe, zu danken; auch Thaci ist sehr anerkennend und dankt mir – ebenso wie Qosja – sehr herzlich und persönlich.

Die albanischen Vertreter geben dann eine leidenschaftliche Erklärung ab, in der sie darlegen, daß es nicht ihre Absicht sei, die Serben aus dem Kosovo zu vertreiben, und daß sie es begrüßen würden, wenn nach einer Weile alle Vertriebenen wieder zurückkehren könnten, darunter auch die Serben. Sie untermauern diese Aussage mit einem Zusatz zu einem „Vereinten Mitrovica", in dem sie sich verpflichten, die Rechte und die Sicherheit aller Menschen in der Provinz zu achten. Das ist in der Tat eine nach den jüngsten Entwicklungen positive Erklärung, die unsere ungeteilte Unterstützung verdient.

Am Nachmittag trägt mir der Stab erneut zur Lage im Preševo-Tal vor. Eine Reihe von Handlungsmöglichkeiten werden durchgespielt, von der schärferen Kontrolle bei den Grenzübergängen nach Serbien bis hin zu militärischen Einsätzen von KFOR in der Sicherheitszone. Die entscheidenden Fragen sind die des Bedarfs an dafür erforderlichen Truppen und der Handlungsmöglichkeiten, die uns die NATO dabei zugesteht. Zusammen mit den Stäben der MNB (C) und der MNB (E) haben wir geprüft, wie sich jede einzelne der Handlungsmöglichkeiten auf den Einsatz zur Friedensunterstützung auswirkt und welche zusätzlichen Verstärkungen wir ggfs. benötigen. Ich rufe dazu noch in der Nacht den SACEUR auf der abhörsicheren Leitung an und lege mit ihm die Grundzüge für das weitere Vorgehen in dieser Frage fest. Am Ende des Gesprächs bittet er mich dringend, angesichts der immer noch explosiven Lage in Mitrovica meinen Urlaub, den ich zusammen mit meiner Frau, meinen Söhnen und meinem Bruder mit Familie beim Skifahren in Bad Gastein verbringen wollte, abzusagen. Wir hatten alle so auf diesen Urlaub gehofft und uns auf die damit verbundenen gemeinsamen Tage gefreut. Ich weiß noch nicht, wie ich dies meiner Frau beibringen werde.

Mittwoch, der 23. Februar 2000; 139. Tag   bedeckt

In Mitrovica ist es ruhig geblieben. Ich besuche die amerikanischen, die britischen, die deutschen und die französischen Truppen in der Stadt und ziehe mit ihnen die Schlußfolgerungen aus dem Einsatz am Montag. Alle waren beeindruckt von dem hohen Maß der Koordinierung, insbesondere die Amerikaner, die weisungsgemäß im Laufe der zweiten Tageshälfte nach Uroševac zurückverlegen. Heute nacht werden sechs der Verstärkungskompanien durch drei frische Kompanien anderer MNBs (eine italienische, eine spanische und eine kanadische) abgelöst. Ich berate mich mit dem Kommandeur der MNB (N) über unsere nächsten Schritte; dabei geht es vor allem um die Rücksiedelung der albanischen Flüchtlinge, die in den letzten beiden Wochen vertrieben worden waren, sowie um den Einsatz der ständigen Verstärkungen. Es wird immer deutlicher: Wenn die nationalen Restriktionen, denen sich nun leider auch die Amerikaner angeschlossen haben, beibehalten werden sollten, werden wir zusätzlich doch zwei weitere Bataillone benötigen, wenn wir die Truppenstärken der vergangenen Tage aufrechterhalten müssen.

Die lokale Presse steht dem, was wir hier tun, positiv gegenüber. Ich habe heute am Nordrand der „Austerlitz-Brücke" ein längeres Pressegespräch mit den Vertretern der internationalen Presse und erläutere ihnen unsere Absichten für die nächsten Tage. Mein kanadischer Pressesprecher, Lieutenant Colonel Philip Anido, hatte während der letzten kritischen Tage die Vertreter der Presse mehrmals am Tag zusammengenommen und eingehend informiert. Dies haben wir getan, damit uns die Presse nicht vorwerfen kann, wir würden hier Geheimpolitik betreiben. Ich bin froh, daß unsere Beziehungen zur Presse offen und von gegenseitigem Vertrauen getragen sind.

Am Nachmittag haben wir wieder ein intensives Seminar mit UNMIK und den Leitern der vier „Säulen", in dem wir auf der Grundlage unseres gemeinsamen Konzepts vom 14. Februar unsere künftige Strategie für Mitrovica besprechen. Wir beschließen am Ende der Sitzung ein detailliertes „Strategiepapier für Mitrovica", das über vier Phasen schrittweise zur Normalität eines vereinten Mitrovica zurückführen soll. Wir stimmen alle darin überein, daß wir neben der bereits angekündigten Verstärkung der UNMIK-Polizisten am dringendsten einen gemeinsamen (serbisch-albanischen) Stadtrat aufbauen müssen. Der derzeitige UNMIK-Administrator der Stadt, Mario Morcone, ist überzeugt, daß er diesen wichtigen Schritt bis zum nächsten Montag schaffen wird. Wir werden dazu morgen die wichtigsten serbischen und albanischen Vertreter der Bevölkerung Mitrovicas treffen, um mit ihnen die Fragen des Aufbaus dieses gemeinsamen Stadtrates, aber auch die Sicherheitsfragen und die Probleme bei der beiderseitigen Rücksiedlung der Flüchtlinge zu erörtern.

Mario Morcone hat bereits erste und positive Absprachen mit beiden Seiten getroffen, um eine größere Zahl albanischer Flüchtlinge auf freiwilliger Basis in den drei Hochhäusern am Nordufer des Ibar anzusiedeln. Gleichzeitig bietet es sich seiner Meinung nach an, in den beiden Hochhäusern im Süden neben dem UNMIK-Hochhaus serbische Familien aufzunehmen. Bernard Kouchner ist überzeugt, daß er dafür die

Unterstützung aller relevanten Gruppen im Kosovo Transitional Council gewinnen kann; wir brauchen dazu aber auch den guten Willen, sprich: finanzielle Mittel der Internationalen Gemeinschaft, da alle Schritte, die wir vorhaben, mit Geldausgaben verbunden sind. Daan Everts bringt die Situation wieder einmal auf den Punkt: Mitrovica wird jetzt zum Testfall, ob unser Konzept der friedlichen Koexistenz der ethnischen Gruppen klappt oder nicht. Dennis McNamara ist sehr skeptisch und weist auf die Risiken der Rücksiedlung hin. Er rät von dem Vorhaben rundweg ab, während alle anderen dafür sind, diesen Ansatz zu wagen. Wir sind uns darüber im klaren, daß es eine der Grundvoraussetzungen für das Gelingen unserer kommenden Schritte ist, endlich das Café „Dolce Vita" zu schließen und den „serbischen Sicherheitsdienst" aufzulösen. Diese Leute blockieren ansonsten durch ihre bloße Anwesenheit am nördlichen Zugang der Brücke jegliche Bewegungsfreiheit zu den drei Hochhäusern. Ich weiß nicht, wie ich das bisherige Verhalten der französischen Führung zu diesem Thema bezeichnen soll, aber in der Zwischenzeit ist jeder bei UNMIK und fast jeder bei KFOR ohne Verständnis für die französische Weigerung, gegebene Befehle auch auszuführen.

Mich ruft in der Nacht der Chairman des Military Committees der NATO, Admiral Guido Venturoni, an und stärkt mir den Rücken. Er versichert mich der vollen und sehr wohlwollenden Unterstützung der NATO für unsere bisheriges Vorgehen und billigt unsere nächsten Schritte, über die er gut informiert ist. Ich solle nur so weitermachen. Ich spreche dann mit dem SACEUR, der mir zwei französische und zwei weitere Bataillone aus seiner Strategischen Reserve ankündigt. Ich sage ihm, daß ich davon nur die Hälfte bräuchte, all die anderen seien zu viel. Ich bitte ihn, bei der französischen Führung in Paris zu intervenieren, damit die Brigadeführung endlich tut, was wir ihr – in enger Abstimmung mit der NATO – seit Wochen befohlen haben.

Mein letztes Gespräch heute ist das mit meiner Frau in Koblenz, die angesichts der Nachrichten aus Mitrovica schon befürchtet hatte, daß unser Urlaub platzen könnte. Natürlich ist sie traurig, und meine Söhne sind richtig sauer, denn wir alle haben uns auf ein paar Tage des gemeinsamen Skifahrens gefreut; aber sie sehen angesichts der prekären Situation natürlich ein, daß ich jetzt nicht in den Urlaub fahren kann.

Die französische MNB (N) meldet die unproblematische Wiederaufnahme der Durchsuchungsoperationen in den Sicherungszonen beiderseits des Ibar. Hoffentlich bleibt dies so für den Rest des Tages.

Nach der Morgen- und der Presselage beginnt der offizielle Tag mit einem Besuch des Kommandierenden Generals des II. Korps, Generalleutnant Götz Gliemeroth, der aus Ulm eingeflogen ist, um sich bei seiner Truppe in Prizren umzuschauen. Götz ist ein langjähriger Freund und ich freue mich, von ihm ein paar Neuigkeiten aus Deutschland zu hören. Gleichzeitig versichere ich ihm, daß die Lage in den meisten Teilen der Provinz ruhig und stabil ist. Die Ausnahme bleibt Mitrovica, wo wir die Situation aber auch wieder im Griff haben.

In unserer heutigen Kommandeursbesprechung legen wir die militärischen Kriterien für unsere weiteren Schritte in und um Mitrovica gemeinsam fest. Alle MNBs sind davon unmittelbar betroffen, da sie alle bis auf weiteres Kräfte dafür abstellen müssen.

Unser wichtigstes militärisches Ziel bleibt es, gegen die Eskalation der Gewalt vorzugehen. Dazu ist es erforderlich, den Albanern zu demonstrieren, daß wir bereit sind, die serbischen Viertel nach Waffen sowie Kriminellen bzw. paramilitärischen Kräften zu durchsuchen.

Wir müssen in gleichem Maße aber auch gegen die Albaner im Süden der Stadt vorgehen, um den Serben die Angst zu nehmen, daß sich alle unsere Operationen nur gegen sie wenden. Daher werden wir auch albanische Bereiche durchsuchen und zusammen mit der UNMIK-Polizei unsere Maßnahmen zur Erhöhung der Sicherheit über die ethnischen Grenzen hinweg verstärken.

Wir übernehmen die Verantwortung für die Planung und Durchführung der Rücksiedlung der albanischen Flüchtlinge/Vertriebenen in den Nordteil der Stadt. Dies muß im Gleichgewicht stehen mit der Anzahl der Serben, die wieder in den Süden rückgesiedelt werden. Geplant ist, mit dieser Maßnahme in der kommenden Woche zu beginnen.

Wir werden die Ausgangssperre auf absehbare Zeit aufrechterhalten und auch die Straßensperren beibehalten. Beide Maßnahmen sind bewährte und starke Mittel, um die Gewalt zu reduzieren und darüber hinaus ein sichtbarer Beweis dafür, daß wir die Stadt im Griff haben.

Wir werden im Nordteil der Stadt die bewährte multinationale Präsenz beibehalten und damit auf alle Vorfälle unverzüglich reagieren können. Wir beabsichtigen, bei Verstößen gegen unsere Maßnahmen keine Toleranz zu zeigen und bei Zuwiderhandlungen der einzelnen ethnischen Gruppen streng durchzugreifen. Mit den uns derzeit zur Verfügung stehenden Truppen können wir aber in den letzten Tagen die ständige Abstellung von sieben zusätzlichen Kompanien der verschiedenen MNBs nach Mitrovica nicht wie bisher aufrechterhalten, da diese Kräfte für die Friedens-Routineaufgaben vor Ort in den jeweiligen Verantwortungsbereichen der MNBs benötigt werden.

Taktisch werden wir uns daher in den kommenden zwei Wochen auf eine größere Operation konzentrieren, in der wir die wichtigsten Wohnsitze der serbischen und der albanischen Extremisten durchsuchen, um mögliche Bandenanführer festzunehmen und auf diese Art mehr Erkenntnisse über ihre Aktivitäten zu erhalten. Die Operation soll Anfang März mit zwölf Kompanien durchgeführt werden.

Im Vorfeld dazu brauchen wir eine Phase der intensiven Aufklärung, um unsere Ziele eindeutig festzulegen. Diesen Prozeß haben wir bereits begonnen, die Brigadestäbe arbeiten schon an ersten Vorplanungen.

Auf längere Sicht ist es erforderlich, zwei zusätzliche Infanteriebataillone unterstellt zu bekommen. Das derzeitige Tempo der Operationen, die geplanten Reduzierungen der Kanadier und der Niederländer sowie die Einschränkungen der Vereinigten Staaten und anderer NATO-Nationen bezüglich des Einsatzes ihrer Kräfte außerhalb des eigenen Verantwortungsbereichs machen diese Verstärkungen leider nötig. Wir gehen davon aus, daß wir auf sie vermutlich nicht vor Anfang April zurückgreifen können. Mit diesen zusätzlichen Kräften kann sichergestellt werden, daß wir auf Dauer alle unsere Operationen durchführen können, ohne über längere Zeit in den anderen MNBs ein nicht kalkulierbares Risiko eingehen zu müssen.

Ich fliege danach mit Bernard Kouchner nach Mitrovica zur Besprechung mit den serbischen Führern. Die Sitzung geht bis spät in die Nacht, das erlaubt uns nicht mehr, auch mit den Albanern zu sprechen. Wieder einmal gibt es nicht enden wollende Haßtiraden und Vorwürfe gegen die Albaner, die an allem schuld seien und die Serben aus dem Kosovo vertreiben wollten. Die heutige Gruppe der Serben ist viel zu groß, um konkrete Maßnahmen zu besprechen. Der einzige Grund, warum ich nicht einfach verschwinde, ist meine Solidarität mit Bernard Kouchner. Daran halte ich fest, „eisern" – obwohl er meine Warnungen und meine Vorschläge, ganz kleine Gesprächsrunden einzurichten, in den Wind geschlagen hat. In einer solchen Konstellation bringen uns diese langen Stunden leider nur unnötigen Zeitverlust und Stillstand, aber keinen Fortschritt.

Freitag, der 25. Februar 2000; 141. Tag   sonnig

Der NATO-Rat hatte mich beauftragt, vor meiner Reise zu den Vereinten Nationen in New York noch nach Brüssel zu kommen und den NATO-Botschaftern vorzutragen, was ich anschließend dem Sicherheitsrat der UN sagen werde. Man will wohl sicher sein, daß ich dort nichts Falsches erzähle.

Wegen der angespannten Lage ist es nun aber nicht möglich, vorher noch nach Brüssel zu fahren, so daß wir heute versuchen, die Vorbesprechung über eine Video-Television-Conference (VTC) zu ermöglichen.

Wir sitzen in unserem kleinen Konferenzraum mit Blick auf den Bildschirm, über dem mich das Auge einer Fernsehkamera anstarrt. Ich werde an den einäugigen Polyphem erinnert, dem Odysseus mit seinen Gefährten das Auge ausgestochen hat. Auch bei uns läuft alles zunächst sehr schwierig ab, da die Leitung über Neapel via SHAPE Brüssel laufend zusammenbricht und ich den Generalsekretär der NATO zwar sehe, aber nicht höre, während er in Brüssel zunächst weder Bild noch Ton von uns hat. Frustriert ob der widerspenstigen Technik beginnt Lord Robertson schließlich, meinen Text, den wir ihm zwischenzeitlich zugefaxt haben, zu verlesen. Es ist wie in der Zeit des Stummfilms: Wir sehen ihn und die NATO-Botschafter, er bewegt die Lippen, aber wir hören nichts. Schließlich hat der Technik-Gott des IT-Zeitalters doch noch ein Einsehen mit uns und schaltet uns frei: Ich kann meine Botschaft ungestört loswerden.

Ich trage zur Lage in der Provinz insgesamt, zu Mitrovica und zum Preševo-Tal vor und fordere zwei Infanterie-Bataillone als Ersatz für

430

die niederländischen und die kanadischen Truppen, die demnächst abgezogen werden. Das bereits angekündigte französische Bataillon sowie ein Verband aus der Strategischen Reserve seien ausreichend, beide würden auch nur für einen begrenzten Zeitraum benötigt. Außerdem bitte ich erneut, die nationalen Restriktionen der NATO-Kontingente beim Einsatz außerhalb ihrer üblichen Einsatzräume im Sinn einer höheren Flexibilität für die KFOR-Führung zu überdenken.

Meine größte Sorge ist die Entwicklung im Preševo-Tal, da hier die Gefahr besteht, durch albanische Extremisten und Kriminelle, die dort ihr Unwesen treiben, in einen neuen Konflikt mit Serbien hineingezogen zu werden. Ich bitte den NATO-Rat daher, hier klar und unmißverständlich Stellung gegen die Rebellen zu beziehen, um ihnen jegliche Hoffung zu nehmen, die NATO würde ihnen im „worst case" ja doch zu Hilfe kommen. Ich erinnere den NATO-Rat an die noch ausstehende Antwort auf meine dringende Bitte um eine politische Weisung für einen möglichen Einsatz meiner Truppenteile in der Sicherheitszone.

Ich weise dann darauf hin, daß es uns gelungen ist, die Unruhen in Mitrovica wieder unter Kontrolle zu bekommen und zu verhindern, daß sie sich auf die anderen Bereiche der Provinz ausweiten. Ich erläutere die Strategie der vier Phasen, die UNMIK und KFOR gemeinsam für die Stadt entwickelt haben und die wir jetzt umsetzen werden. Positiv seien die dreihundert zusätzlichen Polizisten für Mitrovica und unsere interne Umschichtung der KFOR-Kräfte mit dem Ziel der Verstärkung, vor allem aber auch der Internationalisierung unserer Truppen im bisher rein französischen Bereich.

Zum Schluß schildere ich den planmäßigen Übergangsprozeß der ehemaligen Rebellenarmee in das Kosovo Protection Corps und verknüpfe dies erneut mit meinen bekannten Forderungen nach mehr finanziellen Haushaltmitteln. Ohne Gelder und ohne Umwandlung der finanziellen Zusagen der Geber-Konferenz vom Ende November in Gehälter und Haushaltmittel für den Wiederaufbau des Kosovo kommen wir an entscheidender Stelle nicht weiter. Ich stelle mich uneingeschränkt hinter Bernard Kouchner, der dringend Staatsanwälte und Richter für den Aufbau des Justizsystems braucht, und versichere dem NATO-Rat, daß ich für die weitere Entwicklung optimistisch bleibe, solange wir die Kräfte und Mittel, um die ich heute erneut gebeten habe, auch bekommen.

Es folgt eine intensive Diskussion meiner Ausführungen, an der sich der Generalsekretär und elf der Botschafter beteiligen, die mich alle ihrer Unterstützung versichern und die Position von KFOR stärken wollen.

Der SACEUR ruft mich unmittelbar nach Beendigung der VTC an und meint, daß mein Lagebericht gut angekommen sei. Ich hätte dem NATO-Rat alle erforderlichen Argumente ausgebreitet, die nun erst noch in Entscheidungen der Allianz umgesetzt werden müssen. Er macht mich darauf aufmerksam, daß mit der heutigen Sitzung noch keine Entscheidung für unseren Einsatz in der Sicherheitszone getroffen sei, und bittet mich in diesem Zusammenhang um Geduld.

Ich besuche anschließend im „Deutschen Haus" den deutschen Außenminister Joschka Fischer und den Innenminister Otto Schily, denen ich in etwa die gleichen Punkte wie gerade eben dem NATO-Rat vortrage. Ich bitte dabei den deutschen Innenminister, bei der Rücksiedelung der Flüchtlinge aus dem Kosovo behutsam vorzugehen, da der Wirtschaftsaufbau hier noch nicht angelaufen sei und demzufolge Arbeitsplätze sowie entsprechender Wohnraum fehlen. Vor allem bitte ich um Einzelprüfung bei der Rücksiedlung von Angehörigen der Sinti, Roma, Aschkali und anderer Familien, da sie größte Gefahr laufen, nach Rückkehr in das Kosovo von den Albanern umgebracht zu werden. Ich empfehle, die Rücksiedelung der Albaner mit den hiesigen Verantwortlichen von UNHCR abzustimmen, zumal wir dringend albanische Fachleute, die derzeit noch in Deutschland sind, bräuchten, um die Provinz wiederaufzubauen.

Meine Frage an den Außenminister nach einer längerfristigen Strategie hinsichtlich der politischen Zukunft des Kosovo und der Befriedung der gesamten Region des Südost-Balkans findet keine klare Antwort. Ich habe den Eindruck, daß die Politik unter der Annahme, Milošević bleibt zunächst doch noch länger am Ruder, wie bisher weitermacht, ohne parallel dazu gezielte Vorstellungen zu entwickeln, welche Ziele wir für die Zeit danach anstreben; zumindest wird mir heute über die künftigen politischen Absichten für die Zeit nach Milošević noch keine klare Antwort gegeben. Die Frage nach der politischen Zukunft des Kosovo ist aber der entscheidende Punkt, da sich die Vorstellungen der albanischen Mehrheit von politischer Unabhängigkeit und der Internationalen Gemeinschaft von – substantieller Autonomie im Rahmen der früheren Republik Jugoslawien" diametral gegenüberstehen. Dies ist ein hochbrisanter Zündstoff für die weitere Entwicklung der gesamten Region.

Am Nachmittag fliege ich nach Mitrovica und besuche unsere Truppen. Es ist alles ruhig und wieder normal.

Am Abend versuche ich, einen Teil der Dinge abzuarbeiten, die bei der Hektik der vergangenen Tage auf meinem Schreibtisch liegengeblieben sind.

Heute wäre ich unter normalen Umständen nach Hause geflogen, um morgen mit meiner Familie unseren gemeinsamen Skiurlaub anzutreten.

Mein italienischer Stellvertreter, Generalmajor Silvio Mazzaroli, ist kurzfristig nach Rom befohlen worden. Er hat ein Interview gegeben, mit dessen Inhalt man in Rom nicht glücklich war.

Samstag, der 26. Februar 2000; 142. Tag   sonnig

Generalmajor Mazzaroli informiert mich, daß ihn die italienische militärische Führung wegen seines Interviews von seinem Posten als mein Stellvertreter mit sofortiger Wirkung enthoben und endgültig nach Italien zurückbeordert hat. Er komme nur noch hierher zurück, um seine Sachen zu packen. Ich falle aus allen Wolken, zumal ich mir einfach nicht vorstellen kann, daß die italienische Führung eine solche weitreichende Entscheidung trifft, ohne mich einzuschalten und zu informieren. Ich rufe sofort den SACEUR an, der ebenfalls keine Ahnung hat, und bitte ihn, zu intervenieren. Silvio Mazzaroli hat hier erstklassige Arbeit geleistet, ist in der hiesigen Bevölkerung hoch angesehen und eine meiner wichtigsten Stützen. General Clark verspricht mir, sein Bestes zu tun.

Die zweite schlechte Nachricht des Tages ist, daß die elegante Basketball-Halle in der Stadtmitte von Priština in hellen Flammen steht. Riesige Rauchwolken hängen über der Stadt, und alle unsere Feuerwehren sind im Einsatz, um zu löschen und um zu verhindern, daß der Brand auf die umliegenden Häuser übergreift. Ich fahre vor Ort, um mir das schaurige Schauspiel anzusehen. Das riesige Holzdach brennt, die Kupferbedeckung schmilzt und tropft nach unten, aus dem Inneren des Gebäudes quellen schwarze Rauchwolken. Die Feuerwehren kommen kaum nach, es gibt nur einen Hydranten, der obendrein kaputt ist. Ich organisiere über unsere griechische Versorgungsbrigade Tankwagen, die laufend neues Wasser herankarren. Ich bitte General Çeku, mit den Männern des Kosovo Protection Corps zu Hilfe zu kommen, um vor allem den Bereich um die Basketball-Halle, der voller Autos und Gerümpel der Marktleute steht, zu räumen. Er sagt sofort zu und sieht die Chance, seine Leute öffentlichkeitswirksam ins Geschäft zu bekommen.

Der oberste Feuerwehrmann von UNMIK, der Italo-Amerikaner Bob Tozzi, macht einen sehr kompetenten und entschlossenen Eindruck. Er kommt von der New Yorker Feuerwehr und kennt sich aus. Er meint, die Halle würde noch Tage brennen und die Luft verpesten. Natürlich bezichtigen sich die Albaner und Serben wechselseitig, die Halle in Brand gesteckt zu haben, aber noch haben wir keine Ahnung, was den Brand ausgelöst hat. Die Bewohner einiger anliegender Häuser lassen sich anstandslos evakuieren.

Den Nachmittag bin ich beim Stab in Mitrovica, um mit Brigadegeneral Saqui de Sannes die Details seines Operationsplanes abzustimmen, den er uns vorgelegt hat. Mein Hauptinteresse gilt der Frage, wie er die beiden zusätzlichen Bataillone, die uns angekündigt sind, in die Überlegungen für die nächsten Phasen seines Vorgehens einzubeziehen beabsichtigt. Ich möchte vermeiden, daß wir erst an die Planung herangehen, wenn die Truppen hier sind. Die Vorkommandos der beiden Verbände werden bald bei uns eintreffen und müssen dann wissen, was wir mit ihnen vorhaben. Hier hat die MNB (N) noch viel konzeptionelle Arbeit vor sich.

Ich habe im Nachgang zu Mitrovica mit dem „Deutschland-Radio Berlin" und mit der hiesigen Zeitung „Kosovo Sot" Interviews. Am Abend folgt eine fast zweistündige Live-Sendung im Studio des neu gegründeten Kosovo-Fernsehsenders „RTK". Ich werde von zwei Journalisten zur Lage und zur weiteren Entwicklung im Kosovo befragt, außerdem können sich die Zuschauer von außen mit ihren Fragen in die laufende Sendung einschalten. Ich bin nach dieser Sendung ganz schön ausgepowert, meine aber, daß es sich gelohnt hat, alle Fragen offen anzusprechen und den Zuhörern Hoffung zu machen. Meine kritischen Zuschauer aus dem Stab, die die Sendung im Hauptquartier verfolgt haben, waren mit mir zufrieden.

Alle Freude darüber verfliegt, als mich der SACEUR informiert, daß die Italiener an ihrem Entschluß festhalten, Generalmajor Mazzaroli abzulösen. Ich bin empört und nicht gewillt, diese Art der Ablösung kommentarlos hinzunehmen. Wir haben keine Ahnung, wer als Nachfolger bestimmt ist und wann er kommen wird – und dies in einer so kritischen Zeit, in der ich nicht einmal in den Urlaub fliegen darf. Ich schreibe dem italienischen Generalinspekteur Mario Arpino einen Brief, in dem ich mein Unverständnis und Befremden über diese Art des einseitigen Vorgehens sehr deutlich zum Ausdruck bringe.

Sonntag, der 27. Februar 2000; 143. Tag   sonnig

In Mitrovica gehen unsere Durchsuchungen planmäßig weiter. Es ist in der Stadt ruhig geblieben, auch der Rest der Provinz ist völlig friedlich. Aus dem Dach der Basketball-Halle lodern immer noch die Flammen, ein unheimlicher und imposanter Anblick in der Nacht, eine dichte Rauchwolke hängt über der Stadt. Wir sitzen im über der Stadt liegenden Hauptquartier „Film-City" geradezu auf dem Logenplatz, um die hoch in den Himmel schlagenden Flammen zu beobachten.

Ich informiere in der Morgenlage den Stab, daß die Italiener Generalmajor Mazzaroli wegen eines falsch wiedergegebenen Interviews abgelöst haben. Der Stab steht wie ein Mann auf und gibt Silvio Mazzaroli mit langanhaltendem Applaus zu verstehen, daß sie alle voll hinter ihm stehen. Ich bin gerührt über diese spontane Geste der Verbundenheit mit meinem Stellvertreter, den wir alle in unser Herz geschlossen haben.

Steven Erlanger von der „New York Times" kommt zum Interview, anschließend der Kommandierende General des V. (US/GE) Corps aus Heidelberg, Lieutenant General James „Jim" Riley, der mir von den

Aktivitäten seiner Verbände zu Hause berichtet. Ich weise ihn in unsere Operationsüberlegungen ein. Er bestätigt mir, daß ich seine US-Truppen, die derzeit alle aus dem V. Corps kommen, außerhalb des Einsatzbereiches der MNB (E) nicht mehr einsetzen kann.

Im sonntäglichen Brainstorming gehen wir noch einmal gemeinsam über unsere Planungen für Mitrovica und das Preševo-Tal. Es fällt uns nichts grundsätzlich Neues ein außer der Überlegung, die beiden Sicherungszonen um die Ibar-Brücken in Mitrovica in beide Richtungen so auszudehnen, daß daraus eine einzige Zone wird, die wir auch nach Norden und Süden schrittweise erweitern wollen. Wir wollen sie aus psychologischen Gründen künftig in „Vertrauenszone" umbenennen. Dies soll mittelfristig dazu führen, im Zentrum der Stadt auf beiden Seiten des Flusses eine befriedete Zone zu haben. In ihr sollen sich die Menschen aller ethnischen Gruppen frei bewegen können, deshalb wird man sie nur nach besonderen Kontrollen betreten dürfen. Wir wollen damit ein erneutes Einsickern albanischer Extremisten verhindern.

Ich verbringe den Rest des Tages mit der Koordinierung all dieser nächsten Maßnahmen für Mitrovica im HQ der MNB (N) und bei UNMIK, aber auch bei der dortigen UNMIK-Polizei. Es müssen noch viele Einzelheiten geregelt werden.

Am Abend besucht mich der Präsident des kosovarischen Skiverbandes, Hairus Denai, und bittet mich, ihn bei der Wiedereröffnung des Skigebietes von Brezovica und bei der Organisation der ersten Skimeisterschaften seit 1989 zu unterstützen. Ich sage ihm dies gern zu, weise ihn aber darauf hin, daß ich hier nicht allein zuständig bin. Leider sind die geplanten Termine für die Meisterschaften so kurzfristig angesetzt, daß kaum noch eine Möglichkeit bleibt, entsprechend rasch genug zu reagieren. Die Leute scheinen zu glauben, daß wir alle zaubern können. Ich befürchte, daß wir die angepeilten Termine nicht einhalten können. Brigadegeneral Ekiert wird beauftragt, die Dinge zu koordinieren.

Vor dem Abendessen habe ich noch ein Fernsehinterview mit dem „Czech Public TV", wobei sich die Reporterin freut, daß ich mich zum Einsatz der tschechischen Kompanie so positiv äußere. Die 170 Mann der 4. Aufklärungskompanie aus Bechnye unter der Führung von Major Vladimir Podlipnŷ haben aber bisher auch erstklassige Arbeit geleistet.

Montag, der 28. Februar 2000; 144. Tag   sonnig und warm

Die Basketball-Halle brennt immer noch.

Das Fehl an Aufklärungskapazität in Mitrovica und im Raum nördlich davon sowie in der Sicherheitszone im Bereich der MNB (E) macht sich immer negativer bemerkbar. Da ich nicht über eigene Kapazitäten verfüge, kann ich den MNBs auch nichts zur diesbezüglichen Verstärkung abstellen. Es ist mir nicht möglich, einen Schwerpunkt dadurch zu schaffen, daß ich Mittel der nichttechnischen Aufklärung zusammenfasse. Wir sind so gut wie blind für die Aktionen der ehemaligen albanischen UÇK-Extremisten. Diejenigen, die wir bisher für unsere Partner hielten, werden für uns langsam immer problematischer, weil wir nicht wissen, wer hinter ihnen steht und die Fäden zieht.

Ich hoffe, daß die Nachrichtenmeldungen falsch sind, denen zufolge Generalsekretär Robertson gesagt haben soll, daß KFOR keine weiteren Kräfte braucht. Meine Aussagen am Freitag vor dem Nordatlantikrat waren ja keine theoretische Vorlesung. Ich habe dort um mehr Kräfte gebeten. Wenn wir diese nicht bekommen, wird meine Position hier nicht nur militärisch, sondern – und das ist noch viel wichtiger – auch politisch geschwächt. Die Bevölkerung und besonders die extremistischen Gruppen werden dann nämlich ihren Glauben an mich als „starken Mann" verlieren.

Ich habe ein Gespräch mit dem russischen Verbindungsoffizier, Oberst Kiselev, über Orahovac. Er hat mein Schreiben an den russischen Generalstab nach Moskau gesandt; ich hatte vorgeschlagen, das vierte russische Bataillon, das derzeit noch am Flugplatz in Priština stationiert ist und auf die Verlegung nach Orahovac wartet, nicht nach Rußland zurückzuverlegen, sondern es zur Verstärkung auf die drei anderen russischen Bataillone aufzuteilen. Oberst Kiselev erwartet den Kommandeur des russischen Kontingents, Generalleutnant Evtukovič, am 1. März aus Moskau mit der Entscheidung des russischen Generalstabs über das weitere Vorgehen zurück. Ich bin sehr gespannt auf diese Angaben, da ich sie in New York beim Vortrag vor dem Sicherheitsrat gut gebrauchen könnte.

Ein besonders wichtiger und einflußreicher Besucher ist Fatmir Limaj, der ehemalige stellvertretende Verteidigungsminister, nun enger politischer Berater Thacis. Er ist nach unseren Erkenntnissen eine der Schlüsselfiguren hinter den Ereignissen der letzten Wochen in Mitrovica, aber wir können es nicht beweisen. Limaj ist ein junger Mann, Anfang dreißig, im dunklen Anzug mit roter Krawatte; seine Äußerungen sind wohlüberlegt und abgewogen. Er macht mir unmißverständlich klar, daß sein politisches Ziel nach wie vor die Unabhängigkeit des Kosovo und die Aufstellung einer eigenen Armee sei. Er erklärt aber ebenso unmißverständlich, daß jetzt nicht der richtige Zeitpunkt sei, diese Ziele zu verfolgen, und daß die Kosovaren sich dafür einsetzen müssen, die Unterstützung der Staatengemeinschaft auch weiterhin zu erhalten. Die große Demonstration der letzten Woche hätte daher den Interessen der Albaner einen schlechten Dienst erwiesen. Ich deute Limaj an, zu wissen, daß er in Mitrovica die Fäden gezogen habe, was er rundweg abstreitet. Ich warne ihn dennoch vor derartigen Aktivitäten, denn ich würde, wenn ich irgendwelche konkreten Hinweise hätte, mit aller verfügbaren Macht zuschlagen. Limaj antwortet, daß ihm dies völlig klar sei und daß er eben deswegen auch nicht gegen, sondern ganz im Gegenteil für KFOR sei. Er empfiehlt, im weiteren politischen Prozeß vermehrt die jüngere Generation der albanischen Politiker zu berücksichtigen, da sie die einzigen seien mit den notwendigen Visionen für ein künftiges Kosovo. Ich sage ihm, daß dies ein Punkt für die kommenden Wahlen sei, denn letztendlich müsse die Bevölkerung des Kosovo entscheiden, von wem sie sich regieren lassen wolle.

Wir haben ein großes Problem am Grenzübergang des Kulina-Passes auf der Straße von Montenegro nach Peć. UNMIK verlangt seit neuestem auf bestimmte Waren Einfuhrzölle. Diese werden, gegen die eindeutige Empfehlung der italienischen Brigadeführung, direkt unterhalb des Grenzübergangs abkassiert. Als Folge davon fließt der Verkehr auf der sehr engen und äußerst kurvenreichen Paßstraße nicht mehr ab, die Schlange der Lastwagen staut sich zig Kilometer tief nach Montenegro zurück. Die Kraftfahrer haben aus Protest die Straße gesperrt, es geht nicht mehr vor noch zurück. Genau das hatte die MNB (W) vorhergesagt. Ich fliege mit dem Hubschrauber hin und spreche mit den Leuten. Es ist eine Katastrophe, die Stimmung bei allen höchst explosiv, ein Nebenkriegsschauplatz, den wir uns derzeit wirklich nicht leisten können. Ich einige mich daher mit Jock Covey, das Abkassieren des Zolls zunächst erst einmal auszusetzen, um den Verkehr wieder ins Rollen zu bekommen, und die Zollstation unten im Tal in Anlehnung an die italienische Kaserne einzurichten.

Die heutigen Interviews sind mit dem „Tagesspiegel", mit Susanne Koelbl vom „Spiegel", mit der „Deutschen Welle" und mit dem hiesigen Fernsehen RTK.

Am Abend verabschieden wir Generalmajor Silvio Mazzaroli, der eine Art „Territorialkommando" in Triest übernehmen wird, eine Verwendung, die er angestrebt hat, und Brigadegeneral Giuseppe Gay, der Kommandeur der italienischen Heeresakademie in Bologna werden wird. Beide Offiziere haben mich durch hohe Kompetenz, durch sehr solides professionelles Können und durch ihre persönliche Freundschaft beeindruckt. Wir sind in der Kommandeursrunde alle traurig, daß sie gehen, vor allem aber darüber, daß uns Silvio Mazzaroli unvorhergesehen vorzeitig verläßt. Er hat diesen Tritt seiner Regierung überhaupt nicht verdient. Hier wird ein sehr verdienter und in der Truppe wie in der Bevölkerung hochgeachteter Offizier politischer Intrigen wegen geopfert.

Dienstag, der 29. Februar 2000; 145. Tag　　　　　　　　　sonnig

Wir haben heute eine sehr hitzige, aber durchaus konstruktive Sitzung des IAC zu unserem gemeinsamen Strategiepapier zu Mitrovica. Bernard Kouchner führt in das Papier ein. Vier Phasen sollen zu einer Wiedervereinigung und zur wirtschaftlichen Konsolidierung von Mitrovica sowie Trepča führen. Anschließend erläutert Jock Covey die geplanten einzelnen Schritte der vier Phasen und fordert zu deren Diskussion auf. Die albanischen Führer akzeptieren das Grundkonzept, besonders Rugova und auch Qosja, sie wollen aber im Detail jeden Gedanken geändert sehen, der als Vorteil für die Serben ausgelegt werden könnte.

Jolly Dixon unterbreitet den Plan, innerhalb der nächsten drei bis vier Jahre etwa zwei Milliarden Euro zum Wiederaufbau und zur Sanierung der Wirtschaft des Kosovo einzusetzen. Davon könnten für den Ausbau einer stabilen Energie- und Wasserversorgung, für die Entsorgung des

Mülls, vor allem aber auch für den Wiederaufbau der mittelständischen Industrie in Mitrovica die erforderlichen Mittel abgezweigt und rasch bereitgestellt werden. Diese Nachricht heizt natürlich die Hoffnungen der Albaner und ihre Bereitschaft an, bei diesem Plan mitzumachen. Dennoch bitten sie, das Strategiepapier in albanischer Übersetzung in die Hände zu bekommen, um es genauer studieren zu können. Sie fordern, darüber erst in der nächsten Sitzung des IAC abzustimmen. Ich verstehe, daß sie mehr Zeit brauchen, diese sehr konkrete Ablaufmatrix, die wir zusammen mit UNMIK für dieses Strategiepapier erarbeitet haben, in all ihren Abhängigkeiten zu verstehen. Ich biete an, meine Fachleute in ihre Arbeitssitzungen zu entsenden, um dort alle Einzelfragen zu erklären. Diesem Ansatz stimmen die Albaner zu. Ich hoffe, daß wir das Papier in unserer kommenden Sitzung verabschieden können.

Die für gestern geplante Gründungssitzung eines gemeinsamen Stadtrates in Mitrovica ist heute für solange verschoben worden, bis man sich auf das Strategiepapier im Grundsatz geeinigt hat.

Ich habe mit dem Stellvertretenden Inspekteur des Heeres, Generalleutnant Edgar Trost, und General „Jay" Hendrix, dem Commander des US Army Forces Command in Fort McPherson bei Atlanta, ein gemeinsames Mittagessen und einen intensiven Gedankenaustausch. Beide waren einst Kommandierende Generale unter meinem Kommando als COMLANDCENT. Generalleutnant Edgar „Ede" Trost, mit dem ich bereits 1961 in München an der Heeresoffizierssschule III als Fahnenjunker die Schulbank gedrückt habe, war Kommandierender General des II. (GE/US) Korps, während „Jay" Hendrix im gleichen Zeitraum das V. (US/GE) Corps befehligte. Beides sind bewährte und gute Freunde, über deren Besuch ich mich ganz besonders freue.

Ich fliege dann ins Camp Bondsteel, wo mir Brigadegeneral Ric Sanchez zu den Maßnahmen vorträgt, mit denen die MNB (E) die Grenze zur Sicherheitszone enger zumachen und einen Zulauf zu den Rebellen verhindern will. Die Frage, wie wir mit den albanischen Extremisten umgehen sollen, die kampfbereit in diesem Bereich stehen und die Sicherheitszone als sicheren Aufenthaltsort nutzen – die serbische Armee und die serbische Sonderpolizei haben dorthin keinen Zutritt, und auch wir haben sehr eingeschränkte Regeln für einen Einsatz in der Sicherheitszone –, ist erneut Gegenstand langer Besprechungen, die letztlich

440

durch den NATO-Rat entschieden werden müssen. Ich habe seit Beginn des Monats schriftlich um eine diesbezügliche Weisung gebeten, da es hier nicht nur um rechtliche Fragen geht, sondern auch um diverse nationale Einschränkungen. Mit Sicherheit tun sich viele riskante Konsequenzen auf, sollten wir unseren Fuß dort in die Sicherheitszone setzen.

Heute kommt es zu einem schlimmen Vorfall: Zwei UN-Mitarbeiter werden im Preševo-Tal bei Lucane von Albanern unter Feuer genommen. Sie berichten, daß sie in Dobrosin viele Kämpfer mit UÇBMP-Abzeichen gesehen hätten.

Ich treffe General Çeku, der sich über die derzeitige Entwicklung seines Kosovo Protection Corps sehr erfreut zeigt. Wir haben uns in den letzten Tagen über die organisatorischen Strukturen des Kosovo Protection Corps, über unsere Vorstellungen zur Infrastruktur, zu wichtigen Fragen der Ausbildung und zur materiellen Ausstattung geeinigt. Er versichert mir noch einmal, daß das Kosovo Protection Corps seiner Kenntnis nach in die Geschehnisse im Preševo-Tal nicht verwickelt ist. Sollte einer seiner Männer dennoch daran beteiligt sein, flöge er aus dem Kosovo Protection Corps sofort raus. Er bietet mir erneut seine Hilfe an und sagt zu, er wolle alles versuchen, die Lage von der albanischen Seite aus zu beruhigen.

Heute nachmittag wird ein russischer Soldat (ein Fahrer, der einen Offizier abholen wollte) in Srbica zweimal in die Brust geschossen. Dieser Anschlag wurde vermutlich von einem Albaner verübt. Der Soldat kann das Feuer erwidern und den Angreifer verletzen. Der Russe wird in das französische Lazarett transportiert. Die französische Gendarmerie ermittelt in dem Vorfall.

Am späten Abend trägt mir der Stab zur Übung DYNAMIC RESPONSE 2000 vor. Ich ändere den taktischen Ablauf der Übung etwas ab. Angesichts der angespannten Lage in Mitrovica macht es keinen Sinn mehr, US-Truppen mit ihrem schweren Gerät in den Raum von Leposavić nördlich von Mitrovica zu verlegen. Das könnte als Provokation aufgefaßt werden und zu Gegenmaßnahmen der dort rein serbischen Bevölkerung führen. Ich habe daher vor, die Amerikaner mit dem polnischen Kontingent auszutauschen und die US Marines stattdessen zusammen mit den Briten im Raum Podujevo einzusetzen. Es ist besser, wenn die Polen im nördlichen Bereich operieren, wo ihnen ihre Sprachkenntnisse im Umgang mit den Serben nutzen werden.

Ich sitze anschließend mit Wendy Gilmore und Oberstleutnant i. G. Jürgen Steinberger zusammen, um meinen Redetext für New York zu formulieren. Ich bin froh, diese beiden ungemein fähigen Mitarbeiter um mich zu haben, die hochintelligent, sehr wach und offensiv meine Vorstellungen umsetzen, mich sehr offen und kritisch begleitend beraten und auf deren Urteil ich mich uneingeschränkt verlasse. Sie geben mir oft Contra und sind anderer Meinung, wir streiten um der Sache willen miteinander, aber letztlich finden wir immer wieder eine Linie, auf die wir uns einigen können. Ich bin dankbar, daß sie immer für mich da sind und mich überallhin begleiten, wo es kritisch wird. Sie kennen meine Argumente in allen Einzelheiten, ich habe vor ihnen keine Geheimnisse, denn sie sind meine geistigen Alter Ego, bei denen sich auch der Stab erkundigt, wenn man mich nicht erreichen kann und rasch wissen muß, wo es langgehen soll.

Mittwoch, der 1. März 2000; 146. Tag   sonnig

Der DSACEUR ruft mich am Morgen auf der abhörsicheren Leitung an. Er macht mir keine Hoffnung auf substantielle zusätzliche Aufklärungskräfte und glaubt auch nicht, daß die abziehenden niederländischen sowie kanadischen Verbände – wie zwischenzeitlich angekündigt – durch eine andere NATO-Nation ersetzt werden. Auch die Ankündigung des französischen Verteidigungsministers Richard, Frankreich werde zwei zusätzliche Bataillone in das Kosovo bringen, sei noch mit einem Fragezeichen zu versehen. Ansonsten gäbe es von den Nationen noch keine Angebote, KFOR kurzfristig zu verstärken; dies sei politisch alles sehr schwierig.

Ich werde in meiner ursprünglichen Absicht bestärkt, so lange wie möglich mit den mir derzeit bereits unterstellten Truppen auszukommen, da sich die Bereitstellung zusätzlicher Truppen sicherlich sehr schwierig und – wenn überhaupt – zeitaufwendig gestalten wird.

Sir Rupert ergänzt, daß es auch in der Frage eines möglichen Einsatzes von KFOR-Truppenteilen in der Sicherheitszone zum Preševo-

442

Tal hin beim NATO-Rat derzeit noch keine weitere Entwicklung gibt. Wir sprechen unsere Unterstützung bei der Ausbildung des Stabes des EUROKORPS als KFOR 3 in Neapel durch, bei der im Augenblick eine Reihe meiner wichtigsten Leute vor Ort in Italien gebunden sind.

Ich fliege dann nach Peć, wo ich das Kommando über die MNB (W) von Brigadegeneral Giuseppe Gay an Brigadegeneral Domenico Villani übergebe. Der neue Kommandeur ist klein, untersetzt, ein entschlossenes Kraftpaket. Ich habe nicht den Eindruck, daß Brigadegeneral Villani ein Mann ist, der sich auf der Nase herumtanzen läßt.

Unmittelbar nach der Kommandoübergabe und dem anschließenden Empfang haben wir im Stab der MNB (W) unsere Kommandeursbesprechung, die heute ausschließlich Routinefragen gilt.

Bernard Kouchner informiert mich am Abend, daß Dr. Bukoshi ihm das Geld seines Fonds übergeben hat. Eine unsägliche Geschichte scheint damit zu Ende zu gehen.

Donnerstag, der 2. März; 147. Tag   bedeckt, warm

Heute ist mein neuer italienischer Stellvertreter, Generalmajor Salvatore Carrara, eingetroffen, um die Dienstgeschäfte von Silvio Mazzaroli zu übernehmen. Er ist ein kleiner, weißhaariger und dynamischer General, mit dem ich sicher gut auskommen werde. Man hat ihn völlig überraschend für diesen Dienstposten nominiert und aus seiner bisherigen Verwendung abgezogen, so daß er bisher überhaupt keine Zeit hatte, sich auf seinen „Schleudersitz" vorzubereiten. Er fliegt daher morgen zurück nach Neapel, um dort an der Ausbildung für das Schlüsselpersonal des EUROKORPS teilzunehmen. Er wird demzufolge erst in einigen Tagen seinen Dienst hier bei uns antreten können.

Ich habe ein sehr intensives Gespräch mit Rexhep Selimi, dem ehemaligen Verteidigungsminister und späteren Innenminister in der provisorischen Regierung unter Thaci, der auch in der neuen Regierung unbedingt Innenminister werden will. Dafür hat er die volle Unterstützung Thacis. Wir wissen aber von seinen Verwicklungen in bestimmten Bereichen, die bedeuten würden, daß wir mit ihm als Innenminister

„den Bock zum Gärtner machen" würden. Selimi ist intelligent, sehr aufgeschlossen und direkt. Auch er ist ein junger Mann, Jahrgang 1972. Im August 1999 hat er bei einer Kontrolle durch KFOR-Soldaten sehr extrem reagiert und die Pistole gezogen, um auf sie zu schießen. Er ist bekannt für seinen zähen und unnachgiebigen Charakter. Er weiß genau, was er will, und hat klare Vorstellungen darüber, wie er das erreichen kann. Er hört sich alle meine Punkte an und sagt mir am Ende zu, alles zu tun, um das Wohlwollen von KFOR für das Kosovo nicht zu gefährden. Er verspricht, seinen Einfluß geltend zu machen, um die albanischen Extremisten in und um Mitrovica, vor allem aber auch im Preševo-Tal, zu beruhigen. Er sagt auch zu, daß die Albaner in Mitrovica bis auf weiteres keine Aktionen mehr unternehmen würden, da sie erkannt hätten, daß sie damit bei der Internationalen Gemeinschaft ihr bis dahin positives Image verloren hätten. Dies ist eine der wichtigsten politischen Aussagen seit langem, da sich damit die angespannte Lage in Mitrovica endlich entspannen könnte. Noch glaube ich aber nicht daran.

Am Abend bin ich wieder in Mitrovica, um mit dem Brigadestab das weitere Vorgehen abzustimmen. Wir verstärken dort derzeit die MNB (N) ständig mit drei Kompanien aus den anderen Verantwortungsbereichen, um unsere hohe Präsenz aufrechtzuerhalten und die Ausgangssperre durchzusetzen. Mit diesen verfügbaren Kräften führt die MNB (N) jeden Tag Durchsuchungen nach Waffen durch, die sich auf eingehende Informationen stützen, also sehr zielgerichtete Durchsuchungen in nur begrenztem Umfang. Wir bauen unsere Datenbank über Einzelpersonen auf und bereiten uns nachrichtendienstlich auf die Operationen auch nördlich von Mitrovica vor.

Zeitgleich wollen wir in den nächsten zehn bis zwölf Tagen den Vertrauensbereich beiderseits des Ibar ausbauen. Der Vertrauensbereich bietet ausreichende Tiefe, um die unmittelbare Konfrontation zwischen Albanern und Serben an den Brücken über den Ibar zu beenden. Die Grundidee ist, diesen Vertrauensbereich schrittweise auszudehnen. Wir wollen genau feststellen, wer in diesem Bereich lebt, und die MNB (N) hat daher bereits mit einer Personenüberprüfung in drei Wohnblocks begonnen. Aus diesem Vertrauensbereich sollen alle Unruhestifter entfernt werden. Brigadegeneral Saqui de Sannes sagt erneut zu, in diesem

444

Zusammenhang auch das berüchtigte „Dolce Vita" zu schließen. In dieser ersten Phase werden wir auch in zwei Ortschaften, Zvečan (serbisch) und Rudnik (albanisch), in der Nähe von Mitrovica Durchsuchungen vornehmen, da wir Hinweise haben, daß in beiden Bereichen Waffen versteckt sind und sich dort Extremisten verbergen. Ich möchte dies mit den geplanten Operationen unterbinden.

In einer zweiten Phase sollen mit Hilfe der beiden zusätzlichen Bataillone die Operationen in und um Mitrovica abgeschlossen werden. Wir wollen dabei den Vertrauensbereich noch weiter ausdehnen und die noch verbliebenen Unruhestifter aus der Stadt entfernen. Parallel dazu hat KFOR heute angeordnet, Truppenteile anderer MNBs in den Sektor der MNB (E) zu verlegen, um die Brigade bei der Abriegelung der Sicherheitszone zu unterstützen und die multinationale Präsenz in diesem Bereich sichtbar zu erhöhen. Wir beginnen diese Multinationalisierung mit den Kräften für DYNAMIC RESPONSE 2000. Darüber hinaus haben wir befohlen, alle Straßen, die in die Sicherheitszone führen und nicht durch Checkpoints überwacht werden, mit pioniertechnischen Mitteln in Form von Trichtersprengungen für Fahrzeuge unpassierbar zu machen. Ausgenommen bleiben die Straßen an den Gates 1 bis 5 sowie ein zusätzlicher Zugang je MNB.

Ein Problem liegt in dem weiten russischen Sektor; wir wissen, daß die Russen ihre Aufgabe dort sehr lax handhaben. Wir müssen hier nachfassen, aber es ist eine heikle Angelegenheit, den Russen zu sagen, daß sie ihren Auftrag nicht strikt genug ausführen.

Ich bin sehr betroffen und traurig, daß der junge russische Soldat, der vorgestern in Srbica angeschossen wurde, den Anschlag nicht überlebt hat. Angeblich hat ein Fünfzehnjähriger, der wirr im Kopf sein soll, auf ihn geschossen. Ich kondoliere der russischen Familie.

Freitag, der 3. März 2000; 148. Tag warm

Generalleutnant Evtukovič ist aus Moskau zurück. Die erwünschte Weisung zu Orahovac bringt er nicht mit. Ich teile ihm unser Mitgefühl wegen des Mordes an dem russischen Soldaten mit und versichere ihm, daß wir alles in unserer Macht Stehende getan haben, um den Mörder zu finden; in der Tat haben wir ihn heute ausfindig gemacht und an die UNMIK-Polizei überstellt. Es war der 15jährige Junge.

Wir sprechen über meinen Plan, den Zugang zu der Sicherheitszone besser zu sichern, um den Deckel auf dem Preševo-Tal zu halten. Ich werde sehr deutlich, daß die russischen Truppen hier bessere Arbeit leisten müßten. Ich versichere ihm, daß es unser wichtigstes Ziel ist, die dortigen albanischen Hardliner davon zu überzeugen, daß wir ihre Absichten nicht unterstützen. Diese Botschaft scheint bei ihm den richtigen Punkt getroffen zu haben. Er erkundigt sich nach weiteren Informationen zu unseren Plänen für den Raum Preševo, und ich sage ihm eine eingehende Unterrichtung zu diesem Thema zu. Ich bin der Meinung, daß wir mit unseren russischen Partnern weitaus bessere Ergebnisse erreichen, wenn wir sie in aller Offenheit informieren, als wenn wir sie im dunkeln tappen lassen.

Ich fliege nach Srbica, wohin Sami Lushtaku mich eingeladen hat, um mir die Gedenkstätte für den ermordeten Jashari-Clan in Prekaze zu zeigen. Es finden dort am 5. und 6. März die Feiern zum Gedenken an die über sechzig Mitglieder dieses Clans statt, die dort 1998 – vom Baby bis zum Großvater – von den Serben ermordet worden waren. Die Häuser, in denen die Familienmitglieder des Jashari-Clans sich verteidigt haben und in denen sie gestorben sind, sind von Panzer- und MG-Garben durchfetzt. Daneben die Grabstätte auf einem leicht ansteigenden Hang, eine Wiese mit einfachen Holzschindeln, auf denen die Namen der Ermordeten stehen, davor riesige Blumenberge. Auch ich lege ein Blumengebinde nieder, um meine Anteilnahme zu bekunden.

Prekaze ist für die Kosovo-Albaner heute so etwas wie eine nationale Gedenkstätte geworden. Für die Feiern diese Woche werden über 200.000 Albaner erwartet. Ich habe für diese Tage höchste Alarmbereitschaft angeordnet und meine Truppen ansonsten zur absoluten Zurückhaltung aufgefordert, um niemanden durch falsches Verhalten zu provozieren.

Lushtaku erzählt mir, daß er und „Sultan" Selimi fast wie Familienmitglieder im Jashari-Clan gelebt hätten. Er ist sehr bewegt, daß ich mir die Zeit nehme, ihm so lange zuzuhören, und daß ich seinen Erklärungen durch die kaputten Häuser bis hin zum Gräberfeld folge. Er stellt mich den noch lebenden Mitgliedern des Jashari-Clans vor, mit denen ich Tee trinke. Einer der Gründe meines heutigen Besuchs ist, den Albanern nach den schlimmen Ereignissen in Mitrovica eine ganz persönliche Geste des Mitgefühls zu zeigen; ein weiterer Grund ist, Lushtaku, der für den Ablauf der kommenden Gedenkfeier verantwortlich ist, von Angesicht zu Angesicht in die Pflicht zu nehmen, damit sich daraus nicht eine neue gewaltsame Demonstration gegen die serbische Minderheit entwickelt.

Es ist ein gutes Gespräch, und ich reise mit einem weitaus besseren Eindruck zurück, als ich dies befürchtet hatte. Lushtaku verspricht mir in die Hand, all seinen Einfluß geltend zu machen, damit die Feierlichkeiten für den Jashari-Clan so friedlich wie möglich ablaufen. Er sagt mir auch zu, daß er und seine Männer sich auch weiterhin jeglicher Aktivität in Mitrovica enthalten werden, um KFOR die Möglichkeit zu geben, die ausgearbeiteten Pläne zu verwirklichen. Ich weise ihn zudem an, seine Zusammenarbeit mit den Russen im Drenica-Tal auf eine bessere Grundlage zu stellen. Wir werden dazu ein Treffen zwischen ihm und den russischen Truppen im Drenica-Tal ausrichten, zum Kennenlernen und um die beiderseitigen tiefsitzenden Animositäten auszuräumen.

Nach meiner Rückkehr übergebe ich das Kommando über KFOR an meinen französischen Stellvertreter, Generalmajor Louis Le Mière, und weise ihn nochmals auf die mögliche Brisanz der Jashari-Gedenkfeiern hin, wegen deren Ablauf ich heute auch noch einmal mit Çeku gesprochen und ihn persönlich in die Verantwortung genommen habe. Ich warne ihn, dort als KPC geschlossen aufzutreten, Embleme der UÇK zu zeigen oder Salut zu schießen.

Ich fahre dann mit meinem Militärischen Assistenten am späten abend nach Skopje, um am 4. März via Deutschland nach New York zu fliegen. Das nächtliche Gespräch mit meinem neuen Stellvertreter im Bereich REAR, Generalmajor John Deyermond, ist ausgesprochen positiv. Es ist sehr eindrucksvoll, wie schnell er sich in diesen neuen Bereich eingearbeitet hat und wie sicher er in seinem Urteil ist.

Samstag, der 4. März 2000; 149. Tag sonnig

Wir fliegen um 10.00 Uhr nach dreistündiger Verspätung – aber ohne irgendeine Begründung, warum wir erst so spät loskommen (balkanische Verhältnisse!) – nach Frankfurt ab und fahren von dort weiter nach Heidelberg. Ich treffe hier auf meinen Stab LANDCENT, mit dem ich den Ablauf der „Partnership for Peace"-(PfP-)Übung COOPERATIVE LANTERN 2000, die unmittelbar nach unserer Rückkehr in Frankreich stattfinden wird, die Umgliederung in die neue Struktur und laufende Probleme abspreche. Es ist mir wichtig, daß wir nach unserer Rückkehr nicht in ein tiefes Loch der Inaktivität fallen, sondern sofort in unserer neuen Struktur aktiv werden.

Ich brauche einen neuen Adjutanten, da Hauptmann See Anfang des kommenden Monats die Generalstabsausbildung an der Führungsakademie der Bundeswehr beginnt. Ich wähle von zwei jungen Hauptleuten Hauptmann Marc Abendroth aus, der sofort in Priština anfangen kann; ihn hatte ich bereits beim Einsatz in Bosnien-Herzegowina kennengelernt.

Sonntag, der 5. März 2000; 150. Tag sommerlich warm

Flug von Frankfurt nach New York, Übernachtung im Hotel „Crown Plaza" in der Nähe der Vereinten Nationen. Wir treffen dort Wendy Gilmore, die über Kanada vorausgeflogen war, und sitzen bis spät in die Nacht, um an meinem Text für morgen zu feilen.

Ich hatte eine hochkarätige Abendeinladung für heute bewußt ausgeschlagen, um mich wenigstens ein bißchen auf morgen vorzubereiten und auch, um schlafen zu können.

John Milne meldet, daß im Kosovo alles ruhig sei; auch der erste Tag der Jashari-Gedenkfeier sei bei etwa 150.000 Teilnehmern friedlich verlaufen.

23 *Die Industriestadt Mitrovica; im Mittelgrund der Ibar-Fluß mit der "Cambronne"-Brücke rechts, die Arbeiter-Hochhäuser im Nordteil der Stadt und der hohe Schlot der Trepča-Fabrik in Zvečan*

24 *Eines der so zahlreichen zerstörten Albaner-Dörfer im Tal der Drenica*

25 *Im Interim Administration Council (IAC); von links: Tom Koenigs, Direktor der Säule 2 und früherer Stadtkämmerer von Frankfurt am Main, Jock Covey, Stellvertreter von Dr. Bernard Kouchner, Botschafter Daan Everts, Direktor der*

Säule 3, Dr. Eric Chevalier, persönlicher Assistent von Dr. Bernard Kouchner; neben mir Professor Rexhep Qosja, Ibrahim Rugova (verdeckt), Hashim Thaci

26 Eröffnung der durch die „Royal Queen's Gurkha Engineers" wiederaufgebau-
ten Brücke in Miloševa am 14. Oktober 1999

27 *Am Gate 5 mit einem russischen (links) und einem amerikanischen (rechts) Leutnant, die täglich im Wechsel den von den Russen und Amerikanern gemeinsam betriebenen Checkpoint führten*

28 *Bei russischen Soldaten der Task Force 13 unmittelbar an der Sicherheitszone*

29 *Mit serbischen Studenten der Universität in Nord-Mitrovica beim Basketballspielen vor ihrem Wohnheim*

30 *Mein britischer Military Assistant, Major Sean Lang, beim mitternächtlichen Schreiben einer E-Mail an den SACEUR*

31 *An einem französischen Checkpoint: Die junge Dame lädt mich zu einem Espresso in das berüchtigte Cafe „Dolce Vita" in Nord-Mitrovica ein; links Hauptfeldwebel Jörg Nickel, mein Begleiter*

32 *Bei meiner Dankesrede anläßlich der Verleihung der Ehrendoktorwürde an der ungarischen Nationaluniversität Miklos Zrinyi am 5. November 1999*

33 Der Besuch des Generalsekretärs der Vereinten Nationen, Kofi Annan, am 13. Oktober 1999; links Dr. Bernard Kouchner, dahinter ein Dolmetscher, rechts vorn Bischof Artemije

34 Vor dem Hauptquartier KFOR mit der resoluten Vorsitzenden des Internationalen Kriegsverbrecher-Tribunals in Den Haag, Carla del Ponte, am 28. Oktober 1999

35 Im Gespräch mit Professor Dr. Javier Solana Madariaga, dem Generalsekretär des Rates der Europäischen Union und Hohem Vertreter für die gemeinsame Sicherheits- und Außenpolitik, am 28. Oktober 1999; rechts Jock Covey, der Stellvertreter von Dr. Bernard Kouchner

36 Zu Besuch am 23. November 1999: der amerikanische Präsident Bill Clinton und US-Außenministerin Madeleine Albright

37 Besuch von Bundespräsident Dr. h. c. Johannes Rau am 14. Dezember 1999; links von ihm Frau Christina Rau, daneben der Staatsminister im Auswärtigen Amt, Ludger Vollmer

38 Weihnachtsbesuch des Bundesverteidigungsministers Rudolf Scharping; links dahinter Moritz Hunzinger

39 *Vor dem Hauptquartier KFOR treffen sich am Heiligen Abend der deutsche Verteidigungsminister, Rudolf Scharping, und sein russischer Amtskollege, Marschall Igor Sergeev*

40 Interessiert lauschen der polnische Präsident, Aleksander Kwasniewski, und der polnische Generalinspekteur, Generalleutnant Henryk Szumski, dem Briefing des amerikanischen Kommandeurs der MNB (East), dem das polnische Bataillon unterstellt ist

41 Mein erster Besuch am 18. Oktober 1999 beim mazedonischen Ministerpräsident Ljubco Georgievski; links von mir der NATO-Sonderbotschafter Hansjörg Eiff

42　Im sorgenvollen Gespräch über die Grenzprobleme: am 5. April 2000 mit dem mazedonischen Präsidenten Boris Trajkovski in dessen Amtszimmer; links von mir mein amerikanischer Stellvertreter KFOR Rear in Skopje, Generalmajor John Deyermond

43　Mit deutschen Soldaten in der Vorbereitung auf eine Patrouille durch Prizren; links der deutsche Brigadegeneral Wolfgang Sauer, Kommandeur der MNB (South)

44 *Französische Pioniere haben mich richtig eingekleidet, damit ich mit ihnen die Abwasserkanäle Mitrovicas erkunden kann; es stinkt entsetzlich*

45 *Mit Bernard Kouchner in Mitrovica; rechts außen Rrahman Rama, der Führer des Regionalkommandos des Kosovo Protection Corps in Mitrovica, rechts von mir Brigadegeneral Pierre Saqui de Sannes, Kommandeur der MNB (North)*

Montag, der 6. März 2000; 151. Tag   UN New York

Der amerikanische Botschafter bei den Vereinten Nationen, Richard C. Holbrooke, hat mich zum Frühstück in seine Residenz im Waldorf Astoria Tower eingeladen. Ich bewundere die wunderschönen Jugendstil-Ornamente an den Fahrstuhltüren, und schon werde ich von den unvermeidlichen Sicherheitsbeamten in die Suite des Botschafters gebeten. Ich treffe dort auch auf den Sicherheitsberater des amerikanischen Präsidenten, Samuel R. „Sandy" Berger, der mich vom Besuch im Kosovo wiedererkennt, und meinen alten Freund, General Henry H. „Hugh" Shelton, den Chairman, Joint Chief of Staffs. Leider wurde mir eine falsche Zeit mitgeteilt, so daß die Herren ihr Frühstück gerade beendet haben und nun auf meinen Bericht gespannt sind. Das war es also mit dem Frühstück im Waldorf Astoria Tower …

Ich trage detailliert zur Lage und zu unseren weiteren Absichten in Mitrovica und im Preševo-Tal vor und erläutere unsere nächsten Schritte. Ich mache unmißverständlich deutlich, daß bei den letzten Aktionen in Mitrovica die Albaner die Drahtzieher waren und daß es albanische Terroristen und Kriminelle sind, die es im Preševo-Tal darauf anlegen, die NATO vor ihren eigenen Karren zu spannen und einen neuen Krieg gegen Serbien vom Zaun zu brechen. Diese Äußerung versetzt Sandy Berger in hohe Alarmbereitschaft. Er und Holbrooke haken bei vielen Punkten sofort nach und scheinen zu verstehen, daß albanische Extremisten dabeisind, die bisherigen Verhältnisse in eine Schieflage zu bringen. Sandy Berger hält fest, daß alles vermieden werden müsse, was zu einem neuen Krieg führen könnte. Ich stimme dem uneingeschränkt zu.

Ich erkläre dann, daß mir aufgrund des Abzugs der beiden NATO-Verbände und wegen des zeitgleichen personellen Ausdünnens anderer Kontingente sowie wegen der nationalen Restriktionen für den Einsatz – einschließlich der US-Truppenteile – meine operative Flexibilität so stark eingeschränkt worden sei, daß ich zwei zusätzliche Bataillone benötige, um die derzeitige prekäre Lage wieder bereinigen zu können. Ich bin überrascht, wie wenig man hier über die einseitigen Reduzierungen der NATO-Truppen weiß – und wie sehr man die Probleme fast ausschließlich mit der antiserbischen Brille betrachtet.

Viel Zeit zur Diskussion bleibt nicht mehr, da der Botschafter und ich in die Sitzung des Sicherheitsrats müssen. Holbrooke fragt mich, ob ich etwas dagegen hätte, wenn ich als COMKFOR verlängert werden würde. Ich antworte ihm, daß ich von Anfang an darauf eingestellt war, für etwa ein Jahr nach Priština zu gehen. Beim Rausgehen sagt mir Hugh Shelton: „Klaus, wenn Du meine Truppen brauchst, dann rufe mich einfach an. Ich sorge dafür, daß Du dann bekommst, was Du brauchst." Ich bin dankbar für diesen Hinweis, der sich mit der Aussage des SACEUR deckt, daß wir im Notfall auf die US-Truppen zurückgreifen könnten.

Am Eingang des UN-Gebäudes holt mich der deutsche Botschafter Dr. Dieter Kastrup ab und führt mich durch das riesige Gebäude zur Suite des Generalsekretärs der Vereinten Nationen. Kofi Annan begrüßt mich sehr herzlich und dankt mir für den bisherigen Einsatz von KFOR. Ich sehe dort auch Bernard Kouchner wieder, der uns nach New York vorausgeflogen war.

Wir werden dann in den Sicherheitsrat der Vereinten Nationen gebeten, wo ich darauf hingewiesen werde, daß ich der erste General bin, der aus einem UN-Einsatz kommend hier vortragen darf. Der amtierende Präsident des Sicherheitsrates, der bengalische UN-Botschafter Anwaral Chowdhury, fordert mich auf, dazu am Sitzungstisch in der Runde der UN-Botschafter Platz zu nehmen.

Zunächst ist aber Bernard Kouchner dran, der in einem sehr beeindruckenden und sprachlich exzellenten Plädoyer zur Lage im Kosovo und zu Mitrovica speziell vorträgt. Bernard hat heute seinen großen Tag; nur der französische UNO-Botschafter ist so desinteressiert, daß er erst zum Ende von Kouchners Rede erscheint, ein glatter Affront. Kouchner gibt eine verhalten optimistische Einschätzung, stellt die ersten Arbeitserfolge des Interim Administration Council und des neuen, erweiterten Kosovo Transitional Council heraus und legt unsere Strategie der Koexistenz dar. Er fordert ausreichende Haushaltsmittel, mehr Polizisten, mehr Richter und Staatsanwälte und mehr Personal für den wirtschaftlichen Wiederaufbau.

Ich gehe dann anhand der fünf Aufgaben, die der Sicherheitsrat der Vereinten Nationen in der Resolution 1244 vorgegeben hat, auf den Stand unserer Aufgabenerfüllung ein und skizziere unsere geplanten nächsten Maßnahmen. Ich stelle fest, daß die Rückkehr jugoslawischer

Streitkräfte oder jugoslawischer Geheimpolizei keine potentielle Gefahr mehr darstellt. An der begrenzten Rückkehr jugoslawischer Soldaten würden wir arbeiten, noch gäbe die Sicherheitslage dies aber nicht her.

Ich schildere dann die deutlich verbesserte Lage im Inneren der Provinz. Die Menschen freuen sich wieder ihres Lebens und genießen ihre neue Freiheit. Ich mache aber auch keinen Hehl daraus, daß die Bewegungsfreiheit der Minderheiten noch erheblich zu wünschen übrigläßt.

Meine derzeit größte Sorge sei die Entwicklung im Preševo-Tal. Ich informiere den Sicherheitsrat, wie wir dort gegen die albanischen Extremisten vorgehen. Großes Interesse findet dann die Vier-Phasen-Strategie von UNMIK/KFOR für Mitrovica. Ich lege dar, daß wir überzeugt sind, nach dieser Strategie die zwischenzeitlich wieder stabilisierte Lage der Stadt endgültig konsolidieren zu können. Anschließend gehe ich auf den Umwandlungsprozeß der ehemaligen UÇK in das zivile Kosovo Protection Corps ein und spreche von den damit verbundenen enormen Schwierigkeiten, die wir schrittweise zu überwinden hatten. Es sei aber, so meine Schlußfolgerung, das erste Mal in der modernen Geschichte gelungen, eine ehemalige Rebellenarmee zu „zähmen" und sie in ihrer neuen, nämlich zivilen Form einem Organ der Vereinten Nationen, nämlich Bernard Kouchner, zu unterstellen. Ich sehe die bisherige Entwicklung als großen Erfolg an. Ohne General Çeku und seine Männer wären manche Dinge im Kosovo deutlich anders und schlechter gelaufen.

Ich begrüße die enge und unkomplizierte Zusammenarbeit mit allen Einrichtungen der UNMIK und stelle unsere Anstrengungen, aber auch unseren großen Erfolg im Rahmen des „Winterization-Program" heraus. Abschließend mahne ich zusätzliche finanzielle Mittel und mehr Fachpersonal für UNMIK an. Ich mache deutlich, daß ich insgesamt durchaus optimistisch in die Zukunft des Kosovo blicke, da es uns gelungen sei, den negativen Trend zu bremsen und schließlich den Trend in eine positive Richtung umzudrehen. Ich bitte den Sicherheitsrat daher auch in Zukunft um seine wohlwollende Unterstützung.

Der Präsident eröffnet dann die Diskussion, die insgesamt weitere vier Stunden dauert und bei der jeder der anwesenden Botschafter das Wort ergreift. Der US-Botschafter Holbrooke setzt mit sehr wohlwollenden Worten und seiner ausgesprochen positiven Bewertung unserer beiden Reden die Bühne für die weitere Aussprache. Fast alle Botschafter danken UNMIK und KFOR für unseren bisherigen Einsatz. Der einzig wirklich scharfe Kritikpunkt kommt vom russischen Botschafter Sergej Lavrov, der KFOR vorwirft, die Grenze zum Preševo-Tal nicht eng genug zu überwachen. Ich stimme ihm zu, weise aber gleichzeitig darauf hin, daß zwei Drittel dieser Grenze durch russische Truppen überwacht werden würden. Ich mache den russischen Botschafter darauf aufmerksam, daß ich mit dem Einsatz seiner Truppen in diesem Bereich alles andere als zufrieden sei und mich deswegen bereits an die örtliche russische Führung gewandt hätte. Ich ginge davon aus, daß das russische Kontingent derzeit dabeisei, die erkannten Schwachpunkte abzubauen. Damit ist diese Attacke beendet.

Die Diskussion geht beim Mittagessen im kleineren Kreis weiter, sie wird am Nachmittag nochmals aufgenommen und endet schließlich gegen 16.00 Uhr. Bernard Kouchner und ich konnten alles vortragen, was wir sagen wollten, wir konnten alle Mängel und die damit verbundenen Risiken ansprechen und unsere Bitten nach weiterer Unterstützung anbringen. Die nächsten Tage und Wochen werden zeigen, ob wir überzeugend und erfolgreich waren. Für mich war es jedenfalls eine großartige Erfahrung, in diesem Kreis auftreten und mit den Botschaftern heiß diskutieren zu können. Mir hat dieser Tag sehr viel gebracht und große Freude gemacht.

Eine große Hilfe ist für mich der sehr aufmerksame und zuvorkommende niederländische Oberstleutnant Joachim Elite. Er ist der Verbindungsoffizier der NATO zu den Vereinten Nationen und sorgt dafür, daß wir wissen, wo wir wann bei welchem der Gesprächspartner sein müssen und gibt uns die erforderliche Hintergrundinformation. Ich bin beeindruckt, wie gut er sich auskennt und mit wie viel Fingerspitzengefühl er mich an die Hand genommen hat.

Es sollte im Anschluß an die Sitzung des Sicherheitsrates eigentlich ein größeres Pressegespräch folgen, aber der ursprünglich vorgesehene Zeitplan war weit überzogen, und die meisten Journalisten waren daher schon weg. Wir stellten uns also der kleinen Runde und anschließend dem Fernsehen, dann war der offizielle Teil des Tages gelaufen.

Vor dem Fernsehstudio wartet Botschafter Holbrooke auf mich. Er wolle mir nur sagen, wie gut ich mich geschlagen hätte, und daß meine Argumente auf fruchtbaren Boden gefallen wären. Ich bin über diese persönliche Geste sehr erfreut und danke dem Botschafter, daß er sich die Mühe gemacht hat, mir diese freundliche Botschaft selbst zu überbringen.

Zur Feier des Tages führe ich am Abend Wendy Gilmore und Jürgen Steinberger in ein exotisches thailändisches Restaurant aus.

Aus dem Kosovo hören wir, daß auch heute bei den Jashari-Gedenkfeiern alles friedlich verlaufen ist. Es hat aber einen erneuten Anschlag mit einer Panzerfaust auf eines der Hochhäuser am Nordufer des Ibar in Mitrovica gegeben, der bei den Diplomaten der NATO für viel Aufregung sorgt.

Dienstag, der 7. März 2000; 152. Tag   New York, sommerlich warm

Auch der heutige Tag beginnt mit einem Frühstück außerhalb des Hotels, zu dem der deutsche Botschafter Dr. Dieter Kastrup eingeladen hat. Wir gehen noch einmal die gestrige Sitzung im Sicherheitsrat durch, zu der der Botschafter eine positive Bilanz zieht. Wir erläutern ihm und seinen Mitarbeitern nochmals im Detail unsere Pläne für das weitere Vorgehen und unsere große Sorge, daß sich die Situation im Preševo-Tal rasch ausweiten könnte, wenn KFOR durch die NATO nicht umgehend autorisiert wird, entsprechend scharf gegenzuhalten.

Es folgt eine sehr ausgedehnte Sitzung beim Leiter der UN-Abteilung für Friedenserhaltende Operationen (DPKO), Monsieur Bernard Miyet. Der Verlauf offenbart in für mich erschreckender Weise, daß viele der um den Tisch sitzenden Fachleute an einer Verbesserung der Situation vor Ort nicht wirklich in erster Linie interessiert zu sein scheinen. Hier geht es vielmehr um Streitigkeiten über Kompetenzen, um Abgrenzungen von Zuständigkeiten und um persönliche Eifersüchteleien. Ich beneide Bernard Kouchner nicht, der im Kosovo unter Anleitung dieses „Führungsteams" arbeiten muß. Ich weiß am Ende der fast drei Stunden jedenfalls nicht, ob wir etwas und – wenn ja – was wir beschlossen haben, und was überhaupt der Sinn dieses Treffens war.

Großen Ärger gibt es für Bernard Kouchner wegen eines Artikels in der „New York Times", in dem er der Europäischen Union vorwirft, für das Kosovo zu wenig Mittel bereitzustellen. Leider ist es ja richtig, was er gesagt hat, aber nun klappt die Europäische Union wie eine Auster zu, und es scheint gar nichts mehr zu laufen. Bernard ist mit vielen Telefonaten um Schadensbegrenzung bemüht.

In einer Sitzung bei Kofi Annans Stellvertreterin Louise Fréchette, die ich bereits in Priština kennengelernt hatte, geht es mit Masse um Bernards Aussagen in der „New York Times". Danach hat uns Kofi Annan zu einem sehr privaten Mittagessen im kleinen Kreis eingeladen. Der Blick von hier oben über New York und den Hudson ist atemberaubend und macht mir deutlich, daß es auch noch andere Dinge als die Probleme des Kosovo gibt. Kofi Annan nutzt die Runde als Versuchsballon: Jeder soll sich äußern, wie es im Kosovo weitergeht und ob bzw. wann dort Wahlen stattfinden sollen. Natürlich gibt es keine einheitliche Meinung. Ich bin jedenfalls für lokale Wahlen noch im Sommer 2000, um die Bürgermeister und die Spitzenleute in den Regierungskreisen demokratisch legitimiert einsetzen zu können. Dies ist der einzige Weg, all die noch von der UÇK ernannten oder Kraft eigenen Willens agierenden Bürgermeister und Leiter der Opštinas zu ersetzen oder sie demokratisch zu legitimieren. Die Wahlen für ein Parlament und für eine eigene Regierung sollten allerspätestens im Frühjahr des nächsten Jahres stattfinden, da eine demokratisch gewählte Regierung des Kosovo, deren Kompetenzen noch im einzelnen umrissen werden müßten, in den Verhandlungen über die politische Zukunft des Kosovo besser autorisiert sei als die jetzigen, nur „ernannten" Regierungsvertreter. Ich frage Kofi Annan in diesem Zusammenhang, wann denn eine Entscheidung über die klare Definition des Begriffs „substantial autonomy" erwartet werden könne, der für unsere weitere Arbeit mit den Kosovo-Albanern ganz entscheidend sei. Kofi Annan antwortet, diese Frage sei derzeit noch „at limbo", das heißt: offen.

Er kündigt einen weiteren Besuch im Kosovo an, wohl zusammen mit dem Sicherheitsrat, der gestern ebenfalls beschlossen hatte, Belgrad und Priština zu besuchen.

Es folgt noch eine Einladung bei den „Freunden Kosovos", die nicht viel bringt, bevor wir um 21.30 Uhr die USA wieder verlassen, todmüde, ausgepowert und eigentlich urlaubsreif. Mein jüngster Sohn hat sich im Skiurlaub, den ich ja leider nicht mitmachen konnte, zur Steigerung der Freude in der Familie auch noch den Fuß gebrochen.

Mittwoch, der 8. März 2000; 153. Tag

Wir landen um 11.00 Uhr in Frankfurt und fahren nach Heidelberg, um Routinearbeit im Stab zu erledigen.

Um 18.35 Uhr geht es zusammen mit meinem neuen Adjutanten, Hauptmann Abendroth, mit der mazedonischen Fluglinie „Avio Impex" nach Skopje zurück, wo wir um 21.00 Uhr vom Hubschrauber aufgenommen und ins Hauptquartier KFOR zurückgeflogen werden.

Ich bin kaum angekommen, als der Generalsekretär der NATO, Lord Robertson, mich anruft und mir zum Ergebnis der Reise nach New York gratuliert. Ich bin erstaunt, wie schnell die Kunde von Bernard Kouchners und meinem Auftreten vor dem Sicherheitsrat der Vereinten Nationen die Runde gemacht hat. Ich freue mich jedenfalls sehr über diese freundlichen und anerkennenden Worte von Lord Robertson. Ich nutze die Gelegenheit und frage ihn nach den beiden zusätzlichen Bataillonen; er sagt mir, daß Admiral Guido Venturoni daran arbeite und daß auch er persönlich darauf Einfluß nehmen werde.

Mein Stab informiert mich noch in der Nacht über die wichtigsten Ereignisse in den vergangenen Tagen.

- Die Lage in Mitrovica ist ruhig geblieben, die Ausgangssperre wurde eingehalten, die Situation hat sich konsolidiert. Die Jashari-Feierlichkeiten sind friedlich vorübergegangen, Çeku und Lushtaku haben ihre Zusagen eingehalten.
- Die Lage im Preševo-Tal hat sich verschlimmert. UNHCR registriert dort eine wachsende Zahl von Flüchtlingen (ca. 100 bis 200 täglich, an einem Tag sogar 500). Ich weise MNB (E) erneut an, alles zu tun, um zu verhindern, daß die Albaner in das Gebiet eindringen, dort Anschläge verüben und dann wieder in den Schutz des Kosovo zurückzukehren.
- Wir stehen vor ernsthaften Problemen bei der Stromversorgung. Kosovo A ist wegen fehlender Chemikalien wieder ganz heruntergefah-

ren worden. Das Problem trat bereits vor zwei Monaten auf. UNMIK hat die Sache schleifenlassen und nichts getan, um zu verhindern, daß sich das erneut ereignet. Der Verbrauch dieser Chemikalien ist eine konstante Größe, doch man hat versäumt vorauszuberechnen, wann Nachschub erforderlich ist.

- Kosovo B wird bald keine Kohle mehr haben, da ein Förderband ausgefallen ist. Es ist gut möglich, daß wir innerhalb der kommenden zwei Tage wieder einmal vollständig von importierter Energie abhängig sein werden.

Mein bewährter Military Assistant, Oberstleutnant i. G. Jürgen Steinberger, wird Ende des Monats ein Panzerbataillon Leopard 2 übernehmen und ist damit am Ziel seiner Wünsche, Bataillonskommandeur zu werden – was er sich sehr wohl verdient hat. Sein Nachfolger ist Oberstleutnant i. G. Karl Ernst Graf Strachwitz, der seit dem 5. März im Stab ist, um die neue Aufgabe schrittweise zu übernehmen.

Donnerstag, der 9. März; 154. Tag   warm

Schon früh am Morgen ruft mich der SACEUR an und bittet mich, zusammen mit Hashim Thaci, mit dem er dies bereits abgesprochen habe (!), und mit Brigadegeneral Ric Sanchez vor die Presse zu treten, um der lokalen wie der internationalen Öffentlichkeit deutlich zu machen, daß wir die UÇPMB nicht unterstützen, sondern strikt gegen deren Aktivitäten sind. Er bestärkt mich in der Absicht, die Grenzüberwachung in diesem Bereich zu internationalisieren, und bietet – falls erforderlich – zusätzliche Kräfte dafür an, die wir nach Abschluß der Übung DYNAMIC RESPONSE 2000 hierbehalten könnten.

Brigadegeneral Sanchez hat mir gemeldet, daß er derzeit ausreichend Kräfte habe, um seinen Auftrag zu erfüllen. Uns macht allerdings zunehmend Sorge, wie wir den russischen Abschnitt der Sicherheitszone kontrollieren können, da wir wissen, daß die russischen Soldaten die Grenzüberwachung bisher nicht wirklich ernst nehmen. Ich habe deshalb vor, mir diesen Abschnitt in den nächsten Tagen selbst anzusehen.

456

Der Stellvertretende Brigadekommandeur der MNB (N), Brigadegeneral Jean Bernard Humand, unterrichtet mich in Priština, daß die Lage in Mitrovica ruhig sei. Die Umgliederung der Kräfte sei abgeschlossen, die Durchsuchungen liefen planmäßig, die Kräfte reichten für die derzeitigen Operationen aus. Ein Teil der französischen Truppen sei derzeit gerade dabei, zusammen mit den Männern des Kosovo Protection Corps die enormen Müllmengen, die überall in der Stadt herumliegen und die Bürgersteige ähnlich einrahmen wie die Schneeberge im Winter, abzufahren und die Stadt zu säubern. Ich halte dies für eine gute Maßnahme, denn der Dreck in der Stadt stinkt buchstäblich zum Himmel; außerdem hilft diese Aktion, die Franzosen der Bevölkerung näherzubringen.

Ein erneuter Anruf des SACEUR, der mir ankündigt, daß Bill Nash, ein ehemaliger Generalmajor der US Army, den ich als solchen in Tuzla (Bosnien-Herzegowina) kennengelernt habe, der nächste UNMIK-Administrator für Mitrovica werden wird. Ich halte dies für eine exzellente Nachricht und hoffe nur, daß Nash länger als zwei Monate bleiben wird.

In einem Artikel der heutigen Ausgabe der „International Herald Tribune" heißt es, ich hätte „… die Unfähigkeit der amerikanischen Streitkräfte kritisiert, die Grenze vollständig abzusichern…" Dies ist eine böse Übertreibung, da ich mit diesem Thema bisher noch nicht an die Öffentlichkeit gegangen bin. Ich habe den Autor (William Pfaff) nie gesehen, noch bisher jemals irgendeine Nation unter meinem Kommando kritisiert.

In Mitrovica hat der neue Polizeipräsident Sven Larsen einen amerikanischen Polizeibeamten seines Dienstes enthoben, der die französischen Streitkräfte öffentlich kritisiert hat, daß sie angeblich keine polizeilichen Ermittlungen zulassen. Diese Anschuldigung ist ebenso falsch wie die Behauptung, die US-Streitkräfte hätten in Mitrovica ihren Dienst schlecht versehen. Ich war mehrmals vor Ort und kann aus eigenem Augenschein sagen, daß die GIs sich hervorragend geschlagen haben.

Leider meldet sich Mario Morcone aus dem Kosovo ab, da er seinen Posten als Präfekt in Italien wieder antreten muß. Ich bedauere dies sehr, da Mario Morcone ohne großes und aufgeregtes Flügelschlagen, vielmehr sehr konsequent und eher hinter dem Bühnenvorhang für die Verbesserung der Lebenssituation in Mitrovica gearbeitet und so schrittweise Erfolge erzielt hat. Die lokalen Führer beider Seiten haben zu ihm Vertrauen gewonnen und mit ihm zusammengearbeitet. Nun muß alles erneut von vorn begonnen werden, sicher ein herber Rückschlag für die Sache. Sein einziges wirkliches Problem waren die örtliche Brigadeführung, die ihn nur sehr begrenzt unterstützt; einmal ließen sie ihn aus „Geheimhaltungsgründen" nicht einmal in ihre Operationszentrale, sondern vor der Tür warten. Da habe ich ziemlichen Ärger gemacht.

General Stöckmann ruft an und informiert mich, daß der Internationale Militärstab in Brüssel an einer Vorlage für den NATO-Rat arbeite, in dem unser mögliches Vorgehen in der Sicherheitszone geregelt werden soll. Er befürchtet, daß wir noch länger auf eine Entscheidung warten müssen; und der SACEUR teilt mir schriftlich mit: „Zum derzeitigen Zeitpunkt besteht Ihr Mandat – wie im Militärtechnischen Abkommen (MTA) vereinbart – unverändert fort. Sie werden die Entwicklung der Lage in der Sicherheitszone beobachten und zugleich alle erforderlichen Maßnahmen zur Eigensicherung der Truppe ergreifen.

Viele der von Ihnen in Ihrem Brief gestellten Fragen werden derzeit diskutiert und harren einer abschließenden Entscheidung durch den NAC…". Damit ist uns in der aktuellen Lage natürlich nicht geholfen, denn das bedeutet „business as usual": Wir dürfen in der Sicherheitszone nichts machen und müssen uns heraushalten, wodurch die albanischen Extremisten weiter Oberwasser bekommen.

Ich trage in der heutigen Sitzung des Interim Administration Council zum Ablauf der Sitzung im UN-Sicherheitsrat vor; Bernard Kouchner ist noch nicht zurück, Jock Covey leitet die Amtsgeschäfte des Präsidenten. Der entscheidende Punkt heute ist, daß sich Thaci weiterhin solange weigern will, die Namen der Mitglieder seiner Partei für die Besetzung der Ressorts bekanntzugeben, bis der IAC zustimmt, Selimi

458

als künftigen Innenminister zu akzeptieren. Dieser neuen Form der politischen Erpressung geben wir nicht nach.

Ich fliege dann mit Thaci nach Gnjilane, wo wir zusammen mit Brigadegeneral Sanchez zunächst albanische Flüchtlinge aus dem Preševo-Tal besuchen. Es fällt auf, daß diese Leute alle mit dem Auto gekommen sind. Keiner wurde vertrieben oder gar geschlagen, wie dies die hiesigen Zeitungen weiszumachen versuchen. Sie sind geflohen, weil ihnen die Leute der UÇPMB unter dem Hinweis, hier fände demnächst ein neuer Krieg statt, dazu geraten hatten. Sie wollten aus der Gefahrenzone weg, solange sie dazu noch in der Lage waren. Die Serben haben ihnen weder gedroht noch sie belästigt. Die Flüchtlinge sind wohlgenährt, die meisten von ihnen haben bei Verwandten eine Bleibe gefunden und leben nicht in den Gemeinschaftsunterkünften. Es scheint mir, daß sie mehr Angst vor den Aktionen der UÇPMB hatten als vor den Serben.

Wir fahren dann ins amerikanische Camp Monteeth, wo ganze Batterien von Kameras auf uns warten. Hashim Thaci und ich stimmen, bevor wir vor die Presse treten, unsere Texte noch einmal ab, in denen wir jegliche Zusammenarbeit mit der UÇPMB und jegliche Unterstützung für sie strikt ablehnen.

Meine Botschaft ist kurz. „Ich bin in großer Sorge über die jüngsten Ereignisse im Preševo-Tal. Die Situation an der Grenze zwischen dem Kosovo und dem Preševo-Tal kann sich schnell in einen Konflikt ausweiten, der die ganze Region betrifft. Das ist weder im Interesse der hiesigen Bevölkerung noch von KFOR oder der Internationalen Gemeinschaft … Wir verurteilen daher jegliche Gewaltanwendung in diesem Bereich auf das schärfste. KFOR hat die Maßnahmen zur Erhöhung der Sicherheit getroffen. Wir sind bereit, alle erforderlichen Schritte zu unternehmen, um zu vermeiden, daß das Kosovo zu einer Basis wird, aus der heraus Gewalt in die Sicherheitszone exportiert wird. KFOR toleriert weder im Kosovo noch über die Grenze in die Sicherheitszone hinweg irgendwelche Aktionen sogenannter Aufständischer wie der UÇPMB. Wir lehnen jeglichen bewaffneten Konflikt in diesem Bereich kategorisch ab … Jede Aktivität, die den Friedensprozeß im Kosovo gefährdet, wird von uns unterbunden werden, und wir werden jeden verfolgen, der sich nicht an diese Vorgaben hält."

Auch Brigadegeneral Sanchez macht sehr deutlich, daß sich die US-Truppen von allen Aktionen der UÇPMB im Preševo-Tal und im Kosovo klar distanzieren und gegen die Rebellen vorgehen werden.

Ganz anders Thaci. Er wirft der serbischen Seite erneuten Völkermord und Vertreibung vor. Er schildert in düsteren Farben die Lage der Flüchtlinge, die er eben gerade gesehen hat; sie hätten mit ihrer letzten Habe zu Fuß über die Berge flüchten müssen. Ich denke, daß er in einem anderen Film gewesen sein muß als ich. Er spricht dann vom Leiden des verfolgten albanischen Volkes, das sich nun nichts mehr gefallen lassen wolle. Kein Wort der Distanz zur UÇPMB, kein Wort der Beruhigung, ganz im Gegenteil: verdrehte, falsche Aussagen und Propaganda. Ich koche, kann aber vor laufenden Kameras nicht eingreifen. Kaum sind wir aus dem Raum, stelle ich Thaci zur Rede. Der tut völlig überrascht. Mir verschlägt es fast die Sprache, aber ich sage ihm, daß ich mich von ihm bewußt und böswillig hintergangen sehe. Er hält mir entgegen, daß er als kosovo-albanischer Politiker gesprochen habe. Ich kündige ihm an, mit ihm nie wieder eine Pressekonferenz oder ähnliche Sache gemeinsam machen zu wollen und meine Zusammenarbeit mit ihm auf das erforderliche Minimum herunterzufahren. Dies scheint Thaci nicht zu stören; er hat seine „nationalen" Punkte gemacht, von denen er sich erwartet, daß sie ihm die Zustimmung der albanischen Bevölkerung sichern.

Ich rufe dann den SACEUR an und teile ihm mit, daß ich mich von Thaci eindeutig „geleimt" sehe und mit ihm nie mehr gemeinsam vor ein Mikrofon treten würde, da dem Mann einfach nicht zu trauen sei. General Clark ist auch sauer, da ihm Thaci etwas völlig anderes zugesagt hatte.

Samstag, der 11. März 2000; 156. Tag   warm

Unsere gestrige Pressekonferenz fand eine gute Berichterstattung. Wir konnten unsere Ansichten klarmachen. Dabei hat die internationale Presse die Differenzen zwischen Thaci und mir sehr wohl wahrgenommen. So schrieb Danica Kirka in Associated Press: „Thacis Anwesenheit in der Pressekonferenz war wohl dazu gedacht, eine gemeinsame

Front gegen die militanten Albaner im Grenzgebiet zu demonstrieren. Thaci griff aber nur die Regierung Miloševićs an und beschuldigte sie, die Lage zu manipulieren, um das Kosovo zu destabilisieren … Die Aktionen der Rebellen verurteilte Thaci dagegen aber nicht…" Ähnlich ist der Tenor in der lokalen Presse, die meine radikal ablehnende Haltung der eher wohlwollenden Haltung Thacis gegenüberstellt.

Ich bitte Generalleutnant Evtukovič, umgehend eine Verstärkung des russischen Bataillons im Raum Kamenica durch das russische Bataillon, das ohne Auftrag in Slatina liegt, vorzunehmen oder eine Verstärkung der Russen durch Kräfte anderer Nationen zuzulassen. Ich dringe unter Hinweis auf die Äußerung des russischen Botschafters bei der UN auf eine sehr schnelle Entscheidung, um diesen kritischen Bereich der Grenze zur Sicherheitszone besser kontrollieren zu können. Evtukovič sagt mir eine rasche Antwort zu.

Unsere Kommandeursbesprechung findet heute in Priština statt. Ich berichte von meinen Eindrücken in New York, und wir diskutieren ausgiebig über die Lage im Raum Preševo, wobei ich mit meinem Zorn über Thacis gestriges Verhalten nicht zurückhalte. Wir sind uns einig, daß es absolut erforderlich ist, Mitglieder der UÇPMB, wenn sie sich im Kosovo aufhalten, festzunehmen. Dies müssen die Amerikaner tun, da dies ihr Verantwortungsbereich ist. Die Brigadekommandeure machen aber erneut darauf aufmerksam, daß auch sie in ihren eigenen Verantwortungsbereichen Hafteinrichtungen brauchen, um Kriminelle oder politische Extremisten festzusetzen.

Der Kommandeur der MNB (W) meldet mir, daß nun auch die Portugiesen zur Stationierung in Mitrovica bereit seien. Damit haben wir jetzt in zähen Verhandlungen schrittweise doch noch die Unterstützung aller NATO-Mitgliedstaaten und auch vieler Nicht-Mitgliedstaaten erstritten. Es war ein langer Weg, fünf Monate!

COMREAR informiert mich, daß die Regierung Mazedoniens nicht bereit sei, albanische Flüchtlinge aus dem Preševo-Tal aufzunehmen. Man hat dort Angst, daß die Unzufriedenheit und Militanz der Albaner auf die eigene albanische Bevölkerung in Mazedonien übergreifen könnte. Die Regierung will diese Flüchtlinge daher über Blace in das Kosovo abschieben. Wir werden diese Entwicklung weiter im Auge behalten, denn bereits auf den ersten Blick gibt das Anlaß zur Sorge.

Ich fliege nach Peć und besuche den Kommandeur des Regional-kommandos 3 des Kosovo Protection Corps, Gezim Ostremi. Er ist einer der deutlich älteren und schon gesetzteren Führer im Kosovo Protection Corps, Ende fünfzig, etwas füllig, jovial. Ostremi blickt auf eine lange Zeit als Berufssoldat in der jugoslawischen Armee zurück, er war aber auch schon Volksschullehrer. Er hat ein feines Gespür für die Gesamtzusammenhänge der politischen Strömungen innerhalb des Kosovo und in den Nachbarstaaten. Seine Vorstellungen zu den Aufgaben und Möglichkeiten des Kosovo Protection Corps sind sehr realistisch und stimmen mit unseren Überlegungen voll überein. Ich frage ihn ganz konkret nach seiner Ansicht über das Preševo-Tal. Er ist der Meinung, daß es hier nur eine politische Lösung geben kann. Wir müßten einen Krieg in dieser Region auf alle Fälle verhindern. Er ist ganz und gar gegen Aktionen der UÇPMB und anderer Gruppierungen, hält aber auch nicht damit hinter dem Berg, daß unter den Mitgliedern der UÇPMB eine ganze Reihe von Männern seien, die eindeutig der Kriminalität im Bereich des Drogen-, des Waffen- und des Menschenschmuggels zuzuordnen seien. Ich bin mir nicht ganz sicher, inwieweit Ostremi bemüht ist, mir nach dem Mund zu reden. Es ist so unglaublich schwer zu erkennen, was diese Männer wirklich denken und wo sie überall ihre Finger mit im Spiel haben. Die schillernde Figur des Odysseus könnte Leitbild der hiesigen Politiker und Verantwortlichen sein. Entscheidend scheint nur das erreichte Ergebnis zu sein, nicht der Weg, wie man dorthin kommt. Jede Finte ist recht. Vertrauen in Aussagen zu haben mag zwar schön sein, ist hier aber meist falsch. Man muß sich immer fragen, welche Hintergedanken damit verbunden sein könnten. Es gilt als durchaus angemessen, den anderen – mit welchen krummen Methoden auch immer – über den Tisch zu ziehen. Nur der Erfolg zählt. Möglicherweise wird Ostremi* demnächst Ramush Haradinaj ablösen, wenn dieser im April in die Politik geht.

Es tut sich was bei unseren Verstärkungen. Wir hatten zwei Bataillone beantragt. Es sieht so aus, als bekämen wir allenfalls drei weitere

---

* Ostremi wurde im Frühjahr 2001 von Çeku aus dem Kosovo Protection Corps gefeuert und ist zwischenzeitlich Chef des Stabes der UÇK in Mazedonien geworden. Soweit zur Glaubwürdigkeit der handelnden Personen.

Kompanien. Davon ist eine französische Kompanie vorgesehen, die das ohnehin schon hier stationierte zweite französische Bataillon verstärken soll, während die Italiener das uns bereits gut bekannte und sehr geschätzte „San Marco"-Bataillon für die Dauer von 45 Tagen zur Verfügung stellen wollen; es besteht aber nur aus zwei Kompanien Marineinfanterie. Dieses Bataillon ist Teil der Strategischen Reserve des SACEUR und wird anstelle der bisher geplanten Teilnahme an der Übung DYNAMIC RESPONSE 2000 in Mitrovica eingesetzt werden. Wenn diese Kräfte vor Ort einsatzbereit sind, können wir mit ihnen die Situation in Mitrovica so stabilisieren, daß wir keine Kompanien anderer Nationen mehr in den Bereich der MNB (N) zu verlegen brauchen; aber der „große Wurf" für den geplanten größeren Einsatz in dem Bereich über die Stadt hinaus ist damit nicht möglich. Immerhin können wir dann mit einer begrenzten Internationalisierung der Kräfte im amerikanischen Sektor zur Verstärkung entlang der Grenze zur Sicherheitszone früher beginnen als bisher angenommen.

Ich habe am Nachmittag ein einstündiges Interview mit vier amerikanischen Journalisten, im Anschluß tragen mir meine Planer zu den Möglichkeiten des Einsatzes des „San Marco"-Bataillons vor.

Am Abend gibt es im Pressezentrum eine große Abschiedsparty, auf der sich dessen Leiter, Oberst der Reserve Horst Pieper, aus dem Kosovo abmeldet. Er ist Reserveoffizier, Chefredakteur bei der „Pforzheimer Zeitung", der uns schon in Somalia und in Bosnien-Herzegowina sehr effektiv unterstützt hat. Ich erinnere mich an viele Gespräche und gute Tips in Sarajevo. Pieper kennt die Kollegen, diese kennen ihn und vertrauen ihm, er koordiniert im Hintergrund und zieht die Fäden mit großem Geschick. Er hat bereits zweimal seine Tour of Duty verlängert, nun ruft ihn seine Zeitung endgültig zurück.

Ich verabschiede ihn in Anwesenheit des gesamten Journalistencorps und danke ihm für seine exzellente Arbeit, aber auch für seine persönliche Freundschaft. Sein instinktsicherer Rat wird mir fehlen. Der lange anhaltende Applaus macht deutlich, wie sehr Pieper auch bei seinen Kollegen geschätzt wird.

Generalmajor Salvatore Carrara ist endgültig da. Damit habe ich wieder einen zweiten Stellvertreter. Er übernimmt die bisherigen Aufgaben von Silvio Mazzaroli und wird sich primär um die humanitäre Hilfe, um die Rücksiedlung der Flüchtlinge und um die Koordinierung all unserer Aktivitäten auf dem Gebiet der Civil Military Cooperation mit UNHCR und mit den NGOs kümmern. Er ist ein drahtiger, energischer und sehr aktiver General, der zupacken und etwas bewegen will, hellwach und geistig sehr agil. Er freut sich auf die neue Aufgabe und brennt darauf, sofort loszulegen

Die Royal Green Jackets stehen kurz vor dem Ende ihres Einsatzes. Ich mache einen letzten Besuch, um ihnen für ihre gute Arbeit in den vergangenen sechs Monaten zu danken. Sie haben ihre Sache in Priština, wo sie fast die gesamte Zeit im Einsatz waren, ausgezeichnet gemacht. Sie haben auch während der sehr schwierigen Tage in Mitrovica kühl und eindrucksvoll ihren Mann gestanden.

Wir haben vor zwei Tagen versucht, mit Aufklärungsflugzeugen der Luftwaffe Luftaufklärung über dem Preševo-Tal zu fliegen. Es war reine Zeitverschwendung. Unser Plan war es gewesen, die Luftfahrzeuge entlang der Grenze einzusetzen und Aufnahmen in Seitenansichten zu machen. Tatsächlich flogen die Piloten aber über dem Kosovo und haben jede Menge Bilder von unseren eigenen Kräften gemacht. Der Einsatz war ein echter Flop, und ich bin sauer. Ich hoffe, wir haben beim nächsten Mal mehr Erfolg.

Meine Weisung vom 8. Februar bezüglich der Schließung des Café „Dolce Vita" ist immer noch nicht ausgeführt. Ich befehle daher dem französischen Brigadekommandeur heute erneut: „Ich habe soeben Ihr Interview in ‚Bota Sot' gelesen, in dem Sie versprechen, … alle serbischen Wachen von der Brücke zu entfernen … Eine gute Erklärung; die Albaner werden nun ein waches Auge darauf haben, wie Sie mit den Leuten von Ivanović umgehen.

Wie ich im Befehl Nr. 595 festgestellt habe, erwarte ich, daß Sie alle Brückenwächter entfernen, und zwar

464

- von beiden Brücken,
- aus dem ‚Dolce Vita‘,
- aus allen Häusern im Norden, von denen die Brücke eingesehen werden kann.

Ich erwarte, daß Sie alle Leute von Ivanović (d. h. die Angehörigen des serbischen ‚Sicherheitsdienstes‘) bis zum 16. März 2000 aus dem ‚Vertrauensbereich‘ entfernt haben."

Für heute hatten wir den ersten Ski-Tag in Bresovica eingeplant. Alle Vorbereitungen waren für diesen Neuanfang des kosovarischen Skiverbandes positiv abgeschlossen, die Busse fuhren – mußten dann aber in den Bergen bei Štrpce wegen zu starken Schneefalls und nicht geräumter Straßen umkehren.

Ich habe erneut ein Interview mit Carsten Hoffmann von dpa, anschließend spreche ich mit von Dohnanyi von der „Weltwoche", Zürich.

Robert Reid vom UN-Kriegsverbrechertribunal in Den Haag (International Criminal Tribunal on Yugoslavia, ICTY) bittet um Unterstützung bei der Arbeit, Beweismaterial sicherzustellen; hier geht es insbesondere um praktische Unterstützung bei der Exhumierung Ermordeter, die im Frühjahr wiederaufgenommen werden soll. Ich sage unsere Hilfe selbstverständlich in gleichem Maße wie bisher zu.

Am Abend verabschieden wir meinen Adjutanten, Hauptmann Jörg See, der an die Führungsakademie der Bundeswehr geht. Hauptmann See hat sehr gute Arbeit geleistet und sich blendend in mein Team eingearbeitet. Er hat mich auf unzähligen Reisen begleitet, die er abgesprochen und im einzelnen vorbereitet hat. Seine Geduld, sein Humor und seine Standfestigkeit werden uns allen fehlen.

Montag, der 13. März 2000; 159. Tag naß

Der US-Botschafter Christopher Hill hat mich in die amerikanische Residenz zum Frühstück eingeladen. Dabei ist auch James Rubin, der Pressesprecher der amerikanischen Außenministerin Madeleine Albright und Mentor von Hashim Thaci. Mein Hauptthema ist erneut das Preševo-Tal und die dominierende Rolle der albanischen Insurgenten.

Unter Hinweis auf die dubiose Rolle Thacis bei der vorgestrigen Pressekonferenz rate ich dringend, mit Thaci zu sprechen und ihm die politischen Grenzen der Zusammenarbeit aufzuzeigen. Außerdem empfehle ich, daß die beiden amerikanischen Diplomaten etwa auf der Grundlinie meiner Argumentation hier vor die Öffentlichkeit treten und unmißverständlich deutlich machen, daß die USA die albanischen Extremisten nicht unterstützen werden. Diese Sprache muß sehr klar und unmißverständlich sein, um neues Unheil zu verhindern. Die Herren halten sich jedoch bedeckt und lassen mich nicht in ihre Karten schauen.

Ramush Haradinaj kommt, um mir ganz offiziell mitzuteilen, daß er das Kosovo Protection Corps verlassen und statt dessen in die Politik einsteigen will. Ich ermuntere ihn in seinem Vorhaben und empfehle ihm, sofort ein Reiseprogramm zu entwerfen, um die wichtigsten Länder, die das Kosovo auf seinem Weg in eine bessere Zukunft begleiten, aufzusuchen und sich bei den dort politisch Verantwortlichen bekanntzumachen. Ramush plant eine Allianz verschiedener Parteien, um mit deren Hilfe langfristig Präsident des Kosovo zu werden. Sein politischer Ansatz ist rein nach innen gerichtet. Er hofft, als „Kriegsheld" die Massen hinter sich zu bringen. Ich weise ihn darauf hin, daß er in vielen Publikationsorganen eher als „Kriegsgewinnler" und Krimineller gebrandmarkt ist. Er müsse daher versuchen, sich ein neues Image aufzubauen, und dürfe nur mit Leuten zusammenarbeiten, denen auch der einfache Mann auf der Straße traut.

Es gibt ebenfalls sehr negative Pressemeldungen im Ausland – wie in dem kürzlich erschienenen Artikel im „Observer" –, die sehr reale Auswirkungen bei den UN gehabt haben. Ich ermutigte ihn dazu, einige seiner Leute aus ihren Ämtern zu entfernen, bevor dies KFOR bzw. UNMIK tun müssen; damit würde er ein positives Signal an die Staatengemeinschaft senden. Ich warne ihn, daß er sich jeder politischen Tätigkeit enthalten muß, solange er Mitglied des Kosovo Protection Corps ist. Es steht so gut wie fest, daß er Anfang April in die Politik geht, daher sprechen wir auch über seinen möglichen Nachfolger im Kosovo Protection Corps. Er ist der Ansicht, daß Gezim Ostremi als ehemaliger Stabsoffizier der jugoslawischen Streitkräfte der geeignetste Kandidat ist.

466

Admiral James Ellis, CINCSOUTH, kommt aus Neapel, um über die Übergabe an KFOR 3, über die Vorbereitungen zur Übung DYNAMIC RESPONSE 2000 und über die Unterstützung für die Lufteinsätze, die wir fast täglich durchführen, zu sprechen. Es ist ein sehr gutes Treffen, in dem wir uns in allen Punkten völlig einig werden.

König Abdallah von Jordanien besucht zusammen mit dem Verteidigungsminister der Vereinigten Arabischen Emirate die jordanischen und die Truppen aus den Emiraten. Er hat um ein Gespräch mit mir gebeten, eine Bitte, der ich sehr gern nachkomme. Ich fliege nach Vučitrn und erlebe einen jungen Monarchen, der sich sehr eingehend mit seinen Männern unterhält, der den Eindruck vermittelt, er habe für seine Soldaten alle Zeit der Welt, der sich gut auf diesen Besuch vorbereitet hat und eingehende Fragen stellt. Der König ist im Auftreten und in seiner Aussprache sehr britisch, dabei offen, schlagfertig und ein Mann, der zuhören kann. Ich gebe ihm meine Beurteilung der aktuellen Lage und zur möglichen Entwicklung in den kommenden Monaten. Vor allem danke ich ihm und dem Verteidigungsminister der Vereinigten Arabischen Emirate für die sehr konkrete Unterstützung und die sehr solide Arbeit ihrer Truppen sowie für deren hohes Engagement im humanitären Bereich. Das arabische Krankenhaus in Vučitrn hat ein hohes Ansehen und versorgt die gesamte Bevölkerung im größeren Umkreis.

Im Grand Hotel hat sich der „Bayerische Rundfunk" mit der Sendung „Café Europa" aufgebaut, um mit Tom Koenigs, Hashim Thaci und mir über die Situation im Kosovo zu sprechen. Hashim Thaci kommt trotz fester Zusage gar nicht, obwohl er im Hotel ist. Er gibt an, daß er nur dann mitmachen würde, wenn auch Bernard Kouchner dabeisei. Der ist aber gerade auf dem Rückflug von Paris; Tom Koenigs ist Thaci politisch „nicht hoch genug". Das erspart mir, selbst absagen zu müssen, da ich mit Thaci nicht mehr vor eine laufende Kamera getreten wäre.

Ich spreche mit Brigadegeneral Sanchez eine wichtige und noch geheime Operation ab, mit der die Amerikaner die Extremisten der UÇPMB von deren uns bekanntgewordenen Basen im Kosovo abschneiden wollen. Ich gebe ihm meine volle Zustimmung und wäre froh, wenn andere einen ähnlich aktiven Ansatz fahren würden. Es macht große Freude, mit Ric Sanchez zusammenzuarbeiten. Er ist offen, hochintelligent, sehr initiativ und absolut loyal. Nicht nur seine Soldaten – einschließlich der Russen und der Polen – mögen ihn; auch ich mag ihn, denn er ist einer meiner besten Männer im Kosovo, von dem man in der US Army sicher noch mehr hören wird.

Der Kommandeur des ungarischen Infanterie-Bataillons, Oberstleutnant Gyula Papp, der für die Sicherheit unseres Hauptquartiers zuständig ist, meldet sich nach sechsmonatigem Einsatz ab. Ich bin mit seinem Verband sehr zufrieden.

Kurz vor Mitternacht habe ich mit „BBC late night" noch ein Interview.

Dienstag, der 14. März 2000; 160. Tag   sonnig

Ich freue mich über den erneuten Besuch des EU-Beauftragten für die Außen- und Sicherheitspolitik, Javier Solana. Er zeigt großes Interesse an der positiven Tendenz in unserer Kriminalitätsstatistik und ist sehr überrascht über die Ergebnisse einer zweiten Gallup-Umfrage, die ich vor ihm ausbreite. Besonders erstaunt ihn, daß Thaci das von ihm vermutete hohe Maß an Unterstützung der albanischen Bevölkerung in Wirklichkeit überhaupt nicht hat.

Ich trage ihm dann zu den Einzelheiten unserer Maßnahmen in Mitrovica und im Preševo-Tal vor und warne ihn vor der verheerenden Rolle der albanischen Extremisten. Ich bitte ihn, sich von diesen Leuten und deren Absichten öffentlich zu distanzierten und ihnen damit jede Hoffnung auf Unterstützung durch die Internationale Gemeinschaft zu nehmen. Auf die weiterhin traurige Lage im Bereich der Finanzmittel und beim Wiederaufbau der mittelständischen Wirtschaft sowie der Landwirtschaft angesprochen, hört Solana sehr aufmerksam zu und verspricht, sich persönlich dafür starkzumachen.

Unser abendliches Treffen mit Bernard Kouchner verläuft etwas stürmisch. Ich höre heute zum x-ten Mal, daß UNMIK eine multiethnische Bäckerei in Mitrovica eröffnen will. Dieselbe Bäckerei wollten sie schon im Oktober, im November, im Dezember, im Januar und im Februar aufmachen – aus dem Laden ist noch nicht ein einziger Laib Brot gekommen. Keine meiner sehr konkreten Nachfragen nach den verfügbaren Geldern, nach dem geplanten Termin für die konkrete Öffnung, nach der Zahl der zu Beschäftigenden, nach dem ethnischen Mix und nach dem Produktionsumfang kann mir beantwortet werden; wir kommen über Absichtserklärungen einfach nicht hinaus. Gleiches gilt in analoger Weise für die ominöse Zementfabrik. Wir haben sie gemeinsam besichtigt, wir haben die Öffnung versprochen, wir haben ums Geld gekämpft – nichts ist bisher gelaufen. Ich bin am Ende meines Lateins und weiß nicht mehr, wo ich den Hebel noch ansetzen soll. Es ist wahrscheinlich leichter, einen Pudding an die Wand zu nageln.

Mittwoch, der 15. März 2000; 161. Tag   sonnig

Heute nacht haben die Amerikaner zugeschlagen und in einer völlig überraschenden Nacht- und Nebelaktion aus der Luft die uns bekannten Ausbildungslager bzw. logistischen Basen der UÇPMB angegriffen.

Eine Task Force ist mit Teilen von Hubschraubern abgesprungen, andere haben die Lager umstellt und die wenigen Männer, die sich über Nacht dort aufhielten, festgenommen. Waffen, Munition, Uniformen, Vorräte, Unterkünfte, alles wurde zerstört, um die Basen der Extremisten unbrauchbar zu machen. Unabhängig von den physischen Ergebnissen haben wir einen entscheidenden psychologischen Gewinn zu verzeichnen. Wir haben allen Seiten im Kosovo und auch der Welt gezeigt, daß wir Verstöße gegen unsere politischen Vorstellungen und gegen unser Ziel, den Frieden zu sichern, nicht hinnehmen werden. Die Gesetzlosen werden von uns verfolgt, unabhängig davon, welcher ethnischen Seite der Bevölkerung sie angehören.

Ich hoffe, daß diese Nachricht von den Verantwortlichen verstanden wird, viel deutlicher können wir nicht werden. Parallel zu diesen militärischen Aktionen haben sich glücklicherweise auch James Rubin und Botschafter Chris Hill vor die örtliche Presse gestellt und an die Verantwortung der albanischen Führung appelliert. Sie haben sich energisch gegen jegliches Abenteurertum in der Sicherheitszone und im Preševo-Tal ausgesprochen. Im Zusammenhang mit dieser sehr deutlichen und harten Haltung der beiden US-Politiker hat die Operation der MNB (E) am heutigen Morgen den albanischen Aufständischen von der UÇPMB die drastische Botschaft vermittelt, daß wir genau das tun, was wir ihnen angekündigt haben, d. h. wir werden gegen sie vorgehen, wenn sie weiterhin militärische Ausbildung betreiben und ihre Leute in der Sicherheitszone stationieren. Das Problem bleibt die albanische Führung, die dazu weiterhin schweigt.

Es besucht mich heute zum dritten Mal der militärische Vertreter des russischen Verteidigungsministeriums bei SHAPE, Generalleutnant Loginov. Es ist erneut eine sehr freundliche und sehr konkrete Diskussion, zur Lage im Preševo-Tal, zu Mitrovica und zur Frage, wie in all das die Planungen der Russen hineinpassen.

Wir sprechen auch über die Situation in Orahovac, und ich erkläre ihm, daß wir kurz vor einer Lösung gestanden hätten, die jedoch wegen der schlechten Presse aus Grozny zum damaligen Zeitpunkt nicht mehr umsetzbar war. Ich betone, daß ich auch weiterhin nach einer Lösung gemäß dem Abkommen von Helsinki suche, daß ich jedoch keine Gewalt anwenden werde, um den endgültigen Zustand zu erreichen. Loginov scheint nicht bevollmächtigt zu sein, etwas Konkretes dazu zu sagen. Er verweist auf die Zuständigkeit Moskaus; der russische Generalstab werde uns über seine nächsten Schritte unterrichten.

Ich bitte Loginov daraufhin, das russische Bataillon bei der MNB (E) zu verstärken, und ich beklage, daß die Russen zu wenig für die Sicherheit an der Sicherheitszone zum Preševo-Tal tun. Ich biete ihm – wie schon vorher Evtukovič – an, Truppen anderer Nationen in den russischen Verantwortungsbereich zu verlegen, um sie zahlenmäßig für die dortigen Operationen an der Grenze aufzustocken. Hier wird Loginov noch zögerlicher und verweist erneut darauf, daß Entscheidungen dieser Art im Generalstab getroffen werden und daß er meine Anfrage dorthin weiterleiten werde. Ich mache ihn darauf aufmerksam, daß ich diese Anfrage schon einmal gestellt habe.

Bernard Kouchner und ich fliegen dann nach Mitrovica, wo die Franzosen zusammen mit Männern des Kosovo Protection Corps dabei sind, einen mit Müll völlig verstopften Kanal in der Stadtmitte zu entrümpeln. So kann der Kanal bei Hochwasser seine Aufgabe wieder erfüllen. Anfänglich hatte die Bevölkerung sehr unwirsch reagiert, daß die ehemaligen „Helden der UÇK" nun zur Schaufel und zur Schubkarre greifen, um diese Dreckarbeit auszuführen. Heute sieht das völlig anders aus. Die Anwohner bringen den Männern des Kosovo Protection Corps wie auch den französischen Soldaten Cola, Kuchen und Kaffee und bedanken sich für deren Einsatz, von dem sie langfristig profitieren werden. Dies ist ein gelungenes Stück positiver und praktischer Öffentlichkeitsarbeit, für das ich der französischen Brigade dankbar bin.

Als wir eintreffen, gibt es einen großen Auflauf der Bevölkerung und der Presse; alle wollen uns danken. Das Fernsehen schießt gute Bilder, die zeigen, wie die französischen Soldaten mit den Albanern zusammenarbeiten. Ich hoffe, daß diese beredte Berichterstattung die bisher weitgehend negativen Meldungen über die Franzosen in Mitrovica wettmachen.

Ich werde von einem albanischen Kraftfahrer in seine Wohnung eingeladen. Die ganze Familie ist da, Freunde kommen, die kleine Etagenwohnung platzt aus allen Nähten. Ich bekomme Kaffee und Kuchen und werde wie ein Ausstellungsstück angestarrt. Die Leute sind uns gegenüber unglaublich offen und voller Erwartungen. Der Mann sagt immer wieder, wie gerne er mit seinen ehemaligen serbischen Freunden und Kollegen auf der Nordseite des Ibar zusammenkommen und die alten Verbindungen, die noch aus der gemeinsamen Schulzeit stammen, wieder aufnehmen würde. Er ist für die Koexistenz, aus seiner Sicht gibt es dazu gar keine Alternative. Man habe schon immer zusammengelebt und werde dies auch in Zukunft wieder tun.

Die Franzosen haben heute endlich auch mit der Entfernung der „Brückenwächter" auf der ostwärtigen Brücke „Cambronne" begonnen. Die Serben haben zwar schrecklich gemault, etwa dreihundert haben sich zusammengemobbt, um Steine zu werfen, aber nach kurzer Zeit war die Lage dank des energischen Eingreifens der französischen Bataillonsführung unter Kontrolle. Die Serben sind beleidigt abgezogen, die serbischen „Brückenwächter" von der ostwärtigen Brücke sind verschwunden. Der Brigadekommandeur hat mir zugesichert, an der „Austerlitz-Brücke" eine ähnliche Operation durchzuführen.

Ich besuche das zweite französische Bataillon, einen Verband der französischen Marine-Fallschirmjäger (8° RPIMA) unter der Führung von Oberst Michèle Stollsteiner, den ich schon als damaligen französischen Lehrgangsteilnehmer an der Führungsakademie der Bundeswehr wegen seiner hohen Intelligenz und seiner enormen Tatkraft zu schätzen gelernt habe. Es macht Freude, mit diesen jungen, sehr aufgeweckten und zupackenden französischen Soldaten zu sprechen, die von ihrer Aufgabe sehr überzeugt sind. Ihre vorbereitende Ausbildung daheim war gut, ihr Einsatzwille ist groß, und ich habe sie beim Einsatz in Mitrovica immer wieder bewundert, mit welcher Ruhe und Umsicht sie ihre so schwierige Aufgabe erfüllen. Ich bin sehr froh, diese ausgesprochen guten französischen Soldaten führen zu dürfen; auf sie kann ich mich in der Auftragsdurchführung voll verlassen. Ich gehe mit Stollsteiner seine kommenden Einsätze, die sich auf die Objekte außerhalb von Mitrovica beziehen, durch und stelle fest, daß seine Planungen sehr solide und gut abgestimmt sind. Er ist überzeugt, diese Aufgaben mit seinen Männern ohne größere Probleme erfüllen zu können.

Ich fahre dann an den Südrand von Mitrovica, wo wir das italienische „San Marco"-Bataillon in einem ehemaligen serbischen Munitionslager unterbringen wollen, da sich in der Stadt keine andere Möglichkeit mehr bietet. Hier haben wir noch ein großes Stück Arbeit vor uns, um die Italiener angemessen unterzubringen.

Donnerstag, der 16. März 2000; 162. Tag   Neuschnee, naßkalt

Nach einem Morgen-Interview mit der „Deutschen Welle" habe ich eine ausgedehnte Unterredung mit Brigadegeneral Saqui de Sannes. Ich hoffe, daß unser Vier-Augen-Gespräch zu mehr Aktivität führen wird, bin mir aber nicht so sicher. Wir sprechen den Einsatz der ihm neu unterstellten Kräfte, vor allem aber die volle Umsetzung des „Vertrauensbereichs" an, die für mich höchste Priorität hat.

Die anschließende Kommandeursbesprechung dient der letzten Vorbereitung der Übung DYNAMIC RESPONSE 2000. Ich nutze aber die Gelegenheit, Brigadegeneral Sanchez für den gestrigen Einsatz gegen die UÇPMB zu danken. Wir sprechen auch die erforderlichen Maßnahmen zur weiteren multinationalen Verstärkung der MNB (E) an. Generell melden die Brigaden eine Konsolidierung ihrer Bereiche. Derzeit scheint alles relativ ruhig zu sein.

Themen der heutigen gemeinsamen Strategiesitzung mit UNMIK sind die Registrierung der Bevölkerung und die Vorbereitungen auf die lokalen Wahlen im Herbst 2000. Mit der Registrierung verbunden werden soll die Ausgabe eines Reisedokuments, das die Vereinten Nationen ausgeben. Die meisten der Kosovo-Albaner möchten die immer noch gültigen jugoslawischen Reisepässe nicht mehr benutzen, da sie sich nicht mehr als Jugoslawen ansehen.

Die Registrierung ist die unabdingbare Voraussetzung für die Wahlen. Wählen darf nur, wer im Kosovo rechtmäßig registriert ist, bzw. wer im Ausland nachweisen kann, daß er die Kriterien für die Registrierung im Kosovo erfüllt. Dies gilt auch für die Serben, die aus dem Kosovo geflohen sind.

Die Registrierung soll an ca. zweihundert Registrierungsstellen vorgenommen werden, während für die Wahlen rund 1.300 Wahllokale in etwa 500 Ortschaften vorgesehen sind. Für alle diese administrativen Vorgänge ist die Unterstützung und die Absicherung durch KFOR erforderlich, so daß wir gemeinsame Arbeitsgruppen einrichten, die bei KFOR durch CIMIC-Personal besetzt werden, um die notwendigen Maßnahmen durchzudenken und in die Praxis umzusetzen.

Es ist für mich eigenartig, daß Bernard Kouchner in diesem Zusammenhang auf Mitrovica zu sprechen kommt und dazu rät, angesichts dessen, was in den letzten Wochen dort gelaufen ist, gegenüber den Serben eher behutsam vorzugehen und nichts zu forcieren. Auch die Drogendealer, die in Mitrovica auf den Prozeß warten, sollten deswegen nicht dort, sondern besser in Priština dem Richter vorgeführt werden. Ich vermag die Logik dahinter nicht zu begreifen. Macht sich da die heimische Politik bemerkbar?

Am Abend besucht mich nach einem Interview mit „Reuters TV" mein alter Freund, Generalleutnant Jussi Hauttamäki, der Operationschef der finnischen Streitkräfte, um sich über die Lage zu informieren und mit den finnischen Offizieren zu sprechen, die zwischenzeitlich im Stab KFOR Dienst tun. Ich beglückwünsche Jussi Hauttamäki zu der hohen Qualität und zur Gelassenheit und Standfestigkeit der finnischen Soldaten, die in meinem Kommando zu haben ich sehr froh sei. Auf die Finnen ist jederzeit Verlaß.

Der SACEUR ruft mich früh am Morgen an. Er war in Paris und hat mit General Jean-Pierre Kelche, dem Oberbefehlshaber der französischen Streitkräfte, gesprochen. Danach wird sich für mich die Situation in Mitrovica nicht ändern. Ich werde wie bisher weiter versuchen müssen, unter den gegebenen Umständen aus der Situation das Beste zu machen.

Die Sitzung des Interim Administration Council ist fast ausschließlich der Vorbereitung der Registrierung und der Wahlen gewidmet. Weder Thaci noch Rugova wollen lokale Wahlen für die Vertreter der Regierungsbezirke und die Bürgermeister; sie wollen die große politische Wahl der Volksvertreter und der künftigen Regierung des Kosovo. Bernard Kouchner überzeugt sie aber, daß die UN als ersten Schritt der Demokratisierung derzeit mehr als lokale Wahlen nicht genehmigt.

Es wird erneut ausgiebig über die Zahl der künftigen Regierungsbezirke (Opštinas) gestritten. Soll Zvečan eigener Regierungsbezirk bleiben oder ist dieser Ort nur ein Teil Mitrovicas? Kouchner entscheidet gegen die Empfehlung Rugovas und Qosjas, Zvečan als Opština beizubehalten.

Dies bringt Thaci auf den Plan, der uns alle angreift und uns vorwirft, die International Crisis Group (ICG) mit negativen Daten über das Kosovo Protection Corps gefüttert zu haben, da die International Crisis Group ein sehr kritisches Papier über das Kosovo Protection Corps geschrieben hat. Thaci sieht dahinter eine Intrige gegen sich und die Männer seiner ehemaligen UÇK. Die International Crisis Group unterstellt dem Kosovo Protection Corps politische Ambitionen, Verwicklung in kriminelle Handlungen und zweifelhaftes Führungspersonal.

Ich halte dagegen, daß dies ein Bericht sei, der vor mehreren Wochen geschrieben worden sei, der den aktuellen Sachstand nicht wiedergebe und der in keinem Punkt mit KFOR abgestimmt worden sei. Mit der Einführung eines Disziplinarrechts für das Kosovo Protection Corps, mit der strikten Auswahl der endgültigen Mitglieder und dem Rauswurf von Führern, die gegen uns arbeiten, hätten wir die Entwicklung des KPC gut im Griff. Ich hätte gerade heute General Çeku beauftragt, zwei seiner Führer im Regionalkommando 6 in Gnjilane des Amtes zu entheben, da sie sich öffentlich für die Unterstützung der UÇPMB ausgesprochen hätten. So haben der stellvertretende Führer des Regionalkommandos 6, Shaqir Shaqiri, und der für die Versorgung verantwortliche Januz Musliu an Aktivitäten teilgenommen, die weder der Rolle noch dem Wesen des KPC als einer multiethnischen zivilen Organisation entsprechen.

Shaqiri wird in einem Interview der „Bota Sot" mit der Aussage zitiert, „daß es sicher Krieg im Preševo-Tal geben wird … die beste Lösung wäre es, wenn man sich dem Kosovo anschlösse … Es wird für die Anwohner dazu kommen, daß sie zu ihren Waffen greifen und sich verteidigen müssen."

Wir verfügten zudem über nachrichtendienstliche Erkenntnisse darüber, daß Shaqiri mit Organisationen in Verbindung steht, die sich im krassen Widerspruch zu den Gründungsprinzipien des Kosovo Protection Corps befinden. Des weiteren hätten wir zuverlässige Erkenntnisse über Muslius eindeutige Verwicklung in die UÇPMB sowie Angaben, die ihn mit illegalen Handlungen in Verbindung bringen.

Thaci läßt sich nicht beruhigen. Auch die neusten Gallup-Umfragen seien eindeutig gegen ihn gerichtet und eine „Machenschaft" Buskoshis, um ihn und das KPC zu demütigen. Alle seien gegen ihn. So würden UNMIK, die OSZE und KFOR ihn und seine PPDK bewußt nicht informieren, sondern ihn gezielt im dunkeln lassen und allenfalls vor vollendete Tatsachen stellen. Ich kann das für KFOR nicht stehen lassen, denn wir hatten Thaci wieder und wieder über unsere Absichten im Detail informiert; ich selbst habe mir immer wieder Zeit genommen, um ihn durch Informationen vorab in unsere Vorhaben einzubinden. Es war allenfalls Thaci selbst, der sich durch seine unberechenbare Schaukelpolitik zeitweise sehr bewußt aus jeder Form der Kommunikation zurückgezogen hat. Ich verlasse daher die Sitzung, da ich nicht gewillt bin, mir diese Art der unhaltbaren und völlig aus der Luft gegriffenen Vorwürfe weiter anzuhören.

Mittags besucht mich mein Stellvertreter aus Heidelberg, der jetzige COMSFOR, Generalleutnant Ronald Adams. Er freut sich, so viele bekannte Gesichter wiederzusehen. Wir weisen ihn eingehend in unsere Lage ein, während er uns entsprechende Informationen aus Bosnien-Herzegowina gibt.

Bernard Kouchner und ich beschließen am Nachmittag, eine Asbest-
fabrik in Kačanik, die die Umwelt bis weit nach Mazedonien hinein
belastet, zu schließen. Damit fallen leider weitere Arbeitsplätze weg,
aber die Beschwerden waren so stark geworden, insbesondere auch von
unserem griechischen Kontingent, dessen Männer in nächster Umgebung ihren Dienst leisten, daß wir tätig werden müssen. Die Gesundheit
hat Vorrang.

Am Abend besucht mich Oberst Muaffaq, der Adjutant des jordanischen Königs Abdallah, um mir den persönlichen Dank seines Königs
zu übermitteln. Er bittet, daß ich mich vor dem jordanischen Fernsehen
zu meinen Eindrücken über die arabischen KFOR-Soldaten äußere, was
ich natürlich sehr gern tue. Ich nutze die Gelegenheit, den Bürgern
Jordaniens und der Vereinigten Arabischen Emirate dafür zu danken,
daß sie mir für den Einsatz im Kosovo so gut ausgebildete und professionell zuverlässige Soldaten unterstellt haben.

Samstag, der 18. März 2000; 164. Tag   sonnig

Der SACEUR teilt mir mit, daß ihn gestern Thaci angerufen habe. Thaci hat angeblich vor, mit den Männern der UÇPMB zu verhandeln mit
dem Ziel, die Waffen niederzulegen; anschließend will er erneut vor die
Presse treten, um sich von der bisherigen Gewalt der UÇPMB zu distanzieren. Ich solle mich darum kümmern und Thacis Statement vorher überprüfen.

Dieser Auftrag bringt mich potentiell in eine Zwangslage; ich bin
aber nicht gewillt, dieses Spiel erneut mitzumachen. Ich sage General
Clark daher, daß ich diesen Auftrag ablehnen würde und bitte ihn, sich
deswegen mit der amerikanischen Vertretung in Priština ins Benehmen
zu setzen. Mir geht es dabei nicht um falsch verstandene Ehrpusselig-
keit, sondern ausschließlich um meine Glaubwürdigkeit im internationalen Bereich wie gegenüber der hiesigen Bevölkerung. General Clark
akzeptiert meine Position.

Die internationale Presse wirft uns zunehmend vor, in Mitrovica zu
lasch zu sein und Ivanović gegenüber nachzugeben. Wir haben strate-
gisch unseren guten Ruf verloren. Zudem wurde der Presse zugetragen,

daß die KFOR in den kommenden sieben Tagen in Mitrovica angeblich nichts unternehmen werde.

Ich rufe Brigadegeneral Saqui de Sannes an und weise ihn an, hier dagegenzuhalten. Wir müssen zu diesen negativen Berichten einen Ausgleich schaffen, denn obwohl sie sich eigentlich nur auf den taktischen Bereich vor Ort beziehen, haben sie erhebliche Auswirkungen auf den strategischen Bereich der Politik der Staatengemeinschaft.

Es ist daher dringend erforderlich und seit langem überfällig, nun endlich die seit längerem befohlene Vergrößerung des Vertrauensbereichs sowohl nördlich als auch südlich des Ibar vorzunehmen. Ich mache dem französischen Brigadekommandeur unmißverständlich klar, daß er mit der Umsetzung dafür unverzüglich beginnen und dazu alle ihm unterstellten Kräfte einsetzen muß. Er sagt mir dies zu, weist aber darauf hin, daß die Situation mit den Serben deutlich verschärft worden sei, seit sie wissen, daß mit Bill Nash der nächste UNMIK-Administrator ein Amerikaner sein würde. Dies darf uns aber nicht davon abhalten, jetzt zu tun, was wir geplant haben und für richtig halten. Ich bin der Ausflüchte überdrüssig und sehr ungeduldig.

Am Nachmittag fliege ich zum portugiesischen Einsatzverband „Pegasus" nach Klina. So viel Freude der Besuch bei den engagierten und gut ausgebildeten Portugiesen auch macht, so macht er auch Probleme offenkundig, die mir immer größere Sorgen bereiten.

- Manche Truppenkörper, die die Nationen uns als „Bataillone" verkaufen, sind zum Teil stark ausgedünnt und entsprechen von der Größenordnung her nicht mehr dem Umfang, den wir mit dem Begriff „Bataillon" gewöhnlich verbinden. So hat dieses portugiesische Bataillon nur noch zwei Kompanien mit jeweils nur zwei Infanteriezügen, d. h. das „Bataillon" kann allenfalls vier Züge einsetzen; der gesamte Verband hat nur 295 Mann.
- Wir müssen in dem Aufgabenbereich, in dem es darum geht, serbisches Kulturgut zu bewachen, eine Neubewertung vornehmen. So stelle ich beim Besuch einer kleinen serbischen Kirche, in der drei Nonnen wohnen, fest, daß diese Kirche mit Sicherheit wunderschön ist und auch bewacht werden muß – aber es ist untragbar, daß wir allein zu ihrem Schutz rund um die Uhr 18 Mann gebunden haben. Das kön-

nen wir uns bei der permanent abnehmenden Stärke nicht mehr erlauben. Ich weise meinen Stab daher an, unser diesbezügliches Bewachungskonzept in Richtung höherer Flexibilität zu überdenken.

In einem Treffen mit Çeku gehen wir nochmals die Frage der Nichteinhaltung der Vorgaben für das Kosovo Protection Corps durch. Er wird die beiden Führer des Regionalkommandos 6 sofort entlassen und erklärt sich einverstanden, eine Presseerklärung abzugeben, in der er alle Personen verurteilt, die bestehende Vorgaben nicht beachten. Er wird auch auf das illegale Eintreiben von „freiwilligen" Steuern eingehen, das einzelne Mitglieder des Kosovo Protection Corps in der Vergangenheit angeblich betrieben haben. Wir sind uns darüber im klaren, daß wir nach dem negativen Bericht der International Crisis Group zum Kosovo Protection Corps offensiv werden müssen, um die schlechte Berichterstattung durch die konkrete Darstellung dessen, was das KPC wirklich tut, zu konterkarieren.

Am Abend findet im Nationaltheater das erste öffentliche Kammerkonzert statt. Besa Shema hat hinter den Kulissen gewirkt, die Musiker zusammengebracht und das Programm anhand von deren Möglichkeiten zusammengestellt; wir haben die Organisation übernommen.

Es war kein schlechter Start, der Applaus ist berechtigt und lang. Wir führen im Anschluß daran Besa Shema zum Dank in das Lokal mit dem bezeichnenden Namen „KFOR" aus und genießen die exzellente kosovarische Küche.

Hartmut Kistenfeger vom „Focus" hat mich fast den ganzen Tag begleitet.

Sonntag, der 19. März 2000; 165. Tag   sonnig und warm

Brigadegeneral Saqui de Sannes sagt mir anläßlich unseres morgendlichen Telefonats zu, die südliche Zone des Vertrauensbereichs bis spätestens 22. März einzurichten und die für Zvečan geplante Operation bis zum Ende dieser Woche durchzuführen. Die härtere Gangart ist unbedingt erforderlich, wollen wir hier unsere Glaubwürdigkeit nicht noch weiter verlieren.

Es wird höchste Zeit, daß ich Generaloberst Svelozar Marjanović, den stellvertretenden Generalstabschef der jugoslawischen Armee, sehe, um mit ihm über unsere Absicht in bezug auf die Aktivitäten im Preševo-Tal, über unsere Verantwortlichkeit für die Sicherheitszone und über einige wichtige Fragen beim Einhalten der Bestimmungen des Military Technical Agreements zu sprechen. Man ist bei der NATO aber sehr besorgt, daß die serbische Seite bei einem solchen Gespräch auch Themen anschneiden könnte, die wir derzeitig nicht erörtern wollen. Man schätzt offenbar die eigene Position als schwach ein, wozu nach meiner Ansicht nicht die geringste Veranlassung besteht. Ich empfehle dem SACEUR daher, daß ich mich umgehend mit Marjanović, der bereits mehrmals um eine solche Unterredung gebeten hat, treffe, und daß wir uns nicht weiter die propagandistische Blöße geben, vor einem solchen Treffen zu „kneifen".

Ein wichtiger Besucher ist der bulgarische Ministerpräsident Ivan Kostov. Er ist ein beeindruckender und sehr offener Mann, der sofort zur Sache kommt und meine kurze Lagebeurteilung förmlich in sich aufsaugt. Er macht sich große Sorgen, daß ein neuerlicher Konflikt in der Region, wie er derzeit im Preševo-Tal droht, Folgen für sein Land haben könnte. Er dringt daher mit berechtigtem Interesse darauf, daß dort alles ruhig bleibt. Der bulgarische Präsident bietet mir an, KFOR nach Kräften zu unterstützen, und will wissen, was uns fehlt. Ich bitte ihn um weitere Polizisten, und ich werde diese Angelegenheit über Bernard Kouchner forcieren. Er stellt mir darüber hinaus Kräfte der nicht-technischen Aufklärung in Aussicht, die natürlich durch SHAPE geprüft und akzeptiert werden müssen. Zweifelsohne hätten die Bulgaren bei dieser Art von Einsätzen auf Grund ihrer Sprache und ihrer Kultur Vorteile.

Das Büro des Generalsekretärs der NATO ruft uns an, um dessen Besuch am 24. März mit uns abzuklären. Ich schlage vor, daß Lord Robertson zunächst KFOR MAIN besucht und dann nach Mitrovica geht.

Ich komme erneut mit General Çeku zusammen und habe zu diesem Gespräch auch Bernard Kouchner als dessen „Vorgesetzten" eingeladen, um in diesem Kreis unsere Reaktion auf die negativen Berichte über das Kosovo Protection Corps abzustimmen. Bernard Kouchner und ich haben sieben größere internationale Zeitungen für den 21. März 2000 zu einem Exklusiv-Interview geladen, das wir heute thematisch in allen Einzelheiten vorbereiten.

Heute hat die Übung DYNAMIC RESPONSE 2000 mit der Landung der Marine Expeditionary Force (MEF) in Griechenland und der Stationierung in Mazedonien begonnen.

Bill Nash kommt zum Abendessen. Er ist auf seiner ersten Erkundungstour als der künftige UNMIK-Administrator für Mitrovica. Er plant, diese Aufgabe für die Dauer eines Jahres wahrzunehmen, was in diese verfahrene Situation endlich Kontinuität bringen würde. Wir einigen uns, heute nur ein paar grundsätzliche Dinge anzusprechen und dann am Ende seiner Erkundung, wenn er erste konkrete Eindrücke gewonnen hat, erneut zusammenzukommen und ans Eingemachte zu gehen. Bill Nash macht einen sehr entschlossenen und zupackenden Eindruck. Er ist gewillt, den Stier bei den Hörnern zu packen. Leider wird er nicht vor Mitte April hierherkommen, so daß ich für den Rest unseres Einsatzes ohne einen Verantwortlichen in Mitrovica auskommen muß. Dies ist der Gipfel der administrativen Schwierigkeiten für diese problematische Stadt, die man nun der Zuständigkeit der zweiten und dritten Verantwortungsebene überläßt. Leider kann ich nichts tun, als mich darüber aufzuregen, da meine Kompetenzen auf den militärischen Bereich beschränkt sind – und auch dort leider nicht so greifen, wie ich mir dies vorstelle.

Ich sehe dann Professor Daxner, den UNMIK-Verantwortlichen für Erziehung und Ausbildung. Daxner war Rektor der Universität in Oldenburg und ist Österreicher. Er sichert mir zu, die Universität in den Griff bekommen zu können. Wir sind uns beide einig, daß der Kernpunkt des Problems auch hier Mitrovica ist. Solange es uns nicht gelingt, den albanischen und den serbischen Studenten angemessene Studieneinrichtungen zur Verfügung zu stellen, wird die Unruhe in der jungen Generation bleiben und sich gegen uns richten. Daxner plant, innerhalb des Vertrauensbereichs, unmittelbar am Südufer des Ibar, ein völlig neues Universitätsgebäude hochzuziehen, das dann beiden ethnischen Gruppen ausreichend Platz für einen parallelen Studienbetrieb bietet. Ich bin begeistert, denn dies ist seit langem die erste wirklich gute Nachricht. Daxner meint, daß er die dafür erforderlichen Mittel auftreiben könnte, wobei Österreich eine seiner wichtigsten Stützen wäre. Ich hoffe sehr, daß er dieses Projekt starten und durchziehen kann, und sage ihm dazu seitens KFOR jede dafür mögliche Hilfe zu. Dies wäre ein erster Schritt, um die Probleme in Mitrovica langfristig zu lösen.

Montag, der 20. März 2000; 166. Tag   bedeckt

Am Vormittag nehme ich alle Kommandeure der Strategischen Reserve, die uns für die Übung DYNAMIC RESPONSE 2000 unterstellt sind, mit meinen Kommandeuren von KFOR noch einmal zusammen, um sie in einem Planspiel auf die geänderten Rahmenbedingungen einzustellen und mit ihnen grob den gedachten Übungsverlauf abzusprechen. Bei dieser Übung muß jede Bewegung sitzen, denn hier geht es weniger um taktische Raffinessen als vielmehr um die strategische Botschaft, die nach Belgrad, in das Kosovo und in die gesamte Region hinein vermittelt werden soll, nämlich die Botschaft, daß die jugoslawischen Streitkräfte keine Chance haben, Kosovo mit Gewalt zurückzuerobern. KFOR ist abwehrbereit und wird im Ernstfall durch die Kräfte der Strategischen Reserve und der NATO-Luftwaffen rasch und wirkungsvoll verstärkt und unterstützt.

Die Pläne dazu sind nicht nur ausgearbeitet, sondern in Geländebesprechungen überprüft und für gut befunden worden. Jetzt folgt der praktische Test in einer intensiven Gefechtsübung. Diese Botschaft verkünde ich in diesen Tagen in allen Medien. Ich mache dabei deutlich, daß KFOR natürlich zunächst dafür da ist, der Bevölkerung des Kosovo auf dem Weg in eine bessere Zukunft zu helfen. Wir sind als militärisch höchst effektive Truppe aber auch in der Lage, unsere Zähne zu zeigen und – falls erforderlich – mit all unserer Macht zuzuschlagen.

In der anschließenden kurzen Kommandeursbesprechung äußere ich meinen Unmut über die tschechische Patrouille, die sich in die Sicherheitszone verirrt hat und dort, ohne Widerstand zu leisten, von serbischen Polizisten festgenommen und abgeführt wurden. Sie waren mit einem gepanzerten Fahrzeug als Grenzpatrouille unterwegs; man sollte meinen, daß sie in diesem Fall das Gelände genau kennen, die Karte lesen können und aufpassen, nicht über die „rote Linie" zu kommen. Dieser Dilettantismus auf der taktischen Ebene kann strategische Folgen haben, die wir uns nicht erlauben können.

Ich bereite dann mit Wendy Gilmore, Generalmajor Le Mière, Generalmajor John Deyermond und Brigadegeneral Jack Schmitt meinen Besuch beim mazedonischen Präsidenten vor, den wir für den 21. März eingeplant haben; dabei wird es um die enge Zusammenarbeit der an der Grenze zwischen dem Kosovo und Mazedonien eingesetzten Truppen gehen. Wir wollen feste Kontaktpunkte, den Austausch von Funkfrequenzen und wichtiger Telefonnummern, vor allem aber regelmäßigen physischen Kontakt der verantwortlichen Führer beider Seiten mindestens einmal pro Woche vorschlagen. Es muß vermieden werden, daß die Kriminellen das gebirgige Gelände weiter nutzen, um dort ihr Schmuggel-Unwesen zu betreiben und politische Insurgenten über die grüne Grenze zu bringen.

Mit Brigadegeneral Saqui de Sannes habe ich ein gutes Gespräch. Er hat die Zustimmung von Dr. Rexhepi, den Vertrauensbereich im Süden Mitrovicas auszudehnen. Derzeit ist in der Stadt alles ruhig, aber es gibt laut Saqui Anzeichen dafür, daß Angehörige der UÇPMB in die Stadt eingesickert sind, um, wie schon Mitte Februar, zuzuschlagen. Die Serben seien deswegen hypernervös. Dies sei der Grund, warum die MNB (N) den Druck nicht zu sehr erhöhen will, um eine erneute Explosion der Stimmung zu vermeiden. Ich stimme der Analyse zu, erlaube aber nicht, deswegen zum Nichtstun überzugehen, sondern weise ihn ganz im Gegenteil an, den Druck aufrechtzuerhalten und unseren Operationsplan mit der entsprechenden Behutsamkeit, aber auch mit dem erforderlichen Nachdruck umzusetzen. Jedes Nichtstun wird uns von den Albanern als Einknicken gegenüber den Serben vorgeworfen. Das wiederum dürften sie zum Vorwand nehmen, ihrerseits erneut loszuschlagen. Wir müssen den Albanern daher zeigen, daß wir in unseren Maßnahmen hart dranbleiben und die Initiative behalten.

Bernard Kouchner und ich sind uns einig, daß wir für die Verbesserung der wirtschaftlichen Situation der Stadt endlich mehr tun müssen. Es darf nicht immer wieder nur bei Ankündigungen bleiben, sondern wir müssen konkrete Projekte verwirklichen. Wir sprechen über die dringend erforderliche Müllversorgung, die etwa 500 Arbeitsplätze bringen könnte, Straßenreparaturen: 600 Mann, Aufbau der viel beschworenen Bäckerei: 50 Mann, Wiederaufbau des Bahnhofs: 100 Mann, Aufbau der Zementfabrik und Einrichtung des gemeinsamen Telefonnetzes: insgesamt rund weitere 300 Personen. All dies sind keine neuen Vorstellungen, aber es scheint, daß UNMIK nun doch entschlossen ist, die Initiative ganz konkret zu ergreifen: nach fast fünf Monaten.

Ich lese am Abend den Bericht von Susanne Koelbl im „Spiegel" und bin von ihrer Objektivität und ihrem Sachverstand beeindruckt.

Dienstag, der 21. März 2000; 161. Tag kalt und bedeckt

Oberst Piero Constantino, unser bisheriger Leiter der Operationszentrale, mußte in seine alte Verwendung zurück. Unser neuer Mann ist der türkische Oberst Veysi Sunal, der perfekt Englisch spricht, breite NATO- und Operationserfahrung mitbringt und auf mich einen ganz hervorragenden Eindruck macht.

Der SACEUR informiert mich, daß das polnische Infanterie-Bataillon, das derzeit im Rahmen der Übung DYNAMIC RESPONSE 2000 im Eisenbahntransport aus Polen quer durch den Balkan in das Kosovo verlegt, im Anschluß an die Übung noch weitere sechzig Tage als Reserve des COMKFOR im Kosovo verbleiben wird. Dies gibt uns eine deutlich höhere operative Flexibilität sowohl für Mitrovica als auch für das Preševo-Tal. Ich plane daher, dieses Bataillon in die Mitte der Provinz nach Klina zu verlegen, von wo aus es in alle Richtungen schnell zur Verstärkung in den Einsatz gebracht werden kann.

Das zur Routine gewordene Mittagessen mit den „Botschaftern" der USA, des Vereinigten Königreichs, Frankreichs und Deutschlands läuft in sehr gelöster und vertrauensvoller Atmosphäre ab. Der neue Missionschef der Vereinigten Staaten ist Chris Dell, der mir gleich eine Demarche mitbringt, in der nach unseren Maßnahmen gegenüber den „Brückenwächtern" gefragt wird. Ich versichere ihm, daß wir auch gegen diese Leute an der Nordseite der „Austerlitz-Brücke" etwas unternehmen werden. Meine wichtigste Botschaft ist die erneute Bitte, daß sich die hier vertretenen Länder in aller Öffentlichkeit deutlich von den

Insurgenten im Bereich Preševo distanzieren, um ihnen jegliche moralische Unterstützung abzugraben.

Ich fahre zur „Milk Factory" hinter Kosovo Polje, um mich von den ersten Soldaten des Fernmeldebataillons, die in diesen Tagen nach Deutschland zurückverlegen, zu verabschieden und ihnen für ihre Arbeit zu danken. Mein ganz besonderer Dank gilt dabei auch dem Bataillonskommandeur, Oberstleutnant Jörg Dorn, und seinem Stellvertreter, Major Wolfgang Schäfer. Major Schäfer muß übrigens auf einem Brett getragen werden, da er sich am Rückgrat verletzt hat. Beide Offiziere gehören der Luftwaffe an und haben sich weit über das sonst übliche Maß für KFOR und damit für uns alle engagiert. Sie haben deutsche Auftragstaktik in bester Manier mit hohem persönlichem Risiko, viel Elan, flexibler Improvisationsgabe und absoluter Zuverlässigkeit umgesetzt. Viele haben nicht geglaubt, daß es einem so zusammengewürfelten Bataillon gelingen würde, die abverlangte Leistung zu erbringen. Die Jungs haben uns eines Besseren belehrt und unsere alliierten Freunde schwer beeindruckt. Hier zählt nur Leistung, mit Sprüchen kommt man nicht weiter. Und es ist genau diese Leistung, die soviel Anerkennung gefunden hat. Trotz all ihrer extremen Belastung haben sie zusätzlich zu ihrem Dienst für die Ärmsten der Armen Hilfslieferungen aus Deutschland organisiert und diese in ihren schichtfreien Zeiten verteilt. Die treibende Kraft dahinter war Major Schäfer selbst.

Das deutsche Fernmeldebataillon war aus Soldaten des Heeres, der Luftwaffe und der Marine extra für das Einrichten und Halten der Fernmeldeverbindungen für KFOR 2 aufgestellt worden. Die Männer haben in den vergangenen sechs Monaten hart gearbeitet. Sie haben die strategischen sowie die operativ-taktischen Verbindungen des Stabes KFOR zu den MNBs, ins Ausland und zur NATO sichergestellt und dabei einen ausgezeichneten Job gemacht. Heute können wir nach der zwischenzeitlich ins Werk gesetzten weitgehenden Automatisierung die Jungs wieder nach Hause schicken; wir haben mit einer britischen Signal-Brigade begonnen, dann die Kräfte von Brigadestärke auf ein deutsches Fernmeldebataillon abgebaut und können nun die Verbindungen an eine Fernmeldekompanie des EUROKORPS übergeben. Auch die konzeptionellen Denker unserer völlig neuen Fernmeldestruktur haben exzellente Vorarbeit geleistet und die personelle Reduktion bei gleichbleibend hoher Leistung erst möglich gemacht.

Bernard Kouchner und ich geben am späten Vormittag für sieben wichtige Zeitungen eine Pressekonferenz. Wir sprechen über die Lage im Kosovo ein Jahr nach den Luftangriffen und über die Zukunft. In diese Gesamtbotschaft haben wir den Erfolg bei der Umwandlung der früheren UÇK in ein ziviles, unpolitisches Hilfskorps eingebaut. Wir machen keinen Hehl daraus, daß wir mehrmals kurz vor dem Scheitern standen und daß dieser Prozeß alles andere als störungsfrei abgelaufen sei. Aber letztendlich ist es uns erstmalig in der Geschichte gelungen, eine bisherige Rebellenarmee aufzulösen und sie in eine zivile Hilfsorganisation umzubauen. Wir haben den harten Kern der UÇK für uns gewonnen und als neue Organisation Bernard Kouchner unterstellt. Das Kosovo Protection Corps hat mit viel Elan und hoher Verantwortung die neue Aufgabe übernommen und sich in die Arbeit gestürzt. Jeder, dem dieser Ansatz nicht paßt, konnte gehen oder wurde, wenn er sich nicht anpassen wollte, gefeuert. Ich glaube, wir haben eine gute und überzeugende Transformation hinbekommen. Ich hoffe, daß wir bald positive Ergebnisse sehen werden.

Ich fliege am Abend noch nach Skopje, um morgen Präsident Trajkovski zu sehen, aber auch, um die ersten Teile der Strategischen Reserve in Mazedonien zu begrüßen.

Mittwoch, der 22. März 2000; 168. Tag in Skopje, sonnig und warm

Ich erfahre am frühen Morgen in Skopje, daß Oliver Ivanović parallel zu unserer Gefechtsübung in Mitrovica eine „Zivilschutz-Übung" angesetzt hat. Ich rufe sofort meinen Stellvertreter, Generalmajor Salvatore Carrara, an und schicke ihn nach Mitrovica, um Ivanović seine Übung zu verbieten. Oliver Ivanović versteht diese Sprache und lenkt sofort ein.

Ich besuche den ganzen Vormittag Truppenteile der 24th Marine Expeditionary Unit (MEU) Force im Camp „Able Sentry" am Stadtrand von Skopje. Der Kommandeur der 24th MEU, der sehr drahtige und kompetente Oberst Richard C. Tyron, weist mich in ihre operative Absicht ein und führt mich durch ihren enormen Park an Rad- und Kettenfahrzeugen bis hin zu knapp zwanzig grau getarnten Kampfhubschraubern. Die Flugzeuge zur Einsatzunterstützung werden direkt von See her eingeflogen. Ich habe aber die Chance, mit den Piloten, die gerade vor Ort zur Einweisung versammelt sind, zu sprechen. Ich begrüße sie wie auch unzählige andere Marines und einzelne Gruppen, heiße sie in meinem Verantwortungsbereich willkommen und sage ihnen, wie wichtig sie für die Umsetzung meiner strategischen Ziele im Kosovo und in Richtung Belgrad sind.

Ich fahre von dort zum Präsidenten und zum Verteidigungsminister Mazedoniens. Präsident Boris Trajkovski ist über die Lage in Mitrovica, im Bereich Preševo sowie über die Situation an der mazedonischen Nordgrenze ostwärts von Blace sehr besorgt. Er befürchtet ein Überschwappen der Aktivitäten der Rebellen im Preševo-Tal in den mazedonischen Raum um Kumanovo. Ich erläutere unsere Maßnahmen zur engen und gemeinsamen Grenzüberwachung und versichere dem Präsidenten, daß wir die Rebellen der UÇPMB nicht unterstützen, sondern sie von ihren Basen im Kosovo abschneiden und persönlich verfolgen. Ich trage den beiden mazedonischen Politikern zur gegenwärtigen Lage vor und gehe dabei besonders auf die politische Lage und die Probleme infolge des mangelhaften Justizsystems ein.

Der Präsident befürchtet, daß aus dem Kosovo Protection Corps eine Armee des Kosovo hervorgehen könnte. Ich versichere ihm, daß dies nicht beabsichtigt sei und daß wir alles in unserer Macht Stehende tun, um dies zu verhindern. Er will wissen, ob es möglicherweise einen weiteren Flüchtlingsstrom aus dem Preševo-Tal geben werde. Ich schildere ihm meine eigenen Eindrücke beim Gespräch mit Hunderten von Flüchtlingen und sage ihm, daß es meiner Meinung nach nicht zu einem großen Exodus – vergleichbar der Flucht der Kosovo-Albaner im vergangenen Jahr – kommen werde. Ich ermutige ihn, sich nachdrücklich für die Entsendung unabhängiger internationaler Beobachter in das Krisengebiet in Südserbien zu verwenden. Er will die OSZE dafür gewinnen.

Verteidigungsminister Nikola Klusev will wissen, ob die Gerüchte wahr seien, daß die Vereinigten Staaten die albanischen Rebellen unterstützen. Ich versichere ihm, daß dies nicht der Fall sei. Der Verteidigungsminister begrüßt die Erklärungen des Generalsekretärs der NATO über ein künftig multiethnisches Kosovo und bekräftigt, daß sein Land dieses Ziel unterstützt. Er begrüßt ebenso den Fortschritt bei der Eindämmung der Schmuggelaktivität. Auch auf diesem Gebiet sagt er eine noch engere Zusammenarbeit seines Landes mit KFOR zu. Dies gelte insbesondere für Arbeitsgruppen, die wir in Kooperation von MNB (E) und MNB (S) und mazedonischen Grenztruppen zur Sicherung bzw. Überwachung der mazedonischen Grenze ins Leben gerufen haben. Seine Bitte, unsere Aktivitäten auf mazedonisches Territorium auszudehnen, muß ich aber ablehnen, da dies unsere rechtlichen Kompetenzen überschreitet.

Spät in der Nacht trifft Bill Nash ein, der seine Erkundung in Mitrovica beendet hat. Ich bin beeindruckt, in welch kurzer Zeit er sich ein Bild von der Lage gemacht hat und wie sicher sein Blick dafür ist, womit und mit wem er es vor Ort zu tun hat. Er hat einige gute Ideen und will sich darauf konzentrieren, zusammen mit Brigadegeneral Saqui de Sannes und dem Polizeichef Larsen im Team nach Lösungen zu suchen. Er ist enthusiastisch und zuversichtlich, bleibt aber dennoch realistisch und auf dem Boden der Tatsachen.

Ich hatte gehofft, diese Nacht endlich etwas länger schlafen zu können, werde aber gegen 03.00 Uhr durch lautes Dröhnen aus dem Hotelbett getrieben. Unten auf der Straße zieht sich die lange Kolonne der gepanzerten Fahrzeuge der Marines auf ihrem Weg in das Kosovo hin. An Schlafen ist nicht mehr zu denken. Ich ordere leicht frustriert und total übermüdet für das erste Tageslicht den Hubschrauber, um ins Hauptquartier zurückzufliegen.

Donnerstag, der 23. März 2000; 169. Tag   sonnig

Ich fliege nach Mitrovica, um mir ein Bild vom Stand der Dinge zu verschaffen. Es gibt dort keine größeren Veränderungen. Die Albaner und die Serben, mit denen ich auf der Straße spreche, begrüßen die Einrichtung des Vertrauensbereichs. Alle stimmen zu, daß dies ein wichtiger und vor allem richtiger Schritt auf dem Weg hin zu einem vereinten Mitrovica sei. Ich nehme mir ausreichend Zeit, das Regionalkommando 4 von Rrahman Rama zu besuchen und mir seine Probleme anzuhören. Ohne seinen beruhigenden Einfluß auf die albanischen Hitzköpfe wäre uns die Lage in Mitrovica wohlmöglich entglitten. Rama ist mit seinen Männern recht primitiv untergebracht. Er zeigt mir, wo er neu bauen möchte. Das sieht zwar alles gut aus, aber die Frage nach dem dazu erforderlichen Geld bleibt unbeantwortet.

Gute Nachrichten von der MNB (S): Brigadegeneral Roland Kather hatte heute den Vorsitz über das erste ganz und gar multiethnische Treffen in Orahovac. Beide Seiten erklärten ihre Absicht, zusammenzuarbeiten und die Differenzen gemeinsam zu lösen. Am Ende der Besprechung reichten alle einander die Hand, und man ging guter Dinge auseinander.

Nach der guten Reaktion der internationalen Presse auf unsere breitangelegte Pressekonferenz vor zwei Tagen geben Bernard Kouchner und ich heute eine weitere Pressekonferenz vor den örtlichen Medien. Wir wiederholen unsere positive Botschaft und hoffen, daß sie sich irgendwann auch festsetzen wird.

Ein erheblicher Teil des Tages ist der Vorbereitung des morgigen Besuchs von NATO-Generalsekretär Lord Robertson gewidmet, der vom SACEUR begleitet werden wird.

Am Abend haben mich die Berater von Bernard Kouchner, bei UNMIK kurz und liebevoll die „Monkeys" genannt, zum Bier und zum Abendessen eingeladen. Ich habe nie herausbekommen, warum sie so genannt werden. Die „Monkeys" sind drei junge Diplomaten, Axel Dittmann aus Deutschland, Jan Kickert aus Österreich und Alexandros Yannis aus Griechenland, die sich für Bernard Kouchner ebenso aufarbeiten wie es der US-Marine Oberstleutnant Richard „Rich" Roan getan hat, der Kouchners Vorzimmer führte und sein Chef-Planer war. Er ist unlängst durch James Hardy, einen britischen Oberstleutnant, abgelöst worden. Ich genieße den Abend mit diesen jungen Männern im Alter meines älteren Sohnes sehr, nur bin ich hundemüde.

Thaci hat sich heute zusammen mit Mitgliedern der US-Mission im Kosovo mit Vertretern der UÇPMB in Gnjilane getroffen, um angeblich eine Art von „Waffenstillstand" auszuhandeln. Thaci wurde von seinen Beratern Bilall Sherifi und Fatmir Limaj sowie von Kadri Vesli, seinem Informationschef, begleitet. Laut Aussage von Chris Dell, dem neuen amerikanischen Missionschef, wurde über neun Stunden verhandelt, ohne dabei einen Waffenstillstand oder gar das Einstellen der Gewalt zu erreichen. Am Ende der Besprechung hat Thaci in seinem Pressestatement dazu gesagt: „Es war nicht leicht für uns. Aber ausgehend von der Notwendigkeit, die schlimme Lage in Preševo, Medveda und Bujanovac zu überwinden, haben wir, die politischen Vertreter des Kosovo und amerikanische Vertreter des Kosovo, uns mit rechtmäßigen (sic!) Vertretern aus Preševo, Medveda und Bujanovac getroffen, um die Möglichkeit einer eindeutigen und annehmbaren endgültigen Lösung für die dortige Lage zu erörtern." Es sei von großer Bedeutung, so Thaci weiter, daß sich die Vertreter der UÇPMB bereiterklärt haben, ihre erste politische Erklärung dazu abzugeben, daß sie ihre Aktivitäten im Rahmen des Entwicklungsprozesses in der Region fortsetzen. „Auf diese Art haben sie sich entschlossen, ihre Aktivitäten und Anstrengungen im gegenwärtigen politischen Prozeß zu verstärken."

Damit hat Thaci die UÇPMB als „rechtmäßig" aufgewertet und ihr die politische Basis verschafft, um die sich diese Extremisten die ganze Zeit bemüht haben. Kein Wort davon, die Waffen niederzulegen. Ich bin sehr skeptisch, daß sich die Extremisten an irgendeine Zusage halten werden. Ich vermute eher, daß sie mit dieser Aktion des guten Willens versuchen, die Weltöffentlichkeit für sich zu gewinnen, ohne von ihrem Ziel eines um das Preševo-Tal erweiterten Kosovo abzulassen. Ich bin froh, daß ich dem SACEUR meine Zusage zu diesem Treffen verweigert habe, bei dem die amerikanischen Diplomaten unfreiwillig der UÇPMB das Forum für deren Propaganda gegeben haben.

General Çeku teilt mir in einem Brief mit, daß er vier weitere Mitglieder des KPC wegen krimineller Verwicklungen ihres Postens enthoben hat. Ich bin froh, daß er diese Maßnahmen selbst ergriffen hat, denn das beweist mehr als alles Reden, daß er erkannt hat, wie wichtig es ist, seine neue Organisation mit den richtigen Leuten aufzubauen und die Spreu vom Weizen zu trennen.

Freitag, der 24. März 2000; 170. Tag　　　　　　　　　　sonnig

Ich werde in der Nacht mit der Hiobsbotschaft geweckt, daß es eine ernstzunehmende Drohung gibt, das Flugzeug des Generalsekretärs der NATO beim Landeanflug auf Priština mit einer Flugabwehrwaffe abzuschießen.

Dies wirft natürlich zunächst das gesamte Programm um. Major Sean Lang, mein britischer Military Assistant, der mich heute begleitet, muß insgesamt sieben Mal in enger Abstimmung mit dem Protokollreferat, mit den Hubschrauberpiloten und der sonstigen Begleitung den Besuch umplanen. Er telefoniert dazu wie ein Weltmeister, koordiniert neu, schimpft auf den einen oder anderen wild ein, was ich aus meinem Büro, das ohne Türe an mein Vorzimmer anschließt und in dem alle meine so wichtigen und zuverlässigen Helfer sitzen, mit Schmunzeln verfolge. Sean läßt sich nicht abhängen oder herausbringen. Es geht dort zu wie in einem Bienenschwarm, aber er bleibt die Ruhe selbst und bestimmt, was und wie es gemacht wird.

Der Generalsekretär kommt dennoch, aber später, da seine Maschine mit entsprechenden Abwehrmaßnahmen vorbereitet und von uns die Anflugschneise nach möglichen Terroristen abgesucht werden muß. Wir legen fest, wegen der geringen noch verfügbaren Zeit auf den Besuch in Mitrovica zu verzichten, obwohl über zweihundert (!) Journalisten in die Stadt gereist sind, um Lord Robertson dort zu erleben. Die Spekulationen schießen ins Kraut, aber wir müssen damit leben und versuchen, sie zu dämpfen.

Schließlich landet die Maschine gegen 14.00 Uhr sicher auf dem Flugplatz in Priština, und ich hole Lord Robertson und den SACEUR ab, um sie mit dem Hubschrauber nach „Film-City" zu bringen. Der Schwerpunkt meiner Ausführungen liegt auf unseren weiteren Schritten in Mitrovica, der Lage im Preševo-Tal und dem Verhalten der serbischen Streitkräfte, die aus unserer Sicht kein Bedrohungspotential aufgebaut haben. Ich erläutere unsere strategische Absicht im Zusammenhang mit der gut angelaufenen Übung DYNAMIC RESPONSE 2000, die der Generalsekretär voll billigt, und danke ihm für die zusätzlichen Kräfte zur Unterstützung von KFOR.

Wir kommen auch auf meine Absicht zu sprechen, den jugoslawi-

490

schen Generaloberst Marjanović zu treffen, was mir Lord Robertson genehmigt.

Er gibt dann eine eindrucksvolle Pressekonferenz, in der er zunächst die deutlich verbesserte Situation in der Provinz positiv herausstellt und in einem zweiten Teil auf die künftigen Schritte zur Konsolidierung Mitrovicas und auf die Situation der UÇPMB im Preševo-Tal eingeht. Er fordert die Rebellen auf, ihre Waffen niederzulegen und ihre Ziele friedlich zu verfolgen.

Trotz des „auf Rand genähten" Besuchsprogramms läßt sich General Clark in meinem Büro von Brigadegeneral Saqui de Sannes dessen Operationsplan für die nächsten Schritte in Mitrovica vortragen. Dabei besteht der SACEUR darauf, daß das Café „Dolce Vita" endlich geschlossen und die „Brückenwächter" entfernt werden. Dies sagt der Kommandeur der MNB (N) zu.

Da nur sehr wenig Zeit verblieben ist, fliegen wir dann zu dem kleinen Dorf Poklek in der Nähe von Glogovac, wo Lord Robertson eine von KFOR wiederaufgebaute albanische Schule eröffnet. Die Erwachsenen wie die Kinder sind begeistert von ihm, es gibt viele Reden, die Kinder führen Tänze vor, singen und spielen für uns. Bei einer der Kindergruppen werden wir gebeten, wie die Kinder selbst rote Clowns-Nasen aufzusetzen, wobei ich sofort mitmache. Lord Robertson ist davon nicht sehr angetan, denn er meint, sein Bild mit der roten Nase werde nun um die Welt gehen. Seine sehr offene und menschliche Art kommt bei den Menschen hier jedenfalls sehr gut an. Es ist eine sehr gelöste Atmosphäre, aus der wir uns wegen der strikten Abflugzeit der Maschine, die sonst nicht mehr starten kann, viel zu schnell wieder verabschieden müssen.

Brigadegeneral Sanchez meldet, daß seine Soldaten ein geheimes Waffenlager der UÇPMB gefunden und ausgehoben haben. Ich beglückwünsche ihn zu diesem Erfolg und weise ihn erneut an, jegliche Form der Zusammenarbeit mit den Rebellen abzulehnen. Daran hat auch die gestrige Deklaration von Gnjilane nichts geändert. Wir gehen auf die Rebellen der UÇPMB erst dann zu, wenn sie sich offiziell bereit erklären, ihre Waffen niederzulegen; bis dahin bleiben sie unser Gegner.

Wir haben ein Problem mit dem Einsatz unserer irischen Transportkompanie in Mazedonien, da die erforderlichen rechtlichen Voraussetzungen für deren Tätigkeit in Mazedonien immer noch nicht geschaffen
sind. Es fehlt das dafür erforderliche bilaterale Stationierungsab-
kommen, da die Iren als Nicht-NATO-Nation vom NATO-Stationie-
rungsabkommen nicht erfaßt sind. Damit ergeben sich erhebliche
Beeinträchtigungen für ihre Leistungsfähigkeit, die KFOR insgesamt
betreffen. Die Rechtsberater der NATO arbeiten an der Sache, aber es
geht einfach zu langsam voran.

Ich habe ein sehr langes und offenes Gespräch mit Oliver Ivanović.
Wir sprechen unter vier Augen, und ich mache ihm klar, daß Mitrovica
ein Problem der KFOR insgesamt geworden sei und nicht mehr nur eine
Frage sei, die primär durch die MNB (N) zu lösen wäre. Ich drohe ihm
an, weiteren Widerstand seitens der Serben in Mitrovica mit der mir zur
Verfügung stehenden Gewalt und den zusätzlichen Bataillonen, die mir
die NATO dazu zur Verfügung gestellt habe, zu brechen. Ivanović
sträubt sich gegen die Erweiterung des Vertrauensbereichs überhaupt
nicht und betont vielmehr, daß er eine solche Erweiterung im Norden
für sinnvoll und unvermeidbar halte. Er stimmt auch zu, seine Leute des
„serbischen Sicherheitsdienstes" (die „Brückenwächter") innerhalb der
kommenden Tage abzuziehen, um damit seine Einhaltung des Abkommens zu signalisieren.

Er macht aber auch deutlich, daß er dies um seines eigenen politischen Überlebens willen nie offiziell zugeben, sondern sich – seinen
Leuten gegenüber – allenfalls einem „Diktat" des COMKFOR beugen
würde. Er hält nichts davon, bei derartigen Absprachen ein gemeinsames Abkommen zu unterschreiben, da dies immer mit „Gesichtswahrung" und demzufolge falschen Kompromissen verbunden sei. Er wisse
aber, daß er gegen KFOR keine Chance habe, und würde daher auch
nachgeben. Ich akzeptiere dies, dränge aber darauf, daß dies nun in den
nächsten Tagen umgesetzt werden muß. Wir werden uns in allen Punkten völlig einig.

Ich fahre dann zur MNB (N) und unterrichte Brigadegeneral Saqui de
Sannes von meinem Gespräch mit Oliver Ivanović, dessen Zusage ich

traue. Ich dringe in den französischen Brigadekommandeur, diese Chance zu nutzen und nun aktiv zu werden. Er sagt mir dies fest zu.

Am Abend besucht uns die Präsidentin von UNHCR, Sadako Ogata, eine kleine und zierliche, aber energische Persönlichkeit. Wir sprechen über Möglichkeiten der Rückkehr der Flüchtlinge, besonders der serbischen Flüchtlinge, sowie über die Wiederansiedlung der albanischen Flüchtlinge im Norden Mitrovicas. Es ist nicht verwunderlich, daß Sadako Ogata dabei die deutlich restriktivere Haltung von Dennis McNamara vertritt, nämlich bei der Rücksiedlung nur keine Risiken einzugehen.

Sonntag, der 26. März 2000; 172. Tag   sonnig

Die örtliche und die internationale Presse haben in den letzten Tagen sehr positiv von der Übung DYNAMIC RESPONSE 2000, aber auch von der Thematik der beiden Pressekonferenzen, die Bernard Kouchner und ich gegeben haben, berichtet. Der positive Tenor hat überall durchgeschlagen, unsere Anstrengungen haben sich bezahlt gemacht. Auch der Besuch von Lord Robertson hat ein breites und gutes Presseecho gefunden, wenn auch immer noch darüber spekuliert wird, warum er nicht nach Mitrovica gekommen ist.

Ich fliege am Vormittag auf den Mount Civiljen bei Prizren, wo die deutschen Kräfte der elektronischen Aufklärung und der elektronischen Überwachung in ihren wenigen Containern stationiert sind. Die Jungs hier oben sind weit von der Zivilisation abgesetzt, dabei aber guter Dinge. Es ist erstaunlich, welch gute Ergebnisse sie bisher erzielt haben; dank ihrer Arbeit war es mir mehrmals möglich, rechtzeitig die richtigen Entscheidungen zu treffen. Ich sage den Männern meinen Dank für ihre ausgezeichnete Arbeit, die uns allen bei KFOR zugute kommt. Bei einem kurzen Abstecher in das deutsche Brigadekommando bekomme ich von einer albanischen Frau einen Teller geschenkt, auf den sie mein Konterfei gemalt hat. Ich bin sehr gerührt und revanchiere mich mit einem kleinen Gegengeschenk.

In Prizren besuche ich die dort gerade eingetroffenen Truppenteile, die als Strategische Reserve an der Übung DYNAMIC RESPONSE

2000 teilnehmen. Einen guten Eindruck hinterläßt das polnische Bataillon, das nach der Übung im Kosovo verbleiben wird und von einem sehr energischen Bataillonskommandeur geführt wird. Die Offiziere des Stabes sind alle noch sehr jung und voller Dynamik. Neben ihnen ist eine argentinische Fallschirmjäger-Kompanie untergebracht, die nur aus Berufssoldaten besteht. Chef ist ein schon älterer, aber sehr dynamischer Major. Aus Rumänien ist der gesamte Bataillonsstab eines Infanterieverbandes dabei. Diese Männer geben sich riesige Mühe, bei ihrem ersten Einsatz im Rahmen der NATO zu zeigen, daß sie gut sind und daß ihr Land darauf brennt, der Allianz beizutreten. Bisher läuft alles wie geplant, und die Männer haben sichtbar Freude an der Übung. Sie finden es aufregend, für diese Zeit im Kosovo eingesetzt zu sein und ihren Beitrag zur Stabilität der Region leisten zu können. Es macht Freude, zu sehen, wie der Geist der Übung auf jeden Teilnehmer übergesprungen ist. Die Zusammenarbeit läuft reibungslos. Alle Truppenteile haben Verbindungsoffiziere des US Marine Corps erhalten, die bei Fernmeldefragen, vor allem aber bei der Unterstützung durch die Luftwaffe sehr gefragt sind.

Den Abend beendet ein Interview mit Peter Scholl-Latour, der sich sehr skeptisch zur Gesamtentwicklung auf dem Balkan äußert. Er hält uns alle für viel zu optimistisch und glaubt nicht, daß wir kurzfristig eine wirkliche Verbesserung der Gesamtlage erzielen werden.

Der SACEUR ruft an und meint, der Besuch am Freitag sei trotz der Improvisation, die wir kurzfristig vornehmen mußten, „hervorragend" verlaufen. Er kündigt den Besuch seines Stellvertreters an, der sich ein bißchen in Mitrovica umsehen wolle. Wir besprechen kurz die mögliche Agenda bei meinem Besuch beim jugoslawischen Generalobersten Marjanović und einigen uns auf die drei Themenbereiche, die ich ansprechen werde, nämlich die rechtlichen Rahmenbedingungen des Militärtechnischen Abkommens und unsere Interpretation dazu hinsichtlich aller Aktivitäten in der Boden- sowie in der Luft-Sicherheitszone und unsere Vorstellungen zu den Vorgängen im Preševo-Tal.

Montag, der 27. März 2000; 173. Tag Regen

Ich verbringe die meisten Stunden des Tages bei der Übungstruppe von DYNAMIC RESPONSE 2000. Heute ist die 24th Marine Expeditionary Unit (MEU) dran. Ich begleite die MEU auf ihrem Marsch aus dem vorgeschobenen in den taktischen Verfügungsraum im Raum Podujevo. Die Männer sind mit Vorbereitungen und Aufklärung voll ausgelastet und haben jede Menge zu tun. Sie haben das typische Übungswetter mitgebracht, d.h. Regen und Schneematsch; aber ihre Moral ist gut, und sie haben das Lachen nicht verlernt. Die Übung läuft perfekt, und die Männer machen ausgezeichnete Arbeit. Die Presse berichtet überall auf den ersten Seiten vom Geschehen im Übungsraum.

An völlig unerwarteter Stelle entwickelt sich plötzlich ein neues Problem. Ein Kosovo-Albaner mit Namen Xhavid Hasani, ehemaliger Angehöriger der UÇK, wird seit längerem von der Regierung Mazedoniens wegen Mordes gesucht. Er saß bis vor kurzem wegen anderer Vergehen, die er im Kosovo begangen hat, in Camp Bondsteel in Haft. Ich habe ihn dort persönlich kennengelernt, denn er sprach mich an und behauptete, unschuldig zu sein. Vor wenigen Tagen wurde durch die amerikanischen Rechtsberater entschieden, ihn aus der Haft zu entlassen, da man ihm seine Vergehen im Kosovo nicht nachweisen konnte. Bernard Kouchner schaltete sich daraufhin persönlich ein, um Hasani auf Antrag der Regierung von Mazedonien nach Skopje auszuliefern. UNMIK flog den Mann nach Skopje aus und übergab ihn der mazedonischen Polizei. Wegen dieser inoffiziellen Auslieferung haben nun Thaci, Mahmuti und andere damit gedroht, sich von jeder Zusammenarbeit mit UNMIK zurückzuziehen. Bernard Kouchner ist daraufhin sehr nervös geworden und am Sonntag nach Skopje zu Präsident Trajkovski geflogen, um zu erreichen, daß Hasani wieder rücküberstellt wird. Aufgrund der rechtlichen Lage konnte der mazedonische Präsident dem Wunsch Kouchners nicht entsprechen. Ich werde mich in diese Sache nicht einmischen, da sie einfach hoffnungslos verfahren ist. Ich will nicht, daß KFOR in diesen Sumpf hineingezogen wird.

Am Spätnachmittag kommt Dr. Boja, der Mufti des Kosovo, zum Gedankenaustausch. Er ist ein sehr weltoffener Herr, der genau weiß, was im Kosovo und in der Welt vor sich geht. Er dankt mir für alles, was KFOR bisher für die Bevölkerung des Kosovo getan hat. Es ist interessant, daß aus seinem Mund kein Wort der Kritik gegenüber den serbischen Mitbürgern kommt.

Ich habe wieder Bronchitis, hohes Fieber, bin mies beisammen.

Dienstag, der 28. März 2000; 174. Tag bedeckt

Generalleutnant Evtukovič und Oberst Kiselev bedanken sich für eine detaillierte Einweisung in die Übung DYNAMIC RESPONSE 2000. Ich unterrichte sie über die letzten Entwicklungen und lade sie ein, mit mir zusammen am kommenden Sonntag die Übung zu begleiten. Ich biete ihnen alternativ auch jeden anderen Tag an und versichere ihnen, daß die Übung in keinerlei Verbindung zu der Lage im Preševo-Tal steht, zumal wir erste Vorbereitungen bereits in Heidelberg getroffen haben.

Ich frage nach der Verstärkung der russischen Task Force 13 in Kosovska Kamenica, um die ich Generalleutnant Loginov gebeten hatte. Evtukovič geht an die Karte und zeigt mir, daß als erster Schritt gestern eine Fallschirmjägerkompanie sowie zusätzliche Hubschrauber zur Verstärkung der TF 13 abgestellt worden seien. Darüber hinaus sei man dabei, einen gemeinsamen Checkpoint mit den Amerikanern einzurichten und die Einsätze zur Luftaufklärung mit ihnen abzustimmen. Außerdem würden zur Verbesserung der Grenzüberwachung Tag und Nacht neben den fest eingerichteten Checkpoints bewegliche Grenzpatrouillen stichprobenartig eingesetzt. Ich kündige an, mir all dies in den nächsten Tagen vor Ort selbst anzusehen. Kein Wort zu Orahovac.

In der heutigen Routinesitzung des Interim Administration Council geht es primär um die Fragen des Budgets für die Universität und für die Schulen, ein Thema, dem sich Qosja ausführlich widmet. Er warnt, daß Lehrer und Professoren die Arbeit einstellen bzw. ins Ausland abwandern würden, wenn sie nicht bezahlt werden. Gleiches gelte für die wissenschaftlichen Einrichtungen. Bernard Kouchner sagt zu, daß er in der nächsten Sitzung des IAC dazu einen Vorschlag einbringen werde.

Bei unserer Kommandeursbesprechung beschweren sich drei meiner Brigadekommandeure erneut darüber, daß ihre regionalen UNMIK-Außenstellen nicht besetzt sind bzw. aufgegeben werden sollen. Damit wird die administrative Betreuung von langfristigen Vorhaben für das Kosovo Protection Corps so gut wie unmöglich. Die nichtstaatlichen Organisationen weigern sich, die KPC-Vorhaben zu unterstützen, und damit bleibt dann nur noch die KFOR als potentieller Arbeitgeber für das Kosovo Protection Corps übrig. Gerade diese Lösung widerspricht aber – daran besteht kein Zweifel – dem Grundansatz von UNMIK, die ja vorgesetzte Behörde des Kosovo Protection Corps ist. Ich möchte daher auch nicht, daß wir diese Aufgabe neben unseren anderen Zuständigkeiten auch noch übernehmen. Ich gebe die Sache an Jock Covey weiter, der in den sauren Apfel beißen muß.

Der Gangster Xhavid Hasani sitzt weiter in einem mazedonischen Gefängnis. Bernard Kouchner ist sehr besorgt, daß Thaci und seine Leute Vergeltung üben könnten, da Hasani einer ihrer ehemaligen UÇK-Leute ist. Es ist wie aus einem schlechten Gangsterfilm: Die „Bösen" erpressen die Regierung durch Drohungen mit Bomben- oder Mordanschlägen, um ihren Mann zurückzubekommen.

Unsere Übung läuft planmäßig. Die Truppen von KFOR und der Strategischen Reserve bewegen sich nach unserem Übungsdrehbuch kreuz und quer durchs ganze Land. Dadurch entsteht der Eindruck, als hätten wir viel mehr Kräfte im Einsatz, als uns effektiv unterstehen. Ich werde von der Bevölkerung und von den Journalisten immer wieder mit ungläubigem Staunen gefragt, wo nur alle diese vielen Soldaten auf dem Boden und in der Luft herkämen. Ich besuche am Nachmittag das 1. Bataillon der Niederländischen Royal Marines (1 RNLMC) in der Enge von Kačanik, das dort für die Sicherung unserer Nachschubroute nach Mazedonien verantwortlich ist. Die holländischen Marines sind auf Tempo und Effektivität getrimmt, sie sind gut, und sie wissen es.

Ich habe am Abend ein einstündiges Interview im ersten Programm des russischen Fernsehens. Ich hoffe, mit meinen Aussagen zu den Absichten von KFOR in Rußland Vorurteile gegen uns abbauen zu können. Ich werde nicht müde, zu erwähnen, daß bei KFOR auch vier russische Bataillone eingesetzt sind, die ihre Sache ausgesprochen gut machen. Ich erzähle von meiner fast täglichen Zusammenarbeit mit Generalleutnant Evtukovič und mit Oberst Dr. Kiselev und stelle die Normalität der Zusammenarbeit in den Vordergrund.

Aferdita Kelmendi, die Leiterin von Radio 21, hat mich mit ihrer Mitarbeiterin Xheraldina Buçina-Vula zum Abendessen ins „Hani"-Restaurant eingeladen. Die Frauen erzählen von der Vertreibung durch die Serben im vergangenen Jahr, von der Gründung ihres Senders in Mazedonien und von den technischen Schwierigkeiten, sich bei dieser gebirgigen Geländestruktur im ganzen Kosovo Gehör zu verschaffen. Ich sage ihnen unsere Unterstützung durch einen Verstärker auf dem Mount Goleš zu.

Mittwoch, der 29. März 2000; 175. Tag   kühl

Der Botschafter der Vereinigten Staaten, Jim Pardew, sucht mich zusammen mit dem neuen amerikanischen Missionschef Chris Dell auf, um sich über unsere Zusammenarbeit mit den Organisationen von UNMIK zu informieren. Ich weise darauf hin, daß bei UNMIK derzeit sechzig Prozent der Posten nicht besetzt seien, was sich in der Zusammenarbeit für die MNBs vor Ort, aber auch für meinen Stab natürlich negativ bemerkbar macht. Ich verweise auf das Stagnieren im wirtschaftlichen Wiederaufbau, wo Mittelknappheit und der eklatante Mangel an qualifiziertem Fachpersonal eine sehr negative Symbiose eingegangen sind.

Çeku hat Schwierigkeiten bei der Besetzung seiner Führungsspitze. Shaban Shala, der Führer des Regionalkommandos 6, ist wegen eines Schlaganfalls ausgefallen. Er soll nach Deutschland gebracht und dort im Bundeswehrzentralkrankenhaus in Koblenz behandelt werden. Wegen ihrer Verwicklung mit der UÇPMB sind weitere Führer aus dem Kosovo Protection Corps entlassen worden, Ramush Haradinaj wird Politiker und durch Ostremi abgelöst. All dies hat eine Kettenreaktion zur Folge, die wir nun durchsprechen und „klarziehen" müssen. Çeku hat dezidierte Vorstellungen, denen ich mich anschließe – mit einer Ausnahme beim jungen Daud Haradinaj, gegen dessen Verwendung als künftigen Chef des Regionalkommandos 2 in Peć ich mich nachdrücklich ausspreche. Er ist mit Mitte zwanzig einfach noch viel zu jung für

498

diese hohe Verantwortung. Çeku erscheint derzeit sehr entspannt und ist mit der Entwicklung des Kosovo Protection Corps zufrieden.

Die Übung läuft heute wieder ab wie ein Uhrwerk. Ich besuche erneut die 24th MEU und fahre mit einer ihrer Kompanien auf einer Fahrzeugpatrouille durch das Podujevo-Tal. Ihre Professionalität und ihre positive Einstellung beeindrucken mich. Es ist eine Freude, zu sehen, wie gut Colonel Richard C. Tyron seine Männer auf diese Übung vorbereitet hat und wie taktisch sicher er führt. Er ist ein charismatischer Führer, der aufgrund seiner Persönlichkeit, aber auch wegen seines überzeugenden Könnens bei den Männern gut ankommt.

Ich sehe mir auch den rumänischen Checkpoint in der Gegend von Vučitrn an und werde dort vom rumänischen stellvertretenden Kommandeur sehr gekonnt in die Aktivitäten seiner Soldaten eingewiesen.

Ich habe für den Abend Brigadegeneral Saqui de Sannes ins Hauptquartier eingeladen, um mir und meinen Generalen von ihm die Pläne für den Einsatz der Reservekräfte vortragen zu lassen. Man glaubt es kaum, aber es gibt keine solchen Pläne. Er weigert sich, Operationen, die für seine französischen Soldaten Risiken in sich tragen, weiter auszuführen, und stellt mir anheim, ihn abzulösen. Er sieht uns nicht an, wird laut und wirft mir vor, nur den Franzosen Aufträge zu geben, die gefährlich und risikoreich seien. Ich verstehe, daß er sich vor seine Soldaten stellt. Natürlich haben die Franzosen in Mitrovica die undankbarste Aufgabe in der gesamten Provinz, natürlich haben sie bisher Verluste gehabt; aber gerade deswegen habe ich ja versucht, den gesamten Bereich zu internationalisieren, um die Last auf mehrere Schultern zu verteilen. Ich versuche, beruhigend auf ihn einzuwirken und eine Kompromißformel zu finden, die ihm einen Ausweg aus der verfahrenen Situation offenläßt. Vergeblich. Es bleibt nur, die Zähne zusammenzubeißen und zu versuchen, in Mitrovica mit kleinen Schritten voranzukommen.

Ich informiere den SACEUR über die verfahrene Situation. Wir sind uns einig, daß ich ihn wegen der politischen Implikationen nicht ablösen kann. General Clark schlägt vor, seinen Stellvertreter, Sir Rupert, der morgen ohnehin in das Kosovo kommt, quasi als neutrale Person nach Mitrovica zu schicken, um zu sehen, was sich noch machen läßt. Ich greife diese Möglichkeit dankbar auf und stimme sofort zu.

Die tschechische Kompanie hat vor zwei Tagen angeblich einen jugoslawischen Kampfpanzer in der Sicherheitszone ausgemacht. Ich war sehr skeptisch, weil ein einziger Panzer dort eigentlich keinen Sinn macht. Die jugoslawischen Behörden wiesen unseren Protest auch als unbegründet zurück, wir bestanden aber auf einer Überprüfung vor Ort. Brigadegeneral von Senden, Leiter der Joint Implementation Commission, und Brigadegeneral Shirref, der Kommandeur der MNB (C), trafen heute in Begleitung eines Zuges britischer Infanterie mit dem jugoslawischen Generalmajor Ilija Branković, unserem Ansprechpartner auf der jugoslawischen Seite, zusammen. Sie führten eine kurze gemeinsame Erkundung des Raumes durch. Es wurden keine Spuren von Ketten gefunden, und es gab auch keine anderen Hinweise dafür, daß Kettenfahrzeuge in diesen Raum eingefahren sind. Es scheint, daß wir wieder einmal einer unzuverlässigen Meldung – in diesem Fall war es die tschechische Aufklärungseinheit – aufgesessen sind.

Gleichwohl hat das eher peinliche Treffen den jugoslawischen Streitkräften gezeigt, daß wir bereit sind, bei einem Verstoß gegen die Bestimmungen in der Sicherheitszone sofort Maßnahmen zu ergreifen.

Am Abend geht mein Einladungsschreiben an Generaloberst Marjanović für ein Treffen am 7. April in der Sicherheitszone bei Kapaonik heraus.

Donnerstag, der 30. März 2000; 176. Tag   bedeckt, warm

Ab heute unterstützen im Rahmen der Übung DYNAMIC RESPONSE 2000 alle Verbände der Strategische Reserve die Truppenteile von KFOR bei deren täglicher Arbeit. Ich fliege am Vormittag in den Raum Prizren, um mir dort die praktische Tätigkeit der argentinischen Kompanie anzusehen, die am Grenzübergang Morina zusammen mit den Deutschen bei der Fahrzeug- und Personenkontrolle eingesetzt ist. Ich bin beeindruckt davon, wie diese beiden Gruppen unterschiedlicher Sprachen so gut miteinander zurechtkommen und mit viel Enthusiasmus bei der Sache sind. Gleiches gilt für die polnischen Soldaten, die zusammen mit den Deutschen entlang der Straße nach Prizren mobile Checkpoints eingerichtet haben und diese mit ihnen gemeinsam betreiben; sie zeigen gegenüber der Bevölkerung eine harte, aber faire Haltung.

Ich muß dann zurück, um den Besuch des dänischen Verteidigungsministers Hans Hækkerup wahrzunehmen, der von einer größeren Gruppe seines Verteidigungsausschusses begleitet wird. Ich danke ihnen dafür, daß ich die dänischen Truppen hier ohne jeglichen nationalen Vorbehalt einsetzen kann, und stelle deren kaltblütigen und sicheren Einsatz während der schwierigen Tage in Mitrovica heraus. Ansonsten bringt dieser Besuch keine neuen Erkenntnisse.

Bei der UNMIK-Besprechung werde ich von Jock Covey gefragt, was wir uns von der Einrichtung des Vertrauensbereichs in Mitrovica eigentlich erhofften. Ich wundere mich über diese Frage, weil wir diesen Begriff zusammen mit der Führung von UNMIK festgelegt und das Vorgehen dazu in unserem Vier-Phasen-Strategiepapier im einzelnen definiert haben. Es sieht so aus, als hätten die örtlichen Führer der UNMIK-Organisationen nun Bedenken bekommen und als würden sie befürchten, daß sich UNMIK und KFOR gegen Ivanović nicht durchsetzen können.

UNMIK plant, in der Woche vor unserer Kommandoübergabe eine internationale Konferenz der Geberländer für das Kosovo Protection Corps zu organisieren. Damit soll sichergestellt werden, daß die Staatengemeinschaft die Probleme noch von dem erfahrenen KFOR-Team hört und der neue Stab von dort aus nahtlos übernehmen kann. Der amerikanische General Montgomery Meigs besucht mich erneut. Wir tauschen unsere Überlegungen hinsichtlich des Preševo-Tals aus. Er ist in Begleitung des künftigen Kommandeurs der MNB (E), Brigadegeneral Randal „Randy" Teiszen.

Auch Sir Rupert ist wohlbehalten im Hauptquartier KFOR eingetroffen. Wir haben ein langes und offenes Gespräch, an dem auch meine beiden Stellvertreter, die Generalmajore Carrara und Le Mière, mein Chef des Stabes, Generalmajor John Milne, und mein Operationschef, Brigadegeneral Jack Schmitt, teilnehmen, damit ich nicht in Versuchung komme, die verkorkste Situation in Mitrovica zu sehr aus meinem Blickwinkel darzustellen. Wir haben dort derzeit keine vernünftige UNMIK-Administration mehr und eine militärische Führung, die sich vor den eben genannten Angehörigen meines Stabs geweigert hat, meine und die Befehle des SACEUR auszuführen. Wir haben alles versucht und sind mit unserem Latein am Ende. Wir sind uns natürlich der Bandbreite der Problematik voll bewußt und wissen, daß sich – wenn dies in die Öffentlichkeit käme – daraus schnell ein politischer Bumerang entwickeln könnte. Der DSACEUR fährt am Nachmittag daher selbst nach Mitrovica, um dort seine eigenen Eindrücke zu sammeln. Er will auch morgen wieder zur MNB (N) fahren, um bei der Planung für die Zukunft zu unterstützen.

Wir hatten heute einen sehr tragischen und traurigen Unfall, bei dem ein französischer Leutnant bei einer unsachgemäßen Waffenüberprüfung getötet wurde. Einzelheiten sind noch nicht bekannt.

Freitag, der 31. März 2000; 177. Tag   bedeckt

Ich fliege nach Srbica, um das Regionalkommando 1 des Kosovo Protection Corps zu besuchen und mit Lushtaku zu sprechen. Er zeigt mir die Räume seines Kommandos; alles sehr spartanisch, aber funktional. Lushtaku gibt mir klar zu erkennen, daß er weiß, als Heißsporn vieles falsch gemacht zu haben; aber er sei froh, daß wir ihm die Chance gelassen hätten, es künftig besser zu machen. Er überrascht mich mit der Aussage, er hoffe, daß die geflohenen Serben doch zurückkämen, da man ihren Sachverstand und ihre Erfahrung für den Wiederaufbau brauche und das Kosovo ohne die Kosovo-Serben keine Zukunft habe.

Die Übung DYNAMIC RESPONSE 2000 geht morgen in die nächste Phase, nämlich die Vorbereitung auf eine Verteidigung des Kosovo. Ich bin erneut bei den niederländischen Marines in deren taktischem Verfügungsraum nahe Gračanica. Sie sind dabei, sich auf die morgige Lufttransportoperation vorzubereiten, in deren Mittelpunkt sie stehen. Die Stimmung ist gut.

Der italienische Chef für Joint Operations, Generalleutnant Giuseppe Orofino, besucht uns und überprüft Unterbringung sowie Einsatzplanung für das italienische „San Marco"-Bataillon.

Sir Rupert war den ganzen Tag in Mitrovica. Er empfiehlt mir, im Augenblick die Erweiterung des Vertrauensbereichs nicht zu forcieren, sondern mich erst einmal mit dem erreichten Status quo zufriedenzugeben. Dies sei auch die Haltung des dänischen Verteidigungsministers, mit dem er sich getroffen habe. Brigadegeneral Saqui de Sannes habe erkannt, daß er mit seiner Haltung überzogen habe, und suche nach einem Ausweg aus der derzeitigen Sackgasse. Er wird mir mit einem Antrag zum weiteren Vorgehen die Möglichkeit geben, die Sache erst einmal ad acta zu legen. Ich rufe den SACEUR an und teile ihm mit, daß ich mit einer solchen Zwischenlösung unter der Voraussetzung leben könne, daß die Inaktivität in klar absehbarer Zeit beendet und nicht wie bisher weiter fortgesetzt werde. Auch er, General Clark, müsse in diesem Fall kurzfristig mit seinen Forderungen an mich kürzer treten. Der SACEUR hält sich die Entscheidung offen. Er will sich erst mit Sir Rupert nach dessen Rückkehr in Mons beraten.

Am Abend hat die albanische Tageszeitung „Koha Ditore" zum Empfang eingeladen. Ich habe dort am Rand ein langes Gespräch mir Arban Xhaferi, dem Führer der albanischen DPA in Mazedonien, der sich über die Situation in Südserbien beunruhigt zeigt. Er ist, wenn ich das seinen Worten richtig entnehme, gegen die von den albanischen Extremisten angestrebte Errichtung eines um das Preševo-Tal erweiterten „Groß-Kosovo".

Kurz vor Mitternacht kommt Chris Dell zu uns. Die Amerikaner beobachten seit längerem eine arabische nicht-staatliche Hilfsorganisation. Deren Angehörige verhalten sich in unmittelbarer Nähe der US-Mission sehr eigenartig; heute haben sie plötzlich alles stehen- und liegengelassen und sind verschwunden. Wir alarmieren unsere ungarische Sicherheitstruppe und schließen den gesamten Bereich rund um unser Hauptquartier und die unmittelbar daneben liegende US-Mission zunächst einmal von jeder Zufahrt ab, um das Risiko zu minimieren. Die Carabinieri von Oberst Enzo Coppola nehmen noch in der Nacht die Ermittlungen auf.

Samstag, der 1. April 2000; 178. Tag   sonnig

Es gibt große Aufregung in Priština-Stadt, weil wir unseren Bereich hermetisch von der Umgebung abgesperrt haben, aber ich will kein Risiko eingehen. Die Anzeichen, daß „Film-City" und/oder die US-Vertretung das Ziel eines Anschlags sind, sind doch sehr eindeutig.

Ich verbringe fast den ganzen Tag draußen bei der übenden Truppe im Bereich Podujevo. Ich schaue mir die Anlandung der niederländischen Marines aus der Luft an, die mir in ihrer taktischen Durchführung allerdings überhaupt nicht zusagt. Die ganze Operation ist zu langsam, ohne Dynamik; die Männer sind so schwer bepackt, daß sie sich nach dem Ausladen aus den Hubschraubern kaum mehr bewegen können. Der ganze Ansatz des schnellen Zupackens geht dadurch verloren. Exzellent dagegen sind wieder die Polen und die Argentinier, die in einer zweiten Luftlandeoperation im Süden bei Gnjilane geradezu schulmäßig vormachen, wie ein solcher Einsatz ablaufen soll und wie die Zusammenarbeit mit der Luftwaffe und den Aufklärungskräften am Boden stattfinden muß. Die argentinischen Pfadfinder zeichnen sich dabei durch besonders hohe Professionalität aus. Insgesamt ein erfolgreicher Übungstag, der uns mit den spektakulären Luftlandeoperationen in der gesamten Provinz unzählige hochinteressierte Zuschauer beschert hat. Damit wurde das strategische Ziel trotz der einen oder anderen taktischen Schwäche voll erreicht.

Brigadegeneral Saqui de Sannes ruft mich an und erklärt mir, daß sein Stab die Planung der nächsten Operationen völlig neu angesetzt habe. Er will mir diesen Neuansatz am kommenden Montag vortragen, zusammen mit den Bedingungen, die erfüllt sein müssen, bevor er die Maßnahmen anlaufen läßt. Ich sage ihm, daß ich an diesem Tag ohnehin das „San Marco"-Bataillon besuchen möchte, und schlage ihm vor, mich dabei zu begleiten. Vielleicht finden wir ja doch noch einen Weg der Annäherung.

Generaloberst Marjanović schreibt mir, daß er bei unserem Treffen auch die Rückkehr jugoslawischer Truppen gemäß den Bestimmungen des Militärtechnischen Abkommens besprechen möchte. Ich lehne unter Hinweis auf meine Aussagen vor dem Sicherheitsrat der Vereinten Nationen ab und beschränke den Themenkreis auf die drei Aspekte, deren Diskussion ich ihm schriftlich angeboten habe.

Oberst a. D. Eberhard Möschel, ein alter Mitstreiter aus langen Jahren in den Streitkräften, besucht mich und informiert mich über seine zivile Aufbauhilfe. Er leitet die Arbeit der Johanniterhilfe und ist voll des Lobes über die konstruktive Zusammenarbeit mit der MNB (S). Es tut gut, einen Besucher zu haben, der ausnahmsweise keine Bitten oder

Forderungen vorträgt, sondern nur um der alten Freundschaft willen hereinschneit. Wir haben schon gemeinsam in Freiburg osteuropäische Geschichte studiert. Später hat Möschel als Balkanspezialist an der Führungsakademie der Bundeswehr über das Kosovo und Bosnien-Herzegowina Vorträge gehalten, die durch ihr hohes Insiderwissen und durch ihre Klarheit immer wieder faszinierten. Nun sind wir beide am Ort unserer damaligen Studien – und jeder versucht, für eine bessere Zukunft der Menschen hier zu arbeiten.

Nach Möschel kommt ein Vertreter von US AID, den Oberstleutnant Joe Abbott für eine mögliche Verbesserung der Situation in Trepča an Land gezogen hat. Es sieht aber nicht danach aus, daß wir hier fündig werden.

Sonntag, der 2. April 2000; 179. Tag   sonnig

Ab heute ist das italienische „San Marco"-Bataillon einsatzbereit und der MNB (N) für den taktischen Einsatz unterstellt.

Wir sind dabei, anstelle unseres bisher sehr primitiven Kontrollsystems an den Grenzübergängen ein einheitliches und automatisiertes Ausweissystem zur Personenkontrolle zu entwickeln. Es soll uns erlauben, an den Landes- und Verwaltungsgrenzen des Kosovo nach Serbien sowie nach Montenegro, Albanien und Mazedonien strikte Kontrollen vorzunehmen, die einzelnen Grenzstationen miteinander zu vernetzen und Bewegungen von Personen in das Kosovo hinein wie aus dem Kosovo heraus zu verfolgen. Das System ist ausbaufähig und kann im gesamten Kosovo eingesetzt sowie mit anderen Datenbanksystemen – so z. B. dem der Polizei, wenn es einmal vorhanden ist – verbunden werden. Wir brauchen dazu jedoch entsprechende Haushaltsmittel, die wir bei der NATO beantragt haben.

Heute ist ein italienischer Korporal des 151. Regiments durch fahrlässigen Umgang mit der eigenen Waffe tödlich verletzt worden.

Ich bringe fast den gesamten Tag bei den abschließenden Operationen im Rahmen von DYNAMIC RESPONSE 2000 zu. Taktisch gibt es noch vieles, was verbessert werden kann. Darüber werden wir bei der Übungsauswertung sprechen. In operativer Hinsicht jedoch haben wir alle Ziele, die wir uns vorgenommen hatten, erreicht. Ich bin mit dem Gesamtergebnis sehr zufrieden. Wir hatten während der gesamten Übungsphase sichere Fernmeldeverbindungen, sehr enge Führung aller Truppenteile, gute Absprache bei der Artillerie, gute Koordinierung beim Feuerkampf und ganz besonders bei der Luftnahunterstützung. Die Moral war ausgezeichnet; die Soldaten sind zufrieden, und die Bevölkerung ist beeindruckt – hoffentlich auch Milošević. Bei meinem abschließenden Besuch bei fast allen Truppenteilen begleitet mich der Leiter der russischen Delegation, Generalleutnant Evtukovič. Ich lasse ihn sehr bewußt überall, wo er Interesse zeigt, hineinschauen, insbesondere in unsere Führungsmittel und in die Strukturen bei der Zusammenarbeit mit den Luftstreitkräften. Ihn scheinen unsere „High Tech" und das enorm hohe Operationstempo sehr zu beeindrucken.

In der wirklichen Welt abseits der Übung planen wir im Bereich Preševo derzeit einen weiteren Schlag gegen mögliche Ausbildungslager der Rebellen. Leider können wir sie nicht direkt in Dobrosin fassen, denn das wird durch den NAC weiterhin eindeutig ausgeschlossen.

Die erste politische Stufe unserer Aktivitäten gegen die UÇPMB ist abgeebbt. Die Führung der Rebellen ist nach wie vor unentschieden, wie sie weiter vorgehen soll. Wir sollten daher eine zweite politische Stufe zünden, denn nur durch ständige Aktivität unsererseits werden wir sie dazu bringen, von der Gewalt Abstand zu nehmen.

Ansonsten ist die Lage in der ganzen Provinz erfreulich ruhig.

Montag, der 3. April 2000; 180. Tag　　　　　　　　　　bedeckt

Der operative Teil von DYNAMIC RESPONSE 2000 ist seit heute abgeschlossen. Die Truppe verlegt in ihre vorgezogenen Verfügungsräume zurück. Es hat bisher keine Verkehrsunfälle gegeben. In Verbindung mit der Übung besucht uns der stellvertretende Heereschef Griechenlands, Generalleutnant Nikolodimos. Ich danke ihm für die sehr aktive Unterstützung seines Landes während der Übung und für die wertvolle Unterstützung durch die zuverlässigen und kompetenten griechischen Logistik- und Polizeikräfte.

Ich besuche am Nachmittag zusammen mit dem französischen Brigadekommandeur das Bataillon „San Marco". Oberst Claudio Confessore ist der Führer des nationalen italienischen Kontingents, der Bataillonskommandeur ist der mir von früher her bereits bekannte Oberstleutnant Guerrisi, den ich sehr schätze. Die Italiener haben hier zusammen mit den französischen Pionieren eine Super-Arbeit geleistet und ein Zeltlager für das Bataillon hingestellt, das sich sehen lassen kann. Ich bin sehr beeindruckt. Seit gestern sind die italienischen Kompanien im Einsatz und führen Kontrollen in den südlichen Teilen Mitrovicas durch. Wir suchen sie in ihren Checkpoints auf und beobachten sie bei ihren Streifen durch die Stadt. Mein Eindruck aus der Zeit, als mir das Bataillon in Klina unterstellt war, bestätigt sich erneut: Diese Jungs verstehen ihr Geschäft.

Das zusätzliche polnische Bataillon wird erst viel später einsatzbereit sein, als es von uns vorgesehen war. Etwa die Hälfte der jetzigen Übungstruppe besteht aus Wehrübenden, die jetzt durch aktive Soldaten ersetzt werden müssen. Das Bataillon meldet, daß es demzufolge frühestens in den ersten Wochen im Mai einsatzbereit sein wird.

Bei meinem Dienstaufsichtsbesuch bei der MNB (N) lasse ich mir zu den neuesten Planungen vortragen. Brigadegeneral Saqui de Sannes nutzt die Gelegenheit, sich wegen seines Verhaltens am vergangenen Mittwoch zu entschuldigen. Ich nehme die Entschuldigung natürlich an. Er trägt mir dann seine Absichten für den Einsatz seiner Kräfte in und um Mitrovica vor, erläutert mir die nächsten Schritte und rät mir, erst dann wieder „voll tätig" zu werden, wenn sich die „Gemüter etwas beruhigt" hätten und Bill Nash seine Verantwortung als UNMIK-Administrator für Mitrovica übernommen hat.

Ich weise ihn an, seine Gedanken in einem für mich nachvollziehbaren Operationsplan niederzulegen und sie mit klaren Zeitvorstellungen zu verbinden. Ich bin mit dem eher abwartenden Vorgehen nicht einverstanden. Wir können nicht warten, bis sich in der Stadt die Gemüter beruhigen, denn das wird nie der Fall sein. Ich vermute, daß der französische Brigadekommandeur auf Zeit spielt. Ich werde in zwei Wochen abgelöst, der SACEUR eine Woche darauf, dann sind für ihn die beiden Vorgesetzten weg, die ihn bis jetzt immer so bedrängt haben. Die Nachfolger brauchen Zeit, bis sie voll eingearbeitet sind, und dann ist es auch schon Zeit für ihn selbst, an seinen Nachfolger zu übergeben.

Natürlich ist ihm das alles nicht gerade angenehm, und wer weiß, unter welchen Zwängen von außen er steht.

Uns läuft dabei die Zeit weg, der Vertrauensbereich wird nicht eingerichtet, der „serbische Sicherheitsdienst" wird nicht, wie x-mal mündlich wie schriftlich befohlen, aufgelöst, das Café „Dolce Vita" nicht geschlossen. Damit verlieren wir weiter an Ansehen und Vertrauen, und dies auf beiden Seiten des Ibar. Der Weg des geringsten Widerstandes ist hier sicher der falsche. Ich berate mich mit dem SACEUR, der meine Lagebeurteilung uneingeschränkt teilt und massiv darauf drängt, die geplanten Operationen jetzt und sofort anlaufen zu lassen.

Dennoch: Ich bin froh, daß wir erst einmal einen Weg gefunden haben, einen offenen Bruch zu verhindern. Wir werden seinen Operationsplan auswerten und je nach der dort niedergelegten Absicht reagieren.

Generalmajor John Deyermond, Commander KFOR REAR, wurde heute zusammen mit Vertretern der Botschaft der Vereinigten Staaten von Amerika in Skopje in das mazedonische Verteidigungsministerium zu einem Treffen mit Minister Nikola Klusev und Generalstabschef Generalleutnant Andrevski einbestellt. Gegenstand der Besprechung war die Stationierung mechanisierter US-Streitkräfte in Camp Able Sentry, die durch den US-Verteidigungsminister angekündigt und gestern in den örtlichen Medien gemeldet wurde. Die Regierung Mazedoniens ist nun höchst pikiert, denn sie hatte davon keine Ahnung und wurde durch die Berichterstattung ebenso völlig überrascht wie wir bei KFOR. Das Ärgerliche dabei ist, daß die mazedonische Regierung mangels eigener Kenntnis gegenüber der bohrenden Presse nicht sofort reagieren konnte. Verteidigungsminister Klusev will nun von meinem Stellvertreter eine Bestätigung der Meldungen und, falls sie den Tatsachen entspricht, eine Erläuterung des Konzepts. Generalmajor Deyermond ist zwar Amerikaner, in die Sache selbst ist er aber auch nicht eingeweiht.

Der Minister will dann wissen, was derzeit auf dem Flugplatz von Skopje in Sachen Stationierung der amerikanischen Aufklärungsdrohne „Predator" vor sich geht; auch hier ist mein Stellvertreter nicht unterrichtet, da dies alles bisher auf rein nationaler US-Schiene gefahren wurde. Man fragt sich, warum wir trotz fast täglicher Gespräche mit General Clark und anderen hochrangigen US-Generalen bisher in die

Sache nicht eingebunden wurden. Wo bleibt da eigentlich das Vertrauen der US Army in KFOR? Ich rufe den SACEUR an und beschwere mich über dieses einseitige amerikanische Vorgehen, das unsere Autorität untergräbt und uns vor unseren Gesprächspartnern bereits zum zweiten Mal zu hilflosen Zuhörern macht, die bekennen müssen, nichts zu wissen. Peinlich!

Immerhin ist Mazedonien ein Bereich, der unter meine Zuständigkeit gestellt wurde. Aber von dieser Tatsache sind einige amerikanische Planer wohl nicht allzusehr beeindruckt. Ich sage dem SACEUR, daß ich es sehr begrüßen würde, wenn er sich persönlich darum kümmern könnte, damit wir künftig in derartige Entscheidungsprozesse eingebunden werden würden, um so weitere diplomatische Verwirrungen zu verhindern. Dem SACEUR ist dieser Vorfall sehr unangenehm, da er fest davon überzeugt war, daß seine Leute bei USEUCOM in Stuttgart uns unmittelbar beteiligt hätten.

Von der örtlichen politischen Front gibt es gute Nachrichten. Die Serben haben sich dazu bereit erklärt, ihren Sitz im Joint Administration Council zu besetzen. Sie haben Rada Trajkovič, die sehr resolute Kinderärztin aus der Klinik in Gračanica, zu ihrer Vertreterin benannt. Sie wird schon in der kommenden Woche zum ersten Mal an einer Sitzung teilnehmen. Die Serben haben angekündigt, auch ihre drei Sitze im Kosovo Transitional Council wieder zu besetzen.

Dienstag, der 4. April 2000; 181. Tag   warm

Heute ist ein Tag der Konferenzen und Besprechungen.

Der Interim Administration Council verabschiedet eine gemeinsame Erklärung, mit der er die Entscheidung der serbischen Vertreter begrüßt, der gemeinsamen Regierung beizutreten. Wir haben dann eine lange Diskussion über die Moral der Presse. Aufhänger ist erneut ein unglaublicher Hetzartikel in der rechtsradikalen „Bota Sot". Diese Zeitung wird in der Schweiz geschrieben, Druck und Vertrieb: in Deutschland bzw. von dort aus. Alle meine Versuche, einen Verantwortlichen hier vor Ort zu finden, verliefen erfolglos. „Bota Sot" hat einen erheblichen Einfluß auf die Meinungsbildung in der albanischen Bevölkerung und unterläuft so systematisch unseren Ansatz der friedlichen Koexistenz. Ich fordere daher erneut auf, den Vertrieb dieser Zeitung im Kosovo zu unterbinden, wogegen sich sofort Daan Everts wegen des Grundrechts auf Meinungs- und Pressefreiheit ausspricht. Ich meine, daß die junge Pflanze der hiesigen Demokratie durch eine Hetzzeitung wie „Bota Sot" leicht zertreten werden kann. Wir einigen uns, das Thema auf die Tagesordnung der nächsten Sitzung zu setzen.

Thaci ist heute die Zuvorkommenheit und Freundlichkeit selber. Er hat gute Nachrichten, da eine Presseauswertung der OSZE deutlich macht, daß seine Pressearbeit und die seiner PPDK die bei weitem erfolgreichste und einflußreichste aller Parteien im Kosovo ist. Auf diesem Gebiet hat er Rugova weit abgehängt.

Ich habe am Rand der Sitzung eines der vielen informellen Gespräche mit Ibrahim Rugova, dem ich für seine mäßigende und ausgleichende Haltung danke. Er wirkt eher hinter den Kulissen, hält mich aber auf dem laufenden; unser Draht zueinander ist gut und wird von beiden Seiten mit hohem Vertrauen genutzt. Ich erfahre auf diesem Weg viel, was ich sonst als COMKFOR nie mitbekommen würde. Ich verstehe, warum so viele Menschen in der albanischen Bevölkerung hinter Rugova stehen, denn er hält an seiner Linie fest, nicht lautstark, dafür aber stetig.

Dies macht aber auch ein Dilemma offenkundig, in dem wir stecken. Wie überall auf der Welt kommen auch in der hiesigen Presse nur die Themen zur Sprache, die außergewöhnlich oder sensationell sind. Damit entsteht der Eindruck einer gewaltbereiten, unzufriedenen und rachsüchtigen Bevölkerung, die jeglicher Form der Zusammenarbeit abgeschworen hat und nur bornierte Interessen verfolgt. In Wirklichkeit handelt es sich bei den Kosovo-Albaneren um ein Volk, das eine Vielzahl höchst intelligenter, aktiv zupackender, die Initiative ergreifender Männer und Frauen hat. Ein Volk, das wie alle anderen Völker auch in Frieden und Wohlstand leben möchte. Die meisten der Menschen hier sind der politischen Gewalt überdrüssig. Sie wollen den Krieg beendet wissen, sie wollen wieder aufbauen, sie wollen ihre Kinder auf die Schulen gehen lassen, sie wollen die Universität besuchen. Sie sehnen sich nach einer friedlichen Zukunft. Sie sind dankbar für unsere Hilfe, sie wollen zu Europa gehören und so leben wie die meisten der anderen Europäer auch. Natürlich sitzt das Trauma der Morde, der Verschleppungen, der Vergewaltigungen, der Zerstörung noch tief, natürlich gibt es ein beinah abgrundtiefes Mißtrauen gegen die, die ihnen dies alles angetan haben; aber es gibt auch viele Zeichen und Handlungen, die zeigen, daß man gewillt ist, wieder aufeinander zuzugehen, vielleicht nicht so schnell, wie wir das gerne sehen würden, aber es passiert. Und gerade deswegen lohnt sich unser Einsatz für diese Menschen. Mit vielen von ihnen habe ich beeindruckende und bewegende Erfahrungen gemacht. Und ich bin sicher, daß ich später viele von ihnen vermissen werde.

Wir haben unsere erste Übungsauswertung für DYNAMIC RESPONSE 2000 abgeschlossen. Ich bin froh und dankbar, daß diese Großübung ohne Verletzte und ohne Verkehrsunfälle abgelaufen ist. Wir haben all unsere Ziele erreicht. Es gibt eine Reihe von Problemen, aber keines, das so gravierend wäre, daß wir unser Gesamtkonzept für den Einsatz der Strategischen Reserve in irgendeinem Punkt in Frage zu stellen hätten.

In der anschließenden Kommandeursbesprechung legen die MNBs ihre Vorhaben auf den Tisch, mit denen sie die Männer des Kosovo Protection Corps in ihren jeweiligen Verantwortungsbereichen beschäftigen werden. Eigentlich wäre dies die Aufgabe von UNMIK, aber sie sieht sich wegen Personalmangels dazu nicht in der Lage. Es ist eine Schande, wie UNMIK die erforderlichen Ressourcen vorenthalten werden. Die Brigadekommandeure haben sich daher der Sache selbst angenommen.

Angesichts der Entscheidung der Kosovo-Serben, die gemeinsamen politischen Strukturen wieder zu unterstützen, bitte ich die Kommandeure der MNBs, die Schutzmaßnahmen für die serbische Minderheit noch zu intensiveren. Ich bin fest entschlossen, das derzeit gute Klima zu nutzen, die unbefriedigende Situation der Minderheiten – insbesondere auf dem Gebiet ihrer Bewegungsfreiheit – weiter zu verbessern.

Wir sind uns alle einig, daß wir den Druck auf die Angehörigen der UÇPMB nicht aufgeben, sondern ihn im Gegenteil durch die Stationierung weiterer Truppenteile aus den anderen MNBs noch erhöhen werden. Die dazu erforderlichen Maßnahmen – dabei die Stationierung einer deutschen Kompanie im Bereich der MNB (E) – werden abgesprochen.

Im Anschluß an die Kommandeursbesprechung habe ich alle Führer der Regionalkommandos und des Stabes des Kosovo Protection Corps zum gemeinsamen Abendessen eingeladen. Jeder Brigadekommandeur sitzt neben „seinem" albanischen Regionalchef, um damit die enge Zusammenarbeit zu würdigen. An dem Abendessen nehmen alle Generale meines Stabes teil. Ich möchte den Männern des Kosovo Protection Corps damit die Botschaft übermitteln, daß wir sie trotz der vielen Schwierigkeiten, die wir auf dem bisherigen gemeinsamen Weg zu lösen hatten, ernst nehmen und daß wir hinter ihnen stehen. General Çeku und seine wichtigsten Führungskräfte machen deutlich, daß sie diese Geste der Kooperation sehr zu schätzen wissen.

Am Nachmittag haben wir eine sehr schwierige Situation, als im Bereich der MNB (E) im Raum Štrpce amerikanische und polnische Truppen von Serben eingekesselt werden, die aggressiv gegen die Festnahme einer ihrer Leute protestierten. Neun unserer Soldaten sind dabei verletzt worden. Brigadegeneral Sanchez muß sich persönlich einschalten, um die Lage zu entschärfen. Ich werde morgen selbst nach Štrpce fahren, da ich diese Art des Vorgehens der Serben nicht akzeptieren kann.

Einige extremistische Kosovo-Albaner haben am Wochenende die Grenze zu Mazedonien überschritten und vier mazedonische Grenzschützer als Geiseln genommen, um die Freilassung von Xhavit Hasani zu erzwingen. Er wurde daraufhin heute früh durch die mazedonische Regierung freigelassen und nach Vitina gebracht, wo ihn die Albaner wie einen Volkshelden feiern. Auch die mazedonischen Grenzsoldaten sind wieder frei und an einen Ort gebracht worden, wo sie sich erst einmal erholen können. Der Präsident Mazedoniens, Boris Trajkovski, ist sehr aufgebracht und wirft KFOR vor, die Grenze nicht besser abgeriegelt zu haben. COMKFOR REAR wird morgen beim Verteidigungsminister Mazedoniens, Nikola Klusev, vorsprechen und ihm anbieten, bei den Ermittlungen gegen die eingedrungenen Kosovo-Albaner mitzuwirken. Ich weise Brigadegeneral Sanchez an, sich um die Grenzsicherung an der Grenze zu Mazedonien sofort selbst zu kümmern, damit wir nachweisen können, daß wir alles getan haben, um solche Übergriffe in Zukunft zu verhindern.

512

Morgen wird Brigadegeneral Saqui de Sannes mit der Erweiterung des Vertrauensbereichs im Nordteil Mitrovicas, d.h. im „bosnischen Viertel", beginnen. Dorthin kehren mehr und mehr albanische Familien zurück. Darüber hinaus plant er die Einrichtung eines Korridors zu der serbischen Kirche im Südteil der Stadt. Nach diesen Operationen, die ich so genehmige, fehlt als letzter Schritt nur noch die Einbeziehung des Raums um den Brunnen an der Nordrampe der Brücke mit dem „Dolce Vita". Den angeforderten Operationsplan habe ich noch nicht. „Wir arbeiten mit Hochdruck daran", so die Antwort des Brigadekommandeurs.

Mittwoch, der 5. April 2000; 182. Tag sonnig

Der gestrige Grenzzwischenfall weitet sich zu einer politischen Krise in Mazedonien aus. Ich biete dem mazedonischen Präsidenten daher an, noch heute selbst nach Skopje zu kommen, was er sofort annimmt. Mein für Štrpce geplanter Besuch fällt ins Wasser. Ich lasse wieder einmal alles stehen und liegen und fliege in die mazedonische Hauptstadt. Der Präsident und der mazedonische Verteidigungsminister sind beide sehr beunruhigt und wegen der politischen Auswirkungen des jüngsten Grenzzwischenfalls in großer Sorge.

Ich drücke meine Verwunderung darüber aus, daß wir erst gestern durch die Presse auf diesen Vorfall aufmerksam geworden sind und nicht unmittelbar durch die mazedonische Regierung informiert worden sind. Bis dahin lagen uns keine diesbezüglichen Informationen vor. Mich wundere dies um so mehr, als wir ja besondere Grenz-Verbindungsorgane eingesetzt haben, die sich jederzeit über derartige Vorkommnisse informieren können. Nach drei Tagen seien die Spuren verwischt und unsere Ermittlungen sehr erschwert, wenn nicht unmöglich. Präsident Trajkosvki äußert sich dazu nicht, informiert mich aber, daß er die Botschafter in Skopje und den deutschen Bundeskanzler über den Vorfall unterrichtet habe.

Er erklärt, daß er sich durch diesen Vorfall erniedrigt fühle. Seine Soldaten seien entführt und auf „unmenschliche Weise" festgehalten worden. Er zählt fünf Bereiche auf, in denen er unsere Unterstützung wünscht, um die Beziehungen zwischen Mazedonien und KFOR zu verbessern und um ähnliche Vorfälle künftig zu verhindern, nämlich:

- Einsatz aller notwendigen Mittel, um die für die Entführung Verantwortlichen ausfindig zu machen und vor ein Gericht zu stellen;
- Überwachung der Grenze zwischen Mazedonien und Kosovo durch KFOR im Rahmen anerkannter internationaler Standards;
- Weitergabe von Erkenntnissen, die im Rahmen von Einsätzen der US-Aufklärungsdrohnen gewonnen werden, die vom Flugplatz Petrovec bei Skopje gestartet werden;
- weiterer Ausbau der Verbindungen und der Zusammenarbeit zwischen den Truppen von KFOR und den mazedonischen Grenzpolizisten;
- Aufspüren und Stellen von extremistischen Gruppen, die entlang der Grenze zwischen Mazedonien und dem Kosovo agieren.

Ich informiere Präsident Trajkovski, daß ich bereits gestern Brigadegeneral Sanchez beauftragt habe, in diesem Sinn tätig zu werden. Selbstverständlich würden wir weiter voll und ganz mit den Behörden Mazedoniens zusammenarbeiten. Ich biete an, einen Befragungstrupp zu den vier wieder freigelassenen Soldaten zu schicken, da diese wichtige Aussagen für unsere Ermittlungen machen könnten. Ich lege dem Präsidenten dar, daß wir in diesem Bereich des Kosovo aufgrund der Aktivitäten der UÇPMB ohnehin ständig nach Extremisten suchten und dabei durchaus Erfolge zu verzeichnen gehabt hätten sowie mehrere Festnahmen hätten vornehmen können.

Ich sichere ihm zu, daß er Einsicht in die Aufklärungsergebnisse der US-Drohnen-Einsätze bekommen wird und ich stimme einer Ausweitung der Zusammenarbeit über die Grenze hinweg zu. Ich sage dem Präsidenten, wir würden es nicht hinnehmen, daß Leute das Kosovo als sicheren Zufluchtsort für ihr Banditentum und als Stützpunkt für grenzübergreifende aufrührerische Akte nutzen.

Mein Eindruck ist, daß mein Besuch und meine sofortige Zusage der Unterstützung den Präsidenten sichtlich beruhigt hat. Er kann unsere Abmachung nun gegen seine politische Opposition nutzen. Der Vorfall wurde bei unserer Ankunft vom mazedonischen Parlament diskutiert, und die Opposition versucht, aus der Angelegenheit politisches Kapital zu schlagen.

Trajkovski bittet mich, vor das mazedonische Fernsehen zu treten, um unter Hinweis auf diese gemeinsamen Punkte die mazedonische Bevölkerung zu beruhigen. Ich sage dies zu, zumal ich sehe, welch starker innenpolitischer Druck sich in der Sache inzwischen aufgebaut hat. Mir fällt jedoch auf, daß sowohl Trajkovski als auch der anwesende Verteidigungsminister Klusev sehr darum bemüht sind, diesen Vorfall von der Freilassung Hasanis abzutrennen. Der Zusammenhang zwischen beiden Fällen ist allerdings zu offensichtlich, als daß man umhinkönnte, daraus die Schlußfolgerung zu ziehen, daß Xhavit Hasani* freigelassen wurde, um damit die Freilassung der vier Soldaten zu erreichen.

Was auch immer aber der Hintergrund ist, wir werden ein noch besseres Auge auf die Sicherung der Grenze zwischen Mazedonien und dem Kosovo haben. Ich werde in den nächsten Tagen zusammen mit der MNB (E) prüfen, welche zusätzlichen Maßnahmen wir in dieser Hinsicht noch ergreifen können.

Vor dem Flug nach Skopje gab es eine ausgedehnte Sitzung des Kosovo Transitional Council, in dem ich vortrage zum Abschluß und zum Ergebnis unserer Übung DYNAMIC RESPONSE 2000, zur deutlich verbesserten inneren Sicherheitslage und zum gestrigen Vorgehen der Serben in Štrpce, das wir nicht auf sich beruhen lassen werden.

Der Police Commissioner schildert die neuen Zahlen der UNMIK-Polizei. Danach sind derzeit eingesetzt von insgesamt 2.830 Polizisten 129 Mann Spezialpolizei für Drogen- und Antiterror-Fahndung, 636 in Priština, 541 in Mitrovica, 391 in Gnjilane, 158 in Peć, 301 zur Grenzsicherung an den Grenzübergängen zu Montenegro, Mazedonien und Albanien, der Rest in kleineren Gruppen quer durch die Provinz. Darüber hinaus würden in der neu aufgebauten Kosovo Police Force monatlich 200 Polizisten mit Beendigung ihrer Ausbildung dazukommen.

Jock Covey trägt zum Problem beim Aufbau eines funktionierenden Justizsystems vor und verweist auf die Schwierigkeiten, ausreichend

---

* Xhavit Hasani tauchte im Frühjahr 2001 als Führer der albanischen UÇK-Rebellen in Mazedonien wieder auf.

Richter, Staatsanwälte und einen entsprechend qualifizierten Unterbau einzustellen. Man diskutiert lange über die Registrierung und die organisatorischen Voraussetzungen für die Wahlen.

Es fällt auf, daß in der neuen Zusammensetzung des KTC richtig debattiert wird und nicht Einzelstatement gegen Einzelstatement gestellt wird. Wir sind im KTC auf einem guten Weg. In diesem Zusammenhang informiert uns Signora Antonini aus dem Bereich von Tom Koenigs, daß zwischenzeitlich in zweiundzwanzig der Regierungsbezirke entsprechende Wahlausschüsse eingerichtet seien, drei weitere würden diese Woche folgen. Diese Ausschüsse hätten eine beratende Funktion gegenüber dem jeweiligen UNMIK-Administrator bis zu dem Zeitpunkt, an dem gewählte Vertreter diese Aufgabe voll verantwortlich übernehmen werden. Am Abend bereite ich mit einer kleinen Gruppe unter der Führung von Wendy Gilmore mein Treffen mit dem jugoslawischen Generalobersten Marjanović vor.

Donnerstag, der 6. April 2000; 183. Tag sonnig

Brigadegeneral Sanchez bittet mich, in Štrpce nicht zu intervenieren, sondern die gesamte Sache erst einmal ihm zu überlassen, Er arbeitet mit Vertretern der serbischen Behörden aus dem Raum Štrpce zusammen, um den serbischen Einbrecher zu fassen, dessen geplante Festnahme den Gewaltausbruch ausgelöst hatte. Bisher läuft die Fahndung ohne Ergebnis. Ich empfehle ihm, den Druck auf die serbischen Anführer dadurch zu erhöhen, daß er zunächst einmal den Schutz für die Konvois absagt.

Wir wissen, daß heute anläßlich einer Beerdigung in Gnjilane Angehörige der UÇPMB aus Dobrosin auftauchen werden. Ich weise Sanchez an, diese Leute festzunehmen. Ich bin der Meinung, daß diese Leute nicht unbehelligt bleiben dürfen, sobald sie die Sicherheitszone verlassen. Sanchez stimmt dem zu.

Mir wird aus Mitrovica gemeldet, daß Ivanović seine „Brückenwächter" am Nordrand der „Austerlitz-Brücke" und im „Dolce Vita" sehr deutlich verringert und sich damit an unsere Abmachung gehalten hat. Ich rufe den französischen Brigadekommandeur an und fordere ihn auf,

516

diese Gelegenheit zu nutzen. Wir verfügen über ausreichende Kräfte, dies nun durchzuziehen. Saqui de Sannes stimmt dem zwar zu, weist aber darauf hin, daß er in enger Zusammenarbeit mit dem Bürgermeister von Süd-Mitrovica, Dr. Rexhepi, gerade dabeisei, einige wenige serbische Familien aus dem Norden wieder in den beiden Hochhäusern im Süden anzusiedeln. Er hofft, daß sich damit das Vertrauen der Serben in KFOR/UNMIK wieder aufbauen läßt. Die MNB (N) beabsichtigt, diese Maßnahme innerhalb der nächsten Tage abzuschließen und damit die Grundvoraussetzung für die Ausweitung des Vertrauensbereichs nach Norden zu schaffen. Dies sei morgen oder übermorgen abgeschlossen, dann käme das „Dolce Vita" dran. Ich nagele ihn auf diese seine Zeitplanung fest, keinen Tag später. Er stimmt zu.

Beim Treffen mit UNMIK informiere ich Jock Covey über die Vorgänge in Štrpce und über mein Gespräch mit dem mazedonischen Präsidenten. Wir kommen dann auf Mitrovica zu sprechen, und ich informiere ihn über die nächsten Schritte, die er sehr nachdrücklich begrüßt. Er unterrichtet mich, daß am 10. April eine Delegation von Finanzfachleuten nach Priština kommen werde, um eine mögliche Übernahme des Trepča-Komplexes oder von Teilen davon zu diskutieren. Hoffentlich wird es nicht wieder ein Flop.

Freitag, der 7. April 2000; 184. Tag   bedeckt

Am Vormittag gibt es Interviews mit dem „Mannheimer Morgen", mit der hiesigen neuen Tageszeitung „Epoka E Re" und mit „Radio 21".

Ich merke, wie stark nun nach Abschluß der Übung die Schleusen für den Kontingentwechsel geöffnet wurden. Permanent melden sich Soldaten und Offiziere aus dem Einsatz ab, während laufend neue Gesichter auftauchen. Es kostet mich viel Zeit, mit ihnen allen zu sprechen, es lohnt sich aber, zumal ich jedem die Hand drücken möchte, der hier für mich gearbeitet hat oder arbeiten wird. Der wichtigste Punkt der heutigen Tagesordnung ist aber das intensiv und lange vorbereitete Treffen mit dem stellvertretenden Generalstabschef der jugoslawischen Armee, Generaloberst Marjanović.

Wir fliegen am späten Vormittag mit zwei Hubschraubern CH-53 nach Kapaonik im Norden der Sicherheitszone, um uns dort mit der jugoslawischen Delegation zu treffen. Kapaonik liegt jenseits von Gate 1 in über 1.000 m Höhe etwa an der Baumgrenze; es ist ein herrliches Skigebiet. Als wir landen, schneit es in dichten Flocken. Die Lifte sind in Betrieb, die Gegend erinnert mich an das Brauneck bei Bad Tölz.

Wir werden durch das jugoslawische Protokoll sehr freundlich begrüßt und in einen mit viel Holz ausgestatteten Hotelkomplex begleitet, wo wir fast unter dem Dach in einem kleinen, gemütlich eingerichteten Konferenzraum von der Delegation aus Belgrad begrüßt werden. Ich sage meinen Gastgebern, daß ich mit ihnen lieber zum Skifahren gehen würde, als ernste Probleme zu verhandeln. Marjanović sagt, er habe diesen Ort ganz speziell ausgesucht, um mir eine Freude zu machen. Kein schlechter Beginn für ihn, und ich freue mich über diese Geste.

Ich stelle meine Begleitung vor: Generalmajor John Milne, mein Chef des Stabes, Wendy Gilmore, meine politische Beraterin, Brigadegeneral Friedrich von Senden, der Leiter JIC, Oberst Russel Thaden, mein G2, den ich als solchen auch vorstelle, die beiden Oberstleutnante Royal und Fawcett als Protokollanten, Oberstleutnant i. G. Jürgen Steinberger, mein militärischer Assistent, sowie der weibliche norwegische Captain Jacobson und Melina Nikolić als Dolmetscher. Generaloberst Marjanović ist sichtbar nervös, aber bemüht, ein gutes und vertrauensvolles Klima zu schaffen. Er hat etwa mein Alter, spricht ruhig und bestimmt, eher Intellektueller als Truppenführer, helle Augen, ein offenes Gesicht. Mit ihm wird sich reden lassen. Er stellt mir seine Delegation vor: Generalleutnant Stevanović, stellvertretender Innenminister und Stellvertreter der Staatspolizei (MUP), Generalmajor Stefanović, Kommandierender General des Priština-Corps, Oberst Memišević, Kapitän z. S. Tejić, die Oberstleutnante Dopudja und Nešić vom serbischen JIC und Janković als Dolmetscherin.

Generaloberst Marjanović eröffnet als Gastgeber das Gespräch. Er drückt seine Freude darüber aus, daß diese Begegnung endlich zustande gekommen ist, und betont, daß es die Absicht der jugoslawischen Regierung, der Armee und der Polizei sei, die Resolution 1244 des Sicherheitsrates der Vereinten Nationen (UNSCR 1244) sowie das Militärtechnische Abkommen voll und ganz einzuhalten.

Ich erwidere, daß durch die Zusammenkünfte der Joint Implementa-

518

tion Commission zwischen KFOR und den jugoslawischen Streitkräften sehr konstruktive und vertrauensvolle Beziehungen aufgebaut worden seien. Die heutige Begegnung sei ein wichtiger Schritt beim weiteren Aufbau einer Arbeitsbeziehung auf der Grundlage gegenseitigen Vertrauens. Ich sei mir bewußt, daß die Sicherheitslage im Kosovo für die jugoslawischen Behörden von großer Bedeutung sei und ich betone, daß wir von KFOR alles in unserer Macht Stehende tun, um ein sicheres Umfeld zu schaffen.

Ziel der heutigen Besprechung sei es, daß wir uns auf beiden Seiten über die Auslegung des Militärtechnischen Abkommens klar würden. Die jugoslawische Seite müsse wissen, wie wir bei KFOR die Bestimmungen interpretieren würden. Wir müßten darüber hinaus Mechanismen zur Vermeidung künftiger Verstöße entwickeln, und schließlich wolle ich die Maßnahmen erläutern, die KFOR entlang der Grenze zum Preševo-Gebiet ergriffen habe. Wir suchten auf dieser Grundlage die Zusicherung der Regierungen der Bundesrepublik Jugoslawien und Serbiens, daß sie sich ihrerseits an der Problemlösung beteiligten, ohne dabei Gewalt anzuwenden.

Nach dieser allgemeinen Einleitung eröffne ich die Tagesordnung mit der Lage in der Sicherheitszone. Ich halte fest, daß mir als COMKFOR das Recht zusteht, abschließend über die Auslegung des Militärtechnischen Abkommens zu entscheiden. Das Militärtechnische Abkommen erlaube mir, alle Maßnahmen zu ergreifen, die ich für die Sicherstellung der Einhaltung des Abkommens für notwendig erachte, einschließlich der Überwachung der Sicherheitszone und der Luft-Sicherheitszone. Dies sei erforderlich, um zu verhindern, daß unbefugte Kräfte in diese Zonen zurückkehren, aber auch, um alle unbefugt in die Zonen eingedrungenen Kräfte im äußersten Fall mit Gewalt von dort zu vertreiben. KFOR sei zur Überwachung der Sicherheitszone befugt. Seine Truppen unterliegen daher beim Betreten dieser Zone nicht der Genehmigung durch die örtliche serbische Polizei. KFOR werde daher nicht weiter hinnehmen, daß KFOR-Soldaten durch die örtliche Polizei festgenommen würden. Ich empfehle, daß wir, um weiteren Mißverständnissen vorzubeugen, künftig wie folgt verfahren.

KFOR hat das Recht, die Sicherheitszone zu betreten, wenn COMKFOR dies für notwendig erachtet.

(a) KFOR wird als Entgegenkommen und unter normalen Bedingungen die Vertreter der jugoslawischen Streitkräfte sowie der jugoslawischen Geheimpolizei in der Joint Implementation Commission unterrichten, wenn ein Betreten der Sicherheitszone durch KFOR beabsichtigt ist.

(b) Die örtliche Polizei in der Sicherheitszone ist nicht berechtigt, Personal von KFOR, das im Rahmen der Ausübung seiner Dienstpflicht beim Betreten der Sicherheitszone die Grenze überschreitet, festzunehmen.

(c) Das Militärtechnische Abkommen sagt eindeutig aus, daß nur die örtliche Polizei in der Sicherheitszone eingesetzt werden darf und daß alle anderen Kräfte als illegal betrachtet werden.

Nach meiner bewußt sehr bestimmt gehaltenen Eröffnung erklärt Marjanović, daß die jugoslawische Regierung, Armee und Polizei mit dem Artikel V übereinstimmen, wonach COMKFOR bei der Auslegung des Militärtechnischen Abkommens die letzte Instanz ist. Er stimmt weiter zu, daß KFOR alle verfügbaren technischen Mittel wie U2 und andere Systeme einsetzen könne, um die Sicherheitszone und die Luft-Sicherheitszone zu überwachen. Er betont, daß die Sicherheitszone eingerichtet worden sei, um die beiden Streitkräfte auf Abstand zu halten und damit Sicherheit für beide Seiten zu schaffen. In der sich anschließenden Diskussion, in die sich auch die anderen Delegationsmitglieder einschalten, halten wir fest, daß

- COMKFOR für die Auslegung des Militärtechnischen Abkommens die letzte Instanz ist;
- die jugoslawische Regierung, Armee und Polizei das Militärtechnische Abkommen strikt einhalten werden und nur der örtlichen Polizei der Zugang in die Sicherheitszone gestattet wird;
- KFOR in der Lage sein muß, die Überwachung der Sicherheitszone aus dem Kosovo heraus oder durch ferngelenkte Einsatzmittel (z. B. unbemannte Luftfahrzeuge) durchzuführen, was in Konsequenz auch einen physischen Überwachungseinsatz durch Truppen vor Ort in der Sicherheitszone einschließt;
- es anzustreben ist, im Fall auch nur eines Anzeichens eines Verstoßes

gegen das Militärtechnische Abkommen die Ermittlungen durch gemeinsame Teams der Joint Implementation Commission aufzunehmen. Falls eine einvernehmliche Lösung von Streitfällen im Rahmen der Joint Implementation Commission nicht möglich ist, sollten COMKFOR und der stellvertretende Chef des Generalstabes der jugoslawischen Streitkräfte hinzugezogen werden, bevor es zu militärischen Maßnahmen kommt;

- die Kommunikation vor Ort zwischen den Soldaten von KFOR und der örtlichen Polizei verbessert werden soll, um mehr Vertrauen zu schaffen und örtliche Fragen direkt zu besprechen;
- die jugoslawische Seite der Meinung ist, die Sicherheitszone bringe keinen Vorteil, wenn KFOR das Recht hat, diese im eigenen Ermessen zu betreten. Wenn dies so beabsichtigt worden wäre, so wäre es ausdrücklich im Militärtechnischen Abkommen erwähnt worden. Ich wiederhole, daß mir nach dem Military Technical Agreement die Befugnis erteilt ist, „alles Erforderliche" zu unternehmen.

Ich komme dann auf die Luft-Sicherheitszone zu sprechen. Hier hat es in der jüngeren Vergangenheit eine Reihe von Verletzungen sowohl durch militärische als auch durch zivile Luftfahrzeuge gegeben, die der Kontrolle durch die Flugsicherung in Belgrad unterliegen. Im Militärtechnischen Abkommen sei eindeutig geregelt, daß militärische Luftfahrzeuge in der Luft-Sicherheitszone nicht zugelassen sind. Diese Bestimmung sei strikt einzuhalten. Der Einflug ziviler Luftfahrzeuge in die Luft-Sicherheitszone stellt eine Gefährdung für diese Luftfahrzeuge dar, da eine Unterscheidung militärischer und ziviler Luftfahrzeuge schwierig sei. Um die Sicherheit letzterer zu gewährleisten, verlange ich, daß auch keine Zivilluftfahrzeuge in die Luft-Sicherheitszone einfliegen.

Generaloberst Marjanović versucht sofort, daraus die Zuständigkeit für die Kontrolle des Zivilluftverkehrs durch die jugoslawischen Behörden abzuleiten, und er schlägt vor, daß dazu die Flugkontrolle am Flughafen von Priština durch jugoslawisches Flugsicherungspersonal vorgenommen werden sollte. Ich erwidere, daß man hier zwei Punkte unterscheiden müsse. Da sei einmal kurzfristig die Frage der Verhütung von Zwischenfällen mit zivilen Luftfahrzeugen in der Luft-Sicherheitszone und andrerseits die längerfristige Frage der Bestimmung des Militärtechnischen Abkommens, die den Fachleuten überlassen bleiben sollte. Dem stimmt Generaloberst Marjanović zu.

Ich gehe dann auf die Lage im Preševo-Tal ein. Ich mache sehr deutlich, daß KFOR sich öffentlich dazu bekannt hat, nicht zuzulassen, daß Kosovo zu einer Operationsbasis für Aufständische wird. Ich erläutere unsere dazu bisher ergriffenen Maßnahmen, die die Sicherheitslage in diesem Gebiet verbessern sollen. Ich betone nachdrücklich, daß KFOR alles tun wird, um illegale Aktivitäten in dieser Region zu verhindern.

Generaloberst Marjanović erwidert, daß die jugoslawische Seite dies erkannt habe und dafür dankbar sei. Er schlägt vor, durch eine engere Beziehung zwischen KFOR und örtlicher Polizei die Lage vor Ort zu verbessern und betont, daß die jugoslawischen Behörden bei ihren Maßnahmen in diesem Gebiet nur auf die örtliche Polizei zurückgreifen werden, so, wie das im Militärtechnischen Abkommen vorgesehen ist. Ich stimme mit ihm überein, daß beide Seiten das gemeinsame Ziel eines sicheren Umfelds in dieser Region haben.

Abschließend spricht Generaloberst Marjanović die Landesteile an, in denen die Sicherheitszone an die Staaten Mazedonien und Albanien angrenzt. Da Jugoslawien zur Grenzsicherung seine Truppen einsetzt, ergibt sich aus dem Militärtechnischen Abkommen das Problem, daß diese Grenzabschnitte nicht entsprechend gesichert werden können, weil sie in der Sicherheitszone liegen. Ich erwidere, daß ich zwar das Problem verstehe, jedoch nicht in der Lage sei, zum jetzigen Zeitpunkt darüber zu diskutieren, zumal in der Sache zwei weitere Staaten betroffen seien. Ich würde mich der Sache aber annehmen.

Die zentrale Aussage von Marjanović fällt eher am Rand des Treffens. Er sagt, daß Belgrad nicht beabsichtige, gewaltsam in das Kosovo zurückzukehren. Man sei sich des Risikos völlig bewußt und werde es daher nicht eingehen. Er bittet immer wieder, ihm zu vertrauen und seinen Worten zu glauben. Eine mögliche Rückkehr jugoslawischen Personals nach Kosovo wird nur kurz angerissen, da ich ihn sofort darauf hinweise, daß ich nicht bereit sei, diese Frage zu besprechen. Die Voraussetzungen dazu würden noch nicht vorliegen. Er akzeptiert das so.

Allgemein war dies ein gutes und durchaus produktives Treffen, bei dem wir alle unsere Punke festnageln konnten. Zum Abschluß lädt uns die jugoslawische Seite zu einem sehr großzügigen Abendessen ein, bei dem wir uns näher kennenlernen. Ich bin wieder einmal erstaunt, wie gut die Gegenseite über uns und unsere Absichten Bescheid weiß. Leider können wir unsere Gespräche bei deftiger jugoslawischer Küche nicht zu Ende führen, da uns die einbrechende Dunkelheit zwingt, zurückzufliegen.

Ich informiere noch am Abend den SACEUR und beruhige ihn, daß wir von Marjanović nicht über den Tisch gezogen worden sind, sondern alle unsere Punkte erfolgreich eingebracht haben.

Heute ist das erste Konzert, das wir als Organisatoren „sponsern". Im roten Saal des Civic Centers wird das Requiem von Wolfgang Amadeus Mozart in Erinnerung an die Ermordeten und die Toten des Krieges gespielt. Der Dirigent hat zwar fast nur Streicher, eine Pauke und drei Bläser, da es sonst keine Instrumente gibt, dafür ist der Chor mindestens doppelt besetzt und singt, als gelte es, eine Stretta Verdis zu bewältigen. Das Auditorium ist begeistert, wir haben insgesamt drei ausverkaufte Abende. Ich verspreche dem Dirigenten, ihm nach meiner Rückkehr aus Deutschland die fehlenden Instrumente zu besorgen.*

Samstag, der 8. April 2000; 185. Tag   kalt

Der „WDR" und die „Berliner Zeitung" bitten um Telefoninterviews; danach fliege ich nach Mitrovica, um zu sehen, wie weit der Vertrauensbereich gediehen ist. Die Soldaten des französischen Bataillons BI MOTO (Bataillon d'infanterie motorisèe), die am äußeren Ring zur Sicherung der Stadt eingesetzt sind, haben viel zu tun, machen ihre Sache aber ruhig, zuverlässig und gut.

Die französische Brigade ist dabei, oberhalb der „Austerlitz-Brücke"

---

* Wir haben im Sommer 2000 unser Versprechen erfüllt und eine ganze Flugzeugladung gebrauchter, dafür kostenloser Instrumente nach Priština geflogen. Nun ist das Sinfonieorchester – zumindest, was die Instrumente angeht – komplett.

eine Fußgängerbrücke zu bauen, die es den albanischen Bewohnern in den drei Hochhäusern erlaubt, von dort ohne Umweg direkt in den albanischen Südteil über den Fluß zu wechseln bzw. in die Schule zu gehen. Damit umgehen sie die für sie unangenehme Nordecke der Brücke, an der sie immer wieder von den „Brückenwächtern" dumm angeredet werden. Die Brigade hat sich damit ein Hintertürchen geöffnet, die Durchführung meines Auftrags erneut hinauszuschieben. Ich versuche den französischen Brigadekommandeur zu erreichen, aber er ist angeblich nirgendwo auffindbar. Ich lasse ihm ausrichten, daß ich seinen Rückruf erwarte.

Ich fahre dann nach Gračanica, um mich mit Bruder Sava zu treffen, der mich zu einer Führung durch das Kloster eingeladen hat. Rada Trajkovič ist auch da; ich danke ihr für ihren Mut, sich im IAC zu beteiligen und erinnere an unser erstes Treffen hier im Oktober. Auch Bruder Sava hat sich entschlossen, im Kosovo Transitional Council mitzumachen, wozu ich ihn beglückwünsche. Er spricht von der Notwendigkeit, alle diejenigen, die den politischen Dialog mit UNMIK und KFOR seitens der Serben wirklich wollen, zu unterstützen und politisch zu vereinen. Er empfiehlt, sie durch KFOR sichtbar zu belohnen, denn das würde andere nachziehen.

Er nimmt sich dann viel Zeit und führt mich durch das wunderschöne Kloster von Gračanica, das der serbische König Milutin 1321 gestiftet hat. Die Kirche ist ganz in der byzantinischen Tradition gebaut. Auf einem quadratischen Grundriß streckt sich die Kirche in fünf Stufen zur Hauptkuppel empor. Jede Stufe besteht ihrerseits aus Kuppeln und zieht den Blick nach oben.

Der Innenraum ist so unterteilt, daß er sich dem Auge nur schwer öffnet, so überladen und bis in die letzte Ecke ausgemalt sind Pfeiler und Wände. Die Aufteilung folgt der Kuppelgliederung und gibt immer wieder neue Perspektiven frei auf die Fresken, die schon im 13. Jahrhundert ausgemalt wurden. Arkaden, Kreuzgewölbe, würfelförmige Postamente, Tonnengewölbe: Ich komme aus dem Staunen nicht heraus, zumal ich in Bruder Sava einen sehr kompetenten Führer habe, der mir nicht nur die Geschichte, sondern vor allem auch die Inhalte der Fresken und Ikonen erklärt.

Wie traurig, daß ein Zug schwedischer Infanteristen mit Panzern diese Kirche schützen muß, um zu verhindern, daß sie – wie viele andere vorher – in die Luft gesprengt wird.

Brigadegeneral Sanchez arbeitet immer noch an der Festnahme des serbischen Straftäters und an der Entschärfung der angespannten Lage in Štrpce. Die Bevölkerung ist sehr aufgewühlt, seit einem Bus mit Frauen und Kindern die Rückkehr aus Serbien nach Štrpce verwehrt wird. MNB (E) benutzte den Bus als Hebel gegenüber den Serben, aber dieses Vorgehen scheint sich als kontraproduktiv zu erweisen. Wir arbeiten daher auch im KFOR-Stab parallel zu den Jungs in Camp Bondsteel mit Hochdruck an einer besseren Lösung.

Auf meine Frage, wie viele UÇPMB-Leute sie bei der Beerdigung in Gnjilane festgenommen hätten, antwortet mir Ric Sanchez: „Gar keine!" Ich kann das nach all den Befehlen, die ich dazu gegeben habe, gar nicht glauben und frage nach dem Grund. Die Antwort kommt etwas zögerlich über, aber es wird klar, daß der nationale US-Befehlsstrang die Zustimmung zur Festnahme verweigert hat. Gründe erfahre ich nicht. Ich rufe den SACEUR an, der mir als NATO-Oberbefehlshaber ja ganz klar befohlen hatte, diese Rebellen festzunehmen. Nun hatte das nationale Hauptquartier des gleichen Generals das genaue Gegenteil dazu befohlen. Ich bin empört, zumal die gleichen Leute den Franzosen immer wieder vorwerfen, die Männer des „serbischen Sicherheitsdienstes" nicht festzunehmen. Wo ist da der Unterschied? Sind die Leute auf einem Auge blind? Es macht keinen Sinn mehr, unter diesen Umständen zu führen. Ich sage dies dem SACEUR sehr deutlich, da ich das nationale Eingreifen in meine Kompetenz für nicht akzeptabel halte und so nicht weitermachen werde. Die Antwort, daß dies alles politisch begründet sei, befriedigt mich dabei überhaupt nicht.

Ich habe „Radio 21" zugesagt, an einer spätabendlichen Talk-Show teilzunehmen. Eugen Kelmendi moderiert, Xheraldine Buçina-Vula übersetzt. Ich bin für vier Stunden von 22.00 Uhr bis knapp vor 02.00 Uhr im Studio, die Fragen aus der Bevölkerung werden durchgestellt. Viele Albaner und Serben beteiligen sich, manche aus Serbien selbst. Ich bin erstaunt: Keiner der Fragesteller greift mich oder KFOR an, manche Fragen, z. B. nach der Bewegungsfreiheit der Minderheiten oder nach der Zukunft Mitrovicas, sind kritisch, aber durchaus fair. Die meisten der Anrufer danken für unsere Arbeit und bedauern, daß wir sie verlassen. Ich bin am Ende des Interviews wie ausgelaugt und will nur noch ins Bett.

Sonntag, der 9. April 2000; 186. Tag sommerlich warm

Brigadegeneral Saqui de Sannes unterrichtet über die Rücksiedlung einiger serbischer Familien in den Südsektor von Mitrovica in die Nähe der orthodoxen Kirche. Dies ist ein psychologisch bedeutender Schritt für beide ethnischen Gruppen in Mitrovica, den ich für sehr wichtig halte; es ist aber noch nicht die Durchführung meines Befehls, den ich in dieser Form schriftlich das erste Mal am 8. Februar (!) gegeben habe.

Ramush Haradinaj hat mich in sein Haus eingeladen. Ich werde zunächst der Mutter und dann den Schwestern vorgestellt, die alle ausgesprochen gutaussehende und moderne Frauen sind. Die Mutter hat dreizehn Kinder in die Welt gesetzt, der Vater ist ein Patriarch, dem Ramush und sein Bruder Daud sichtbar nachgeordnet sind. Hier wird sehr deutlich, wer das Sagen über den Clan hat, der mit allen männlichen Mitgliedern in der großen „Halle der Männer" versammelt ist. Hier haben die Frauen und die jungen Burschen – dazu zählt in diesem Fall auch Daud Haradinaj – nichts verloren, sie dürfen nicht einmal herein, um uns zu bedienen.

Die Männer, ich schätze, es sind rund sechzig, sitzen auf Kissen an der Wand, jeder schüttelt mir die Hand, schwielige Bauernhände und scharfe Blicke, denen nichts zu entgehen scheint. Die Raum ist voller Rauch, die Luft ist zum Schneiden, der Whiskey fließt in Strömen. Viele alte und wettergegerbte Gesichter sind darunter, typische Bauern aus dem Hochgebirge, wortkarg, mißtrauisch, in der Sonntagsjacke und mit Mütze oder Hut. Çeku ist auch hier. Wir beide werden an der Stirnseite der großen Halle auf besonders hoch aufgepolsterte Kissen plaziert, und dann wird aufgetragen, als hätten wir seit Wochen nichts mehr zu essen bekommen, dazwischen immer wieder Whiskey. Viele Reden werden gehalten, von denen ich trotz Übersetzung nicht viel verstehe. Ramush berichtet mir von seinen Vorstellungen als künftiger Politiker. Seine Gedanken beschränken sich noch auf die groben Züge, sind sehr idealistisch; bislang steht allerdings auch noch keine politische Organisation hinter ihm.

Er hat weder Geld noch politische Freunde außerhalb des Landes. Ich versuche ihn davon zu überzeugen, daß seine einzige Aussicht auf Erfolg darin besteht, eine Politik zu betreiben, die die Unterstützung des Westens findet. Jede Politik gegen das „Establishment" würde seine politischen Aspirationen im Keim ersticken. Er ist von einem US-Senator in die Vereinigten Staaten eingeladen worden. Dieser Besuch soll in der kommenden Woche stattfinden und Ramush hofft, dabei einige wichtige Leute in den USA zu treffen.

Zum Höhepunkt des Besuches präsentieren mir zwei Männer in feierlicher Form einen noch dampfenden Lammkopf auf einem Silbertablett. Mir wird klargemacht, daß ich ihn mit einem Messer öffnen und das Hirn essen müsse. Alle sind aufgestanden und starren mich erwartungsvoll an. Ich schaffe es wohl, formgerecht die Hirnschale abzutrennen, denn ich ernte donnernden Beifall; ich überwinde mich auch noch zu einem Löffel Hirn, aber dann ist es bei mir aus, trotz des Applauses. Ich weiß, was von mir erwartet wird, fühle nur, daß mein Magen da nicht mehr mitmachen wird. Ich sage daher zu den Leuten: „Es ist mir bekannt, daß der Clan der Haradinajs nur aus großartigen Männern besteht. Es wäre daher unziemlich, wenn mir allein die Ehre gegeben würde, diese außergewöhnliche Köstlichkeit zu essen. Ich würde mich vielmehr glücklich schätzen, diese hohe Ehre mit Ihnen allen teilen zu dürfen!" Und schon reiche ich die Schale an den Vater Haradinaj weiter, der sofort zupackt. Ganz schnell ist der Lammkopf bis auf das Knochengerüst weggeputzt.

Ramush Haradinaj nimmt eine Gitarre und fängt an, mit einem seiner Freunde in hoher, aber doch sehr einnehmender Stimme Liebes- und Kriegslieder zu singen, sehr diatonisch, sehr orientalisch, aber durchaus einnehmend und schön.

Ich scheine niemanden beleidigt zu haben, denn beim Abschied stehen sie alle aufgereiht nebeneinander, die Haradinajs, von jung nach alt. Jeder umarmt mich, küßt mich auf beide Wangen, die Herzlichkeit ist ehrlich und überwältigend. Mir ist ein sehr eindrucksvoller Nachmittag geschenkt worden, den wohl nicht viele Ausländer in dieser ursprünglichen Form miterleben dürfen.

Bardyl Mahmuti ist aus Thacis PPDK ausgetreten und wieder zu seiner Familie in der Schweiz zurückgekehrt, um seine Doktorarbeit fertigzuschreiben. Es scheint, als ziehe er sich vorübergehend aus der Politik und aus dem Land zurück – allem Anschein nach war er es, der hinter der Entführung der vier mazedonischen Grenzsoldaten und der Erpressung mit Hasani steckte, weshalb er nun die Sicherheit im Ausland sucht.*

Nachdem der Bus mit den Bewohnern von Štrpce nicht freigegeben wurde, fand sich plötzlich der gesuchte Gangster doch noch. Seitdem ist es in Štrpce wieder ruhig. Der Verbrecher ist in Camp Bondsteel in Gewahrsam, und die Konvois wurden wieder aufgenommen.

Außerdem hatten wir heute den Besuch von General Richard Myers, dem designierten Stellvertreter des Chairman, Joint Chiefs of Staff, und von US-Botschafter Christopher Hill, die mit uns über die Lage im Preševo-Tal, über die von uns ergriffenen Maßnahmen an der Grenze zwischen dem Kosovo und Mazedonien, über die allgemeine Sicherheitslage im Kosovo sowie über die Spannungen in Štrpce sprechen. Ich informiere sie zudem über die Ergebnisse der Besprechung mit Marjanović. Für mich gibt es keine neuen Erkenntnisse.

Ein weiterer Besucher ist mein niederländischer Freund, Generalleutnant Maarten Schouten, Inspekteur des niederländischen Heeres. Mein Nachfolger als COMKFOR, Generalleutnant Juan Ortuño Such, ist zur Übernahme eingetroffen.

Montag, der 10. April 2000; 187. Tag   sonnig und warm

Der Vormittag ist dem russischen Einsatzverband Task Force 13 im Raum Kosovska Kamenica gewidmet, bei dem ich mir ansehen will, ob die Russen ihren taktischen Ansatz in bezug auf die Sicherheitszone wirklich geändert und wie sie ihre Verstärkungskräfte eingesetzt haben.

---

* Mahmuti ist in der Zwischenzeit in die Politik zurückgekehrt. Er hat am 11. März mit Riza Halimi und Katsriot Hadjredja die neue National Democratci Party (NDP) in Mazedonien gegründet, die die Forderungen der bewaffneten Rebellen in politische Ziele umsetzt.

Nach einer guten Lageeinweisung im Hauptquartier des Bataillons zeigt mir der Bataillonskommandeur, Oberstleutnant Košelnik, alle neuen Checkpoints, die seine Männer in den letzten drei Wochen eingerichtet haben: hervorragend. Das Bataillon hat jetzt sieben (!) Kompanien im Verantwortungsbereich. Sie haben ihren gesamten Kräfteansatz verändert und betreiben Gate 5 jetzt gemeinsam mit den US-Streitkräften. Ich fahre eine ihrer Patrouillen mit und merke aus der Reaktion der albanischen Bevölkerung, daß sie gelernt hat, die Russen zu akzeptieren. Die Leute winken und reagieren freundlich – endlich. Die russischen Soldaten sind offen wie immer. Sie wollen mit mir reden, hören, wie die Gesamtlage aussieht und wann sie wieder nach Hause dürfen. Ich bin froh, daß ich heute hierhergekommen bin, denn ich fühle mich in bezug auf diese Ecke der Provinz jetzt nach diesem Besuch wesentlich wohler.

Am Abend hat Çeku zur Abschiedsparty des KPC für Ramush Haradinaj ins Grand Hotel eingeladen. Alle Reden sind rückwärtsgewandt in die Zeit der „glorreichen UÇK". Es wird der „Held", aber nicht der zukünftige Politiker Haradinaj gewürdigt. Ramush steht auf der Tribüne in einem viel zu weiten Anzug und mit kurzgeschorenen Haaren; man spürt, daß er sich nicht wohl fühlt. Er hält eine eher schwache Rede mit ganz leiser Stimme, als wolle er sich verstecken. Er wird auf seinem Weg zum Politiker noch viel lernen müssen.

Dienstag, der 11. April 2000; 188. Tag sonnig

Das Hauptthema der heutigen Kommandeursbesprechung ist die Frage, was wir gegen die zunehmenden politischen Parallelstrukturen der Serben tun können. Ich habe die Absicht, alle Büros der „Serbischen Nationalversammlung (SNA)" schließen zu lassen, da sie zunehmend zur Propaganda gegen uns genutzt werden Auch der „Interim Executive Council of Kosovo (IEC)" unter der Führung von Zoran Andjelković hat sich zu einer Organisation entwickelt, die – von Belgrad aus gesteuert – nur gegen uns agitiert. In Mitrovica haben die Anhänger von Ivanović das dortige Büro des IEC verwüstet und Andjelković selbst handgreiflich zu verstehen gegeben, daß seine Politik ihrer Meinung nach nicht den Interessen der Serben im Kosovo dient. Relativ unproblematisch ist das „Center of Peace and Tolerance", eine serbische NGO, die sich um humanitäre Fragen der Serben im Kosovo bemüht, während das „Committee for Cooperation with the United Nations" von Botschafter Vukičević zwar eindeutig eine politische Tätigkeit im Sinne der Belgrader Regierung von Belgrad wahrnimmt, aber nicht agitiert. Über manche dieser Organisationen brauchen wir noch bessere Informationen, bevor wir gegen sie vorgehen können.

Mit der Teilnahme einer Vertreterin der serbischen Minderheit hat der IAC heute eine neue Dimension bekommen. Rada Trajkovič wurde von den albanischen Führern fair und freundlich aufgenommen; sie dagegen mußte erst einmal über Thaci herfallen und festhalten, daß sie mit einem Mann wie ihm – wenn es nicht hier im IAC wäre – grundsätzlich nicht sprechen würde. Thaci lacht aus vollem Hals, als hätte sie einen guten Witz erzählt. Dadurch wird die gespannte Situation sofort wieder entschärft.

Ein großes Problem entsteht jetzt dadurch, daß alle Serben, die zu einer Mitarbeit im IAC und im KTC bereit sind, von serbischen Hardlinern als „Kollaborateure" bedroht werden. Wir müssen sie alle ab sofort unter Polizei- und KFOR-Schutz stellen, was uns erhebliche Kräfte kostet. Inhaltlich bewegt der IAC heute nichts.

Den Nachmittag verbringe ich erneut bei der Truppe in Mitrovica. Die neuen französischen Soldaten sind voller Elan dabei, sie machen einen hervorragenden Eindruck. Dagegen hält die Brigadeführung an der Taktik des hinhaltenden Nichtstuns und des permanenten Ausweichens fest.

Mein Kommandeur in der Verbindungszone West in Durrës – COMMZ (W) –, der italienische Brigadegeneral Luigi Chiavarelli, übergibt sein Kommando an seinen Nachfolger. Leider kann ich wegen der Enge der Termine und weil mir an der eingehenden Einweisung meines Nachfolgers gelegen ist, diesen Kommandowechsel nicht selbst vornehmen, sondern muß meinen italienischen Stellvertreter schicken, der meinen Dank überbringt.

Die Arbeit, die Chiavarelli in den letzten sechs Monaten geleistet hat, war für den Erfolg des Auftrags der KFOR von entscheidender Bedeutung. Die beiden Schlüsselgebiete, die ich ihm übertragen hatte, waren

530

die Aufrechterhaltung der Sicherheit der rückwärtigen Gebiete in Albanien und die logistische Unterstützung der in Albanien verbliebenen Truppen. Diese beiden Aufgaben hat er mit hohem Engagement und eindrucksvoller Professionalität erfüllt. Darüber hinaus hat er die politischen Aspekte des Verbindunghaltens mit der albanischen Regierung blendend bewältigt. Er geht jetzt zurück nach Italien, wo er stellvertretender Kommandeur der Unteroffiziersschule in Viterbo werden wird.

Am Abend fliege ich nach Skopje, um dort den belgischen Verteidigungsminister André Flathaut zu treffen, der mich zum Abendessen eingeladen hat. Ich freue mich über den schönen Abend im „Alexander Palace Hotel" und genieße für die wenigen Stunden die einnehmende Atmosphäre des Hotels.

Mittwoch, der 12. April 2000; 189. Tag   sonnig

Der Kosovo Transitional Council kommt heute zum ersten Mal in der neuen Konfiguration zusammen, d. h., es nehmen vier Serben daran teil. Auch hier werden die Serben von ihren albanischen „Kollegen" offiziell und durchaus herzlich begrüßt. Die Diskussion ist sehr von Fragen der Sicherheit für die Minderheiten bestimmt, die ich umfassend und zur allgemeinen Zufriedenheit beantworten kann. Ich weise auf unsere Umsiedlungsaktion in Mitrovica hin und drücke meine Hoffnung aus, daß dies nur ein erster Schritt war. Wir sprechen sehr offen über einen Vorschlag von UNHCR, in Mitrovica einen neuen Stadtteil zu bauen, in den dann die serbischen Flüchtlinge, die im Juni 1999 im Nordteil der Stadt Zuflucht gefunden hatten, umgesiedelt werden könnten. Dies ist die Voraussetzung dafür, daß die damals aus Mitrovica vertriebenen Albaner ihre früheren Wohnungen und Häuser wieder beziehen können. Auch der Vertrauensbereich beiderseits der Brücken kommt zur Sprache; seine Einrichtung wird allseits als ein positiver Schritt beurteilt, bei dem allein es aber nicht bleiben dürfe.

Es folgen viele Detailfragen zur Registrierung und zum Wahlmodus.

Bischof Artemije hatte mich aufgefordert, auch die Klöster von Peć und Veliki Dečani zu besuchen. Ich nehme mir dafür heute ein paar Stunden, wobei mich mein britischer Military Assistant Sean Lang und

531

die Fotografin des UNHCR, Hélène Caux, die darüber einen Bericht schreiben möchte, begleiten.

Das Kloster des Patriarchats von Peć beeindruckt durch die stilistisch reine byzantinische Bauweise und herrliche Fresken; es ist ein weitläufiges Gelände im Tal zur Rugova-Schlucht, am glasklaren Bistrica-Bach gelegen. Die vielen ineinander verschachtelten Kuppeln laden zum Verweilen und zur Besinnung ein. Bruder Joseph führt uns und weist uns liebevoll in die drei Kirchen ein, die über die Jahrhunderte zu einem Gesamtkomplex zusammengewachsen sind. Besonders beeindruckend ist die vom heiligen Sava selbst gestaltete Apostelkirche aus dem 11. Jahrhundert, deren Fresken zwischen 1250 und 1260 gemalt worden sind; sie strahlen heute noch in einer unglaublichen Farbenpracht. Viele der Gestalten erinnern an das hellenistische Erbe. Dieses Kloster war einst eines der größten Zentren der serbisch-orthodoxen Kirche. Es strahlt noch heute Macht, Reichtum, Liebe zur Kunst und Tradition aus.

Nach einem kleinen Imbiß im Refektorium, der von einer uralten Nonne ganz liebevoll kredenzt wird, müssen wir leider weiter, obwohl wir noch viel zu besprechen gehabt hätten.

Der Bau des Klosters in Veliki Dečani wurde rund zweihundert Jahre später im Jahr 1335 begonnen und von König Dušan nach rund zehn Jahren beendet. Der Baustil dieser in ihren Grundmaßen eher monumentalen Kirche, die sich auf einem Hügel erhebt, nähert sich in seinem Gesamteindruck und seinen Proportionen eher dem Geist der Hochromanik der Kirchen in der Toskana an, z. T. weist er bereits auf die Frühgotik hin. Der Bau ist ein Kreuzrippengewölbe, beeindruckend der monumentale Altarraum mit halbrunden Apsiden, keine Kuppeln mehr, sondern ein riesiges Satteldach.

Der Innenraum ist mit seinen Altarräumen, Apsiden, Ikonostasen und prächtig ausgemalten Seitenräumen überwältigend. Die Fassade des Bauwerks wurde aus wechselweisen Lagen gelbweißer und roter Steinquader gefügt, die Kapitelle an den Säulen und am Dachgesims sind mit wunderbaren Steinmetz-Arbeiten gestaltet, Menschenköpfe und Tiergestalten. Bruder Alexos, langhaarig und langbärtig, führt uns. Er erzählt, daß hier jeder, der „aussteigen" möchte, Mönch werden kann. Es gibt keine Aufnahme-Riten, jeder ist willkommen. Derzeit gibt es nur zwölf Mönche, die auch in den anliegenden Werkstätten arbeiten, wo vor allem Ikonen handbemalt werden.

Nach diesem kurzen Ausflug in Kunst, Religion und Geschichte holt mich die Realität des Kosovo wieder ein.

Generalleutnant Evtukovič möchte mich sprechen und wissen, wie wir uns die Rückkehr der jugoslawischen Streitkräfte und der jugoslawischen Geheimpolizei gemäß der UN-Resolution 1244 vorstellen; wahrscheinlich ein „Nachbrenner" zum Treffen mit Generaloberst Marjanović. Ich erkläre ihm, daß ich angesichts der Sicherheitslage im Kosovo nicht bereit sei, dieses empfindliche Thema mit ihm zu diskutieren. Er versteht meine Haltung und drängt in der Sache nicht weiter; er hat seinen Auftrag aus Moskau ausgeführt, mehr war für ihn nicht zu holen. Ich sage ihm aber auch, wie zufrieden ich mit dem Ergebnis meines Besuches beim russischen Einsatzverband in Kosovska Kamenica war.

Am Abend kommt ein junger Mann namens Berisha, den ich vor Monaten in der Stadt auf der Straße kennengelernt hatte, ihm hatte ich geholfen, Polizist zu werden. Er will sich von mir verabschieden und schenkt mir eine kleine moderne Marmorplastik als Erinnerung an das Kosovo.

Die Übergabe an das EUROKORPS läuft reibungslos.

Auch Hashim Thaci will sich von uns verabschieden und lädt Wendy Gilmore und mich ins Restaurant „Hani" ein; Flora und Bilall Sherifi, sein kluger politischer Berater, sind mit dabei. Man könnte meinen, wir hätten noch nie eine Auseinandersetzung miteinander gehabt, so herzlich sind Thaci und seine Begleitung, so persönlich und ehrlich ist sein Dank für unsere Arbeit. Thaci nennt mich einen „großen Freund" des Kosovo und findet in seinem schönen Schweizerdeutsch bewegende Worte für unsere Zusammenarbeit, die er sehr geschätzt habe.

Zum Abschluß des Abends bittet mich der Besitzer des Restaurants, Fadil Dragaj, eine große Speisekarte zu signieren. Er überreicht mir dann ein Pastellbild eines Stillebens mit Früchten, das der Maler Faik Krasniqi extra für mich gemalt hat. Ich bin überwältigt und gerührt, und während ich ihm danke, erheben sich alle Gäste und applaudieren mir. Anscheinend habe ich – zumindest aus der Sicht der hiesigen Bevölkerung – nicht alles falsch gemacht.

Donnerstag, der 13. April 2000; 190. Tag sonnig

Die Presse ist immer noch an uns interessiert. Ich gebe dem „Morgenmagazin" des ZDF und „Arte TV" ein Interview und verabschiede mich dann von Dennis McNamara, der das Kosovo für ein paar Tage verlassen muß. Trotz gelegentlich unterschiedlicher Vorstellungen bei der Rücksiedlung der Flüchtlinge haben wir einen guten und sehr persönlichen Draht zueinander gefunden. Ich habe sehr gern mit Dennis zusammengearbeitet, da er offen, direkt, zupackend und an der Sache orientiert ist. Sein ganzes Engagement gilt den Flüchtlingen und deren Sicherheit, für die er sich verantwortlich fühlt. Ich danke ihm für seine Freundschaft und seine unkomplizierte Art der Zusammenarbeit, die gutgetan hat.

Ich nehme an einem Treffen bosnischer und kosovarischer Religionsführer teil, zu dem ich von der „Weltkonferenz für Frieden und Religion" eingeladen wurde. Es sind hier alle geistlichen Führer der islamischen, der serbisch-orthodoxen und der römisch-katholischen Gruppen aus Bosnien-Herzegowina und dem Kosovo sowie einige jüdische Glaubensführer aus Bosnien-Herzegowina zugegen. Es tut gut, zu sehen, wie diese Männer über Versöhnung und Vergeben sprechen, und ich hoffe, daß ein wenig von ihrem guten Willen sich auch auf die Mitbrüder ihrer Glaubensrichtungen übertragen wird. Ihre Freundlichkeit und ihre Dankbarkeit gegenüber KFOR ist bemerkenswert und beeindruckend.

Ich fliege dann nach Skopje, um dort meinen COMKFOR REAR, Generalmajor John Deyermond, zu verabschieden. Der neue COM REAR ist der britische Air Vice Marshall Tony Stables. Ich war mit der exzellenten Arbeit und dem ungewöhnlich hohen persönlichen Einsatz von Generalmajor Deyermond mehr als zufrieden. Es ist ihm gelungen, sehr rasch und völlig unkompliziert alle erforderlichen politischen Verbindungen einzurichten und mir in Mazedonien den Rücken freizuhalten. Er kam nur dann zu mir, wenn Not am Mann war, ansonsten entschied er vor Ort nach eigener Beurteilung der Lage. John hat mir in der schwierigen Zeit sehr geholfen, und ich habe mich glücklich geschätzt, ihn an meiner Seite zu wissen.

Er war im Februar vom Army Material Command zu uns gekommen, nachdem er nur vier Tage zuvor von diesem Einsatz erfahren hatte. Seine Verantwortung bei KFOR REAR war enorm. Sein Aufgabenbereich erstreckte sich über Mazedonien, Griechenland und Albanien. John hat vor seinem Dienstantritt in Skopje vermutlich nicht geahnt, daß er sich regelmäßig und schon fast routinemäßig mit Präsidenten und Ministern treffen würde. Aber er hat dies genausogut geschafft, wie er seine Aufgabe als militärischer Führer erfüllt hat. Er wird nun in seinen alten Job als Abteilungsleiter für Logistik und Einsatz beim US Army Material Command zurückkehren.

Bei der Kommandoübergabe spreche ich mit dem Verteidigungsminister Klusev und dem neuem Chef der mazedonischen Streitkräfte. Ich erinnere sie an unseren Wunsch, endlich mit den Ermittlungen in dem Grenzzwischenfall zu beginnen, bei dem es zur Geiselnahme von vier mazedonischen Soldaten kam. Klusev sagt mir aber, daß die vier noch immer vom Dienst befreit seien – jetzt schon für mehr als zwei Wochen. Die Mazedonier verzögern die Angelegenheit, und ich informiere Klusev, daß ich die Sache unter diesen Umständen nicht weiterverfolgen werde. Das scheint ihn überhaupt nicht zu interessieren. Ich habe immer mehr den Eindruck, daß dieser Grenzzwischenfall in der von den Mazedoniern aufgebauschten Form nie wirklich stattgefunden hat, sondern nur als Vorwand inszeniert worden ist, um Hasani freizulassen und dann KFOR wegen angeblich „zu laxer Grenzkontrollen" zum Buhmann zu machen.

Gestern haben einige GIs auf ihrem Freigang in Skopje randaliert. Ich habe deswegen am Rande der Kommandoübergabe ein längeres Gespräch mit Brigadegeneral Sanchez. Es besteht eine Weisung des COMKFOR REAR, wonach KFOR-Soldaten ihre Freizeit grundsätzlich nicht in Skopje verbringen dürfen. Die Möglichkeit, den Soldaten dienstfreie Zeit zu erteilen, die sie in der Innenstadt von Skopje verbringen, beruht auf einer rein nationalen US-Entscheidung. Ich fordere den Kommandeur der MNB (E) auf, auf dem nationalen Strang klärend tätig zu werden, da wir hier nicht zweigleisig fahren können.

Aus dem Konsortium der Firmen für Trepča ist wieder einmal nichts geworden – nur heiße Luft. Am Abend haben die beiden französischen Generale Le Mière und de Lestrange zum Abschiedsumtrunk eingeladen. Brigadegeneral Saqui de Sannes entschuldigt sich wegen „Arbeitsüberlastung".

Blerim Shala kommt zu einem langen Abschiedsinterview für seine Zeitung „Zeri".

Es folgt meine letzte Sitzung im IAC, wo Bernard Kouchner zunächst von der Zunahme der Wirtschaftskriminalität spricht. Man würde zunehmend Heizöl importieren, um es dann mit sehr hohen Gewinnen als Diesel für Fahrzeuge weiterzuverkaufen. Es sei sehr schwierig, hier den Verbrechern auf die Spur zu kommen, die Polizei habe die Ermittlungen aber aufgenommen.

Das Department für den Wiederaufbau der Häuser trägt dann vor, daß die vielen zerstörten Häuser nicht alle in einem Jahr wieder aufgebaut werden könnten. Ziel sei die „Hilfe zur Selbsthilfe"; für den Wiederaufbau der Häuser stünden über die Jahre knapp 1,1 Mrd. US-$ aus Spenden der Geberländer zur Verfügung.

Insgesamt seien bisher etwa 90.000 Häuser winterfest gemacht worden, 12.000 hätten neue Dächer erhalten, weitere 17.000 seien von NGOs und 5.000 durch andere Organisationen wie KFOR wiederhergestellt worden, eine insgesamt imposante Statistik. Das Hauptthema heute ist Trepča. Hier wird ein Doppelansatz gefahren. Zum einen untersuchen vier Kommissionen (Morrison und Knudsen, Boliden, US AID und eine UNMIK-Gruppe) in parallelen Arbeitsschritten, was man kurzfristig tun kann, um Stari Trg wieder funktionsfähig zu machen. Man benötigt hierzu rund 15 Mio. US-$: um neue Pumpen anzuschaffen, die die zwischenzeitlich gefluteten Schachtanlagen wieder leerpumpen können, des weiteren, um die Aufzüge, die die Kumpel über 1.000 Meter unter Tag bringen, modernen Sicherheitsstandards anzupassen, und letztlich, um die 250 Kumpel von Stari Trg endlich zu bezahlen – für sie stehen die Lohnforderungen von etwa 1,5 Mio. DM aus. Die italienische Bergarbeiter-Gewerkschaft scheint sich bereit erklärt zu haben, diese Lohnforderungen aus Solidarität für ihre Kollegen in Stari Trg zu übernehmen.

Wichtiger ist der langfristige Aspekt, die Einrichtungen von Trepča insgesamt wieder ins Laufen zu bringen. Hierfür werden Geldgeber und fachlich kompetente Firmen gesucht, die investieren wollen. Jolly Dixon, der Leiter des Pfeilers der Europäischen Union, wird beauftragt, eine diesbezügliche Arbeitsgruppe einzurichten und über deren Ergebnisse laufend im IAC vorzutragen. Dies hätte man schon vor fünf Monaten machen sollen.

Am Ende der heutigen Sitzung wird der IAC in eine Überraschungsparty für mich umfunktioniert, auf der ich mit vielen sehr freundlichen und bewegenden Worten aus dieser hohen Runde verabschiedet werde. Die Gefühle schlagen hoch, die Umarmungen nehmen kein Ende. Es ist doch bemerkenswert, wie wir in den letzten Monaten durch die gemeinsame Arbeit an all den Schwierigkeiten zusammengewachsen sind. Bernard Kouchner findet besonders bewegende und anerkennende Worte. Natürlich freut dies mein Ego, und ich erwidere, wie sehr es mich erfüllt und befriedigt hat, die Chance gehabt zu haben, auf dieser Ebene für ein besseres und glücklicheres Kosovo mitarbeiten zu dürfen. Mein größtes Geschenk sei, zu sehen, daß es den Menschen im Kosovo heute deutlich besser geht und daß es uns gelungen ist, ihr Leben wieder lebenswert zu machen.

Es macht sich plötzlich auch Wehmut breit. Wie sehr habe ich Bernard Kouchner und Jock Covey schätzengelernt, wie gern habe ich mit ihnen zusammengearbeitet: Wir haben uns, jeder an seiner Stelle, bemüht, der Bevölkerung des Kosovo eine glücklichere, eine friedliche und bessere Zukunft zu gestalten. Bernards Kouchners wache Intelligenz, sein echtes und warmes Mitgefühl für die Unterdrückten, sein überzeugender Kampf für eine gerechtere Welt, seine Traurigkeit, wenn er Rückschläge einstecken mußte, seine persönliche und aufrichtige Freundschaft werden mir fehlen. Wir haben uns die Bälle zugespielt, haben uns schnell und ohne große Formalitäten sofort verstanden und uneingeschränkt aufeinander verlassen. Sein hohes persönliches Engagement, sein übersprudelnder Optimismus, aber auch seine Hartnäckigkeit, sich mit seiner ganzen Person für die Ziele einzusetzen, die er für politisch unabdingbar hielt – ich denke vor allem an die Schaffung des IAC, an das Budget für das Kosovo und an die Agenda für Koexistenz –, waren beeindruckend. Bernard Kouchner war der Motor, der die Dinge politisch vorangebracht hat, Jock Covey hat alles darangesetzt, dies alles in die Realität umzusetzen. Und ich hatte das Glück, für eine kurze Zeit in diesem so engagierten Team Mitspieler sein zu dürfen. Dafür bin ich dankbar; aber ich bin auch traurig, diese großartigen Männer nun zurücklassen zu müssen.

Der Nachmittag gehört erneut der Sitzung unseres „Strategischen Seminars", das gleichzeitig das erste Strategieseminar für die neue Führungscrew von KFOR 3 ist. Der zentrale Diskussionspunkt ist die Rückkehr der Flüchtlinge aus Europa, die aufgrund des frühen Endes des Winters jetzt bereits in großer Zahl zurückkommen. Tom Koenigs ist verantwortlich, die Rahmenbedingungen dafür mit den diversen Regierungen in Europa festzulegen. Seit dem Ende des Winterhilfsprogramms hatte ich UNMIK und UNHCR gedrängt, ihre Aktivitäten im Zusammenhang mit der Flüchtlingsrückkehr mit uns zu koordinieren. Wir haben mehrere Treffen mit ihnen vereinbart, ohne Erfolg. Uns wurde schließlich erklärt, daß alle erforderlichen Maßnahmen ergriffen worden seien und daß wir nicht beteiligt würden, da diese Angelegenheit nicht in unserer Zuständigkeit liege.

Ich hatte dennoch Generalmajor Carrara als meinen Koordinator für die Flüchtlingsrückkehr benannt und ihn beauftragt, die Sachlage zu prüfen. Die Ergebnisse seiner ersten Erkundung sind eine Katastrophe: Nichts ist vorbereitet worden, und niemand kümmert sich um die zurückkehrenden Flüchtlinge. Ich spreche diesen Punkt sehr deutlich an, zumal gestern auch Bernard Kouchner klargeworden ist, in was für einem Durcheinander er sich befindet. Er ist daraufhin mit einem offenen Brief an die Öffentlichkeit gegangen und hat KFOR aufgefordert, die Initiative und die Verantwortung zu übernehmen. Ich lehne diesen Vorschlag rundweg ab. Es ist für mich einfach unvorstellbar, daß zurückkehrende Flüchtlinge in ihrem eigenen Land durch Soldaten anderer Nationen willkommen geheißen und betreut werden.

Ich biete alle möglichen technischen Hilfsmaßnahmen und auch Personal für Betreuung, kurzfristige Unterbringung in Zelten und Transport an, aber ich bestehe darauf, daß UNMIK und UNHCR die Verantwortung übernehmen und ihre Arbeit machen. Es wird ein bißchen rauh, aber ich bin nicht gewillt, daß KFOR wieder einmal für die mangelnde Initiative und die Untätigkeit der zivilen Behörden einspringt und dann, wenn etwas nicht klappen sollte, dafür auch noch die Kritik einstecken soll.

Dieser gesamte Komplex birgt all die Komponenten, die sich ganz schnell zu einer größeren Krise ausweiten könnten. Ich habe aber den Eindruck, daß das heutige Gewitter eine reinigende Wirkung hatte und nun alle Verantwortlichen an die Arbeit gehen und in den erforderlichen Dialog treten werden.

Es geht dann um die weiteren Schritte in der Ausbildung wie der Ausrüstung des Kosovo Protection Corps, für das die Bundeswehr 15.000 ausgemusterte olivgrüne Uniformen ohne Hoheitsabzeichen kostenlos zur Verfügung gestellt hat, sowie über die Möglichkeiten der Ansiedlung mittelständischer Betriebe in Mitrovica. Diese Punkte bringen uns wenig Neues, es geht mehr darum, sich gegenseitig auf dem laufenden zu halten. Das Seminar ist für die neuen Männer von KFOR 3 sicherlich nützlich, da es ihnen ebenso wie den wichtigsten Mitgliedern der UNMIK und der „vier Säulen" einen guten Überblick über die vor ihnen liegenden Probleme verschafft.

Der Abend klingt aus mit einem Abendessen im Restaurant „Victoria", zu dem uns General Çeku mit den Führern des Kosovo Protection Corps eingeladen hat. Es sind alle gekommen, und es ist offensichtlich, daß wir zu ihnen wohl den richtigen Draht gefunden haben. Die Männer haben die neuen Aufgaben angenommen und sind dankbar für ihre Jobs. Natürlich wären sie froh gewesen, wenn manches schneller und weniger bürokratisch verlaufen wäre, aber ich sage ihnen, daß auch ich manchmal kurz vor dem Platzen war, weil mich die Administrationen so sehr eingeengt haben. Andererseits sind dies die Rahmenbedingungen, die man bei finanzieller Abhängigkeit von Spenden aus dem internationalen Bereich akzeptieren muß.

Ich sitze zwischen Çeku und „Sultan" Selimi, der mir von seiner Zeit als kosovarischer Fußball-Star berichtet. Selimi war häufig in Deutschland, wo einer seiner Onkel arbeitet. Ich bekomme von allen Seiten Abschiedsgeschenke: Fahnen und Wimpel des KPC, der verschiedenen Einheiten der ehemaligen UÇK, ein Bild vom Jashari-Clan, Anstecker, Flaschen, ein Messer, gravierte Patronenhüllen und von Çeku einen großen, wunderschönen holzgeschnitzten albanischen Doppeladler mit eingeschnitzter Widmung. Çeku sagt in seiner Tischrede, daß mich die Bevölkerung des Kosovo nie vergessen werde. Ich würde in ihren Herzen als ihr großer Freund fortleben und immer mit dem Kosovo verbunden bleiben. Er dankt für meine Unterstützung beim Aufbau des

Kosovo Protection Corps, weist auf die vielen Schwierigkeiten hin, die wir gemeinsam zu lösen hatten. Aber wir stimmen um den Tisch herum überein, daß es sich insgesamt gelohnt hat. Dies ist einer der Abende, der in der Erinnerung haften bleiben wird und den ich gerne auf der Haben-Seite verbuche.*

Mein Freund Jochen Thies vom „Deutschland Radio", der mich schon während meiner ersten Tage als COMKFOR begleitet hatte, ist angekommen, um mit mir nun auch meine letzten Tage in dieser Verantwortung zu erleben. Ich freue mich, daß er es erneut geschafft hat, denn er kann mir nach einer Distanz von sechs Monaten besser als viele andere sagen, ob wir überhaupt etwas bewegt haben – und wenn ja, was.

Samstag, der 15. April 2000; 192. Tag   sonnig

Uns besucht bereits am frühen Morgen der italienische Verteidigungsminister Carlo Scognamiglio mit dem Oberbefehlshaber der italienischen Streitkräfte, General Mario Arpino. Natürlich lasse ich das Thema Mazzaroli nicht auf sich beruhen, schildere ihnen dann aber meine ausgesprochen positiven Eindrücke von der MNB (W) unter Domenico Villani und vom „San Marco"-Bataillon, das sich in seine neue Aufgabe in Mitrovica blendend eingefunden hat.

Wir steigen dann in unsere letzte große Aktion ein, mit der wir in der Öffentlichkeit zur Eigeninitiative auffordern wollen. In einer gut vorbereiteten Aktion sammeln Mitglieder des Stabes von KFOR Müll ein, der sich auf den Grünanlagen rund um die Universität und eine angrenzende Schule in der Stadtmitte von Priština angehäuft hat. Zunächst ernten wir nur ungläubiges Zusehen der Studenten, aber als sich die Schüler Müllsäcke greifen und mitmachen, gibt es auch für viele der Studenten kein Halten mehr. Auch viele Männer des Kosovo Protection Corps waren gekommen, um bei der großen Reinigungsaktion mitzu-

---

* Im Juli 2001 hat Hans Hækkerup Sami Lushtaku, Rustem „Remi" Mustafa, Rexhep Selimi, Daud Haradinaj und andere wegen „krimineller Verwicklungen" aus ihren Führungspositionen im Kosovo Protection Corps gefeuert.

machen. Rundfunk und Fernsehen berichten, ich kann auf allen Sendern meine Botschaft loswerden: „Tut jetzt etwas. Macht es selbst, wartet nicht, bis andere euch helfen. Es geht um euer Land, es geht um eure Gesundheit, es geht vor allem um eure Kinder!" Ich glaube, unsere Botschaft ist angekommen.

Die jeweiligen örtlichen Truppen hatten vorher schon mit großem Erfolg ähnliche Aktionen in Mitrovica, in Prizren und in Podujevo durchgeführt. Viele Einwohner von Priština kommen, um uns zu danken und sich an der Reinigung ihrer Stadt zu beteiligen. Ich werde von Autogrammjägern umlagert und muß schließlich den blauen Müllsack mit dem Füller tauschen.

Oberst Enzo Coppola und seine Carabinieri haben uns zu einem grandiosen italienischen Abschieds-Abendessen in ihre großen Zelte eingeladen. Chianti und Pinot Grigio fließen, auch der Grappa, bei Parmesan-Käse, phantastisch abgeschmeckten Antipasti, bei Pasta und Saltimbocca.

Ich muß leider früher weg, da mich „Radio Contact" um ein Abschlußinterview ins Rilindja-Hochhaus gebeten hat.

Sonntag, der 16. April 2000; 193. Tag sonnig

Die letzten vierzehn Tage waren äußerst ruhig. Auch heute gibt es keine besonderen Vorkommnisse.

Ich fliege nach Štrpce, um mich mit den dortigen serbischen Führen zu treffen. General Ortuño und Sonja Nikulić, die dieses Treffen eigentlich arrangiert hat, begleiten mich. Der bewährte polnische Bataillonskommandeur, Oberstleutnant Polko, nimmt an meinen Verhandlungen aktiv teil.

Es ist ein herrlicher Frühlingstag in dieser kleinen Stadt hoch in den Bergen. Štrpce hat vom Tourismus gelebt. Es hat viele Hotels, die heute alle durch serbische Flüchtlinge, die aus der näheren Umgebung hierher geflohen sind, besetzt sind. Derzeit leben hier etwa 11.000 Serben auf engstem Raum zusammengepfercht.

Hauptthema der Stadtväter ist daher auch die Frage, wann die Flüchtlinge nach Prizren und nach Uroševac wieder zurückkehren können. Ich werde gebeten, „Besichtigungsreisen" zu arrangieren, damit die Leute ihre Häuser ansehen können, ohne Angst um Leib und Leben haben zu müssen. Sie bitten mich auch, die Busreisen nach Bujanovac weiter zu ermöglichen, was ich ihnen fest zusage. Leider denken die örtlichen Anführer zu sehr in Einzelfragen, um mit uns eine Gesamtstrategie entwickeln zu können. Auch scheint mir der örtliche UNMIK-Administrator mit seiner Aufgabe völlig überfordert zu sein. Von diesem Mann geht kein Impuls aus, er ist nicht in der Lage, in einer der komplexen Situation angemessenen Weise konzeptionell zu arbeiten. Wichtig ist aber, daß wir als alter und als neuer COMKFOR überhaupt hierhergekommen sind, daß wir uns ausreichend Zeit nehmen, um die Sorgen der Menschen hier anzuhören und um mit ihnen gemeinsam erste Lösungsgedanken zu entwickeln. Ich glaube, daß wir ein paar Maßnahmen ergriffen haben, die ihnen zeigen, daß wir für sie da sind – und mit deren Umsetzung werden wir sie in die richtige Richtung lenken. Wir kommen in manchen Punkten heute zwar noch nicht zu konkreten Ergebnissen, aber eines wird klar: Die Bevölkerung wird kein zweites Mal gegen die Amerikaner oder gegen die Polen renitent werden.

General Ortuño sieht, welch großes Feld er vor sich hat, das es zu beackern gilt. Wir werden von den serbischen Stadtvätern und der Bevölkerung von Štrpce wie alte Freunde verabschiedet.

Wir fliegen von dort aus zum amerikanischen 2. Bataillon des 2. Infanterieregiments (2-2 Infantry Battalion) beim Checkpoint 67 unmittelbar an der Grenze zur Sicherheitszone in Mučibaba. Mučibaba liegt an einer der Durchgangsstraßen in das Preševo-Tal, die wir nicht geschlossen haben, dafür aber um so enger überwachen. Hier sind die Feuerbereiche genau festgelegt, hier weiß die Truppe, was sie zu tun hat. Der junge Kompaniechef weist mich genau in Lage, Auftrag und Gelände ein und erläutert die Verfahren, die seine Männer zur Überwachung und zur Überprüfung des grenzüberschreitenden Verkehrs anwenden. Dies ist genau das, was ich sehen wollte; dies entspricht uneingeschränkt meinen Vorgaben. Die GIs sind wie üblich in Hochform; mein alter Freund, der schokoladeschwarze und baumlange Command Sergeant Major Bob Miller, den ich schon im Checkpoint bei Dobrosin kennengelernt habe, ist wieder dabei und stellt mir seine Männer vor. Er spricht fließend Deutsch mit stark bayerischem Akzent und ist stolz

542

darauf, Mitglied der Reservistenkameradschaft in Regensburg zu sein. Ich komme mit den Jungs schnell ins Gespräch; sie wissen um ihre Bedeutung und sind stolz, mir alle ihre Einrichtungen und Stellungen zeigen zu können. Zum Abschluß laden sie mich zu ihrem Mittagessen mit C-Rations ein, wofür sie meine Medaillen bekommen. Es war richtig, diesen letzten voll verfügbaren Tag im Kosovo im Gespräch mit engagierten, offenen und gut motivierten Soldaten zu verbringen. Ein Tag, an den ich gern zurückdenken werde.

Am Abend mache ich die letzte „Medal-Parade" im Bat-Cave, bei der ich jedem Soldat meiner Hauptquartiers – völlig unabhängig vom Dienstgrad – die Ehrenmedaille der NATO für den Einsatz im Kosovo aushändige. Das dauert immer ein bißchen länger, weil ich die Gelegenheit nutze, mich bei jedem mit ein paar persönlichen Worten für seine Leistung zu bedanken und ihr oder ihm direkt „Lebewohl" zu sagen.

Für den Abend habe ich alle meine Generale und Abteilungsleiter zu einem gemeinsamen Abschiedsessen eingeladen. Jeder bekommt unser KFOR-Wappen und eine meiner letzten Medaillen, alle freuen sich darauf, nun heimfahren zu können, und dennoch ist eine gewisse Wehmut auch hier nicht zu verkennen. Was haben wir nicht alles zusammen erlebt, durch wie viele Höhen und Tiefen sind wir gemeinsam gegangen! Viele von uns haben sich bei der Vorausbildung in Deutschland das erste Mal gesehen, wir waren Unbekannte aus vielen Nationen und sind doch zu einem Team zusammengewachsen, das in allen Lagen standgehalten hat. Es hat auch unter höchster Anspannung keine Anzeichen eines Bruchs gegeben. Ich schätze mich sehr glücklich, dieses Team aus Männern und Frauen führen zu dürfen – es hätte nicht besser sein können. Wir werden in den nächsten Tagen wieder in unterschiedlichste Richtungen auseinandergehen, aber das gemeinsame Erlebnis als KFOR 2 im Kosovo wird uns über die Grenzen und Entfernungen geistig vereinen.

Botschafter Gebhardt von Moltke, der Ständige Vertreter der Bundesrepublik Deutschland im Nordatlantikrat, hatte mir am 12. April geschrieben, wie gerne er es gesehen hätte, wenn ich noch länger im Kosovo geblieben wäre. „Wir alle im NATO-Rat wußten die schwierige Aufgabe im Kosovo bei Ihnen in guten Händen, nicht nur in militärischer Sicht, sondern auch in menschlicher Hinsicht, wodurch Sie sich auch Respekt in der kosovarischen Bevölkerung verschafft haben... Höchste Anerkennung und Wertschätzung wurden in den letzten Monaten von meinen Kollegen immer wieder zum Ausdruck gebracht, wenn sie von Ihnen sprachen. Sie haben als erster deutscher General, der als Oberbefehlshaber in einer äußerst schwierigen Auslandsmission NATO-Truppen geführt hat, in herausragender Weise zu Deutschlands Ansehen und Stellung im Bündnis beigetragen... Sie haben der Allianz und unserem Land einen großen Dienst erwiesen."

Montag, der 17. April 2000; 194. Tag   sonnig

Mich besuchen die beiden ehemaligen albanischen Studentenführer Dritoh Lajçi und Muhamet Mauraj, die mit uns Mitte Oktober um die Öffnung der Universität in Nord-Mitrovica gestritten haben. Beide haben sie zwischenzeitlich fertigstudiert, Dritoh ist in der Werbebranche tätig, Muhamet ist Journalist geworden. Er hat mich vor ein paar Tagen bei der nächtlichen Fragestunde von Radio 21 angerufen, und ich habe ihn spontan eingeladen. Beide trinken eine Tasse Kaffee mit mir und sagen, sie seien gekommen, um sich bei mir für meinen Einsatz für die Bevölkerung des Kosovo zu bedanken. Beim Abschied umarmt mich Dritoh und Muhamet weint. Er nimmt seine Armbanduhr ab und schenkt sie mir, damit ich ihn nicht vergesse.

Danach halte ich meine letzte und sehr ausgedehnte Pressekonferenz ab, bei der ich ein Resümee meines Einsatzes ziehe. Es gibt in der Diskussion kein Thema, das nicht angesprochen wird. Zwei albanische Journalisten fragen mich, ob ich das Poster kenne, das die Zeitschrift „Republika" herausgebracht hat: Es zeigt mein Konterfei mit der Überschrift „Danke schön Reinhardt". Sie schlagen mir vor, ich solle mich bei den kommenden Wahlen als Kandidat für das Präsidentenamt aufstellen lassen; sie sind überzeugt, daß die Kosovaren mich mit großer Mehrheit wählen würden. Ich versichere ihnen, daß mich dieser Vertrauensbeweis sehr ehrt, aber zu Hause hätte jetzt meine Familie ein Anrecht auf mich.

Die Presse war den ganzen Einsatz hindurch sehr offen und freund-

544

lich mit mir. Ich danke den vielen Journalisten aus aller Welt und aus dem Kosovo für ihre faire Berichterstattung.

Am Abend eröffne ich mit dem Leiter der hiesigen Kunstakademie, Professor Luan Mulliqi, unsere lange geplante gemeinsame Kunstausstellung, in deren Rahmen örtliche Künstler und künstlerisch aktive Soldaten von KFOR ihre Exponate zeigen. Ein Bläserquartett der britischen Streitkräfte spielt, es gibt Sekt und Häppchen, die Akademie ist total überfüllt, die kosovarische Prominenz gibt sich ein Stelldichein. Die Menschen sehen es fast als Sensation an, daß wir Soldaten, die gemeinhin dem „Unterdrückungsapparat" zugeordnet werden, uns intensiv auch um die Wiederbelebung der kulturellen Szene bemühen. Die Bilder von Soldaten fast aller Nationen, viele in Öl, manches auch Bleistiftskizzen oder Aquarelle, geben einen Einblick in unsere tägliche Arbeit, in die wunderschöne Landschaft, in der wir hier leben, sind zum Teil aber auch Ausdruck der Empfindungen von Männern, die weit von zu Hause weg sind und sich neu orientieren müssen. Viele Bilder der einheimischen Künstler handeln vom Bombenkrieg, von der Vertreibung und der erlittenen Gewalt. Insgesamt ist es eine Ausstellung, die unter die Haut geht, eine sehr beeindruckende Sammlung.

Ich lade abends Wendy Gilmore, die uns „überleben" wird und nach Mike Jackson und mir auch meinen Nachfolger politisch beraten wird, zum Abendessen in ein kleines Lokal bei Gračanica ein, um ihr damit meinen ganz persönlichen Dank für ihre unermüdliche und stets erstklassige Arbeit zu sagen. Wir wären – ich wäre – ohne Wendy aufgeschmissen gewesen. Sie war einfach super, immer da, wenn wir sie brauchten, immer auf den Punkt, wenn es um schwierige Sachfragen ging, immer gut genug, den Advocatus Diaboli zu spielen, damit wir sichergehen konnten, wirklich alle Seiten des Themas abgeklopft zu haben.

Jetzt ist alles für die morgige Übergabe vorbereitet, und ich bin froh darüber, daß das EUROKORPS für seinen Auftrag gut vorbereitet ist und – umfassend eingewiesen – nun das Kommando übernehmen kann. Ich schreibe meine letzte E-Mail an General Clark und danke ihm für seine umsichtige Führung. Sean Lang, mein britischer Military Assistant, hat meine Gedanken – wie all die vielen Nächte vorher auch – auf seinem Personal Computer in ein korrektes Englisch gebracht und dann über das geschützte NATO-E-Mail-System „Cronos" nach Mons abgeschickt. Sean wird froh sein, in Zukunft endlich wieder vor Mitternacht ins Bett gehen zu können und keine „Dear SACEUR"-E-Mails mehr für mich formulieren zu müssen.

Dienstag, der 18. April 2000; 195. Tag   warm

Ich packe meine letzten Klamotten, verstaue den Seesack und meine Kiste und räume meinen Container. Hauptfeldwebel Hans Georg Fischer, Hauptgefreiter Klinger und Hauptgefreiter Jarius Schaper, der sich wie Andreas Klinger um all die vielen kleinen Dinge kümmerte, die in unserem Vorzimmer zu erledigen waren, haben einen Teil der Dinge, die wir in Heidelberg gleich wieder brauchen, schon vorausgeschickt, so daß wir mit kleinem Gepäck reisen. Wir hatten gestern noch einen kleinen Stein mit unserem Wappen als KFOR 2 und dem LANDCENT-Wappen vor dem Kommandogebäude enthüllt, um uns damit hier zu verewigen. Ein letzter Kaffee mit Generalleutnant Ortuño, der ein leeres Büro übernimmt. Ich wünsche ihm und seinem Stab eine glückliche Hand für die nächsten Monate und sage „Film-City" adieu.

Um 10.45 Uhr treffen General Clark und Admiral Ellis im Pressezentrum ein, wo wir den Kommandowechsel vornehmen und wo wir bereits „full house" haben. Ich hatte mit Besa Shema ausgemacht, daß wir zur Kommandoübergabe keine musikalische Umrahmung mit Militärmusik vornehmen, sondern statt dessen zwei klassische Musikstücke aufführen. Es kostete ein bißchen Zeit, den SACEUR für diese Abfolge zu gewinnen. Zu meiner Verabschiedung wird ein junger albanischer Pianist, den ich im Konzert gehört habe und von dem ich sehr begeistert war, den ersten Satz aus Beethovens Sonate Op. 81a „Les Adieux" spielen, während wir zur Begrüßung für Generalleutnant Juan Ortuño die Arie des Torero aus Bizets Oper „Carmen" vorgesehen haben.

Pünktlich ziehen wir auf. Laut Protokoll spreche ich als erster. Ich ziehe eine kurze Bilanz unserer sechs Monate als KFOR, in denen wir uns bemüht haben, der Bevölkerung des Kosovo auf ihrem schwierigen Weg in eine bessere und friedliche Zukunft zu helfen. Ich danke allen

546

Soldaten von KFOR – egal, welcher Nationalität sie angehören – für ihren hohen Einsatz und ihre guten Leistungen. Ich sage ihnen, wie stolz ich bin, daß ich sie führen durfte. Ich danke Bernard Kouchner und all seinen Mitarbeitern von UNMIK und von den „vier Säulen" für ihre Unterstützung und die Zusammenarbeit.

Und letztlich mache ich der Bevölkerung des Kosovo Mut für ihre gemeinsame Zukunft. Ich weise darauf hin, was wir alle bereits geschafft haben. Das Leben im Kosovo ist wieder lebenswert. Ich fordere die Bevölkerung des Kosovo auf, den Blick nicht mehr nach rückwärts zu richten und sich nicht mehr in gegenseitigen Schuldzuweisungen zu ergehen, sondern nach vorne zu blicken und die schlimme Vergangenheit in Richtung einer besseren Zukunft zu überwinden. Mit meinen besten Wünschen für General Ortuño und seine Mannschaft melde ich mich als COMKFOR bei General Clark und von der Bevölkerung des Kosovo ab.

Der SACEUR vollzieht dann den offiziellen Kommandowechsel. Er dankt KFOR und mir für unseren Einsatz, schildert die im Vergleich zur Zeit des Wechsels vor sechs Monaten deutlich verbesserte Gesamtsituation und beauftragt meinen Nachfolger mit dem Kommando. Ein Bariton schmettert Escamillos Torerolied aus „Carmen" – und ich bin aller Verantwortung entbunden.

Zum Empfang überraschen mich Javier Solana, der extra zum Kommandowechsel angereist ist, und der frühere Kommandierende General des EUROKOPRS, Leo van den Bosch. Die Verabschiedungen scheinen kein Ende zu nehmen. Doch schließlich rufe ich die Oberstleutnante i. G. Steinberger und Graf Strachwitz, meinen britischen Military Assistant, Major Sean Lang, meinen Adjutanten, Hauptmann Abendroth und Jochen Thies. Wir packen unsere Rucksäcke und schlendern rüber ins Fußballstadion, wo uns die Hubschrauber abholen. Vor dem Eingang haben die deutschen Offiziere und Unteroffiziere der MNB (S) für mich ein Spalier gebildet, eine letzte und bewegende Ehre, dann ist es vorbei. Viele Journalisten wollen ein letztes Interview, aber ich lehne ab. Mein Auftrag ist beendet.

Wir fliegen mit einem Airbus der Luftwaffe aus Priština ab, wobei wir alle ein sehr mulmiges Gefühl bekommen, als unter uns die noch tief verschneiten Berge Albaniens erschreckend und fast zum Greifen nahe kommen. Das Flugzeug gewinnt nur sehr langsam an Höhe, aber es geht gut. Am Nachmittag landen wir in Straßburg, dem für Heidelberg nächsten Flugplatz, wo uns der Chef des Stabes des Joint Headquarters Centre, Generalmajor Geert Bastiaans, offiziell begrüßt, bevor wir unsere Frauen in die Arme schließen können. KFOR ist beendet, das Kosovo liegt hinter uns. Wir sind wieder daheim.

Nachbetrachtungen

Meine Aufgabe im Kosovo, nämlich die Führung von rund 50.000 Soldaten einer multinationalen Truppe aus 39 Nationen, die praktische Umsetzung all der Überlegungen, die ich seit meiner Zeit als Kommandeur der Führungsakademie angedacht, mit vielen Fachleuten durchdiskutiert und in einzelnen Aspekten als Befehlshaber des Heeresführungskommandos schon ausprobiert hatte, war die größte Herausforderung in meiner vierzigjährigen Laufbahn, ein Abschluß, für den ich der Bundeswehrführung und allen Nationen dankbar bin, die mich einstimmig in die Position des Commander KFOR berufen hatten.

Die deutsche Presse ging nach meiner Rückkehr mit mir sehr wohlwollend um. So hieß es in der „Süddeutschen Zeitung" vom 19. April unter der Überschrift „Note: 1": „Reinhardt kann mit sich und seiner multinationalen Truppe zufrieden sein. Trotz aller Spannungen hat sie unter seiner Führung weitgehend für Ruhe und Stabilität gesorgt. Langsam kehrt die Normalität zurück. Universitäten und Schulen sind wieder geöffnet, und die Geschäfte mit Waren gefüllt … Wie auch immer, Reinhardts Mission war erfolgreich."

Auch die lokalen Medien im Kosovo berichteten über den Einsatz von KFOR 2 in freundlichen Tönen. Die albanischsprachige „Zeri" schrieb am 18. April: „Der deutsche General war Oberbefehlshaber der KFOR, Helfer beim Wiederaufbau, ein Politiker, der die Kosovaren unabhängig von Volkszugehörigkeit und politischem Hintergrund zusammenbringen wollte. Er war ein Glücksfall für den Kosovo ... Er war eine Art Minister von Bernard Kouchner beim Geldsammeln für den Kosovo-Haushalt und ein Förderer der westlichen Kultur."

Der Einsatz im Kosovo gehört zu dem Aufgabenpaket, das die NATO im Frühjahr 1999 auf dem Washingtoner Gipfel anläßlich ihres 50. Geburtstages als „Peace Support Operations" dem bis dahin vorherrschenden Auftrag der Landes- und Bündnisverteidigung gleichberechtigt zur Seite gestellt hat. Dies ist ein Bereich, der für die Bundeswehr noch ziemlich neu ist. Ich erinnere mich sehr wohl an die enormen Schwierigkeiten, die wir von unserem ersten Auslandseinsatz in Somalia an bis hin zu den Einsätzen auf dem Balkan – von UNPROFOR über IFOR zu SFOR – zu lösen hatten. Alle diese Einsätze hatte ich als Befehlshaber des Heeresführungskommandos vorzubereiten, die Soldaten der Bundeswehr dafür auszubilden und national zu führen. Dabei war es für die Bundeswehr, aber sicherlich auch für unsere deutsche Öffentlichkeit, gut gewesen, daß wir diesen Weg in die politische Normalität der Auslandseinsätze in kleinen, eher homöopathischen Schritten gegangen sind. Heute gehören unsere Kontingente in Bosnien-Herzegowina und im Kosovo voll und ohne Einschränkungen dazu. Sie haben sich und unserem Land bei unseren Freunden und Partnern durch gute Arbeit, durch hohe Zuverlässigkeit und durch ein hohes Leistungsprofil breites Ansehen erworben. Unsere deutschen Soldaten können mit ihren Kameraden aller anderen Nationen gut mithalten und brauchen sich vor keiner anderen Nation zu verstecken. Natürlich haben wir in der Bundeswehr sehr viel Neues lernen und viele zunächst unbekannte Wege einschlagen müssen, aber wir haben es geschafft. Derartige Einsätze waren der Bundeswehr nicht ins Stammbuch geschrieben. Die Aufgabenstellung hatte in der ersten Phase ihrer Geschichte völlig anders ausgesehen: Da waren zunächst die Jahre der politischen Konfrontation, des Kalten Krieges und der beruflichen Maxime, innerhalb von 48 Stunden abwehrbereit an der innerdeutschen Grenze zu stehen. Diese 48 Stunden waren die Richtschnur unserer militärischen Ausbildung, sie prägten unser Denken und unser Leben.

Dieser sehr enge Fokus begann sich erst mit Gorbačovs Perestrojka und Glasnost schrittweise zu verändern. Neue Möglichkeiten taten sich auf. Mit dem Fall der Berliner Mauer 1989 wurde der verblichene Prospekt des Kalten Krieges hochgezogen. Es öffnete sich ein völlig neuer Horizont. Ich sehe in diesem neuen Horizont die Ernte unserer jahrzehntelangen Arbeit. Unsere früheren Feinde sind Freunde und Partner geworden. Wir arbeiten mit denen, gegen die wir unsere operativen Vorstellungen ausgerichtet hatten, heute eng zusammen. Gemeinsam mit ihnen gestalten wir den Frieden in Europa dauerhafter und stabiler. Wir leben heute in der bisher längsten Friedensperiode in der Geschichte Europas. Wir schreiben sie zusammen mit unseren neuen Freunden jeden Tag weiter fort.

Der Friedenseinsatz im Kosovo war für alle, die dort eingesetzt waren, eine persönliche Herausforderung, die jedem viel abverlangte, die sich aber auch lohnte. Wir haben den Trend zur Gewalt weitgehend brechen können. Es ist uns gelungen, das Leben wieder lebenswert zu machen.

Dabei müssen wir uns aber vor Augen halten, daß der Einsatz militärischer Mittel nur eine von vielen Komponenten ist, die vor Ort auf ein gemeinsames Ziel hin zusammenwirken müssen, wenn wir die Provinz in eine bessere Zukunft führen möchten.

Für meinen Auftrag als COMKFOR bedeutete dies zunächst und vor allem, daß er durch zwei grundsätzlich verschiedene Aufgaben geprägt war. Da war zum einen der rein militärische Führungsauftrag, für den ich gut ausgebildet und vorbereitet war. Es galt, die Truppen von KFOR, unter denen alle Religionen und alle Hautfarben vertreten, mit denen die unterschiedlichsten militärischen Doktrinen repräsentiert waren, im Kosovo, in Mazedonien, in Albanien und in Griechenland zu führen. Dies war relativ einfach, insoweit sich die Soldaten aller Nationen mit großem persönlichen Engagement für die Friedensaufgabe einsetzten und alle ihr Bestes gaben. Dies galt für die Bataillone der NATO ebenso wie für die Kontingente aller anderen Staaten, wie z. B. die der Vereinigten Arabischen Emirate, Österreichs, der Schweiz, Jordaniens bis hin zu den neutralen skandinavischen Verbänden, die sich hervorragend geschlagen haben. Auch das russische Kontingent hat sich problemlos in den Gesamtrahmen unseres Auftrages eingepaßt und zeichnete sich durch hohe professionelle Zusammenarbeit aus. Die russischen Fallschirmjäger waren integriert und stolz darauf, ihren Beitrag im Rahmen von KFOR leisten zu können. Ich konnte mit dem Führer

des russischen Kontingents, Generalleutnant Evtukovič, jedes aufge-
tretene Problem zur beiderseitigen Zufriedenheit lösen.

Es wird immer wieder behauptet, wir brauchten für Friedenseinsätze
im Ausland einen neuen Typ des Soldaten. Ich stimme diesem Ansatz
so nicht zu. Wir brauchen auch dort den militärisch professionell gut
ausgebildeten Soldaten, der allerdings eine erhebliche Zusatzausbil-
dung benötigt, um im Verlauf derartiger Auslandseinsätze in allen Situationen richtig reagieren zu können. Voraussetzung für jeden Einsatz
ist es, fachlich sehr genau geschult und intensiv mit den Gegebenheiten
des Gastlandes vertraut zu sein, d.h., die Unterweisung der Soldaten in
die Hintergründe der Geschichte des jeweiligen Landes, in den religiösen und politischen Hintergrund der Konflikte, in Wirtschaft und Kultur
ist unabdingbar. Der Soldat im Friedenseinsatz muß anderen Kulturen
gegenüber tolerant, Soldaten anderer Nationen gegenüber aufgeschlossen sein, er muß offen und bereit sein, anderen Menschen zu helfen.
Von großem Vorteil ist es, wenn er die Grundkenntnisse der englischen
Sprache beherrscht. Es gibt vor Ort keine Zeit der Eingewöhnung. Den
Soldaten werden keine „einhundert Tage" zur Anpassung an die neuen
Rahmenbedingungen gegeben. Mein Stab wurde bereits kurz nach der
Übernahme der Verantwortung auf die Probe gestellt, und wir konnten
uns nur über Wasser halten, weil wir ein eingespieltes und bestens vor-
bereitetes Team waren.

Daher ist auch der jetzige Ansatz des deutschen Heeres, für den Einsatz auf bestehende Brigade- und Bataillonsstäbe sowie weitgehend auf
deren eigene Einheiten und Verbände zurückzugreifen, richtig und eine
entscheidende Verbesserung gegenüber der vorherigen modularen Lösung. Die Notwendigkeit der intensiven Vorausbildung gilt natürlich in
noch stärkerem Maße für die Truppe. Sie muß wissen, was auf sie zukommt. Vor allem muß sie wissen, daß sie bei Friedenseinsätzen in der
Regel keinen Feind bekämpft, sondern vielmehr ihre primäre Aufgabe
darin besteht, beim Aufbau einer demokratischen Gesellschaft und von
deren Wirtschaft durch Sicherstellung von Stabilität nach innen wie
nach außen mitzuwirken. Dazu müssen die Soldaten alle Maßnahmen
der eskalatorischen wie deeskalatorischen Stufenleiter beherrschen.
Am wichtigsten aber ist: Sie müssen neutral bleiben, dem Inhalt ihres
UN-Auftrages verpflichtet bleiben. Sowie sie die Seite einer der Kon-

fliktparteien ergreifen, werden sie selbst Teil des Konfliktes. Wir haben dies in Mogadischu schmerzlich mitansehen müssen.

Dennoch müssen Friedenstruppen robust sein. Bei fast allen derartigen Einsätzen besteht die Gefahr, daß der Konflikt wieder ausbrechen kann. Wir brauchen daher, wie es auch der „Brahimi-Report" der Vereinten Nationen vorschlägt, ein robustes „Peacekeeping", um die ganze Bandbreite möglicher Konflikte abdecken und diesbezüglich rasch durch Kräfte vor Ort reagieren zu können. Eine unserer Hauptaufgaben im Kosovo bestand ja gerade darin, die gewaltsame Rückkehr jugoslawischer Streitkräfte und damit den Wiederausbruch offener Feindseligkeiten zu vermeiden. Dies ist mit Erfolg gelungen. Die jugoslawische Führung wußte, daß sie gegen 50.000 gut motivierte, gut ausgebildete und ständig einsatzbereite KFOR-Truppen, die zudem mit massiver Luftwaffenunterstützung operieren würden, in diesem sehr schwierigen Gelände keine Chance hat.

Für diesen Auftrag genügte eben nicht die „Feuerwehr von Passau", sondern man brauchte dazu schwere, gleichzeitig aber auch hoch mobile Kräfte. Für mich hatten daher die robusten mechanisierten KFOR-Truppen als operative Reserve einen sehr hohen Stellenwert. Ihre technische Ausrüstung und deren taktisch-operatives Verständnis für die Erfordernisse einer Verteidigung des Kosovo gegen möglicherweise zurückkehrende serbische Streitkräfte waren für mich ein entscheidender Faktor meiner Operationsplanung und Rückgrat unserer militärischen Verteidigungsübungen. Diese Übungen führte ich im Kosovo regelmäßig so durch, daß für jedermann unser Wille sichtbar wurde, das Kosovo im Notfall auch zu verteidigen. Wir wissen, daß diese Botschaft nicht nur bei der Bevölkerung des Kosovo, sondern auch bei der Regierung in Belgrad auf fruchtbaren Boden gefallen ist. Wir haben unseren Auftrag, den Frieden zu garantieren, als starke, als einsatzfähige und als einsatzwillige Streitmacht verwirklichen können. KFOR ist damit ihrer wichtigsten Aufgabe, Streitkraft für die Friedenserhaltung im Kosovo zu sein, in voller Bandbreite nachgekommen.

Die deutschen Soldaten leisteten bei diesem multinationalen Ansatz einen wichtigen Beitrag. Sie waren mit den Kampfpanzern „Leopard" und den Schützenpanzern „Marder" für den Auftrag als operative Reserve von KFOR bestens ausgebildet und geistig gut vorbereitet. Man kann sagen, daß die Ausrüstung der deutschen Soldaten im Ausland in vielen Bereichen generell weitaus besser ist als die zu Hause, doch dies geht bei den sehr reduzierten finanziellen Mitteln für den Verteidigungshaushalt eindeutig zu Lasten der Truppe in der Heimat. Dies darf auf Dauer so nicht bleiben. Ich denke hier vor allem an die persönliche Ausrüstung, mehr noch an die Führungs- und Fernmeldemittel, bei denen wir heute im Einsatz mit allen anderen Nationen gut mithalten können, zu Hause aber weit hinterherhinken.

Wir sind in der Bundeswehr seit Somalia einen großen Schritt vorangekommen. Dies gilt für die feldmäßige Unterbringung und die Betreuungseinrichtungen, die keinen Vergleich mit anderen Nationen zu scheuen brauchen. Die Familienbetreuungszentren, die Feldpost, die Kartentelefone, die Fitneßeinrichtungen, die medizinische Betreuung im Einsatzland, die logistische Anschlußversorgung, die Urlaubsregelung, die finanzielle Gefahrenzulage, all das stimmt und hat einen Standard erreicht, um den uns Soldaten mancher anderer Nationen beneiden. Aber es gibt auch eine Reihe von Dingen, die verbessert werden müssen. So versteht es heute kein Soldat mehr, warum es bis jetzt nicht gelungen ist, für die Männer und Frauen im Einsatz endlich eine luftdurchlässige Sommeruniform und – für extrem hohe Temperaturen – entsprechend leichte Stiefel zu beschaffen, die wir seit Somalia wieder und wieder gefordert und die alle anderen Nationen haben. Viel wichtiger noch, weil es die Sicherheit der Soldaten unmittelbar betrifft, ist der seit Jahren dringend geforderte Ersatz für die überalterten und unzureichend geschützten Gefechtsfahrzeuge „Luchs" und „Fuchs". Diese Fahrzeuge sind seit Somalia höchsten Anforderungen und damit einem extrem hohen Verschleiß ausgesetzt, der in dieser Form gar nicht abzusehen war. Sie werden daher heute nur noch mit Hilfe der „Kannibalisierung" zu Hause für den Einsatz auf dem Balkan am Laufen gehalten. Mit dem neuen leichten Gefechtsfahrzeug „Dingo" ist ein erster Anfang zur Verbesserung gemacht. Die Palette der Einsatzfahrzeuge muß aber endlich mit dem neuen Gepanzerten Transportfahrzeug (GTK) und dem künftigen Aufklärungsfahrzeug „Fennek" ergänzt werden. Beide Radfahrzeuge sind unter dem Gesichtspunkt des Schutzes unserer Soldaten längst überfällig. Dies gilt ebenfalls für ein neues Transportflugzeug, das die uralten TRANSALLs endlich ablösen muß.

554

Jeder von uns, der im Laufe der letzten Jahre auf dem Balkan gewesen ist, weiß seine eigenen Geschichten über lange Wartezeiten wegen der permanenten technischen Ausfälle unserer Transportflieger zu berichten.

Dennoch: Unsere Truppe schlägt sich hervorragend und leistet im Rahmen von KFOR wie von SFOR einen ganz entscheidenden Beitrag für die Stabilisierung des Südost-Balkans. Unsere Männer sind professionell gut, sie sind voll motiviert, die Moral ist stabil. Es soll aber nicht verkannt werden, daß wir hier an Grenzen gestoßen sind. So habe ich Männer kennengelernt, die bereits zum siebten Mal im Auslandseinsatz waren, die ich vorher bereits in Somalia und bei UNPROFOR, bei IFOR und SFOR erlebt habe. Dies waren meist Spezialisten, von denen wir in der Bundeswehr nur wenige haben, und die deshalb immer wieder im Bereich der elektronischen Kampfführung, der Hubschrauber-Instandsetzung, als Operationsfeldwebel in den Lazaretten, bei der Wasseraufbereitung, bei den Pionieren etc. dringend gebraucht werden. Hier muß die Bundeswehrführung mit der Zusage endlich ernst machen, daß unseren Soldaten bei einer jetzigen Stehzeit im Ausland von sechs Monaten künftig eine Pause von zwei Jahren zugesichert wird, bevor sie wieder in den Auslandseinsatz müssen. Gelingt dies nicht, werden sich unsere Soldaten nicht mehr weiter verpflichten – wie wir das bereits heute im Ansatz sehen –, da sie nicht gewillt sind, auf Dauer die enormen Belastungen, die sich beim Auslandseinsatz im privaten Umfeld mit der Familie, mit der Freundin und dem Freund ergeben, in zu kurzen Zeitabständen auf sich zu nehmen. Dies ist einer der wichtigsten Punkte, den die Bundeswehrreform verwirklichen muß, soll die Glaubwürdigkeit der Bundeswehrführung nicht noch weiter zur Disposition gestellt werden.

Eine besondere Herausforderung für unseren Einsatz war die Ausstattung mit modernen Führungs- und Datenübertragungsmitteln. Unsere diesbezüglich hervorragende Fernmeldeausstattung hatte LANDCENT seinerzeit als Einsatzstab für SFOR nach Sarajevo mitgenommen. Dort ist das Gerät auch heute noch eingesetzt; es wird seitdem von allen nachfolgenden Stäben genutzt.

Das ACE Rapid Reaction Corps (ARRC), das uns in Priština als KFOR 1 vorausgegangen war, nahm bei der Rückverlegung natürlich alle seine Fernmeldeteile mit. Wir mußten daher eine völlig neue Ausstattung kaufen, die uns die NATO aus dem NATO-Infrastrukturhaushalt finanzierte. Dabei handelt es sich um Fernmelde- und Datenübertragungsgeräte, die wir so weit wie möglich in ihrer zivilen Konfiguration genutzt und größtenteils nur in den Software-Programmen den militärischen Forderungen angepaßt haben. Im Gegensatz zum sonst üblichen Beschaffungsverfahren haben wir diese praktisch so, wie sie uns die Industrie angeboten hat, übernommen. Wir sind damit hervorragend zurechtgekommen und haben unsere Auftragserfüllung jederzeit sicherstellen können.

Erhebliche Probleme hat es dabei gemacht, die unterschiedlichen nationalen Führungs- und Informationssysteme kompatibel zu machen. Wir haben dabei besondere Programme für die automatischen Übergänge an den Schnittstellen geschaffen, die heute weitgehend funktionieren.

Im Stab KFOR arbeiteten aber nicht nur Angehörige der NATO, sondern auch Soldaten neutraler und anderer Nationen, die wir in unseren Entscheidungsprozeß zwar einbeziehen wollten, denen wir aber keinen Zugang zu klassifizierten NATO-Daten geben konnten. Um den Finnen, Schweden, Österreichern, in begrenzter Weise auch den Russen, die Mitarbeit im Stab zu ermöglichen, haben wir daher zwei voneinander unabhängige Informationssysteme aufgebaut. Das eine war ein Informationssystem ausschließlich für NATO-Angehörige; das andere war ein Informationssystem, das allen KFOR-Angehörigen – einschließlich der Russen – zugänglich war. Hier haben meine Fernmelder unter der Führung des sehr kompetenten und unglaublich soliden britischen Obersten Peter Innocent hervorragende konzeptionelle Arbeit geleistet.

Die Sicherheit gegen falsche Informationsübertragung haben sie dadurch ermöglicht, daß sie beide Systeme durch NATO-Techniker und NATO-Technik voneinander abschotteten. Wir brauchten dazu in jedem Stab Spezialisten, in diesem Fall unsere deutschen Fernmeldesoldaten, die das Verbindungsgrundnetz und unsere digitalisierten Fernmeldevermittlungen betrieben sowie dafür sorgten, daß die Informationssysteme voneinander getrennt blieben.

Innerhalb der Gefechtsstände bauten wir zwischen den beiden In-

556

formationssystemen sogenannte „Fire walls" auf, die verhinderten, daß man sich aus dem KFOR-Netz unberechtigten Zugang in das NATO-Netz verschaffen konnte, während wir aus dem NATO-Netz uneingeschränkten Zugang in das offene KFOR-Netz hatten.

Ein besonders Problem hatten wir bei E-Mails. Zunächst mußte es möglich sein, offene E-Mails aus dem NATO-Netz in das relativ offene KFOR-Netz zu schicken. Dies war durch die Klassifizierung der jeweiligen E-Mails in Sicherheitsstufen relativ einfach zu gewährleisten. So wurden praktisch alle offenen E-Mails der NATO nur in eine Richtung, d. h. von der NATO bis KFOR, die eingestuften E-Mails der NATO dagegen nur innerhalb des NATO-Bereichs freigegeben; umgekehrt galt, daß E-Mails aus dem KFOR-Bereich nur dann in den NATO-Bereich durchgelassen wurden, wenn sie vorher ausdrücklich für die NATO freigegeben worden waren. So einfach dieses Prinzip ist, so schwer war es, die dafür erforderliche Software zu entwickeln – aber wir haben es geschafft. Uns ist damit ein wichtiger technologischer Durchbruch auf dem Gebiet der gesicherten multifunktionellen Zusammenarbeit gelungen. Wichtig war es auch, den Zugang zum Internet von den NATO-Dateien zu trennen, denn die Schnittstellen laden geradezu zur Kompromittierung ein. Wir haben daher unsere NATO-Computer physisch und elektronisch vom Internet abgekoppelt und den Zugang zum Internet auf speziell ausgesuchte PCs beschränkt. Daneben mußte natürlich jede Diskette permanent auf Viren überprüft werden, um unsere Basisdaten vor falschem Zugang von außen und vor Viren zu schützen. Wir haben eine entsprechende Software entwickelt, die einen Virenangriff auf unsere Datenbasis erkannte, das Virus diagnostizierte und die erforderlichen Abwehrmaßnahmen automatisch einleitete.

Wir haben mit diesen neuesten Führungs- und Datenübertragungssystemen im Kosovo sehr erfolgreich geführt; wir konnten blitzschnell reagieren und die Hauptstädte meist schneller über wichtige Vorfälle informieren als CNN, NBC oder ARD. Ohne Computer, ohne Workstations, ohne Satelliten-Ground-Terminals sowie ohne Laptops und militärische wie zivile E-Mail hätten wir mit den permanent rasch wechselnden Lagen nicht mithalten können. Ich vermute, daß wir dann wahrscheinlich auch mit unseren Gegenmaßnahmen immer zu spät gewesen wären.

Als Kommandeur eines multinationalen Einsatzverbandes erwartet man, daß einem die unterstellten nationalen Kontingente für Einsätze im vorgegebenen eigenen Verantwortungsbereich zeitlich und räumlich unterstellt sind, ohne daß man dabei in deren strukturelle Gefüge eingreift. Die NATO hat für dieses Unterstellungsverhältnis den Begriff Operational Control (OPCON). Als ich mich beim SHAPE zu meinem Einsatz abmeldete, fragte ich den SACEUR, bei welchem der Kontingente ich wegen möglicher nationaler Restriktionen über Operational Control hinaus besondere Rücksicht nehmen müsse. Mir wurde mitgeteilt, daß es außer den bekannten und durch die NATO festgelegten Rules of Engagement (ROE) keine nationalen Beschränkungen gibt. Selten sollte sich eine Annahme als so falsch erweisen.

In der Tat waren mir die nationalen Kontingente im Rahmen von Operational Control grundsätzlich für räumlich und zeitlich begrenzte Einsätze unterstellt. De facto galt aber für einige Kontingente das Prinzip des „Opwon't" oder „Opperhaps", d.h., es wurde vor jedem neuen Auftrag erst einmal in der jeweiligen Hauptstadt angerufen, ob man diesen Auftrag des COMKFOR auch ausführen soll.

So durften die amerikanischen Soldaten bis zum Frühjahr ihre Checkpoints zunächst nicht näher als in vier Kilometer Abstand zur Sicherheitszone einrichten. Die Niederländer erlaubten zwar den Einsatz ihrer Truppen im Bereich der Stadt Mitrovica, aber nur im weniger gefährdeten südlichen albanischen Sektor, während die Griechen nach einer ganz kurzen Einsatzzeit in Mitrovica jeden weiteren Einsatz außerhalb des ihnen zugewiesenen Verantwortungsbereichs ausschlossen.

Auch unsere deutschen Truppen unterlagen solchen Beschränkungen, die durch das Mandat des Deutschen Bundestages für diesen Auftrag und die sich daraus ergebenden deutschen „Rules of Engagement" vorgegeben waren. So durften unsere Soldaten sich aufgrund unserer deutschen Gesetzgebung z. B. an der generellen Durchsuchung von Häusern und Wohnungen in Mitrovica nach Waffen und politischen Extremisten nicht beteiligen, es sei denn, daß ein Betroffener auf frischer Tat verfolgt wurde oder sichere Erkenntnisse vorlagen, daß in dem betreffenden Objekt illegal Waffen oder Rechtsbrecher versteckt waren.

558

Man mußte die jeweiligen nationalen Restriktionen genau kennen und sich in einem System unterschiedlicher nationaler Koordinatenkreuze bewegen, um mit keiner der beteiligten Hauptstädte in Konflikt zu kommen. Dies war nur durch engste Zusammenarbeit und vorausschauende Konsultation möglich. Ich habe bis etwa Ende Februar gebraucht, bis es uns endlich gelungen war, fast alle ursprünglichen Restriktionen und Beschränkungen für Einsätze außerhalb des jeweils eigenen Verantwortungsbereichs abzubauen. Diese lange Frist war eigentlich ein unhaltbarer Zustand, zeigt aber nur die politische Labilität bei derartigen Einsätzen, in denen trotz aller Zusagen zur Multinationalität das nationale Eigeninteresse deutlich überwiegt. Ich hätte mir hier als COMKFOR mehr Solidarität der NATO-Staaten erwünscht. Die neutralen Staaten – wie Finnland, Schweden oder Jordanien – waren da viel selbstbewußter und machten mir deutlich weniger Schwierigkeiten.

Der Aufbau multinationaler Brigaden unter einer „Leitnation" – so z.B. die Multinational Brigade Centre unter britischer Führung – brachte es automatisch mit sich, daß die nationalen politischen Grundpositionen der jeweiligen „Leitnationen" auf den gesamten Verantwortungsbereich dieser Brigade durchschlugen. Um so wichtiger war es, durch straffe Führung einem Auseinanderdriften in nationale Insellösungen gegenzusteuern und die verschiedenen Sektoren eng zusammenzuhalten. Diesem Ziel der Synergie aller multinationalen Brigaden galten die wöchentlichen Kommandeursbesprechungen, die vielen Besuche vor Ort und die zahlreichen täglichen Telefongespräche mit den Brigadekommandeuren und ihren Stäben.

Die Effizienz der multinationalen Kooperation leidet aber nicht nur an den politisch vorgegebenen Restriktionen der verschiedenen nationalen Kontingente eines multinationalen Großverbandes, sondern auch an deren unterschiedlicher Ausbildung und Ausrüstung, an unterschiedlichen Traditionen und Gepflogenheiten sowie an unterschiedlichen taktisch-operativen Doktrinen. Noch problematischer sind die bis heute immer noch rein nationalen Versorgungswege, die sich aus der Heimat bis in die jeweiligen Bataillone durchziehen. Diese parallelen nationalen Versorgungs- und Sanitätsstränge kosten nicht nur unnötiges Personal und Material, sondern belasten die Mobilität und Autarkie der multinationalen Truppe ganz erheblich. Alle diese Beschränkungen sind in einem Einsatz, in dem es „nur" um friedenserhaltende Operationen geht, in denen in der Regel nicht zurückgeschossen wird, hinzunehmen, da sie durch den gemeinsamen politischen Willen der beteiligten Nationen, den Frieden in dem betreffenden Land wieder herzustellen oder zu garantieren, weitgehend kompensiert werden.

Dies sähe bei einem Einsatz im Rahmen der Landes- oder Bündnisverteidigung allerdings völlig anders aus. Die bei friedenserhaltenden Einsätzen noch hinnehmbaren Unterschiede würden sich in einem Kriegsfall katastrophal auswirken und die operativen Synergieeffekte der Truppenkörper unterschiedlicher Nationen massiv in Frage stellen. Im Bündnisfall sollte daher unbedingt vermieden werden, Truppenteile unterhalb der Ebene der Division national zu mischen, da angesichts des derzeit noch üblichen Beharrens auf nationalen Eigenheiten Bruchzonen zwischen den Nationen entstehen dürften, die nur mit großer Mühe – wenn überhaupt – zu überbrücken wären und die zu erheblichen Einschränkungen von deren taktisch-operativer Fähigkeit führen würden.

Bei aller Akzeptanz nationaler Restriktionen und der Auftragstaktik darf es in der Regel keinem der Kommandeure vor Ort überlassen bleiben, wichtige Entscheidungen nach persönlichem Gutdünken zu treffen. So habe ich ein Bataillon seines Auftrages entbunden, weil dessen Kommandeur nicht willens war, mit der erforderlichen Härte durchzugreifen, um eine Straßenblockade zu beseitigen.

Leider war ich in Mitrovica mit dem Schließen des Cafés „Dolce Vita" und bei der Festnahme der Angehörigen des „serbischen Sicherheitsdienstes" weniger erfolgreich, weil hier die verantwortlichen Kommandeure – wahrscheinlich aufgrund nationaler Vorgaben – „gemauert" und sich damit der Ausführung meiner Befehle entzogen haben. Im Grunde genommen hätte ich auch in diesem Fall disziplinar tätig werden müssen; dies hätte aber politische Konsequenzen nach sich gezogen, die schwerer gewogen und gegebenenfalls die Zusammenarbeit innerhalb von KFOR gesprengt hätten.

Sehr problematisch war die einseitige Betrachtungsweise mancher Nationen, daß nur die Serben die „Bösen" seien. Hinter jeder serbischen Aktion wurde Unheil vermutet, hinter jedem Baum ein serbischer „Paramilitär" gesehen, jede Maßnahme war angeblich von Milošević persönlich gesteuert. Ich hätte mir bei den Aktionen der Albaner im Februar in Mitrovica, noch mehr bei den illegalen Operationen der UÇPMB und von deren Vorläufer im Preševo-Tal mehr politische Objektivität gewünscht. Wir haben die Fakten wieder und wieder gemeldet, aber man hat uns nicht geglaubt und trotz unserer Warnungen erst zu einer Zeit reagiert, als die Extremisten in Dobrosin und Končulj fest im Sattel saßen. Ich hielt es für verhängnisvoll, daß wir nie die Erlaubnis bekamen, die Albaner aus der Sicherheitszone herauszuwerfen oder sie zumindest dann, wenn sie im Kosovo als Angehörige der UÇPMB klar erkenntlich angetroffen wurden, festzusetzen. Ein energischeres Vorgehen der Amerikaner im Januar und im Februar 2000 hätte uns später vieles erspart, wahrscheinlich sogar die gesamte Entwicklung bis hin zu den Operationen der gleichen Albaner, die im Frühjahr 2001 aus dem Preševo-Tal auswichen und ihre unseligen Aktionen dann auf Mazedonien ausdehnten.

Bei den sogenannten „Aufständischen" im Preševo-Tal in Süd-Serbien sowie heute in Nord-Mazedonien handelt es sich eben nicht nur um „Freiheitskämpfer", die für die Befreiung ihrer unterdrückten albanischen Brüder und Schwestern in Serbien und Mazedonien kämpfen, sondern hier sind auch Kriminelle dabei, die sich ihre Verbindungslinien für den Drogen-, Menschen- und sonstigen Schmuggel sichern wollen. Diese angeblichen „Rebellen" sprechen vom „Kampf für bessere humanitäre Rechte" und von „höherer Autonomie" für ihre Landsleute, da sie wissen, daß diese Argumentationslinie in unserer Öffentlichkeit auf fruchtbaren Boden fällt. Häufig steckt kriminelles Verhalten dahinter, das man mit humanitären Argumenten zu kaschieren versucht. Verstärkt werden diese Kriminellen durch politische Extremisten, meist unter der Führung ehemaliger UÇK-Kämpfer, die mit der Kalaschnikov in der Hand für ein „Groß-Kosovo" kämpfen, das durch die albanischen Siedlungsgebiete in Südserbien ergänzt und vergrößert werden soll, oder für ein „Groß-Albanien", in dem sich alle Albaner des Balkans in einem neuen, rein albanischen Staat zusammenschließen sollen. Diese politischen Absichten, das eigene Gebiet zu erweitern, stehen im klaren Gegensatz zu den Interessen der Internationalen Gemeinschaft, die die Unverletzlichkeit der bestehenden

Grenzen und die Sicherheit der gesamten Region des Südost-Balkan zum Ziel hat.

Die Situation kann nicht dadurch gelöst werden, daß man mit den militanten Aufständischen wie mit politisch andersdenkenden Gentlemen verfährt. Wir sollten die Politik der Kalaschnikov nicht unterstützen. Wir haben als KFOR vielmehr alles darangesetzt, die Aktionen der politischen Extremisten dadurch zu beenden, daß wir ihnen ihre logistische Versorgung aus dem Kosovo abwürgten und ihre Absicht, die Leute der UÇPMB im Kosovo auszubilden, schon im ersten Ansatz erstickten. Wann immer wir sie aufgriffen, zerstörten wir ihre Waffen, nahmen wir ihnen ihre Übungslager weg und riegelten ihre Nachschubwege ab. Leider waren wir aufgrund politischer Vorgaben nicht in der Lage, den einen oder anderen, den wir einfangen und kurzfristig einsperren konnten, in Camp Bondsteel länger festzuhalten. Heute treiben die gleichen Leute ihr Unwesen in Mazedonien. Ich nenne nur den Führer der National Liberation Army (NLA) in Mazedonien, den uns aus dem Kosovo zur Genüge bekannten Terroristen Xhavit Hasani.

Das am 13. August 2001 mit Hilfe der NATO und der EU in Ohrid ausgehandelte Rahmenabkommen zur Beendigung der gewaltsamen Feindseligkeiten zwischen den albanischen Extremisten und den slawischen Mazedoniern ist ein wichtiger Schritt zurück zur Normalität in Mazedonien. In drei Phasen haben die Rebellen der UÇK ihre Waffen abgegeben, während das Parlament in Skopje der albanischen Minderheit im Land Zug um Zug mehr Selbstverwaltung und Mitbestimmungsrechte zusicherte.

Aber selbst wenn diese im Grunde erfreuliche Entwicklung nun als politischer Erfolg gefeiert wird, bedeutet sie für die UÇK-Rebllen noch lange nicht das Ende, sondern angesichts des bevorstehenden Winters allenfalls eine zeitlich begrenzte Kampfpause ihrer Aktionen. Sie werden im Frühjahr 2002 aller Wahrscheinlichkeit nach erneut zu den Waffen greifen, wie sie dies bereits im Frühjahr 2000 im Preševo-Tal und im Frühjahr 2001 in Mazedonien getan haben, wobei ihre Vorgehensweise die gleiche sein wird wie bisher: Man sucht nach einem Vorwand, der sich als „Kampf um demokratische Rechte von Minderheiten" ausschlachten läßt, um damit dem eigenen Vorhaben für ein

Großalbanien den entsprechenden humanitären und rechtlichen Deck-mantel überzuhängen.

Nach dem Einsammeln der Waffen der albanischen Extremisten darf daher jetzt nicht wieder zur Tagesordnung übergegangen werden. Es ist vielmehr unabdingbar, endlich eine politische Strategie für die Sicher-heit des gesamten Südost-Balkan zu entwickeln, die den gewaltsamen Ambitionen der albanischen Extremisten ein für alle Mal einen Riegel vorschiebt. Dazu müssen die albanischen Rebellen politisch isoliert und als das dargestellt werden, was sie sind: politische Extremisten, deren Interesse es ist, die Stabilität der gesamten Region aufzubrechen, um ihre nationalen Großziele durchzusetzen.

Eine politische Konzeption der Internationalen Gemeinschaft sollte daher vor allem die Kräfte, die auf eine friedliche und demokratische Lösung der ethnischen Fragen setzen, politisch und wirtschaftlich stär-ken und sie in ihrem friedlichen Ansatz nachhaltig unterstützen. Die albanischen Extremisten müssen politisch ausgetrocknet werden, um ihnen den nationalen Wind aus den Segeln zu nehmen. Dann wird ihnen auch die Mehrheit der Bevölkerung, die mit anderen ethnischen Grup-pen friedlich zusammenleben will, vermutlich die Gefolgschaft auf-kündigen. Ohne eine klare strategische Konzeption für den gesamten Raum des Südost-Balkan werden die derzeitigen Lösungen allenfalls kurzfristiges Stückwerk bleiben, die der Notwendigkeit einer politi-schen Stabilisierung dieser für Europa so wichtigen Region langfristig nicht Rechnung tragen.

Mit zunehmender Einsatzdauer wurde für mich die mangelnde Durch-haltefähigkeit einzelner Nationen zu einem immer größeren Problem. Fast alle Nationen gehen mit zunächst starken Kontingenten in den Einsatz, um somit auch in den Führungsspitzen der jeweiligen Einsatzstäbe ent-sprechend stark vertreten zu sein. Nach wenigen Monaten müssen sie dann feststellen, daß ihnen die Durchhaltefähigkeit zur Truppengestellung über längere Zeiträume fehlt. So stellte ich beim Besuch eines Bataillons fest, daß es de facto auf die Stärke einer Kompanie abgesunken war.

Die Niederländer und die Kanadier haben ihre Kontingente aus dem Kosovo ersatzlos abgezogen, um mit ihnen ihre Einsatzkräfte bei SFOR zu konsolidieren. Andere Nationen haben einseitig und nach nur kurzer schriftlicher Vorankündigung für meine Einsatzführung wichtige Elemente wie Hubschrauber oder schwere Kräfte abgezogen. Für alle diese Maßnahmen gab es sicher gute Überlegungen und nachvollziehbare Gründe. Entscheidend für mich aber war, daß diese Kräfte Löcher in mein Dispositiv rissen und daß ich meinen Auftrag nicht mit Begründungen, sondern nur mit militärischen Kräften durchführen konnte. Hier hat mir trotz allen Bemühens auch SHAPE nicht helfen können, da die diesbezüglichen Entscheidungen national gefällt wurden und dann meist nicht mehr reversibel waren. SHAPE verfügt nicht über eigene Truppen und kann daher von sich aus gar keine Truppen stellen, sondern muß in jedem Fall als Bittsteller an die Nationen herangehen. Die Bereitstellung der erforderlichen Truppen hängt damit grundsätzlich vom Vermögen und vom guten Willen der Nationen ab, die dann häufig deutlich machen, daß sie ihre Kapazitätsgrenze bereits erreicht oder aber die gewünschten Spezialkräfte – wie z.B. Aufklärungskräfte zur Nachrichtengewinnung vor Ort – nicht verfügbar hätten.

In diesem Bereich brauchte ich mir um das deutsche Kontingent glücklicherweise keine Sorgen zu machen, da von deutscher Seite die politisch gegebenen Zusagen stets eingehalten wurden. Ich war vielmehr dankbar dafür, daß sich die Bundeswehrführung, als die Niederländer ihre Truppenteile abzogen, bereit erklärte, die dadurch entstandenen Lücken mit in Deutschland zusätzlich bereitgehaltenen Kräften teilweise zu schließen.

Die Arbeit der deutschen Soldaten bei der Stabilisierung der Sicherheitslage, bei der Demilitarisierung der ehemaligen UÇK, vor allem aber im humanitären Bereich, war vorbildlich. Der Einsatz unserer Pioniere, der sehr gezielt auf den Wiederaufbau der unzähligen zerstörten Häuser in Form von Anleitung und praktischer Hilfe zur Selbsthilfe der Bevölkerung gerichtet ist, aber auch die Möglichkeit, mit ausreichenden finanziellen Mitteln unmittelbar helfend wirken zu können, hat sich sehr bewährt. Ohne die enge Zusammenarbeit unserer Soldaten mit dem deutschen Technischen Hilfswerk hätten wir die völlig verfahrene Lage in der Stadt Orahovac nicht gelöst. Der Einsatz unserer Männer auf diesem Gebiet, der sich für die Bevölkerung so unmittelbar positiv auswirkte, war beispielgebend. So haben sich Soldaten unseres deutschen Fernmeldebataillons in ihrer schichtfreien Zeit aktiv beim Wiederaufbau von Häusern engagiert.

Streitkräfte leben in einem fremden Land primär von eigenen Aufklärungsergebnissen. Sie müssen wissen, was im Land vor sich geht, sie müssen die Leute kennen, die zur Zusammenarbeit willens sind, aber auch die, die als Drahtzieher im trüben fischen. Sie müssen Trends erkennen, um rechtzeitig reagieren und gegenhalten zu können. Nun hatten die nationalen Kontingente durchaus – wenn auch z. T. nur sehr begrenzt – eigene Aufklärungskräfte im Einsatz, die von technischen Einrichtungen bis hin zum Einsatz speziell geschulter Soldaten reichten. KFOR selbst hatte aber als Stab nichts dergleichen, konnte also keine eigenen Aufklärungsschwerpunkte bilden. Wir konnten nur auf die Informationen zurückgreifen, die uns die Nationen aus deren nationalen Quellen zur Verfügung stellten, und diese Nachrichten waren erfahrungsgemäß bereits gezielt ausgesucht und aufbereitet. Der Informationsaustausch zwischen den Nationen ist demgegenüber leichter, da sie nach dem Prinzip des „do ut des" mit Informationen handeln und diese meist nur dann herausgeben, wenn auch die Gegenseite etwas zu bieten hat. Dieses Prinzip konnte für das Hauptquartier KFOR nicht gelten, da wir ja selbst keine Nachrichten gewinnen konnten und demzufolge bei den Nationen als Bittsteller auftreten mußten. Glücklicherweise gelang es über die Monate, schrittweise mit einer Reihe größerer wie kleinerer Nationen bilateral zu vereinbaren, daß sie uns regelmäßig mit den ihnen zugänglichen Informationen versorgten. Aber auch diese Lösung blieb wegen der einseitigen Abhängigkeit des Stabes KFOR vom guten Willen der Nationen unbefriedigend.

Gerade die Soldaten, die offen oder verdeckt Nachrichten beschaffen, sind im gesamten NATO-Bereich rar. Alle meine Versuche, „human intelligence (humint)" zur Verfügung gestellt zu bekommen, liefen ins Leere; dies nicht wegen mangelnden guten Willens, sondern weil derartige Fachkräfte in unseren Friedensarmeen kaum vorhanden sind. Deutsche Humint-Kräfte, gestellt durch Reservisten der Front-Nachrichten-Truppe mit einer durchschnittlichen Stehzeit von drei Monaten und z. T. unzureichenden Sprachkenntnissen, sind dabei wenig hilfreich. Hier gilt es, ein nationales Informationssystem mit entsprechenden Spezialisten schrittweise aufzubauen. Ohne derartige Fachleute waren wir in vielen Bereichen blind und wußten nicht, gegen wen wir uns wehren sollten. Hier werden die NATO und die Nationen sicher umdenken und den strategischen Schwachpunkt in unseren Strukturen schnell abbauen müssen. Solange wir damit rechnen müssen, daß wir auch künftig Friedenseinsätze im Ausland durchzuführen haben, brauchen wir speziell dafür geschulte menschliche Aufklärungskräfte.

Als ich Anfang Oktober in Skopje beim „Inprocessing" war, traf ich dort einen amerikanischen Oberst der Luftwaffe, der den Auftrag hatte, mit einigen Offizieren vor Ort die Wirkung der Lufteinsätze gegen militärische Bodenziele zu analysieren. Ich bat ihn, mir vor seinem Rückflug nach Ramstein das Ergebnis seiner Untersuchungen mitzuteilen. Viel konnte er mir nicht melden. Er sprach jedoch von „Minenfeldern", in denen er abgeschossene Wracks vermutete.

Ich glaube, daß es keinen Quadratkilometer im Kosovo gibt, über den ich nicht geflogen, gefahren oder gelaufen bin. Ich fand unzählige feste Infrastrukturziele, die mit unglaublich hoher Präzision bekämpft und ausgeschaltet worden waren. Ich bin mit den ehemaligen Kämpfern der UÇK in ihren früheren Stellungen gewesen, im Drenica-Tal, am Mount Paštrik, bei Dakovica und anderswo. Ich fand mit drei Ausnahmen keinen abgeschossenen Panzer, kein zerstörtes Artilleriegeschütz, keinen kaputten Schützenpanzer und kein zerbombtes oder beschossenes Kraftfahrzeug. Mir bestätigten die ehemaligen UÇK-Kämpfer, daß sie derartige Abschüsse durch Flugzeuge kaum erlebt hätten.

Ich erinnere mich an die frustrierenden Meldungen der Offiziere der Luftwaffe während des Luftkrieges, als sie in den morgendlichen Video-Tele-Konferenzen (VTC) wieder und wieder darauf hinwiesen, daß wegen des schlechten Wetters oder wegen der vorgeschriebenen Einsatzhöhe von mindestens 15.000 Fuß militärische mobile Ziele, die noch dazu gut getarnt waren, kaum getroffen werden konnten. Dies war einer der Gründe dafür, daß die Unterdrückungsmaschinerie Miloševićs trotz der Luftüberlegenheit der NATO ihre Vertreibungs- und Mordaktionen im Kosovo ungestört fortsetzen konnte. Die Vorstellung, man könne derartige Vorhaben mit Luftstreitkräften stoppen, ist ebenso falsch wie die irrige Annahme, die Bevölkerung und den Diktator durch Bombardements aus der Luft entzweien zu können. Die Bevölkerung des Kosovo hat für diese falsche Hypothese mit viel Blut und einer ungeheuerlichen Vertreibung gezahlt.

Die historische Erfahrung lehrt, daß die Verwirklichung dieser strate-

566

gischen Zielsetzung weder den Alliierten gegenüber Hitler-Deutschland noch den Amerikanern in Vietnam, noch den Verbündeten im Irak gelungen ist. Ein bombardiertes Volk wird sich immer eher mit dem eigenen Machthaber – so wenig es ihn auch lieben mag – arrangieren als mit denen, die ihm die Bomben auf den Kopf werfen und Angehörige dieses Volkes töten. Dies war auch in Jugoslawien der Fall. Luftstreitkräfte können zwar sehr rasch reagieren, sie können wichtige Ziele zerstören, sie können Bodenkräfte angreifen und vernichten, sie können aber in der Regel nicht aus sich allein heraus bewirken, daß die Machthaber eines angegriffenen Landes politisch einlenken und den Konflikt beenden. Dazu bedarf es auch heute des Einsatzes von Bodentruppen, die mit ihrem Einmarsch der feindlichen Macht ihren Willen aufzwingen.

Die Vorstellung, der Luftkrieg sei nach nur ganz wenigen Tagen vorbei, weil dann der Wille von Milošević und der jugoslawischen Bevölkerung gebrochen sein dürfte, erwies sich erwartungsgemäß als falsch. Ich gehe davon aus, daß die Aufkündigung der Unterstützung Rußlands durch den früheren russischen Ministerpräsidenten Viktor Černomyrdin und die damit verbundene Erkenntnis, nur noch von Aleksander Lukašenko in Weißrußland und von Muammar el Gadaffi in Libyen unterstützt zu werden, aber auch die Ungewißheit, ob es nun nicht doch noch zum Einsatz der NATO-Bodentruppen gegen Jugoslawien kommen könnte, letztlich den Ausschlag gegeben hat, daß Milošević einlenkte. Auch hatte sich seine Hoffnung, die Allianz könne über den Differenzen zum Luftkrieg auseinanderbrechen, nicht erfüllt.

Auch die Truppen der NATO haben für die Folgen der Luftoperationen teuer bezahlt. So konnten die KFOR-Truppen fast keine einzige Kaserne der jugoslawischen Streitkräfte für ihre eigene Unterbringung nutzen, da diese alle zusammengebombt waren, obwohl sich zum Zeitpunkt der Bombardierung schon längst keine jugoslawischen Truppen mehr in den Kasernen befunden hatten. Wir konnten auch unbeschädigte Reste von Kasernen kaum nutzen, ohne unsere Soldaten durch nicht explodierte Bomblets von Streubomben zu gefährden. Mir ist kein einziger Fall bekannt, in dem es während meiner Zeit als COMKFOR Opfer durch jugoslawische oder durch von der UÇK verlegte Minen gegeben hätte. Wir hatten deren Verlegepläne und wußten, wo sich diese Minen befanden. Entsprechend konnten wir warnen und Vorsichtsmaßnahmen ergreifen. Nicht so bei den Bomblets der Streubomben, die vielen Bauern auf dem Feld und spielenden Kindern zum Verhängnis geworden sind.

Ich hätte mir gewünscht, daß bei der Zielplanung der NATO-Luftstreitkräfte bedacht worden wäre, daß in diesem Gebiet später eigene Bodentruppen operieren würden. Bei vielen der Brücken, die wir mit unseren Pionierkräften wieder reparieren mußten, konnten meine Fachleute und ich den strategischen oder operativen Wert ihrer Zerstörung aus der Luft nicht nachvollziehen. Dies galt in noch viel stärkerem Maße für die vielen zerstörten Strommasten der Überlandleitungen nach Mazedonien oder nach Albanien, deren Wiederherstellung uns ungeheuere Arbeit gemacht hat. Vieles von eben der Infrastruktur, die KFOR im späteren Einsatz dringend benötigt hätte, war durch die eigenen Luftstreitkräfte vorher zerstört worden. Es mußten daher später mit sehr viel Geld Alternativlösungen realisiert werden, so beim Bau unzähliger Camps für die Truppe, die aus Containern errichtet wurden, beim Bau von Umgehungsstraßen und beim Wiederaufbau zerstörter Brücken, um den eigenen Verkehrsfluß und Truppenbewegungen überhaupt erst zu ermöglichen.

Eines der wichtigsten Ziele bei Friedenseinsätzen ist es, die Köpfe und die Herzen der Bevölkerung des Landes, dem man zur Hilfe kommt, zu gewinnen. Wir haben dazu sehr gezielt eine Informationsstrategie erarbeitet, die von Air Commodore Mike Good, einem britischen Ein-Sterne-General der Luftwaffe, der schon in meinem Heidelberger Stab Dienst getan hatte, ausgearbeitet und koordiniert wurde. Ich hätte mir keinen besseren und engagierteren Mann dafür aussuchen könne. Mike Good hat dazu ein Team aus Fachleuten auf dem Gebiet der psychologischen Kampfführung, der Medien, der Landeskunde, aus Dolmetschern und sonstigen Spezialisten zusammengestellt, das eine abgestimmte und sehr wirkungsvolle Kampagne nach innen, also gegenüber der Bevölkerung des Kosovo sowie gegenüber unseren eigenen Truppen, aber auch nach außen, d. h. gegenüber der Bevölkerung in Serbien, erarbeitete. Jeden Morgen trug mir Mike zu den aktuellen Ergebnissen und zur Fortschreibung der nächsten Maßnahmen vor, die wir dann mit der Presse für die Umsetzung im Detail und mit dem Stab in der nächsten „Gesamtlage" abstimmten, um alle „auf Schiene zu setzen".

Wir waren uns darüber klar, daß wir hier die Initiative nicht Belgrad überlassen durften. Wir haben daher eine sehr aktive und vielleicht in dem einen oder anderen Fall sogar eine aggressive Pressepolitik betrieben. Wir setzten uns zum Ziel, unsere Botschaft jeden Tag in jeder Landeszeitung, in jedem örtlichen Sender, im örtlichen Fernsehen und möglichst einmal pro Woche auch in den serbischen Medien zu lancieren. Der SACEUR hatte mich noch in Brüssel aufgefordert, eine äußerst aktive Pressepolitik zu betreiben, was zu Hause wiederum eher kritisch gesehen wurde.

Die Presseeinsätze koordinierte Oberstleutnant Henning Philipp, der mich von früh bis spät am Abend mit Terminen geradezu zuschüttete und dafür sorgte, daß ich ständig medienpräsent war. Seine Verbindungen quer durch die Welt waren phänomenal. Es gab kaum einen Sender, den er nicht an Land gezogen hätte. Mitten in der Stadt hatten wir im ehemaligen Kulturzentrum unser Pressezentrum JPIC (Joint Press and Information Center) eingerichtet, über das wir die tägliche Zusammenarbeit mit dem Pressecorps im Kosovo steuerten. Chef des JPIC war der Chefredakteur der „Pforzheimer Zeitung", Oberst der Reserve Horst Pieper, der bereits mehrere Auslandseinsätze hinter sich hatte und mit seiner väterlichen Art und aufgrund seiner allseits anerkannten Erfahrung Mentor für viele junge Journalisten war. Unterstützt wurde er durch ein Team junger Presseoffiziere aus unterschiedlichen Nationen, die nicht nur die Journalisten betreuten und auf Reisen begleiteten, sondern auch unsere eigenen Publikationen erstellten. Im JPIC gab mein Sprecher täglich seine Pressekonferenz, die wir jeden Morgen, bevor ich den Stab verließ, mit ihm, mit Oberstleutnant Philipp und mit Air Commodore Good abstimmten. Wir wollten bewußt nichts dem Zufall überlassen, und diese sehr intensive Abstimmung hat sich über die Monate ausgezahlt.

Unser wichtigster Grundsatz war, nie die Unwahrheit zu sagen oder zu „flunkern", denn aller Erfahrung nach kommt das irgendwann doch ans Tageslicht, und dann ist das Vertrauen der Journalisten weg. Absolute Offenheit war die Devise, wobei es durchaus sein konnte, zu bestimmten Punkten nicht Stellung zu nehmen, weil man sie noch nicht beantworten oder kommentieren konnte oder wollte. Darüber hinaus galt es, für die Bevölkerung nicht nur Gutes zu tun, sondern davon nach dem Motto „Tue Gutes und sprich darüber" auch ausführlich und wiederholt zu berichten. Bewußt setzten wir dabei unseren britisch gesponserten Radiosender „Galaxia" ein, der in ähnlicher Weise wie die englischsprachigen Soldatensender BFN und AFN täglich modernste Popmusik und Nachrichten in albanischer und in serbischer Sprache brachte und sich schnell zu einem der von den Jugendlichen am meisten gehörten Sender entwickelte.

In der Rückschau betrachte ich unsere Informations- und Pressepolitik als einen der Schlüsselfaktoren unseres Erfolges, denn es war uns gelungen, unsere Arbeit im Sinne eines in sich geschlossenen Gesamtkonzepts zu „verkaufen". Und wir konnten blitzschnell auf alle Ereignisse reagieren. Wir hatten immer den Eindruck, daß wir – und nicht die andere Seite – die Initiative fest in der Hand hielten.

KFOR hat im Kosovo nicht nur für Ruhe und Ordnung gesorgt. Wir wollten unseren Beitrag zur Rückkehr zur Normalität auch dadurch unter Beweis stellen, daß wir als KFOR die ersten Konzerte im Kosovo arrangierten – die dann auch landesweit live im Fernsehen übertragen wurden. Wir arrangierten die erste Kunstausstellung, bei der kosovarische Künstler und KFOR-Soldaten ihre Werke gemeinsam ausstellten, ein großer Erfolg. Auch dies war Teil unserer Informationsstrategie.

Auf diesem Gebiet der „kulturellen Öffnung" ist das deutsche Kontingent mit viel Phantasie und einem ausgesprochen hohen Maß an Eigeninitiative einen kreativen und allseits anerkannten Weg gegangen.

Ein besonders wichtiger Aspekt in diesem Zusammenhang war, daß unsere Soldaten in Prizren deutsche Verkehrsregeln einführten und sie vor allem auch durchsetzten. Ich wurde immer wieder darauf angesprochen, wie positiv es doch in Prizren im Vergleich zum Rest des Kosovo sei, da es in der Stadt endlich wieder eine funktionierende Ordnung gebe. Genausowichtig war die deutsche Initiative, das völlig verdreckte Prizren von Bergen von Müll zu säubern und eine Müllabfuhr zu organisieren. Damit wurden – vor allem für die junge Generation – sichtbare Zeichen gesetzt, die erkennbar auf fruchtbaren Boden gefallen sind. So haben die Franzosen zusammen mit den Männern des Kosovo Protection Corps Ähnliches in Mitrovica organisiert, und auch mein Stab hat in Priština Müll eingesammelt, um die Bewohner zu ermutigen, ihre Stadt sauberzumachen.

In der kritischen Rückschau sehe ich heute den Einsatz von KFOR 2 als Erfolg an. Wir haben die fünf Aufträge, die uns in der UN-Resolution 1244 vorgegeben worden waren, voll erfüllt. Diese Bewertung soll aber nicht den Blick für die Gesamtsituation verstellen: Wir Soldaten müssen uns immer wieder im klaren sein darüber, daß unser Einsatz nur ein Teil einer Gesamtaufgabe ist, die nur im engen Zusammenwirken all der so unterschiedlichen Komponenten zu erfüllen ist. Das Militär ist erforderlich, um die Voraussetzungen der äußeren wie der inneren Sicherheit und damit die unabdingbaren Grundlagen des politischen und des wirtschaftlichen Wiederaufbaus eines Landes oder einer Provinz zu schaffen. Daneben aber ist es entscheidend, alle Kräfte, die für dieses Ziel des Wiederaufbaus arbeiten, nämlich die politischen und die administrativen Einrichtungen, die unterschiedlichsten Hilfsorganisationen, die Justiz, die Polizei und das Militär so zusammenzubringen, daß sie gemeinsam einen möglichst hohen Synergieeffekt erzielen.

Diese Forderung ist leicht aufgestellt, in der praktischen Umsetzung aber schwer zu realisieren. Man muß jeden Tag erneut darum kämpfen. Dabei soll nicht verkannt werden, daß dem Militär bei solchen Einsätzen eine eminent politische Rolle zufällt: Die militärischen Truppen sind aufgrund ihrer schnellen Verfügbarkeit in der Regel die ersten Kräfte der Internationalen Gemeinschaft, die in dem betroffenen Land auftauchen, sie haben den Auftrag, dort erst einmal bis zu dem Zeitpunkt, zu dem die zivilen Organisationen nachgekommen und einsatzbereit sind, für Ruhe und Ordnung zu sorgen. Sie müssen damit zwischenzeitlich Aufgaben übernehmen, für die sie originär weder ausgestattet noch ausgebildet sind.

Sowohl Verteidigungsminister Scharping als auch General Clark hatten mir bei meiner Abmeldung in den Kosovo empfohlen, mich auf die Führung meiner multinationalen Truppen zu konzentrieren und mich aus der Politik herauszuhalten. Es sollte sich erweisen, daß diese Empfehlung an einer Realität vorbeizielt, die durch einen Zustand der gesellschaftlichen Anomie charakterisiert ist. Diese Empfehlung geht von illusionären Voraussetzungen aus, sie stellt den tatsächlichen Grad an Regellosigkeit des gesellschaftlichen Lebens nicht in Rechnung; daher war sie vom ersten Tag an gar nicht durchzuhalten. Ich wurde durch die Umstände vor Ort sofort in die Politik einbezogen. Das Militär ist vor Ort der für jedermann sichtbare Teil der Macht der Internationalen Gemeinschaft. Es verkörpert aus sich heraus politische Macht und sein oberster Führer ist dementsprechend bei allen wichtigen Entscheidungen gefordert, ob er dies nun will oder nicht.

Ich komme damit zum zweiten Teil meiner Aufgabe, für die ich weder speziell ausgebildet noch näher vorbereitet war, nämlich zur politischen Mitarbeit, die meinen „2. Arbeitstag", genaugenommen: weit mehr als die Hälfte meines täglichen Arbeitspensums, ausfüllte. Es galt, mit den politischen Organisationen und Persönlichkeiten unterschiedlichster Herkunft und oft völlig konträrer Zielrichtungen zusammenzuarbeiten und gemeinsame Wege in die Zukunft zu finden. Mein wichtigster Partner war natürlich UNMIK, die „United Nations Mission in Kosovo", geführt von Bernard Kouchner, dem „Special Representative of the United Nations Secretary General", also dem Stellvertreter Kofi Annans vor Ort. Bernard Kouchner seinerseits koordinierte die Aktivitäten der „vier Säulen", nämlich des UNO-Flüchtlingshilfswerkes UNHCR, der Organisation für Sicherheit und Zusammenarbeit in Europa, OSZE, der Europäischen Gemeinschaft, die für den wirtschaftlichen Wiederaufbau der Provinz verantwortlich ist, und der Organisation für den Aufbau einer Administration. Dieser strukturelle Ansatz eines gemeinsamen Daches der UNMIK, das alle zivilen und politischen Aktivitäten zu planen und in der Praxis zu koordinieren hatte, war richtig. Natürlich lassen sich bei der unterschiedlichen Interessenlage der durch Bernard Kouchner zu koordinierenden Organisationen gegensätzliche Vorstellungen und unterschiedliche Zielsetzungen nicht immer vermeiden, aber UNMIK bot durch seine Struktur der vier Säulen unter einem Dach alle Voraussetzungen, mögliche Auseinandersetzungen intern und noch vor Ausbruch nach außen anzusprechen und so gemeinsam tragbare Lösungsansätze zu finden. Dies ist in der Regel auch gelungen.

Ich hatte bei unseren vorausgegangenen Auslandseinsätzen deutscher Kontingente in Somalia, bei UNPROFOR, IFOR und SFOR immer wieder negative Erfahrungen des strukturellen Gegeneinanders und des Kompetenzgewirrs gewonnen, die ich bei KFOR unbedingt vermeiden wollte. Ich hatte daher von Anfang an Bernard Kouchner und seinen Mitarbeitern engste Kooperation auf allen Ebenen angeboten und meinen Stab sowie die Führer der Multinationalen Brigaden angewiesen, ihrerseits mit den zivilen Bereichen eine möglichst enge Zusammenarbeit anzustreben. Auch dies ist gelungen. Selten waren die zwei Hälften eines politischen Ganzen so eng miteinander verbunden und haben sich so gut gegenseitig ergänzt. Dabei muß man seitens des Militärs sehen, daß wir allein durch unsere schiere Größe, unsere einheitliche Struktur und nicht zuletzt durch unseren hohen Organisationsgrad für die meist deutlich kleineren zivilen Organisationen den Eindruck einer Dampfwalze hervorrufen, die alles, was sich ihr in den Weg stellt, einfach niederwalzt. Die Furcht, durch das Militär überrollt oder zumindest majorisiert zu werden, war überall zu spüren. Um so wichtiger ist es, daß wir diese Angst, die leicht in Animositäten umschlagen kann, erkennen und bei unseren Angeboten zur Hilfestellung mit entsprechendem Fingerspitzengefühl berücksichtigen. Die Fachleute in den Bereichen der Civil Military Cooperation (CIMIC) haben das in der Zwischenzeit gelernt und wissen, daß die Unterstützung durch das Militär durchaus erwünscht und gesucht ist, aber nur, wenn damit nicht zugleich eine Art militärischer Kommandoübernahme des jeweiligen Bereichs einherzugehen droht. Wir müssen uns bewußt zurückhalten und in der zweiten Linie bleiben, wenn wir auf diesem wichtigen Gebiet unsere Ernte einfahren wollen. Meine beiden Generale Mazzaroli und Carrara waren die geradezu ideale Besetzung, um unsere Hilfsangebote ohne irgendwelche damit verbundenen Verpflichtungen mit den zivilen staatlichen und nicht-staatlichen Hilfsorganisationen zu koordinieren. Ohne ihre hohe Kompetenz und ohne ihr Einfühlungsvermögen für die Sensibilität ihrer Partner wären unsere Bemühungen im humanitären Bereich sicherlich nicht auf so fruchtbaren Boden gefallen.

Ähnlich schwierig ist es, die eigenen Planungen für die erforderlichen Maßnahmen mit der zivilen Seite abzustimmen. Soldaten und zivile Verantwortliche sind von ihren konzeptionellen Vorstellungen her unterschiedlich ausgerichtet. Der Soldat ist bemüht, seine Ziele zu analysieren, sie in Einzelschritte zu unterteilen und sie dann in klar festgelegten Zeitabschnitten abzuarbeiten. Diese Tendenz wird durch die in der Regel im Vergleich zu ihren zivilen Kollegen deutlich kürzere Stehzeit der militärischen Kontingente im Einsatzland verstärkt. Jock Covey machte uns bei unserem ersten Zusammentreffen deutlich, daß politisch Verantwortliche und Diplomaten von einer anderen Planungskultur ausgingen. Natürlich sind auch sie am Erfolg orientiert, wollen sich aber nicht zu frühzeitig festlegen, um sich ein Höchstmaß an Flexibilität zu erhalten, damit sie auf jede Anforderung unmittelbar reagieren können.

Trotz dieser unterschiedlichen Denkkulturen haben wir es geschafft, unsere Aktivitäten im Grundsatz in gemeinsamen „Strategiegruppen" festzulegen. Wir haben die Ergebnisse dann in einem zweiten Schritt in unseren gemeinsamen „Strategieseminaren" vertieft und sie in ihrem Detaillierungsgrad so verfeinert, daß wir daraus gemeinsame Arbeitsschritte ableiten konnten. Dabei haben einige meiner Planer permanent bei UNMIK gearbeitet, um die Verknüpfung der militärischen und der zivilen Möglichkeiten vom ersten Planungsschritt an sicherzustellen. Natürlich bleibt die nüchterne Erkenntnis, daß trotz gemeinsamer Strategie und trotz aller Versuche, die unterschiedlichen Kräfte synergetisch zusammenzufassen, zwischen der gemeinsam erarbeiteten Absicht und deren praktischer Umsetzung erhebliche Lücken klafften, die aus unterschiedlichsten Gründen nicht zu schließen waren. Unsere intensiven und schließlich doch fruchtlosen Bemühungen, in Mitrovica neue Arbeitsplätze zu schaffen, waren sichtbarstes und zugleich traurigstes Beispiel dieser Erfahrung.

Ich hatte nicht erwartet, daß ich täglich derartig viel Zeit für unzählige bilaterale Gespräche und diverse Gesprächsrunden in Städten wie Orahovac, Mitrovica, Štrpce u. a. aufwenden müßte. Diese Gespräche waren aber erforderlich, um auf die Entwicklung Einfluß zu nehmen, Aktionen abzusprechen, vorzubereiten, Mehrheiten zu suchen oder – was am wichtigsten war – um persönliches Vertrauen zu werben.

Auch die sehr zeitintensiven Unterredungen mit Rugova, Thaci, Qosja, mit Bischof Artemije und Oliver Ivanović, auch mit den Verantwortlichen bei UNMIK und den nachgeordneten Bereichen, waren wichtige Grundlagen jeder Zusammenarbeit. Entscheidend war es, Tendenzen auszuloten, tragbare Kompromisse zu finden, diese Kompromisse gegebenenfalls auch mit militärischem Druck durchzusetzen, neue Wege aus verfahrenen Grundpositionen zu finden und Gefolgschaften zu suchen. Dabei fanden viele Verhandlungen in einem Bereich statt, in dem mindestens zwei ethnische Gruppen verfeindet gegeneinanderstanden. Es war daher eine Utopie, zu glauben, in essentiellen Fragen beide Seiten sofort an den Verhandlungstisch zu bekommen oder gar, wichtige Papiere gemeinsam unterschreiben zu können. Nur in vorbereitenden Einzelgesprächen kam man voran, wobei mir oft genug deutlich wurde, daß ich meine Verhandlungspartner so sichtbar unter Druck setzen mußte, daß sie das Verhandlungsergebnis quasi als „Diktat" des COMKFOR ihren Leuten „verkaufen" konnten. Gesichtswahrung ist auf dem Balkan ein ganz wichtiges Element. Dabei werden die Abstützung auf militärische Macht und Drohungen als Verhandlungsmittel sehr wohl erwartet und akzeptiert. Nur auf diese Weise haben wir – wie z. B. in Orahovac – unsere Verhandlungserfolge schrittweise einfahren können.

Genausowichtig war es, alle Dinge, die man angekündigt und versprochen hat, auch wirklich umzusetzen. So habe ich in der Regel alle Maßnahmen, die ich gegen eine Seite eingeleitet habe, mit den Verantwortlichen, seien es Bischof Artemije oder Oliver Ivanović, aber auch mit Thaci oder Limaj, vorher abgesprochen, damit sie rechtzeitig reagieren konnten, aber auch wußten, mit welcher Konsequenz sie gegebenenfalls zu rechnen hatten. Nur mit dieser völlig offenen Vorgehensweise ist es gelungen, das Vertrauen der serbischen Seite schrittweise zurückzugewinnen und sie schließlich wieder zur politischen Mitwirkung zu bewegen.

Ergänzt wurden diese Aktivitäten im politischen Bereich durch einen nie abreißenden Strom hoher und höchster militärischer und politischer Würdenträger aus der ganzen Welt. Mein Protokollreferat hat insgesamt 1.358 Gäste gezählt, die protokollarisch wahrgenommen werden mußten. Die politischen Gespräche mit diesen wichtigen Frauen und Männern waren zwar sehr zeitintensiv, aber durch die Bank positiv, da ich ihnen ungeschminkt und sehr direkt die Lage vortragen, Hilfe aktivieren, Verständnis erzielen und politische Verbesserungen erstreiten konnte, so u. a. im Gespräch mit dem amerikanischen Präsidenten

Clinton, der sofortige finanzielle Hilfe zusagte und auch realisierte. Bei aller Unterschiedlichkeit der politischen Interessenlagen sind zwei Fragestellungen für fast alle Besucher gleichbleibend relevant gewesen. Sie wollten wissen, wie gut die Soldaten „ihres" Kontingents sind – und ab wann sie daran denken können, dieses Kontingent entweder zu reduzieren oder ganz abzuziehen.

Neben diesen Aspekten der Zusammenarbeit zwischen der militärischen Organisation und den zivilen sowie den politischen Institutionen, in denen wir Soldaten mit spezifischen Kompetenzen nachhaltig konstruktiv Einfluß nehmen können, gibt es Bereiche, auf die wir keinen Einfluß haben, die aber für den Erfolg oder das Scheitern eines Friedenseinsatzes ebenfalls von ausschlaggebender Bedeutung sind.

Die Internationale Gemeinschaft muß sich darüber im Klaren sein, daß es gilt, unverzüglich mit Beginn eines Einsatzes wie desjenigen im Kosovo ein funktionierendes Rechts- und Strafvollzugssystem wiederaufzubauen. Geschieht dies nicht, ist die Gesetzlosigkeit, die sich in der Regel in einem solchen Land in der Zwischenzeit breitgemacht hat, kaum mehr zu stoppen. Die kriminellen Elemente stoßen in den gesetzesfreien Raum sofort nach. Die Erfahrung lehrt, daß die innere Lage eines Staates ohne ein funktionierendes Rechts- und Strafsystem nicht stabilisiert werden kann. Dazu bedarf es ausreichender Polizeikräfte, eines Justizsystems mit einer angemessenen Anzahl von Staatsanwälten, Richtern und einem entsprechenden Unterbau, aber auch ausreichender Gefängnisse mit ausgebildetem Aufsichtspersonal. Alle diese Elemente waren im Kosovo zunächst überhaupt nicht vorhanden. Diese unabdingbaren Institutionen entwickelten sich sehr langsam und sind heute noch weit entfernt von dem Standard, der als Minimum wünschenswert wäre.

Aufgrund derartiger struktureller Defizite müssen die Soldaten in der Vorbereitung auf einen Auslandseinsatz auch in Grundkenntnissen der Polizeiarbeit geschult werden. Sie sind gewöhnlich die ersten im Land, die für Ruhe und Ordnung sorgen müssen. Zu diesem Zeitpunkt können sie meist noch nicht auf ein funktionierendes Justizsystem zurückgreifen, da es länger dauert, bis die Nationen ihre zugesagten Polizeikontingente ausgewählt, ausgebildet und in das Einsatzland verlegt haben. KFOR hatte während unserer gesamten Einsatzdauer die Defi-

46 Bei der ersten großen Besprechung im „Bat Cave" am 9. November 1999 mit den Führern des Kosovo Protection Corps und allen Brigadekommandeuren der MNB fiel plötzlich der Strom aus. Die Kerzen schufen den Eindruck einer Weihnachtsstimmung – was der Sachlage aber durchaus nicht entsprach

47 Bei der Übung OPERATION RESOLVE verlegt eine österreichische Panzergrenadierkompanie auf Schützenpanzern „Pandur" zusammen mit den unterstellten deutschen Kampfpanzern vom Typ „Leopard 2" in den vorgeschobenen Verfügungsraum

48 *Ich führe am 17. Dezember 1999 einen großen Demonstrationszug durch die Straßen Priština an, der sich gegen die Gewalt zwischen den ethnischen Gruppen wendet*

48a *Einladung im Haus des Haradinaj-Clan; links von mir Generalleutnant Agim Çeku*

49 *Zum Weihnachtsfest bedienen die Offiziere und Unteroffiziere des Stabes unsere Mannschaften*

50 *Ein Graffito als „Liebeserklärung" vor der Einfahrt zum Hauptquartier:
„COMNATO I love you"*

51 *Das schöne byzantinische Kloster von Gračanica aus dem 11. Jahrhundert*

52 *Vater Joseph weist mich in die künstlerischen Besonderheiten des Klosters von Peć ein*

53 Ein Blick aus der Luft auf die völlig verstopfte Straße von Priština nach Vučitrn
während der großen Demonstration am 21. Februar 2000; die Busse, die die
Demonstranten heimfahren sollten, steckten hoffnungslos fest

54 *Im Gespräch mit amerikanischen Marines der 24th Marine Expeditionary Unit in Camp Able Sentry zu Beginn der Übung DYNAMIC RESPONSE 2000*

55 *Albanische Demonstranten gehen am 21. Februar an der Südseite der „Austerlitz-Brücke" gegen britische Soldaten vor; links im Hintergrund das UNMIK-Hochhaus „Jugobanka" in Mitrovica*

56 *Tief gestaffelt stehen dänische und französische Kräfte bei der großen Demonstration in Mitrovica am 21. Februar 2000*

57 *Amerikanische Soldaten sammeln in einem Ausbildungslager der UÇPMB dort gefundene albanische Waffen ein; sie werden anschließend, wie die Einrichtungen des Lagers auch, zerstört*

58 *Zu Beginn der Gespräche in Kapaonik am 7. April 2000 mit dem stellvertretenden Generalstabschef der jugoslawischen Armee, Generaloberst Svelozar
Marjanović; links von ihm der serbische Oberstleutnant Dopudja*

59 *Professor Luan Mulliqi, Präsident der Akademie der Künste, bereitet mit mir eine Ausstellung vor, in der einheimische Künstler und Soldaten von KFOR gemeinsam ihre Werke ausstellen*

59a *Das erste Konzert nach Kriegsende im Rahmen unseres Neujahrsempfangs findet sehr breites Interesse*

60 *Die letzte Pressekonferenz im Kosovo – zusammen mit dem SACEUR, General Clark, und meinem Nachfolger, dem spanischen Generalleutnant Juan Ortuño Such*

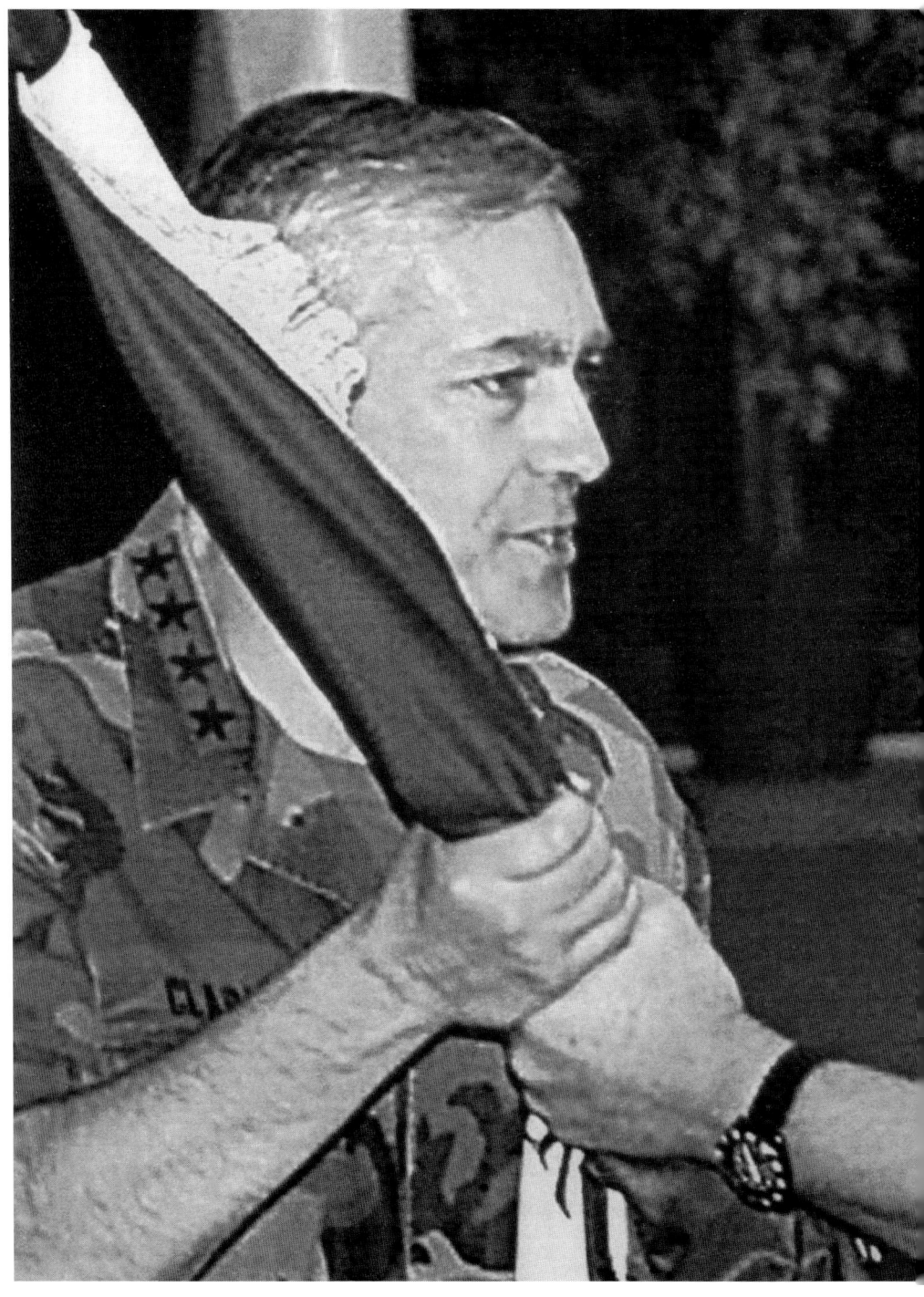

61 *Mit der Truppenfahne von KFOR gebe ich am 18. April 2000 mein Kommando
über KFOR an den SACEUR zurück*

62 *Auszeichnung mit dem Großen Bundesverdienstkreuz durch den Bundes-präsidenten Dr. h. c. Johannes Rau am 10. Oktober 2000*

zite der Polizei, die die geforderte Gesamtstärke von 4.600 Polizisten während unserer Zeit auch nicht einmal zur Hälfte erreichte, zu kompensieren. Hier gilt es, Polizeikräfte aus Staaten mit einem demokratischen Rechtsverständnis und mit entsprechenden Sprachkenntnissen – wenigstens in Englisch – bereitzustellen.

Natürlich haben wir versucht, durch gemeinsame Einsatzverfahren und gemeinsame Einsatzführung vor Ort die unzureichenden Kräfte beider Seiten aufeinander abzustimmen und zu einem Synergieeffekt zusammenzufassen, aber naturgemäß bleibt es unter diesen Umständen bei einem Kompromiß, der ein Vakuum in der Strafverfolgung zur Konsequenz hat, das wiederum kriminelle Elemente anzieht. So durfte KFOR im Rahmen des Subsidiaritätsprinzips bei leichten Vergehen überhaupt nicht und bei schweren Verbrechen nur dann ohne unmittelbare Beteiligung ziviler Sicherheitsorgane eingreifen, wenn in Anwesenheit der Truppe schwere Verbrechen geschahen oder unmittelbar drohten; dazu zählen Mord und Totschlag, Vergewaltigung, schwere Körperverletzung, schwere Bedrohung, Brandstiftung, Entführung, Raub, Drogen- und Menschenhandel, Aktionen krimineller Vereinigungen sowie der offenkundige Besitz unerlaubter Waffen. KFOR durfte aber nur vorläufige Maßnahmen einleiten. Die Verantwortung für die weitere Ermittlung und Ahndung mußte dann sobald als möglich den zuständigen zivilen Organen übertragen werden.

Um so schwerer wiegt es dann, wenn es kaum Staatsanwälte gibt, die festgenommene Verbrecher anklagen, und wenn es auch keine Richter gibt, die die Festgenommenen dann auch verurteilen können. Im September 1999 gab es im ganzen Kosovo gerade 55 Richter und Staatsanwälte, davon sieben Serben, die bis zum Anfang des Oktober alle die Provinz verlassen hatten. Damit ließ sich kein Gerichtssystem aufbauen. Bis zum Januar 2000 war es Bernard Kouchner zwar gelungen, 245 Richter und 42 Staatsanwälte einzuschwören, von denen allerdings vier ihren Dienst nie antraten und vierzehn ihr Amt sofort wieder niederlegten. Sehr schnell mußte man aber erkennen, daß sowohl die Staatsanwälte als auch die Richter fast ausschließlich nach ethnischer Zugehörigkeit entschieden. Serben, die wegen „Kriegsverbrechen" angeklagt waren, hatten vor albanischen Richtern und Staatsanwälten keine Chance. Der Versuch, diesbezüglich quasi neutrale, d. h. Staatsanwälte und Richter aus dem internationalen Bereich zu bekommen, um ausschließlich durch sie Kapitalverbrecher und „Kriegsverbrecher" strafrechtlich verfolgen und aburteilen zu lassen, blieb weitgehend ohne Erfolg. Am 1. Juni 2001 gab es erst siebzehn internationale Richter und Staatsanwälte für das gesamte Kosovo.

Sehr stark behindert wurde die Rechtsprechung durch das Hinauszögern der Entscheidung, welches Rechtssystem – das bis 1989 geltende Recht, das am 22. März 1989 mit Aufhebung der albanischen Autonomie auch aufgehoben worden war, oder das dann angewandte jugoslawische Recht – praktische Anwendung finden sollte. Die wenigen albanischen Richter und Staatsanwälte, die sich bereit erklärten, mit UNMIK zusammenzuarbeiten, weigerten sich, das serbische Recht des Milošević-Regimes, unter dem sie unterdrückt worden waren, anzuwenden. Die Entscheidung, das frühere Rechtssystem – mit leichten Modifizierungen – anzuwenden, zog sich bis zum Ende des November 1999 hin. Bis dahin herrschte ein weitgehend gesetzloser Zustand. Dadurch hatte die organisierte Kriminalität weitgehend freie Bahn.

Fast alle Gefängnisse im Kosovo waren durch die Luftoperationen oder im Anschluß an die Flucht der Serben von den Albanern zerstört worden. Das Bewachungspersonal war mit Masse serbisch und dementsprechend auch geflohen. Es dauerte fünfzehn Monate, bis UNMIK wieder sieben funktionierende Gefängnisse eingerichtet hatte. In der Zwischenzeit gab es, um die Verbrecher erst einmal dingfest zu machen, allenfalls einen örtlichen Behelfsvollzug im Verantwortungsbereich der Multinationalen Brigaden, der mir wegen seines rechtlich zweifelhaften Charakters jedoch zunehmend Sorgen bereitete. Darüber hinaus waren viele der deutschen Soldaten, die in diesem behelfsmäßigen Strafvollzug eingesetzt waren, mit dieser Aufgabe sehr unzufrieden. Ich habe daher den Befehlsvollzug in Prizren und später auch in Peć bewußt aufgehoben, auch um damit Druck zu machen, daß UNMIK auf diesem Sektor schneller tätig wird.

Ein Grundproblem bei der Übernahme eines Landes oder einer Provinz, in der die gesamte staatliche Administration zusammengebrochen ist und in der alle Organisationen, die wir für unser tägliches Zusammenleben gewohnt sind, nicht mehr existieren, ist das Fehlen jeglicher staatlicher Einnahmequellen. Es gibt keine Steuern, keine Zolleinnahmen, keine Einnahmen aus sonstigen Abgaben wie z. B. für Strom, Heizung und Wasser.

Die Internationale Gemeinschaft muß daher berücksichtigen, daß es bei einer Entscheidung, für eine Interimsphase ein Land wie Somalia, Ost-Timor oder das Kosovo rechtlich voll verantwortlich zu übernehmen, nicht genügen kann, zur Aufrechterhaltung der äußeren und der inneren Sicherheit Militär und zum Wiederaufbau der Administration zivile Fachleute der UNO und anderer Organisationen von außen zu schicken. Genausowichtig ist es, von Beginn der Übernahme des Landes an ein Budget aufzubauen und es für den Administrator vor Ort de facto verfügbar zu machen, um z. B. die dringend benötigten Fachleute des jeweiligen Landes selbst – ich denke an Lehrer, Ärzte, Polizei, Angehörige des Justizwesens, der örtlichen Verwaltung etc. – zu bezahlen und möglichst schnell in den Aufbauprozeß einzubeziehen.

Das Problem mangelnder finanzieller Mittel hat uns vom ersten Augenblick unseres Einsatzes im Kosovo mit voller Wucht getroffen und nie mehr losgelassen. Ohne finanzielle Mittel läuft fast nichts. Dies muß von den hierfür Verantwortlichen vor einer politischen Entscheidung für einen solchen Einsatz bedacht und berücksichtigt werden. Hier müssen sich die betroffenen Länder, die Kontingente – welcher Art auch immer – für den Einsatz stellen oder sich anderweitig daran beteiligen, darüber klarwerden, daß sie nicht nur ihre eigenen Leute im Einsatz bezahlen müssen, sondern anteilmäßig auch für ein Budget dieses Landes, das anfangs nur von außen finanziert werden kann, aufkommen müssen.

Ein Mann wie Bernard Kouchner braucht in seiner Funktion von Anfang an finanzielle Mittel, um kurzfristig reagieren und die wichtigsten Leute im Land bezahlen zu können. Er braucht diese örtlichen Fachkräfte dringend, um die wichtigsten Funktionen im Land wieder zum Laufen zu bringen. Nun war das Budget für das Jahr 2000 für das Kosovo mit 423,2 Millionen DM alles andere als extrem hoch, aber selbst das mußte sich Kouchner auf seinen diversen Reisen in die Hauptstädte und zur UNO erst zusammenbetteln.

Ähnliches gilt für die Mittel, die für den wirtschaftlichen Wiederaufbau benötigt werden. In der Geberkonferenz in Brüssel am 27. November 1999 ist es zwar gelungen, 1,2 Mrd. Euro für den Wiederaufbau des

Kosovo bereitzustellen, von diesen Mitteln sind aber bisher nur wenige Anteile real in Wiederaufbauprogramme abgeflossen. Der „Pfeiler 4", die Vertreter der Europäischen Union im Kosovo, war rein zahlenmäßig gar nicht in der Lage, diese Mittel in Programme umzuplanen. Alle Versuche, den „Pfeiler 4" personell entsprechend aufzustocken, scheiterten. Fachpersonal, das die USA angeboten hatten, wurde von den Bürokraten der EU abgelehnt. Die Konsequenz war und ist, daß die Mittel zentral in Brüssel verplant werden – und dies dauert bis zur Umsetzung extrem lange. Zu diesem Thema heißt es in einem Artikel in der „Süddeutschen Zeitung" vom 3./4. März 2001: „Aus einem offiziellen Papier Pattens ist zu entnehmen, daß die EU-Bürokratie von der Bewilligung der Gelder der Auslandshilfe bis zur Auszahlung vier bis acht Jahre braucht. Hombach sucht manchmal verzweifelt nach Ansätzen, das skandalös langsame Tempo zu beschleunigen. Nach Hombachs Befund fehlt es in Brüssel an hierarchischer Loyalität, durchgehend an politischer Führung." In seinem Frust über diesen katastrophalen Zustand sagte Hombach in der „Welt" vom 21. Juni 2001: „Niemand in dieser Region glaubt mehr an Politik. Deklarationen, Erklärungen – Papier ist nichts wert auf dem Balkan, nur Baustellen sind Beweise." Dem ist nichts hinzuzufügen.

Alle unsere Bemühungen, mit EU-Mitteln derartige „Baustellen" in Mitrovica oder sonstwo im Kosovo einzurichten, waren erfolglos. Die Strukturen der EU sind zu bürokratisch und lassen schnelle Reaktionen nicht zu. Die EU hat folglich ihre Führungsrolle und ihre Koordinierungsfunktion nicht ausreichend wahrgenommen. In einigen Gebieten des Kosovo hat bis zum jetzigen Zeitpunkt der Wiederaufbau noch gar nicht begonnen. Es dauert einfach zu lange, bis die zugesagten Mittel tatsächlich verfügbar sind. Die Internationale Gemeinschaft hat zu oft Geld für das Kosovo zugesagt, ohne die versprochenen Beträge bereitzustellen. So wurden von 865 Millionen Euro, die die EU für das Kosovo als Finanzhilfe in den Bereichen „Wiederaufbauhilfe", „humanitäre Hilfe" und „außergewöhnliche Finanzhilfe" für die Jahre 1999 (505 Mio.) und 2000 (360 Mio.) vorgesehen hatte, in den beiden Jahren lediglich 49,4 Mio. Euro (!) ausgezahlt.*

---

* Siehe: http://www.europa.eu.int/comm/external_relations/see/kosovo.

Dies klingt alles sehr abstrakt. Praktisch bedeutet es aber, daß in einem im wesentlichen agrarisch strukturierten Gebiet die vielen landwirtschaftlichen Anwesen, die durch die Auseinandersetzungen zerstört worden sind, nicht wiederaufgebaut werden. Es bedeutet, daß die mittelständische und die Kleinindustrie, die für den wirtschaftlichen Wiederaufbau so dringend benötigt werden, nicht die Mittel bekommen, die Schäden des Krieges oder der kommunistischen Planwirtschaft zu beseitigen. Ich habe ohne Erfolg versucht, 37 Mittel- und Kleinbetrieben, die früher Bausteine, Zement, Türen, Fenster und sonstige für den Bau von Häusern erforderliche Materialien produzierten, mit Hilfe von EU-Mitteln wieder funktionsfähig zu machen. Der Vorteil lag auf der Hand: Wir hätten vor Ort Arbeitsplätze geschaffen, mit sehr geringen Lohnkosten die Materialien produzieren können, die die Bauern und Besitzer zerstörter Häuser für den Wiederaufbau ihrer Häuser benötigen – und sie hätten diese mit ihren Fuhrwerken direkt bei den Firmen abholen können. Jolly Dixon, der Chef des „Pfeilers 4", hat sich alle Mühe gegeben, mich in diesem Vorhaben zu unterstützen. Wir haben es nicht geschafft und statt dessen gesehen, wie diese Materialien für wesentlich mehr Geld aus Europa eingeführt, in zigtausenden von Lastwagenfuhren vom Hafen in Thessaloniki aus ins Land gebracht wurden. Sie blockierten dabei die ohnehin überfüllte Straße von Skopje in das Kosovo permanent und haben die schlechten und durch unsere Luftstreitkräfte z. T. zerbombten Straßen buchstäblich noch weiter zusammengefahren.

Dagegen ist es uns im Zusammenwirken mit einer japanischen Non-Governmental Organization gelungen, mit einem Einsatz von knapp einer halben Million DM die stillgelegte Fabrik für Baumaterialien in Srbica wieder in Gang zu bringen. Damit wurden in einer Gegend mit einer extrem hohen Arbeitslosenquote 250 neue Arbeitsplätze geschaffen. Außerdem ist uns eine direkte Wiederaufbauhilfe der kurzen Wege für die Menschen im Drenica-Tal gelungen, die in ihrem Gebiet die größten Schäden des Krieges zu tragen hatten. Dies war einer der wenigen Fälle, wo wir neben unseren diversen militärischen CIMIC-Programmen direkt und unbürokratisch helfen konnten. Jede weitere Verzögerung beim Wiederaufbau bedeutet, daß die Bevölkerung des Kosovo den Glauben an die Zusagen der Internationalen Gemeinschaft mehr und mehr verliert. Die Gefahr wächst damit, daß sie sich vermehrt den politisch radikalen Kräften im Land zuwendet und daß zudem Mittel obskurer Herkunft ins Land fließen, die wir nicht mehr kontrollieren können. Bei der hohen Arbeitslosigkeit – in Mitrovica 85 Prozent – wird die Bevölkerung des Kosovo nur dann an eine langfristige Verbesserung ihrer Lage und an die Hilfe durch die Internationale Gemeinschaft glauben, wenn sie wieder Arbeit findet, wenn die jungen Menschen Familien gründen und im Land bleiben können. Die Mittel dazu sind vorhanden, sie müssen jetzt nur endlich schnell in sichtbare Programme, in sichtbare Hilfe umgesetzt werden.

Die für das Kosovo noch entscheidendere Frage aber ist die nach der politischen Zukunft. Während alle Kosovo-Albaner von politischer Unabhängigkeit in einem eigenen Staat träumen, hat ihnen die Internationale Gemeinschaft nur eine „substantielle Autonomie im Rahmen der ehemaligen Republik Jugoslawien" zugesagt. In dieser unterschiedlichen politischen Zielrichtung liegt enormer Sprengstoff für die Stabilität des gesamten Balkans. Der Ruf nach einem Groß-Albanien oder mindestens Groß-Kosovo ist unüberhörbar und muß klar beantwortet werden. Für die früheren Konfliktparteien ist die politische Auseinandersetzung noch nicht zu Ende. Wenn sich die Internationale Gemeinschaft nicht zu einer aktiveren Politik durchringt, läuft sie Gefahr, all das, was bisher in mühevollen kleinen Schritten aufgebaut wurde, in einem neuen Chaos zu verlieren. Dies ist eine politische Aufgabe, die an Europa hängenbleiben wird und die von Europa einen zukunftsgerichteten Gestaltungswillen erfordert.

Diese – insbesondere nach dem Machtwechsel im ehemaligen Jugoslawien und in Serbien – alles entscheidende Frage muß von der Europäischen Gemeinschaft aufgegriffen und in eine Gesamtkonzeption für die gesamte Region umgesetzt werden. Der Balkan ist die Herausforderung, der sich die europäischen Staaten gestellt haben, die sie nun aber auch ganz annehmen müssen. Hierzu ist es erforderlich, endlich die politische Initiative zu ergreifen, die deutlich über den wirtschaftlichen Ansatz des „Stabilitätspakts für Südosteuropa" hinausgehen muß. Man hat gerade bei den Unruhen in Nord-Mazedonien gesehen, daß die Frage des Kosovo nicht getrennt, sondern nur im Verbund mit den Nachbarländern gelöst werden kann. Wer die Grenzen in dieser

Region in Frage stellt, öffnet damit eine Pandorabüchse, die die politische Stabilität des gesamten Balkans gefährden könnte. Die Europäische Gemeinschaft sollte daher allen Politikern des Südost-Balkans, die die heute gültigen Grenzen in der Region politisch oder mit der Kalaschnikov in der Hand verändern wollen, die „rote Karte" zeigen. Die EU muß ihrer Verantwortung hier stringenter nachkommen und darf nicht auf halbem Weg stehenbleiben, wenn sie die politische Stabilität und die Sicherheit für die Menschen in diesem Teil Europas im gleichen Maß ernst nimmt wie die der anderen Völker unseres Kontinents. Die Probleme des Kosovo lassen sich nur im politischen Verbund der gesamten Region lösen. Bis zu einer solchen Problemlösung und länger werden die Streitkräfte von KFOR in etwa im derzeitigen Umfang auch weiterhin ihren stabilisierenden Einfluß als Basis für den friedlichen Umbau in ein demokratisches und wirtschaftlich wieder gesundes Kosovo aufrechterhalten müssen. Sie haben mit ihrer Friedensmission im Rahmen des erweiterten Aufgabenspektrums eine Funktion als politisch relevanter Stabilitätsfaktor übernommen, die nur sie allein in dieser Form umsetzen können und die sich sicherlich zum Wohl aller Völker in dieser Region Südosteuropas sowie letztlich für ganz Europa auswirken wird.

Lebenslauf von Klaus Reinhardt

15. Januar 1941	geboren in Berlin aufgewachsen in Garmisch-Partenkirchen und in Mittenwald; das dritte von vier Kindern; humanistisches Gymnasium
Juli 1960	Abitur am Werdenfels-Gymnasium, Garmisch-Partenkirchen
03. Oktober 1960	Eintritt in die Bundeswehr als Offiziersanwärter bei der Gebirgsjägertruppe
01. Juli 1963	Zugführer im Gebirgsjägerbataillon 222, Mittenwald/Bayern
01. August 1966	Heirat mit Heide Reinhardt, geb. Bando
01. Oktober 1966	Offizier für „Einsatzführung, Ausbildung und Organisation" (S3) im Stab des Gebirgsjägerbataillons 222, Mittenwald/Bayern
01. Oktober 1967	Studium der Geschichte und der Politischen Wissenschaften an der Universität in Freiburg/Baden-Württemberg bei den Professoren Hennis und Oberndörfer, Strasburger, Hillgruber

31. Dezember 1967	Geburt des 1. Sohnes, Sascha
11. Februar 1972	Promotion zum Dr. phil. bei Professor Dr. Hillgruber, Thema der Arbeit: „Die Wende vor Moskau"
01. April 1972	Kompaniechef im Gebirgsjägerbataillon 221, Mittenwald/Bayern
01. Oktober 1973	Teilnahme am 16. Generalstabslehrgang an der Führungsakademie der Bundeswehr in Hamburg
01. Oktober 1975	Teilnahme an der US-Generalstabsausbildung am US Army Command and General Staff College in Fort Leavenworth, Kansas/USA
01. Oktober 1976	Stabsoffizier in der Abteilung für „Einsatzführung, Ausbildung und Organisation" (G3) im Stab der Heeresgruppe Mitte (CENTAG), Heidelberg/Baden-Württemberg
24. September 1978	Geburt des 2. Sohnes, Florian
01. Oktober 1978	Adjutant beim Stellvertreter des Generalinspekteurs der Bundeswehr im Bundesministerium der Verteidigung, Bonn
01. Oktober 1980	Kommandeur des Gebirgsjägerbataillons 231, Bad Reichenhall/Bayern
01. September 1982	Abteilungsleiter für „Einsatzführung, Ausbildung und Organisation" (G3) im Stab der 1. Gebirgsjägerdivision, Garmisch-Partenkirchen/Bayern
01. Oktober 1983	Adjutant beim Bundesminister der Verteidigung, Dr. Manfred Wörner, Bonn
01. Oktober 1986	Kommandeur der Gebirgsjägerbrigade 23, Bad Reichenhall/Bayern
01. Oktober 1988	Leiter der Stabsabteilung VI „Planung" (NATO-Streitkräfte, Konzeption der Bundeswehr, Koordinierung der Haushaltsmittel der Streitkräfte und

	Planungskontrolle der Rüstung) im Führungsstab der Streitkräfte/Bundesministerium der Verteidigung, Bonn
22. Oktober 1990	Kommandeur der Führungsakademie der Bundeswehr, Hamburg; zugleich Vizepräsident des Beirats der Clausewitz-Gesellschaft e. V. und Mitglied des Beirats des Militärgeschichtlichen Forschungsamtes, Freiburg im Breisgau
25. Juni 1993	Kommandierender General des III. Korps, Koblenz; in dieser Zeit: Führung der deutschen Truppen in Somalia
01. April 1994	Befehlshaber Heeresführungskommando, Koblenz; in dieser Zeit: Führung der deutschen Truppen im Rahmen von UNPROFOR, IFOR und SFOR
29. April 1998 bis 03. März 2000	Befehlshaber Alliierte Landstreitkräfte Europa Mitte, Heidelberg/Baden-Württemberg
08. Oktober 1999 bis 18. April 2000	Befehlshaber KFOR in Priština/Kosovo
03. März 2000 bis 22. März 2001	Befehlshaber Joint Headquarters Centre, Heidelberg/Baden-Württemberg

Beförderungen

01. Oktober 1962	Leutnant
25. Oktober 1965	Oberleutnant
07. Juni 1968	Hauptmann
11. Dezember 1972	Major
06. Oktober 1976	Oberstleutnant
01. Oktober 1983	Oberst
01. Oktober 1988	Brigadegeneral
01. Oktober 1990	Generalmajor
01. Juli 1993	Generalleutnant
28. April 1998	General

Orden und Ehrungen

Ehrenzeichen der Bundeswehr in Gold

Verdienstkreuz am Bande des Verdienstordens der Bundesrepublik Deutschland

Verdienstkreuz 1. Klasse des Verdienstordens der Bundesrepublik Deutschland

Großes Verdienstkreuz des Verdienstordens der Bundesrepublik Deutschland

Einsatzmedaille der Bundesrepublik Deutschland für KFOR

Einsatzmedaille der NATO für KFOR

Commander of the Legion of Merit of the United States of America (1998 und 2001)

Grüner Verdienstorden 2. Klasse der Tschechischen Republik

Friedenspreis des Verbandes Deutscher Soldaten

Verdienstorden des Deutschen Komitees für Europäische Zusammenarbeit David Sarnoff Award 2000

Doktor honoris causa der ungarischen Nationaluniversität Miklos Zrinyi, Budapest

Ehrenmedaille in Gold der Polnischen Streitkräfte

Private Interessen

Skifahren	klassische Musik (Mozart bis Schönberg)
Bergsteigen	Jazz
Windsurfen	Musizieren (Cello, Gitarre, Schlagzeug)
Reisen	Lesen
Theater	

Abkürzungsverzeichnis

AFCENT Allied Forces Central Europe, Nato-Hauptquartier Central in Brunssum

ASZ Air Safety Zone, Luft-Sicherheitszone

AFSOUTH Allied Forces Southern Europe, NATO-Hauptquartier Süd in Neapel

ARRC Allied Command Rapid Reaction Corps, Schnelles Einsatzkorps für den Gesamtbereich Europa

CIMIC Civil Military Cooperation, Zivil-militärische Zusammenarbeit

COMKFOR Commander Kosovo Forces, Befehlshaber der Kosovo-Streitkräfte

COMMZ (W) Commander Communication Zone (West), Kommandeur der Verbindungszone West in Durrës, Albanien

COMSFOR Commander Stabilisation Forces, Befehlshaber der NATO-Stabilisierungskräfte in Bosnien-Herzegowina

DFID Department for International Development, Abteilung für Internationale Entwicklung, Großbritannien

DPA	Democratic Party of Albanians, Demokratische Partei der Albaner in Mazedonien; albanisch-mazedonische Partei, Führer: Arban Xhaferi
DPKO	Department of Peacekeeping Operations, Abteilung für friedenserhaltende Operationen bei den Vereinten Nationen
DSACEUR	Deputy Supreme Commander Allied Forces Europe, Stellvertretender NATO-Oberbefehlshaber in Europa; General Sir Rupert Smith
EU	Europäische Gemeinschaft
EUROKORPS	Europäisches Korps
FRY	Federal Republic of Yugoslavia, Bundesrepublik Jugoslawien
GSZ	Ground Safety Zone, Boden-Sicherheitszone
HQ	Headquarter, Hauptquartier
IAC	Interim Administration Council, Gemeinsame Interimsregierung des Kosovo
ICG	International Crisis Group, Internationale Krisengruppe (wissenschaftliche Arbeitsgruppe)
ICTY	International Criminal Tribunal on Yugoslavia, Internationaler Gerichtshof zur Aburteilung der Kriegsverbrecher in Jugoslawien
IEC	Interim Executive Council of Kosovo, Interimsregierung für das Kosovo
IFOR	Implementation Force, NATO-Implementations-Streitkräfte, Bosnien-Herzegowina
IOM	International Organisation of Migration, Internationale Organisation für Migration
JIC	Joint Implementation Commission, Gemeinsame

590

	Kommission zur Umsetzung des Militär-Technischen-Abkommens
JHQCENT	Joint Headquarters Center, NATO-Hauptquartier Streitkräfte Mitte, Heidelberg
JOC	Joint Operation Center, Teilstreitkraft – gemeinsame Operationszentrale
KFOR	Kosovo Force, Kosovo-Streitkräfte
KLA	Kosovo Liberation Army, Kosovo-Befreiungs-Armee
KPC	Kosovo Protection Corps, Kosovo-Unterstützungs-Korps
KTC	Kosovo Transitional Council, Kosovo-Übergangsrat
LANDCENT	Landforces Central Europe, NATO-Hauptquartier Landstreitkräfte Europa Mitte, Heidelberg
LBD	Lëvizja e Bashkuar Demokratike, Vereinigte Demokratische Bewegung; albanische Parteienkoalition; Führer: Professor Rexhep Qosja
LDK	Lidhja Demokratike e Kosovës, Demokratische Liga des Kosovo; albanische Partei; Führer: Ibrahim Rugova
LKÇK	Lëvizja Kombëtare për Çlirimin e Kosovës, Nationale Bewegung für die Befreiunng des Kosovo; albanische radikal-nationale Partei; Führer: Valon Murati
PK	Lëvizja Popullare e Kosovës, Volksbewegung des Kosovo, albanische radikal-nationale Partei; Führer: Emrush Xhemajli
MEF	Marine Expeditionary Force, US Marines
MEU	Marine Expeditionary Unit, US Marines
MNB	Multinational Brigade, Multinationale Brigade

MSU	Multinational Specialised Unit, Multinationale Spezialeinheit der Militärpolizei
MTA	Military Technical Agreement, Militärtechnisches Abkommen
MUP	Ministarstvo Unustrasnijh Polslova, Staatspolizei des jugoslawischen Innenministeriums
NAC	North Atlantic Council, Rat der NATO-Botschafter
NGO	Non Governmental Organization, Nichtregierungsorganisation
OSCE	Organization for Security and Cooperation in Europe
OSZE	Organisation für Sicherheit und Zusammenarbeit in Europa
PBD	Partia e Bashkimit Demokratik, Partei der Demokratischen Union; albanische Partei; Führer: Bardyl Mahmuti
PDK	Partie Demokratike e Kosovës, Demokratische Partei des Kosovo; albanische Partei; Führer: Hashim Thaci
PPDK	Zusammenschluß aus PBD und PDK; albanische Partei; Führer: Hashim Thaci
POLAD	Political Advisor, Politischer Berater
SACEUR	Supreme Allied Commander Europe, Oberfehlshaber der NATO in Europa; General Wesley K. Clark
SFOR	Stabilisation Force, NATO-Stabilisierungs-Streitkräfte
SHAPE	Supreme Headquarters Allied Powers Europe, NATO-Hauptquartier Europa in Mons
SNA	Serb National Association, Serbisch-Nationale Vereinigung; serbische Partei Im Kosovo

SRF	Strategic Reaction Force, Strategische Reserve des SACEUR
SRSG	Special Representative of the Secretary-General, Besonderer Vertreter des Generalsekretärs der Vereinten Nationen im Kosovo, Dr. Bernard Kouchner
TANJUG	Jugoslawische Nachrichtenagentur
UÇK	Ushtria Çlirimtare e Kosovës, Kosovo Befreiungs-Armee
UÇPMB	Ushtria Çlirimtare e Preshevë, Megjvedje, dhe Bujanovac, Befreiungsarmee für Preševo, Medveda und Bujanovac
UNHCR	United Nations High Commissioner for Refugees, Hochkommissar für die UN-Flüchtlingshilfe
UNMIK	United Nations Interim Administration Mission in Kosovo
UNPROFOR	United Nations Protection Force, Schutz-Streitkräfte der Vereinten Nationen in Bosnien-Herzegowina
UNSCR	United Nations Security Council Resolution, Beschluß des Sicherheitsrates der Vereinten Nationen
USAID	United States Agency für International Development; Staatliche Hilfsorganisation der USA

Ortsverzeichnis

Namenverzeichnis

601

604